本书为国家社科基金一般项目"清代《左传》评点文献整理与研究"（17BZW110）结项成果

河南大学黄河文明与可持续发展研究中心、河南大学黄河文明省部共建协同创新中心资助出版

清代《左传》评点研究

赵奉蓉 著

人民出版社

责任编辑：詹　夺
美术编辑：张婉秋

图书在版编目（CIP）数据

清代《左传》评点研究 / 赵奉蓉著 . -- 北京 ：
人民出版社，2025. 5. -- ISBN 978 - 7 - 01 - 026985 - 6

Ⅰ . K225.04

中国国家版本馆 CIP 数据核字第 2025BB0739 号

清代《左传》评点研究

QINGDAI ZUOZHUAN PINGDIAN YANJIU

赵奉蓉　著

人民出版社 出版发行

（100706　北京市东城区隆福寺街 99 号）

北京九州迅驰传媒文化有限公司印刷　新华书店经销

2025 年 5 月第 1 版　2025 年 5 月北京第 1 次印刷

开本：710 毫米 ×1000 毫米 1/16　印张：45

字数：665 千字

ISBN 978 - 7 - 01 - 026985 - 6　定价：260.00 元

邮购地址 100706　北京市东城区隆福寺街 99 号

人民东方图书销售中心　电话（010）65250042　65289539

序

李炳海

　　赵奉蓉博士的新著《清代〈左传〉评点研究》即将出版，我属于近水楼台，先睹为快。通读书稿之后，感受颇深，联想甚多，觉得这部著作在几个方面都体现出创新性，实属难得。

　　第一，这部著作是古文献总体研究的新进展。

　　古代文献研究是传统学科，在历史悠久的中国可谓源远流长。在当今网络时代，古文献学科面临严峻的挑战，正处在十字路口。如果继续沿着原有的路径前行，以古文献的搜集整理为主，那么，必然要走到山穷水尽的地步。因为古代文献虽然极其宏富，但是，数量毕竟不是无限的，而是有限的。况且，在当今网络时代，绝大多数古代文献的检索、搜集已经是轻而易举之事，不过是举手之劳而已。文献垄断、文献专利的时代基本已经过去。在这种情况下，就必须对古文献研究理路进行适当的调整，不再以古文献的搜集整理为主，而是从所掌握的古文献中发掘出更多的有价值的东西。这如同对自然资源的开发利用，不是以穷尽的方式进行开发，从而加速自然资源的枯竭，而是对自然资源进行有效的利用。科学技术水平的高低，很大程度体现在对自然资源的利用效率方面。古文献研究也是如此，如果还是停留在搜集整理层面，那不过是原材料的积累，并未进入开发利用阶段。《清代〈左传〉评点研究》这部著作在文献资料搜集方面颇见功力，直接涉及的《左传》评点著作有六十余部，虽然尚未竭泽而渔，数量已经相当可观。除此之外，古今中外相关的文献，亦多有参照援引。然

1

而，这部著作的具体运作并没有停留于此，而是向着理论体系的建构方面延伸，并且取得圆满成功。这部著作建构的理论体系可分为两种：一是对清代《左传》评点理论体系的历史还原，二是建构清代《左传》评点的研究体系。清代《左传》评点所作的表述、书写多是零散的、片段的，以散金碎玉的形态存在。这部著作通过分门别类的梳理整合，原本单独出现的明珠被串联成项链，吉光片羽又重新回归它的生成母体。在此过程中，既涉及外部的历史语境、现实需求，又对评点本身的内部要素、结构方式等作了多角度、多层面的论述，把一个完整的清代《左传》评点的体系呈现出来。这部著作对《左传》评点研究体系的建构，以精神生产的主要环节为线索，涉及生成论、作者论、文本论、传播论、接受论、价值论，从而构成一个完整、严密的研究体系。在当今网络时代，知识的碎片化、浮泛化倾向日益严重，这部著作在建构体系方面的成功尝试，是古文献研究的新进展，也是对当下快餐式学术的反拨和匡正。

第二，这部著作是古文献学术史、传播史、接受史研究的新突破。

近些年来，学术史、接受史研究成为人文学科的热点，陆续推出一大批这方面的著述。人们之所以选择这方面的课题，往往是出于无奈。既然找不到新的选题，就只好在这方面做文章。这类选题学术风险小，安全系数高，写不好也写不坏，因此，许多人争抢为之。综观已经推出的这方面成果，平庸者居多，有学术创见者甚少。追究其中的原因，主要是实际操作者既缺少必要的知识储备，又缺少真知灼见。

这类选题并非学术禁区，如果做得好，也可以成为传世经典。梁启超先生的《中国近三百年学术史》《清代学术概论》，是两部有很高学术价值的传世之作。其成功的原因就在于梁启超先生既有广博的知识，又有远见卓识，从而铸就了学术史著作的双璧。这类研究涉及以往众多文献、各种说法，推出的成果贵在能断、能出新，即对各种观点作出正确判断之后，能够提出自己的新见，并且能够经受住历史考验。在这方面，近代湘学的郭嵩焘、郭庆藩、杨树达、曾运乾、杨伯峻诸位前代学者树立了典范，成为湘学的一大特色。《清代〈左传〉评点研究》没有停留于学术史现象描述的层面，而是作出一系列富有新意的判断，学术亮点颇多。这主要得益于书的作者对《左传》原文具有准确、透彻的理解和把握。清代《左传》评点涉及《左传》众多篇目，覆盖面很大。如果没有细读《左传》文本的苦功夫，很难对近百个案例逐一作出准确的判断和科学的解释。第二章第一节提到《古文渊鉴》一书，《左传》入选八十一篇，其中涉及《左传》文章的缺席与淡化、在场与凸显。由于奉蓉博士对《左传》原文了如指掌，因此，通过对具体篇目的分析及文风的考察，对上述现象作出了令人信服的解释。研究《左传》评点的人，本身应该是熟知《左传》的行家里手，奉蓉博士具备这种资质。因此，对于具体案例的处理能够驾轻就熟，游刃有余。

第三，这部著作是古代文章学研究的新尝试。

文章学是中国古代文论的主干，也是充分体现民族特色的宝贵文化遗产。这部著作第三、四两章都是从文章学的角度切入，作了深入而充分的论述。中国古代文章学的核心是文本结构方面的观照，这部著作紧紧扣住结构而谋篇布局。第三章涉及的文本形态、文本层次、文本系统、文本体制等，都与文章结构直接相关。第四章提到的关键词，其中涉及位置功能、层次关系、宾与主、虚与实、整齐与错杂等，也都属于结构系列。这部著作对文章结构所做的论述，覆盖宏观、中观、微观三个层面，既能从大处着眼，又能从小处入手，在关注形式结构的同时，兼顾意义结构，书中提到的意脉、神理就是属于意义结构。另外，对于时文和古文所做的辨析，也是围绕文章结构方式立论。

这部著作对文章结构所做的研究，在关注文字书写的同时，对于非文字表述亦高度重视。第三章第一节论述清代《左传》评点的文本形态，针对学术界研究"评"多而探索"圈点"少的现状，对圈点符号作了专门论述，其中涉及圈点符号的圈、点、抹、截等类型，颜色调配、意义指向等，确实强化了当下文章学研究的薄弱环节，是全书最精彩的章节之一。奉蓉博士把一系列圈点标示成为符号，而不是视为记号、信号，这种处理方式颇为可取。德国学者恩斯特·卡西尔指出："符号和信号隶属于两个不同的论域：一个信号是物质世界存在的一部分，而一个符号却是人类意义世界的一部分。信号是'运作项'，符号是'指谓项'。"① 清代《左传》评点的圈点符号却是指谓项，有它的意义指向，是文章结构研究不可忽略的环节。

《清代〈左传〉评点研究》一书学术亮点颇多，在上述三个方面取得重大突破。同时，在对待诗文评点这种文类所作的论述中，从多个角度揭示出这种文类所体现的中国特色、民族风格。

这部著作第一章是《清代〈左传〉评点生成论》，其中第一节在对评点这种文类进行历史探源时，把它的最初源头追溯到《论语》，并且和人物品藻相勾连。这就从源头上揭示出诗文评点作为中国古代文论的一种重要样式，具有悠久的历史，它的生成母体是儒学重要经典《论语》。从实际情况考察，《论语》之所以能够成为古代诗文评点类文论的生成母体，主要原因在于它的语录体的文本形态。《论语》记载的孔子话语，多是即兴而发，系感悟式、片段性的。当这种表述方式用于诗文评论，就会生成语录型的文论。实际上，上海博物馆所藏的战国竹简《孔子诗论》，就属于语录体的诗歌评论。竹书《孔子诗论》是迄今为止发现的中国古代最早一部诗学专著，是后代诗文评点类著作的鼻祖。《孔子诗论》成书于战国中期，大约公元前300 年，与亚里士多德（前 384—前 322）的《诗学》成书年代大体相当。《清代〈左传〉评点研究》一书把评点类文论的源头追溯到《论语》，揭示出古代评点类文论所具有的悠久历史。如果能从语录体这条线索继续进行旁搜远绍，这方面的论述会更加深入和充分。

中华民族是世界上历史最悠久的民族之一，因此，评点类文论同样具有悠久的历史。同时，这类文论的许多理念还具有超前性。《清代〈左传〉评点研究》一书敏锐地觉察到中国古代文论的这种民族特色，对此作了揭示和阐述。这部著作第四章是《清代〈左传〉评点关键词》，标题的设置颇具匠心，也很有新意，其中所作的论述精彩之处甚多。文本的关键词是近代以来西方文论的热点之一，近些年也成为国内学界的一门显学，有这方面的国家社科

---

① ［德］恩斯特·卡西尔著，刘述先译：《论人：人类文化哲学导论》，广西师范大学出版社 2006 年版，第 44 页。

项目，也有专门的著作和论文问世，似乎是一门新兴学问。奉蓉博士在这部著作中明确指出，强调关键词的重要作用，中国古代早已有之，《文心雕龙》运用的许多术语就属于这个系列，本书的第四章第一节是《主脑》，其中援引李渔《闲情偶寄》中提到的"立主脑""密针线""减头绪"等主张，再次解释中国古代文论在关键词运用理论方面的超前性，是一门古老的学问，而不是新兴的学术。

这部著作第四章第三节的标题是"整齐与错综"，其中论述"错综"时提到《周易·系辞下》的"物相杂，故曰文"的命题，把它认定为"错综"的意蕴，把广义的文概括为不同事物的错杂，是中国古代文论的经典命题之一，这种表述最早可以追溯到西周末年。《国语·郑语》记载，西周王朝大夫史伯就明确指出"物一无文"，言外之意，物相杂才成文。物相杂以成文是中国古代文论的重要理念，它的最初生成可以追溯到公元前 8 世纪的西周末年。勒内·韦勒克、奥斯汀·沃伦的《文学理论》一书，作为经典的文学理论著作而在全球产生很大的影响，是中国教育部教育司推荐全国中文专业大学生必读的 100 本著作之一。《文学理论》一书第二章的标题是"文学的本质"，文中在对一系列有关文学的界定提出质疑之后提出以下看法："一部文学作品，不是一件简单的东西，而是交织着多层意义和关系的一个极其复杂的组合体。"① 把这个定义与中国古代"物一无文""物相杂，故曰文"的命题相对比，西方学者对文学给出的定义并没有实质性的突破和超越，但在时间上却晚于中国古代这类命题 2800 年。由此看来，揭示中国古代文论在某些方面的超前性，有利于确立中国文化在世界的话语权，可以促进中西方在文学理论领域的平等对话。《清代〈左传〉评点研究》在这方面已有良好的开端，尚有广阔的学术空间可供开拓。

《清代〈左传〉评点研究》第一章是《清代〈左传〉评点生成论》，第二章是《清代〈左传〉评点作者论》，这两章文字量较大，约占全书总篇幅的

---

① [美] 勒内·韦勒克、奥斯汀·沃伦著，刘象愚、邢培明、陈圣生等译：《文学理论》，江苏教育出版社 2005 年版，第 18 页。

五分之二。这两章提到众多的社会事象，其中包括从皇帝到一般知识阶层参加的与《左传》相关典籍的编纂、评点等事象。第五章《清代〈左传〉评点接受论》、第六章《清代〈左传〉评点价值论》也涉及一系列社会事象，其中包括学校教育、科举应试等，并且还有出版印刷方面的详细信息。这三个专章的设置，凸显的是清代《左传》评点的实践性品格、经世致用效应。《左传》评点是适应社会需求而生成，它的出现也确实从多方面满足了社会需求，是精神生产领域的良性运转。时文评点这种文本形态脱胎于《论语》的语录体，而《论语》作为儒家的重要经典，渗透的是实践理性，是一部经世致用之书。就此而言，《清代〈左传〉评点研究》一书既勾勒出研究对象脱胎于《论语》在文本形态方面的轨迹，又描述了研究对象在功用、价值方面向《论语》回归的线条。实践性品格、经世致用效应，是中国古代文论的一个重要传统，这部著作结尾提到文化传统与当代语境的互通，把握住实践性和经世致用，可以作为古代文论实现现代转换的一个重要抓手。

《清代〈左传〉评点研究》是奉蓉博士的力作，也是一部皇皇巨著，对于作者而言是一部具有里程碑意义的标志性成果。其中可点赞处甚多，以上所述可能是挂一漏万，而且多是老生常谈。所要表达的是对新一代学人健康茁壮成长的喜悦，以及再创学术辉煌的期待。

2023 年 10 月 16 日于扬州寓所

目　录

绪　言

作为古代众多文献之一的《左传》，在其传播历史中，逐渐被赋予、承载了多种功能。作为"春秋三传"之一，它以二百多年的历史记载阐发《春秋》义例，进而荣登"十三经"之列；作为第一部叙事详备的编年体史书，《左传》是深入了解春秋历史最全面、可靠的权威史料；作为"记籍之冠冕"①，它剪裁史料，敷衍故事，塑造人物，情韵并美，"不但是史学的权威，也是文学的权威"②。经学身份确立了《左传》的权威与正统，史学身份确立了《左传》的真实与有效，文学身份则确立了《左传》的根底与范式。每当历史中过分追求文学形式而轻略内容之时，有识之士起而重兴古文，无不以《左传》为依归，重回《左传》文本，以此作为疗治文学病态之良药。《左传》，岂可小觑也哉！

一、清代《左传》评点研究的缘起

历来对《左传》的研究主要集中在三个层面：经学层面、史学层面与文学层面。从古至今，对前两个层面的研究一直相当重视，文学层面的研究则相对滞后。事实上，古代对《左传》的文学研究虽滞后却并不落后，只是因为它大多以评点的方式呈现而向来不被重视，以致当下对《左传》的文学研究往往无视历史上曾经存在的众多评点之作，仿佛另起炉灶一般，津津咀嚼

---

① （南朝梁）刘勰著，范文澜注：《文心雕龙注·史传》，人民文学出版社 1958 年版，第284 页。

② 朱自清：《经典常谈》，生活·读书·新知三联书店 1980 年版，第 47 页。

前人早已透彻阐释的文学性特征，在文学性阐释过程中又缺乏前人之根底，所以常常捉襟见肘，一言即尽。当下，我们热衷侈谈建构文学批评的中国话语，而对建构批评话语的"建材"却置之不问，弃如敝屣。如此，其结果恐亦为空中楼阁。

尽管此种局面在今天已有所改善，对于《左传》文学研究重要形式之一的评点的研究有所抬头，但相关研究的思维、视角、方法实未真正进入《左传》文学研究的深层，《左传》文学研究依旧缺乏足够的历史厚度与理论深度，此种局面值得每一位研究者反思与深思。

（一）评点研究

评点是古代文学批评的重要样式之一。南宋以降，诗文评点渐成趋势，明清时期尤为繁盛。然而对此种与文本紧密关联的文学批评样式，因其直观性、跳跃性、感悟性、零散性的特质，在古代多有非议，研究者更是寥若晨星。自 20 世纪 90 年代末，此种局面有所转变，1999—2002 年间，孙琴安的《中国评点文学史》，林岗的《明清之际小说评点学之研究》，谭帆的《中国小说评点研究》，朱万曙的《明代戏曲评点研究》，于立君、王安节的《中国诗文评点史研究》，章培恒、王靖宇编纂的《中国文学评点研究论集》相继出版，对拓展评点研究的领域与深度作出了重要贡献。此数种批评著作，有两个明显特征：一是研究较为宏观，侧重"通史"之梳理；二是研究领域相对集中，侧重小说、戏曲评点，古文评点研究则涉及较少。以 2002 年《中国文学评点研究论集》收录的 22 篇文章为例，其中小说、戏曲评点 13 篇，诗词评点 2 篇，散文评点 1 篇，其他各篇为综论性质，学界研究的偏重点由此可见一斑，一言以蔽之曰：小说、戏曲评点研究独占鳌头，古文评点研究寥若晨星。

此后，评点研究队伍不断发展，自 2003 年的十几篇相关硕士博士学位论文，一路攀升，至 2020 年达到近百篇的数量，整体上逐步呈现出"散点开花"的样态。以评点研究的重镇华东师范大学、复旦大学为例，《水浒传》《西游记》《聊斋志异》《三国演义》《世说新语》等小说研究仍然是选题的热点，除此之外，《文选》《庄子》《孟子》《荀子》《左传》《史记》《战国策》和楚辞、汉赋、词学等方面的研究，亦多有涉猎。硕博论文某种程度上与导师的研究课题有直接或间接的关联，是学术研究倾向的缩影，自 2010 年至今，有 31 项与评点相关的国家社科项目获批，遍涉诗、文、词、小说、戏曲等领域。黄霖、周兴陆、朱万曙、余祖坤、谭帆、郭丹、张洪海、陈维昭、曾绍皇、罗剑波、安敏、韩维志、王叔才、赵俊玲等先生在自我耕耘的同时，带领出了一批以评点为学术研究对象的后学，从专书研究、通史研究、接受传播研究等方面入手，挖掘不同评点文本的文体形态、不同文本中的呈现样貌及价值影响，基本上改变了评点研究寥落的局面，逐渐走向繁荣。

（二）《左传》评点研究

作为古文的典范，在历代文学复古思潮中，《左传》自然而然地成为标榜的样本、效法的典范、古文评点的重要对象。张高评在 2005 年出版的《春秋书法与左传学史》中即将"《左传》评点学研究"视为拓宽《左传》研究的重要课题[1]，"可惜乏人整理研索，是以精义伟论，郁而不发"[2]，提出了开展《左传》评点研究的期待。李卫军与刘成荣是《左传》评点研究的重要探索者与开创者。二人同是 2008 年博士毕业，毕业论文修改后都在 2014 年出版，李卫军的《〈左传〉评点研究》于 6 月出版，刘成荣的《〈左传〉的文学接受与传播研究》于 11 月出版。

李卫军的《〈左传〉评点研究》分上、下两编，上编"《左传》评点综合研究"，梳理了《左传》评点的历史，分析了《左传》评点的形式和类型，对《左传》评点的内容与价值从文学、经学、史学三个方面进行了解读与阐释；下编"《左传》评点系年提要"，按照评点发展的历程，对经眼的 110 余种《左传》评点作品进行编年排列，并对其版本、评点者、评点形态及主要内容、价

---

[1]　张高评提出"值得垦拓"的十三个专题中，第九个为"《左传》评点学研究"，并列举了评点学中的重要书目。（张高评：《春秋书法与左传学史》，上海古籍出版社 2005 年版，第 8—10 页）

[2]　张高评：《春秋书法与左传学史》，上海古籍出版社 2005 年版，第 10 页。

值、影响等进行提要说明。此著视野宏阔，文献丰富，为《左传》评点研究提供了清晰的脉络与可靠的路径。当然，因为通史式的全面研究，《〈左传〉评点研究》对某些重要评点著作未能进行更加深入的探究。对《左传》这部经典而言，仅有"通史"之梳理尚远远不够，更需要具体而微的研究，而且通史式的研究最好奠基于具体而微的研究基础上。因此，《〈左传〉评点研究》在拓展路径的同时，又遗留了广阔的再研究空间。

刘成荣的《〈左传〉的文学接受与传播研究》主要探寻《左传》文学接受的根源，考察《左传》的接受轨迹，认为《左传》本身具备文学性，其文学性在经学化后被遮蔽，在经学影响减弱后，文学性又被张扬，而作为文学接受充分实现的《左传》评点，在《左传》文学接受过程中，自然具有不同寻常的地位与意义。因此，此著专设三章言说"明清时期的《左传》文学评点"，被钱志熙先生称为"本书用力最勤的部分……可以说是首次对宋元迄明清的《左传》文学评点作出系统的研究，初步建构起来《左传》评点史的叙述体系"①。对明清《左传》评点，此著从三个层面做了较为系统的分类与阐释：从学术背景与思想体系看，将《左传》评点归结为"经世致用""复古背景""心性风尚""文学自觉"的影响；从著作宗旨看，将《左传》评点分为"论兵""义法""情韵""微言"等；从专书研究看，对《左绣》《左传快评》《左传义法举要》《左传撷华》《左传微》等做了一定的阐释。

二人之著，《〈左传〉评点研究》是专门研究，搜集的资料更丰富，重点在对110余种《左传》评点作品的梳理、解读，从而形成了《左传》评点研究的脉络体系，赢在文献扎实。《〈左传〉的文学接受与传播研究》，重点从社会语境与文本分析出发，对《左传》评点的立场、特征进行详细梳理，赢在阐释细腻。

李卫军于2016年又出版了《左传集评》，为目前《左传》评点资料最集中、最丰富的著作，杜泽逊称其"在《左传》学史上可以说是总结评点成就

---

① 钱志熙：《〈左传〉的文学接受与传播研究序》，载刘成荣：《〈左传〉的文学接受与传播研究》，南京大学出版社2014年版，第9页。钱先生作序之时，或未见李卫军的《〈左传〉评点研究》出版，故有是说。

的第一部力作，具有集大成和里程碑的地位"，并断定"该书问世后，必将受到学术界的广泛欢迎，并拓展《左传》研究的新领域"，①此话诚然。《左传》评点研究欠缺的一个重要原因，首在于评点文献稀见，或散见于各种丛书、全集中，或流落于民间收藏者之手，一向不受重视，传承亦残缺不全，寻访搜集不易，且当前对《左传》评点文献缺少点校整理，故研究者较难参阅。《左传集评》的出版，为《左传》评点研究者提供了丰富的资料，在很大程度上减少了搜罗资料的困扰，必将有效提升《左传》评点研究的质量与效率。

在李卫军、刘成荣的研究指引下，加之整个评点研究领域的不断拓展，有更多的新锐纷纷将《左传》评点作为学位论文研究对象，如程玉佳的《金圣叹〈左传〉评点研究》、张博的《吴闿生〈左传微〉评点艺术研究》、刘朋娜的《〈钟评左传〉研究》、张盼盼的《孙鑛〈左传〉评点研究》等，皆是以具体的评点文本为研究对象，解读评点的具体发展样态及意义、影响等。

（三）清代《左传》评点研究

清代《左传》评点的整体研究，罗军凤的《清代春秋左传学研究》堪为代表。此著不仅清晰地展现了清代《左传》学发展的演变轨迹与各个时段的治学特征，而且深刻地揭示了清代《左传》学研究成果对于《左传》研究的重要意义。②此著在对清代《左传》的综合研究中单列《〈左传〉评点学研究》一章，以四节的容量对清代的《左传》评点做了宏观的梳理，并依据魏禧、王源、方苞、金圣叹、盛大谟及康熙的《左传》评点文本，揭露"《左传》文学研究的范式"的样本意义。此章内容是目前对清代《左传》评点的整体样貌研究最集中、最全面、成绩最突出者，只不过限于全书体例及内容规划，未能更深入、全面地考察。

清代《左传》评点的专书研究，较早的代表是蔡妙真的《追寻与传释——〈左绣〉对〈左传〉的接受》。此著以文本解读为根底，从接受美学的视角入

---

① 李卫军：《左传集评·序一》，北京大学出版社 2016 年版，第 1 页。
② 罗军凤：《清代春秋左传学研究》，人民出版社 2010 年版，第 328—376 页。

手，分析《左绣》的结构、修辞、主旨，揭示《左绣》对《左传》解经功力的阐发，言说《左绣》在《左传》学及文学批评史上的意义。视野独特，理论支撑，钩隐抉微，解读细腻，是此著的一大特色，为清代《左传》评点研究提供了方法论的借鉴。庄丹 2021 年出版的《〈左绣〉与〈左传〉评点研究》，在清代学术背景中审视《左绣》的文学评点与经学评点、史学评点、八股文写作的关系，分析《左绣》评说人物、战争、语言、叙事的手法，通过与清前期主要《左传》评点、散文评点、小说评点、戏曲评点的对比，阐释《左绣》的地位与价值，称"《左绣》的诞生标志着《左传》文学批评新范式的建立"①。围绕中心，纵横对比，是此著的一大特点，在解读《左绣》特点的同时，对清前期的某些《左传》评点作品，如《左传释》《古文渊鉴》《古文观止》《左传经世钞》《于埜左氏录》《左传评》等有所介绍，但因不是整体的专门研究，尚有许多未言及处。

除此之外，安敏的《经与文的碰撞——论清前期〈左传〉专书评点的"离经义化"》一文，从评点目的、评点内容、评点方式三个方面归纳出清前期《左传》专书评点的"离经义化"倾向，并从清前期《左传》经学发展的纠葛中探寻"离经义化"评点的土壤与发展空间②，此为对清前期《左传》评点某一方面突出特点的阐释。安敏还以自己的学术研究为支点，指导多名学生写作了清前期《左传》专书评点的学位论文，如马娟《〈于埜左氏录〉评点研究》、陈星羽《储欣〈左传选〉评点研究》、向明曲《李文渊〈左传评〉研究》、罗薇《周大璋〈左传翼〉研究》等。同时，河南大学郭宝军、赵奉蓉指导多名研究生以清代《左传》评点专书、清代古文选本中的《左传》评点为研究对象，如李三卫《〈左绣〉文章学研究》、林静静《魏禧〈左传经世钞〉研究》、杨河《刘继庄〈左传快评〉研究》、张慧玲《李绍崧〈左传快读〉研究》、罗莉莉《孙琮〈左传〉评点研究》、朱金水《〈古文渊鉴〉选评〈左传〉研究》、王佳薇《〈古文观止〉选评〈左传〉研究》、王彩云《〈古文赏音〉选评〈左传

---

① 庄丹：《〈左绣〉与〈左传〉评点研究》，社会科学文献出版社 2021 年版，第 198 页。

② 安敏：《经与文的碰撞——论清前期〈左传〉专书评点的"离经义化"》，《华中学术》2021年第 4 期。

研究》、锁增艳《姚培谦〈古文斫〉选评〈左传〉研究》等，意在审视《左传》评点在某个古文评点本乃至整个古文评点史中的作用。

通过以上对古代评点、《左传》评点、清代《左传》评点研究现状的粗略梳理发现，虽然在此研究领域的研究人员与研究范阈有所拓展，但对于清代《左传》评点的研究，目前尚未有专门、系统、全面、细致的研究著作出现，通史类研究有纲目之用而惜之简略，需以具体语境、文本进行扩充、再阐释；专书类研究有具体文本支撑而缺乏宏观整体观照，需对其进行归纳、概括、提纯、提升。因此，对清代《左传》评点研究文献进行系统整理、研究，便成为亟待进行的工作。

二、清代《左传》评点研究的框架

学术研究要解决学术问题，最基本、最核心的层面，便是将研究对象的真实样貌说清楚，说透彻，说明白，此即为张江先生所说的"核心阐释"。围绕研究对象的社会语境、生产者的话语动机等，对其生成原因进行探究，此为"本源阐释"。围绕文本传播中社会和受众的反应，对其传播接受状况进行研究，此为"效应阐释"①。在核心阐释、本源阐释、效应阐释基础上，方能对研究对象的地位、价值做客观、真实的定位，此可称为"价值阐释"。因此，本书主要从评点生成、评点作者、评点文本、评点关键词、评点接受、评点价值六个层面，从不同的角度、纵横结合、前后勾连，努力呈现清代《左传》评点的真实样貌，并在评点史、《左传》研究史、文学批评史中对其进行准确的"网格"定位。

---

① 张江先生在反思"强制阐释"的逻辑问题与应用弊病后，提出了"本体阐释"的概念，即"以文本为核心的文学阐释"。本体阐释包括三重阐释，即核心阐释、本源阐释和效应阐释三个层次，"三重阐释的关系是辐射和反射关系。核心阐释是中心，辐射为本源阐释，再辐射为效应阐释。核心阐释为根本阐释，其他阐释都以此为核心生发伸展。同时，两重外围阐释反射于核心阐释，为核心阐释服务，证明核心阐释的确正性"（张江：《当代文论重建路径——由"强制阐释"到"本体阐释"》，《中国社会科学报》2014 年 6 月 16 日第 A04 版）。

（一）清代《左传》评点生成论

此为本书研究之起点。要研究清代《左传》评点文献，首在于追究这些文献是"怎么来的"，分而析之为三个关键词：清代、《左传》、评点。《左传》是经书之一，也是本书研究对象的研究对象，唯其存在，评点研究才成为可能，本书才成为可能，自不必追究。故所考究者有二：一是作为中国传统典范意义的评点，是怎么被生产出来的；二是清代出现了怎样的状况，促成了《左传》评点的兴盛。

大要言之，评点、《左传》评点、清代《左传》评点的出现，有其内在理路的传续，也有外缘政治、社会的影响，各种"合力"共同发力，最终形成了清代《左传》评点的繁荣局面。此种合力，从历史传统来看，有人物品藻的远源传递，有南宋理学家注入的评点基因，有宋、元、明代评点者的评点示范等；从现实语境来说，有清朝廷文化政策的导向、科举考试的激发、书院讲学的生成等力量。

（二）清代《左传》评点作者论

文学是"人学"，根于文学是人写的、是写人的、是写给人看的三个基础，而"人写的"是后两者的前提。作者是文本得以生产的"人的因素"，其阶层出身、学术水平、撰述意图诸方面，无不左右着文本的生成、价值及形态诸层面。

从评点生产者来说，帝王、知识精英、一般知识阶层基于不同的目的，纷纷投入《左传》评点实践中，他们或者以帝王身份示范世人，或者以志趣相投的评点圈经世致用，或者以塾师身份指引学子，或者以一己之思建构理想为文之道，或者将之作为留名不朽的凭借，或者将之作为精神自适的寄托，共同以专注、持久、层累的努力，缔造了《左传》评点史的传奇。清代《左传》评点的"合力"生成，在一定程度上可以消解两种常见的认识成见：一是认为思想史是知识精英的历史，二是认为评点文献学术"含金量"低下。真实的思想史不纯粹是知识精英阶层的思想史，帝王、在朝官员及知识精英固然能够成为时代思想的主导，但作为金字塔底层、数量庞大的一般知识阶层共同支撑起了金字塔顶端，成为所谓知识精英阶层思想的广阔知识背景、丰厚的生长土壤，不能也不应该成为被忽视的真空。实际上，来自多个知识阶层、不同政治身份的评点者所共同生产的清代《左传》评点作品，背后所展示的恰恰是清代真实的思想动向。《左传》评点作品出自学术水平不一的评点者，其价值层次不一，不能因为评点大部分面向的是初学者，不能因为某些质量一般甚或坊间低劣的刻本，便给评点打上浅显、学术含量低的标签。其实，很多评点的批评者，曾经都是评点的受益者，评点曾经是他们知识建构的重要一环。当然，因为时代变迁与学术思潮的影响，投入清代《左传》评点的知识精英与一般知识阶层的数量亦有时段的变化，如清初经世致用之学的盛行促成了各个阶层的积极参与，四库馆的开设、考据之学的盛行一定程度上影响了知识精英参与评点的积极性，清末科举变革使一般知识阶层从前期的积极参与转向退出，而作为知识精英的吴汝纶等人则积极参与以求救世，从而使《左传》评点在整体繁荣的大基调下呈现出时段性的起伏曲线。

（三）清代《左传》评点文本论

此为本书研究之核心。清代《左传》评点文本，从文本形态上看，评点文本的圈点符号、篇题拟定、底本选择是最直观的样貌呈现，皆具有强大的传统痕迹，亦呈现出差异性与多样性的补充，在择取标准、拟定原则、删削选择、意义指向、使用频率等方面形成了小范围的意义系统。从文本层次来看，评点文本的各种要素之间形成了不同指向关涉的层次，《左传》原文、《左传》注释、《左传》评点的层次，关涉的是评点文本生产过程；点、抹、眉批、夹注、旁批、尾评的关联层次，关涉的是评点部件的相互依存、彼此指涉的系统；《左传》评点与古文选本其他评点的关联层次，关涉的是评点者古文建构的理念；单个《左传》评点本与前人评点的关联层次，关涉的是尊古与创新、传统与现代的关系。文本形态、文本层次是清代《左传》评点文本的形式呈现，评点者在文本生产中贯注了各自的评点理念与为文之道，凝练地呈现于多次、反复使用的评点关键词中，此为评点文本的内容呈现。清代《左传》评点者在构建清代批评话语体系过程中,对"主脑""宾主""虚实""整齐""错综"等关键词的选择与阐释,既有共性解读,又有个性特质,既有意义的历史承续,又有现实实践的当代赋能。他们的群体建构、自觉意识,足以回击评点不成系统、毫无体系的成见,亦能敦促评点研究者深入挖掘评点的理论意义,从而建构新时代的诠释话语。

(四)清代《左传》评点接受论

接受美学认为,经过作者完成的文本,如果没有经过读者的阅读,还不能称之为真正的文本。只有经过读者的阅读接受,文本的创作才算真正完成。因此,考察读者对《左传》评点文本的阅读接受,不单纯是考察评点文本的接受效应问题,在一定程度上,它依旧是对核心的评点文本之考究的一部分。而且,正是因为读者的参与,经过反复的"填空""否定""完形"等加工,才促成了新的评点文本的出现①。

一般而言,作品生成后进入读者的阅读,便是作品的接受开始,文本的效应阐释就此展开。"效应阐释包含社会和受众对文本的多元认识和再创作,是文本在传播和接受过程中产出的衍生话语。效应阐释是验证核心阐释确正性的必要根据"②,但是评点文本相较于其他文本,它是特殊的复合文本,其中既有评点的对象文本,又有前代的注释文本、评点文本,还有评点者的阐释文本,因此,清代《左传》评点文本的接受层次相对复杂一些,它的效应阐释也是反复、多层次完成的。

当评点者以读者身份出现时,其接受表现为评点者对前代文本的接受;当评点者以生产者身份出现时,其接受表现为时人、后学对清代《左传》评点文本的接受。具体而言,清代《左传》评点对前代文本的接受,主要表现在对《左传》文本、《左传》经典阐释文本、《左传》重点人物的接受三个方面,

---

① 可参阅 [德] H.R. 姚斯、[美] R.C. 霍拉勃著,周宁、金元浦译:《接受美学与接受理论》,辽宁人民出版社 1987 年版。

② 张江:《当代文论重建路径——由"强制阐释"到"本体阐释"》,《中国社会科学报》2014年 6 月 16 日第 A04 版。

清代《左传》评点作品对《左传》文本的选择，具有相当高的趋同性，显示了经典文本强大的辐射力；对前代《左传》经典阐释文本的接受，如《郑伯克段于鄢》《曹刿论战》《臧哀伯谏纳郜鼎》《周郑交质》《石碏谏宠州吁》等，关联着过去、现在与未来，清晰地展现出评点者的价值导向与审美期待；对《左传》重点人物不约而同的群体性着意凸显与高度认可，彰显着评点者的历史思考与现实建构。至若清代评点者对同时代《左传》评点文本的接受，在重复、强调、否定、批判、修正、重建中，破解了"影响的焦虑"，实现了自我的超越，他们作品出版的频次以及整个评点作品的出版峰值，彰显出清人对同时代《左传》评点作品的认可、接受选择及时段差异。清代以降对清代《左传》评点的接受，分为评点者的接受与一般读者的接受。评点者的接受，主要集中于民国初期，聚焦于吴闿生、吴曾祺、林纾等人的《左传微》《左传菁华录》《左孟庄骚菁华录》《左传撷华》等作品中，他们延续清代的评点传统，以经世致用的评点，力求延续古文一脉，保存国粹。一般读者的接受，接受意图渐趋集中，主要将之视为启蒙读本、习文写作范本、进修提升的参照，接受内容从散点开花渐趋于一枝独秀，接受面渐趋狭窄单一。清代《左传》评点的接受，传承着经典的永恒价值，经受着时代变迁、思想巨变、学习需求等的考验与挑战，一直延续至今，影响着今人的知识建构，彰显着清代《左传》评点的强大解释力与生命力。

（五）清代《左传》评点价值论

此为本课题研究之指归。作为对《左传》的评点解读文本，其价值呈现是多个层面的：评点对《左传》经典的接受有何功能，对当时文人的文学批评有何意义，对当时文人的写作有何借鉴，对后世乃至当下的《左传》接受、文学批评、写作以及中国文学批评话语的重建有何意义，等等。

大量细致、全面、指导性更强的清代《左传》评点作品，降低了《左传》阅读的难度，加快了《左传》的普及化步伐，成为走近经典、走进经典、传承经典、巩固经典的最恰当、最便捷的路径，亦是获取知识、树立价值认同、增强凝聚力的有效途径。同时，清代《左传》评点中大量有关阅读、作文的经验之谈，不但使当时的学子受益，而且也有助于今人的文章写作，将诸多经验进行总结、归纳、提升，亦可充实文章学的内里，更可为当代《左传》研究的困境提供思路与突围方法。清代《左传》评点者在守正与变通中，重新发掘古人之意，再度阐释今人之思，调动传统力量，校正价值方向，走出了创造性转化与创新性发展的道路，为建构新时代中国文学的批评话语体系提供了可供借鉴的资源、范型与路径。

古代文学的研究，其目的"在还原历史原貌基础上研究现象发生的原因、发展条件、嬗变的规律；古代文学最主要的目的是要解决问题，建立科学的命题，以科学的方法寻找解决的途径，尽可能得出科学的结论"①，因此，本书带着清代《左传》评点是如何形成、什么样貌、怎样被接受、有什么价值等问题，走入具体文本，溯流穷源，穷理尽性，老老实实、客客观观地将清代《左传》评点的样貌呈现出来，以求知其貌，明其变，学其法，得其鉴。美国文学批评家艾布拉姆斯提出文学四要素"世界、作品、艺术家（作者）、受众"理论②，并以此对西方文艺理论进行了全面的回顾和总结，本书的研究框架，即基于艾布拉姆斯四要素理论而设置的，而且，需要强调的是，在文学批评的四个坐标中，各要素之间不应该成为一个单线系统，而是相互指涉，彼此渗透。

三、清代《左传》评点研究的方法

陆九渊早在乾道八年（1172）即为世人昭示了做学问的两种途径，"今天下学者唯两途：一途朴实，一途议论"③，此可视为文献与理论结合的陆氏表述，朴实不能粘牙嚼舌，议论不能虚说虚见，二者结合，方为研究之通途。此二途皆见于清代《左传》评点之中，基于遵循传统路径与贴合研究对

① 傅刚：《谈谈中国古代文学研究者的研究：目的、意义、方法》，《文学遗产》2014年第1期。
② ［美］M.H.艾布拉姆斯著，郦稚牛等译：《镜与灯：浪漫主义文论及批评传统》，北京大学出版社1989年版，第5—6页。
③ （宋）陆九渊著，钟哲点校：《陆九渊集》卷三六《年谱》，中华书局1980年版，第489页。

象实际的理念，在具体研究中，本书主要采用了以下四种研究方法。

（一）"采铜于山"法

采铜于山，见于顾炎武的《与人书》："尝谓今人纂辑之书，正如今人之铸钱。古人采铜于山，今人则买旧钱，名之曰废铜，以充铸而已。所铸之钱既已粗恶，而又将古人传世之宝，舂剉碎散，不存于后，岂不两失之乎？"①"采铜于山"是与"废铜铸钱"相对的一种治学路径，注重一手资料的搜集与阅读。此前清代《左传》评点研究薄弱的原因，一是清代《左传》评点文献散见于各种丛书、评点选本、文人全集及民间收藏者手中，整理本较少，一般研究者有望而却步之心态；二是研究者追求所谓的热点，盲目跟风，将已有的成果打碎，重新排序组合，即成为所谓的新成果，而《左传》评点研究中这种可供打碎的文章不多，所以"新成果"就少。因此，研究清代《左传》评点首要的任务便是搜集、整理、阅读相关的评点文献，掌握了足够多的文献，就是采得了铸钱的"铜"，研究才有了纵深的可能。

（二）文本细读法

清代《左传》评点到底是什么样貌，需要通过具体的文本细读来回答，这是一切研究的基点与核心，没有文本细读的结论，都是经不起推敲的虚言空说，近似明人"束书不观，游谈无根"的空疏陋习。文本细读本身是清代《左传》评点惯用的、通用的、最基本的阐释方式，清代《左传》评点者通过具体的评点实践证明了文本细读的价值与意义，因此，深入评点作品的肌理与内部结构，细细品读评点者留下的品读体会，本身即是在重走他们的评点之路，真正进入了评点过程。"可重复性"是自然科学研究领域中经常被用来检验结论是否可靠的指标或手段，在人文研究领域中同样适用。通过文本细读，重走评点者的评点路程，不仅会更加精准地理解，而且也有可能对评点做出一定程度的修正，从而会更加客观地评判其价值。"进入过程"的

---

① （清）顾炎武：《顾亭林诗文集·亭林文集·与人书》，中华书局1983年版，第93页。

研究所带来的结论与阐释，会更切实、更有说服力。

（三）推衍归纳法

《庄子·养生主》言庖丁解牛，"手之所触，肩之所倚，足之所履，膝之所踦，砉然向然，奏刀騞然，莫不中音"①，充分摸清牛的结构，顺着牛的自然结构运刀，才能得心应手，游刃有余。此道理用于学术研究，就表现为按照研究对象的特点、规律确定研究路径。清代《左传》评点的基本路径，是从一字一句的解读出发，总结整篇文章的结构特点、句法章法，进而归纳整本书的文法特点，最后上升到整个文章写作的规律乃至中国文学批评话语的总结。基于此，清代《左传》评点研究运用推衍归纳法来总结清代《左传》评点的整体样貌，通过个案与整体的结合，从个别到一般，从具体到抽象，从特殊到普遍，正是顺其自然，入乎其中，出乎其外。

（四）定量统计法

研究清代《左传》评点，面对的是大量的评点文字，分散在不同作品的不同角落，为了能更好地呈现其整体面貌，需要按照不同的主题将相关的文字提取出来，在比较之中发现其共同点、差异处。为此，在分类划分基础上进行数量统计是让纷繁问题清晰化的重要途径，亦是发现问题、印证论点的重要依据②。清代《左传》评点者共同关注的是《左传》的哪些文本？与明代评点者的选择倾向有哪些区别？关注度比较高的《左传》人物有哪些？最常用的篇题拟定类型是什么？哪些术语是清代《左传》评点的关键词？出版频次较高的清代《左传》评点本是哪些？清代《左传》评点本的出版峰值出现在什么阶段？最受今人欢迎的清代《左传》评点本是什么？这些问题，如果没有相关数据的支撑，得出的结论一定是苍白无力、无法让人信服的。

---

① （清）郭庆藩撰，王孝鱼点校：《庄子集释》，中华书局 1961 年版，第 117—118 页。
② 李炳海：《中国古代文学的定量、定性和定位研究》，《人文杂志》2004 年第 4 期。

　　研究对象本身的样态与特征，决定了研究的方法，研究的文献广度某种程度上影响着研究的视野。以上四条研究方法，有的是遵循清代《左传》评点的方法，有的是受研究视野影响而选择的。当然，长时段的理论方法、多种文化样态交叉融合的方法、接受美学的理论方法等，在清代《左传》评点研究中亦是必不可少。须知，研究方法也只不过是一种手段，其终极目的在于还原研究对象的样貌，挖掘历史通往现在、未来的通道。

第一章 清代《左传》评点生成论

作为中国古代独特的文学批评形式，评点是古人研读文章的重要手段之一，素以直观、感性、零碎著称，然亦有启发人心之处，"通作者之意，开览者之心"①，其作用"有愈于解说者矣"②。目前学界对于评点的研究逐渐抬头，由冷趋热，渐成兴盛之势，此为累年备受忽视、批评的评点之幸事。

研究评点，除却评点是什么的问题之外，首要的问题便是评点是怎样生成的。作为中国土生土长的"果实"，评点是在中国的文本大地上，经由不同养分滋养而逐步出现、生长、成熟的。至若其选择在什么时刻破土而出、选择在什么时候陡然增长，除却自身的努力之外，时代语境的"恰逢其时"亦是关键因素，注定为评点注入形影相伴、挥之不去的生命基因。

第一节 人物品藻：评点母源之一

评点是评论与圈点的结合，在中国批评史上出现的时间较晚，"刻书本之有圈点，始于宋中叶以后……大抵此风滥觞于南宋，流极于元

---

① （明）袁无涯：《忠义水浒全书发凡》，载朱一玄编：《〈水浒传〉资料汇编》，南开大学出版社2002年版，第133页。

② （清）姚鼐撰，卢坡点校：《惜抱轩尺牍》卷二《答徐季雅》，安徽大学出版社2014年版，第35页。

明"①，但其方法却是早已有之，由来已久，正所谓根深者叶必茂，流长者源必远。

一、评点与人物品藻关联问题的提出

有关评点的来源，评点研究的前辈学者多有解说，综合而言，其论说可以分为两个层面，一个是点的来源，一个是评的来源。

先说点的来源。评点作品用一系列的圈点符号来表明对文本的语词、结构等的看法，此种实践不单是形式上的涂抹圈画，而且还具有一定的意义功能。吴承学《评点之兴——文学评点的形成和南宋的诗文评点》言："至于评点的符号，则是在古代读书句读标志的基础上进一步发展起来的。句读与评点当然分属语法与鉴赏两个不同的系统，但两者关系相当密切，当句读方式由语法意义扩大至鉴赏意义时，文学性质的圈点也就产生了。事实上，古人的评点标志往往是兼具语法意义和鉴赏意义的。"②吴先生即指出"点"具有语法意义与鉴赏意义，且是从读书的句读标志发展而来的。祝尚书《南宋古文评点缘起发覆——兼论古文评点的文章学意义》认同吴先生的观点，并进一步补充："不过似还可补充一点：也与修改文章有关。"③祝先生进而选取文莹《湘山野录》所记秘演读苏舜钦所作《赠秘演师》诗而加以点窜涂抹为例，认为文人修改文章过程中所作的涂抹亦影响了评点中"点"的产生。姜云鹏《试论评点符号早期的发展历程》一文专门探讨"点"的发展，对其来源没有过多展开，主要援

---

① （宋）叶德辉：《书林清话》卷二《刻书有圈点之始》，上海古籍出版社 2008 年版，第25—26 页。另瞿镛《铁琴铜剑楼藏书目录》有曰："可知书有圈点，始于宋末也。"〔（清）瞿镛：《铁琴铜剑楼藏书目录》卷二三，《续修四库全书》第 926 册，上海古籍出版社2002 年版，第 404 页〕

② 吴承学：《评点之兴——文学评点的形成和南宋的诗文评点》，《文学评论》1995 年第 1 期。

③ 祝尚书：《南宋古文评点缘起发覆——兼论古文评点的文章学意义》，《四川大学学报》2005 年第 4 期。

引朱熹读书"用诸色之笔批抹文中之内容"①，以此展开对圈点符号发展历程的论说。黄霖先生提到"点"即源自"看书时随手'点烦'、'点抹'、'钩识'、'朱墨别异'等"②。可见，在诸位先生眼中，读书时择取立意佳或者文辞美的文句加以标注，当是"点"生成最重要的原因。此种观念，在古人那里亦有相同的论说，四库馆臣即言："宋人读书于切要处，率以笔抹。故《朱子语类·论读书法》云：'先以某色笔抹出，再以某色笔抹出。'吕祖谦《古文关键》、楼昉《迂斋评注古文》亦皆用抹，其明例也。"③袁枚亦言："古人文无圈点，方望溪先生以为有之则筋节处易于省览。按唐人刘守愚《文冢铭》云有朱墨围者，疑即圈点之滥觞。"④因此，有关"点"的来源，争议不大。

再看评的来源。孙琴安先生《中国评点文学史》认为主要有二：一是训诂学的发展，二是历史学的发展。⑤前者主要是训诂基础上注者的主观评价、诗歌小序等，后者主要是史评。谭帆先生《中国小说评点研究》言评点的形式来源，提到三方面因素：注释、史注之体例和文学之选评。⑥张伯伟先生《评点溯源》以翔实的材料，从四个方面去寻源究本，即章句、论文、科举、评唱。⑦吴承学《评点之兴——文学评点的形成和南宋的诗文评点》言："文学评点形式是在多种学术因素的作用之下形成的。这主要有古代的经学、训诂句读之学、诗文选本注本、诗话等形式的综合影响。"⑧黄霖认为评点之"评"，其源可上溯到秦汉的经史之学，"如《易》之有系辞、说卦，《诗》之有《毛传》、《郑笺》，乃至司马迁的'太史公曰'，《楚辞章句》每篇前的小

---

① 姜云鹏：《试论评点符号早期的发展历程》，载黄霖主编：《文学评点论稿》，凤凰出版社2017年版，第24页。

② 黄霖：《文学评点论稿·中国文学的评点与汇评》，凤凰出版社2017年版，第1页。

③ （清）永瑢等：《四库全书总目》卷三七《苏评孟子二卷》，中华书局1965年版，第307页。

④ （清）袁枚著，周本淳标校：《小仓山房诗文集·小仓山房文集·凡例》，上海古籍出版社1988年版，第1152页。

⑤ 孙琴安：《中国评点文学史》，上海社会科学院出版社1999年版，第1页。

⑥ 谭帆：《中国小说评点研究》，华东师范大学出版社2001年版，第7页。

⑦ 张伯伟：《评点溯源》，载章培恒、王靖宇主编：《中国文学评点研究论集》，上海古籍出版社2002年版，第1—54页。

⑧ 吴承学：《评点之兴——文学评点的形成和南宋的诗文评点》，《文学评论》1995年第1期。

序等等，均可视之为其滥觞"①。郭丹则认为"评点式批评的滥觞，可以推至先秦"②，上博简的《孔子诗论》，郭店简的《缁衣》《孔丛子·记义》，《左传·襄公二十九年》所载季札观乐，皆已存在评点式的论诗方式。以上诸位先生的研究，在文学历史中钩沉资料，爬梳剔抉，言其"渊源"与"远因"。

　　以上诸先生有关"评"之来源的论断，有两个共同的内容，即古代经书的训释方法、史书的论赞，可见，此二者作为评点的来源，当是学界的共识。至若选评、论文、科举、评唱、诗话等，则是诸先生从评点之"评"的属性、功能、价值指向、形式特点等方面入手，与历史上相关、类似的文化现象与文学样态等关联而作出的学理推断，为推动评点生成缘由问题的持续性研究提供了不同的思路。中国历史悠久、文化深厚、文学样态丰富，是开放复杂的系统，有许多相互关联、渗透的文化密码与观念编码，因此，与评点相关的当不止以上诸先生所列之内容。如何从遥远且陌生的历史文化现场，拨开重重迷雾，揭开层层面纱，寻找到背后的真实，是文明探源、文化考古努力的方向，亦是文学寻根的目标指向。探评点之源，寻评点之根，亦不能局限于一处、一种观点，而应该从多角度、多层次、全方位、深入化地推本溯源，探源索珠，如此才能进一步明晰评点的起源、发生、发展的脉络，才能真正寻得评点自母体带来的文化、学术基因。基于此，在前辈时贤的共识与异见基础上，我们可以从另外一个角度继续推进探源工程。

　　评点是对文章内部结构、风格特征所作的解读，单就"评"来说，在真正的评点作品出现之前，早在魏晋时期就已经有了大量的评文赏辞之作，如《典论·论文》《文心雕龙》《文赋》《诗品》等，它们的鉴赏评论对评点的产生，影响是很直接的。章学诚《校雠通义·宗刘》谈及评点的起源，将之追溯至魏晋评文之作，其言曰："评点之书，其源亦始钟氏《诗品》刘氏《文心》；然彼则有评无点，且自出心裁，发挥道妙，又且离诗与文而别自为书，信哉

----

① 黄霖：《文学评点论稿·中国文学的评点与汇评》，凤凰出版社 2017 年版，第 1 页。
② 郭丹：《〈左绣〉与〈左传〉评点研究序》，载庄丹：《〈左绣〉与〈左传〉评点研究》，社会科学文献出版社 2021 年版，第 1 页。

其能成一家言矣！"虽然章学诚从其固有的经史观念出发，对评点之作评价不高，在他看来，谢枋得的《檀弓》评点、苏洵的《孟子》评点、孙鑛的《毛诗》评点，"皆是论文之末流，品藻之下乘"；① 虽然章学诚知晓评点与魏晋评文赏辞之作的差异，后者只有评没有点，与诗文相脱离，独自为文，可自由发挥，但作为史学家的他仍然凭借"辨章学术，考镜源流"的观念与方法，将评点的源头指向了《诗品》与《文心雕龙》。与章学诚意见相合者，有清朝晚期的曾国藩。曾国藩于《经史百家简编》中云："梁世刘勰钟嵘之徒，品藻诗文，褒贬前哲，其后或以丹黄识别高下，于是有评点之学。"② 曾国藩对评点走入迷途颇有微词③，他亦将评点的起源与刘勰、钟嵘联系在一起，认为刘勰、钟嵘对诗文、作家的品藻评议为后人所继承，以丹黄圈点以别品第，自此评点之学产生。

《诗品》作为古代第一部诗论专著，以凝练、精妙的词语概括文人特点、诗歌风貌，论定品次。《文心雕龙》全书 50 篇，皆是体周虑全的专题论文，论文序笔，对历史上的诸多文体进行源流考辨、特征阐释，对相应的作家作品据实评价；剖情析采，对文学创作过程、文学鉴赏多加论说研究。钟嵘、刘勰对诗文的评议，与评点之"评"关系密切，都是以诗文为批评对象，内容涉及文体的生成、发展、风貌以及创作等问题，评说皆有文本依据，非空口议论，祝尚书也承认"视《诗品》、《文心雕龙》为评点本的远源也许不错"④。那么，将《诗品》《文心雕龙》作为评点产生的一个来源，当可成说。

承认《诗品》《文心雕龙》与评点生成的关联，是探源工程的第一步，

---

① （清）章学诚著，刘公纯标点：《校雠通义·宗刘》，古籍出版社 1956 年版，第 4—5 页。

② （清）曾国藩著，钱士民标点：《经史百家简编·序目》，大达图书供应社 1935 年版，第 1 页。

③ 曾国藩在《经史百家简编·序目》中提出，自汉世以来，历代文人从事之业有三：章句之学、校雠之学、评点之学，然章句之学、评点之学皆在科举考试影响下走向了迷途，成为文坛末流，独有校雠之学，清朝最为卓绝，巨儒辈出。[（清）曾国藩著，钱士民标点：《经史百家简编·序目》，大达图书供应社 1935 年版，第 1 页]

④ 祝尚书：《南宋古文评点缘起发覆——兼论古文评点的文章学意义》，《四川大学学报》2005 年第 4 期。

接下来要做的便是再往前探，再往深挖。《诗品》《文心雕龙》并非凭空产生，它们亦是在诸多因素影响下出现的，那么，如果进一步追问，这些因素所带的基因是否会"隔代遗传"呢？甚或直接作用于评点呢？

关于《诗品》《文心雕龙》等文学批评著作的产生原因，宗白华先生在其《论〈世说新语〉和晋人的美》中，有一段著名的经典论断：

> 《世说新语》上第六篇《雅量》、第七篇《识鉴》、第八篇《赏誉》、第九篇《品藻》、第十篇《容止》，都系鉴赏和形容"人格个性之美"的。而美学上的评赏，所谓"品藻"的对象乃在"人物"。中国美学竟是出发于"人物品藻"之美学。美的概念、范畴、形容词，发源于人格美的评赏。"君子比德于玉"，中国人对于人格美的爱赏渊源极早，而品藻人物的空气，已盛行于汉末。到"世说新语时代"则登峰造极了。……中国艺术和文学批评的名著，谢赫的《画品》，袁昂、庾肩吾的《画品》、钟嵘的《诗品》、刘勰的《文心雕龙》，都产生在这热闹的品藻人物的空气中。后来唐代司空图的《二十四品》，乃集我国美感范畴之大成。①

宗先生将《诗品》《文心雕龙》等文学批评名著的产生，归因于人物品藻之风，甚至将整个中国美学与人物品藻之学联系在一起。此观念对于深入认识中国文学批评的发展脉络，甚有启发意义。宗先生的此种论断，源自一个基本理念，即自然美与人格美相通②。钱锺书先生在《中国固有的文学批评的一个特点》一文中，表达了类似的理念，提出了中国文学批评的重要特点："这个特点就是：把文章统盘的人化或生命化。《易·系辞》云：'近取诸身……

---

① 宗白华：《美学散步》，上海人民出版社 1981 年版，第 209—210 页。
② 李泽厚有相似的评述，"人物品藻之所以和中国古代美学概念的形成发生了密切关系，首先是由于我们在上面已提到的人物的美同自然的和艺术的美三者之间有着根本相通、一致的地方；同时，从整个中国古代美学的发展来看，三者之中，人物的美又是最根本、最重要的"[李泽厚、刘纲纪：《中国美学史》(魏晋南北朝编)，安徽文艺出版社 1999 年版，第 92 页]。

以通神明之德，以类万物之情'，可以移作解释；我们把文章看成我们自己同类的活人。"①钱锺书立足自古到今中国谈艺者的意识天地，提出了文与人的密切关系，指出文章人化是中国文学的固有特点，这是符合中国文学批评实际的。张海明在此启发之下，探究魏晋人物品评与诗话滥觞的关系，提出"在一个更为开阔的背景下来看，着眼于魏晋人物品评、文人雅谈与宋初诗话的内在关联，那我们是否可以说，《诗品》、《本事诗》与宋初诗话的关系，似近而实远；而魏晋人物品评、文人雅谈与宋初诗话之因缘，反倒似远而实近呢"②，认为人物品评与诗话的关系更近一些，直接将《诗品》《文心雕龙》抛开，直接言说魏晋人物品评与诗话的关联。

基于中国文学批评的特点以及前人的相关研究，评点的探源工程可以往前推进一步，即人物品藻是评点滥觞的渊源之一。至若此论断能否成立，则需要从二者的相似性及学理关联予以论证。

二、人物品藻与评点方式的相似性

"品藻"一词，最早见于扬雄《法言·重黎》："或问'《周官》'。曰：'立事。''《左氏》'。曰：'品藻。''太史迁'。曰：'实录。'"③"品藻"是扬雄对《左传》特点的概括，至若扬雄为何用"品藻"来解读《左传》，《法言》并没有过多解释，联系上下文，其意义指向当与《左传》褒善贬恶的书写特点有关，"品第善恶，藻饰其事"④。《汉书·扬雄传下》进一步提出："仲尼之后，讫于汉道，德行颜、闵，股肱萧、曹，爰及名将尊卑之条，称述品藻。"颜师古注曰："品藻者，定其差品及文质。"⑤即对人的道德品性、外在表现进行品级评定与论说，"其最基本的价值取向，乃是以人为着眼点，进

---

① 钱锺书：《钱锺书散文》，浙江文艺出版社 1997 年版，第 391 页。
② 张海明：《魏晋人物品评与诗话之滥觞》，《文艺研究》2008 年第 2 期。
③ 汪荣宝撰，陈仲夫点校：《法言义疏》，中华书局 1987 年版，第 413 页。
④ 汪荣宝撰，陈仲夫点校：《法言义疏》，中华书局 1987 年版，第 415 页。
⑤ （汉）班固撰，（唐）颜师古注：《汉书》，中华书局 1962 年版，第 3582 页。

行由表及里、由外及内，从现象到本质、从具体到抽象的观察与评价；换言之，就是对人进行从形骨到神明的审美批评和道德判断"①，此种品藻实践在《左传》写就之前即已出现，其品藻方式与评点方式有着一定的相似性关联。

（一）凝练、重感悟的评点方式

先秦典籍中比较集中进行人物品藻的代表人物是孔子。孔子不赞成背后议论别人，《论语·宪问》记载："子贡方人。子曰：'赐也，贤乎哉？夫我则不暇。'"对于"方人"一词，《论语注疏》解释为"谓比方人也。子贡多言，尝举其人伦以相比方"，也就是说子贡将自己与他人作比，对他人有所讥评。孔子则认为"知人则哲，尧舜犹病，而子贡辄比方人，怒其轻易"，②专务于此，影响自我道德境界的提升，故而对其有所贬斥。子贡方人，说到底即是品评人物，孔子用"夫我则不暇"道出了对子贡评说他人方式与态度的批评，而非反对品评人物，《论语》中便留下了孔子大量品评人物的话语。《论语》的《雍也》《先进》收录的主要是孔子对弟子的品评，《雍也》记载道：

> 子谓仲弓，曰："犁牛之子骍且角，虽欲勿用，山川其舍诸？"③
> 子曰："回也，其心三月不违仁，其余则日月至焉而已矣。"④
> 季康子问："仲由可使从政也与？"子曰："由也果，于从政乎何有？"曰："赐也可使从政也与？"曰："赐也达，于从政乎何有？"曰："求也可使从政也与？"曰："求也艺，于从政乎何有？"⑤

---

① 范子烨：《中古文人生活研究》，山东教育出版社 2001 年版，第 3 页。
② （魏）何晏注，（宋）邢昺疏：《论语注疏》，（清）阮元校刻：《十三经注疏》第 5 册，中华书局 2009 年版，第 5458 页。
③ 程树德撰，程俊英、蒋见元点校：《论语集释》，中华书局 1990 年版，第 375 页。
④ 程树德撰，程俊英、蒋见元点校：《论语集释》，中华书局 1990 年版，第 378 页。
⑤ 程树德撰，程俊英、蒋见元点校：《论语集释》，中华书局 1990 年版，第 379—380 页。

子曰："贤哉，回也！一箪食，一瓢饮，在陋巷，人不堪其忧，回也不改其乐。贤哉，回也！"①

《先进》记载道：

子曰："回也非助我者也，于吾言无所不说。"

子曰："孝哉闵子骞！人不间于其父母昆弟之言。"②

子贡问："师与商也孰贤？"子曰："师也过，商也不及。"③

柴也愚，参也鲁，师也辟，由也喭。④

子曰："回也其庶乎，屡空。赐不受命，而货殖焉，亿则屡中。"⑤

求也退，故进之。由也兼人，故退之。⑥

除此之外，《论语》中亦有孔子评论古圣贤、时人的言语，如《雍也》言："仲弓问子桑伯子。子曰：'可也，简。'"⑦《公冶长》言：

子曰："晏平仲善与人交，久而敬之。"⑧

子曰："臧文仲居蔡，山节藻梲，何如其知也？"⑨

子张问曰："令尹子文三仕为令尹，无喜色；三已之，无愠色。旧令尹之政，必以告新令尹。何如？"子曰："忠矣。"曰："仁矣乎？"曰："未知，焉得仁？"⑩

---

① 程树德撰，程俊英、蒋见元点校：《论语集释》，中华书局 1990 年版，第 386 页。
② 程树德撰，程俊英、蒋见元点校：《论语集释》，中华书局 1990 年版，第 746 页。
③ 程树德撰，程俊英、蒋见元点校：《论语集释》，中华书局 1990 年版，第 772 页。
④ 程树德撰，程俊英、蒋见元点校：《论语集释》，中华书局 1990 年版，第 777 页。
⑤ 程树德撰，程俊英、蒋见元点校：《论语集释》，中华书局 1990 年版，第 779 页。
⑥ 程树德撰，程俊英、蒋见元点校：《论语集释》，中华书局 1990 年版，第 787 页。
⑦ 程树德撰，程俊英、蒋见元点校：《论语集释》，中华书局 1990 年版，第 362 页。
⑧ 程树德撰，程俊英、蒋见元点校：《论语集释》，中华书局 1990 年版，第 327 页。
⑨ 程树德撰，程俊英、蒋见元点校：《论语集释》，中华书局 1990 年版，第 328 页。
⑩ 程树德撰，程俊英、蒋见元点校：《论语集释》，中华书局 1990 年版，第 331 页。

季文子三思而后行。子闻之，曰："再，斯可矣。"①

子曰："宁武子邦有道则知，邦无道则愚。其知可及也，其愚不可及也。"②

子曰："伯夷、叔齐不念旧恶，怨是用希。"③

从以上材料中，我们大致可知孔子品评人物的风格：第一，直感性强，理性推理少。孔子的评价多在交谈中产生，是对他者提问或谈话的回应，某些不见生成语境的人物品藻，也当有其谈话对象。因此，其品评人物具有即时性的特点，多是一个语境产生一个品评，将对人物某个方面的特点直观地呈现出来，如对颜回，有仁、贤、好学等评价，若要完整理解孔子对此人的认识，需要将诸多评价综合考量。第二，简短凝练，概括力强，核心关键词多为单字。孔子品评人物，多为自己的学生，在日常交往过程中，学生的性情、秉性自然而然流露，在孔子心中会逐渐形成主体性突出的印象。习惯运用辞约义丰评说方式的孔子，在特定语境中便将某个人物的主体特征概括道出，既能符合人物的性情特征，又能引人思索。如"由也果""赐也达""求也艺"，孔子对三个学生分别给予果敢、通达、有才艺的评价，各不相同，却皆能一语中的。至于对时人或古圣贤的品评，亦适应于此种方法，只不过此种体悟，或许会有他人传说或典籍记载的影响。

孔子在人物品藻方面的贡献很突出，东汉刘劭《人物志》对孔子的品评方法评价很高，"是故仲尼不试，无所援升，犹序门人以为四科，泛论众材以辨三等。又叹中庸，以殊圣人之德，尚德以劝庶几之论，训六蔽以戒偏材之失，思狂狷以通拘抗之材，疾悾悾而无信，以明为似之难保。又曰察其所安，观其所由，以知居止之行"④。根据刘劭的此段论说，我们可以概括出孔子品评人物有其主导的情感取向与价值导向，即以尚德为主，崇尚中庸

---

① 程树德撰，程俊英、蒋见元点校：《论语集释》，中华书局 1990 年版，第 337 页。

② 程树德撰，程俊英、蒋见元点校：《论语集释》，中华书局 1990 年版，第 340 页。

③ 程树德撰，程俊英、蒋见元点校：《论语集释》，中华书局 1990 年版，第 345 页。

④ （魏）刘劭著，梁满仓译注：《人物志》，中华书局 2009 年版，第 5 页。

之道。

孔子的人物品藻，代表了春秋时代的品藻风貌，亦开启了后代的人物品藻实践。《孟子·公孙丑上》言"伯夷隘，柳下惠不恭。隘与不恭，君子不由也"①，一字评一人。扬雄《法言·渊骞》评价了自上古的舜、禹至西汉的张骞、苏武、东方朔等人，采用的品评方式，基本上还是《论语》式的，短小精悍，概括力强，其言曰：

> 君子绝德，小人绝力。或问"绝德"。曰："舜以孝，禹以功，皋陶以谟，非绝德邪？""力"。"秦悼武、乌获、任鄙扛鼎抃牛，非绝力邪？"
> 或问"勇"。曰："轲也。"曰："何轲也？"曰："轲也者，谓孟轲也。若荆轲，君子盗诸。"请问"孟轲之勇"。曰："勇于义而果于德，不以贫富、贵贱、死生动其心，于勇也，其庶乎！"②

以上两则材料，舜、禹、皋陶，以"绝德"二字概括；秦悼武、乌获、任鄙以"绝力"二字概括；孟轲用"勇"字概括。或言性情，或言所长，各有侧重，皆能切中肯綮，读者读后即能对人物的核心特点了然于胸。

当然，人物性格具有多重性，因此，扬雄在评价时，也进行了关联评说。比如评价吕不韦时，"智"与"盗"便成为两相关联的品评点，《渊骞》篇写道：

> 或问："吕不韦其智矣乎，以人易货？"曰："谁谓不韦智者与？以国易宗。不韦之盗，穿窬之雄乎？穿窬也者，吾见担石矣，未见洛阳也。"③

吕不韦出千金襄助奇货可居的子楚，子楚既立，不韦为相，这是以人易货，

---

① （清）焦循撰，沈文倬点校：《孟子正义》，中华书局1987年版，第249页。
② 汪荣宝撰，陈仲夫点校：《法言义疏》，中华书局1987年版，第418—419页。
③ 汪荣宝撰，陈仲夫点校：《法言义疏》，中华书局1987年版，第431页。

这是常人所谓的"智"。但是最后吕不韦被杀，宗族流窜，这是以国易宗，这是所谓的"盗"。因此，吕不韦就像穿壁逾墙的盗贼，贪图一时之利益，"盗"而不"智"。两个品评点两相关联，更好更全面地概括出吕不韦的品性特点，令人印象深刻。

通过以上材料的梳理可见，"一字定褒贬"式的品评方法，既精炼，又能一针见血达到知人之目的。影响至文学批评，近则产生了"或臧否当时之才，或铨品前修之文，或泛举雅俗之旨，或撮题篇章之意"[①] 的评说，远则为文学评点注入了重感悟、直观性强的基因。

评点是在阅读过程中随文出现的，"凭自己的主观感受和直接的第一印象，即兴发挥，随阅随批，不讲究系统性和条理性，也不需要反复阅读和反复推敲"[②]，感性认识比较强，而缺乏系统性、理论性，夹注、眉评等多是"即目散评"[③]，直接下断语，没有论证过程。《古文关键》评点韩愈《师说》"古之学者必有师。师者，所以传道受业解惑也"时下断语："关锁好。"[④] 认为此三句为文章的关键，写得很好。至于如何好，好在哪里，都没有详细说明，需要读者自己琢磨，自己体会。再如王源的评点作品，"简练精要以为规矩准绳"[⑤]，他的《左传评·郑伯克段于鄢》有一段这样的评点：

> 颍考叔为颍谷封人，生出一人作结。○与祭仲、子封遥遥作映。闻之，有献于公。公赐之食。食舍肉。琐屑得妙。公问之。对曰："小人有母，与姜氏并叔段作映。皆尝小人之食矣；未尝君之羹，请以遗之。"极写考叔仁爱笃孝，与前文反射。公曰："尔有母遗，繄我独无！"注系语助。○写庄公

① （南朝梁）刘勰著，范文澜注：《文心雕龙注·序志》，人民文学出版社 1958 年版，第726 页。

② 孙琴安：《中国评点文学史·绪论》，上海社会科学院出版社 1999 年版，第 9 页。

③ 黄霖：《文学评点论稿·中国文学的评点与汇评》，凤凰出版社 2017 年版，第 4 页。

④ （宋）吕祖谦：《古文关键》卷一，《丛书集成初编》本，商务印书馆 1936 年版，第 2 页。

⑤ （清）程城：《文章练要序》，载（清）王源：《左传评》，《四库全书存目丛书》经部第 139 册，齐鲁书社 1997 年版，第 164 页。

念母，亦与前文反射。颍考叔曰："敢问何谓也？"公语之故，且告之悔。省。
对曰："君何患焉？若阙地及泉，隧而相见，其谁曰不然？"隽语。公从
之。省。公入而赋："大隧之中，其乐也融融。"二句即所赋诗也。姜出而
赋："大隧之外，其乐也泄泄。"遂为母子如初。写得子孝母慈，欢心浃洽，
与前文故相反射。君子曰："颍考叔，纯孝也，妙绝。爱其母，施及庄公。
妙绝。诗曰'孝子不匮，妙绝。永锡尔类'，其是之谓乎！"本叙庄公，却
结考叔，倒宾为主，章法奇变。○一篇骨肉伤残文字，却以纯孝、爱母、孝子锡类
作收，变极。①

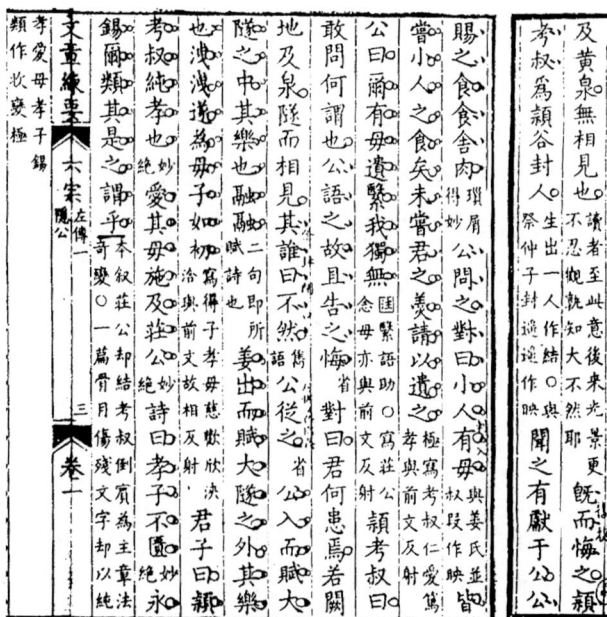

《四库全书存目丛书》录《或庵评春秋三传·左传评》书影

此段写颍考叔劝说郑庄公释放其母武姜一事，里面用了很多"妙"字，也有
"隽语"二字，若单看此段夹注，究竟为何"琐屑得妙"，无从得知。至如三
个"妙绝"，更是王源极为欣赏之处，但究竟妙在何处，绝在何处，王源此

① （清）王源：《左传评》，《四库全书存目丛书》经部第 139 册，齐鲁书社 1997 年版，第
173 页。

处没有直接明了地宣示答案，结合《左传》文本及后续评语细细体会，慢慢品味，方能有所体悟，恰如沈德潜所言"古人之言，包含无尽，后人读之，随其性情浅深高下，各有会心"①。

评点需要读者的主动参与，自己体悟，与魏晋清谈品藻人物的相似度很高。冯友兰曾指出"清谈的艺术在于，将最精粹的思想，通常就是道家思想，用最精粹的语言，最简洁的词句，表达出来，所以它是很有讲究的，只能在智力水平相当高的朋友之间进行，被人认为是一种最精妙的智力活动"②，清谈的讲究，一则体现为用语精炼简洁，二则体现为言说深奥不说透，需要参与者自己体悟所谈之意。

（二）定高下、明褒贬的评点方式

人物品藻至东汉末年更为兴盛，品藻人物成为地方察举、公府征辟的重要手段，成为政治生活中的重要活动，"有名者入青云，无闻者委沟壑。朝廷以名为治，士风亦竞以名行相高。声名出于乡里之臧否，故民间清议乃隐操士人进退之权。于是月旦人物，流为尚俗；讲目成名，具有定格，乃成社会中不成文之法度"③。人物品藻凸显了高下对比的属性，《汉书·古今人表》将所列人物分为九等，九品中正制亦是将人物分为上上、上中、上下、中上、中中、中下、下上、下中、下下等九个品第。《世说新语·品藻》没有出现此种明显的品第划分，但其中收录了多条对比品性、才情等的条目，开篇第一则便将读者带到了品藻人物的现场，"汝南陈仲举，颍川李元礼二人，共论其功德，不能定先后。蔡伯喈评之曰：'陈仲举强于犯上，李元礼严于摄下。犯上难，摄下易。'仲举遂在三君之下，元礼居八俊之上"④。陈仲举即不畏强御、体气高烈的陈蕃，李元礼即忠壮正直、被天下太学生奉为楷模

---

① （清）沈德潜：《唐诗别裁集·凡例》，中华书局 1975 年版，第 3 页。
② 冯友兰：《中国哲学简史》，北京大学出版社 1996 年版，第 258 页。
③ 汤用彤：《汤用彤学术论文集》，中华书局 1983 年版，第 202—203 页。
④ （南朝宋）刘义庆著，（南朝梁）刘孝标注，余嘉锡笺疏：《世说新语笺疏》，中华书局 2007 年版，第 591 页。

的李膺，皆是反对宦官专权的汉末重臣，世人对其功德一时难决高下，但人们又迫切想要决出高下。蔡邕从所行事情的难易程度上决出了高下：敢于犯上的陈蕃要高于严格整饬下属的李膺，令众人信服，遂定海内之疑论。

品藻人物评差异，若不能决高下、定先后，在当时人眼中似乎未完成应有的工作，未达成品藻的目的。《品藻》篇记载的虞公追问王敦一事，即为当时品藻定高下普遍心理的反映。

> 王大将军下，庾公问："闻卿有四友，何者是？"答曰："君家中郎，我家太尉、阿平，胡毋彦国。阿平故当最劣。"庾曰："似未肯劣。"庾又问："何者居其右？"王曰："自有人。"又问："何者是？"王曰："噫！其自有公论。"左右蹑公，公乃止。①

庾亮询问王敦的四位好友，王敦评出了最差的，但并没有得到庾亮的认可，这是标准不同而导致的人物品藻品第的差异。至于何者最佳，王敦认为自己要高于其他四位，但又不好直接言说，便以"自有人""自有公论"作答，庾亮一心想得到明确的答案，一再追问，直到随从踩了他的脚，他才明白了王敦的答案，停止询问。可见，定高下是品藻人物的必然要求。即便是高呼"我与我周旋久，宁作我"②、不屑与桓温竞争的殷浩，他的不屑本身便是一种态度，便是一种高低判定。

品藻一定要定出高下，有高下便有了褒贬之情。"孙兴公、许玄度皆一时名流。或重许高情，则鄙孙秽行；或爱孙才藻，而无取于许"③，孙绰、许询同为当时名流，看重许询高远情趣的人，鄙视孙绰的丑恶行为；喜欢孙绰

① （南朝宋）刘义庆著，（南朝梁）刘孝标注，余嘉锡笺疏：《世说新语笺疏》，中华书局2007年版，第607页。

② （南朝宋）刘义庆著，（南朝梁）刘孝标注，余嘉锡笺疏：《世说新语笺疏》，中华书局2007年版，第617页。

③ （南朝宋）刘义庆著，（南朝梁）刘孝标注，余嘉锡笺疏：《世说新语笺疏》，中华书局2007年版，第631页。

才华的人，认为许询无可取之处。此等评说情感强烈，某种程度上对评说的另外一方缺乏客观的评定。不过，也有一些人物品藻，虽决高下，却非那么冷峻、苛刻，如：

> 顾劭尝与庞士元宿语，问曰："闻子名知人，吾与足下孰愈？"曰："陶冶世俗，与时浮沉，吾不如子；论王霸之余策，览倚伏之要害，吾似有一日之长。"劭亦安其言。①

庞统人称"凤雏"，不仅怀才于胸，而且还善于识人。顾劭主动请求庞统评定他们二人的高下。庞统的回答很客观，他从不同的角度出发，言说二人各自的优势，别出了高下，因没有贬损之意，易于为人接受。

另外一种比较特殊的高低评定，是将人物与相似之人关联，二者相互发明，足见其情。《世说新语·品藻》记载：

> 正始中，人士比论，以五荀方五陈：荀淑方陈寔，荀靖方陈谌，荀爽方陈纪，荀彧方陈群，荀颛方陈泰。又以八裴方八王：裴徽方王祥，裴楷方王夷甫，裴康方王绥，裴绰方王澄，裴瓒方王敦，裴遐方王导，裴颜方王戎，裴邈方王玄。②

此种比较，是同类相比，虽非一决高下，但必定是性情、德行、功业等水准相似，才会将二者放在一起比较，因此，在关联品评之前，已经有了无形的高低判断。

人物品藻与对比高下密切相关，这本与汉魏时代的社会现实需要有关。后来，此种品评方式，慢慢凝聚为一种思维惯式，即便在没有明确要求判定

---

① （南朝宋）刘义庆著，（南朝梁）刘孝标注，余嘉锡笺疏：《世说新语笺疏》，中华书局2007年版，第595页。
② （南朝宋）刘义庆著，（南朝梁）刘孝标注，余嘉锡笺疏：《世说新语笺疏》，中华书局2007年版，第599页。

高下的情境下，人们也习惯用对比方式言说人物的特点。《世说新语》有言：

> 时人道阮思旷："骨气不及右军，简秀不如真长，韶润不如仲祖，思致不如渊源。而兼有诸人之美。"①
>
> 世目殷中军"思纬淹通，比羊叔子。"②
>
> 孙承公云："谢公清于无奕，润于林道。"③

这是当时人对阮裕、殷浩、谢安的评价。此种评价，是将人物某方面的特点与他人作比，或可比，或高于，或不如，在对比中，将人物的特点或聚焦或全面地展示出来。

评点中多有人物评点，受品评之风影响，多将人物与他人比较，以见褒贬倾向。吴曾祺《左传菁华录》在评论鲁僖公二十七年子文推举子玉治军之事时言曰：

> 子文治楚有功，乃不能荐贤自代，致有丧师之举，不可谓非一生之玷。宋人论管仲有云："贤者不悲其身之死，而忧其国之衰，故必复有贤者而后可以死。"奈何子文所谓贤者，乃实不贤也。方之管仲，弥不及矣。④

子文作为一代贤相，勤于政事，治楚有功，但最后却推荐刚愎自用的子玉为继任者，这不仅是他一生的污点，还让后人对他所谓的"贤"产生了质疑。作为国之重臣，鉴才荐才是其贤能与否的重要标志，很显然，子文没能做到这点。为了证明此观点，吴曾祺援引管仲为比较对象，管仲善于识才荐才，

---

① （南朝宋）刘义庆著，（南朝梁）刘孝标注，余嘉锡笺疏：《世说新语笺疏》，中华书局2007年版，第616页。

② （南朝宋）刘义庆著，（南朝梁）刘孝标注，余嘉锡笺疏：《世说新语笺疏》，中华书局2007年版，第626页。

③ （南朝宋）刘义庆著，（南朝梁）刘孝标注，余嘉锡笺疏：《世说新语笺疏》，中华书局2007年版，第630页。

④ 吴曾祺：《左传菁华录》上册，商务印书馆1933年版，第93—94页。

为国忧虑，为国荐才，是大贤之人。对比的结果很明显，自然是管仲高于子文。通过对比而得出的评价，给人的印象更深刻，评点者的态度在高低对比中一目了然。

评点者进行人物评说时，亦会运用同类比较的方式，表达对人物的认知与评价。《左传菁华录》有大量相互参看的人物评说，如"茅夷鸿自是申包胥一流人物，而其词令亦佳"①；如"狐突不惜一身之死，以成其子之功，自是有志之士，而吾于女流之中与此相类者，更得二人焉，如王陵、赵苞之母是也"②；如"平王初政可观，却是勤民令主，而其后惑于奸壬之言，举动颠倒，与其始殆若两人然。诗云：'靡不有初，鲜克有终。'其此之谓矣。梁武帝、唐元宗为之续矣"③；如"子产救火之法，与子罕之遇宋灾相似，俱不愧一时能臣"④；如"以贪国之故，而至裂土与人，何以见祖宗地下？后来石敬瑭窃其故智，使蓟云十六州沦于夷狄三百余年，皆夷吾导之也"⑤。如此一来，两相关联的人物皆有了进一步的诠释，更能加深读者的印象，以见评点者的褒贬之情。

评点者评说人物时，有时也会将以上两种关联方式结合起来。魏禧《左传经世钞·楚复封陈》就申叔时进言之事进行评说，其言曰：

> 叔时复命不言，欲王诘之，乃得尽言。古人进言之法如此，不然君方自多其功，而己即强谏以拂其意，则其势未有能入矣。⑥

此段评论是穆文熙之言，魏禧抄录其中。鲁宣公十一年冬，楚庄王借讨伐夏徵舒之名灭了陈国，出使齐国返回楚国的申叔时得知此事，没作任何评论。此举引起了楚庄王的不满与疑惑，便派人询问申叔时的态度。有了楚庄王的

① 吴曾祺：《左传菁华录》下册，商务印书馆1933年版，第160页。
② 吴曾祺：《左传菁华录》上册，商务印书馆1933年版，第80页。
③ 吴曾祺：《左传菁华录》下册，商务印书馆1933年版，第52页。
④ 吴曾祺：《左传菁华录》下册，商务印书馆1933年版，第68页。
⑤ 吴曾祺：《左传菁华录》上册，商务印书馆1933年版，第68页。
⑥ （清）魏禧：《左传经世钞》卷八《楚复封陈》，乾隆十三年（1748）彭家屏刻本。

询问，申叔时才有理有据却颇有艺术地劝谏楚庄王。楚庄王此时已经冷静下来，且问对氛围很好，所以同意了申叔时复封陈国的建议。穆文熙将申叔时与古代贤人相连，肯定申叔时劝谏有古人之法，又将之与陈国大夫洩冶强谏陈灵公之事对比，认为强谏不能达其意。一正一反，都是为评价申叔时服务，更见其意。

品藻人物定高低的方式，不仅体现在人物评点中，在整部作品的篇目选择及文法评点中都有所体现。先看对评点作品的选择。古代的评点作品大致有两种类型：一种是专书评点，即对一本书的专门评点，如《左传》《诗经》《史记》《世说新语》《文选》《三国演义》《红楼梦》评点等；一种是选本评点，即将一定的文本选择、汇编，进行评价，如《崇文古诀》《古文关键》《文章轨范》《古文渊鉴》《古文观止》等。评点对象的选择，包含着评点者的喜好与文学观念，一般来说，评点选定的对象都是评点者所欣赏的。如吕祖谦选录韩愈、柳宗元、欧阳修、苏轼等唐宋名家之文，以此"知古人作文之法之妙"①；真德秀《文章正宗》即以《左传》为作文之正宗。此等选择是在与其他作品进行对比的基础上形成的认知，选择这些评点对象，本身便体现了一种价值评判，一种褒贬倾向。再看文法的评点。具体到诗文篇章的评点，评点者亦会在对比中见其差异、优劣与相似处。孙鑛《孙月峰批评诗经》在品评《秦风·小戎》时言"闳壮而精丽，气骨特雄劲甚，第比之周《雅》，觉声色太厉耳。汉魏乐府诸奇峭调，多本此"②，将之与《诗经》的雅诗、汉魏乐府进行对比；在品评《卫风·伯兮》"自伯之东，首如飞蓬。岂无膏沐，谁适为容"时提到，"撰语绝工，运思绝员妙，杜诗云'对君洗红妆'，则未免滞拙"③，与杜甫诗进行对比，评出优劣。林纾《左传撷华》在评说鲁

---

① （清）胡凤丹：《重刻古文关键序》，载吕祖谦编：《古文关键》，《丛书集成初编》本，商务印书馆1936年版，第1页。

② （明）孙鑛：《孙月峰批评诗经》，《四库全书存目丛书》经部第150册，齐鲁书社1997年版，第76页。

③ （明）孙鑛：《孙月峰批评诗经》，《四库全书存目丛书》经部第150册，齐鲁书社1997年版，第64页。

定公八年《公侵齐门于阳州》一文时提到，"文寥寥百余语，将一时败状穷形尽相而出之，笔路极类《檀弓》"①，与《檀弓》相关联，共言简笔之法的妙处。

评点者评说时虽然是"即目散评"，但是不代表他们的主导思想与文章理念是杂散的，他们在评点诗文篇章之前业已形成了自我的评判标准。当他们用此种标准去烛照所要评点的篇章、人物时，便会自动生成高低之别。

三、人物品藻与评点用语的相似性

人物品藻，品的是人物，用的是藻饰，品藻者需要用一定的词语集中、概括地将人物的性情、功德、才能等用艺术的语言表述出来，方能打动人心。中国古代的人物品藻，在品评标准、品评艺术、品评词语的选择上受时代与个人理念影响，有着不同的变化。

从品评标准上来说，人物的德行、才能一直都被列为品评的重要参照，自孔子始，这是根深蒂固的标准。《后汉书·许劭传》记载许劭对曹操有一句著名的评价，"君清平之奸贼，乱世之英雄"②，《世说新语·识鉴》所记与《后汉书》略有差异，言"君实乱世之英雄，治世之奸贼"③，皆为一言德，一言才，分而论之。至魏晋时期，在德才之外，人们又开辟了另外一个标准，那便是美：形貌美、神韵美。汤用彤《魏晋玄学论稿》即指出："汉魏论人，最重神味。曰神姿高彻，神理隽彻，神矜可爱，神锋太俊，精神渊箸。"④宗白华则言"晋人之美，美在神韵"⑤。《世说新语·容止》所记载的两则故事，很能说明当时人们的审美追求。

---

① 林纾著，石城、王思桐点校：《左传撷华》，北京联合出版公司 2019 年版，第 203 页。

② （南朝宋）范晔撰，（唐）李贤等注：《后汉书》卷六八《许劭传》，中华书局 1965 年版，第 2234 页。

③ （南朝宋）刘义庆著，（南朝梁）刘孝标注，余嘉锡笺疏：《世说新语笺疏》，中华书局 2007 年版，第 453 页。

④ 汤用彤：《魏晋玄学论稿》，生活·读书·新知三联书店 2009 年版，第 4 页。

⑤ 宗白华：《美学散步·论〈世说新语〉和晋人的美》，上海人民出版社 1981 年版，第 185 页。

潘岳妙有姿容，好神情。少时挟弹出洛阳道，妇人遇者，莫不连手共萦之。左太冲绝丑，亦复效岳游遨，于是群妪齐共乱唾之，委顿而返。①

卫玠从豫章至下都，人久闻其名，观者如堵墙。玠先有羸疾，体不堪劳，遂成病而死。时人谓"看杀卫玠"。②

人们对潘岳、卫玠的疯狂追捧，是爱美之心的体现，亦是对二者之美最实际最直观的品评。

美好的人物，也需要审美艺术的评价。在此之前，人物品藻语言大多质朴实用，言简意赅，魏晋时期则渐渐向艺术欣赏转化，以审美的语言艺术展现人物的美好③。《世说新语·容止》收录了多条艺术性的人物品藻。

时人目"夏侯太初朗朗如日月之入怀，李安国颓唐如玉山之将崩"。

嵇康身长七尺八寸，风姿特秀。见者叹曰："萧萧肃肃，爽朗清举。"或云："肃肃如松下风，高而徐引。"山公曰："嵇叔夜之为人也，岩岩若孤松之独立；其醉也，傀俄若玉山之将崩。"④

有人语王戎曰："嵇延祖卓卓如野鹤之在鸡群。"⑤

裴令公有俊容仪，脱冠冕，粗服乱头皆好。时人以为"玉人"。见

---

① （南朝宋）刘义庆著，（南朝梁）刘孝标注，余嘉锡笺疏：《世说新语笺疏》，中华书局2007 年版，第 717 页。

② （南朝宋）刘义庆著，（南朝梁）刘孝标注，余嘉锡笺疏：《世说新语笺疏》，中华书局2007 年版，第 722 页。

③ 李泽厚称："正始（公元 240 年）以后，人物品藻又从政治实用的，发展而为哲学的和审美的。前者与玄学的形成发展相联，后者则与文艺的发展相联，同时两者又经常是互相渗透的。"[李泽厚、刘纲纪：《中国美学史》（魏晋南北朝编），安徽文艺出版社 1999 年版，第 55 页]

④ （南朝宋）刘义庆著，（南朝梁）刘孝标注，余嘉锡笺疏：《世说新语笺疏》，中华书局2007 年版，第 716 页。

⑤ （南朝宋）刘义庆著，（南朝梁）刘孝标注，余嘉锡笺疏：《世说新语笺疏》，中华书局2007 年版，第 720 页。

者曰："见裴叔则如玉山上行，光映照人。"①

王大将军称太尉"处众人中，似珠玉在瓦石间"。②

时人目王右军"飘如游云，矫若惊龙"。③

有人叹王恭形茂者，云："濯濯如春月柳。"④

这些品评，有的着眼于整体形貌，有的着眼于传神写照之眼睛，状其超逸风采，展现其精神境界。

品人物风采神韵，魏晋人多用比喻手法，将自然景象与人物形貌、举止、神态关联，引人遐想。嵇康身高七尺八寸，秀美出众，这已经是对他的评价了，但是具体如何出众，人们将其比作松下风、独立之孤松、将崩之玉山，言其气质、风骨、醉态，形象鲜明，画面感很强，又极富感染力，亦能激发人们无穷的想象与思索。王羲之的"飘如游云，矫若惊龙"，不仅见于其形貌，亦见于其笔端，书法风格亦是如此，因此，此段评价由表及里，由形到神，一语中的。王武子见卫玠俊爽有风姿，感叹"珠玉在侧，觉我形秽"⑤；王衍在众人中，犹如珠玉在瓦石间；嵇绍如鹤立鸡群，都是于对比、烘托中见神韵。自然景象的形象美投射到人物身上，已经有一种直观的美感，自然景象蕴含的意味再次映射到人物身上，再次叠加了一种性情之美，或如玉般温润，或如鹤般高洁，或如竹般清雅，或如龙般矫健。

李泽厚先生认为魏晋时期人物品藻"可以概括为重才情、崇思理、标放

---

① （南朝宋）刘义庆著，（南朝梁）刘孝标注，余嘉锡笺疏：《世说新语笺疏》，中华书局2007年版，第720页。

② （南朝宋）刘义庆著，（南朝梁）刘孝标注，余嘉锡笺疏：《世说新语笺疏》，中华书局2007年版，第722页。

③ （南朝宋）刘义庆著，（南朝梁）刘孝标注，余嘉锡笺疏：《世说新语笺疏》，中华书局2007年版，第733页。

④ （南朝宋）刘义庆著，（南朝梁）刘孝标注，余嘉锡笺疏：《世说新语笺疏》，中华书局2007年版，第737页。

⑤ （南朝宋）刘义庆著，（南朝梁）刘孝标注，余嘉锡笺疏：《世说新语笺疏》，中华书局2007年版，第721页。

达、赏容貌几个方面"①，长期的人物品藻，形成了一些共通性、广泛性的品评常见词。比如"清"，《世说新语》里有"清识""澄清""清远""清虚""清流""清通""清析""清言""清恬""清和""清淳""清贞""清真寡欲""清远雅正""清畅似达""清淳简贵""清心玉映"等记载，主要与清议崇尚有关。再比如"神"，《世说新语》中即有"神骏""神姿""神意自若""神色闲畅""神色恬然""神矜可爱""神姿高彻""神锋太俊""神气融散""器朗神俊""神怀挺率""风神清令""神气豪上""精神挺动""风姿神貌"等品评词语，在人物形貌的基础上，更强调神韵的重要。《世说新语·巧艺》记载：

> 顾长康画人，或数年不点目精。人问其故，顾曰："四体妍蚩，本无关于妙处；传神写照，正在阿堵中。"②

眼睛最能传神，最能展现人之神情，因此人物品藻中品传神之眼的例子也很多，比如"裴令公目王安丰'眼烂烂如岩下电'"③"见林公双眼黯黯明黑"④"面如凝脂，眼如点漆"⑤ 等。眼睛、外形所传递出来的，是人的气质神韵，此"神"可以貌观，更需用心把握。

魏晋时期频繁出现的大量具有审美性质的人物品藻字眼，是当时整个时代审美崇尚的反映，袁济喜先生认为六朝时代"结束了先秦两汉时期美学依附于政教道德的狭隘境界，将审美和艺术创作与动荡岁月中士人的生命意识与个性追求熔为一体，形成了一系列衣被后世的美学范畴"⑥。因此，现实的

---

① 李泽厚、刘纲纪：《中国美学史》（魏晋南北朝编），安徽文艺出版社 1999 年版，第 78 页。
② （南朝宋）刘义庆著，（南朝梁）刘孝标注，余嘉锡笺疏：《世说新语笺疏》，中华书局 2007 年版，第 849 页。
③ （南朝宋）刘义庆著，（南朝梁）刘孝标注，余嘉锡笺疏：《世说新语笺疏》，中华书局 2007 年版，第 716 页。
④ （南朝宋）刘义庆著，（南朝梁）刘孝标注，余嘉锡笺疏：《世说新语笺疏》，中华书局 2007 年版，第 737 页。
⑤ （南朝宋）刘义庆著，（南朝梁）刘孝标注，余嘉锡笺疏：《世说新语笺疏》，中华书局 2007 年版，第 730 页。
⑥ 袁济喜：《六朝美学》，北京大学出版社 1999 年版，第 1 页。

审美崇尚，通过玄学的论辩，将魏晋士人风度尽情展现，从而影响于文学批评，形成了诸如神韵、风骨、清雅、虚静、真、情等一系列的审美范畴。以《世说新语》为代表的人物品藻，推动了品评艺术的发展，"人物品评活动本身在理论上的发展，是沿着两个路线演进的：什么是美的和如何是美的。这两个路线同样在两个层面上影响了六朝诗文思想的建设理路：什么样的诗文是美的和如何创作美的诗文"①，此种影响不仅作用于六朝诗文，古代诗文评点皆受其影响。

人物品藻所面向的人之"眼目""筋骨"等，在评点中多次出现，评点者将人物形貌之美与文章结构之美关联起来，"一篇之中，其精神筋骨所在，点出以便读者"②。杨绳武评说《左传》所记城濮之战时称：

"礼"字亦是一篇眼目。"刚而无礼"，子玉致败之根。"大蒐示礼"，晋文致胜之本。子犯曰"子玉无礼哉"，先轸曰"定人之谓礼"，又曰"我则无礼，何以战乎"，晋侯登有莘之虚以观师，曰"少长有礼，其可用也"，及后盟于王庭，君子谓"是盟也信""是役也能以德攻"，"德"字、"信"字，皆所谓礼也。

楚人治兵，晋人大蒐，两段遥对，皆是选择将帅之事。楚之将帅"刚而无礼"，晋之将帅"说礼乐、敦《诗》《书》"，两国将帅之优劣从此见，即两国用兵之胜负从此分也。③

眼目为传神写照之处，是人物形貌之美的关键，对应到文章结构中亦是行文之关键。围绕眼目"礼"字，《左传》分别从不同方面书写子玉之"无礼"与晋文之"有礼"，从而将战争胜负之根本落到有礼与否上。

更为重要的是，评点借鉴了人物品藻选用清谈常用词语评说人物的方式，在评点时往往会援引一些多次出现且具有普遍性、普适性的关键词。这

---

① 万德凯：《论人物品评与六朝诗文思想结合的原因》，《商丘师范学院学报》2007年第5期。
② （清）黄宗羲：《南雷文定·凡例》，《丛书集成初编》本，商务印书馆1936年版，第1页。
③ （清）杨绳武：《文章鼻祖》卷二，乾隆二十八年（1763）刻本。

些关键词是评点者文学理念的凝练展现，将这些关键词连贯起来，细细体悟，即能探索到评点者的文心，明白他们的审美倾向。人物品藻中的"神气""神色""精神"等审美术语，也出现在评点作品中，用于人物评点、文风评点、文法评点等，如《于埜左氏录》言郑庄公入许，"首段写郑师，只'君登矣'三字，郑伯气魄，何等雄豪！及'使许大夫'后，写到骨肉、子孙、王室，呜咽凄切，郑伯神气，忽然萧索"①，此为人物评点；如孙鑛评点《左传》言"定公末年弱甚，此哀公上下卷却更精劲饶神色"②，此为文风评点；如《左绣》言"语语正喻夹写，是通体有精神处"③"看其通篇神气，直注末段。如群山万壑赴荆门，极天下之奇观也"④，如《春秋左传文法读本》言"收应首二句，神气相顾"⑤，此为文法评点。

品藻人物的用语与评点的关键词，都是品藻者、评点者审美的集中体现。品藻人物的用语带着时代的独特风貌进入文学批评领域，文学批评者沿用、挪移、再创了不同异质同构的用语，此种用语施之于评点，带着传统的基因，在不同的时代、不同的评点者那里生根发芽，成为他们表情达意的重要途径。

人物品藻的盛行促成了六朝文学批评的兴盛，这一观点，基本已经得到了学界的公认。那么，在这一前提成立之下，人物品藻与文章评点这一文学批评方式产生关联，就有一定的可能性。李泽厚认为："中国古代美学从人的自然形体的美去说明艺术的美，并不是幼稚无知或牵强附会，而恰好是抓住了美与人的生命的存在发展之间不可分割的联系，把握了美的形式是人的生命存在发展的自由形式及其构成这一根本之点。"⑥由此推断，人物品藻促成了评点的生成，亦具有学理上的可能性。

---

① 李卫军：《左传集评》，北京大学出版社 2016 年版，第 116 页。
② 李卫军：《左传集评》，北京大学出版社 2016 年版，第 2079 页。
③ （清）冯李骅、陆浩：《春秋左绣》卷九，光绪六年（1880）校镌本。
④ （清）冯李骅、陆浩：《春秋左绣》卷六，光绪六年（1880）校镌本。
⑤ 李卫军：《左传集评》，北京大学出版社 2016 年版，第 2005 页。
⑥ 李泽厚、刘纲纪：《中国美学史》（魏晋南北朝编），安徽文艺出版社 1999 年版，第 97 页。

四、人物品藻与评点关联的现实达成

人物品藻与文章评点存在着很大的相似性，这是一个现象。此现象容易让人对二者关系产生一定联想，进而在时间的发展脉络中将二者关联起来，猜测人物品藻促成了评点的生成，是评点生成的诸多母体之一。但是，相似性不等于连续性，此种学理的可能性要坐实为结论，有一个不可回避的环节，即必须回答人物品藻与评点何以能够关联，又是如何关联起来的。如若不能回答此问题，那么人物品藻与评点之间的关联只能是一种观念预设或硬性比附①，人物品藻是评点生成源头之一的观点也只能是先入为主，无法令人信服。

要回答此问题，必须去往评点生成的历史语境中探寻。现存第一部评点作品是南宋吕祖谦的《古文关键》，据此评点生成的时间被认定为南宋时期。当时人物品藻仍然存在，这是其与评点产生关联的外部语境。宋代的人物品藻之风很盛行，上至皇帝，下至普通百姓，都有此类活动。宋太宗曾将寇准比作魏徵，言"朕得寇准，犹文皇之得魏徵也"②，当时人对魏徵也有一定的评价，"寇准上殿，百僚股栗"③。宋仁宗时"军中有一韩，西贼闻之心胆寒。军中有一范，西贼闻之惊破胆"④，是对守边大将韩琦、范仲淹的称许。宋理宗时，乔行简拜平章，史嵩之为相专政，时人称之为"桥老无人度，松枝作栋梁"⑤，讽刺其德不配位。当时的人物品藻也带有明显的褒贬倾向，对一个人的发展有重要影响。宋代官员的选拔、升迁、贬黜，亦有人物品藻的作

---

① "思想史研究离不开预设，但思想史研究最大的危险莫过于预设。如果我们单单从一些建立在前置预设基础之上的连续性线索出发，去找寻并析出那些具有相似性特征的思想，也就意味着在材料来源、逻辑前提、提问方式乃至论证策略上已然被范围了，那么，我们的研究将会变得毫无意义，因为所有的结论都是已知的。"（夏静：《思想的相似性与理论的连续性——以曹魏文学思想研究为例》，《中国社会科学评价》2017年第3期）

② （元）脱脱等：《宋史》卷二八一，中华书局1985年版，第9527页。

③ （清）杜文澜：《古谣谚》卷二〇，中华书局1958年版，第341页。

④ （明）陈邦瞻：《宋史纪事本末》卷三〇，中华书局2015年版，第267页。

⑤ 丁传靖：《宋人轶事汇编》卷一八，中华书局2003年版，第990页。

用，包拯升迁、狄青遭贬即是例证，正所谓"胄籍升降，行能臧否，或素定怀抱，或得之舆论"①。

宋代人物品藻盛行的另一表现就是《世说新语》的广泛传播。《世说新语》是魏晋人物品藻的典范之作。潘建国《〈世说新语〉在宋代的流播及其书籍史意义》梳理了宋代《世说新语》的刻本系统，并提出"北宋官修类书《太平御览》、《太平广记》等，曾利用内府所藏抄本，大量引录《世说新语》原文及刘孝标注文。而至南宋时期，各类地方及民间著述亦开始征引《世说新语》"，从而扩大了《世说新语》的阅读群，"从原先的上层文人下移至普通士子，而文本的普及，又切实推动了宋代文人对于《世说新语》的接受、引用和学术研讨"。②宋代诗歌、词作中征引、化用《世说新语》者比比皆是，促成了《世说新语》的再次传播。随着《世说新语》影响的扩大，书中众多品藻人物的条目自然也会为人关注。在此影响下，人物品藻与文章评点的关联就密切起来。

外部语境的影响，为人物品藻与评点产生关联提供了真切的现实基础，然尚需有人有意识地将二者结合，如此才能真正实现人物品藻对评点的直接影响。将二者有效结合的初始者，便是被称为古文评点第一人的吕祖谦。吕祖谦的《文章关键》总论看文字法提到了四条原则。

第一看大概主张。

第二看文势规模。

第三看纲目关键。如何是主意首尾相应，如何是一篇铺叙次第，如何是抑扬开合处。

第四看警策句法。如何是一篇警策，如何是下句下字有力处，如何是起头换头佳处，如何是缴结有力处，如何是融化屈折、翦截有力处，如何是实体贴题目处。③

---

① （唐）姚思廉：《梁书》卷一《武帝上》，中华书局 1973 年版，第 23 页。
② 潘建国：《〈世说新语〉在宋代的流播及其书籍史意义》，《文学评论》2015 年第 4 期。
③ （宋）吕祖谦编：《古文关键》，《丛书集成初编》本，商务印书馆 1936 年版，第 1—2 页。

评定一篇文章的好坏，要从整体上把握，观其文章主旨、规模，再看纲目关键，再看警策句法。看纲目关键、警策句法都有细节化的评定法则。

吕祖谦的此处评说，与朱熹关于人物品藻的一段经典之语很相似："品藻人物，须先看他大规模，然后看他好处与不好处，好处多与少，不好处多与少。又看某长某短，某有某无，所长所有底是紧要与不紧要，所短所无底是紧要与不紧要。如此互将来品藻，方定得他分数优劣。"① 也就是品藻一个人物，需要先从总体上看，然后再细看好坏，再细分好坏各占多少，再看好坏影不影响大局。吕祖谦对历史对人物亦是持整体观，提倡从大处着眼，他在《读史纲目》中言："读史先看统体，合一代纲纪风俗消长治乱观之。如秦之暴虐，汉之宽大，皆其统体也。其偏胜及流弊处，皆当深考。复须识一君之统体，如文帝之宽，宣帝之严之类。统体盖谓大纲……既识统体，须看机括。国之所以兴所以衰，事之所以成所以败，人之所以邪所以正，于几微萌芽时察其所以然，是谓机括。"② 无论是看一个时代，还是评价一位君主，都要从其大处着眼，即"统体"考量。"统体"考量之后，就要对形成此"统体"的原因进行追根溯源的考察，这便是"机括"。统体与机括二者结合，对一个时代、一个国家、一位君主的评价，才能切中肯綮。在《看左氏规模》一文中，吕祖谦又提出："看《左传》须看一代之所以升降，一国之所以盛衰，一君之所以治乱，一人之所以变迁，能如此看，则所谓'先立乎其大'者，然后看一书之所以得失。"③ 厘清时代、国家、君主、个人变乱兴衰的原因，方能抓到人物发展的关键。吕祖谦评说齐桓公时提到，"看得桓公之有大功，又须看得他有可憾者"④，既要看大处，亦要看其短处，相互参看，方能对齐桓公有正确的评价。评说被誉为"贤君"的楚庄王时，吕祖谦提出了反对意

---

① （宋）黎靖德编，王星贤点校：《朱子语类》，中华书局 1986 年版，第 243 页。

② （宋）吕祖谦著，黄灵庚、吴战垒主编：《吕祖谦全集》第 1 册《东莱吕太史别集·读史纲目》，浙江古籍出版社 2008 年版，第 561 页。

③ （宋）吕祖谦著，黄灵庚、吴战垒主编：《吕祖谦全集》第 7 册《左氏传说·看左氏规模》，浙江古籍出版社 2008 年版，第 1 页。

④ （宋）吕祖谦著，黄灵庚、吴战垒主编：《吕祖谦全集》第 7 册《左氏传说》卷二《齐小白入于齐会禹鄄齐始霸》，浙江古籍出版社 2008 年版，第 14 页。

见，认为楚庄王一生，其小者为筑京观之事，其大者为篡逆无君之恶，因此"虽有终身之小善，亦盖覆不过"，不可视为贤君，进而对"不见其大恶，而特取其末节"①的《左传》亦提出了批评，认为其不识大义。

朱熹品评人物的原则与方法，与吕祖谦评点文章优劣的原则有着异曲同工之妙，有很高的相似度。朱熹、吕祖谦是至交好友，经常就理学、文章等进行探讨，相互影响很深，"在'大根本'、'大规模'（朱熹语）上又基本一致，他们互相取长补短、追求道德和学问更高境界"②。因此，以上几则材料，应该可以作为人物品藻与评点融通的一个直接证据。

吕祖谦对具体文章的评点，亦能体现出人物品藻与评点的融通。吕祖谦《古文关键》的选编，以人物为目，选录韩愈、柳宗元、欧阳修、苏洵、苏轼、苏辙、曾巩、张耒等人的文章，关注不同人物作品的个性、文风的独特。《古文关键》称韩愈之文"简古"且有"法度"；学习柳宗元要得其"关键"，"当学他好处，当戒他雄辩"；称欧阳修文章"平淡"；称曾巩之文"露筋骨"；称王安石之文"纯洁"；称苏辙之文"太拘执"；称晁补之之文"粗率"。同时，在列举的作文法格制中，有"丰润""雅健""端洁""雄壮""清劲"等词③。评点过程与"人"密切相关，评点是人写的，评点的是人或人写的文章，评点是让人看的，因此，吕祖谦评价文章的这些字眼，基本上可以看作"文如其人"理念的体现，也是人物品藻术语的挪移，是以人物品藻术语来评说文章优劣。

吕祖谦之后，楼昉、真德秀、谢枋得等人，承续吕祖谦评说人物、文章等的方法，在他们所编著的评点作品中亦运用了人物品藻的方法。真德秀在《文章正宗·管仲论受郑子华》一文最后，援引吕东莱之语，"吕成公曰：观

---

① （宋）吕祖谦著，黄灵庚、吴战垒主编：《吕祖谦全集》第7册《左氏传说》卷五《楚子问鼎之大小轻重》，浙江古籍出版社2008年版，第66页。

② 潘富恩：《论朱子与东莱思想之异同》，载《朱子学刊》第11辑，黄山书社2001年版，第18页。

③ （宋）吕祖谦编：《古文关键·总看文字法》，《丛书集成初编》本，商务印书馆1936年版，第5页。

此见得管仲犹有三代气象，其曰'君若绥之以德'云云，此等言语，盖尝闻先生长者之余论，惜其急于功利，俯首以就桓公，自小之尔"①。谢枋得《文章轨范》提到汉末"三君""八俊""八顾""八厨"，提出"有张俭、范滂、李膺、郭泰等为之魁"②，当属择其最优者而言之，亦属一种品评。卷六评说《送浮屠文扬师序》言"文公取文扬，止以其人喜文章"③，直接将人物与文章关联。谢枋得评点时多次运用"气力"术语，卷二《放胆文》下有一小段说明，其中有言，"辨难攻击之文，虽厉声色，虽露锋芒，而气力雄健，光焰长远，读之令人意强而神爽"④，评《送温处士赴河阳军序》言"文有气力，有光焰，顿挫豪宕，读之快人意，可以发人才思"⑤，《送杨少尹序》亦是同样的评语，评《纵囚论》言"文有气力，有光焰，熟读之，可发人才气，善于立论"⑥。同时，谢枋得、楼昉亦使用"精神"术语，谢枋得评《后二十九日复上宰相书》言"字有多少，句有短长，文有反顺，起伏顿挫如层澜惊涛怒波，读者但见其精神，不觉其重叠"⑦，楼昉《崇古文诀》评《上秦皇逐客书》言"中间两三节，一反一复，一起一伏，略加转换数个字，而精神愈出，意思愈明"⑧。

综上而言，人物品藻作为中国较为古老而又生命力旺盛的社会活动，有着独有的特点，又与时代审美联系到一起，穿透力强，影响广泛，不仅影响至文学批评、画论，也对评点的生成起到了促进作用。南宋时期以吕祖谦为代表的古文评点者，将品藻人物的理念、方法、术语等挪移到古文评点中，在古文评点的实践中真正实现了人物品藻与评点的融合，达成了生命美与文

① （宋）真德秀编：《西山先生真文忠公文章正宗》卷七，嘉靖四十三年（1564）刊本。

② （宋）谢枋得编：《叠山先生批点文章轨范》卷二，《中华再造善本》影印元刻本。

③ （宋）谢枋得编：《叠山先生批点文章轨范》卷六，《中华再造善本》影印元刻本。此处当作《送浮屠文畅师序》，见《四库全书》本，又见屈守元、常思春主编：《韩愈全集校注》，四川大学出版社1996年版，第1582页。

④ （宋）谢枋得编：《叠山先生批点文章轨范》卷二，《中华再造善本》影印元刻本。

⑤ （宋）谢枋得编：《叠山先生批点文章轨范》卷一，《中华再造善本》影印元刻本。

⑥ （宋）谢枋得编：《叠山先生批点文章轨范》卷二，《中华再造善本》影印元刻本。

⑦ （宋）谢枋得编：《叠山先生批点文章轨范》卷一，《中华再造善本》影印元刻本。

⑧ （宋）楼昉编：《新刊迂斋先生标注崇古文诀》卷一，哈佛大学图书馆藏本。

章美的融通，坐实了人物品藻与文学的关系，即人物品藻是评点生成不可或缺的母体之一，为评点注入了强劲的基因。

第二节　评点生成的历史语境与生产者

历史上不同因素的交互作用，殊途同归，百川归流，最终促成了评点的生成，这是文学批评发展的必然，是其发展的内在理路。至于评点在何时以成熟的样貌出现，则归因于历史的选择，是必然之下的偶然。目前可见的第一个文学评点本是南宋吕祖谦的《古文关键》，在其影响下，古文评点"三宗"——楼昉《崇古文诀》、真德秀《文章正宗》、谢枋得《文章轨范》陆续出现，"一圈一点，无不具载"①。正如清人张云章所言："有宋一代，文章之事盛矣，而集录古今之作传于今者，仅三四家，夫亦以得其当者鲜哉！真西山《正宗》、谢叠山《轨范》，其传最显，格制法律，或详其体，或举其要，可为学者准则。而迂斋楼氏之标注其源流，亦轨于正，其传已在隐显之间。以余考之，是三书皆东莱先生开其宗者。"②那么，历史为何选择南宋，为何选择吕祖谦等人，由他们来完成评点的生成？要回答此问题，必须回到评点生成的历史语境，方能有的放矢，切中肯綮。

一、科举取士规设了评点的导向

《古文关键》为现存评点第一书，明晰其评点目的，对于认识评点的生成有着重要的揭示作用。清人张云章重刊《古文关键》时，对此作出了说明："观其标抹评释，亦偶以是教学者，乃举一反三之意。且后卷论策为多，

① （清）永瑢等：《四库全书总目》卷一八七《集部·总集类二·古文集成前集七十八卷》，中华书局 1965 年版，第 5129 页。
② （清）张云章：《重刻古文关键序》，载吕祖谦：《古文关键》，《丛书集成初编》本，商务印书馆 1936 年版，第 1 页。

又取便于科举，原非有意采辑成书，以传久远也。"① 由此可见，《古文关键》实为一本有助于科举考试的参考书。既然是面向科举考试，那么，《古文关键》的选文、评点标准等自然会打上宋代科举考试的烙印。

有宋一代，重视文教，科举大盛，"科举之制，始于隋唐，行于五代，而盛于有宋"②。宋代科举考试的次数、录取人数大大增加，为历史之最，"两宋共举行一百十八榜科试，各科科目登科人数，以文科为言，当在十万人以上；即以进士而言，有四万二千余人，平均每科录取人数，为唐朝十八倍，也多于明清两朝"③。庞大的录取人数，说明了宋朝对科举的重视，"中国宋朝可谓历史上第一个考试取向的社会"④。为了提升大众的科举热情，宋代科举施行了三大举措：第一，考试制度日益完善。唐代盛行"温卷"之风，亦有举荐制，形式灵活，能发掘人才，但亦会引发徇私舞弊之事。宋太祖乾德元年（963），宋太祖诏令全国"诏礼部贡举人，自今朝臣不得更发公荐，违者重置其罪"⑤，无论贵胄子弟，还是平民百姓，一律参加科举考试。因此，"科举制度自五八九年建立以来一直是录用人数较少的取士方法，宋朝的皇帝已把它改变为一种主要的，有时是占统治地位的选拔官吏的方法"⑥。在宋太祖的引导之下，宋代考试制度日益完备、规范。考试期间，考官与考生被隔离，考完之后试卷要"糊名"，另行找人"誊抄"，避免寻字迹作弊。与考试官员有关的子弟、亲戚等要在专门设置的考场里进行考试，避免作弊现象出现。阅卷之时需两人双评，即两位考官对同一份试卷进行评阅，最后由另外的考官根据此前两个考官的评阅确定最后等级。在考试的各个环节，宋代科举力求公平，这便是宋真宗所说的"取士之意，务在至公，擢寒畯有

---

① （清）张云章：《重刻古文关键序》，载吕祖谦：《古文关键》，《丛书集成初编》本，商务印书馆 1936 年版，第 1 页。
② 金中枢：《北宋科举制度研究》，《新亚学报》1964 年第 6 卷第 1 期。
③ 傅璇琮：《学林清话·祝尚书〈宋代科举与文学考论〉序》，大象出版社 2008 年版，第258 页。
④ ［美］贾志扬：《宋代科举·中文本序》，东大图书股份有限公司 1995 年版，第 1 页。
⑤ （宋）李焘：《续资治通鉴长编》卷四，乾德元年九月条，中华书局 2004 年版，第 105 页。
⑥ ［美］贾志扬：《宋代科举·导言》，东大图书股份有限公司 1995 年版，第 5 页。

艺者"①。在公平之外，宋代科举还有较为特殊的照顾政策。有些考生多次、多年参加科举考试，都没有被录取，朝廷会为他们举行相对简单的殿试，被称为"特奏名进士"②。第二，取消吏部铨选，授官迅速。唐代科举及第后，要想做官，还需要参加吏部举行的考试。有人不能通过吏部的考试，有人历经多年方能通过考试，高唱着"春风得意马蹄疾，一日看尽长安花"的孟郊，在科举及第的第四年，方才做上了溧阳尉的小官。宋代一改唐制，科举及第的进士，无须再次考试，放榜当天即能获得官职。第三，授官之后，升迁迅速，待遇优厚。《文献通考》即言："时天下登第者，不数年辄赫然显贵。"③宋代的进士科被称作"将相科"，之所以如此，在于"进士之科往往皆为将相，皆极通显；至明经之科，不过为学官之类"④"国朝自太平兴国以来，以科举罗天下士，士之策名前列者，或不十年而至公辅"⑤。即便是其他诸科，一旦授予官职，就意味着权力、地位、财富的到来与上升。

　　大规模的科举考试、规范化的科举考试制度、科举带来的优厚待遇⑥，

---

① （宋）李焘：《续资治通鉴长编》卷六七，中华书局2004年版，第1512页。

② 特奏名进士，又称恩科进士。《宋史·选举志一》言："凡士贡于乡而屡绌于礼部，或廷试所不录者，积前后举数，参其年而差等之，遇亲策士则别籍其名以奏，径许附试，故曰特奏名。"[（元）脱脱等：《宋史》卷一五五《选举一》，中华书局1985年版，第3609页]始见于宋太祖开宝二年（969），宋太祖同情累年不举者"困顿风尘，潦倒场屋，学固不讲，业亦难专，非有特恩，终成退弃"[（宋）钱若水：《宋太宗皇帝实录校注》卷三二，中华书局2012年版，第305页]，钦点考试十五举以上的举子一百零六人为特奏名进士和特奏名诸科。此后特奏名进士人数日益增加，宋真宗咸平三年（1000）录取特奏名九百余人。对此举措，《宋史》评价道："较艺之详，推恩之广，近代所未有也。"[（元）脱脱等：《宋史》卷一五五《选举一》，中华书局1985年版，第3609页]

③ （元）马端临：《文献通考》，中华书局2011年版，第895页。

④ （元）马端临：《文献通考》，中华书局2011年版，第939页。

⑤ （宋）洪迈：《容斋随笔》卷九《高科得人》，中华书局2005年版，第120页。

⑥ 宋代不仅科举及第者待遇优厚，即便是科举落第者，国家也会给予一定的待遇，比如省试落第的"得解人"，不但可以免除丁役，还会被授予一定的官职。《宋会要辑稿》有言："如系曾得文解人，三代中有文官无刑责，补迪功郎，余人补承信郎，依献纳人例理选限升陟。从本州保奏，给降付身，便作官户，免身丁、差役，免审量，令本路帅司举辟合入差遣。"[（清）徐松辑录，刘琳、刁忠民、舒大刚等校点：《宋会要辑稿·食货六八》，上海古籍出版社2014年版，第7976页]

在当时产生了巨大的影响，"个人、家庭以及往往是整个社会的命运都随考试的结果而定"①，形成了一种人人向往科举的价值导向。普通平民、一般知识阶层走入仕途、做上高官，不再是遥不可及的幻想，"唯有糊名公道在，孤寒宜向此中求"②，成为百姓们的心声，欧阳修、蔡襄等人都来自贫寒家庭，但却靠着科举一举成名天下知。正如钱穆先生所言："科举进士，唐代已有。但绝大多数由白衣上进，则自宋代始。我们虽可一并称呼自唐以下之中国社会为'科举社会'，但划分宋以下特称之为'白衣举子之社会'，即'进士社会'，则更为贴切。"③ 因此，参加科举求取功名，成为宋代普通百姓的最高追求，"为父兄者，以其子与弟不文为咎；为母妻者，以其子与夫不学为辱"④，"凡今农工商贾之家，未有不舍其旧而为士者也"⑤。朱熹甚至提出，"居今之世，使孔子复生，也不免应举"⑥，孔子要是在宋代也会去参加科举，更不用说其他人了。

科举考试点燃了整个社会的热情，但是科举及第却非易事，竞争也日益激烈，"夫人少则求进易，人多则求进难。少而易，循常碌碌，可以自奋；多而难，非有大过人之功，莫获进矣"⑦。为了能脱颖而出，达成目标，宋代百姓家中萦绕着浓厚的学习氛围，"人人尊孔孟，家家诵诗书。未省有宇宙，孰与今多儒"⑧。因此，宋代人读书功利性很强，与科举密切相关，时文写作成为士子的必备功课，"盖宋朝束缚天下英俊，使归于一途，非工时文，无以发身而行志，虽有明智之材，雄杰之士，亦必折抑而局于此。不为此，不

① [美] 贾志扬：《宋代科举·导言》，东大图书股份有限公司 1995 年版，第 5 页。

② （宋）李心传：《建炎以来系年要录》卷一四四，绍兴十二年三月乙卯条，中华书局 1956 年版，第 2318 页。

③ 钱穆：《中国历史研究法》，生活·读书·新知三联书店 2001 年版，第 46 页。

④ （宋）洪迈：《容斋随笔·容斋四笔》卷五，中华书局 2005 年版，第 683 页。

⑤ （宋）苏辙著，陈宏天、高秀芳点校：《苏辙集》，中华书局 1990 年版，第 370 页。

⑥ （宋）黎靖德编，王星贤点校：《朱子语类》卷一三，中华书局 1986 年版，第 246 页。

⑦ （宋）曾丰九：《送缪帐干解任诣铨改秩序》，载曾枣庄、刘琳主编：《全宋文》卷六二八一，上海辞书出版社 2006 年版，第 299 页。

⑧ （宋）陈傅良：《止斋集》卷三《送王南强赴绍兴签幕四首》，《景印文渊阁四库全书》第 1150 册，台湾商务印书馆 1986 年版，第 517 页。

名为士，不得齿荐绅大夫"①。有些人甚至终其一生，大部分时间都在学习时文、参加科举，俞文豹《唾玉集》载闽人韩南老之诗曰："读尽诗书五六担，老来方得一青衫。佳人问我年多少，五十年前二十三。"②莆阳有个叫方应龙的人，一生以科举为最高志向，但是命运多舛，偃蹇不得志，赍恨下泉，临死前也没有达成所愿。王迈在给方应龙所写的墓志铭中，化用唐人栖白《哭刘得仁》中的诗句，言其"直教桂子落坟上，生得一枝魂始消"③，叹其一生之悲哀。方应龙是宋代醉心科举者的代表，折射出当时人们的社会需求与关注焦点。因此，优秀的科举时文、细致的科举时文写作方法，就成为当时最为强烈、最为持久的大众需求。

学习时文，当时主要有四种途径：一种是官学，主要集中在国子监、太学与各州郡的官学府，当时官学教育很普遍，"自大观学法行天下，西被氐羌，南逾牂牁，岭海万里之外，荒漠不毛之地，皆为郡县置学官。师弟子弦诵之声相闻"④。一种是私学，主要是书院教育。宋代的书院很发达，在官学体系尚未确立乃至确立之后，都是文化传播的重要依托。书院讲学多有以科举及第为目的者。"宋都之真儒"戚同文教诲无倦，其门人弟子"登科者题名于舍，凡孙何而下，七榜五十六人"⑤。应天书院亦是培养科举及第者的摇篮，"观夫二十年间相继登科，而魁甲英雄，仪羽台阁，盖翩翩焉，未见其止"⑥。范仲淹执教应天书院时，"训督学者，皆有法度，勤劳恭谨，以身先之。……出题使诸生作赋，必先自为之，欲知其难易，及所当用意，亦使学者准以为法。由是四方从学者辐凑。其后宋人以文学有声名于场屋朝廷者，

---

① （元）刘壎：《答友人论时文书》，载李修生主编：《全元文》卷三四〇，凤凰出版社1998年版，第221页。

② （宋）周辉撰，刘永祥校注：《清波杂志校注》卷七，中华书局1994年版，第286页。

③ （宋）王迈：《臞轩集》卷一一《莆阳方梅叔墓志铭》，《景印文渊阁四库全书》第1178册，台湾商务印书馆1986年版，第592页。

④ （宋）程俱：《衢州开化县新学记》，载曾枣庄、刘琳主编：《全宋文》卷三三三九，上海辞书出版社2006年版，第334页。

⑤ （宋）文莹：《玉壶清话》卷一，中华书局1984年版，第8页。

⑥ （宋）范仲淹：《南京书院题名记》，载曾枣庄、刘琳主编：《全宋文》卷三八六，上海辞书出版社2006年版，第419页。

多其所教也"①。一种是家学，主要是家中父子、子弟私相传授，朱熹云："今之世，父所以诏其子，兄所以勉其弟，师所以教其弟子，弟子之所以学，舍科举之业，则无为也。"② 陆九韶《居家正本制用篇》言："世之教子者，惟教之以科举之业，志在于荐举登科。"③ 因此宋代的家族传承风格很明显，科举世家层出不穷，"以文章名世、父子兄弟齐名者甚众，若三苏、三刘、三沈、三孔，则其章章尤著者也"④。一种是自学，自己搜罗、购买有助于科举写作的书籍及优秀范本，加以反复揣摩。

无论是哪种学习方式，都必须与考试科目的设定方向一致。宋朝建国之初，官学主要是传授经义，与宋初科举重视诗赋的方向不一致，"今太学生徒博士授经发明章句，究极义训，亦志于禄仕而已。及其与郡国所贡士并校其术，顾所得经义，讫不一施，反不若闾里诵习者，则师道之不行宜矣"⑤，所以官学的吸引力反而不如乡间私塾、书院等，求学者离去者甚多，"州郡之学，其间无进取之路，故士之去就甚轻，所养无素"⑥。

科举考试出现以后，不同时代的考试方法、考试标准、考试科目等都存在一定的差异。盛唐盛行以诗赋取士，"杂文文体固定为诗赋，并主要以此取士，策与帖经仅'礼试'而已，考校时成了可有可无的东西"⑦，即便是中后期，诗赋取士之风愈演愈烈，"非以辞赋登科者，莫得进用"⑧。此种考试倾向，影响很大，"五代自晋、汉以来，明经诸科中选者，动以百人计。盖帖书、墨

---

① （宋）司马光：《涑水记闻》卷一〇，中华书局1989年版，第182页。

② （宋）朱熹：《同安县谕学者》，载曾枣庄、刘琳主编：《全宋文》卷五六四八，上海辞书出版社2006年版，第374页。

③ （清）陈弘谋：《五种遗规·训俗遗规》卷一，凤凰出版社2016年版，第197页。

④ （宋）章定：《名贤氏族言行类稿》卷三四，《景印文渊阁四库全书》第933册，台湾商务印书馆1986年版，第514页。

⑤ （清）王梓林、冯云濠编撰，沈芝盈、梁运华点校：《宋元学案补遗》卷四《河南教学议》，中华书局2012年版，第480页。

⑥ （宋）李心传：《建炎以来系年要录》卷一八九，绍兴三十一年夏四月乙巳条，中华书局1956年版，第3162页。

⑦ 周膺编：《斜阳嘉树·宋史随笔》，浙江文艺出版社1999年版，第284—285页。

⑧ （后晋）刘昫等：《旧唐书》卷一一九《崔祐甫传》，中华书局1975年版，第3440页。

义,承平之时,士鄙其学而不习,国家亦贱其科而不取,故惟以攻诗赋中进士举者为贵"①,至宋初科举,亦承其绪。《宋史·选举一》对此有所记载:

> 宋初承唐制,贡举虽广,而莫重于进士、制科……凡进士,试诗、赋、论各一首,策五道,帖《论语》十帖,对《春秋》或《礼记》墨义十条。②

首重诗赋,再是策论,再是帖经与墨义。帖经即是填空,墨义即是默写经义,司马光则直言"所有进士帖经、墨义一场,从来不曾考校,显是虚设"③,诗赋才是真正的考察对象。具体到诗赋与策论,则有前后之分,先考诗赋,根据诗赋决定是否有资格进行策论考试。若诗赋不合格,便被淘汰,不能进行策论考试,这便是所谓的"逐场去留"之法。宋真宗咸平元年(998)五月二十三日礼部颁发规定:"自今后不问新旧人,并须文章典雅,经学精通。当考试之时,有纰缪不合格者,并逐场去留。"④再后来,策论也逐渐淡出考查范围,宋真宗大中祥符元年(1008)正月癸未冯拯上言:"比来省试,但以诗赋进退,不考文论。江、浙士人,专业诗赋,以取科第。"⑤李觏在《上叶学士书》中说道:"当今取人,一出于辞赋,曰策曰论,姑以备数。"⑥此后,宋代进士科考试科目的争议日盛,主要集中在三个阶段:第一个阶段是庆历新政前后,主要是诗赋与策论之争。单纯诗赋取士,在宋真宗时即已出现了反对的声音。第二个阶段是王安石变法、元祐更化前后,主要是诗赋与经义

---

① (元)马端临:《文献通考》卷三〇《选举三》,中华书局 2011 年版,第 874 页。
② (元)脱脱等:《宋史》卷一五五《选举一》,中华书局 1985 年版,第 3603—3604 页。
③ (宋)司马光:《司马温公集编年笺注》卷二八《贡院定夺科场不用诗赋状》,巴蜀书社 2009 年版,第 300 页。
④ (清)徐松辑录,刘琳、刁忠民、舒大刚等校点:《宋会要辑稿·选举一四》,上海古籍出版社 2014 年版,第 5539 页。
⑤ (宋)李焘:《续资治通鉴长编》卷六八,大中祥符元年正月癸未条,中华书局 2004 年版,第 1522 页。
⑥ (宋)李觏著,王国轩点校:《李觏集》,中华书局 2011 年版,第 301 页。

之争。王安石定贡举新制，"进士罢诗赋、帖经、墨义，各占治《诗》、《书》、《易》、《周礼》、《礼记》一经，兼以《论语》、《孟子》"①。第三个阶段是南宋高宗时期，实行分科取士，士子可自由选择考诗赋或者策论。宋高宗绍兴十五年（1145）正月十三日，高宗下诏"诗赋、经义分为两科，各计终场人数为率，依条纽取"②。此后虽有反复，但宋高宗绍兴三十一年（1161）又改为分科取士，"言者以为老成经术之士，强习辞章，不合声律，请复分科取士"③。自此以后基本延续诗赋、经义分科取士的做法。在分科取士中，宋高宗增加经义科名额就是重要且明确的导向，"大抵读书当以经义为先"④。经义科考试分三场，"试经义人，第一场本经义三道、《论语》、《孟子》义各一道，第二场论一首，第三场策三道"⑤。可见，南宋的分科取士中，经义、策、论的比重相对高了起来，"诗在宋代科举考试中的地位逐渐下降"⑥。

考试科目的设定、录取倾向，不是简单的条目设置，而是代表了国家选拔人才的样貌以及国家治理的未来，导向性极强，祝尚书《宋代科举与文学》明确指出"用什么学科门类取士，远不止是学科之争，而是确定人才的培养方向，学术的发展指向，也是决定社会的价值导向"⑦。因此，有宋一代，在进士考试科目的设定上有争议，有改革，而诸多变革对评点的产生起到了重要的促成作用。张伯伟先生在《评点溯源》一文中明确指出，"宋代科举考试科目的变更，的确给文学带来了与唐代不同的影响，评点的形成即为其中之一"⑧，

① （宋）李焘：《资治通鉴长编》卷二二〇，熙宁四年二月条，中华书局2004年版，第5334页。
② （清）徐松辑录，刘琳、刁忠民、舒大刚等校点：《宋会要辑稿·选举四》，上海古籍出版社2014年版，第5331页。
③ （宋）李心传：《建炎以来朝野杂记》甲集卷一三《取士》，中华书局2000年版，第211页。
④ （宋）李心传：《建炎以来系年要录》卷一五五，绍兴十六年十一月庚午条，中华书局1956年版，第2519页。
⑤ （清）徐松辑录，刘琳、刁忠民、舒大刚等校点：《宋会要辑稿·选举四》，上海古籍出版社2014年版，第5331页。
⑥ 祝尚书：《宋代科举与文学》，中华书局2008年版，第412页。
⑦ 祝尚书：《宋代科举与文学》，中华书局2008年版，第44页。
⑧ 张伯伟：《评点溯源》，载章培恒、王靖宇主编：《中国文学评点研究论集》，上海古籍出版社2002年版，第25页。

将评点的形成与科举考试科目的转变联系在一起,此论断甚为精到。

目前可见的评点第一书《古文关键》是南宋吕祖谦于宋孝宗乾道、淳熙年间完成的,此时科举考试科目的争议已经慢慢平息,科举考试制度已经定型,即经义、策、论的比重得以提升。与此相应,《古文关键》所选之文,全是当时的"古文",没有诗赋,主要是韩愈、柳宗元、欧阳修、苏轼等人的文章。从文体上看,有论、书、序、传等,其中绝大部分为"论"体文,书、序体所收之文实际上也着眼于议论。

《古文关键》与南宋科举制度定型,在时间与考试倾向上的一致,可以看作国家科举政策下书院的及时、有效应对。《古文关键》的目的性、指向性很强,与社会现实的关联性也很强,其将"论"体文视为对科举、国家有用的文体,"有用文字,议论文字是也"①,熟练掌握议论文字的写法,既能有效地在科举考试中脱颖而出,也能在做官后有明辨是非与把握重点的能力。在《古文关键》影响下出现的其他三本南宋评点作品《崇古文诀》《文章轨范》《文章正宗》,其选文也多以"古文"为主,多以议论文字为主。《崇古文诀》的编者是吕祖谦的弟子楼昉,此书收录 200 余篇文章,从文体来看,有书、赋、论、疏、檄文、原、序、表、记、传、诗、说、议、铭、引等,但是除却赋、诗、记、铭等,其中明确标明为议论文体的有 31 篇,另有策问文 3 篇,而且其他文体中亦有实际上的论体文,比如《上秦皇逐客书》《择贤疏》《原道》《原毁》《送孟东野序》等文也多以议论为主,诗赋共有 18 篇 ②。谢枋得《文章轨范》收文 69 篇,文体涉及书、序、说、解、表、记、铭等,明确标明为议论文体的有 14 篇,其他文体比如《获麟解》《杂说》《师说》《原道》《桐叶封弟辩》等,或是实际上的议论文字,或者以议论为主,诗赋收录 3 篇。真德秀《文章正宗》选文有辞命、议论、叙事、诗赋四大分类,其中辞命分四部分共 3 卷,议论分十一部分共 12 卷,叙事分七部

---

① (宋)吕祖谦编:《古文关键·论作文法》,《丛书集成初编》本,商务印书馆 1936 年版,第 5 页。

② 《崇古文诀》将《九歌》作为一目,此处统计按照 9 篇统计。

分共 6 卷，诗歌分四部分共 3 卷①，议论文所占比重最大。议论文字，要明辨是非，要有理有据，不能凭空妄说，"与诗赋、记诵不同，'议论'和'大义'是与文章，也就是古文紧密结合在一起的"②，议论文字与古文原典紧密结合，方能有的放矢，方能分析透彻。因此集合古文文本、注释、评说、圈点于一体的综合文本——评点便应运而生了。

综上而言，宋代科举制度对评点生成的影响，主要表现在三个方面，一是评点选文多为古文，二是评点所选文体以议论体为主，三是议论文字与原典紧密结合。

二、讲学之风影响了评点的方式

科举是评点生成的重要诱因，但是，评点在南宋出现，当不仅是科举单方面的原因，浓厚的讲学之风，亦是重要的促成因素。

宋代学习氛围浓厚，经过了基本的蒙学教育，学子"就开始进入一个包括作文、书法、背诵和记忆经书、史籍和诗赋的学程。这个学程中没有教科书，学生只是在教师的指导下直接攻读原文"③，这是官学、私学、家学等皆有的一个必备阶段。在吕祖谦《古文关键》之前，官学、书院教学也有一定的科举教材。宋真宗咸平四年（1001）六月，宋真宗颁发《九经》至各州县官学，作为官学统一教材；王安石变法印发《三经新义》，成为科举考试的标准教材。书院讲学的教材，不同时期、不同书院都有一定的不同。早期的应天书院，其教材有政府颁发的《九经》，也有《春秋》《史记》《玉篇》《唐韵》等。这些教材，有的是原典，有的是原典注疏，有的是原典经义讲解。

---

① 《西山先生真文忠公文章正宗纲目》言："其目凡四：曰辞命，曰议论，曰叙事，曰诗赋。"此为其选文分类说明。然具体操作过程中，真德秀却只录诗，不录辞赋，其于《文章正宗纲目》言曰："至于辞赋，则有文公《集注》《楚辞后语》，今亦不录。"[（宋）真德秀编：《西山先生真文忠公文章正宗》，嘉靖四十三年（1564）刊本]

② 张伯伟：《评点溯源》，载章培恒、王靖宇主编：《中国文学评点研究论集》，上海古籍出版社 2002 年版，第 27 页。

③ [美] 贾志扬：《宋代科举·导言》，东大图书股份有限公司 1995 年版，第 7 页。

教材颁发至官学、书院，学子会有专门的授课教师来讲解。当时盛行的讲学之风，不仅仅是响应科举考试的规设，而且还盛行于理学家的课堂上。在教学过程中，很多教师是当时有名的理学家，或者理学家的门徒，为了传播、扩大理学的影响，他们以强烈的责任心讲解传统经典，阐发理学思想。朱熹十九岁中进士，专注讲学四十余年，将之视为"传前圣之心，开后学之耳目"①的大事，甚为执着，"从游之士，迭诵所习，以质其疑，意有未谕，则委曲告之而未尝倦。问有未切，则反复戒之而未尝隐。务学笃则喜见于言，进道难则忧形于色。讲论经典，商略古今，率至夜半。虽疾病支离，至诸生问辨，则脱然沉痾之去体，一日不讲学，则惕然常以为忧"②。他们或者作为主讲升堂讲解，或者私下与学生讨论、辩难，或者延请当时的理学大师至书院交流体会，"昔晦翁、南轩讲学于岳麓、城南两书院间，士子振振向往以千数，时称潭州为邹鲁"③，或者带着门徒游历会友，宋孝宗淳熙二年（1175）朱熹、吕祖谦、陆九渊带领弟子百余人前往鹅湖寺相会，交流心得，讨论学术。不同形式的讲学方式，为学子们提供了了解经典、品读经典、提升思想的机会。

教师讲解经典，依据的是具体典籍，这是因文随讲；面对的对象是学生，这是即时讲解。《孟子·梁惠王上》记载：

孟子见梁惠王，王曰："叟不远千里而来，亦将有以利吾国乎？"

孟子对曰："王何必曰利，亦有仁义而已矣。王曰'何以利吾国'，大夫曰'何以利吾家'，士庶人曰'何以利吾身'，上下交征利，而国危矣！万乘之国，弑其君者，必千乘之家。千乘之国，弑其君者，必百乘之家。万取千焉，千取百焉，不为不多矣。苟为后义而先利，不夺不餍。未有仁

---

① （宋）朱熹著，尹波、郭齐点校：《朱熹集》卷二六《与袁寺丞书》，四川教育出版社1996年版，第1089页。

② （宋）黄榦：《勉斋集》卷三六，《景印文渊阁四库全书》第1168册，台湾商务印书馆1986年版，第426页。

③ （清）李棠：《重修惜阴书院记》，载（清）硕色、陈宏谋等监修，范咸、欧阳正焕、毛辉祖纂修：《（乾隆）湖南通志》卷一五五，乾隆二十二年（1757）刻本。

而遗其亲者也，未有义而后其君者也。王亦曰仁义而已矣，何必曰利。"①

陈文蔚在白鹿洞书院讲解《孟子》，其中有言：

> 孟子之书惟辨义利，首见梁惠王，王曰："不远千里而来，亦将有以
> 利吾国乎？"即曰："王何必曰利，亦有仁义而已矣。"拔本塞源，正在于此。
> 盖当时之人，惟知有利而不知有义，故一见孟子便以利吾国为问。孟子
> 之对，即黜其利而以仁义为对，使当时之人知有仁义则不复言利矣。②

两相对照可以看出，陈文蔚是随着《孟子》文本的顺序来讲解的，随文点明
重要语句的作用，分析文章内容，亦可看出文章脉络。此种风貌，与评点随
文点评的特点是一致的。

既然是即时性教学，教学内容中虽有教师提前备课的内容，但同时一定
会有教师临场发挥的内容。后一类内容类似灵光一现的飞来之笔，可短可长，
可以是对某个字的解读，也可能是对文章大义、人物的补充说明，有零散、
细碎的特点。讲完之后，此类内容不会影响既定的教学过程设定，教师还可
以按照文本顺序继续讲解。对应到评点作品中，便是评点中的眉评、夹评等。

对于文章内容的解读，教师讲解时大体会有题目的讲解，有字词的解
释，有句子的串讲，有章节大意的归纳，有全篇经义的阐释，还有对文章风
格等方面的评价。吕祖谦讲《论语》时，言"'见贤思齐'，才有一分不如，
便不是齐。'见不贤内自省'，如舜之圣，禹尚以丹朱戒之"③，这是对字句的
讲解。吕祖谦讲《周易》言"《颐》六五'不可涉大川'，上九'利涉大川'。
六五，君也；上九，臣也。君当量力，臣当尽力；君当畏难，臣当徇难；君

---

① （清）焦循撰，沈文倬点校：《孟子正义》，中华书局1987年版，第35—43页。
② （宋）陈文蔚：《克斋集》卷八《白鹿洞讲义》，《景印文渊阁四库全书》第1171册，台湾
商务印书馆1986年版，第65—66页。
③ （清）黄宗羲著，（清）全祖望补修，陈金生、梁运华点校：《宋元学案》卷五一《东莱学
案》，中华书局1986年版，第1658页。

之患常在于太自任，臣之患常在于不自任"①，此为章节大意的解读。吕祖谦讲《孟子》言"屈原爱君之心固善，然自愤怨激切中来。《离骚》一篇，始言神仙，中言富贵，终言游观，已是为此三件动，故托辞以自解，而反归于爱君。若孟子，则始终和缓"，这是以屈原来对比孟子，讲其风格。"'草芥''寇仇'之对，似觉峻厉无温厚气，盖为齐王待臣之薄，其言不得不然"，②这是对词语风格的评价。

古文经典篇章讲完一篇、一章或一段，教师往往会有一定的总结，借此发表自己对于文中经义、人物、事理、文辞等各个方面的看法，或者照应前面的讲解，或者拓展讲解内容，或者升华讲解意义。陆九渊的《白鹿书堂讲义》有他讲解《论语》的一段记录：

> 子曰："君子喻于义，小人喻于利。"
>
> 此章以义利判君子、小人，辞旨晓白，然读之者苟不切己观省，亦恐未能有益也。某平日读此，不无所感，窃谓学者于此，当辨其志。人之所喻由其所习，所习由其所志。志乎义，则所习者必在于义，所习在义，斯喻于义矣。志乎利，则所习者必在于利，所习在利，斯喻于利矣。故学者之志不可不辨也。
>
> 科举取士之久矣，名儒巨公皆由此出。今为士者故不能免此。然场屋之得失，顾其技与有司好恶如何耳，非所以为君子、小人之辨也。而今世以此相尚，使泪没于此而不能自拔，则终日从事者，虽曰圣贤之书，而要其志之所向，则有与圣贤背而驰者矣。推而上之，则又惟官资崇卑、禄廪厚薄是计，岂能悉心力于国事民隐，以无负于任使之者哉？从事其间，更历之多，讲习之熟，安得不有所喻？顾恐不在于义耳。诚能深思是身，不可使之为小人之归，其于利欲之习，怛焉为之痛心疾首，专志

---

① （清）黄宗羲著，（清）全祖望补修，陈金生、梁运华点校：《宋元学案》卷五一《东莱学案》，中华书局 1986 年版，第 1654 页。

② （清）黄宗羲著，（清）黄百家辑，（清）全祖望补修，陈金生、梁运华点校：《宋元学案》卷五一《东莱学案》，中华书局 1986 年版，第 1660 页。

乎义而日勉焉。博学、审问、慎思、明辨而笃行之。由是而进于场屋，其文必皆道其平日之学、胸中之蕴，而不诡于圣人。由是而仕，必皆共其职，勤其事，心乎国，心乎民，而不为身计。其得不谓之君子乎？①

陆九渊的讲义，是一篇专题论文，论文的主旨便是《论语》所提到的"君子喻于义，小人喻于利"。具体论说时，开篇破题，说明何为"君子喻于义，小人喻于利"，即以义利来判君子、小人。接下来承题起讲，对主旨进一步论说，仅知晓道理是不够的，还必须自省，观其志向。为了更进一步说明此理，陆九渊又以科举考试影响下的士子读书、考试、仕进的志向，明确指出何为君子，何为小人。通过层层讲解，学生不仅明白了"君子喻于义，小人喻于利"的基本意思，还明白了切己观省、自我提升的必要性与方法，此即朱熹《白鹿洞书院揭示》所言"熹窃观古昔圣贤所以教人为学之意，莫非使之讲明义理，以修其身"②之意。陆九渊在此既讲解经义，又通经致用，还示范作文方法，这便是讲学内容的丰富与多样，为学生学习提供了多方面指引。对应到评点中，便是经义、文法、风格等诸多方面的综合评说。此种讲解与评点里面的"尾评"或者"总评"的位置与作用是一致的，只不过前者存在于课堂讲学中，后者存在于评点文本中。

　理学家为了指导学生达成理想的德性完善，讲学注重涵养功夫，虽然不同派别涵养德性的方法不同，如朱熹主张"格物致知"，陆九渊主张"明心顿悟"，吕祖谦主张"明心成圣"，但在体察精微、重视德性的推进上是一致的。陆九渊提出，"学问于大本既正，而万微不可不察"③，需于细微处留心、体悟，对应到教学中，即表现为对经典的细节解读，对应到评点中，即表现为细微处评点。吕祖谦提出，"致知与求见不同。人能朝于斯，夕于斯，一

---

① （明）李梦阳：《白鹿洞书院新志》卷五，载陈谷嘉、邓洪波主编：《中国书院史资料》上册《著名的书院讲义、策问》，浙江教育出版社 1998 年版，第 213—214 页。

② （宋）朱熹著，郭齐、尹波点校：《朱熹集》卷七四，四川教育出版社 1996 年版，第 3894 页。

③ （宋）陆九渊著，钟哲点校：《陆九渊集》卷三五《语录下》，中华书局 1980 年版，第 478 页。

且豁然有见，却不是端的易得消散。须是下集义工夫，涵养体察，平稳妥帖，释然心解乃是"①，先下集义工夫，再行涵养工夫。对应到做学问，"大抵为学，须先识得大纲模样，使志趣常在这里。到做工夫，却随节次做去，渐渐行得一节又问一节，方能见众理所聚"②，在确立大纲前提下，要逐步从细微处一点点推进，如此方能体悟"理"之所在。朱熹亦提出"凡读书，须有次序。且如一章三句，先理会上一句，待通透；次理会第二句，第三句，待分晓；然后将全章反复绅绎玩味。如未通透，却看前辈讲解，更第二番读过。须见得身分上有长进处，方为有益"③，循序渐进，反复玩味，细细体悟，方能"向上有透处"④。朱熹、吕祖谦强调在熟读深思基础上逐步推进，对应到评点中，便是一字一句、一章一节地评，细细涵养体味后，方能明晰文章的大意及文法妙处。

以上提及的教学方法、教学规律，无论是专讲时文的课堂，还是讲性命之道的理学家的课堂，都是通用的。因此，即时性的课堂教学，为评点提供了随文而评的文本风貌，助成了评点零碎跳跃的特点。循序渐进、讲究涵养体悟的讲学方法，又为评点提供了细部评说的示范，助成了逐步推进的评点步骤。

三、版刻图书成为评点生成与传播的载体

较之前代，宋代的文化教育事业还有一个重大的变化，便是图书出版事业的繁荣。图书出版的繁荣，又带来了商业、文化、教育等诸多方面的变化。

---

① （宋）吕祖谦著，黄灵庚、吴战垒主编：《吕祖谦全集》第2册《丽泽论说集录》卷九《杂说》，浙江古籍出版社2008年版，第243页。

② （宋）吕祖谦著，黄灵庚、吴战垒主编：《吕祖谦全集》第1册《东莱吕太史外集》卷五，浙江古籍出版社2008年版，第722页。

③ （宋）黎靖德编，王星贤点校：《朱子语类》卷一一《读书法下》，中华书局1986年版，第189页。

④ （宋）黎靖德编，王星贤点校：《朱子语类》卷一一《读书法下》，中华书局1986年版，第191页。

宋初图书散佚严重，大量推行右文政策，一方面尽最大可能访书，最大限度地搜罗民间各处典籍。其间原因，宋太祖说得很明白："夫教化之本，治乱之源，苟无书籍，何以取法？"①图书对于百姓教化、政治治理有着极为重大的作用。宋初皇帝重视图书的意识及相应的政策，为宋代图书事业的发达奠定了深厚的根基。在搜罗书籍的同时，大规模的编书、印书活动就此展开，最具代表性的便是《太平御览》《太平广记》《文苑英华》《册府元龟》四大图书的编纂刊印。除此之外，文人也著书立说，付之于梓，以求立言不朽，据《宋史·艺文志》所言，"大而朝廷，微而草野，其所制作、讲说、经述、赋咏，动成卷帙，累而数之，有非前代之所及也"②。经过一番努力，效果显著，"自绍兴至嘉定，承平百载，遗书十出八九，著书立言之士又益众，往往多充秘府"③，图书出版日显繁荣之势。宋真宗景德二年(1005)，国子监祭酒邢昺向宋真宗禀明印版情况："国初不及四千，今十余万，经史正义皆具。臣少时业儒，观学徒能具经疏者百无一二，盖传写不给。今板本大备，士庶家皆有之，斯乃儒者逢时之幸也。"④明代的胡应麟亦言："魏晋以还藏书家至寡，读南、北史，但数千卷率载其人传中。至《唐书》所载，稍稍万卷以上而数万者尚希，宋世骤盛，叶石林辈弇山之藏遂至十万。盖雕本始唐中叶，至宋盛行，荐绅士民有力之家，但笃好则无不可致。"⑤可见，宋代在图书出版方面出现了两大变化：第一，出版图书数量大幅增加。第二，出版图书范围扩大，消费者只要有需求，有财力，便能购得想要的图书。这些变化的得来，主要得益于不断提升的印刷技术与日益繁多的出版结构。宋初雕版印刷术推行，宋仁宗时毕昇发明活字印刷术，方便迅捷，上自国子监、地方官府公使库，下至书院、坊间，甚至是个人家庭，都有印书之所。

---

① （宋）李焘：《续资治通鉴长编》卷二五，中华书局 2004 年版，第 571 页。
② （元）脱脱等：《宋史》卷二〇二，中华书局 1985 年版，第 5033 页。
③ （宋）马端临：《文献通考》卷一七四《经籍考一》，中华书局 2011 年版，第 5209 页。
④ （宋）李焘：《续资治通鉴长编》卷六〇，景德二年五月戊辰条，中华书局 2004 年版，第 1333 页。
⑤ （宋）胡应麟：《少室山房笔丛》卷四甲部《经籍会通四》，上海书店出版社 2001 年版，第 40 页。

如此繁荣的图书出版市场，对于宋代文人、学子、百姓来说，是一大幸事。对此，苏轼的一番话，颇能说明其优势所在。

> 余犹及见老儒先生，自言其少时，欲求《史记》、《汉书》而不可得，幸而得之，皆手自书，日夜诵读，惟恐不及。近岁市人转相摹刻诸子百家之书，日传万纸，学者之于书，多且易致如此。①

宋代的文人，与之前的文人相比，可供阅读的图书大量增多，诸子百家之书唾手可得，他们无须再像抄本时代的文人那样，辗转抄写，日夜拼命苦读，唯恐还书之日尚未读完全书。

私藏书多的家庭，以自家所藏之书，便可完成对家中子弟的培养，欧阳修所言"独城南李氏为著姓，家多藏书，训子孙以学"②，即是如此。家境贫寒的子弟，也可以在此大环境中获得相较于前人更多的读书机会。欧阳修年少家贫，家中无有藏书，他在《记旧本韩文后》中写道：

> 予少家汉东，汉东僻陋无学者，吾家又贫无藏书。州南有大姓李氏者，其子尧辅颇好学。予为儿童时，多游其家，见有弊筐贮故书在壁间，发而视之，得唐《昌黎先生文集》六卷，脱落颠倒无次序，因乞李氏以归。③

欧阳修从李家求得了《昌黎先生文集》，这为他提供了难得的学习机会。李家将此书放到破旧的书筐中，足见藏书丰富的李家对此书不是很重视。

---

① （宋）苏轼撰，（明）茅维编，孔凡礼点校：《苏轼文集》卷一一《李氏山房藏书记》，中华书局 1986 年版，第 359 页。

② （宋）欧阳修撰，李逸安点校：《欧阳修全集·居士外集》卷一四《李秀才东园亭记》，中华书局 2001 年版，第 933 页。

③ （宋）欧阳修撰，李逸安点校：《欧阳修全集·居士外集》卷二三《记旧本韩文后》，中华书局 2001 年版，第 1056 页。

世间之事，大约以稀少为贵，图书稀少之时，文人奉若至宝，阅读时也多不敢涂抹。图书易得之时，文人阅读图书时遂少了许多顾忌，便有了涂抹、圈点的附带行为。黄庭坚读杜诗"尝欲随欣然会意处，笺以数语"①，何基言"凡所读无不加标点，义显意明，有不待论说而自见者"②。朱熹强调读书要勤学熟读，"百遍时自是强五十遍时，二百遍时自是强一百遍时"③，他每次读书都会用不同的笔墨画出书中与自己观点相合之处，"某二十年前得《上蔡语录》观之，初用银朱画出合处；及再观，则不同矣，乃用粉笔；三观，则又用墨笔。数过之后，则全与元看时不同矣"④，如此一遍一遍，熟读精思，学问方能精进。南宋淳熙年间，一位名叫危积的文人向好友借一本诗话，好友很爱惜此书，借书之际，要求危积不能在书中涂抹。但是危积读书过程中，心有所思，便想写上两笔，只因有好友约定在先，不能违约。如此被束缚着读书，危积很难受，便将此书归还，自己典卖衣服买到一本同样的书，痛痛快快地读了起来，痛痛快快地点抹起来。此事见于《借诗话于应祥弟有不许点抹之约作诗戏之》一诗中：

> 我有读书癖，每喜以笔界。抹黄饰句眼，施朱表事派。此手定权衡，众理析畎浍。历历粲可观，开卷如画绘。知君笃友于，因从借诗话。过手有约言，不许一笔坏。自语落我耳，便觉意生械。明朝试静观，议论颇澎湃。读到会意处，时时欲犯戒。将举手复止，火侧禁搔疥。技痒无所施，闷怀时一嚈。只可卷还君，如此读不快。千驷容可轻，君抱亦不隘。昨问鸡林人，尚有此编卖。典衣须一收，吾炙当痛嘬。⑤

---

① （宋）魏庆之：《诗人玉屑》卷一四《大雅堂》，中华书局 2007 年版，第 446 页。

② （元）脱脱等：《宋史》卷四三八《何基传》，中华书局 1985 年版，第 12979 页。

③ （元）程端礼：《集庆路江东书院讲义》，载李修生主编：《全元文》卷八〇九，江苏古籍出版社 1998 年版，第 522 页。

④ （宋）黎靖德编，王星贤点校：《朱子语类》卷一〇四，中华书局 1986 年版，第 2614 页。

⑤ （清）厉鹗辑撰：《宋诗纪事》卷五六，上海古籍出版社 2013 年版，第 1414 页。

试想，如若此书罕见不易得到，即便危积再技痒也会忍住读完，即便再闷怀也不会有点抹，但恰恰是宋代丰富的图书为他提供了点抹的可能，他可以买到书，可以满足倾泻胸中块垒的机会。

因此，在图书市场繁荣、图书种类数量双增长的情况下，圈点、点抹、评论便成为宋代人读书的常见习惯，最后出现于评点之中，成为评点的重要形式特点。《南雷文定·凡例》写道："文章行世，从来有批评而无圈点，自《正宗》《轨范》肇其端。相沿以至荆川《文编》、鹿门《大家》。一篇之中，其精神筋骨所在，点出以便读者，非以为优劣也。"① 黄宗羲认为目前可见的圈点之作自《文章正宗》《文章轨范》始，其实，《古文关键》已经有圈点使用。"从评点学的角度看，《古文关键》各种版本又可分为有点抹与无点抹两个系统"②，中山大学藏明初刻本、日本藏官版本都是有点抹的《古文关键》版本。不过黄宗羲却揭示了圈点在南宋评点伊始便已是重要的存在形式。《文章轨范》全名为《叠山先生批点文章轨范》，谢枋得门人王渊济曾在《文章轨范》目录所列的《岳阳楼记》左边提到"此一篇，先生亲笔只有圈点，而无批注"，在《归去来辞》左边提到"右此集惟《送孟东野序》《前赤壁赋》系先生亲笔批点，其他篇仅有圈点而无批注"，③ 即为明证。只是此时的圈点符号相对简单，基本为"、""○"，四库馆臣即曾以此断定《苏评孟子》非宋人做，"此本有大圈，有小圈，有连圈，有重圈，有三角圈，已断非北宋人笔"④。

评点的形式特点，其出现有历史的积淀，也有时代的促成，宋代繁荣兴盛的图书出版事业，为文人评点作品提供了可能性，这是无可否认的事实。此种可能性，一经文人使用，便焕发了无穷的能量，经义、诗赋在他们手中

---

① （清）黄宗羲：《黄梨洲文集·黄梨洲文集旧本考·南雷文定十一卷后集四卷》，中华书局2009年版，第532页。

② 吴承学：《现存评点第一书——论〈古文关键〉的编选、评点及其影响》，《文学遗产》2003年第4期。

③ （宋）谢枋得：《叠山先生批点文章轨范·目录》，《中华再造善本》影印元刻本。

④ （清）永瑢等：《四库全书总目》卷三七《经部·四书存目类·苏评孟子二卷》，中华书局1965年版，第307页。

纷纷被阅读、被批评、被圈点，形成了一种特殊的文本形式，指引后学阅读、提升。

四、理学家的主动作为是评点生成的主导力量

科举制度的刺激、图书出版兴盛的促进，为评点的产生提供了足够的外部影响力量，但是，任何的文学创造都是人的主动作为，因此创造性使用评点的第一人，是评点生成的主导因素与直接力量。

被视为古文评点第一人的吕祖谦，突破前人编纂了第一本古文评点之作，自然在于吕祖谦顺应了时代要求，以己所长，达人所求。吕祖谦出生于东莱吕氏望族，此家族有两个特点，一是家世显赫，累朝辅相。吕蒙正为宋太宗相，吕夷简为宋仁宗相，吕公弼为宋英宗枢使，吕公著为宋哲宗相，吕好问为宋高宗尚书右丞，家族为宋朝之盛，《挥麈录》赞叹道："本朝一家为宰执者，吕氏最盛。"[1] 二是以学传家，学术造诣深厚。自吕公著起，《宋元学案》收录吕家七世十七人，此等盛状在当时也是很少见的。吕氏家族的兴盛，源自他们喜好读书，擅长读书。吕公著、吕好问、吕本中以嗜学著称，他们主张读书"须要字字分明"[2]，读好每一个字，涵养沉思，知其义，明其理，吕希哲"日读《易》一爻，默坐沉思"[3]。经历几世积累，酷爱读书的吕氏家族积累了大量的典籍，虽历经战乱，这些典籍也被较为完好地保存下来。在此家庭成长起来的吕祖谦，得家学滋养，有足够的典籍可读，遂成一代博杂之学，《宋史·儒林传》言"祖谦之学本之家庭，有中原文献之传"[4]，当为允论。

吕祖谦曾对其一生进行过总结，自言"自其少时，既夺移于科试"[5]，

---

① （宋）王明清：《挥麈录》前录卷之二，上海书店出版社 2009 年版，第 13 页。

② （宋）吕本中：《童蒙训》，载楼含松主编：《中国历代家训集成·宋元编》，浙江古籍出版社 2017 年版，第 299 页。

③ （清）黄宗羲：《宋元学案》卷二三《荥阳学案》，中华书局 1986 年版，第 902 页。

④ （元）脱脱等：《宋史》卷四三四《吕祖谦传》，中华书局 1985 年版，第 12872 页。

⑤ （宋）吕祖谦著，黄灵庚、吴战垒主编：《吕祖谦全集》第 1 册《东莱吕太史文集》卷四《除馆职谢政府启》，浙江古籍出版社 2008 年版，第 77 页。

年少刻苦读书，钻研科举。吕祖谦读书讲究精读细思，他喜好史书，攻读古文，"学者观史各有详略，如《左传》、《史记》、《前汉》三书皆当精熟细看，反复考究，直不可一字草草"①，因此对于史书、古文篇章结构极为熟悉。受家族"游意翰墨，为圣学之助"②的影响，吕祖谦还注意从古人文章中学习作文之法。后来吕祖谦指导内弟曾德宽时曾提到"小三弟欲习宏词，此亦无害。今去试尚远，且读秦、汉、韩、柳、欧、曾文字，四六且看欧、王、东坡三集。以养根本。如总类，盖是时文，近试半年旋看可也"③，此种意见即是他学习的方法，即从秦汉文以及韩愈、柳宗元、欧阳修、王安石、苏轼的文章中寻求养料，默读铭记，得其滋养。正因为如此，"其文特典美"④。

宋孝宗隆兴元年（1163），吕祖谦连中进士科、博学鸿词科两科。一时间荣耀无比，受人追捧，四方之士慕名前往求学。乾道二年（1166），吕祖谦母亲去世，吕祖谦在明招山守丧。其间，"丁内艰，居明招山，四方之士争趋之"⑤，问学者争相前往跟随吕祖谦学习科举时文。乾道五年（1169），服丧完毕的吕祖谦被任命为太学博士，"为言本朝文献相承条序"⑥，负责讲授经典，考校时文。后任严州教授，整顿严州书院，制定严格的学规条例，"士由远方负笈者日众，泮宫至不足以容之"⑦。乾道七年（1171），吕祖谦除秘书省正字，兼国史院编修官、实录院检讨官。乾道八年（1172），吕祖谦担任省试考官，慧眼识珠，选中陆九渊的文章，陆九渊得中进士。此年其父吕大器病逝，吕祖谦从秘书省正字任上丁忧于明招山。此后又有问学者集

---

① （宋）吕祖谦著，黄灵庚、吴战垒主编：《吕祖谦全集》第7册《左氏传续说·纲领》，浙江古籍出版社2008年版，第1页。

② （元）脱脱等：《宋史》卷三三六《吕公著传》，中华书局1985年版，第10776页。

③ （宋）吕祖谦著，黄灵庚、吴战垒主编：《吕祖谦全集》第1册《东莱吕太史别集》卷一〇《与内弟曾德宽》，浙江古籍出版社2008年版，第502页。

④ （元）脱脱等：《宋史》卷四三四《儒林四·吕祖谦传》，中华书局1985年版，第12873页。

⑤ （元）脱脱等：《宋史》卷四三四《儒林四·吕祖谦传》，中华书局1985年版，第12872页。

⑥ （元）脱脱等：《宋史》卷四三四《儒林四·陈傅良传》，中华书局1985年版，第12886页。

⑦ （宋）郑瑶、方仁荣：《景定严州续志》卷二《名宦》，浙江省地方志编纂委员会编著：《宋元浙江方志集成》第12册，杭州出版社2009年版，第5737页。

于明招山。至晚年，吕祖谦又创立了丽泽书院，"近日士人相过，聚学者近三百人"①。可见，吕祖谦一生与读书、科举、讲学紧密相连。

吕祖谦不是科举考试的绝对拥护者，他亦看到了科举考试带来的弊端与危害，但是他深知在当时固有的制度下，要想有所作为必须越过科举这道门槛，"铨试，渠初以不习举业，甚惮此行，今亦且得一事了耳。眷聚莫已往般挈否？为近臣体国之义，所宜从容调娱，裨益元气，非若匹士以洁身为谅也"②。吕祖谦希望通过教授培养人才，"后生可畏，就其中收拾得一二人，殊非小补"③。吕祖谦的教学很见成效，《丽泽诸儒学案》收录的吕祖谦弟子有楼昉、潘景宪、葛洪、乔行简、李诚之、王介、朱塾等七十多位，他们基本上都顺利科举及第，走入仕途。

这些教学成绩的取得，来源于吕祖谦长期的钻研琢磨。吕祖谦是科举时文写作的佼佼者，"东莱早年文章，在词科中最号杰然者"④，对科举时文甚为熟稔。同时，吕祖谦又是书院教学的实践者，他在讲学过程中不断积累着阅读体验。当时科举及第者的文章极为抢手，"南渡以后，讲求渐密，程式渐严，试官执定格以待人，人亦循其定格以求合"⑤，面对日渐严格的时文写作程式，人们希求有范本可以参考，有模本可以复制。面对社会上强烈的科举时文需求，再加上吕祖谦愿意通过讲学来帮助问学者科举中第、精进学问，吕祖谦陆续刊发了《东莱博议》《古文关键》《丽泽讲义》等教材、教辅书。

吕祖谦教学严谨，对教材非常重视，"诸斋私录讲说之类，并多讹舛，

① （宋）吕祖谦著，黄灵庚、吴战垒主编：《吕祖谦全集》第1册《东莱吕太史别集》卷九《与刘衡州子澄》，浙江古籍出版社2008年版，第453页。

② （宋）吕祖谦著，黄灵庚、吴战垒主编：《吕祖谦全集》第1册《东莱吕太史别集》卷九《与周丞相》，浙江古籍出版社2008年版，第442页。

③ （宋）吕祖谦著，黄灵庚、吴战垒主编：《吕祖谦全集》第1册《东莱吕太史别集》卷一〇《与陈同甫》，浙江古籍出版社2008年版，第471页。

④ （宋）吴子良：《荆溪林下偶谈》卷三《词科习气》，《景印文渊阁四库全书》第1481册，台湾商务印书馆1986年版，第506页。

⑤ （清）永瑢等：《四库全书总目》卷一八七《集部·总集类·论学绳尺》，中华书局1965年版，第1702页。

不可传习"①。《东莱博议》是吕祖谦的第一本教学教材，乾道四年（1168）成书，为明招山授学的教材。吕祖谦在《东莱博议》的序言中说得很明白，"《左氏博议》者，为诸生课试之作也。始予屏处东阳之武川，仰林俯壑，出户而望，目尽无来人。居半岁，里中稍稍披蓬藋，从予游，谈余语隙，波及课试之文，予思有以佐其笔端，乃取《左氏》书，理乱得失之迹，疏其说于下。旬储月积，浸就编帙"，在学生的请求之下，吕祖谦遂将"胸中所存所操，所识所习，毫愆发谬，随笔呈露，举无留藏"，写成了这本科举时文辅导书，亦抒胸中块垒。此书以《左传》具体历史事件为研读对象，拟就题目，成六十六篇评论文章，"凡《春秋》经旨，概不敢僭论，而枝辞赘喻，则举子所以资课试者也"，②为学子们提供时文写作范本，注重遣词造句，"学者熟读此书，则其文必能曲尽事理，反复详明，而笔力之驰骋，局阵之变化亦自斐然可观矣"③。

《东莱博议》的史论文章，契合南宋科举重视策论文章的实际，获得了学子们的极大认可。最先得其益者是跟随吕祖谦问学的士子，《东莱博议》成为他们随身携带的典籍，"诸生岁时休沐，必抄寘裾中，解其归装无虚者"④。自此以后，《东莱博议》便从而广之，曼衍四出，天下学子竞相寻求拜读，"天子深念时文取士之弊，下明诏废时文，改以策论取士，其盛举也。于是缝腋之士无不思学古文，而苦于不得其途径，则争取《东莱博议》而读之。旬日之间，而书肆所《东莱博议》为之一空"⑤。

《东莱博议》有选文，也有议论范文，仔细揣摩，慢慢练习，亦能写就格式规范的时文。但是，阅读《东莱博议》必须有一定的古文基础，要有相应的作文经验，至于其方法、技巧则需学子自己归纳、提炼。很显然，

---

① （宋）吕祖谦著，黄灵庚、吴战垒主编：《吕祖谦全集》第 1 册《东莱吕太史别集》卷五《家范五·学规·乾道六年规约》，浙江古籍出版社 2008 年版，第 363 页。

② （宋）吕祖谦：《东莱博议·东莱先生自序》，中国书店 1986 年版，第 1 页。

③ （清）俞樾：《古文关键跋》，载吕祖谦：《古文关键》，光绪戊戌年（1898）江苏书局重刻本。

④ （宋）吕祖谦：《东莱博议·东莱先生自序》，中国书店 1986 年版，第 1 页。

⑤ （清）俞樾：《古文关键跋》，载吕祖谦：《古文关键》，光绪戊戌年（1898）江苏书局重刻本。

对于急功近利的科举狂热者来说，《东莱博议》的指导还不够直接，不够便利。

在具体教学过程中，吕祖谦教学相长，进一步明晰了学生的诉求。除此之外，吕祖谦有教学短板，即口音重，且不善言辞。吕祖谦自言"某天资涩讷，交际酬酢，心所欲言，口或不能发明"①，朱熹则言"可惜如伯恭都不会说话，更不可晓，只通寒暄也听不得。自是他声音难晓"②。很显然，此短板必定影响教学效果。为了弥补缺憾，吕祖谦用自己擅长的笔上功夫，将自己的课堂讲学书面化，每一个环节都用语言、符号加以说明、标记。就这样，吕祖谦以点抹、品评的方式将自己学习、体会的作文之法归纳，编成了《古文关键》，为初学者提供更为直观、直接的指引，"夫人之作文既工矣，必知其所以工；处事既当矣，必知其所以当；为政既善矣，必知其所以善。苟不知其所以然，则虽一时之偶中，安知他时不失哉"③，既要知其然，更要知其所以然。

吕祖谦早年受吕本中作诗作文之法影响很深。吕本中是吕祖谦的伯祖，是宋代江西诗派的代表，讲求"活法"，追求"警策"，善品"句法"，喜欢苏轼颇具波澜而新巧的文章。吕祖谦没有直接受教于吕本中，他自吕本中的弟子林之奇与师事吕本中的曾几处习得了精髓。后来在交游过程中结识了陈傅良，与陈傅良切磋交流颇多。陈傅良是当时热衷于讲述科举时文作法的重要人物，教授生徒，形成了操作性很强的一套时文作法，见于《止斋论诀》《永嘉八面峰》等书。吕祖谦与陈傅良的作文之法有重合之处，也有相互促进之处。最终这些经验都凝聚到《古文关键》一书中，此书"论文极细，凡文中精神命脉，悉用笔抹出。其用字得力处，则以点识之，而段落所在，则钩乙其旁，以醒读者之目。学者循是以求《古文关键》，可坐而得矣"④。

① （宋）吕祖谦著，黄灵庚、吴战垒主编：《吕祖谦全集》第 1 册《东莱吕太史文集》卷八《祭张荆州文》，浙江古籍出版社 2008 年版，第 135 页。

② （宋）黎靖德编，王星贤点校：《朱子语类》卷九五，中华书局 1986 年版，第 2458 页。

③ （清）俞樾：《古文关键跋》，载吕祖谦：《古文关键》，光绪戊戌年（1898）江苏书局重刻本。

④ （清）俞樾：《古文关键跋》，载吕祖谦：《古文关键》，光绪戊戌年（1898）江苏书局重刻本。

《东莱博议》《古文关键》是吕祖谦教学活动的产物，一专讲《左传》，一专讲唐宋古文名家之文，都是为学生提供学习范本。但与《东莱博议》相比，《古文关键》更体现了讲学的特点，在评点的具体文本上勾画，将字法、句法、篇章大意悉数随文指出，更能满足学生的求知欲，学生获得知识、转化为一己能力的时间大大缩短了。因此，《古文关键》可以看作升级版的教学辅导书，"读《东莱博议》者，必宜兼读东莱先生《古文关键》矣"①。

吕祖谦的为文理念、教学方法，在当时影响很大，他的学生以及得其裨益的人，诸如楼昉、真德秀、谢枋得等人，承其绪，明其道，扬其光，成其大。

楼昉是吕祖谦的学生，为四明望族楼氏子弟。楼氏一族崇尚儒学，科举起家，楼昉师从吕祖谦，词章彪炳，为宋光宗绍熙四年（1193）进士。后来，楼昉创办迂斋讲舍，传习为文之道，从学者众多。讲学过程中，楼昉"积其平时苦学之力，绅绎古作，抽其关键，以惠后学"②"因其师说，推阐加密"③，遂成《崇古文诀》一书。《崇古文诀》在评点学史上的价值，一是扩大了选文范围，《崇古文诀》的选文，在《古文关键》基础上有所扩充，共二百余篇。其中，十六篇与《古文关键》相同，其他皆为楼昉所选。二是采用了新的分类标准，《古文关键》是以作者为分类标准，选录韩愈、柳宗元、欧阳修、苏洵、苏轼、苏辙、曾巩、张耒的六十二篇文章。《崇古文诀》则是以时代为分类标准，分先秦文、两汉文、三国文、六朝文、唐文、宋朝文六部分，其中宋朝文篇目最多。三是《崇古文诀》每篇选文前面都有一段评说文字，概括文章的主旨、风格、结构以及作者之遭遇，便于学生、读者把握文章。

真德秀为吕祖谦好友朱熹的再传弟子，为宋宁宗庆元五年（1199）进

---

① （清）俞樾：《古文关键跋》，载吕祖谦：《古文关键》，光绪戊戌年（1898）江苏书局重刻本。

② （宋）姚珤：《崇古文诀序》，载（宋）楼昉：《新刊迂斋先生标注崇古文诀》，哈佛大学图书馆藏本。

③ （清）永瑢等：《四库全书总目》卷一八七《集部·总集类二·崇古文诀》，中华书局1965年版，第1699页。

士，后中博学鸿词科，理宗朝拜为参知政事，致力于提升理学的地位。《宋史》言其"立朝不满十年，奏疏无虑数十万言，皆切当世要务，直声震朝廷。四方人士诵其文，想见其风采。及宦游所至，惠政深洽，不愧其言"①，真德秀本着"明义理，切世用"的原则，寻求文之正宗，成《文章正宗》一书。《文章正宗》选文上起《左传》《国语》，下至唐中叶诗文，"其体本乎古，其指近乎经者，然后取焉。否则辞虽工，亦不录"。②选文义例精密，以"辞命""议论""叙事""诗赋"四目分类，此种按文体分类的方法，在评点史上为首创，亦是诗文集分类的创新，"古今文辞，固无出此四类之外者"③。真德秀编著《文章正宗》有两个主要的意图，一是"欲学者识其源流之正也"，主要体现在每一类文章下的小序里面，每一类起始皆对此类文章的起源、特点、选录缘由加以说明，具体选文则以时间顺序排列，体现"正本清源"之意。二是"以为作文之式"，④主要体现在具体文章的评点之中。如卷六评《鲁仲连责新垣衍》言"按鲁仲连之语不皆粹，以其反复言帝秦之害，有动于当时，而雄俊明辩，可为论事之法，故取焉"，评《信陵君谏魏王》言"按此书于秦之情状与当时形势利害，若指诸掌，而文特奇妙，可为论事之法"，⑤明晰论事之法，一要明知形势，论事有内容；二要雄俊明辩，论事有方法。如卷十二评《韩愈上宰相第三书》言"按公三上宰相书，今独取此，以其论周公之待士反复委折，可为作之法故耳"⑥，卷十三评《柳宗元封建论》言"按此篇间架宏阔，辨论雄俊，真可为作文之法，然其理则有未然者"⑦，进一步言说作文之法，间架要宏阔广大，论说要反复曲折，而且道理还要严正。通过总论与具体评说的结合，真德秀进一步诠释了明理切用的文章理念。

---

① （元）脱脱等：《宋史》卷四三七《儒林七·真德秀传》，中华书局1985年版，第12964页。
② （宋）真德秀：《西山先生真文忠公文章正宗·纲目》，嘉靖四十年（1561）序刊本。
③ （明）徐师曾著，罗根泽校点：《文体明辨序说》，人民文学出版社1998年版，第9页。
④ （宋）真德秀：《西山先生真文忠公文章正宗·纲目》，嘉靖四十年（1561）序刊本。
⑤ （宋）真德秀：《西山先生真文忠公文章正宗》卷六，嘉靖四十年（1561）序刊本。
⑥ （宋）真德秀：《西山先生真文忠公文章正宗》卷一二，嘉靖四十年（1561）序刊本。
⑦ （宋）真德秀：《西山先生真文忠公文章正宗》卷一三，嘉靖四十年（1561）序刊本。

　　谢枋得为宋理宗宝祐四年（1256）进士，后因言获罪，回归家乡，闭门讲学，《文章轨范》即为其讲学的产物。《文章轨范》选文不按作者、时代、文体来分类，而是独具匠心地分为"大胆文"与"小心文"两类。此种分类，源自谢枋得对学文过程的体会，"凡学文，初要胆大，终要心小，由粗入细，由俗入雅，由繁入简，由豪荡入纯粹"，慢慢学过一段时间，对文章写作有所了解之后，就需有所转变，"初学熟之，开广其胸襟，发舒其志气，但见文之易，不见文之难，必能放言高论，笔端不窘束矣"。①谢枋得从自己的经验出发，以长者的身份谆谆指导，《文章轨范》中有很多目的性、倾向性、指引性很强的文字。卷一评韩愈《原毁》一文，言此文妙在假托他人之辞来写世俗形状，"熟于此，必能作论"②，言说借言之法。卷二卷首言辩难攻击文字当有锋芒，"初学熟此，必雄于文，千万人场屋中，有司亦当刮目"③。卷三卷首言议论文字需有抑扬顿挫，既要精明，又要圆活，进而言"场屋程文，论当用此样文法"④；评点苏轼《范增论》言"此是东坡海外文字，一句一字，增减不得，句句有法，字字尽心。后生只熟读暗记此一篇，义理融明，音律谐和，下笔作论，必惊世绝俗"，言说用字精炼之道，"知此者，必长于作论"；⑤评点苏轼《秦始皇扶苏论》言"苏东坡作史评，必有一段说万事不可磨灭之理，使吾身生其人之时，居其人之位，遇其人之事，当如何处置。作此论，妙法从老泉传来，今人作场屋程文，论当以此为法。凡议论好事，须要一段反说，凡议论不好事，须要一段正说，文势亦圆活，义理亦精微，意味亦悠长"⑥，具体到不同的论说内容言说不同的论辩方法，分别予以指导。卷三评说苏轼《王者不治夷狄论》言"此是东坡应制科程文六论中之一，有冒头，有原题，有讲题，有结尾，当熟读，当暗记，始

① （宋）谢枋得：《叠山先生批点文章轨范》卷一《放胆文》，《中华再造善本》影印元刻本。
② （宋）谢枋得：《叠山先生批点文章轨范》卷一《原毁》，《中华再造善本》影印元刻本。
③ （宋）谢枋得：《叠山先生批点文章轨范》卷二《放胆文》，《中华再造善本》影印元刻本。
④ （宋）谢枋得：《叠山先生批点文章轨范》卷三《小心文》，《中华再造善本》影印元刻本。
⑤ （宋）谢枋得：《叠山先生批点文章轨范》卷三《范增论》，《中华再造善本》影印元刻本。
⑥ （宋）谢枋得：《叠山先生批点文章轨范》卷三《秦始皇扶苏论》，《中华再造善本》影印元刻本。

知其巧"①，应制文有程式，学子需从程式中拈出"巧"字，方能令人耳目一新。卷四选取的文章皆为文气充沛者，"以清明正大之心，发英华果锐之气"，占得道理，故而文笔无敌，"学者熟之，作经义作策，必擅大名于天下"；② 评说《潮州韩文公庙碑》称其起句刚健，"后生熟读此等文章，下笔便有气力有光彩"③，指导如何起笔；评说欧阳修《上范司谏书》言，"欧阳公文章为一代宗师，然藏锋敛锷，韬光沉馨，不如韩文公之奇奇怪怪，可喜可愕。学韩不成亦不庸腐，学欧不成必无精采，独《上范司谏书》、《朋党论》、《春秋论》、《纵囚论》气力健，光焰长。少年熟读，可以发才气，可以生议论"④，对比不同的作家，分析其特点，言说学习之取舍，明晰学习之效果。卷五所选文章皆为谨严简洁之文，"场屋中日暮有限，巧迟者不如拙速，论策结尾略用此法度，主司亦必以异人待之"⑤，此为应对考试时间有限之妙法；评说韩愈《获麟解》言此篇以一百八十余字却有很多转换往复处，"人能熟读此等文字，笔便圆活，便能生议论"⑥，指引文章活法；评说韩愈《送王含秀才序》言"此序只从'醉乡记'三字得意，变化成一篇议论，此文公最巧处，凡作论可以为法"⑦，论文章之巧处。卷六所收之文皆为"才学识三高，议论关世教，古之立言不朽者"的经世文章，谢枋得强调文需经世，否则即便工巧亦无益，"人能熟此集，学进识进，而才亦进矣"。⑧ 谢枋得所选文章基本为议论文字，与当时的科举科目密切关联，同时他以如此多、如此

---

① （宋）谢枋得：《叠山先生批点文章轨范》卷三《王者不治夷狄论》，《中华再造善本》影印元刻本。

② （宋）谢枋得：《叠山先生批点文章轨范》卷四《小心文》，《中华再造善本》影印元刻本。

③ （宋）谢枋得：《叠山先生批点文章轨范》卷四《潮州韩文公庙碑》，《中华再造善本》影印元刻本。

④ （宋）谢枋得：《叠山先生批点文章轨范》卷四《上范司谏书》，《中华再造善本》影印元刻本。

⑤ （宋）谢枋得：《叠山先生批点文章轨范》卷五《小心文》，《中华再造善本》影印元刻本。

⑥ （宋）谢枋得：《叠山先生批点文章轨范》卷五《获麟解》，《中华再造善本》影印元刻本。

⑦ （宋）谢枋得：《叠山先生批点文章轨范》卷五《送王含秀才序》，《中华再造善本》影印元刻本。

⑧ （宋）谢枋得：《叠山先生批点文章轨范》卷六《小心文》，《中华再造善本》影印元刻本。

明确的字眼指引学生，向学生传递出了好文章的密码，即立意要正，文法要活，用字要准，论文要巧，下笔有力，文气充沛，以此避免学生学习过程中走弯路，以此提升学生的作文能力。

吕祖谦、楼昉、真德秀、谢枋得在经历上有三个共同点：一是都曾中进士，深知科举考试的流程及程式，深谙为文之道。二是都受理学影响，吕祖谦、楼昉、真德秀都是当时有名的理学家，谢枋得亦得理学影响，他忠正为国，力杀敌寇，国亡之后，绝食而尽，殉国明志。理学家涵养心性，讲究"体贴""观物"，发而为文，注重感悟，用语简练。三是都曾为师授徒，弟子众多，优秀弟子辈出，有为帝王师者，有为天下宰者。楼昉死后，其弟子建"甬东书院""翁州书院"，谢枋得死后，其弟子建"叠山书院"，铭记师恩，兴起后进。真德秀的弟子建有"玉溪书院""河源书院""柯山书院""延平书院""建安书院"等。由此，《古文关键》《崇古文诀》《文章正宗》《文章轨范》深知学子之心，深得学子喜爱，并进一步流传，评点蔚然成风。《古文关键》《崇古文诀》《文章正宗》《文章轨范》一脉相承，评点体例进一步丰富，总评、眉评、夹评、尾评皆已具备，点抹符号也逐步增多，"字法""句法""章法""文法"等术语多次出现。

总之，宋代科举的兴盛、南宋科举科目的变化、日渐成熟的讲学、理学的兴盛、丰富繁荣的图书市场，为评点的生成提供了重要的外部支撑。作为南宋倾注热情与心力的理学家、教育家，吕祖谦等人及时、适时地感知并回应了时代的变化、学子的需求，示学子以门径，最终促成了评点的生成。评点的生成，有其内在理路，也有时代语境的促成，这些因素烙印在评点身上，成为评点的基因，规设着评点的基本特质。

经过宋元时期的积累、发展，至明代，评点遍地开花，覆盖到诗歌、小说、戏曲、词、赋等各种文体，评点队伍日益壮大，出现了李贽、王世贞、汤显祖、孙鑛、钟惺、谭元春等评点名家，缔造了中国评点文学的全面繁荣与空前发展。孙琴安先生的《中国评点文学史》认为，明代评点文学的繁荣主要有四个标志，"评点队伍的空前壮大；会评和集评本的层见迭出；评点合刻本的纷纷问世；小说评点的空前崛起"①，这些因素，渐次发展，生机勃勃，明代《左传》评点亦出现了评点者增多、评本内容渐趋丰富、评点形式渐趋多样的状态②，为清代《左传》评点的璀璨辉煌奠定了坚实的基础。同时，明代《左传》评点的相对简略，又为清代《左传》评点的全盛发展留下了开拓的空间③。

第三节　清代《左传》评点的生成

最早对《左传》进行评点的，是宋代真德秀的《文章正宗》，《文章正宗》正式拉开了《左传》评点史的序幕。作为第一个选评《左传》的选本，《文章正宗》的示范意义主要表现在以下几个方面：一是立意选文，独立成篇。《文章正宗》按照"明义理，切世用"的选文标准，将《左传》中的事件、评论等单独提出来，拟定题目，成为独立的篇章。为此，《文章正宗》还剪裁加工，剔除了编年体史书中无关的记载，主题集中；又跨出编年体的限制，增补相关的背景、结局材料，眉目清晰。二是多种评注，共同解读。《文章正宗》有题后注、夹注、尾评，对相关背景、词语、行文风格等予以解读。三是己评与他评，结合阐释。为了更好地表明观点，《文章正宗》在自己评说的同时，还援引他者的评说，增加评说的力度，丰富评说的内容。

《文章正宗》为后世《左传》评点指引了方向，此后汤汉的《妙绝古今》，王霆震的《古文集成》，归有光的《文章指南》，陈仁锡的《文章正集》，刘祐的《文章正论》等古文选本，皆收录、评点《左传》，另外《左传》的单

---

① 孙琴安：《中国评点文学史》，上海社会科学院出版社 1999 年版，第 107 页。

② 明代《左传》评点的发展，可参看李卫军《〈左传〉评点研究》及魏刚、刘璐亚《明代〈左传〉古文选本及其价值初探》（《学术探索》2017 年第 1 期）。

③ 李卫军言："此期众多《左传》评本中，有相当一部分出于书坊主伪托，又有一部分集评作品，真正能独出手眼，具有自己批评特色的只有孙鑛、钟惺等数家而已。即使此数家的评点，相对而言，仍较简略，且多印象式的批评。"（李卫军：《〈左传〉评点研究》，中国社会科学出版社 2014 年版，第 25 页）

评本也开始出现，如孙鑛的《批点春秋左传》、署名钟惺的《钟评左传》、郝敬的《批点左氏新语》、汤宾尹的《左传狐白》等。不同的评点家，从不同的评点立场出发，不断为《左传》评点添加着不同的养料，成为清代《左传》评点的重要根脉。延续《左传》评点的传统，清代《左传》评点之作，一见于古文选评本中，如金圣叹《天下才子必读书》，蒋铭《古文汇钞》，过琪《古文觉斯》《古文评注》，林云铭《古文析义》《古文检玉》，康熙《古文渊鉴》，徐陈发、宋景琛《古文晨书》，吴楚材、吴调侯《古文观止》，程润德《古文集解》，殷承爵《古文英华》，高朝璎《古文知新》，邢淳《古文启蒙初编》，谢有辉《古文赏音》，杭永年《古文快笔贯通解》，徐与乔《经史钞》，臧岳《古文选释》，浦起龙《古文眉诠》，李塨《评乙古文》，姚培谦《古文斫前集》，唐德宜《古文翼》，王寿康《古文资镜》，汪敬堂《古文啙凤》，周大璋《古文精言》，朱宗洛《古文一隅》，余诚《古文释义》等。一见于专书评点中，如金圣叹《唱经堂左传释》，姜希辙《左传统笺》，鲍薱《左传读本》，卢元昌《左传分国纂略》，韩菼《春秋左传句解》，朱元英《左传拾遗》，魏禧《左传经世钞》，王源《左传评》，刘继庄《左传快评》，曹基《左氏条贯》，盛大谟《于埕左氏录》，冯李骅、陆浩《左绣》，姜炳璋《读左补义》，储欣《左传选》《春秋指掌》，方苞、王兆符、程崟《左传义法举要》，方苞《方氏左传评点》，张昆崖《左传评林》，允礼《春秋左传》，周大璋《左传翼》，李文渊《左传评》，杨潮观《左鉴》，高嵣《左传钞》，李元春《左氏兵法》，李绍崧《左传快读》，魏朝俊《选批左传》，李楷林《左传汇选》，司徒修《左传易读》等。

除却评点传统的影响之外，有清一代评点的抬头、兴盛、繁荣与衰落，与清朝的政治语境、教育环境以及科举士子的读书需求等有着至关重要的关系，因而呈现出与宋代、明代"同而不同"的时代差异与价值追求。

一、清朝廷"以文化人"政策对《左传》的重视

有清一代，《左传》评点的人数、作品及评点水平，都大大超越了前人，

此种局面的出现，植根于清代文化建设的历史场域。清廷努力通过文化制度与诸多符号，力图在"民族—国家"的秩序建构，完成文化血统的互融。在此历史场域中出现的《左传》评点作品，是清人塑造"我者"形象的文化符号之一。

（一）破壁：清朝廷加强文化建设的现实语境

清初帝王非常重视"以文化人"的治国策略，他们入主中原，面临很多问题，其中，如何安定人心是最艰难且最重要的问题，正如梁启超所言"满洲人虽仅用四十日工夫便奠定北京，却须用四十年工夫才得有全中国"①。

汉人的怀旧、抵触、轻视、抗争，"迩来顽民梗化，不轨时逞，若徒加以兵，恐波累无辜，大伤好生之意；若不加以兵，则荼毒良民，孰是底定之期"②，让清初帝王大为头疼，他们想尽各种办法以求"息盗安民"。同时，战争等带来了整个社会价值观念的破坏，"文弊极而机智深，机智深而争夺肆，世道人心未知所底，是以至于彝伦之斁而不顾"③，挑战着刚刚凭借武力建立起来的新政权。如何改变观念异化、道德失序的状态，加强国家权力的控制力，"定天下之大业""以天下之人心"④，成为摆在清初帝王面前的大课题。

显然，单纯靠武力根本无法完成此项棘手的课题。经过探索，清初帝王决定从内外两方面入手"破壁"。自内，主要是补短板，提升自我文化素养。入主中原的满洲人在汉文化上落后于汉人，顺治最开始汉语不熟，有时连汉人官员的奏折都看不懂，根本无法做到令汉人心服口服。但清初帝王志向远大，不惧碰壁，他们首先做的是自我改变，改变自我的生活习惯，顺治曾自

---

① 梁启超：《中国近三百年学术史·清代学术变迁与政治的影响》，东方出版社 2004 年版，第 15 页。

② 《清世祖实录》卷四三，顺治六年四月条，中华书局 1985 年版，第 347 页。

③ （清）张履祥著，陈祖武点校：《杨园先生全集》卷四《与严颖生二》，中华书局 2002 年版，第 94 页。

④ 《清世祖实录》卷二五，顺治三年三月壬戌条，中华书局 1985 年版，第 210 页。

我反思，"我朝之定天下，皆弓矢之力也。曩者每岁出猎二三次，练习骑射。今朕躬亲政事，天下至大，机务至繁，凡一应章奏，皆朕亲为批断，日无暇暑，身虽无暇，心常念兹不忘也"①，清朝以马上功夫得天下，自然重视骑射训练，骑射亦是顺治早年的喜好，但是在国家匡正时乱、重建秩序的特殊时期、关键时刻，顺治日夜辛劳，一心扑在朝政上。他汲汲皇皇，多次要求大臣们匡正他的过失，"朕励精图治，日求天下太平，切望内外诸大臣，尽心竭力，以匡不逮"②。顺治的心理及日常工作状态，是整个清初帝王的缩影，他们夙兴夜寐，不断思索因革损益达于治道的途径，"今欲使兆庶遂生乐业，咸得其所，庶几衣食足而礼义兴，人心协正，风俗还淳，敦尚经学，而修明性道，君子怀刑，小人亦耻犯法，俾隆古之上理，再见于今日，何道而可尔"③，最后他们找到了向先进的汉文化学习这条路④。为此，清朝廷开设经筵、日讲，设立南书房，为帝王、皇子、皇族寻找博通古今的师傅，学习儒家经典、史书等。

清初帝王与皇子为弥补文化上的短板，他们勤学苦读，不敢有丝毫懈怠，顺治"昼理万几，夜勤诵读，时时与一二近臣论辨疑义"⑤，康熙好学不倦，"读书至三鼓"⑥，随时批点古书。康熙从经筵、日讲中获益良多，将原来的隔日一讲改为一天一讲，即便是在平定三藩之乱时，亦恐荒疏学业而日

---

① 《清世祖实录》卷七三，顺治十年三月戊辰条，中华书局 1985 年版，第 577 页。

② 《清世祖实录》卷六四，顺治九年四月己未条，中华书局 1985 年版，第 500 页。

③ 《清世祖实录》卷一一六，顺治十五年四月戊辰条，中华书局 1985 年版，第 903 页。

④ 康熙十六年（1677）五月二十九日，康熙在日讲官进讲完毕后，讲明学习传统经典的目的，"卿等每日起早进讲，皆天德王道修齐治平之理。朕孜孜问学，无非欲讲明义理，以资治道。朕虽不明，虚心倾听，寻绎玩味，甚有启沃之益。虽为学不在多言，务期躬行实践，非徒为口耳之资"（第一历史档案馆整理：《康熙起居注》，中华书局 1984 年版，第 310 页）。

⑤ （清）计东：《中宪大夫内国史院侍读学士曹公本荣行状》，载（清）钱仪吉纂，靳斯校点：《碑传集》卷四三，中华书局 1993 年版，第 1190 页。

⑥ 康熙二十三年（1684）十一月初四，康熙读书至三鼓。高士奇奏曰："皇上南巡以来，行殿读书写字，每至夜分，诚恐圣躬过劳，亦少自节养。"（第一历史档案馆整理：《康熙起居注》，中华书局 1984 年版，第 1249 页）

讲不断；节假日也基本不断日讲，即便是巡游也有讲官陪同，他随时与讲官探讨书义，"立有程课，自元旦以至岁除，未尝有一日之间，即巡幸所至，亦必以卷帙自随"[①]。严寒酷暑，或者身染疾病，康熙也不愿耽误讲筵、读书[②]，一连坚持了十五年，共计八百九十九次。乾隆言其"自幼读书，研究义理，至今《朱子全书》，未尝释手"[③]，此种勤学精神，代代相传。朝中大臣都自愧不如，连连称赞，"本朝家法之严，即皇子读书一事，已迥绝千古。余内直时，届早班之期，率以五鼓入，时部院百官未有至者，惟内府苏喇数人往来。黑暗中残睡未醒，时复倚柱假寐，然已隐隐望见有白纱灯一点入隆宗门，则皇子进书房也。吾辈穷措大专恃读书为衣食者，尚不能早起，而天家金玉之体乃日日如是"[④]。

自康熙朝始，清朝帝王的文化底气足了起来。康熙的读书量剧增[⑤]，慢慢地不再满足于听日讲官等人的讲述，后来他亲自"覆讲"[⑥]，引经据典，侃

① 《清圣祖实录》卷一五〇，康熙三十年三月戊子条，中华书局1985年版，第666页。
② 康熙十八年（1679）十一月二十三日，康熙偶染风寒，叶方蔼、张玉书奏请曰："天气严寒，皇上日御讲筵，恐劳圣躬，请暂停数日。臣等恭候谕旨，再当进讲。"康熙则传谕曰："仍照常进讲。"（第一历史档案馆整理：《康熙起居注》，中华书局1984年版，第468页）康熙二十三年（1684）十一月三十日，讲官请旨是否停讲，康熙传谕："天气虽寒，朕于宫中暖阁可以进讲。且机务少暇，每日披览经义，于学问多所裨益，不必停讲。"（第一历史档案馆整理：《康熙起居注》，中华书局1984年版，第1258页）
③ 《清高宗实录》卷一四六，乾隆六年七月条，中华书局1985年版，第1095页。
④ （清）赵翼撰，李解民点校：《檐曝杂记》卷一《皇子读书》，中华书局1982年版，第8—9页。
⑤ 法国传教士白晋曾评价康熙勤学读书之事，"要是在其他国家，康熙所具备的这些伟大品质，足以使他列入英雄的行列，而在中国人中间，高官显职是靠读书和学问的途径获得的；如果只具有这些伟大的品质，而在学问方面不像其他方面同样突出的话，那么，他就不会被看作他们国家最伟大的皇帝之一。毫无疑问，正是为了使自己在这方面适合于他的国家特点，他才这样专心致志于研究中国的文学和科学，因而他几乎读遍了所有汉文的名著"［(法)白晋著，马绪祥译：《康熙帝传》，载《清史资料》第1辑，中华书局1980年版，第218页］。
⑥ 康熙十四年（1675）四月二十三日，康熙下达谕旨曰："日讲原期有益身心，加进学问。今止讲官进讲，朕不覆讲，则但寻旧例，渐至日久将成故事，不惟于学问之道无益，亦非所以为法于后世也。自后进讲时，讲官讲毕，朕仍覆讲，如此互相讨论，方可有裨实学。"（第一历史档案馆整理：《康熙起居注》，中华书局1984年版，第202—203页）

侃而谈，真知灼见，令讲官叹服①。不仅如此，康熙于二十五年（1686）还开了一个先例，即让皇太子覆讲，以此提升皇太子的文化水准与解读能力，助其体会为政之道②。如此一来，"康熙不单是把经筵日讲当作习学汉人经典的手段，而且最终把它改造成了训示汉人臣子的一个逆向互动的仪式"③，讲官和帝王的教化角色彻底转化，康熙不再是被教化者，而是占据了绝对主动。雍正、乾隆将此传承下去，每次经筵讲说，都要对经典进行一番自己的诠释④，进一步树牢了清代帝王在教化方面的主导地位。

靠着持之以恒的努力与勤学苦读，清初帝王、皇子们的学识日益提升。康熙五十二年（1713），王敬铭高中状元，康熙甚为高兴，甚为得意，"王敬铭久直内廷，是朕亲教出来者"⑤。康熙自己不能与天下举子争夺状元，但是他教导出来的人一举夺魁，很大程度上得益于他的教导，自然，在康熙看来，他的学识、功力与天下才子相比，亦不在话下，甚至要超绝其上。如此一来，清初帝王渐渐补上了短板，可以自豪且自信地面对天下文人。

---

① 康熙十六年（1677）五月初四，陈廷敬、叶方霭进讲完《孟子》"告子曰性犹杞柳也"一章，准备再讲"告子曰性犹湍水也"一章，"方展书，上谕曰：'朕将于此章书试讲，汝等听之。'喇沙里等拱立竦听。上玉音朗然，文义晓畅。"（第一历史档案馆整理：《康熙起居注》，中华书局 1984 年版，第 305 页）康熙二十三年（1684）九月二十六日，讲官常书言："自古帝王好学右文，往往骛名鲜实，循之未必能久。皇上心思经学，日御讲筵，隆冬盛暑无间。夙夜讨论，孜孜忘倦，精义入神，为亘古帝王所未有。"（第一历史档案馆整理：《康熙起居注》，中华书局 1984 年版，第 1234 页）

② 康熙二十五年（1686）闰四月二十七日，康熙言："自古人君于太子讲书时，从无命其覆讲之例。今太子略能覆讲，此例自朕始行之。"（第一历史档案馆整理：《康熙起居注》，中华书局 1984 年版，第 1487 页）

③ 杨念群：《何处是江南：清朝正统观的确立与士林精神世界的变异》，生活·读书·新知三联书店 2010 年版，第 97 页。

④ 经筵讲官对乾隆的称颂，多处可见，乾隆六年（1741），张廷玉奏言"皇上以立诚为敷政之本，九经时措而咸宜。以体道为制治之原，百姓从风而向化。握宪章之圣矩，探精一之心传，臣等不胜钦服"（《清高宗实录》卷一三六，乾隆六年二月上条，中华书局 1985 年版，第 967 页）。乾隆三年（1738），鄂尔泰言："皇上阐扬经书义蕴，广大精微，皆先儒所未及，真帝王传心之要也。"（《清高宗实录》卷六四，乾隆三年三月上条，中华书局 1985 年版，第 39 页）

⑤ 徐珂：《清稗类钞》第 5 册《考试类·王敬铭殿试第一》，商务印书馆 1917 年版，第 121 页。

勤学苦读之外，他们还擅长思考，读书之时有自己的独到见解。顺治十年（1653）正月丙申日，顺治阅读《资治通鉴》至武则天事，与大学士等人讨论古代帝王之事，范文程等人在古代贤君中推举唐太宗，认为唐太宗更胜一筹。顺治则认为历代贤君，诸如汉高祖、汉文帝、光武帝、唐太宗、宋太祖，皆不如明洪武帝，原因在于其他君主理政有善者有未尽善者，而明洪武帝"所定条理章程，规划周详"。清朝取代明朝而立，顺治对于曾经的敌人，并没有全部否定，反而极度认可明洪武帝的功业，将之推到"历代之君，不及洪武"①的至高位置，此种博大心胸，令人佩服。敢于、勇于、善于发现敌人的优点，不否认，不遮掩，并能为我所用，此之谓真帝王。

此外，主要是清障碍，让读书人为我所用。"他们觉得用武力制服那降将悍卒没有多大困难，最难缠的是一班'念书人'——尤其是少数有学问的学者。因为他们是民众的指导人，统治前途暗礁都在他们身上"②，自然，清初帝王要的是去除暗礁，赢得前途。清初帝王庄重祭拜孔庙③、明孝陵，郑重表示服膺汉文化，抚慰汉文人之心④，明确提出兴文教的治国之法⑤；又开

---

① 《清世祖实录》卷七一，顺治十年正月丙申条，中华书局 1985 年版，第 567 页。

② 梁启超：《中国近三百年学术史·清代学术变迁与政治的影响》，东方出版社 2004 年版，第 15—16 页。

③ 顺治即位当年（1644）二月即派遣官员祭祀孔子，"丁卯，遣官祭先师孔子"（《清世祖实录》卷三，中华书局 1985 年版，第 46 页）。康熙二十三年（1684）十一月十八日，康熙步至大成殿，瞻仰圣像，历览圣迹、历代碑记。复至大成殿前，命大学士明珠、王熙等宣谕曰："至盛之德与天地日月同，其高明广大，无可指称。朕向来研求经义，体思至道，欲加赞颂，莫能名言。特书'万世师表'四字，悬额殿中，非云阐扬圣教，亦以垂示将来。"（第一历史档案馆整理：《康熙起居注》，中华书局 1984 年版，第 1254 页）

④ 马克思、恩格斯在《德意志意识形态》中说道："定居下来的征服者所采纳的共同体形式，应当适应于他们面临的生产力发展水平，如果起初情况不是这样，那么共同体形式就应当按照生产力来改变。这也说明了民族大迁徙后的时期到处可见到的一种事实，即奴隶成了主人，征服者很快就接受了被征服民族的语言、教育和风俗。"（《马克思恩格斯文集》第 1 卷，人民出版社 2009 年版，第 578 页）

⑤ 皇太极于天命四年（1619）己未六月丙辰谕曰："为国之道，以教化为本，移风易俗，是为要务。"（赵之恒、牛耕、巴图主编：《大清十朝圣训·太祖高皇帝圣训·崇教化》，北京燕山出版社 1998 年版，第 28 页）顺治十二年（1655）三月下达谕令："今天下渐定，朕将兴文教，崇经术，以开太平。"（《清世祖实录》卷九〇，中华书局 1985 年版，第 712 页）

设博学鸿词科，给予优厚待遇，拉拢汉族文人。康熙十八年（1679），康熙以"求贤右文"之名，亲自主持博学鸿词科的考试，录取了五十人，又破例让他们全部入直翰林院。此五十人有一部分是明朝故臣、耆宿名家的子孙，康熙录取他们的象征意义很明显，即要向世人传递宽以待人之道、求贤右文之意。一时间，海内震荡，群情激奋，汉族文人中对清朝廷政策持敌视、抵触、观望者多有所松动，康熙的怀柔政策起到了预期效果。当然，单纯靠小恩小惠，甚至是大恩大惠，并不足以改变整个汉人群体对清王朝的认识，康熙的眼光也不会如此短视，他要做的是利用走向他的文人，建立一种行之有效的文化政策，利用一个个文化工程，由上而下，慢慢渗透，以文化心，逐渐建构起利于统治的文化秩序①。康熙以"稽古右文"为引导，由其信赖的大臣为总裁官，带领一批朝廷文士，开展了大规模的图书编纂工作，《渊鉴类函》《御选唐诗》《古文渊鉴》《全唐诗》《明史》《春秋传说汇纂》《康熙字典》等工作渐次铺开。被笼络的文士们，沉浸在大规模的编书工作中，欣欣然贡献着自己的力量，"圣祖继统，诏举博学鸿儒，修经史，纂图书，稽古右文，润色鸿业，海内彬彬向风焉"②。

（二）抓手：《左传》在清文化政策中的作用

在清朝廷的文化工程建设中，清初帝王不仅笼络文人编纂工作，他们还会主动参与其中，确立、引导文化建设的整体方向。康熙主动参与了图书评点的工作，亲自为天下读书人提供读书、为学之指引，由此历史上第一部也是唯一一部皇帝选评《左传》的作品——《御选古文渊鉴》生成了。

---

① 康熙二十四年（1685）正月二十七日，大学士明珠等人"请旨：都察院副都御史张可前条奏，皇上御极以来，历年听政，应汇集成书，刊刻昭示臣民。上曰：'朕御极以来，孜孜图治，勤政爱民，日理万机，常怀竞业。虽海宇底定，渐致升平，但风俗人心未臻上理。这所请历年政事汇集成书，是否可行，尔衙门同翰林院会议具奏'"（第一历史档案馆整理：《康熙起居注》，中华书局 1984 年版，第 1281—1282 页）。康熙从政二十多年，成效显著，唯有风俗人心尚未走向理想的方向，因此，他编纂典籍的主攻方向即为正风俗，导人心。

② 赵尔巽等：《清史稿》卷一四五《艺文志》，中华书局 1977 年版，第 4219 页。

《左传》本就属于经史之学，写的是史实，诠释的是《春秋》经义，亦被置于经书之列，"被树立为获解《春秋》经义的最重要的依据"①，列入学官。笃信"经史俱关治理"②的康熙为了探索古圣贤之道，为了明白治国之道，经常研读、讲解《春秋》《左传》，"《春秋》、《礼记》朕在内每日讲阅"③，时时听讲官讲《左传》故事，以明《春秋》经义，"为封建帝王扮演了相当重要的政治借鉴作用"④。康熙跟随高士奇等人学习《左传》，了解为政之道，探知学问门径。高士奇著有《左传纪事本末》《春秋讲义》《左传国语辑注》等书，经常与康熙一起"探论古今兴废之迹，或读《尚书》、《左传》及先秦两汉文数篇，或谈《周易》，或赋一诗，每至漏下三十刻不倦，日以为常"⑤。在康熙眼中，《左传》不单是良史之作，不单是文之妙者，更重要的它是资政工具、教化之书，"《春秋》为帝王经世之大法，史外传心之典要"⑥，作为《春秋》三传之一的《左传》则有"明理致用"之功效。他曾于政暇之际，敕编《日讲春秋解义》与《春秋传说汇纂》，皆以《左传》为本，先列《左传》之文，后列《公羊传》《穀梁传》之文，反复体味圣人笔削之义，推衍内圣外王之道。

《古文渊鉴》评点古文，以《左传》开端，足见对《左传》的重视与青睐，"《左传》成了落后民族学习中原古代礼乐文明的凭借，藉之，封建帝王可以了解古帝王之道"⑦。雍正、乾隆等帝王对于"以文化人"政策亦极为重视，他们也以朝廷名义编选了许多大规模的图书，乾隆曾明确提到"士子之趋向，视乎衡文者之好尚。诚使衡文者置怪僻于不录，则士子亦何所利而习之"⑧，他

---

① 罗军凤：《清代春秋左传学研究》，人民出版社 2010 年版，第 99 页。

② 第一历史档案馆整理：《康熙起居注》，中华书局 1984 年版，第 526 页。

③ 第一历史档案馆整理：《康熙起居注》，中华书局 1984 年版，第 1471 页。

④ 罗军凤：《清代春秋左传学研究》，人民出版社 2010 年版，第 47 页。

⑤ （清）爱新觉罗·玄烨：《圣祖仁皇帝御制文集》卷二〇《南巡笔记》，《景印文渊阁四库全书》第 1298 册，台湾商务印书馆 1986 年版，第 192 页。

⑥ （清）爱新觉罗·玄烨钦定，库勒纳、李光地等编撰，李孝国、杨为刚等注：《日讲春秋解义·序》，中国书店 2016 年版，第 1 页。

⑦ 罗军凤：《清代春秋左传学研究》，人民出版社 2010 年版，第 47 页。

⑧ （清）素尔讷等著，霍有明、郭海文校注：《钦定学政全书校注》，武汉大学出版社 2009 年版，第 28 页。

们有意识地借助文化工程，加强对天下百姓的精神控制，一举一动皆需按照他们期望的样子进行。在此过程中，《左传》仍然是不能绕过的经世致用之大典，为朝廷、帝王所重视，乾隆二十三年（1758）《御纂春秋直解》编成，此书反对胡安国的曲说泥经，提出要融会《左传》《公羊传》《穀梁传》之精要，探寻圣人之大道。嘉庆帝"典学宗经，尤熟《左氏传》，尽卷不遗一字，于年月、干支、地名、氏族，罔弗一一如指诸掌"[1]，其命张师诚编著的《御制全史诗》中有《咏左传》，选取《左传》中有关于治道的百篇文章，用诗歌的形式展示出来，根据《左传》记载拟定题目，诗句下面照录《左传》原文及相关的字词解释，在诗歌主旨上仍然是有关教化、治道，如卷二十八《郑作邱赋》有言"社稷民为贵，拂欲招患危"[2]，即与孟子的重民思想相关。

　　"上之所以教，下之所以学"[3]，朝廷的政策支持、官方的图书编纂、皇帝的评点实践，都是在安定民心、维系稳定的大前提之下设定的国家文化策略，为整个社会的文化建设注入了强大的力量支持，亦为评点作品的大量涌现提供了价值导向与方向引领，更为《左传》评点提供了实践的标杆与范型。

二、清代科举对《左传》评点的促生与激发作用

　　清代科举承袭明制，本着笼络士人、安定人心的目的，清军入关之后，自顺治元年（1644）十月便恢复科举。清廷很重视科举考试，将之作为选拔人才的重要途径，"有清以科举为抡才大典，虽初制多沿明旧，而慎重科名，严防弊窦，立法之周，得人之盛，远轶前代"[4]，且为最重要的选拔途径，《清史稿·选举三》言："有清一沿明制，二百余年，虽有以他途进者，终不

---

① （清）爱新觉罗·颙琰钦定，张师诚注：《御制全史诗》卷一三《咏左传》，清内府写刻本。

② （清）爱新觉罗·颙琰钦定，张师诚注：《御制全史诗》卷二八《咏左传·郑作邱赋》，清内府写刻本。

③ （清）孙鼎臣：《论治二》，载（清）盛康辑：《黄巢经世文编续编》卷六六《礼政六·贡举》，光绪二十三年（1897）刻本。

④ 赵尔巽等：《清史稿》卷一〇六《选举一》，中华书局 1977 年版，第 3149 页。

得与科第出身者相比。"① 自科举考试中脱颖而出、后来亦影响科举变革的张之洞亦直言:"帝王网罗群才,惟以科名爵禄为激扬之具。"② 与科举的重要性相关,清朝廷制定了规范、严苛的条例,以此保证科举考试的公平③。通过一系列的努力,科举考试确实为清朝廷选拔了一些魁儒硕学,"康雍乾嘉四世,民康物阜,宇内升平者达一百六十年之久,蔚为三代以下未有之盛世。论者每多归功于科举得人,洵为无可否认之事实"④,亦成为社会风气、文学理念形成的重要依托。

(一) 科举取士对学子读书的引领

对于普通百姓而言,科举最大的诱惑在于它与富贵名利的关联,登科及第意味着身份、地位的飞跃,因此,登科及第成为整个社会的群体期待,"自幼惟从事做破题,捭八股,父兄师友之期许者,入学、中举、会试、做官而已,自心之悦父兄师友以矢志成人者,亦惟入学、中举、会试、做官而已。万卷诗书,只作名利引子"⑤,一切读书努力,只为登科及第的辉煌与富贵功名。科举考试的影响力,可以从参考者的身份范围窥见一斑。宋元强在《清朝的状元》一书中通过统计清代 57 名状元的出身发现,"出身于官等级的占 51%,出身于民等级的占 49%"⑥,进而得出了结论:"在科举制时代,元魁鼎甲极难获中。在这方面的争夺上,仕宦家庭的子弟由于在经济和文化方面都拥有良好的条件,处于优势地位。即使如此,普通士人家庭与其他家庭出身的人,也占了相当可观的比例。这个事实,充分表现了科举制度的一

① 赵尔巽等:《清史稿》卷一〇六《选举一》,中华书局 1977 年版,第 3099 页。
② (清)张之洞著,赵德馨主编,吴剑杰、周秀鸾等点校:《张之洞全集》第 4 册《筹定学堂规模次第兴办折》,武汉出版社 2008 年版,第 93 页。
③ "清代人通过严格贯彻执行各种条规以及严厉处理几次大的科场案件整肃了整个科场秩序,打击了营私舞弊,这是明人所不易做到的。"(何怀宏:《选举社会:秦汉至晚清社会形态研究》,北京大学出版社 2011 年版,第 75 页)
④ 朱沛莲:《清代鼎甲录·自序》,中华书局 1968 年版,第 1 页。
⑤ (清)颜元撰,陈居渊导读:《习斋四存编·存人编》卷二《唤迷途·第四唤》,上海古籍出版社 2000 年版,第 179 页。
⑥ 宋元强:《清朝的状元》,吉林文史出版社 1992 年版,第 172 页。

个基本特征：不拘门第、平等竞争、公开考试、优胜劣汰。"①不拘门第的科举考试，自然吸引了更大基数的普通百姓，群体的参与度极度提升，即便录取率相对较低，但"富贵功名"四个字仍然让很多人青灯长卷、皓首穷经而矢志不渝。

科举考试不拘门第，但是，要想在科举考试中脱颖而出，达成"禹门三汲浪，平地一声雷"②的梦想，则需要应举者平日里做好充分的应试准备。鲁小俊以"清代书院课艺总集"为样本，"发现在录取率偏低的客观事实之下，平时成绩与录取率之间仍然存在一定的正比关系"③，"平时成绩优秀者率高，普通者录取率低，是为'必然'；反之即为'偶然'"④，没有充足的应试准备，要想独占鳌头、平步青云，无异于痴人说梦。因此，学子们会根据科举制度、科举内容的相关规定，做足功课。

首先，要熟知考试内容，有的放矢。

清朝廷对考试内容的规定，最开始依循明朝旧例，后来根据实际情况，略有改造。顺治二年（1645），朝廷颁布《科场条例》，规定了科举考试的场次、考核内容及考试评判标准所依据的典籍。

> 首场《四书》三题，《五经》各四题，士子各占一经。《四书》主《朱子集注》，《易》主程《传》、《朱子本义》，《书》主蔡《传》，《诗》主《朱子集传》，《春秋》主胡安国《传》，《礼记》主《陈澔集说》。其后《春秋》不用胡《传》，以《左传》本事为文，参用《公羊》、《穀梁》。二场论一道，判五道，诏、诰、表内科一道，三场经史时务策五道。乡、会试同。⑤

---

① 宋元强：《清朝的状元》，吉林文史出版社 1992 年版，第 172 页。
② （宋）汪洙：《神童诗》，载王宗康主编：《经典古诗五百首》，陕西人民出版社 2019 年版，第 377 页。
③ 鲁小俊：《科举功名的偶然与必然：文学叙述与实证分析》，《文艺研究》2014 年第 4 期。
④ 鲁小俊：《清代书院课艺总集叙录·前言》，武汉大学出版社 2015 年版，第 19 页。
⑤ 赵尔巽：《清史稿》卷一〇八《选举三》，中华书局 1977 年版，第 3148 页。

考试共分三场，最为重要的是第一场，第一场之中又以四书为重，士子于五经中各选取一经考试，实际上每一位学子只考一经。四书、五经的考核，各有参考书目，此参考书目，既是士子读书的依据，亦是考核的判断标准，其中，《春秋》经主要依据《左传》，而《公羊传》《穀梁传》则是参看的典籍。

为求实效，清朝廷又在整体原则不变的前提下，略作调整，如"移经文于二场，罢论、表、判，增五言八韵律诗""首场复增性理论"等，至乾隆五十二年（1787），乾隆认为分经阅卷易生弊窦，而且士子专治一经不涉他经，于实学无益，故而"命自明岁戊申乡试始，乡、会五科内，分年轮试一经。毕，再于乡、会二场废论题，以五经出题并试。永著为令"，① 自此以后，基本遵循此规定 ②。

其次，要熟习科举文体，多方训练。

科举考试题目主要考核四书、五经，所用文体为八股文。八股文形成于明成化年间，有固定的格式，由破题、承题、起讲、入题、起股、中股、后股、束股八部分组成，后面四部分中各有两部分对偶，有固定的字数要求 ③，要模拟古圣贤口气，代古圣贤立言，不可自由发挥。发展至明末，八股文已经出现了内容空洞、形式僵化的弊端，清初弊端一仍其旧。基于此，康熙二年（1663），康熙下达旨意，废除制义，停考八股文，改考策论、表判，"乡会两试，头场，策五篇。二场，用四书本经题，作论各一篇，表一

---

① 赵尔巽等：《清史稿》卷一〇八《选举三》，中华书局1977年版，第3151—3152页。

② 最后的变革出现在科举废除前夕，光绪二十七年（1901）的科举考试，"乡、会试首场改试中国政治史事论五篇，二场各国政治艺学策五道，三场《四书》义二篇、《五经》义一篇，其他考试例此"（赵尔巽等：《清史稿》卷一〇八《选举三》，中华书局1977年版，第3153页）。

③ "初场文原定每篇限五百五十字，康熙二十年增百字。五十四年，会元尚居易以首艺字逾千二百，黜革。乾隆四十三年，始定乡、会试每篇以七百字为率，违者不录。自是遵行不易。三场策题，原定不得逾三百字。乾隆元年，禁士子空举名目，草率塞责。其后考官拟题，每问或多至五六百字，空疏者辄就题移易，点窜成篇。三十六年，左都御史张若渟以为言，诏申明定例。五十一年，定答策不满三百字，照纰缪例罚停科。"（赵尔巽等：《清史稿》卷一〇八《选举三》，中华书局1977年版，第3152页）

篇，判五道"①，康熙此项决定，为的便是去除八股带来的危害，"八股文章实于政事无涉，自今以后，将浮饰八股文章永行停止。惟于为国为民之策论、表判中出题考试"②，八股言辞浮而不实，于政事无益，此为康熙对八股文弊端的拨乱反正，是对经世济用言论的期待。但是，八股文沿用已久，有很多的研习者与拥趸，反对停用八股文的声音亦很强烈，康熙四年（1665），礼部侍郎黄机请恢复旧制③，康熙予以同意。康熙七年（1668），朝廷下令仍然使用八股文，恢复考三场的旧制。乾隆三年（1738），科举制义的弊端再次被重提，兵部侍郎舒赫德认为此非遴选真才实学之士的正确途径，请求改弦更张④，朝廷以"圣人不能使立法之无弊，在因时而补救之"⑤以及八股制义之论有其可取之处⑥而未通过舒赫德的提议，而是责令司文"循名责实，力除积习"⑦。

在此社会积习影响之下，人们对科举文章的体裁、作法进一步研究，形成了很多经验性的认识。优秀的八股文章，需要模拟古文的叙述、议论方式，多读多写，方能气蕴于胸，行之于文，唐彪在《读书作文谱》中对代圣

---

① 《清圣祖实录》卷九，康熙二年八月条，中华书局 1985 年版，第 154 页。

② （清）梁章钜著，陈居渊校点：《制义丛话》卷一，上海书店出版社 2001 年版，第 13 页。

③ "四年，礼部侍郎黄机言：'制科向系三场，先用经书，使阐发圣贤之微旨，以观其心术。次用策论，使通达古今之事变，以察其才猷。今止用策论，减去一场，似太简易。且不用经书为文，人将置圣贤之学于不讲，请复三场旧制。'报可。七年，复初制，仍用八股文。"（赵尔巽等：《清史稿》卷一〇八《选举三》，中华书局 1977 年版，第 3149 页）

④ "乾隆三年，兵部侍郎舒赫德言：'科举之制，凭文而取，按格而官，已非良法。况积弊日深，侥幸日众。古人询事考言，其所言者，即其居官所当为之职事也。时文徒空言，不适于用，墨卷房行，辗转抄袭，肤词诡说，蔓衍支离，苟可以取科第而止，士子各占一经，每经拟题，多者百余，少者数十。古人毕生治之而不足，今则数月为之而有余。表、判可预拟而得，答策随题敷衍，无所发明。实不足以得人。应将考试条款改移更张，别思所以遴拔真才实学之道。'"（赵尔巽等：《清史稿》卷一〇八《选举三》，中华书局 1977 年版，第 3150 页）

⑤ 赵尔巽等：《清史稿》卷一〇八《选举三》，中华书局 1977 年版，第 3150 页。

⑥ "时艺所论，皆孔、孟之绪言，精微之奥旨。参之经史子集，以发其光华；范之规矩准绳，以密其法律。虽曰小技，而文武干济、英伟特达之才，未尝不出乎其中。"（赵尔巽等：《清史稿》卷一〇八《选举三》，中华书局 1977 年版，第 3150—3151 页）

⑦ 赵尔巽等：《清史稿》卷一〇八《选举三》，中华书局 1977 年版，第 3151 页。

人立言之法有所说明："如圣贤论人贤否，或论事之是非，我作其题，已是代圣贤口吻发论矣。然单代圣贤口气，犹不能描写曲尽，乃更将圣贤口气代其人自说一番，则神气无不毕露。此代法之所由起也。古之制艺皆需之，如记事题，评论在下，一着议论，即犯下文；虚缩题，用我意阐发，多至犯下，二者俱难措手。惟用代法，代其人自言，则俱在题前着笔，方无犯下之病。又，凡文中用推原法者，先辈多假代法出之，则事理愈加明晰，此皆代法之妙也。"①唐彪不仅言说了代法的由来，而且还从具体的文法比对中言说代法的妙处，此种做法投射到《左传》评点中，便是《左绣》等书对"代字诀"的使用，"此真游说妙诀，亦真行文妙诀，乃代字诀之所本也"②，此为阴饴甥托之君子、小人而言；"用代字诀，并传不言之神，是何等描写"③，此为栾祁托之其父之言。刘熙载言科举文的体裁时说道："制艺体裁有二：一本注释，就题诠题也；一本古文，夹叙夹议也。注释，合多开少；古文，小开大合，大开小合，俱有之。"④夹叙夹议之法、文章开合之道，亦是《左传》评点中的常见评说。

　　最后，要明白科举录取的文风导向，加以规范。

　　自古以来，文风关乎世运，科举盛行的年代，文风亦关乎"试运"。清朝廷自科举开来，本着务实、适用的择人原则，力斥一切空疏浮夸、炫耀奇异、异端邪说之作。顺治二年（1645）的《科场条例》即言，所写字句务必要典雅纯粹，康熙亦推崇典雅实用之文，雍正则明确提出了"清真雅正"的为文法则。

　　　近科以来，文风亦觉丕变，但士子逞其才气词华，不免有冗长浮靡之习。是以特颁此旨，晓谕考官。所拔之文务令清真雅正，理法兼备。

---

① （清）唐彪辑著，赵伯英、王恒德选译：《家塾教学法·读书作文谱》卷七，华东师范大学出版社1992年版，第118页。

② （清）冯李骅、陆浩：《春秋左绣》卷五，光绪六年（1880）校镌本。

③ （清）冯李骅、陆浩：《春秋左绣》卷一六，光绪六年（1880）校镌本。

④ （清）刘熙载著，王气中笺注：《艺概笺注》，贵州人民出版社1986年版，第456页。

虽尺幅不拘一律，而支蔓浮夸之言，所当屏去。①

雍正提出此条法则，源自对文风渐趋冗长、浮靡的反拨，他想通过科举之文获取的是有真才实学、博雅通达而有用于世者，因此，科举中第者之文，必须符合"清真雅正"的法则。

"清真雅正"的原则，符合清廷的立政需要，乾隆于即位初年即发布旨意，命令方苞编选时艺集，为士子提供举业指南②，坚决遵循"清真雅正"之风，并以严格的磨勘确保胜出者合乎此项规则③。乾隆二十四年（1759），顺天等省的乡试卷，经过磨勘发现其"词句纰谬者不一而足"④，甚至有不成文义者，乾隆降下旨意，宣谕中外。乾隆四十五年（1780），磨勘查出会试第三名邓朝缙"首艺语意粗杂"⑤，江南解元顾问的四书文全用排偶，考生、考官一并获遣。经过皇帝推许、学政推行、学子推广，在明确的谕旨与严格的法规保障下，"清真雅正"成为有清一代最为通行的衡文标准，"是'清真雅正'四字，代圣贤立言者非此不可，宜乎圣训相承，规重矩袭，永为艺林

---

① （清）素尔讷等纂修，霍有明、郭海文校注：《钦定学政全书校注》卷六《厘正文体》，武汉大学出版社 2009 年版，第 26 页。

② "国家以经义取士，将以觇士子学力之浅深，器识之淳薄。风会所趋，有关气运。人心士习之端倪，呈露者甚微，而应者甚巨。当明示以准的，使士子晓然知所别择。"（赵尔巽等：《清史稿》卷一〇八《选举三》，中华书局 1977 年版，第 3153 页）

③ "又议准：文体所趋，关乎风气。必理醇词正，始足以征立言、立德之本。我世宗宪皇帝，特谕考官，令所拔之文，务期清真雅正，理法兼备。又奉我皇上谕旨，学者修词立诚，言期有物。必理为布帛菽粟之理，文为布帛菽粟之文，而后可行远垂久。诚以文风士习之端倪呈露者甚微，而微应者甚巨。若不按题义，撦拾子书中怪僻之语，以炫新奇，间或以此倖获科名，致薄植之人，私相仿效，而置实学根柢于不问，所系非浅鲜也！应再饬考试各官，凡岁、科两试以及乡、会衡文，务取雅正清真，法不诡于先型，辞不背于经义者，拔置前茅，以为多士程式。如仍有于题义毫无发明，但以险僻怪异不可解之语，妄希诡遇者，经磨勘官察出，即行据实参奏。并将所取之人，分别议处。其磨勘各官，亦务严加校阅，毋得稍有瞻徇。"[（清）素尔讷等纂修，霍有明、郭海文校注：《钦定学政全书校注》卷六《厘正文体》，武汉大学出版社 2009 年版，第 28 页]

④ （清）素尔讷等纂修，霍有明、郭海文校注：《钦定学政全书校注》卷六《厘正文体》，武汉大学出版社 2009 年版，第 30 页。

⑤ 赵尔巽：《清史稿》卷一〇八《选举三》，中华书局 1977 年版，第 3153 页。

之矩矱、制义之准绳矣"①。

"天下之习，不惟其教，而惟其所取"②，考试内容、命题倾向、文体特点、文风崇尚，朝廷都作了相应的规定，学子自然会有导向性地去准备，力求熟稔地掌握、运用。针对以上必须准备的几个重要环节，科举士子的考前阅读、研学就有了一定的方向指引，"科举制度由于在中国历史上创设甚早且长久延续，在很长的历史时期内构成了中国读书人群体进身的主要通路，故科举考试所考的知识内容，也对读书人的阅读世界和知识世界具有很强的导向与形塑作用"③。科举考试形塑着科举士子的读书范围与知识导向，清朝最后一次科举会试的探花商衍鎏，在《幼年读书预备科举考试的时期》一文中详细介绍了科举士子在不同阶段的准备情况。

> 我六岁开蒙，读《三字经》、《千字文》，能背诵及将字大半认识后，即读"四书"。"四书"为《论语》、《大学》、《中庸》、《孟子》，当日考试八股文的题目，均在此出题。而解释必须依朱熹的注，故读正文时亦要读朱注。每日先生将新书口授一遍，即由自己读熟，明晨向先生背诵，背新书带温旧书，日日读新温旧，毫不间断。当日教法极严，倘背不出，先生要责罚，轻者将薄板打手心，戒方打头，甚者用藤条打臀部。我每晚都要读到背得方敢睡，是以被责尚少。"四书"为考试的基础，要读到滚透烂熟，由头至尾全部背得方止。"四书"读后，继读"五经"。"五经"为《诗经》、《书经》、《易经》、《礼记》、《春秋》，背诵之法，与"四书"略同，但仅读经文而不读注。"五经"于考试亦是重要的书，乡会试第二场的题目，是每经出一题，作经文五篇。我幼年于"四书""五经"外，尚兼读《孝经》、《公羊传》、《穀梁传》、《周礼》、《尔雅》，中间尚带读五、

---

① （清）梁章钜著，陈居渊校点：《制义丛话》，上海书店出版社 2001 年版，第 23 页。

② （清）孙鼎臣：《论治二》，（清）盛康辑：《皇朝经世文编续编》卷六六《礼政六·贡举》，光绪二十三年（1897）刻本。

③ 曹南屏：《阅读变迁与知识转型：晚清科举考试用书研究》，社会科学文献出版社 2018 年版，第 2 页。

七言的唐宋小诗及《声律启蒙》，学作对句，学调平仄与十七史蒙本，蒙本是每句四字，每两句一韵，句句皆有史事以记典故的。这各种书亦要背诵。还有兼读带读之法，如读《左传》兼读《公羊》数行，带读唐诗、蒙本数句等，故"四书""五经"读完，此等书亦随之读完。其中尚有一最要的课程，则是习字。启蒙初写描红，描红本子，是印成"上大人，孔乙己，化三千，七十士"等红色半寸大的字，每半页三行，每行六个字，令小学生用墨笔在红字上连续照描，描熟以后，即写仿格。仿格是将字用墨印成，套在白纸本内摹写，格子由善书者随意择字，或写格言，或写诗句等，唯必须楷书，由大言小，大者每半页两行，每行四字，每字约一寸半，小楷每半页八行，每行八个字，写熟以后，即写小楷。小楷是用印成有红线的红直格纸，每半页八行，每行二十或二十五个字，取法帖对临，每日写数行，不可间断，写就交先生阅看，好者加圈，劣者加杠。以写字与考试有关，童而习之，至壮不废。以上是我十二岁以前读书预备考试的课程。试想当日五岁到十一岁的孩子，要读如此多的书，而"四书""五经"又要背熟，略知讲解，岂不甚难？其实只要每日皆不废读，是可以做到，不足为奇的。那时我家请一位先生教我兄弟三人，按年龄大小，每日教新书由四五行起，渐渐加至四五十行。堂兄衍燊最聪明，过目不忘，读书二三遍即能背诵如流，我则非读二三十遍不能背诵，只有将勤补拙，不敢贪懒。衍燊兄无论诗文词赋，一学即会，作出文字精彩动人，二十岁中辛卯科举人，翌年到北京会试后还广州，一病而逝。我母亲说：聪明太过不主寿，不如你笨些的好。

我十二岁以后，学作八股文、诗、赋、策论等，这时不但要读八股文、古文、律赋、文选之类，并要看史书如通鉴、四史，子书如庄、老、韩非各种书籍，俾腹中充实，以备作文的驱遣。概括言之，多读少读，在乎自己的用功。十四岁至二十岁的时间，除如上读书外，皆是走读从师，与考书院。走读从师，广东称为大馆，先生皆是科甲有文名的人，赁一祠堂或寺庙中闲屋以招生徒。本人选择悦服的先生，前往执贽。每馆学生百十人至百余人不等。先生每日讲书一二小时，以八股文为主，带讲经、史、诗、赋、策论，每日三课或五六课；课题八股文一篇，间有试帖诗、律赋、史论，学生作后，即日或明日呈缴于先生评阅，由先生圈点批改，选好者贴堂使众观摩。我在光孝寺读书最久，印象甚深。同时并向各书院考课，前列者有奖金，寒士可借以资生。书院如粤秀、粤华、羊城等，每月三课，考八股文、试帖诗；其他菊坡精舍、学海堂，每月一课，考经、史、诗、赋，不考八股、试帖。我每月必向各书院应考，到课期晨兴往书院看题目，回家写作，傍晚到书院交卷；古学的学海堂、菊坡精舍，则限三日或五日交卷。总之，终日仆仆，皆以练习科举考试为目标，以此白昼甚少读书的时候，而用功总在夜间，"三更灯火五更鸡"，以这句话来形容士子的读书，真是不错。①

科举士子在准备阶段，一方面要读书，读书有顺序，先读《三字经》《千字文》等启蒙读物，再读四书，再读五经，读五经就要读《左传》②。行有余力者可以再读些唐宋诗词及韵书、蒙书等，再读八股文、经、史、诗、赋等；另一方面要练习，练习写字，练习写文。学作之文，有八股文、诗、赋、策论等，主要是八股文。

八股文有固有的程式，但是优秀的八股文单靠对书写程式的熟悉显然是不够的，还需要充实的内容为根底，"参之经史子集以发其光华，范之规矩准绳以密其法律，而后可称为文"③，需要有淹博的知识积淀为支撑④，闱中

---

① 商衍鎏：《清代科举考试述录及有关著作》，百花文艺出版社 2003 年版，第 421—423 页。

② 朱轼在为《左绣》所作的序言中曰："余自幼就傅，卒业经籍，塾师即以此授。"[(清) 朱轼：《左绣序》，载 (清) 冯李骅、陆浩：《春秋左绣》，光绪六年（1880）校镌本]

③ (清) 素尔讷等纂修，霍有明、郭海文校注：《钦定学政全书校注》卷六《厘正文体》，武汉大学出版社 2009 年版，第 29 页。

④ 经义、表、判、策论等，更需要淹博学识的支撑，"通晓乎律令，而后可以为判。必有论古之职，断制之才，而后可以为论。必通达古今，明习时务，而后可以为策"。[(清) 素尔讷等纂修，霍有明、郭海文校注：《钦定学政全书校注》卷六《厘正文体》，武汉大学出版社 2009 年版，第 29 页]

而肆外，非此不能在济济多士的竞考队伍中脱颖而出，拔得头筹。清朝的名臣多为科举出身①，他们的八股文章便是清朝廷优秀科举文的代表，"若熊伯龙、刘子壮、张玉书，为文雄浑博大，起衰式靡。康熙后益轨于正，李光地、韩菼为之宗。桐城方苞以古文为时文，允称极则。雍、乾间，作者辈出，律日精而法益备"②，科举名家的文章各有特色，但都要符合朝廷的官方标准，又要在组织架构方面苦心经营。熟习八股文的俞樾，曾对其婿王康侯言说八股文的作文诀窍。

> 其法，第一在命意，同一题目，而我之所见深入一层，高人一筹，读者自欢欣鼓舞而不自知；次之在立局，虽意思犹人，而局阵纵横，有五花八门之妙；又次之在造句。虽格局犹人，而字句精卓，有千锤百炼之功，亦足以逐去睡魔，引之入胜。凡此皆是代阅者设想，所谓"古之学者为己，今之学者为人"，虽非圣贤之道，而作八股文字，不得不尔。若徒向纸上捉摸，不向闱中揣摩，此是"古者为己，不求人知"之学，竟不如闭门著书为妙也。③

命意纯正有新意，立局纵横驰骋有变化，造句千锤百炼有精句，万般武艺需要满足读者、阅者的心理期待，而读者、阅者的心理期待需要归摄于朝廷的整体要求中。

为了能够更好地理解科举所考科目的内容，为了更好地把握作文技巧，为了更好地契合朝廷的衡文标准，科举士子在自己诵读古文经典的同时，还需要其他方式的佑助。《儒林外史》对科举士子的知识构成，曾借鲁编修女儿的学习情况予以说明。

---

① "清代名臣多由科目出身，无不工制义者。"（赵尔巽：《清史稿》卷一〇八《选举三》，中华书局1977年版，第3153页）

② 赵尔巽等：《清史稿》卷一〇八《选举三》，中华书局1977年版，第3153页。

③ （清）俞樾撰著，赵一生主编：《俞樾全集》第29册《春在堂尺牍·致王豫卿》，浙江古籍出版社2017年版，第442页。

　　鲁编修因无公子，就把女儿当作儿子，五六岁上请先生开蒙，就读的是《四书》、《五经》；十一二岁就讲书、读文章，先把一部王守溪的稿子读的滚瓜烂熟。教他做"破题"、"破承"、"起讲"、"题比"、"中比"成篇。送先生的束修。那先生督课，同男子一样。这小姐资性又高，记心又好，到此时，王、唐、瞿、薛，以及诸大家之文，历科程墨，各省宗师考卷，肚里记得三千余篇；自己作出来的文章，又理真法老，花团锦簇。①

除却读四书、五经，学八股，学子们尚需要学习王鏊、唐顺之、瞿景淳、薛应旂等八股名家的文章、考卷及范例文章等，希望借助对其文章技法的揣摩，写就八股佳作。

　　《儒林外史》的这则材料，是当时科举界的现状，科举士子迫切希望更直接、更有效的考试指导用书，迫切希望更具操作性的作文总结与指引②，这时兼具圈点与评说功能的评点作品，就成为科举士子的群体需求，"欲开示始学，莫有过于评点，此区区者，倘亦文字义法所系，而为简省学徒脑力之一端欤"③。圈点之重要，在科举阅卷之中亦有体现，乾隆二十六年（1761），不懂汉文的兆惠大将军被乾隆派遣参加殿试读卷，乾隆告诉他的读卷妙法即为看圈点，"诸臣各有圈点为记，但圈多者即佳"④，可见，圈点能给人提供最直接的感官印象，圈点多者即为佳品。科举士子们有强烈、迫切的阅读需求，因此，面向不同典籍的评点类作品便如雨后春笋般，快速、持

---

① （清）吴敬梓：《儒林外史》，线装书局 2008 年版，第 60 页。
② "古文各有专家，学者务览全书，自有明。以八比取士，争为括帖揣摩之术，殚精极虑，岁月消磨，虽六经明并日月，犹不能兼通，又安望其更取《左》《国》《史》《汉》、唐宋八家之文而尽读之乎？是编所载，取其不戾于俗、有合于时者，务便初学，不嫌从同，其有未经选骘而理法醇正、辞意晓畅者，亟为登入，匪苟求异而已。"〔（清）高朝璎：《古文知新·发凡十则》，康熙四十五年（1706）学者堂刻本〕
③ （清）胡景桂：《重印古文读本序》，载（清）吴汝纶编：《初学古文读本》，光绪二十九年（1903）排印局印本。
④ （清）赵翼撰，李解民点校：《檐曝杂记》卷二，中华书局 1982 年版，第 27 页。

久地出现在了图书市场、教学场所中，为科举士子提供着知识、技巧滋养。

（二）《左传》在清代科举考试中的地位与作用影响着《左传》评点

清代科举考试中，《左传》是五经之一的《春秋》经的考试参考书目、评阅参考书目，因此，科举士子选择考五经中的《春秋》经，《左传》是不能越过的，《左传》所提供的本事是理解《春秋》经义的事实依据，《左传》里面的释经文字，与《公羊传》《穀梁传》参照，亦能为诠释《春秋》经义，提供全面而多样的支撑。乾隆五十七年（1792）的科举考试，《春秋》经直接改用《左传》，"嗣后《春秋》题，俱以《左传》本事为文，参用《公羊》、《穀梁》"①，取代了胡安国的《春秋传》，进一步扩大了《左传》的影响力。不独如此，清代有的《左传》评点者甚至认为《左传》亦当为四书之传，"自有明以来四百年，以四子书取士，孔孟同时事实，莫详此书。是昔为《春秋》一经之传者，今且为《语》、《孟》四书之传也。援引驱策，几不可斯须置，而谓是能已乎"②，《左传》是记载春秋时人最详尽的典籍，要解读四书之义，离开《左传》提供的历史史实，是无法实现的。四书、五经为清代科举考试的重要考试书目，《左传》皆为其"传"，这在无形之中就提升了《左传》在科举士子心目中的地位。

《左传》里面记载的大量军国之事，是解读其他典籍的助力，同时，还能为现实政治提供历史的借鉴。李光地为清朝书写八股文的高手③，他曾作《邦君之妻》为题的八股文，梁章钜《制义丛话》收录其节文云：

> 自其称于宫庭者言之，君称之则曰夫人，成乎妇道也；夫人自称则

---

① 《清高宗实录》卷一四一九，乾隆五十七年十二月下条，中华书局1986年版，第1092页。
② （清）朱轼：《左绣序》，载（清）冯李骅、陆浩：《春秋左绣》，光绪六年（1880）校镌本。
③ 乾隆二十四年（1759），乾隆有谕旨言："国朝人文蔚兴，前如熊伯龙，后如李光地辈，并根据理要，而体裁自见闳整。"（《清高宗实录》卷六〇一，乾隆二十四年十一月下条，中华书局1986年版，第745页）梁章钜评说李光地曰："安溪李文贞公相业为我朝之冠，其制义亦是我朝领袖，已奉宸褒，士林无复异议。"[（清）梁章钜著，陈居渊校点：《制义丛话》卷之九，上海书店出版社2001年版，第148页]

曰小童，未忘乎女道也。《春秋》之法，天子逆则书后，而归则书女，先尊王命而后通其谦也；诸侯逆则书女，而归则书夫人，先谨女节而后成其贵也。自其称于邦国者言之，邦人称曰君夫人，尊君则尊夫人也；称诸异邦曰寡小君，为君让则为夫人让也。《春秋》之法，其生也则书夫人，盖臣子之恒言，是邦人自称之辞也；其葬也则书小君，盖列国之来会，是对异邦而称之之辞也。至于异邦人称之，则亦与国人无异焉。《春秋》之法，与国之君敌吾之君，与国之大夫敌吾之大夫，故其于夫人犹是也。在君则严于宗庙之主，率国人以尊其配，是以天下济而光明；在夫人则守乎宫闱之谊，示国人以不敢耦君，是以月几望而大吉。①

此段节选，是对《论语·季氏》最后一章"邦君之妻，君称之曰夫人，夫人自称曰小童；邦人称之曰君夫人，称诸异邦曰寡小君；异邦人称之亦曰君夫人"②的阐释，张廷玉依据《春秋》《左传》所载，进一步予以解说，分别解说邦君之妻称为"夫人""小童""君夫人""小君"的不同缘由。《春秋》有不同的鲁君夫人之葬的记载，分别见于鲁庄公二十二年"葬我小君文姜"、僖公二年"葬我小君哀姜"、文公五年"葬我小君成风"、宣公八年"葬我小君敬嬴"、襄公二年"葬我小君齐姜"、昭公十一年"葬我小君齐归"，可见葬时称鲁君夫人为"小君"是当时的定例。另有两则《春秋》未称"小君"的事例，分别是鲁定公十五年"秋七月壬申，姒氏卒"③、哀公十二年"夏五月甲辰，孟子卒"④，对此《左传》都作了解释，"葬定姒。不称小君，不成丧也"⑤，定姒为鲁定公夫人，定公未及下葬，定姒薨，臣子怠慢，烦于丧礼，既没有向他国报丧，亦没有合葬，不赴不祔，《春秋》故而未称"小君"，

---

① （清）梁章钜著，陈居渊校点：《制义丛话》卷之九，上海书店出版社 2001 年版，第 148 页。
② 程树德撰，程俊英、蒋见元点校：《论语集释》，中华书局 1990 年版，第 1170—1171 页。
③ 杨伯峻：《春秋左传注》，中华书局 2009 年版，第 1599 页。
④ 杨伯峻：《春秋左传注》，中华书局 2009 年版，第 1669 页。
⑤ 杨伯峻：《春秋左传注》，中华书局 2009 年版，第 1602 页。

而鲁昭公夫人孟子未称"小君",在于"不反哭,故不言葬小君"①,没有按照丧葬仪式捧神主归而哭,当然亦有没有明说季氏与鲁昭公矛盾的原因。至若其他称呼,《春秋》没有如此明确的记载,相关的记载可见于《左传》,如《左传·鲁昭公二十三年》记载:

> 楚大子建之母在郹,召吴人而启之。冬十月甲申,吴大子诸樊入郹,取楚夫人与其宝器以归。楚司马薳越追之,不及。将死,众曰:"请遂伐吴以徼之。"薳越曰:"再败君师,死且有罪。亡君夫人,不可以莫之死也。"乃缢于薳澨。②

楚平王废太子建之后,楚夫人被送归郹地,怀恨在心的楚夫人召来吴国人,占领了郹地。她自己带着宝物,被吴国太子光带回了吴国。楚国司马薳越追赶不及,放弃了再战,选择了自杀,其理由有二:再战会让国君军队受损,丢了君夫人罪过很大。

另《左传·鲁襄公二十六年》记载:

> 左师见夫人之步马者,问之。对曰:"君夫人氏也。"左师曰:"谁为君夫人?余胡弗知?"圉人归,以告夫人。夫人使馈之锦与马,先之以玉,曰,"君之妾弃使某献"。左师改命曰"君夫人",而后再拜稽首受之。③

宋国芮司徒之女因出生时"赤而毛"而被弃,后被宋伯姬收养,取名为弃,又得宋平公宠爱,由嫔妾而至夫人。左师向戌因其出身而略有鄙视,为抬高自己的地位,向戌故意以"君夫人"为何人发出质问,弃最后只好放低身段,向其馈赠礼物,向戌方才改称其为"君夫人"。

---

① 杨伯峻:《春秋左传注》,中华书局2009年版,第1670页。
② 杨伯峻:《春秋左传注》,中华书局2009年版,第1447页。
③ 杨伯峻:《春秋左传注》,中华书局2009年版,第1119页。

又《左传·鲁哀公二年》记载：

> 初，卫侯游于郊，子南仆。公曰："余无子，将立女。"不对。他日
> 又谓之，对曰："郢不足以辱社稷，君其改图。君夫人在堂，三揖在下。
> 君命祗辱。"①

此"君夫人"为卫灵公夫人南子。卫灵公将立其子子南为继承人，子南开始
没有回应，后来卫灵公再提此事，子南以卫灵公没有征求君夫人与大臣的意
见为由，予以拒绝。

以上几则事例，是《左传》对理解《春秋》《论语》等典籍的促进作用，
如若对《左传》不熟悉，李光地必定写不出、写不好此等题目的文章。因此，
明悉《左传》之事能更深刻地明白《春秋》大义，亦能对其他经义的解读
产生附带助力。乾隆元年（1736），乾隆谕旨中提到"本朝文运昌明，英才
辈出。熊伯龙、刘子壮以后，作者接踵，莫不根柢经史，各抒杼轴。足为
后学之津梁，制艺之科律"②，八股文写作高手皆要以经史为根底，乾隆指
示学子当以前辈写作之法为指引，在经史典籍中滋养学识与技法。作为经
史典籍代表的《左传》，作为清代解读《春秋》经的主要依据之书，是科举
考试的必读书目，是教学的教授科目，"各塾教授，除四子书外，往往仅读
《诗》、《书》、《易》、《礼》、《左传》五种，名曰五经"③，亦是滋养学识的来
源之一，"《左传》为举业先资"④，自然成为评点的重要对象，涌现出了大
批的作品。当然，其中有坊间刻本与文人精选之本的区别，在质量上有上
乘佳作与舛误劣本的差异，学子们对其评价虽有不同，但是他们对《左传》

---

① 杨伯峻：《春秋左传注》，中华书局 2009 年版，第 1611—1612 页。
② （清）素尔讷等纂修，霍有明、郭海文校注：《钦定学政全书校注》卷六《厘正文体》，武
汉大学出版社 2009 年版，第 27 页。
③ 钟毓龙：《说杭州》，浙江人民出版社 1983 年版，第 277 页。
④ （清）曹基：《左氏条贯·例言》，《续修四库丛书》经部第 121 册，上海古籍出版社 2002
年版，第 4 页。

评点本的需求是一致的。

有清一代科举士子的功利化倾向愈来愈浓重，"考其学业，科举之外无他业也；窥其志虑，求取科名之外无他志也"①，学习唯八股是举，"道德性命之理，古今治乱之体、朝廷礼乐之制、兵刑、财赋、河渠、边塞之利病，皆以为无与于己，而漠不关心"②，人们将八股文推到了无以复加的至高地位③，将其与功名利禄直接画上等号，甚至有人为此而疯癫，为此而赌上了身家性命，因此，《左传》等古文只不过是写作八股的一点表层材料，"即《礼记》、《左传》中，凡视为题目所不出者，亦大都删去而不读"④，"只记取数语活套，可以搀入八股制艺者"⑤，但是《左传》评点作品仍然以经史之学的强大生命力而顽强存在着，仍然在进行着评点的再生产。有识见、有责任担当的评点者，本着引导后学于正途的目的⑥，本着传续《左传》为文之妙的寄托，依然在做着审慎的校勘、精细的圈点、精妙的评说；还有一部分人则与时俱进，不反对八股，并将八股文创作理论与《左传》文法结合，拈出"金针"度与人，"前人有谓'鸳鸯绣出从君看，不把金针渡与人'，左氏则竟将金针普渡天下后世，但粗心人觌面失之耳。愚特以

---

① （清）汤成烈：《学校篇》，载（清）盛康辑：《皇朝经世文续编》卷六五《礼政五·学校下》，光绪二十三年（1897）刻本。

② （清）孙鼎臣：《论治二》，载（清）盛康辑：《皇朝经世文续编》卷六六《礼政六·贡举》光绪二十三年（1897）刻本。

③ 戴名世曾对科举士子研读八股文情况有所揭示，"以四子之书，幼而读之即学为举业之文，父兄之所教督，师长之所劝勉，朋友之所讲习，而又动之以富贵利达，非是途也则无以为进取之资，使其精神意思毕注于此，而鼓舞踊跃以赴之。而人之学之者，自少而壮而老，终身钻研于其中，吟哦讽诵，揣摩习熟，相与扬眉瞬目以求得当于场屋"［(清)戴名世撰，王树民编校：《戴名世集》卷四《己卯科乡试墨卷序》，中华书局2019年版，第114页］。

④ 钟毓龙：《说杭州》，浙江人民出版社1983年版，第277页。

⑤ （清）林云铭：《增订古文析义合编·序》，康熙五十五年（1716）刻本。

⑥ "课读旧式经书甫毕，即授古文，虽姿性聪明而童蒙未启，岂遽能颖悟而通晓？唯是不惮百周往复，千遍周流，迨其长而知识渐开，触类增益，每于故中时发新机，所知自然广阔。命编之意端，以此也。"［(清)高朝璎：《古文知新·发凡十则》，康熙四十五年（1706）学者堂刻本］

'绣'目《左》，实有望于天下后世之贪看鸳鸯者"①，用八股文创作技法来关注《左传》文法②，又用《左传》文法的揭示为八股文创作提供有效的技法支持，《左绣》《古文赏音》《古文斫》皆是此类作品。《左传》评点者将八股文写作常用的"立格""炼格"之法用于分析《左传》，提出了"两扇格""两截格""两对格""上下截对格""首尾回环格""遥对格""一头两脚格""中纽格""鹤膝蜂腰格""截讲格""复说格""递对格"等，在"常格"之外又有"变格"。

在科举考试的规设下，在科举士子的需求中，《左传》评点类作品带着不同的评点目的，涌向大都，流入乡村，走到科举士子的书桌上，走入科举士子的脑海中，为他们带去了时文写作的滋养，亦为后代留下了大量带有科举烙印的《左传》评点作品。

三、书院教育直接生成了部分《左传》评点作品

"书院"之名，最早源于唐代的藏书机构，"书院之名起唐玄宗时，丽正书院、集贤书院皆建于朝省，为修书之地，非士子肄业之所也"③，后来才成为集教育、讲学、藏书、出版等多种功能于一体的机构④，成为教育人才、传播学术主张的重要阵地。

---

① （清）冯李骅、陆浩：《春秋左绣·读左卮言》，光绪六年（1880）校镌本。
② 优秀的八股文章，皆需要有充足的知识积淀，要有长时间的技法训练，"八股文章若做的好，随你做甚么东西——要诗就诗，要赋就赋，都是一鞭一条痕，一掴一掌血；若是八股文章欠讲究，任你做出甚么来，都是野狐禅、邪魔外道"［（清）吴敬梓：《儒林外史》，线装书局 2008 年版，第 60 页］。
③ （清）袁枚等著，王志英点校：《随园十种》第 4 册《随园随笔》卷一四《曲礼类下·书院》，浙江古籍出版社 2019 年版，第 275 页。
④ "中国书院在中国教育史长河中是一种独特的文化现象，书院是一种由儒家士大夫创办并主持的文化教育机构，它把私学的自由讲学和官学的制度化管理结合起来，集中了中国古代教育的精华，历经千余年，为中国教育、文化、学术、出版、藏书等事业的发展，以及对民俗风情的培育，国民思维习惯和伦常观念的形成等都作出了重大的贡献。"（余如进主编：《中国扬州书院》，广陵书社 2012 年版，第 1 页）

（一）清朝廷对书院态度的变化

作为教学阵地的书院，有官办书院与民办书院之别，民办书院是在官学之外，由私人设立，以补官学之不足，为学子提供一个学艺、修德的处所，扬州的梅花书院院记即言，"书院何为而作也？稽之《王制》，既立之党庠术序以处士矣，士于是隶籍其中争先角艺。先儒又以为恐近喧嚣，乃退求水木清虚之地，相与俯仰揖让，以为扶树道德之所，其功与学校相埒"①。历史上有名的白鹿洞书院、嵩阳书院、岳麓书院、石鼓书院、睢阳书院、泰山书院，都是教化学子的重要处所。此种功能，是统治者赞同、鼓励、支持的，但是书院讲学并非完全与官方意识形态相一致，有时甚至会出现疏离、反对、对抗官方意识形态的局面。东林书院的讲学，从纯学术转向政治关注，抨击王学末流，批评朝政弊端，致力于秩序重建，显然，此种风气为执政者所仇恨，遂有了禁毁"天下东林讲学书院"的事件。

对于明代禁毁书院之事，邓洪波认为，"明代禁毁书院，既缘于书院的讲学，更隐含大量的政治因素。明末流行的'天下东林讲学书院'，就是一个由讲学而泛化为政治的典型"②，书院不再单纯是讲学，而是由讲学至政治，所指范围进一步扩大③，凡是讲学者皆可称为书院人，皆可成为被审查打击的对象，因此，禁毁书院亦是遵循由学术而政治的禁毁思维，不再是单纯的教育体系的变革。

与此思维如出一辙的是，清初对书院兴办的禁止。顺治九年（1652），顺治明确下达了禁办书院的诏令。

> 又定各提学官督率教官、生儒，务将平日所习经书义理，着实讲

---

① 余如进主编：《中国扬州书院》，广陵书社 2012 年版，第 115 页。

② 邓洪波：《中国书院史》，武汉大学出版社 2012 年版，第 423 页。

③ 邓洪波认为"天下东林讲学书院"是一个既明确又含混的指称，"说它明确，是因为矛头直指东林书院，说它含混则因为凡讲学者皆可指为东林党人，泛涉无限"（邓洪波：《中国书院史》，武汉大学出版社 2012 年版，第 423 页）。

求，躬行实践。不许别创书院，群聚徒党，及号召地方游食无行之徒，空谈废业。①

书院聚众讲学，很容易形成一定思想控制下的集团力量，这对刚刚建立政权的清廷来说是极大的挑战与威胁。顺治的诏令，是对书院评论朝政、人物风气的硬性隔绝，希望将禁办书院作为钳制舆论、控制思想的一把利刃，避免民间反清思想进一步喧嚣与兴盛。但是，在实际执行时，顺治朝有关书院的限制政策略有松动，其间缘由，耐人寻味②。

其一，朝中官员缺员甚多。治天下首在用人，人员不足，能力不足，品行不佳，皆是用人之大弊，而这些问题，在当时甚为突出。顺治九年（1652）至十一年（1654），顺治多次下达谕令，言说用人之事。顺治十年（1653）五月，顺治谕吏部，"今京堂员缺甚多，在内堪升补者，作速升补。其在外才品素著者，照应升职衔，通融升转。着九卿科道会同推举，以凭擢用，务疏壅滞，俾内外鼓励，以收得人之效"③，为了解决此问题，顺治多次擢升有过之人，原左都御史赵开心因庇子渎奏被革职为民，永不叙用，但为补朝员荒，顺治又令其归京；原任大学士冯铨因数年未见有所建明而被革职，顺治言其原无明显过错，特命起用，令其急速赴京。

其二，官学积弊甚重。顺治继位以来，重视生员，为的是教养储才，"甲寅，谕礼部，国家崇儒重道，各地方设立学宫，令士子读书，各治一经，选为生员"，但是本为国家养贤之地的地方学宫，却成为藏垢纳污之所，"以致白丁豪富，冒滥衣巾，孤寒饱学，终身淹抑"，④弊端重重。为了改变此

---

① （清）陈梦雷编纂，（清）蒋廷锡校订：《古今图书集成》第656册《经济汇编·选举典》第十七卷《学校部汇考十一》，中华书局1934年影印版，第23页。

② 邓洪波认为，清初禁建书院的政策有所松动，主要有两个原因，一个是书院制度的影响力，一个是实行教化的需要，"已经实行几百年的书院制度，具有深刻的社会影响，修复书院，时有要求，政府强行禁止，颇感困难，且有违其'推广圣教'的旨意"（邓洪波：《中国书院史》，武汉大学出版社2012年版，第476页）。

③ 《清世祖实录》卷七五，顺治十年五月条，中华书局1985年版，第589页。

④ 《清世祖实录》卷七四，顺治十年四月条，中华书局1985年版，第585页。

风气，顺治下达惩戒令，严厉禁止官学陋习，"朕不靳升赏，如仍沿袭陋规，苟图自利，宪典具在，决不宽宥"。①

在解决朝中官员缺员与官学积弊甚重的问题上，顺治的具体解决方式虽略有差异，为的都是让国家走向正轨。但是，显而易见的是，积弊重重，单靠一对一的直线解决方案，在短期内并不能见到持续的效果，而且他还面临着教化百姓的任务，为此，顺治又多方寻找有益之法，其中就有放松对书院的限制，加强对官学的管理。书院讲学、育人，自有其优势，这是经过历史验证的，顺治忌讳的是书院讲学思想的自由以及由此带来的对朝政的冲击，如果能控制好学院讲学的思想路线，那么，书院亦可以为我所用。有了开端，就会有发展。康熙多次给书院赐书，亲自为扬州安定书院题名"经术造士"，此四个字集中代表了朝廷建设书院的目的，即要通过学习经学，为朝廷造就足堪重用的人才。雍正十一年（1733），雍正专门就创建书院颁布了一道诏令。

> 各省学校之外，地方大吏，每有设立书院，聚集生徒，讲诵肄业者。朕临御以来，时时以教育人材为念，但稔闻书院之设，实有裨益者少，浮慕虚名者多，是以未尝敕令各省通行，盖欲徐徐有待，而后颁降谕旨也。近见各省大吏，渐知崇尚实政，不事沽名邀誉之为，而读书应举者，亦颇能屏去浮嚣奔竞之习，则建立书院，择一省文行兼优之士读书其中，使之朝夕讲诵整躬厉行，有所成就，远近士子观感奋发，亦兴贤育才之一道也。督抚驻札之所，为省会之地，着该督抚商酌奉行，各赐帑金一千两。将来士子群居读书，须预为筹画，资其膏火，以垂永久。其不足者在于有公银内支用。封疆大臣等，并有化导士子之职，各宜殚心奉行，黜浮崇实，以广国家菁莪棫朴之化。则书院之设，于士习文风，有裨益而无流弊，乃朕之所厚望也。②

---

① 《清世祖实录》卷七四，顺治十年四月条，中华书局 1985 年版，第 585 页。

② 《清世宗实录》卷一二七，雍正十一年正月壬辰条，中华书局 1985 年版，第 665—666 页。

雍正在诏令中说明了允许创建书院的原因，即诏令中强调的"黜浮崇实"，此即为雍正认可的"有裨益"者之所在，此与顺治九年（1652）禁办书院的诏令中提到的"躬行实践"经术义理、避免"空谈废业"的出发点是一致的，还是要避免游谈无根与浮慕虚名。至此，清朝廷对于书院的态度已然有了很大的改变，书院由有害变成了有益而无害，朝廷的政策也由禁止兴建书院变成了允许创建书院，并有明确的政令规划，还给予一定的经济支持。

乾隆即位当年（1736）的六月，围绕储才及书院建制等，下达了《训饬直省书院师生谕》。

> 书院之制，所以导进人材，广学校所不及。我世宗宪皇帝，命设之省会，发帑金以资膏火，恩意至渥也。古者乡学之秀，始升于国，然其时诸侯之国皆有学。今府、州、县学并建，而无递升之法，国子监虽设于京师，而道里辽远，四方之士，不能胥会，则书院即古侯国之学也。居讲习者，故宜老成宿望，而从游之士，亦必立品勤学，争自濯磨，俾相观而善，庶人材成就，足备朝廷任使，不负教育之意。若仅攻举业，已为儒者末务，况藉为声气之资，游扬之具，内无益于身心，外无备于民物，即降而求文章成名，足希古之立言者，亦不多得，宁养士之初旨耶？该部即行文各省督抚学政，凡书院之长，必选经明行修、足为多士模范者，以礼聘请。负笈生徒，必择乡里秀异、沉潜学问者，肄业其中。其恃才放诞、佻达不羁之士，不得滥入书院中。酌仿朱子《白鹿洞规条》，立之仪节，以检束其身心。仿《分年读书法》，予之程课，使贯通乎经史，有不率教者，则摈斥勿留。学臣三年任满，谘访考核，如果教术可观，人材兴起，各加奖励，六年之后，著有成效，奏请酌量议叙，诸生中材器尤异者，准令荐举一二，以示鼓励。①

这是清朝廷正式以朝廷名义肯定书院在培养人才方面的价值，也进一步印证

---

① 《清高宗实录》卷二〇，乾隆元年六月上条，中华书局1986年版，第487—488页。

了清帝王一直以来对建设书院的期许，即为养士以备朝廷任使。为了避免书院妄议朝政之流弊，乾隆规定要加大聘任、选拔、管理力度：负笈生徒皆需进行选拔，必是才德优秀者方可入选，恃才放诞、佻达不羁之士被排除在书院之外；进入书院的生徒，要遵循相应的条规，自我约束，不听从教训者，要被清除出书院。至此，书院有了明确的设立依据、培养方案、教学规制等方面的指导思想。

最高统治者对书院的认可，无疑是书院建设最强劲的支撑，让其获得了持续、稳定、长久的发展动力，成为培育人才的生力军。除此之外，书院山长、教师队伍整体素养的提升，是书院育人质量提升的直接原因。按照朝廷的规制，书院山长必须是经明行修之士，既需学养精深，又需德行深厚，正如《清史稿·选举一·学校一》所言"各省书院之设，辅学校所不及，初于省会设之。世祖颁给帑金，风励天下。厥后府、州、县次第建立，延聘经明行修之士为之长，秀异多出其中。高宗明诏奖劝，比于古者侯国之学。儒学浸衰，教官不举其职，所赖以造士者，独在书院。其裨益育才，非浅尠也"①，朝廷与书院山长各尽其责，相互玉成，共同缔造了清代教育的繁荣，无论是官方书院还是私人书院都带着旺盛的生命力遍及九州大地，"有书院5836 所，其数十唐、五代、辽、宋、金、元、明各朝书院总和的 1.96 倍。其时，十八行省的通都大邑无不皆设书院，即便是山村水寨，也可寻觅到书院的踪影"②。

清代书院的普及，对文化教育的普及起到了巨大的作用，"它彻底打破了上层贵族垄断教育的格局，促进了教育向下层社会的移动，为下层社会的子弟争得了读书的机会与权利"，从而引起了文化重心的下移，"文化已不再为上层少数贵族所垄断，而开始为社会下层所广泛享有"。③

---

① 赵尔巽等：《清史稿》卷一〇六《选举一》，中华书局 1976 年版，第 3119 页。

② 邓洪波：《中国书院史》，武汉大学出版社 2012 年版，第 450 页。另外，白新良《中国古代书院发展史》统计清代书院的数量为 4365 所。（白新良：《中国古代书院发展史》，天津大学出版社 1995 年版，第 271 页）

③ 陈谷嘉、邓洪波：《中国书院史资料·序一》，浙江教育出版社 1998 年版，第 4—5 页。

(二) 书院《左传》评点对清文化政策的回应

书院教学需要有自成系统的，或者是自成风格的教学内容，按照其教学内容的不同倾向，清代的书院也分为不同的类型。有重视时艺的，有重视经史的，有重视考据的①，不论哪种类型的书院，作为经书的《左传》都是绕不过去的重要读本、必读图书。书院教学与生徒作文，时常会用到《左传》，当他们把多年教学心得以及生徒范文予以批点以后，书院里的《左传》评点作品就生成了②。

清代书院生成的《左传》评点作品简表

作品名	编者	书院名
左传翼	周大璋	紫阳书院
古文眉诠	浦起龙	三吴书院
文章鼻祖	杨绳武	钟山书院
评点《左传》	刘大櫆	安庆敬敷书院、歙县问政书院
评点《左传》	姚鼐	安庆敬敷书院、紫阳书院
评点《左传》	吴汝纶	莲池书院
评点《左传》文法读本	方宗诚	敬义书院

以上诸位《左传》评点者，皆是当时学术、思想、文章写作方面的高手、

---

① 盛朗西《中国书院制度》将书院分为三类，一类是讲求理学的书院，一类是考试时文的书院，另外一类是博习经史词章的书院(盛朗西：《中国书院制度》，中华书局 1934 年版)。陈元晖、尹德新、王炳照《中国古代的书院制度》认为清代书院有四种类型：以理学教育为主、以汉学教育为主、以科举文教育为主、以实学教育为主。(陈元晖、尹德新、王炳照编著：《中国古代的书院制度》，上海教育出版社 1981 年版，第 101—108 页)

② 高嵣《左传钞·序》言："汉刘歆上言请立学官，置左氏博士，唐亦立三传科，盖皆尊之为经。自宋西山真氏《文章正宗》截录《左传》，分为叙事、议论、词命三体，嗣是讲古文者无不取之以冠集首。"[(清) 高嵣：《左传钞》，黄秀文、吴平主编：《华东师范大学图书馆藏稀见丛书汇刊》第 15 册，北京图书馆出版社 2006 年版，第 4 页]

大家，符合朝廷对书院山长、讲席严格的挑选标准。他们在教学过程中，用具体的讲解回应着朝廷的官方文化政策，并将之细化到《左传》评点文本中。

周大璋生于康熙八年（1669），雍正二年（1724）中进士，卒于乾隆三年（1738）。周大璋曾任龙阳县令，政事之余召集诸生于明伦堂讲学，其讲课内容被编成《龙阳讲义》。后改任华亭教谕，主讲紫阳书院，仿照《白鹿洞书院揭示》，尽心教授士子。周大璋"以理学、文章树东南坛坫"，他与张英、张廷玉、张廷璐父子三人关系很好，曾在张家私塾负责教育张氏子弟，与张廷璐"共晨夕者久，相与上下其议论，每至更残漏尽，酒阑灯地"，①与张英的其他儿子也是相互交流，相互砥砺，张英对其甚为欣赏，亦很感激，称其子学问经周大璋评说、讲解，受益良多。作为回报，张氏父子对周大璋也很照顾，周大璋得中进士，得力于张廷玉的保举；周大璋《四书朱子大全精言》得张英为之作序，《左传翼》得张廷璐为之作序。

张英父子三人与康熙、雍正二位皇帝关系密切，侍讲皇帝左右②，为皇帝讲读经典，直接参与了御敕图书的编纂，诸如《御选古文渊鉴》《钦定春秋传说汇纂》等。朝廷的军国大事、文化政策的制定，亦有他们的身影，特别是张廷玉，参与机密，"登朝垂五十年，长词林者二十七年，主揆席者二十四年。凡军国大事，奉旨商度，恪勤匪懈，造膝对扬，率移暑漏。其所筹画，非可以一事名，非可以行迹数"③。周大璋与他们交往、切磋学问，近水楼台先得月，对于朝廷政策的指导方针自然要比一般人熟悉，理解得更深刻。

周大璋在朝廷政策中抓住了两个关键点，一是理学，二是经世。清廷在国初确定了稽古右文、崇儒遵道的政策，待社会渐趋稳定、经济渐为抬头后，康熙努力寻求一种更能维系国家稳定发展的思想武器，最后确立了尊奉

---

① （清）张廷璐：《左传翼序》，载（清）周大璋：《左传翼》，乾隆五年（1740）刻本。

② 张廷璐为康熙五十七年（1718）进士，以殿试一甲第二名的成绩而授编修，"直南书房，迁侍讲学士"（赵尔巽等：《清史稿》卷二六七，中华书局1977年版，第9966页）。

③ （清）汪由敦：《光禄大夫太保兼太子太保保和殿大学士致仕谥文和桐城张公廷玉墓志铭》，载（清）钱仪吉纂，靳斯校点：《碑传集》卷二二《雍正朝宰辅》，中华书局1993年版，第742页。

理学、独尊朱熹的思想路线。康熙明确提出"理学之书，为立身根本，不可不学，不可不行"①，理学一直有门派之争，康熙在对理学潜心研读之后，最服膺的是朱熹之学，"先儒中，惟朱子之言最为确当，其他书册所载，有不可尽信者"②。康熙下令提升孔庙中朱熹的从祀位次，并命令大臣编纂《朱子全书》，"惟宋儒朱子注释群经，阐发道理，凡所著作及编纂之书，皆明白精确，归于大中至正。经今五百余年，学者无敢疵议。朕以为孔孟之后，有裨斯文者，朱子之功最为弘巨"③，以诸种举措确立了独尊朱学的官方政策。与此相应，周大璋言"朱子之书，其浩渺而难穷，微妙而难窥也"④，他"耽心经学，沉潜性理，尤好朱子之书，兼研究《左》《国》之文"⑤，编成《朱子古文读本》一书，评说其他古文时，以朱子之义断之，亦参用朱子读书之法，主张在熟读精思、虚心涵泳的基础上循序渐进、切己体察，意图对学子有所帮助，践行康熙"凡人读书，宜身体力行，空言无益也"⑥的教导，规避康熙对某些所谓的理学家"终日讲理学，而所行之事，全与其言悖谬"⑦的批判，立身、行文，皆能居敬持志，皆能言行相符。

周大璋《左传翼》一书，是在康熙御选《古文渊鉴》成书后刊刻的。《古文渊鉴》刊刻后，曾颁发给著名的书院，指导学子学写古文，周大璋教学过程中亦用到此书，同时，有"《左传》癖"的周大璋对《古文渊鉴》仅收录《左传》文章81篇，颇有意犹未尽之感，便将整个《左传》予以评点。周大璋对《左传》有两个重要认识：一是认为《左传》发明经义有功，"虽一字一句，亦必根柢乎义者"⑧，因此《左传翼》全书之评论，"悉以义字为枢纽，不持欲为《左氏》

---

① 第一历史档案馆整理：《康熙起居注》，中华书局1984年版，第2222页。

② 《清圣祖实录》卷二九一，康熙六十年三月条，中华书局1985年版，第832页。

③ 《清圣祖实录》卷二四九，康熙五十一年二月条，中华书局1985年版，第466页。

④ （清）周琴风：《清芬文集》，徐雁平、张剑主编：《清代家集丛刊》第147册，国家图书馆出版社2015年版，第565页。

⑤ （清）周琴风：《清芬文集》，徐雁平、张剑主编：《清代家集丛刊》第147册，国家图书馆出版社2015年版，第4页。

⑥ 《清圣祖实录》卷二六六，康熙五十四年十一月条，中华书局1985年版，第613页。

⑦ 《清圣祖实录》卷一一二，康熙二十二年十月辛酉条，中华书局1985年版，第158页。

⑧ （清）周大璋：《左传翼·凡例》，同治十二年（1873）常熟黄氏艺文堂刻本。

喉舌，抑且翼为《麟经》羽翼也"，揭示《左传》蕴含之"义"，便是《左传翼》的首要任务。二是认为"《左氏》文字为百家之祖"，后世的很多优秀作品，多模仿其章法，因此"欲读古文而不精求于《左氏》，是溯流忘其源也"，[①] 揭示《左传》文章之精神血脉，是《左传翼》的第二个任务。周大璋在教学过程中，成功地将经义与文法融为一体，既满足了阐明经义的明经之义，又适应了科举的需要，给予学子正确的文法引导，故而此书能"风行海内"。

浦起龙为康熙三十七年（1698）秀才，雍正七年（1729）举人，雍正八年（1730）进士，只不过，虽然中了进士，但浦起龙一生未得显宦，生活也较为困顿。对于浦起龙来说，书院讲学是他一生除了参加举业以外最重要的事情，"起龙老于场屋，年五十二，始成进士。资质不逮中人，而闻见不越里闬。故其一生所述造，终不脱村夫子气"[②]。浦起龙曾任扬州府学教授、五华书院山长、苏州府学教授、紫阳书院讲席，培养了王昶、钱大昕、王鸣盛等优秀的学生。

浦起龙于雍正六年（1728）即开始评说《左传》《史记》以及汉魏六朝、唐朝人的佳作，"携《史》《汉》坊评本自随，意与古会，辄条辨之，此缀笔之始"。雍正十二年（1734），浦起龙任云南五华书院山长，教学过程中，他开始录钞相关条目，"为山长滇南，出所积散见本，肄远方学者，就裒合之，得千有八百叶，此录钞之始"。[③] 五华书院有自己的授课要求与规定。

> 今案书院聘院长一人，设监院一人，学长二人，正课之给膏火银者八十人，其附课来者不计焉。其课诸生，月凡四：初三、十三、十八、二十八，皆课日也。初三、十八两日，曰官课，自督抚、学政及云南府以次而周，皆监院于先一日白之，至日诣官廨请课题，一四书文、一试帖诗，至夕而毕。十三、二十八两日，曰师课，则院长自课之，亦一四

---

① （清）周大璋：《左传翼·凡例》，同治十二年（1873）常熟黄氏艺文堂刻本。
② 张舜徽：《清人文集别录》，中华书局 1963 年版，第 129 页。
③ （清）浦起龙：《古文眉诠·缘起》，乾隆九年（1744）三吴书院刻本。

书文、一试帖诗，至夕而毕。①

作为山长的浦起龙要为学生讲授四书文、试帖诗，四书文主要言说理学，试帖诗主要是以诗歌表现经义。

乾隆六年（1741），浦起龙为苏州府学教学时，又反复对录钞的条目进行增删修补，"窃禄于苏司教事，又翻检加涂乙覆誊之，此定稿之始"。其编纂出版历时十七年，缀笔、录抄、定稿、开雕至刻成，每一步都凝聚着浦起龙的心血，搜古爬奇，衷合校勘，丹黄甲乙，严谨细致。另外，此书编纂出版过程中，得到三吴书院众多学子的帮助，他们具体参与文字的校勘中，浦起龙自言《古文眉诠》为"十七年之勤，与群力之助"而成。② 因此，《古文眉诠》是浦起龙几十年研读场屋之学的经验总结，也是其书院讲学成果的集中展示，更可视为清代书院评点《左传》的代表。

《古文眉诠》选录之文，上起先秦，下至宋代，分别为《左传钞第一》《公羊穀梁钞第二第三》《国语钞第四》《战国策第五》《庄子钞第六》《楚辞钞第七》《史记钞第八》《汉文钞第九》《后汉文钞第十》《文选钞第十一》《徐庾文钞第十二十三》《宣公奏议钞第十四》《昌黎文钞第十五》《柳州文钞第十六》《文苑英华钞第十七》《六一文钞第十八》《老泉文钞第十九》《东坡文钞第二十》《栾城文钞第二十一》《临川文钞第二十二》《南丰文钞第二十三》《宋文鉴钞第二十四》《龙川文钞第二十五》《朱子大全集钞第二十六》《文献通考序钞第二十七》，共七十九卷。所选之文，大抵可分为四类：

一是经史之文。浦起龙喜爱经史之作，亦能熟知经史之事，"肆力于古，于书靡不窥，丹黄甲乙，积数十年，从学者质问经史，辄举某书某卷某叶以告，检之无不合"③，功力深厚。多年的读书，让浦起龙深刻认识到了经史之

①　（清）戴纲孙：《昆明县志》卷四《学校》，《中国方志丛书》第廿九号，成文出版社1966年版，第56—57页。

②　（清）浦起龙：《古文眉诠·缘起》，乾隆九年（1744）三吴书院刻本。

③　（清）李桓：《国朝耆献类徵初编》，周骏富辑《清代传记丛刊·综录类》第164册，明文书局1985年版，第21页。

作的价值与意义，于国有经世之用，于文有滋养之助。但是，现实却是学子带着科举中第的目的，专力模拟中举之文，朱熹在《学校贡举私议》即有言，"近年以来，习俗苟偷，学无宗主，治经者不复读其经之本文与夫先儒之传注，但取近时科举中选之文，讽诵摹仿，择取经中可为题目之句，以意扭捏，妄作主张，明知不是经意，但取便于行文，不暇恤也。盖诸经皆然，而《春秋》为尤甚"①，浦起龙借宋说清，"衣钵遂至于今"②。为此，《古文眉诠》开篇即为《左传钞》，"学者治《春秋》，必主《左氏》，《左氏》书非全治不可"③，极为重视《左传》解读《春秋》经的作用，收录《左传》一百五十六篇文章。另外，选录《公羊传》《穀梁传》《国语》《战国策》《史记》《汉书》《后汉书》共有一百七十四篇，如此多的篇目，如此大的比重，为的是明经史之大用，革学子学习之弊端。

　　二是性理之文。《古文眉诠》选评《朱子大全集钞》及陈亮文章，即是对理学思想的阐释。浦起龙曾在紫阳书院读过书，又在紫阳书院教过书，而紫阳书院恰恰是以尊奉朱熹为特色的书院。苏州紫阳书院始建于康熙五十二年（1713），创建者为江苏巡抚张伯行，"紫阳"之名，取自朱熹之号，目的是赓续朱子一脉，"瀹经史之精英，为太平之黼黻，发程朱之密钥，成一代之硕儒"④。在紫阳书院读书、教书的浦起龙，自然思想体系中牢牢地打上了朱子理学的烙印，因此《古文眉诠》选录朱熹文章就成了顺理成章的事情。浦起龙评说朱熹之文，"不一味入道学语，而言近指远，罔非道要文字，光明邃密，断自过江来第一大家"⑤。

---

① （宋）朱熹著，郭齐、尹波点校：《朱熹集》卷六九《学校贡举私议》，四川教育出版社1996年版，第3638页。

② （清）浦起龙：《古文眉诠》卷七六《朱子大全集钞·学校贡举私议》，乾隆九年（1744）三吴书院刻本。

③ （清）浦起龙：《古文眉诠·钞例·左传钞第一》，乾隆九年（1744）三吴书院刻本。

④ （清）张伯行：《正谊堂文集》卷一二《紫阳书院读书日程》，《丛书集成初编》本，商务印书馆1936年版，第161页。

⑤ （清）浦起龙：《古文眉诠·钞例·朱子大全集钞第二十六》，乾隆九年（1744）三吴书院刻本。

三是文人之文。《古文眉诠》选录自庄子、屈原以至汉、唐、宋的文人之作，有辞赋、诗歌、策、论、奏疏等文体，既有以实用为特色的文章，又有言说性情的文章，言说其文采。

四是制度之文。《古文眉诠》最后选录的是马端临《文献通考》的二十四篇序言，将言说官职、田赋、启闭、户口、职役、土贡等制度作为评点对象，这在古文选本中是较为特殊的，浦起龙自言"余钞其序，为古文之殿，欲使读者知古人为文非华言而无实"①。

《古文眉诠》选文八百一十七篇，皆蕴含道德、文章之道，"'道德文章，不出于二'八个字，压倒六经以后作者，知言立言，自宜奉为本论。然道无往而不存，汉、唐、宋大家文，固所谓有其实而托于言者，各随所得而出之，概而斥之曰'有离无合'，可乎？故贾、董、韩、欧之文，紫阳之论，千古两行，道必常伸，文不偏屈，相发而相持，知其一亦知其二，乃称智焉，非调停曲说也"②，优秀的文章，虽各有特色，各有所主，然而道德与文章原本一源，亦会见诸优秀文章之中。浦起龙评点《左传》文章，先从"元年春王正月"开始，尾评提到"是为隐元先经始事之文，简净数言，正名兆衅，面面俱到"，"春王正月之辩，聚讼棼如，愚谓系正于王者，别鲁于天子，非别周于夏令也"，③此为奉经义而言。鲁隐公取郜大鼎，纳于太庙，是为失德，臧哀伯谏之，浦起龙连续三处评说提到"德"字，"'塞违'是正旨，'昭德'是对推"，"先顶'昭德'疏言之，七个'昭其'，频频点醒，见章采有等，所当昭示"，"'德'字一总紧趋到垂示百官"，④提出德为立政之要；宋穆公不忘宋宣公舍子立弟，"穆公不忘兄德，口口'先君'，词旨却绝佳"⑤，

---

① （清）浦起龙：《古文眉诠·钞例·文献通考序钞第二十七》，乾隆九年（1744）三吴书院刻本。

② （清）浦起龙：《古文眉诠》卷七六《朱子大全集钞·读唐制》，乾隆九年（1744）三吴书院刻本。

③ （清）浦起龙：《古文眉诠》卷一《左传钞·元年春王正月》，乾隆九年（1744）三吴书院刻本。

④ （清）浦起龙：《古文眉诠》卷一《左传钞·郜大鼎之赂》，乾隆九年（1744）三吴书院刻本。

⑤ （清）浦起龙：《古文眉诠》卷一《左传钞·宋穆公卒》，乾隆九年（1744）三吴书院刻本。

赞颂宋穆公之德；城濮之战，言说晋国之有德，"映'德'字，随却随迎"①。诸多评说，皆是在符合正统观念基础上，既推崇"德"之重要，又言说文章精彩之妙。

浦起龙《古文眉诠》的选文理念以及评说重点，是对清初"稽古右文"政策的回应，是对清初以来经世致用之风的回应，是对康熙《古文渊鉴》的回应，是对康熙以来尊崇理学政策的回应，他将自己的教学与古文评点与时代挂钩，与官方政策挂钩。

杨绳武中过进士，曾任翰林院编修，于乾隆二年（1737）被聘为钟山书院山长，乾隆十四年（1749）因病辞去山长一职，为执掌钟山书院最久的山长之一②。钟山书院于雍正元年（1723）建立，雍正亲书"敦崇实学"的匾额赐予钟山书院。执掌书院者，需"有文望、品望，年高而精明强固，足以诲人者"③。杨绳武于聘任之初，遵循乾隆于乾隆元年（1736）对书院建设的指导意见，规制仿照朱熹的《白鹿洞书院揭示》，读书仿照程端礼的《程氏家塾读书分年日程》，形成了有自己思考的《钟山书院规约》，"本末兼该，巨细备举，井井班班，已合前贤书院之所以教者，而观其备，又复由今入古，而易于从，斯诚至教之典则，盛朝作人之隆规也"④。《钟山书院规约》具有很明确的指导意义，分别从先励志、务立品、慎交游、勤学业、穷经学、通史学、论古文源流、论诗赋派别、论制义得失、戒抄袭倩代、戒矜夸忌毁等十一个方面，以明端趋、乐群、敬业、修艺、警惰之道。

对于学生，杨绳武要求他们要熟知书院规约，自我约束，努力恪守两

---

① （清）浦起龙：《古文眉诠》卷三《左传钞·战于城濮》，乾隆九年（1744）三吴书院刻本。

② 两江总督高晋在乾隆三十年（1765）十一月十七日的《两江总督高晋奏报江宁省城钟山书院历任山长情形折》中说道："历年来，山长叠更，不一其人，惟原任翰林院编修杨绳武及休致翰林院检讨夏之蓉掌教最久。"（《宫中档乾隆朝奏折》第二六，台北故宫博物院1982年版，第621页）

③ （清）汤椿年：《钟山书院志》卷七《延师》，赵所生、薛正兴主编：《中国历代书院志》第7册，江苏教育出版社1995年版，第541页。

④ （清）杨绳武：《钟山书院规约》，《丛书集成续编》第78册，上海书店出版社1994年版，第863页。

个理念：第一，文章需陈言务去，独出机杼，切不可抄袭前人文字，寄人篱下，更不可倩人捉刀，"不惟乞人倩代者，固属无志之尤，即为人代倩者，亦非有品之士也"①。第二，崇尚朴实文风，"崇实效，黜浮华为本"，内外兼修，古今并肆，踏踏实实，如此方能改变时弊，增长本领，有所作为。因此，钟山书院学子成才者甚多，"数年来，书院诸生或以乡会举，或以实学优行举，以及学使岁科、节使采风，大都得之书院者为多"，②屡屡在科举考试中崭露头角。但是，杨绳武在钟山书院的培养目标，并不仅限于此，他并未将科举中第视为头等目标。在《钟山书院碑志》中，杨绳武进一步说道：

> 是故上则开来继往，为圣贤不朽之业；次则砥节励行，为豪杰有用之才；即等而下之，而仅仅以科举之学自奋，亦必经明行修，文章尔雅，不愧为读书种子，而后可不愧为书院之士。此余之所厚望于诸生者。③

他不想将所有的学生按照一个模式培养，而是分了几个不同的层次：其上者可继承圣贤之道，中者可为豪杰之士、有用之才，下者可为经明行修的科举应试之人。此三者虽有高下，然皆为社会不可或缺的力量。唯有达到此三种目标，方能称得上是钟山书院的学生，言下之意，达不到此目标，则没有资格进入钟山书院的学生行列。杨绳武对学生寄予很高的期望，也有严苛的要求，同时，他的培养计划又很实际，是在学生现有基础上的超越。

杨绳武为了提升学生文章写作的水平，以古观今，在批判当时文章写作弊端与古文观念的基础上，有的放矢地对学生提供方法指导。当时文章写作

① （清）杨绳武：《钟山书院规约》，《丛书集成续编》第 78 册，上海书店出版社 1994 年版，第 862 页。

② （清）杨绳武：《钟山书院碑志》，载（清）陈栻等纂：《上元县志》卷二三《艺文》，《中国方志丛书》华中地方第四四七号，成文出版社 1966 年版，第 476 页。

③ （清）杨绳武：《钟山书院碑志》，载（清）陈栻等纂：《上元县志》卷二三《艺文》，《中国方志丛书》华中地方第四四七号，成文出版社 1966 年版，第 476 页。

的弊端，杨绳武认为有两种：

> 近二十年来，文章之病有二：枯槁其面目，钝置其心思，开卷索
> 然，了无意味，假先辈之病也；拥肿其支体，痴肥其肠胃，掩卷茫然，
> 不知何语，烂时文之病也。有起而矫之者，又或貌新奇而实庸腐，外崛
> 强而内空疏，牛鬼蛇神，虎皮羊质，是为假西江假国初。①

读书人为求仕进，一味读习时文，所作之文或无新意，或言不达意，陈词滥
调，令人作呕，连篇累牍，令人乏味。有人见此，欲矫正此风气，然而却走
入了另外的误区：故作新奇貌，貌似很有内容，实则庸腐空虚。

文无新意，或文章空虚，其根本在于积淀不够，没有识见。改变此种局
面，杨绳武认为，最大的法宝便是读书。

> 夫所谓培其本而澄其原者，何也？多读书之谓也。多读书以为根
> 柢，则熟于古人之义理，娴于古人之法度，而有以得古人之议论、识
> 见、气味、骨力，才亦因之日出。发为文章，有平淡朴实而无所不包，
> 有光怪陆离而一尘不染，有规行矩步而通变无方，有千变万化而一丝不
> 走者，奇正浓淡无施不可，清真雅正于是乎出。学先辈者真先辈，学西
> 江者真西江，学国初者真国初，即为时文，亦非烂时文矣。②

多读书可以熟识古人之义理、法度、见识、风骨，在潜移默化间，学生做
人、作文的路径、法则便会归于正道：内蕴深厚，合乎法度，浓妆淡抹，合
乎雅正。无论是古文、古诗，还是时文，都能写就佳作真文。

古人之文有很多，学子们不可能在短时间内博览群书，他们应该要学会

---

① （清）杨绳武：《钟山书院规约》，《丛书集成续编》第 78 册，上海书店出版社 1994 年版，
　　第 862 页。

② （清）杨绳武：《钟山书院规约》，《丛书集成续编》第 78 册，上海书店出版社 1994 年版，
　　第 862 页。

选择。作为师长的杨绳武，在诸多文章中选择了两类文章，希望学子们重点攻读，一类是经书，一类是史书①。其于"通史学"部分说道：

> 要而论之，文笔之高，莫过于《史》《汉》，学问之博，莫过于郑渔仲、马贵与，而褒贬是非之正，莫过于《朱子纲目》。师子长、孟坚之笔，综渔仲、贵与之学，而折衷于朱子之论，则史家才、学、识三长，无以复易矣。②

读书时要明白其渊源流变，也要明白其文笔识见。读史书，学史家之才、学、识，即于文笔、学问、褒贬处用力，当以司马迁、班固、郑樵、马端临、朱熹为学习榜样。在史识方面，杨绳武推出的榜样是朱熹，以朱熹的《朱子纲目》作为评判是非曲直的标准，这是杨绳武对朝廷尊崇理学、尊奉朱熹政策的回应，是钟山书院对乾隆《训饬直省书院师生谕》的回应。

杨绳武对文章观念的批评，主要集中在《钟山书院规约》的"论古文源流"部分中，他说道：

> 今人言古文者，动称八家。不知八家之于古文，委也，非原也。古文之原，当溯诸经，尤溯诸经之最先者。经莫古于《尚书》，亦莫高于《尚书》。伏羲画卦，未有文字，《易》经之文，多出《尚书》后，《尚书》，千古文字之祖也。典谟，纪传之祖；《禹贡》，志乘之祖；誓诰，诏令之祖；《伊训》《说命》，章疏之祖，他可类推。诸经各专一体，不能尽古今之体势，《尚书》诸体皆备，而文又最高，故曰祖也。《尚书》以后，

---

① 乾隆九年（1744），乾隆下达谕旨："嗣后书院肄业士子，令院长择其资禀优异者，将经学、史学、治术诸书留心讲贯，以其余功兼及对偶声律之学。"[（清）崑冈等修，刘启端等纂：《钦定大清会典事例》卷三九五《礼部·学校·各省书院》，《续修四库全书》第804册，上海古籍出版社2002年版，第304—305页] 此项旨意即是要求书院重视经史之学，杨绳武对学子的要求，是对时代要求的回应。

② （清）杨绳武：《钟山书院规约》，《丛书集成续编》第78册，上海书店出版社1994年版，第860页。

能以文章继其传者，《左》《国》，得《左》《国》之传者八家。《尚书》，宿海也；《左》《国》《史》《汉》，龙门积石，以下八家则九河入海之处也。其余诸子百家亦无能出《尚书》之范围，譬如淮、济、渭、洛，必达于河而后可入于海也。今人读《尚书》者，知尊之为经，而不敢目之为文，愚恐数典而忘祖，故为推原其所自，其详则俟与诸生细论焉。①

当时有很大一部分人，读古文推重唐宋八大家，并以之为学习准的，由此出现了很多有关唐宋八大家的选本与评点本②。杨绳武对此极不认可，唐宋八大家要学，但是仅学唐宋八大家，不符合古文发展的脉络。古文之源头为经书，经书最古者为《尚书》，此为千古文字之祖；《尚书》以下，可以作为为文典范的，为《左传》《国语》《史记》《汉书》，其次才是唐宋八大家。此种层次的划分，将先秦、秦汉古文的地位置于唐宋八大家之上。《钟山书院规约》对为文之道的解读，在杨绳武的《文章鼻祖》中进一步具体化。其《例言》称：

> 《尚书》，经之祖；《左》、《国》，传之祖；《史》、《汉》，史之祖，而其中又自有祖之祖。则兹编所标举是也，上不及《易》者，伏羲画卦，未有文字，今所传者《周易》，文字皆在《尚书》后，旁不及诸子，是外篇也。下不及八家，犹苗裔也。③

此段言说，与《论古文源流》极为相似，探寻古文的源流关系，先秦经书为文章之根祖，唐宋八大家为文章之苗裔，本若不立，仅求枝叶，无足长久。在此理念统摄下，杨绳武博观约取，选录《尚书》的《尧典》《禹贡》《洪范》，《国语》的《齐语》，《左传》的《战于城濮》《战于邲》《战于鄢陵》，《史记》

---

① （清）杨绳武：《钟山书院规约》，《丛书集成续编》第78册，上海书店出版社1994年版，第860—861页。
② 付琼的《清代唐宋八大家散文选本考录》、钟志伟的《明清唐宋八大家选本研究》及孟伟的《清人编选的文章选本与文学批评研究》对清代有关唐宋八大家的选本有不同角度的阐释。
③ （清）杨绳武：《文章鼻祖·例言》，乾隆二十八年（1763）刻本。

的《项羽本纪》《高祖本纪》《封禅书》《平准书》，《汉书》的《霍光金日磾传》，诗赋类的《古诗为焦仲卿妻作》《庾子山哀江南赋》，"兹所标举，皆千古来第一种大文字"。此等文字，是诸位作者一生极得意之笔，为其全神贯注之处，"学者得其一节，便可自立基址，自成结构"。杨绳武秉承"读书如断狱"的理念，告知学子们细细解读所选文章，"兹所标举，乃一隅之义，用以推明文章之道，千变万化，皆从此出"，① 由此及彼，涵泳文章之道。

《文章鼻祖》在杨绳武离世后由其子杨德祖刊刻成书，沈起元为是书作序。沈起元于雍正十三年（1735）任钟山书院山长，对学生严格负责，每次批阅学生文章皆是逐字批改。乾隆元年（1736），沈起元奉特旨入京城，另有他用，此后杨绳武继任钟山书院山长。沈起元与杨绳武很早就认识，"余少时与先生论文，缪侍讲双泉坐，后复同馆西田王相国邸第，辄剪烛剧谈"②，二人教育理念甚为一致③，皆强调博观约取，"贵专不贵博，贵少不贵多，以讲明透彻为主，非谓经、传、《史》、《汉》、诗、赋不当遍览，遐搜洽闻广见也。或贪多务得，数典忘祖，鲜有不如宋人所讥物丧志、博溺心者"④，前后出任钟山书院山长，为钟山书院注入了相对稳定、持久的生命力。

周大璋的《左传翼》、浦起龙的《古文眉诠》、杨绳武的《文章鼻祖》，是康熙、雍正、乾隆三朝书院评点《左传》的代表，它们比较有代表性地串联起了康乾盛世时期书院自觉向朝廷相关政策靠拢的图景。配合清朝廷的书院政策，书院设置了相应的课程，山长、讲席等的授课，亦要面向科举考

---

① （清）杨绳武：《文章鼻祖·例言》，乾隆二十八年（1763）刻本。

② （清）沈起元：《文章鼻祖序》，载（清）杨绳武：《文章鼻祖》，乾隆二十八年（1763）刻本。

③ 沈起元还曾任娄东书院山长，其所订立教规，包括四部分：士子以立品为先、为学以穷经为本、读史、作文，与杨绳武《钟山书院规约》内容近似。在作文方面，沈起元认为当从古文中汲取作文养料，"在初学入门，且先读八家，由八家而上溯之《史》、《汉》，溯之《左》、《国》，更溯之《孟子》、《尚书》，而古文之道尽矣"[（清）王昶：《嘉庆直隶太仓州志》卷一四《学校下·教规》，《续修四库全书》第 697 册，上海古籍出版社 2002 年版，第 234 页]。

④ （清）沈起元：《文章鼻祖序》，载（清）杨绳武：《文章鼻祖》，乾隆二十八年（1763）刻本。

试，经世致用，制定相应的适应科举考试的讲解内容。除了书院山长、教习等的讲授之外，他们对学子课艺作品的评点、结集、刊刻、出版，助长了评点的发展，亦影响了后代学子参与评点的模式、评点倾向等。

（三）书院文风对《左传》评点的持续影响

桐城派是清代重要的学术派别，是清代影响最大的散文流派，他们的学术传播与书院关系甚密。"桐城三祖"的刘大櫆、姚鼐都曾在多个书院讲学，刘大櫆曾主讲安庆书院、徽州书院，姚鼐曾主讲梅花书院、钟山书院、紫阳书院、敬敷书院，他们在书院教学中自觉地编纂独具特色的教材，有意识地传播学派思想与为文方法，刘大櫆编有《评点〈左传〉》，姚鼐编有《古文辞类纂》《评点〈左传〉》，后来又有曾国藩《经史百家杂钞》、吴汝纶《评点〈左传〉》、吴闿生《左传微》等，从而使学子学有所据，深知作文之妙法，"方、姚之后，文法大明，作文甚易"①。当然，不同时期的桐城派代表人物，他们在书院讲学、评说课艺、编纂教材过程中，亦会受到不同时期文坛风气的影响而有所差异。

吴汝纶为同治四年（1865）进士，擅长作文，与张裕钊、黎庶昌、薛福成并称"曾门四弟子"，曾国藩极为欣赏其奇文，称其为"异材"②，并将之比作汉代的祢衡。吴汝纶先后供职于曾国藩、张树声、李鸿章幕府，很多奏疏皆出自吴汝纶之手。李鸿章对吴汝纶非常器重，任命他主讲莲池书院③，期望他能为朝廷培养有用之才。吴汝纶对教育非常重视，他曾出任深州、冀州知州，"其治以教育为先，不惮贵势，籍深州诸村已废学田为豪民侵夺者

---

① 吴孟复：《吴孟复安徽文献研究丛稿·文献学家萧穆年谱·后记》，黄山书社 2006 年版，第 257 页。

② 曾国藩在日记中写道："吴汝纶来久谈。吴，桐城人，本年进士，年仅二十六岁，而古文、经学、时文皆卓然不群，异材也。"[（清）曾国藩：《曾国藩全集·日记》，岳麓书社 2011 年版，第 226 页]

③ 郭立志编撰《桐城吴先生年谱》言："时莲池书院无人主持，李相极费踌躇，公因往年曾有夙约，遂面请辞冀州任，来为主讲。李相大喜，公即日于津寓具禀称病乞休，讲席遂定。"（江小角、朱扬：《吴汝纶评传·附录一》，安徽大学出版社 2022 年版）

千四百余亩入书院，资膏火"①，汲汲于兴学育才，聚集一州三县的高才生，亲自教授，遂令当地文教斐然，百姓往往忘记其官员身份，极为推重地称其为"大师"。吴汝纶重视教育，在于他看到了教育化俗、稳天下之作用，"转移风气，以造就人才为第一"②，"勉成国器"是其教育之目的。他在莲池书院十四年，兢兢业业，推行教学改革，推行桐城文法，成效显著，造福一方，声播四方，"畿辅人才之盛，甲于天下，取巍科，登显仕，大率莲池高第。江、浙、粤省望风敛避，莫敢抗衡，其声势可谓盛哉"③，遂令桐城派传至燕蓟之地④。

作为桐城人，吴汝纶非常自豪，"幸生桐城"⑤，亦为桐城学派而骄傲，"吾县文学，耸德圣清，渊源所渐，自方侍郎。韩欧之文，洛闽之蕴，并为一条，坛宇维峻"⑥。在桐城诸贤中，吴汝纶尤其推崇姚鼐，"桐城之言古文，自方侍郎、刘教谕、姚郎中，世所称'天下文章在桐城'者也。而郎中君最后出，其学亦最盛"⑦。他"自少读姚氏书"⑧，姚鼐编纂的《古文辞类纂》亦是他的读书指南、讲学明灯，"《古文辞类纂》一书，二千年高文略具于此，

---

① 赵尔巽等：《清史稿》卷四八六《文苑三·吴汝纶传》，中华书局 1977 年版，第 13443 页。

② （清）吴汝纶撰，施培毅、徐寿凯校点：《吴汝纶全集》第 3 册《答薛叔耘》，黄山书社 2002 年版，第 32 页。

③ 吴闿生：《吴门弟子集·序》，中国书店 1985 年版，第 1 页。

④ 钟广生为王树枏《陶庐文集》所作序曰："夫桐城流派即曾氏所言观之，其传殆遍于江汉东南，而大河以北无闻焉。自张、吴两先生主讲保定之莲池书院，先后十余载，北方学者多出于其门。此两先生者，皆尝亲承绪论于曾氏，于是燕蓟之间始有桐城之学。"（沈云龙主编：《近代中国史料丛刊》一编第二八辑《陶庐文集十三卷》，文海出版社 1966 年版，第 17 页）

⑤ （清）吴汝纶撰，施培毅、徐寿凯校点：《吴汝纶全集》第 1 册《孔叙仲文集序》，黄山书社 2002 年版，第 56 页。

⑥ （清）吴汝纶撰，施培毅、徐寿凯校点：《吴汝纶全集》第 1 册《祭方存之文》，黄山书社 2002 年版，第 74 页。

⑦ （清）吴汝纶撰，施培毅、徐寿凯校点：《吴汝纶全集》第 1 册《孔叙仲文集序》，黄山书社 2002 年版，第 55 页。

⑧ （清）吴汝纶撰，施培毅、徐寿凯校点：《吴汝纶全集》第 1 册《孔叙仲文集序》，黄山书社 2002 年版，第 56 页。

以为六经后之第一书。此后必应改习西学，中国浩如烟海之书，行当废去，独留此书，可令周孔遗文绵延不绝"①，他在后来设置的书院课程中将之列入学子必读书，亦多次援引，还曾校刊另行刻印《古文辞类纂》。

吴汝纶师承"私淑桐城"的曾国藩，曾国藩以姚鼐为宗，在时代局势变化的影响下，他将姚鼐的学问三事——"义理、考据、辞章"② 予以扩充，与时俱进，增补上"经济"一条，充实了桐城派的文章内里，凸显文章"经世致用"的功能。曾国藩的此种努力，在他编纂的《经史百家杂钞》中表露无遗。《经史百家杂钞》在姚鼐《古文辞类纂》基础上③，分论著、词赋、序跋、诏令、奏议、书牍、哀祭、传志、叙记、典志、杂记，共十一类文章。选文删去了"赠序"，增加了"叙记""典志"，又将姚鼐的"颂赞""箴铭"附在"词赋"下编，"碑志"附入"传志"下编。曾国藩将选本名之曰《经史百家杂钞》，主要有两个原因：第一，经书为古文之源，"近世一二知文之士纂录古文，不复上及六经，以云尊经也。然溯古文所以立名之始，乃由屏弃六朝骈俪之文，而返之于三代两汉。今舍经而降以相求，是犹言孝者敬其父祖而忘其高曾，言忠者曰'我家臣耳，焉敢知国'，将可乎哉？余抄纂此编，每类必以六经冠其端，涓涓之水，以海为归，无所于让也"。第二，史书有益古文写作，"姚姬传氏撰次古文，不载史传，其说以为史多不可胜录也。然吾观其奏议类中录《汉书》至三十八首，诏令类中录《汉书》三十四首，果能屏诸史而不录乎？"其中，曾国藩很不赞成古文选本不录《左传》，"村塾古文有选《左传》者，识者或讥之"，④ 亦对不选《左传》入古文选本的观点予以批评，遂将《左传》

---

① （清）吴汝纶撰，施培毅、徐寿凯校点：《吴汝纶全集》第 3 册《答严几道》，黄山书社 2002 年版，第 231 页。

② 姚鼐尝言："余尝论学问之事有三端焉，曰：义理也、考证也、文章也。是三者，苟善用之，则皆足以相济；苟不善用之，则或至于相害。"[（清）姚鼐：《惜抱轩文集》卷四《述庵文钞序》，《续修四库全书》第 1453 册，上海古籍出版社 2002 年版，第 31 页]

③ 曾国藩对《古文辞类纂》极为推重，"曾文正公一生佩服惜抱先生，于其自作之文，尚有趣向乖异之处，独于此书，则五体投地，屡见于书札、日记及家书中。"[（清）吴汝纶撰，施培毅、徐寿凯校点：《吴汝纶全集》第 3 册《答姚慕庭》，黄山书社 2002 年版，第 185—186 页]

④ （清）曾国藩：《经史百家杂钞·序例》，岳麓书社 2015 年版，第 1 页。

的《齐鲁长勺之战》《秦晋韩之战》《晋公子重耳之亡》等十九篇文章收录进"叙记类"，并在每一段正文后面用简练之语概括段落内容。曾国藩另有《古文四象》一书，① 收录经、史、百家之文二百四十七篇，于《少阳趣味卷二》中的"经"中，选录《左传》的《士会还晋》《大棘之战》《师慧过朝》《御叔饮酒》《臧纥出奔》《张骼致师》《崔氏之灭》《庆氏之难》《阳生之立》《白公之难》十篇文章，吴汝纶言"公手定本有圈识，有平议"，言说喷薄、跌宕之势，"后君子读公此书，必有心知而笃好之者"②，推崇备至。

曾国藩重视经史对古文写作的佑助，他突破《古文辞类纂》的选文范围，选录《左传》《尚书》《史记》等书中文，某种程度上提升了古文写作的格局与题材范围。吴汝纶进一步扩充"经济"之内容，凡是有用于世，即可施之于学子，他制订的课程计划，分小学堂、中学堂、大学堂、中国专门学四个层次，其中，所学课程涉及经、史、子、文、西学等。同时，吴汝纶承续曾国藩对《左传》的重视，中学堂所列课程中"经"书即有《左传》，并指出资质驽钝者可以选读，至若阅读的具体篇目，可以参照曾国藩的《经史百家杂钞·叙记门》。吴汝纶要求学西学的学生也读经史书，"鄙意西学诸生，但读《论语》、《孟子》及曾文正《杂钞》中《左传》诸篇，益之以梅伯言《古文词略》，便已足用。史则陈榕门所辑《纲鉴正史约》，但与讲论，不必读也"③，专门列出《左传》。吴汝纶亦会有针对性地对弟子的学习进行教授、考核，《吴汝纶全集》收录了吴汝纶关于《左传》的《策问二首》，其中一则为：

---

① 吴汝纶于《记古文四象后》写道："往时汝纶从文正所，写藏其目次，公手定本有圈识，有平议，皆未及钞录。其后，公全集出，虽鸣原堂论文皆在，此书独无有。当时撰年谱人亦不知有是书。意元书故在，终当续出。今曾忠襄、惠敏二公皆殁久薨逝，汝纶数数从曾氏侯伯二邸求公是书，书藏湘乡里弟，不可得。谨依旧所藏目次，缮写成册。其评议圈识，俟他日手定本复出，庶获补完。"[（清）吴汝纶：《吴汝纶全集》第 1 册，黄山书社 2002 年版，第 301 页] 可见，吴汝纶于《古文四象》出版厥功至伟，亦对此书评价很高，称其为"实启文家之秘钥"，因此"不可以不公诸世"。

② （清）吴汝纶撰，施培毅、徐寿凯校点：《吴汝纶全集》第 1 册《记古文四象后》，黄山书社 2002 年版，第 301—302 页。

③ （清）吴汝纶撰，施培毅、徐寿凯校点：《吴汝纶全集》第 3 册《答廉惠卿》，黄山书社 2002 年版，第 206—207 页。

问：太史公谓孔子作《春秋》，七十子之徒口授其传指。鲁君子左丘明惧弟子人人异端，各安其意，失其真，因孔子史记，具论其语。循是言之，《左氏》所记皆当得其实矣。今其书开卷即有"子氏未薨""归赗"及"君氏卒"等说，非所谓失其真而为异端者乎？史公所载事多异《左氏》，盖采之他书。至华元飨士，固本《左氏》矣，而云"其御羊斟不及"；古以"斟"为"羹"，其说是也。而今《左氏》则以羊斟为人名，岂史公所见《左氏》书固与今异耶？《左氏》记事之书，不主释经。其泛为释经条例，如所云"五十凡"及元凯所称"变例""非例"等，大抵皆后之经师所附益。顾或谓《左氏》本名《春秋》不名传，名传者自《七略》始。今考史公于《左氏》称为《左氏春秋》，与《虞氏》《吕氏春秋》并言。《战国策》"虞卿谓春申君曰：'臣闻之《春秋》，于安思危，危则虑安。'"所引即襄十一年《左传》魏绛语。又孙卿为书谢春申及《韩非子·奸劫弑臣》篇，皆引楚王子围、齐崔杼弑君事，皆见《左传》，而云"《春秋》记之"。是太史公以前至战国皆名《左氏书》为《春秋》，不名为传。汉儒者谓《左氏》不传《春秋》以此。若如今书，多为释经条例，则一望而知为《春秋传》矣，尚何深闭固距之有？虽然，循是说也，将杜元凯所称"发传"三体者固非其实，即《左氏》自云谓之"礼经"者，亦且不足据欤？抑史公称二传亦止曰《公羊》、《穀梁春秋》，若言施、孟、梁丘《易》，欧阳、夏侯《尚书》，齐、鲁、韩、毛《诗》云耳，其书本皆传，皆释经，其称传不称传固不必论欤？要之，释经条例固必有后人附益之者。班书称《左氏》多古字古言，学者初传训诂而已。及刘歆治《左氏》，引传文解经，转相发明，由是章句义理备焉。而后书又言歆使郑兴撰条例，贾徽从歆受《左氏》，亦作条例廿一篇。近儒以此疑《左氏》所称书法皆刘歆之徒为之，固不为无据。证以《汉书·律历》、《五行》二志，所引如"不书日，官失之"，如"六鹢退飞，风也"，如"人火曰火，天火曰灾"，如"分至启闭，必书云物"等说，皆称为传文。班氏于跻僖公引左氏说不引传，于大雨雹，既引《左氏传》又引说，是其书于汉经师之说，不以羼入传文，分别至严。若刘歆等所为条例，其不引为传决也。然则今书中所有条例果谁为之欤？昔之知《左氏》者推扬子云、韩退之，其言曰"品藻"而已，"浮夸"而已。今读其书，知所谓品藻者云何，所谓浮夸者云何；且韩于诸书皆著其美，独于《左氏》目为"浮夸"，又何说也？近世顾亭林、姚姬传皆谓《左氏书》非出一手，果何所见而云然耶？抑二子所举之外尚有他证耶？凡为书详略有体，今左氏记十二公时事，独襄昭为详，其所载当世名卿大夫多矣，而独子产、晏婴事迹为详，其义安在？能详述所闻以释疑滞乎？愿闻其说。①

此一大段文字，围绕《左传》与《史记》之不同、《左传》之名、释经条例等问题，先进行了一番有理有据的阐发，由此引出四个问题：《左传》条例为谁之作？扬雄、韩愈对《左传》的"品藻""浮夸"评说是何意思？顾炎武、姚鼐所言《左传》非出于一人之手，因何而来，是否另有他证？《左传》为何独独详记子产、晏婴之事？吴汝纶的言说，涉及《左传》文本的性质、《左传》的叙事重点以及《左传》研究史的问题，学子需要对《左传》本身以及历代的相关研究甚为熟稔，才能知其所言，回应问题，有所阐释。

书院弟子对《左传》文本及相关问题的熟悉，源自老师的讲授与日常的自我学习。讲授与学习，需要有所依傍，方能事半功倍，其中一个最好的途径，便是老师评点《左传》的本子。吴汝纶的弟子尚秉和曾自言，"凡归方姚梅曾张，并吴先生所评点诗古文诸子、《前四史》、《五代史》，或假之于吴先生，或索之同门，日夕移录者数年。由是于班马韩欧，叙事虚实，详略简括，微眇之旨，略得于心"②，他即是通过抄录、熟读、思索桐城诸名家的评点本，知晓了历史大事，明晰了作文之法。吴汝纶弟子常堉璋根据吴汝纶手定本编成《桐城吴氏古文读本》，此书亦是吴汝纶教授弟子的学

---

① （清）吴汝纶撰，施培毅、徐寿凯校点：《吴汝纶全集》第 1 册《策问二首》，黄山书社 2002 年版，第 90—91 页。

② 尚秉和：《周易尚氏学·附录三》，九州出版社 2005 年版，第 582 页。

习资料之一①，吴闿生根据吴汝纶手稿编成《群书点勘》，包括《周易点勘》《尚书点勘》《诗经点勘》《四子书点勘》《左传点勘》《穀梁传点勘》《三礼点勘》《国语点勘》《战国策点勘》，亦是吴汝纶的教学成果展示。吴汝纶对评点极为看重，"先生尝谓欲开示始学，莫有过于评点，此区区者，倘亦文字义法所系，而为简省学徒脑力之一端欤"②，他点勘《左传》，主要内容有三：一是圈点，正文中用"○○○○"和"●●●●"标注关键话语，每一卷卷末再列"诸家圈点"，主要是姚鼐的圈点；二是校勘，校勘不同版本、不同典籍相关记载的不同，能定是非者即标明正确者；三是眉评，主要言说结构划定，或言说文本讹误之处，如在《左传·隐公三年》"夏，君氏卒，声子也"上，吴氏置眉评曰："吾疑左氏凡空释经词无事实者，皆后之经师妄增之，如此经'君氏'，自是汉时传经之误文，岂左氏亲承肃王笔削时所有乎？"③

吴汝纶对《左传》的评点，源自桐城派以古文选本教学的传统，源自曾国藩对经史之文的重视，他对《左传》经世功能与文章价值予以强烈肯定④，亦源自他在新局势下的新思考。吴汝纶虽然是科举考试的受益者，但是他的教学并未以科举为主⑤，而是要为国家造就真正的可用之才，以经史之文浸润学生的心田，令其正道直行，运筹在胸，"中学之当废者，乃高头

---

① 《桐城吴氏古文读本》对此书予以介绍，称此书为"桐城先生评选，尝持以受及门诸子，诸子传习，互有异同。兹更取先生手定之本，编校而印行之"[(清)吴汝纶评选，常堉璋编校：《桐城吴氏古文读本》，上海文明书局光绪三十一年（1905）印本]。

② （清）胡景桂：《重印古文读本序》，载吴汝纶：《初学古文读本》，光绪二十九年（1903）印本。

③ （清）吴汝纶：《左传校勘》，都门印书局校印。

④ 吴汝纶之子吴闿生曾言："先君以为，自古求道者必有赖于文，而其效必有以利济乎当世，不知文事，不足以明前人之意旨而通变以为世用。"[吴闿生：《先府君事略》，载（清）吴汝纶撰，施培毅、徐寿凯校点：《吴汝纶全集》第4册，黄山书社2002年版，第1161页]

⑤ 王兰荫《河北省书院志初稿》言说直隶书院，"其流弊则教材教法，纯受科举制度之支配，以帖括为主，学多无用。惟深冀二州书院及保定之莲池，因桐城吴汝纶挚甫之提倡主持，独具特点"（赵所生、薛正兴主编：《中国历代书院志》第1册，江苏教育出版社1995年版，第154页）。

讲章、八股八韵等事，至如经史百家之业，仍是新学根本"①，后来他力倡废除科举，"当今为学之患，在好为高论而实行不敦。听其言皆程朱复生，措之事则毫无实用"②。他分析时弊，对桐城派前辈所强调的"义理"有意加以弱化、规避。

> 通白与执事皆讲宋儒之学，此吾县前辈家法，我岂敢不心折气夺，但必欲以义理之说施之文章，则其事至难，不善为之，但堕理障。程朱之文，尚不能尽餍众心，况余人乎！方侍郎学行程朱，文章韩欧，此两事也，欲并入文章之一途，志虽高而力不易赴，此不佞所亲闻之达人者。③

方苞、姚鼐等人推重程朱学说，认为程朱学说承续孔孟之道，至精至大，是为"天地之心"，神圣无比④，桐城派推崇义理之学，以义理而致文章，"气清体洁，海内所宗，独雄奇瑰玮之境尚少"⑤，吴汝纶作为桐城后学，自言不敢不遵循前辈家法，但是，他认为义理与文章本为两事，切不可将二者混为一谈，专以文章言说义理之道。若用说道说经的方式来写文章，很难成就佳作，反而会堕入理障之中，故而吴汝纶进一步提出：

> 说道说经，不易成佳文。道贵正，而文者必以奇胜。经则义疏之流畅，训诂之繁琐，考证之该博，皆于文体有妨。故善为文者，尤慎于此。退之自言执圣之权，其言道止《原性》、《原道》等一二篇而已。欧

---

① （清）吴汝纶撰，施培毅、徐寿凯校点：《吴汝纶全集》第3册《与张溯周》，黄山书社2002年版，第385页。

② （清）吴汝纶撰，施培毅、徐寿凯校点：《吴汝纶全集》第1册《对制科策》，黄山书社2002年版，第369页。

③ （清）吴汝纶撰，施培毅、徐寿凯校点：《吴汝纶全集》第3册《答姚叔节》，黄山书社2002年版，第138—139页。

④ 姚鼐尝言："程朱之所以可贵者，谓其言之精且大，而得圣人之意多也。"［（清）姚鼐：《惜抱轩全集·文集》卷六《复曹云路书》，世界书局1936年版，第67页］

⑤ （清）吴汝纶撰，施培毅、徐寿凯校点：《吴汝纶全集》第3册《与姚仲实》，黄山书社2002年版，第51页。

阳辨《易》论《诗》诸篇，不为绝盛之作，其他可知。至于常理凡语，涉笔即至者，用功深则不距自远，无足议也。①

在吴汝纶看来，文章需尚奇，"道"则必尚正，至若说经释经的评价标准——义疏流畅、训诂繁琐、考证该博，放到文章评价中，都是影响奇文写就的不利因素，即便是方苞尊奉的韩愈、欧阳修，说道说经之文亦不是其文章主流，也不能代表其最高成就。

吴汝纶在继承桐城派传统的同时，着力凸显"文章"的重要地位。在义理与文章的重要性上，吴汝纶认为二者最起码是并列的，甚至在某种程度上文章要比义理更重要，其原因主要在于"道因文存"。古人的智慧、教诲，能够流传下来，不单是"道"之精妙，很大程度上依赖于"文"之高妙，"古帝王之事与后世同，其所为传载万世、薄九阆、弥厚土不敝坏者，非独道胜，亦其文崇奥，有以久大之也"②，即便是"道"略逊色，若"文"足够好，亦能传之久远，但是，"文"若不佳，"道"亦无法传承下去，"凡吾圣贤之教，上者道胜而文至，其次道稍卑矣，而文犹足以久；独文之不足，斯其道不能以徒存"③。周孔之道作为儒家的核心学说，能传之久远，后世之人多得其裨益，即是因文而存，"仆尝以谓周礼之教，独以文胜；周孔去我远矣，吾能学其道，则固即其所留之文而得之"④。

道因文存，吴汝纶认为是中国文章的固有风格，因此，"中国之学，有益于世者绝少，就其精要者，仍以究心文词为最切"⑤，无论是求济世以通

① （清）吴汝纶撰，施培毅、徐寿凯校点：《吴汝纶全集》第 3 册《与姚仲实》，黄山书社 2002 年版，第 52 页。

② （清）吴汝纶撰，施培毅、徐寿凯校点：《吴汝纶全集》第 1 册《记写本尚书后》，黄山书社 2002 年版，第 51 页。

③ （清）吴汝纶撰，施培毅、徐寿凯校点：《吴汝纶全集》第 1 册《天演论序》，黄山书社 2002 年版，第 148 页。

④ （清）吴汝纶撰，施培毅、徐寿凯校点：《吴汝纶全集》第 3 册《复斋藤木》，黄山书社 2002 年版，第 416 页。

⑤ （清）吴汝纶撰，施培毅、徐寿凯校点：《吴汝纶全集》第 3 册《答阎鹤泉》，黄山书社 2002 年版，第 142 页。

变，还是翻译西学作品以开阔国人之心，皆需要遵循此道，探求文法①。但是，"古人文法微妙，不易测识，故必用功深者，乃望多有新得"②，作为莲池书院、桐城学堂、京师大学堂讲习的吴汝纶，本着教育学子、启迪后学的目的，一方面强调文辞的作用，"故其为教也，一主乎文，以为中国之文，非徒习其字形而已，缀字为文，而气行乎其间，寄声音神采于文外，虽古之圣贤豪杰去吾世邈远矣，一涉其书，而其人之精神意气，若俨立在吾目中"③；另一方面亦未忽视考据之学，"学问之道之益于世者，博矣，独沾沾为此，殆《尔雅》注虫鱼者比也。虽然，欲治文事者，倘亦有取于斯"④。他平生嗜学，手不释卷，厘定图书数万卷，诠释点勘，穷源竟委，"汝纶为学，由训诂以通文辞，无古今，无中外，唯是之求"⑤，从踏实的训诂出发，言说文章之妙⑥，以济时变，"其教，始学必本周秦古籍，由训故以求通其文词，而要以能知当时之变备缓急"⑦，这是他评点文章的最终旨归。

桐城派自方苞、刘大櫆、姚鼐至吴汝纶、吴闿生等人评点古文，对于

---

① 吴汝纶于《天演论序》言："今议者谓西人之学，多吾所未闻，欲瀹民智，莫善于译书。吾则以谓今西书之流入吾国，适当吾文学靡敝之时，士大夫相矜尚以为学者，时文耳，公牍耳，说部耳，舍此三者，几无所为书。而是三者，固不足与于文学之事。今西书虽多新学，顾吾之士以其时文、公牍、说部之词译而传之，有识者方鄙夷而不之顾，民智之瀹何由！此无他，文不足焉故也。"[（清）吴汝纶撰，施培毅、徐寿凯校点：《吴汝纶全集》第 1 册，黄山书社 2002 年版，第 148 页]

② （清）吴汝纶撰，施培毅、徐寿凯校点：《吴汝纶全集》第 3 册《答阎鹤泉》，黄山书社 2002 年版，第 142 页。

③ （清）李景濂：《吴挚甫先生传》，载（清）吴汝纶撰，施培毅、徐寿凯校点：《吴汝纶全集》第 4 册，黄山书社 2002 年版，第 1131 页。

④ （清）吴汝纶撰，施培毅、徐寿凯校点：《吴汝纶全集》第 1 册《记校勘古文辞类纂后》，黄山书社 2002 年版，第 174 页。

⑤ 赵尔巽等：《清史稿》卷四八六《文苑三·吴汝纶传》，中华书局 1977 年版，第 13444 页。

⑥ 吴汝纶对专于考据或者文章的做法不认同："窃谓古经简奥，一由故训难通，一由文章难解，马郑诸儒，通训诂不通文章，故往往迂僻可笑；若后之文士，不通训诂，则又望文生训，有似韩子所讥'郢书燕说'者，较是二者，其失维钧。"[（清）吴汝纶撰，施培毅、徐寿凯校点：《吴汝纶全集》第 3 册《与王晋卿》，黄山书社 2002 年版，第 615 页]

⑦ 马其昶：《吴先生墓志铭》，载（清）吴汝纶撰，施培毅、徐寿凯校点：《吴汝纶全集》第 4 册，黄山书社 2002 年版，第 1153 页。

古文、桐城文脉的传承起到了很大作用，吴闿生曾言："先大夫之教莲池也，畿辅风气为之豁开，才儁士争先出门下。其远所州县不尽来，则展转传绍，风教流衍，推而益广。"① 其后，得其真传的子孙、学生，亦编纂过选本、评点本，其子吴闿生有《左传微》《桐城吴氏文法教科书》《左传文法读本》《孟子文法读本》《古文范》等，其侄女吴芝瑛编有《俗语注解小学古文读本》；其学生李刚己有《古文辞约编》，"述录先师吴挚甫先生所论为文大指，旁逮旧闻，兼附己意，以缀辑成书"②，林纾有《左孟庄骚菁华录》《左传撷华》。他们通过具体文本的解读，遵循着吴汝纶的为文理念，传续着桐城文脉。

书院作为清代教育的一个重要场所，依据一些重要的评点类作品教学，同时也在课堂教学基础上产生了相应的《左传》评点作品，又将优秀的课艺作品予以圈点评说，很大程度上推动了《左传》评点的繁盛。书院山长（院长）的行动力、感召力、影响力，又促成了《左传》评点的再生产以及学派理念的再发展。

综上而言，一种文学批评样式的形成与发展，需要多方面的滋养，有内在理路，也有外部因素的影响。清代是《左传》评点史上的重要时期，它带着历史的基因、前人的尝试以及时代的需求而走上了历史舞台，在朝廷政策佑助、科举导向促发及书院讲学的交互作用下，缔造了历史上最为辉煌、最为独特的《左传》评点新时代。

---

① 吴闿生：《北江先生文集》卷五《盐山何君墓表》，文学社 1924 年精刻本，第 4 页。
② 李刚己：《古文辞约编·序》，武昌芝麻岭傅集文印书馆 1912 年版，第 1 页。

第二章　清代《左传》评点作者论

作为《左传》评点生成中的关键一环，清代《左传》评点者以群体之力，将《左传》与一己之思、时代需求达成视域融合，形成了独具特色的《左传》评点作品。一部部《左传》评点作品，凝聚着作者多年的覃思与寄托，他们对《左传》文章重新进行价值判断与汰选，或者按照现实政治中的身份要求而做出符合身份的评说，或者意图达成有益后学、扬名立世的目的。评点作品被阅读的那一刻，他们获得了一种超越身份的评点权力，获得了一种超越自身意图的评点效应。

第一节　帝王评点

如果要从作者层面来考察清代《左传》评点的独特性，那么，帝王评点绝对是绕不过去的一个方面。清代之前的《左传》评点多为文士之作，至清代则有了帝王的参与，他们在清初重建文化秩序的过程中，清醒地认识到了古文的长远功效，充分认识到了评点古籍的现实功效。

一、康熙与《古文渊鉴》

《古文渊鉴》作为康熙朝文化工程的一个代表，于康熙二十四年（1685）

编纂完成，有正集八十卷，别集二十六卷，外集八卷①，康熙四十四年（1705）颁赐廷臣、学官。康熙亲自撰写序文，言说编纂意图。他在篇首将文章定义为"载道之器"，弥纶宇宙，统括古今，化裁民物，为用甚大，因此，他选评古文，以期"质文互用而大化，以成圣贤之业，博约并施而性功以备"②，成就帝王之道。此书编纂的政治意图明显，目标指向性强，以"稽古右文"与"助成德化"为两翼，以国家的名义向全国文人、学子提供学文的范本，向全国百姓宣扬相关的行为规范与行文法则。③

在经世观念预设下，康熙选录自《左传》至宋代谢枋得的文章，共计1365篇古文佳作，汇成六十四卷的皇皇巨著，名之为《古文渊鉴》。"古文"二字言选文对象，"渊鉴"二字明编纂目的，"譬涵众川之广，若照庶品之形，悬日月以为昭，树津梁而永济，微言共揭，奥旨常新"④，裒辑前代名人佳作，以此为鉴，明治道，言文法。

《左传》是《古文渊鉴》选评的第一部古文典籍，共入选81篇文章，分四卷。《左传》的入选，一源自历史传统，二源自康熙对《左传》的看重。历史上第一部选评《左传》的评点本是南宋理学家真德秀的《文章正宗》，将《左传》置于篇首，共收录《左传》133篇，此后不断有古文选本、评点本收录《左传》。如明代唐顺之的《文编》、刘祐的《文章正论》、张鼎的《古文正宗》、署名钟惺的《周文归》等。真德秀《文章正宗》以"明义理，切世用"

---

① 见徐乾学进呈《御选古文渊鉴表》。《古文渊鉴》的编纂、修订、定稿，历经多年，目前所见版本均为六十四卷，此或为最后定本。

② （清）爱新觉罗·玄烨选，（清）徐乾学等编著：《御选古文渊鉴·序》，康熙四十九年（1710）武英殿刻五色套印本。

③ 康熙朝重要的文化工程，基本都是遵循此路径，《日讲四书解义序》言："命儒臣撰为讲义，务使阐发义理，裨益政治，同诸经史进讲，经历寒暑，罔敢间辍。兹已告竣，思与海内臣民共臻至治，特命校刊，用垂永久。爰制序言，弁之简首。每念厚风俗，必先正人心，正人心，必先明学术。诚因此编之大义，究先圣之微言，则以此为化民成俗之方，用期夫一道同风之治，庶几进于唐、虞三代文明之盛也夫！"（第一历史档案馆整理：《康熙起居注》，中华书局1984年版，第340页）

④ （清）徐乾学：《憺园文集》卷一二《御选古文渊鉴表》，《清代诗文集汇编》第124册，上海古籍出版社2010年版，第6页。

为选文标准，收录"其体本乎古，其指近乎经者"①，求理致用。唐顺之《文编》则强调宗经载道基础上的奇思，其文所选，皆"文之工匠，而法之至也"②，言说文法。无论是明义理一派，还是重文法一派，皆将《左传》视为古文之正宗，以此阐释个人为学理念、为文主张。康熙要想以文化心，尊重传统是因势利导的关键。作为君王，康熙读书、访书、编书、评书，不单是怡情养性，他更关注的是典籍的内容与功效，"朕每披览载籍，非徒寻章摘句，采取枝叶而已，以探索源流，考镜得失，期于措诸行事，有裨实用。其为治道之助，良非小补"③，《左传》入选《古文渊鉴》，其根本在于康熙能从《左传》中找到他需要的"营养"，找到确立至尊地位的依据。

（一）选文的"缺席"与"淡化"

《古文渊鉴》评说《左传》中的《仲尼论用田赋》时，以按语的形式，阐述了选录《左传》的相关事项，其言曰：

> 文武之教之入人甚深，自《诗》《书》所载而外，惟《左氏》为备。当是时，强陵众，暴天下，靡然骛于战争，然而列国诸侯朝会、聘问，则有玉帛以将之；好会宴饮，则有歌诗以侑之；强大之侵伐于小国，则称王制以折之；其不幸而至于两军相遇，则犹有辞命以先之，执楯承饮以劳之，使人至今得想见先王之遗风者，左氏之书也。至其亲受于夫子，释经之例尤详，杜预谓将令学者原始要终，寻其枝叶，究其所穷是矣。自汉以来学者，但知尊《公》《穀》两家，以空文说经，而《左氏》之学中晦，赖刘歆固请，得立学官，然其所记，间有浮夸好奇之病，如长狄荣如兄弟之类；或昧于大体，如周郑交质之类；或是非瞀乱，如晋侯使吕相绝秦之类，今皆不取，择其尤粹者为四卷，

---

① （宋）真德秀：《西山先生真文忠公文章正宗·纲目》，嘉靖四十年（1561）序刊本。

② （明）唐顺之著，马美信、黄毅点校：《唐顺之集》中册，浙江古籍出版社2014年版，第450页。

③ 第一历史档案馆整理：《康熙起居注》，中华书局1984年版，第1292页。

冠之于编首。①

《仲尼论用田赋》是《古文渊鉴》所选录的《左传》81篇文章的最后一篇，此条按语有总括上文之功用。《古文渊鉴》的选文为"辞义精纯，可以鼓吹六经者"②，而于六经之中，仅选录了《春秋》经的《左传》，概括而言，选录《左传》有三条原因：一为《左传》备载文武之教，二为《左传》可见先王遗风，三为左氏受孔子释《春秋》之例，以《左传》可穷究《春秋》大义。《左传》所载，皆军国大事，有先王之教，有圣人义例，对于急切寻求治政策略的康熙来说，是最佳的参考系之一。需要注意的是，康熙对《左传》之文，亦有所选择，有所摒弃。此段文字提到了三类没有选录的文章。

第一类为有浮夸好奇之病者。《左氏》浮夸，最早见于唐代韩愈的《进学解》。韩愈将之与"《春秋》谨严"并立而言③，历代的解释主要有"浮虚夸大"与"繁富华美"两种，或批评或赞赏，《古文渊鉴》此处所用"浮夸"当为批评之意，言其多用夸饰、虚构等手法，后来《古文观止》沿袭此说，言"《左传》释经，浮虚夸大"④。"好奇"，多指《左传》好写光怪陆离的梦境、鬼神、占卜等事，康熙时期的冯李骅、陆浩所著《左绣》即言"左氏好奇，每每描写鬼神、妖梦、怪异之事"⑤。《左传》中浮夸好奇的典型故事有很多，如晋侯梦大厉、梦兰而生、有神降于莘、内蛇外蛇斗于南门、灵柩有声如牛等，这些故事，《古文渊鉴》确实都没有选，唯有城濮之战晋文公梦楚子盬一事，梦境奇幻，实为展现城濮之战的完整环节，不能单独

---

① （清）爱新觉罗·玄烨选，（清）徐乾学等编著：《御选古文渊鉴》卷四《仲尼论用田赋》，康熙四十九年（1710）武英殿刻五色套印本。

② （清）爱新觉罗·玄烨选，（清）徐乾学等编著：《御选古文渊鉴·序》，康熙四十九年（1710）武英殿刻五色套印本。

③ （唐）韩愈著，屈守元、常思春主编：《韩愈全集校注·文·进学解》，四川大学出版社1996年版，第1910页。

④ （清）吴楚材、吴调侯选注，安平秋点校：《古文观止》卷八《进学解》，中华书局2020年版，第285页。

⑤ （清）冯李骅、陆浩：《春秋左绣·读左卮言》，光绪六年（1880）校镌本。

删去。不选浮夸好奇之文，这是康熙力倡"古雅"文风的结果。《古文渊鉴》选取的此类文章的代表是"长狄荣如兄弟"之事，此事见载于《左传·文公十一年》。

> 鄋瞒侵齐，遂伐我。公卜使叔孙得臣追之，吉。侯叔夏御庄叔，绵房甥为右，富父终甥驷乘。冬十月甲午，败狄于咸，获长狄侨如。富父终甥摏其喉以戈，杀之，埋其首于子驹之门。以命宣伯。
>
> 初，宋武公之世，鄋瞒伐宋。司徒皇父帅师御之。耏班御皇父充石，公子谷甥为右，司寇牛父驷乘，以败狄于长丘，获长狄缘斯。皇父之二子死焉，宋公于是以门赏耏班，使食其征，谓之耏门。
>
> 晋之灭潞也，获侨如之弟焚如。齐襄公之二年，鄋瞒伐齐。齐王子成父获其弟荣如。埋其首于周首之北门。卫人获其季弟简如。鄋瞒由是遂亡。①

此段记载，记载了狄国国君鄋瞒绝种灭亡的历程。文公十一年，鄋瞒侵齐伐鲁，其子长狄侨如被杀，尸体埋在鲁国的子驹门外。晋国灭赤狄潞氏之时，逮捕了侨如的弟弟焚如。齐襄公二年鄋瞒伐齐，焚如的弟弟荣如被擒，埋在了周首山东门。狄人退走之时，卫国人捉拿了焚如的小弟弟简如。鄋瞒因此而绝种灭亡了。《左传》据实记载，没有过多渲染，亦没有任何虚构，"浮夸好奇之病"一语，无有注脚。

既如此，《古文渊鉴》为何要独独拈出此事呢？其关键在长狄荣如兄弟的身份上。按照《左传》的记载，狄国"侵齐""伐我""伐宋""伐齐"，是以侵略者的形象亮相的，"由是遂亡"，颇有咎由自取的意味。此种身份与形象，与位于东北满洲地区的人入主中原极为类似，只是最后的结局不同，当然，康熙也不愿意让"由是遂亡"的戏份再次上演。

中国早期经典强调"华夷之辨"，孔子那句著名的"夷狄之有君，不如

---

① 杨伯峻：《春秋左传注》，中华书局 2009 年版，第 581—584 页。

诸夏之亡也"①，影响深远。而清政权恰恰是"夷狄"所建立，面对经典中汹涌而至的"攘夷"字眼，清初帝王无法置之不理，视而不见，这关系到王朝建立的合法性问题。自古以来，对此句的解读，有两种截然不同的态度，一种严明华夷之辨，诸夏礼义盛，而夷狄无礼义，夷狄虽有君，不如诸夏之无君，"此章言中国礼义之盛而夷狄无也，举夷狄则戎蛮可知。诸夏，中国也。亡，无也。言夷狄虽有君长而无礼义。中国虽偶无君，若周召共和之年而礼义不废，故曰夷狄之有君不如诸夏之亡也"②。另外一种解释则言，夷狄亦有君，不像诸夏僭越弑杀君主。清朝统治者继承的即是第二种解读，康熙在《日讲〈四书〉解义》中对"夷狄之有君，不如诸夏之亡也"一句做了符合其需求的解释。

> 此一章书，是孔子伤春秋之世臣下僭乱，而重叹之也。孔子曰："分莫严于君臣，有君则礼乐以定，征伐以一，尊卑上下以辨。自周室衰微，王纲不振，或以诸侯而凌天子，或以大夫而分公室，或以陪臣而执国命，君臣定分荡然无存矣。彼外国犹且上统其下，下奉其上，俱知有君长，反不似诸夏之君弱臣强，绝无上下之分也。"此孔子甚言之，以见体统不可一日不正，名分不可一日不严。君臣上下各安其位，自然四海永清，万方效顺，中外禔福，君道不万世永存哉？③

康熙将孔子之意，归结为明君臣上下之名分、体统，君道明则礼义定，礼义定则四海升平，绝口不提夷狄之侵扰。此种观念在康熙时代即成为清代的官方解读，《御纂朱子全书》中便抹去了对立的另外一种解读，只留存下有利于统治的解读，"只是一意，皆是说上下僭乱，不能尽君臣之道，如无君

---

① 程树德：《论语集释》卷五《八佾上》，中华书局 1990 年版，第 147 页。

② （魏）何晏集解，（宋）邢昺疏：《论语注疏》，（清）阮元校刻：《十三经注疏》第 5 册，中华书局 2009 年版，第 5356 页。

③ （清）爱新觉罗·玄烨钦定，（清）陈廷敬等编撰：《日讲〈四书〉解义》卷四《论语·上之一》，中国书店 2016 年版，第 117 页。

也"①。自此以后，清代帝王、皇族及诸多文人的著述，都是此种基调，正面回应统治是否合法、合理的质疑，坚定地捍卫清政权的正当性。《古文渊鉴》中对"夷狄"等字眼以及相关事迹的摒弃，则是另外一种处理方式，这与清朝廷的禁书、文字狱理念一致。

第二类为昧于大体者。所谓大体，专指君臣大体，代表为"周郑交质"。"周郑交质"是春秋时期的一件大事，周平王与郑庄公相互交换人质，这是周王室开始衰落的标志性事件。周天子为君，郑庄公为天子之臣，君本为尊，臣本为卑，本无交换人质的可能，但是，在君臣大体被破坏之后，一切不可能都可以成为可能，君与臣交质，君降臣升，上下失序，违背礼制。周郑交质一事，《春秋》未记，当是出于"为尊者讳"的目的，《左传》不仅记载了事情的前因后果，而且还以"君子曰"的口吻发表了一大段评论，对此，南宋吕祖谦极不认同，他在不同地方写道：

> 其后序周、郑交质一事，则全不能分别君臣之大义。如云"周、郑交质，与结二国之信"，此等言语似敌国一般。盖周之衰，习俗见得如此。《左氏》虽才高识远，然不曾明理，溺于习俗之中，而不能于习俗之外别着一只眼看，此《左氏》纪述之失也。②

> 左氏只有三般病，除却此三病，便十分好。所谓三病者：左氏生于春秋时，为习俗所移，不明君臣大义，视周室如列国，如记周、郑交质。此一病也。③

> 周，天子也；郑，诸侯也。《左氏》叙平王、庄公之事，始以为周、郑交质，终以为周、郑交恶，并称周、郑，无尊卑之辨；不责郑之叛

---

① （清）李光地、熊赐履等纂辑：《御纂朱子全书》卷一二《论语三·八佾第三·夷狄之有君章》，《景印文渊阁四库全书》第 720 册，台湾商务印书馆 1986 年版，第 276 页。

② （宋）吕祖谦著，黄灵庚、吴战垒主编：《吕祖谦全集》第 7 册《左氏传说·看左氏规模》，浙江古籍出版社 2018 年版，第 3 页。

③ （宋）吕祖谦著，黄灵庚、吴战垒主编：《吕祖谦全集》第 7 册《左氏传续说·纲领》，浙江古籍出版社 2018 年版，第 6 页。

周，而责周之欺郑。《左氏》之罪亦大矣。①

吕祖谦批评《左传》将周郑并列，实如两国，不分尊卑，不明君臣大义，此为其叙事之大罪过。

与吕祖谦关系甚密的朱熹，在此问题上，亦有同样的论说，康熙信奉朱子之说，因此《日讲春秋解义》的《总说》以及《春秋传说汇纂》卷首部分均援引朱子之说，大加贬斥《左传》之言。《春秋传说汇纂》言曰：

> 《左传》"君子曰"最无意思，因举"艾夷蕴崇"之一段，是关上文甚事？《左传》是一个审利害之几善避就底人，所以其书有贬死节等事，其间议论有极不是处，如周郑交质之类，是何议论？其曰"宋宣公可谓知人矣，立穆公，其子飨之，命以义夫"，只知有利害，不知有义理，此段不如《公羊》说君子大居正，却是儒者议论。②

康熙遵循朱子之说，认定《左传》"不知大义，专去小处理会"③，只知利害，不知义理，如此大逆不道之事，不责备郑国无礼，反而以"信不由中，质无益也"④责怪周天子欺骗郑国，此等议论，极为不妥，甚为不是。故而，《日讲春秋解义》《春秋传说汇纂》仅是附录《左传》所记"周郑交质"的原文，略作注释，没有详细讲说。

第三类为是非瞀乱者，代表为晋侯使吕相绝秦。《吕相绝秦》在很多选本中都是作为春秋辞令的代表出现，真德秀《文章正宗》即选其入"辞命"类。吕相的辞令大体有三个层次：一称己之功，没人之善；二言人之过，文己

---

① （宋）吕祖谦著，黄灵庚、吴战垒主编：《吕祖谦全集》第 6 册《左氏博义》卷一《周郑交恶》，浙江古籍出版社 2018 年版，第 7—8 页。

② （清）王掞纂辑：《钦定春秋传说汇纂·卷首上》，《景印文渊阁四库全书》第 173 册，台湾商务印书馆 1986 年版，第 33 页。

③ （清）王掞纂辑：《钦定春秋传说汇纂·卷首上》，《景印文渊阁四库全书》第 173 册，台湾商务印书馆 1986 年版，第 32 页。

④ 杨伯峻：《春秋左传注》，中华书局 2009 年版，第 27 页。

之非；三责人深重，以绝秦盟，文字斐然，矫诬夸饰，波澜腾踔，气势逼人，被称为"千古檄文之祖"①。但是，自其进入选本即被打上了"诬辞"的标签，《文章正宗》一句"晋辞多诬秦"②为其定性。魏禧承袭此说，称"此辞令之最不善者，后人但知赏其文章，而不知其误国事之大也"③，至若其原因，即为"是非瞀乱"，秦晋各有过错，吕相论说却只说秦罪，不言己过，事事己是，事事人非，牵强附会，背理饰词，即便能从气势上服人，却不能让人心服。

康熙作为清朝的最高执政者，最为关注的是国事，是非正则事顺遂，若朝廷百官、民间百姓皆如吕相般不顾是非，一味以奸诈、曲饰待人，势必会民风乱，朝政颓，危害甚大。因此，他拒绝此类文章进入对百姓有垂范意义的《古文渊鉴》中，隔绝淆乱邪曲之风。

（二）选文的"在场"与"凸显"

如果说某些文章的"缺席"与"淡化"，是对反面现象的无奈隔离，那么，一些文章的"在场"与"凸显"，就是正面理念的主动输入。《古文渊鉴》中康熙的评论以"宗经"为导向，凸显了政治治理中的关键话题，从国君、大臣、百姓三个层面，提出了正面的行为规范与道德要求。

国君为一国之首脑，一言一行，关系重大，"国之强弱，视其君之志气，志气振举则国势日强，志气颓靡则国势日削"④，国君需要有大志气，乘风破浪，排除万难，走向强大。康熙评论国君的职责时，强调了一个"德"字，要以道德力量充盈己身，感化臣民，此即"为政以德"之要义。

《左传·文公七年》记载，宋昭公欲去群公子，乐豫以"亲之以德，皆股肱也，谁敢携贰"⑤劝说，怎奈宋昭公一意孤行，令群公子不安，终起内

---

① 李卫军：《左传集评》，北京大学出版社 2016 年版，第 1000 页。

② （宋）真德秀：《西山先生真文忠公文章正宗》卷一《辞命一·晋侯使吕相绝秦》，嘉靖四十三年（1564）刊本。

③ （清）魏禧：《左传经世钞》卷九《吕相绝秦》，乾隆十三年（1748）彭家屏刻本。

④ （清）爱新觉罗·玄烨选，（清）徐乾学等编著：《御选古文渊鉴》卷四《楚子西论夫差将败哀》，康熙四十九年（1710）武英殿刻五色套印本。

⑤ 杨伯峻：《春秋左传注》，中华书局 2009 年版，第 558 页。

乱。康熙对此评价道"'亲之以德'一语，自是本原之论，不专为宋公道"①，乐豫此语本为劝说宋昭公，康熙却认为此为天下之通道，为政之本源。隐公元年郑庄公与其弟共叔段之间的一段公案，让后世多少人唏嘘慨叹，康熙评价此事时，着眼点即放在了"德"字上，"庄公初无孝友之诚心，遂不明于予夺之大义，养成弟恶，而后以兵取之，其失德多矣"②，郑庄公对母不孝，对弟不友，人伦之道为治国之根基，孝友皆无者，何谈为政以德？可见，在康熙心目中，"为政以德"是作为君主必备的素质，也是君主治国理政最根本的支撑。

唯其有德，方能以仁爱之心，对待天下百姓，"致治之本在宽仁"③，为君者需关爱百姓④，与民休息。康熙早上至乾清门听部院各衙门官员面奏政事之后，多次召经筵日讲官、起居注官，询问百姓疾苦，以康熙十一年（1672）四月为例：初一日讲筵日，讲官熊赐履省亲回京，康熙在熊赐履退班后复召至御前，询问湖广百姓情况，熊赐履以"臣乡自西山用兵之后，继以水旱频仍，昨年旱荒更甚，颗粒无收，道殣相望"回禀，康熙听后"为之恻然"。既而，康熙又向熊赐履询问"别处年岁何如"，⑤ 希望能了解更多的民情。初九日，康熙再次召见熊赐履，详细询问湖广百姓疾苦，详细询问熊赐履一路所经之地的年岁，既而又询问湖广是否有作乱之人，毕竟岁荒人穷，容易滋生事端。二十二日，康熙询问熊赐履等人"湖广、浙江今年麦田成熟否"⑥，熊赐履是康熙信任的老师，又一路行至湖广，途中所见，是了解

---

① （清）爱新觉罗·玄烨选，（清）徐乾学等编著：《御选古文渊鉴》卷二《宋乐豫谏昭公》，康熙四十九年（1710）武英殿刻五色套印本。

② （清）爱新觉罗·玄烨选，（清）徐乾学等编著：《御选古文渊鉴》卷一《郑庄公叔段本末》，康熙四十九年（1710）武英殿刻五色套印本。

③ （清）章浸纂，褚家伟等校注：《康熙政要》卷二《论政体二》，中共中央党校出版社1994年版，第34页。

④ 康熙十四年（1675）八月初二，康熙听政完毕，专门召见统兵镇守山东副都统额黑纳，其言曰："今当收获未完之时，尔等宜严禁官兵，勿令践踏田禾，骚扰百姓。"（第一历史档案馆整理：《康熙起居注》，中华书局1984年版，第219页）

⑤ 第一历史档案馆整理：《康熙起居注》，中华书局1984年版，第28—29页。

⑥ 第一历史档案馆整理：《康熙起居注》，中华书局1984年版，第32页。

民情的第一手资料，故而康熙多次询问，以求制定相应的抚民措施。七月十四日，康熙再次召见熊赐履，询问田禾收成，熊赐履回禀道，很多地方遭受旱情、蝗灾危害，民不聊生，康熙深以为忧，言曰"天灾流行，何代无之，唯在修人事以格天心耳"①，努力安抚百姓，度过灾年。十月十六日，询问熊赐履等日讲官近来朝政，康熙提到"从来治国在安民"，此为康熙一直以来践行的理念，熊赐履等人将此论断称之为"天下生灵之福"，②此非溢美之词，实为千古治国良策。康熙正是如此治国安民，他才会不断地询问百姓之苦，才会忧心忡忡，感同身受。正因为如此，他才轻徭薄赋，减轻百姓负担，"蠲赋为爱民要务，征取钱粮，原为国用不足，国用若足，多取奚为"③，一旦国运转好，他就会宽免赋税④。为了不扰民，即便是御驾巡游，也要求秋毫不取于百姓，一切皆由内府储备⑤。

康熙理政，面对的棘手问题很多，除鳌拜、平三藩、平定噶尔丹、力败沙俄、新吏治、促民生，单纯靠仁爱是无法解决的，必须辅之以刑罚。一国之治，不可不有刑罚，然而历史的诸多事例验证了一个道理：苛政则国危，

---

① 第一历史档案馆整理：《康熙起居注》，中华书局 1984 年版，第 42 页。

② 第一历史档案馆整理：《康熙起居注》，中华书局 1984 年版，第 60 页。

③ 《清圣祖实录》卷二一〇，康熙四十一年十一月乙卯条，中华书局 1985 年版，第 132 页。

④ 康熙二十一年（1682）九月十八日，康熙谕大学士等曰："自用兵以来，百姓供应烦苦。朕前屡言，俟天下荡平，将钱粮宽免。今岁各处所报灾伤甚少，尔等可同户部先将天下钱粮出纳之数通算来看。至陕西一省，供应较他省苦累加倍，钱粮尤应宽免。"（第一历史档案馆整理：《康熙起居注》，中华书局 1984 年版，第 897 页）

⑤ 御驾外出本不烦扰百姓，然总有官员不遵行规定，向百姓索取物品。一次，康熙外出，发现官员摊派，增加百姓负担，当即下令严查，官员给出了给价于百姓的说法。康熙心细如发，怎能不明白此等妄言？为切实减轻百姓负担，康熙再次传谕官员、百姓，御驾外出无须百姓赍送物品。康熙二十二年（1683）九月二十日，"驾出菩萨顶，途遇村民负米豆等物，询之，云备临幸之用。随传谕内阁学士管兵部事阿兰泰曰：'太皇太后驾临五台，一切应用之物皆出内帑预备，原无丝毫取给于小民。这所备米豆等物何处应用，可察明具奏。'阿兰泰察明回旨言：'询问知县赵继晋及村民等，皆云五台地方偏僻，恐太皇太后驾到，物用不敷，故给价小民，令预备以待用，原非出于科派。'上曰：'因公事预备可免究处，但云知县曾经给价，未可深信。今一切用物内庭既备，此后太皇太后驾到，俱不必再行赍送。可传谕直隶、山西沿途官民知之。'"（第一历史档案馆整理：《康熙起居注》，中华书局 1984 年版，第 1071 页）

法峻则民乱。康熙熟读史书，对此亦有借鉴，春秋时期，子产铸刑书，此为"用重典以救弊"，康熙称其为"权时之宜"①，叔向言"修礼以胜刑"，则"为经久之道也"②。此种认识，反映在现实理政中，就是康熙主张宽缓行刑。康熙十九年（1680）十月二十一日，叶方霭上奏曰："皇上如天好生，每于谳狱倍加钦恤，凡属可矜可疑之人，无不仰露浩荡之泽矣。"③叶方霭之语，并非虚言，康熙在刑罚一事上非常慎重，"人命所关最为重大，或应立决，或应监候，尔等须各以所见，明白具陈"④，"此案并无失主。人命关系重大，着再议具奏"⑤，唯恐"必死之中尚有可生者"⑥，多次申饬刑部，要求一切皆需详查明白，切不可恣意施行酷刑⑦，切不可草草了结犯人生命。康熙十九年（1680）十二月初六，原任总兵官的姚珩因侵蚀钱粮而当被处以斩首之刑，康熙听闻姚珩为人勇健，遂免除姚珩死罪，令其军中效力。同月十九日，守备王有官等十三人因以老弱充数、虚名浮冒等事，理应被革职，康熙决定饶恕此十三人，给他们改过自新的机会。⑧即便是叛逆之人，康熙也并非一竿子打死，处以极刑，康熙二十一年（1682）正月逆贼耿精忠等十人，按律当凌迟处死，其逆党黄国瑞等十九人，按律当斩立决。康熙提出两则意见：耿

---

① （清）爱新觉罗·玄烨选，（清）徐乾学等编著：《御选古文渊鉴》卷四《郑人铸刑书》，康熙四十九年（1710）武英殿刻五色套印本。

② （清）爱新觉罗·玄烨选，（清）徐乾学等编著：《御选古文渊鉴》卷四《郑人铸刑书》，康熙四十九年（1710）武英殿刻五色套印本。

③ 第一历史档案馆整理：《康熙起居注》，中华书局1984年版，第628页。

④ 第一历史档案馆整理：《康熙起居注》，中华书局1984年版，第630页。

⑤ 第一历史档案馆整理：《康熙起居注》，中华书局1984年版，第896页。

⑥ 第一历史档案馆整理：《康熙起居注》，中华书局1984年版，第897页。

⑦ 康熙二十三年（1684）正月二十，康熙回应刑部条奏言："刑罚关系人命，凡谳狱用刑理应恪遵定制，精详慎重，不得恣行酷虐，致滋冤滥。"（第一历史档案馆整理：《康熙起居注》，中华书局1984年版，第1127页）

⑧ "又兵部以巡捕三营兵老弱充数及虚名浮冒，议守备王有官等十三员俱应革职，交刑部议处；督捕衙门官有专管之责，不行严察，亦拟交吏部议处事。上曰：'伊等理宜重处，姑饶这一次。嗣后若有此等苟且充数及诈冒等弊，定加等治罪。又督捕衙门系专管之官，伊等不便宽免，着依议交与该部。'"（第一历史档案馆整理：《康熙起居注》，中华书局1984年版，第646页）

精忠罪孽深重，处以极刑不冤，但是其子辈俱行凌迟之刑，甚为可悯；贼党官员中，有可矜者或可稍为宽宥。此等事例很多，共同诠释的是康熙的态度，"君子明慎用刑"①，刑罚亦需要有道德关怀，"尚德缓刑，为治之要"②是他一贯秉承的原则③。

唯其有德，方能以宽厚之心，真心重贤用贤。清人入关，接手一个庞大的摊子，最紧缺的便是人才。国家机器的正常运转、王朝的维稳前进，都离不开人才，康熙对此极为清醒，"致治之道，首重人才"④，人才在，国势强；人才无，国运亡。《左传》记载的诸多事例，无一不在展现贤人对国家的作用：臧僖伯谏观鱼"辞义坚正，有典有则"⑤，石碏谏宠州吁"卓然千古正论，有国有家者不可不三复斯言"⑥，季梁在而楚人不敢伐随，宫之奇离开而虞国灭亡，晋国有韩起、叔向等人，"是时晋国人材方盛，故楚畏之而不敢辱"⑦，因此，康熙将人才视为国之宝，"古帝王捐金抵璧，不贵异物，惟贤材是重，稼穑是务，知国家之所宝在此，不在彼也"⑧。听从贤人之言，则国运昌盛，不听从贤人之言，则国运衰败，"违弃老成之言，

---

① 第一历史档案馆整理：《康熙起居注》，中华书局 1984 年版，第 1061 页。

② （清）爱新觉罗·玄烨选，（清）徐乾学等编著：《御选古文渊鉴》卷四《仲尼论晋铸刑鼎》，康熙四十九年（1710）武英殿刻五色套印本。

③ 尚德缓刑是康熙行政的整体原则，但在某些极为可恶的事情上，康熙则要求从严处理。康熙二十一年（1682）八月初一日，康熙处理处罚李棠一事。李棠为御史时自负气节，不可触犯，好生事，不肯安静，后调任高州府知府，不能守节，投降贼人，既不能自我约束，又不能胜任其职，对于此等人，康熙绝不手软，要求"严行议处，以警反侧"（第一历史档案馆整理：《康熙起居注》，中华书局 1984 年版，第 875 页）。

④ 《清圣祖实录》卷四四，康熙十二年十二月癸丑条，中华书局 1985 年版，第 584 页。

⑤ （清）爱新觉罗·玄烨选，（清）徐乾学等编著：《御选古文渊鉴》卷一《臧僖伯谏观鱼》，康熙四十九年（1710）武英殿刻五色套印本。

⑥ （清）爱新觉罗·玄烨选，（清）徐乾学等编著：《御选古文渊鉴》卷一《石碏谏宠州吁》，康熙四十九年（1710）武英殿刻五色套印本。

⑦ （清）爱新觉罗·玄烨选，（清）徐乾学等编著：《御选古文渊鉴》卷四《楚蓫启疆论辱晋》，康熙四十九年（1710）武英殿刻五色套印本。

⑧ （清）爱新觉罗·玄烨选，（清）徐乾学等编著：《御选古文渊鉴》卷三《宋子罕辞玉》，康熙四十九年（1710）武英殿刻五色套印本。

自古鲜有不败者"①。

康熙多方征求，重用硕彦奇才、博学贤能之士，为我所用，更为重要的是，他还从胸怀气度方面对国君提出要求：国君要有大气度，用人不疑。国君若心胸狭隘，则不能容人，不能容人，便不能成就大业。《左传·文公三年》言秦穆公"遂霸西戎，用孟明也"②，此孟明为百里奚之子，一心为秦穆公的势力扩张冲锋陷阵，但却屡屡受挫，两次战败，一次被俘。然而，秦穆公不但没有责罚孟明，还一如既往地重用孟明，最终孟明不负所望，助秦穆公威震四方，称霸西戎。孟明一事，是秦穆公用人的写照，他对孟明如此，对其他大臣亦是如此，他的气度成就了孟明，更成就了自己，对此，康熙深以为然，"秦伯终任孟明，以成王官之捷，可为千古用人之法"③，以之为标的，以大气度用人。

当然，秦穆公对孟明的气度，源自秦穆公对孟明人品、才能考察之后的信任，此即为康熙所言"用人之道，诚不可不慎之于始也"④。一旦考察清晰，便要给予贤人足够的信任，康熙重用施琅攻台，即是其用人气度之体现。施琅本是明末郑芝龙的部将，于顺治三年（1646）降清，后又投奔到郑成功的反清队伍中，颇得郑成功重用。顺治九年（1652），施琅与郑成功反目成仇，决意降清。康熙平定完三藩之乱后，确定了收复台湾的计划，任命施琅为福建水师提督，全权负责此事。鉴于施琅的多次反复，朝中大臣大都反对此项任命，认为施琅一去，必定造反。但是，康熙力排众议，用人不疑，最终成功收复台湾。

康熙对君主"为政以德"的言说与规设，是对自己及后代帝王的提醒与引导，作为人君，必须正人先正己，方能达成垂范世人的目的。事实证明，

---

① （清）爱新觉罗·玄烨选，（清）徐乾学等编著：《御选古文渊鉴》卷二《秦蹇叔谏穆公袭郑》，康熙四十九年（1710）武英殿刻五色套印本。

② 杨伯峻：《春秋左传注》，中华书局 2009 年版，第 530 页。

③ （清）爱新觉罗·玄烨选，（清）徐乾学等编著：《御选古文渊鉴》卷二《秦穆公济河焚舟》，康熙四十九年（1710）武英殿刻五色套印本。

④ （清）爱新觉罗·玄烨：《圣祖仁皇帝御制文集》第二集卷三九《宋徽宗时勒蔡京致仕》，《景印文渊阁四库全书》第 1298 册，台湾商务印书馆 1986 年版，第 700 页。

康熙的自我约束自我规范，效果极为明显，"伏见我皇上盛德渊纯，躬先节俭，御服无奇丽之观，尚膳鲜兼珍之味。蚤朝晏罢，谨小慎微，与中外臣民，共登淳古之风，一时公卿大夫，是则是效，宜蒸蒸有丕变之机矣"①，官员风气为之一变。进一步探究，康熙的"为政以德"有更为隐蔽而深刻的目的，他要通过诸多阐释，把自己塑造成有德圣君的形象，为政有古代圣贤的基因。他用一"德"字，成功实现了身份转型，他不是异族，而是传统的承续者，他不是"他者"，而是有德有礼的"我者"。此番身份转型，是康熙凝聚人心的重要途径，目的在取消百姓的抵制心理，自愿向其靠拢。

大臣的行为规范，康熙强调的是"忠"与"德"字。"忠"首先体现在"本分"二字上。"君君，臣臣，父父，子子"②，自古为治国之大道，君臣父子各安其位，各尽其责，此为维系社会稳定的法宝。康熙评论《左传》文章时，多次提到君臣之义，"于召陵见君臣之义明焉，于宁母见父子之伦正焉"③，"古人不纳叛臣，盖所以昭君臣之大义，明古今之大防"④。《左传·僖公二十四年》郑国讨伐滑国，周襄王派使者为滑国说情，结果郑国不但不听，反而扣留了使者。周襄王大怒，决定利用狄人讨伐郑国。在此情况下，富辰以周、郑有"兄弟之亲"予以劝说，对此，康熙评曰"不能申明君臣之大义，而但以亲亲为言，岂正论乎"⑤，郑人逆王命，执王使，逾越了臣子本分，富辰却不言君臣之分，着实不妥。君臣之分不可僭越，此为人臣之根本。

除了日常行为规范之外，康熙还特意提到了危急状态下对臣子的要求，

---

① （清）章浸纂，褚家伟等校注：《康熙政要》卷一三《论尚廉第二十一》，中共中央党校出版社 1994 年版，第 250 页。

② 程树德：《论语集释·颜渊下》，中华书局 1990 年版，第 85 页。

③ （清）爱新觉罗·玄烨选，（清）徐乾学等编著：《御选古文渊鉴》卷一《齐管仲论受郑子华》，康熙四十九年（1710）武英殿刻五色套印本。

④ （清）爱新觉罗·玄烨选，（清）徐乾学等编著：《御选古文渊鉴》卷三《鲁臧孙论诘盗》，康熙四十九年（1710）武英殿刻五色套印本。

⑤ （清）爱新觉罗·玄烨选，（清）徐乾学等编著：《御选古文渊鉴》卷一《富辰谏襄王》，康熙四十九年（1710）武英殿刻五色套印本。

需一如既往地为国尽忠。鲁僖公十五年，晋国的阴饴甥在晋国丧师、辱国、国君被俘后，前往秦国，劝说秦穆公，用"不和"二字，将国人分成"小人""君子"二类，小人之言以惧人，君子之言以喜人，软硬兼施，最终打动秦穆公，救得了晋惠公。康熙对阴饴甥的一番陈词极为满意，称其为"千古第一词令也"①。鲁昭公三年，齐国晏婴与晋国叔向相见，言说两国公室颓势，一般评点多集中在二人之"智"上，康熙却于其中看到了"忠"的缺失，"晏婴、叔向论齐、晋之失，切中情事，可谓智矣。但二子皆国之大臣，明知其失而不能救，体国之忠之谓何"②，智慧如晏婴、叔向，摸到了国家之弊，却不愿找到良药，对症下药，救国于既颓之势，只是一味哀叹，于国无益，于君不忠，于民无心。

大臣在整个国家体系中比较特殊，于君上为臣，于百姓则为官，为臣要忠其位尽其责，为官要躬自修德，垂范百姓。为官者事关百姓安乐与否，"民生不遂，由于吏治不清。长吏贤，则百姓自安"③，"知县系亲民之官，与一县民生休戚相关"④，因此康熙选官特别慎重，选官原则为才德兼备，以德为主⑤，德行不够，纵有才学又有何用？甚或危害更大。唯其修德养性，方能抵御诱惑，一心为公。对于一心为公、德行深厚者，康熙不遗余力大加褒奖，廉官于成龙就是一个典型代表。于成龙廉洁爱民，政绩突出，被康熙

---

① （清）爱新觉罗·玄烨选，（清）徐乾学等编著：《御选古文渊鉴》卷一《晋阴饴甥对秦伯》，康熙四十九年（1710）武英殿刻五色套印本。

② （清）爱新觉罗·玄烨选，徐乾学等编著：《御选古文渊鉴》卷三《晏婴叔向论齐晋》，康熙四十九年（1710）武英殿刻五色套印本。

③ 第一历史档案馆整理：《康熙起居注》，中华书局1984年版，第84—85页。

④ 第一历史档案馆整理：《康熙起居注》，中华书局1984年版，第1246页。

⑤ 康熙二十一年（1682）六月二十一日，康熙言："凡总督、巡抚系地方大吏，必以清廉为本。"（第一历史档案馆整理：《康熙起居注》，中华书局1984年版，第860页）康熙二十一年（1682）二月十四日，康熙否决原任祭酒冯源济捐纳所降职衔事，理由为"此人品行殊为不端，不必准其捐纳"（第一历史档案馆整理：《康熙起居注》，中华书局1984年版，第830页）。康熙二十一年（1682）七月初五，吏部题补工部郎中员缺，以员外郎托津拟正，马齐拟陪，康熙询问二人情况，知"托津为人庸劣，马齐办事虽不甚佳，品行颇优"，最终选择了马齐，"马齐品行既优，着补郎中"。（第一历史档案馆整理：《康熙起居注》，中华书局1984年版，第864页）

誉为"闽省廉能第一""当今清官第一",① 康熙在其死后为其亲自撰写碑文,作为廉洁典型在全国范围内推广学习,"今观各官,虽有品行清洁者,但畏国法而然,如直隶巡抚于成龙之真实清廉者甚少。观其为人,天性忠直,并无交游,惟知爱民,即伊本旗王等门上亦不行走。今人不往来大臣之家,则恐其意有不悦。如于成龙介然自守,无所交游,为大臣者其奈于成龙何! 直隶地方百姓旗人无不感戴称颂。如此好官,若不从优褒奖,何以劝众"②。康熙称许于成龙,不但在于其廉洁爱民,还在于其能修德自律,始终如一。世上之人,为官之前往往修身养性,以求荐举,一旦愿望达成,很多人便一改初衷,走入歧途③,康熙特意提到"但观凡人靡不有初,鲜克有终。尔必自始至终,毋有改操,务效前总督于成龙正直洁清,乃无负朕优眷之意"④,希望廉善者益加劝勉,而贪劣者能知羞愧。当代榜样立起来,康熙仍然不忘劝诫,他还从古人那里寻求立论依据。《左传·襄公二十四年》记载,晋国范宣子向诸侯征收重币,郑国不堪其扰,郑子产修书劝说,其中有"象有齿以焚其身,贿也"⑤之语,意在说明不修德而一味贪财,实为大祸端。康熙对此深以为然,并进一步阐释,"洁己澡躬,臣子之义,悖入悖出,古训所戒,子产象齿焚身之论,最为深切著明,当官者宜铭诸座右"⑥,要求为官者铭记"象齿焚身"之戒,洁身自好。康熙二十三年(1684)三月二十日,康熙召见浙江巡抚赵士麟、安徽巡抚薛柱斗,垂训二人曰:"尔等至地方,务期实

---

① 康熙二十三年(1684)十一月三十日,康熙召满汉大学士、九卿等至前,谕曰:"朕亲历江南采访,已故督臣于成龙居官廉介,洁己奉公,自闾巷细民及各省之人,无不望风推服。此等清操,从古以来实罕其比,当为廉官第一。"(第一历史档案馆整理:《康熙起居注》,中华书局 1984 年版,第 1257 页)

② 印鸾章编著:《清鉴纲目》,岳麓书社 1987 年版,第 210 页。

③ 康熙二十三年(1684)二月十二日,康熙言:"朕观凡为下吏者往往勉自刻励,博取廉名,以图上进,及为大吏,便改素节。"(第一历史档案馆整理:《康熙起居注》,中华书局 1984 年版,第 1139 页)

④ 第一历史档案馆整理:《康熙起居注》,中华书局 1984 年版,第 1248 页。

⑤ 杨伯峻:《春秋左传注》,中华书局 2009 年版,第 1090 页。

⑥ (清)爱新觉罗·玄烨选,(清)徐乾学等编著:《御选古文渊鉴》卷三《郑子产论重币》,康熙四十九年(1710)武英殿刻五色套印本。

心任事，洁己爱民，奉公守法，方为尽职。"①此语简洁，却浓缩了康熙对大臣的规范，可与《古文渊鉴》互文见义。

　　康熙对于官员官德多次劝诫，然而总有一些人德行不够，恣意妄为②。康熙十二年（1673）十二月初六，康熙召见八旗满洲、蒙古、汉军都统、副都统及六都尚书，痛斥满洲贫苦负债者多、赌博虽禁不息之事，他将责任归之于各都统、副都统、佐领不能勤加教育、感化百姓，而一味追逐名利，"争讼者甚多，但知荣贵，而爱养所属之道，全然不知"③。官员的关注点集中在名利上，不但会疏于百姓治理，而且还会让整个官场恶风渐长，进而坏了整个体系，此即为"圣人最恶言利之臣"④的缘由所在，上则病国，下则病民，为害甚大。当看到《左传·襄公十三年》记载的《晋悼公绵上治兵》一事时，康熙大发感慨：

　　　　卿大夫，民之表也。堂陛之上有竞进之心，无恬让之雅，何以化民成俗？晋诸卿偕让于上，民以大和，表正影端，其捷如此。⑤

晋悼公派士匄将中军，士匄辞让给荀偃；派韩起将上军，韩起辞让给赵武；又派栾黡，栾黡认为自己不如韩起，韩起都愿意辞让给赵武，那就不妨听从韩起的建议，他也辞让给赵武。这件事是晋国世风的缩影，士匄等人的辞让

---

①　第一历史档案馆整理：《康熙起居注》，中华书局 1984 年版，第 1155 页。

②　当时朝中大臣，有结党营私者，"朕闻山东人仕于朝者，大小相固结，彼此推引。凡有涉于己私之事，不顾国家，往往造为议论，彼倡此和，务使有济于私而后已"（第一历史档案馆整理：《康熙起居注》，中华书局 1984 年版，第 888 页）；有相互攻讦，罔顾国事者，"二人赋性卤莽，不谙大体，各怀私忿，互相攻讦，屡疏求胜，交图陷害"（第一历史档案馆整理：《康熙起居注》，中华书局 1984 年版，第 890—891 页），他们皆是以私害公，或荐举非人，或相互拆台，将国家利益视为谋取个人私利、发泄个人私恨的武器。

③　第一历史档案馆整理：《康熙起居注》，中华书局 1984 年版，第 139 页。

④　第一历史档案馆整理：《康熙起居注》，中华书局 1984 年版，第 913 页。

⑤　（清）爱新觉罗·玄烨选，（清）徐乾学等编著：《御选古文渊鉴》卷三《晋悼公绵上治兵》，康熙四十九年（1710）武英殿刻五色套印本。

反过来又进一步带动了晋国的辞让之风,"晋国之民是以大和,诸侯遂睦",
《左传》以"君子曰"的口吻予以赞颂,"一人刑善,百姓休和,可不务乎",
官员宽容谦让,百姓感受其间,亦会正言直行,上下有礼,没有争端,而
"上下无礼,乱虐并生,由争善也,谓之昏德。国家之敝,恒必由之"①,一
味争抢,不懂礼让,势必导致国家衰败。康熙的感慨,既有对《左传》叙事
与"君子曰"评价的认可,又有对自己朝中官员不懂礼让的痛斥与担忧,更
有对君臣一体、君臣大和的渴望与希冀②。

至若百姓,康熙强调的是"从"字,康熙评点《晋韩厥谋迁国》一文时
提出了"民从教,人和也"③的说法,百姓遵从教化,自愿配合,此为政通
人和之必经之道。康熙理政,注重人心所向,"致治以服人心为本,人心服,
更无余事矣"④,他对百姓提出的行为规范,在某种程度上是君主、大臣行为
规范的必然结果,君主、大臣"为政以德",百姓都会朝着理想的方向行进。
此种理念是儒家的传统认知,《论语·颜渊》记载孔子之言:"子欲善而民善
矣。君子之德风,小人之德草,草上之风,必偃。"⑤康熙跟随日讲官学习四
书经义,明白"操转移化导之权者"是为政之人,《日讲〈四书〉解义》讲
说孔子之义言,"盖君子之德主于感人,犹之风也。小人之德主于从人,犹
之草也。草上加之以风,无不偃仆。小人而被君子之化,无不顺从。此必然

---

① 杨伯峻:《春秋左传注》,中华书局 1981 年版,第 999—1000 页。

② 康熙十五年(1676)五月十五日,康熙于马上对明珠、张英、高士奇等人曰:"朕观古来
帝王,如唐虞之都俞吁咈,唐太宗之听言纳谏,君臣上下如家人父子,情谊浃洽。故能
陈善闭邪,各尽所怀,登于至治。……朕虽凉德,上慕前王之盛世,凛遵祖宗之家法,
思与天下贤才共图治理,常以家人父子之意相待,臣僚罔不兢业,以前代为明鉴也。"(第
一历史档案馆整理:《康熙起居注》,中华书局 1984 年版,第 366 页)又康熙二十一年
(1682)正月十五日,康熙成《御制诗序》,其中有言:"朕于宣政听览之余,讲贯经义,
历观史册。于《书》见元首股肱庚飏喜起之盛,于《诗》,见鹿鸣、天保诸篇,未尝不慕
古之君臣一德一心、相悦若斯之隆也。"(第一历史档案馆整理:《康熙起居注》,中华书
局 1984 年版,第 808 页)

③ (清)爱新觉罗·玄烨选,(清)徐乾学等编著:《御选古文渊鉴》卷二《晋韩厥谋迁国》,
康熙四十九年(1710)武英殿刻五色套印本。

④ 第一历史档案馆整理:《康熙起居注》,中华书局 1984 年版,第 105 页。

⑤ 程树德撰,程俊英、蒋见元点校:《论语集释》,中华书局 1990 年版,第 866 页。

之理耳"，① 此即为"教隆于上，化成于下"②的教化效果。

《左传》多记载军国大事，与康熙处理的政务有异代之共同性，康熙在特定历史场域中，从掌控者的角度出发，着意突出了某些政治话语。"凡是被突出出来的东西，必定是从某物中突出出来，而这物自身反过来又被它所突出的东西所突出。因此，一切突出都使得原本是突出某物的东西得以可见"③，康熙选评《左传》中凸显出的这些关键话语，凸显的恰恰是康熙自己的声音，是他对现实的思索与改造。"国家久安长治之基，关于风俗。风俗盛衰之故，系乎人心。正人心厚风俗之机，存乎教化。故品节度数，必有定制。所以辨上下，定民志，使天下移风易俗，回心向道，尤教化之急务也"④，君主、大臣、百姓三个层面的规范，是康熙达成社会控制的必要手段，是一个系统工程。康熙注重自上而下的道德渗透，君主宽缓有德，大臣效法，既而垂范百姓，百姓方能甘心受教。君主、大臣、百姓各安其位，各尽其责，道德境界普遍提升，社会方得移风易俗，方能归于大治，这便是康熙不同评点的统一意义。

（三）文风的规设与推广

康熙崇儒重道，选择以程朱理学为官方意识形态，以德礼治天下，实现内圣外王之道。行之于文，则表现为"古雅""典赡""实用"之文。《古文渊鉴》正集之文"辞义精纯"，别集之文"要皆归于古雅"，外集之文"傍采诸子，录其要论"。⑤《古文渊鉴》所录《左传》文章，评语有很多条涉及文风。

---

① （清）爱新觉罗·玄烨钦定，（清）陈廷敬等编撰：《日讲〈四书〉解义》卷八《论语·下之一》，中国书店 2016 年版，第 265 页。

② （清）爱新觉罗·玄烨：《圣祖仁皇帝御制文集》卷一七《学校论》，《景印文渊阁四库全书》第 1298 册，台湾商务印书馆 1986 年版，第 175 页。

③ ［德］汉斯-格奥尔格·伽达默尔著，洪汉鼎译：《真理与方法》，商务印书馆 2010 年版，第 432 页。

④ （清）章浸纂，褚家伟等校注：《康熙政要》，中共中央党校出版社 1994 年版，第 249 页。

⑤ （清）爱新觉罗·玄烨选，（清）徐乾学等编著：《御选古文渊鉴·序》，康熙四十九年（1710）武英殿刻五色套印本。

申生之祸，机牙已成，虽无偏衣金玦，其得免乎？左氏杂引诸臣之言，变化错综，文特古藻。①

辞义典重，高阳氏以下一段，太史公全采入《舜本纪》。②

义指严正，辞气温醇，深得王朝诰诫之体。③

此篇论'险不可恃'一段，精严雄阔，《左传》中堂堂正正之文。④

以法纪政令为礼之大纲，据国势以立论，切而不浮。⑤

此篇言当以诚信事神而福佑自至，不当归咎于祝史，可破从来矫诬之惑，文则典正弘丽，溥辩多姿。⑥

此篇历举先世典故，文势洋洋洒洒，如潮如海，理正而词采复工。⑦

康熙不排斥文采，文法错综变化、文势洋洋洒洒的文章，亦能吸引他的注意，但若要将此等文章定位为"佳作"，仍需加上必要的前提：文义典正，切实不浮夸。此即为康熙在《古文渊鉴序》中所说的"夫帝王之道，质文互用而大化，以成圣贤之业，博约并施而性功以备"⑧之义，文质彬彬，方为

---

① （清）爱新觉罗·玄烨选，（清）徐乾学等编著：《御选古文渊鉴》卷一《晋献公使大子申生伐东山皋落氏》，康熙四十九年（1710）武英殿刻五色套印本。

② （清）爱新觉罗·玄烨选，（清）徐乾学等编著：《御选古文渊鉴》卷二《鲁季文子出莒仆》，康熙四十九年（1710）武英殿刻五色套印本。

③ （清）爱新觉罗·玄烨选，（清）徐乾学等编著：《御选古文渊鉴》卷二《晋巩朔献齐捷于周》，康熙四十九年（1710）武英殿刻五色套印本。

④ （清）爱新觉罗·玄烨选，（清）徐乾学等编著：《御选古文渊鉴》卷四《晋司马侯论三不殆》，康熙四十九年（1710）武英殿刻五色套印本。

⑤ （清）爱新觉罗·玄烨选，（清）徐乾学等编著：《御选古文渊鉴》卷四《晋女叔齐论鲁侯》，康熙四十九年（1710）武英殿刻五色套印本。

⑥ （清）爱新觉罗·玄烨选，（清）徐乾学等编著：《御选古文渊鉴》卷四《晏子谏诛祝史》，康熙四十九年（1710）武英殿刻五色套印本。

⑦ （清）爱新觉罗·玄烨选，（清）徐乾学等编著：《御选古文渊鉴》卷四《卫祝佗争先蔡》，康熙四十九年（1710）武英殿刻五色套印本。

⑧ （清）爱新觉罗·玄烨选，（清）徐乾学等编著：《御选古文渊鉴·序》，康熙四十九年（1710）武英殿刻五色套印本。

万世佳作，方能成就帝王之业。

康熙对此文风的提倡，主要源自康熙对明末以来空疏、夸饰、蹈虚文风的拨乱反正，现实指向性很强。康熙于二十三年（1684）三月二十一日，提到文章需简当详要，以明朝奏章一事为反例，"明朝典故，朕所悉知。如奏疏多用排偶芜词，甚或一二千言。每日积至满案，人主讵能尽览，势必委之中官。中官复委于门客及名下人。此辈何知文义，讹舛必多，遂奸弊丛生，事权旁落，此皆文字冗秽以至此极也"①。明朝奏章之病，在于繁芜空疏，其危害不单在当时，也不单在一奏疏上，而是影响至国运败亡。康熙对奏章极为重视，"奏章关系国政，最为紧要"②，他巡幸各地之时，只要奏章一到，他随即就会听览，未尝有片刻耽搁，即便是四更天，他都会立马起床，一一详览。但是，假若奏章繁冗、表述有误，势必影响他览阅的速度及认知，因此，他力倡奏章要简要。

文风与国家的兴衰存亡紧密相连，发人深省，康熙深知个中利害，他多次强调去浮夸、崇实学。以明亡为鉴，康熙要求言官条奏切忌"于事理之外，牵引比拟，多用浮饰之言"③，浮词无益之处，皆需更改。康熙十五年（1676）二月初七，康熙下达谕旨："嗣后经筵讲章称颂之处，不得过为溢辞，但取切要，有裨实学。"④康熙此举，其意在于给为官为学者树立一个原则，即一切要以实用为准的，切不可一味贪图浮名，不可一味追求浮丽。

但是，文风的改变，并非一蹴而就之事。康熙二十三年（1684）四月三十日，讲官牛钮、孙在丰、归允进讲完毕，康熙说道："讲章词取达意，以简要明白为尚。如本文敷衍太多，则断章未免重复。在本文贵了彻圣贤意旨，归于简当，而断章发挥数语，阐明理道，务去陈言。朕阅张居正《尚书四书直解》，篇末俱无支辞。今后所撰《诗经讲义》亦须要言不烦，期于尽

---

① 第一历史档案馆整理：《康熙起居注》，中华书局 1984 年版，第 1156 页。
② 第一历史档案馆整理：《康熙起居注》，中华书局 1984 年版，第 1240 页。
③ 《清圣祖实录》卷二四，康熙六年十二月壬申条，中华书局 1985 年版，第 340 页。
④ 第一历史档案馆整理：《康熙起居注》，中华书局 1984 年版，第 247 页。

善。尔等知之。"① 由此可见，讲官的讲解仍然未能达到康熙"简当"的要求。康熙二十一年（1682），康熙阅读天下士子的策试卷，发现切中实事者仍然很少，"朕观士子为文，皆能修琢字句，斐然可观。若令指事切陈，多不能洞悉要领"②，天下士子文章多重文采，而于实事尚不能评论得当。康熙二十三年（1684）十二月初十，康熙询问"近日文体如何"，讲官王熙、吴正治回答道"实多浮靡之辞，熟烂之调"③，足见至此时整个社会的文风尚未有明显改变。

　　文风的形成与改变，除了文学自身的内在理路之外，整个社会的外部大环境亦是重要的影响因素。康熙为政初期，蹈虚之风遍布社会生活的方方面面，服用奢侈，丧葬奢靡④，官员为政做表面文章，学问家亦非真道学⑤，于国于民危害甚大。康熙二十三年（1684）三月十二日，直隶巡抚进呈治理地形绘图，康熙御览一番，发现舛错不符之处甚多，明珠奏言各省地图及《一统志》俱视为虚文，康熙则进一步说道："岂特此视为虚文，只今诸务孰非虚文耶！然凡事须以诚实为贵。此事着九卿会同详看，及各省地图作何察核，务令真确，勿蹈从前虚文，一并确议具奏。"⑥ 蹈虚之风流布朝野上下，长此以往，国家势必走向衰亡，康熙又言"近见各省督、抚行事，多涉虚伪，若能行事以实，乃于国家有益"⑦"无事虚文，务在实行而已"⑧，倡导官员以实学理政。

　　为了改变蹈虚文风，康熙首先从自己身边的翰林官员入手考察，予以

---

① 第一历史档案馆整理：《康熙起居注》，中华书局 1984 年版，第 1175 页。

② 第一历史档案馆整理：《康熙起居注》，中华书局 1984 年版，第 893 页。

③ 第一历史档案馆整理：《康熙起居注》，中华书局 1984 年版，第 1264 页。

④ 康熙二十四年（1685）三月初一，康熙言："满洲祭葬之事，明知其无益多行靡费，宁竭己赀，加以借贷，唯恐人嗤其俭陋，争相效尤者颇多。"（第一历史档案馆整理：《康熙起居注》，中华书局 1984 年版，第 1295 页）

⑤ 康熙称："至近世则空疏不学之人，借理学以自文其陋。如崔蔚林本无知识，文义荒谬，岸然自负为儒者，究其意解不出庸夫之见，真可鄙也。"（第一历史档案馆整理：《康熙起居注》，中华书局 1984 年版，第 1313 页）

⑥ 第一历史档案馆整理：《康熙起居注》，中华书局 1984 年版，第 1151 页。

⑦ 第一历史档案馆整理：《康熙起居注》，中华书局 1984 年版，第 1155 页。

⑧ 第一历史档案馆整理：《康熙起居注》，中华书局 1984 年版，第 867 页。

督促。翰林官员基本为考中进士后入翰林院，本以能文为本职，但很多人自进入翰林院后，即以饮酒博弈为事，不思读书立品，不再精深钻研学问，遂致文章之事不工。康熙二十四年（1685），康熙决定考核翰林官员，考核完毕，徐乾学名列第一，韩菼第二，孙岳颁第三，王熙等人对徐乾学诗文的评价为"极其精核风雅"，"颇为典丽"，① 康熙则言"笔力高古无出徐乾学之右"②。康熙君臣对徐乾学文章的标举与评论，彰显的是康熙意图达成的理想文风。

此种理想文风，与康熙对历代文章的评价有直接关系，"朕观古今文章风气与时递迁，六经而外，秦、汉最为古茂，唐、宋诸大家已不能及。凡明体达用之资，莫切于经史"③，从文风来看，最好的文章是六经，其次是秦汉文章，以古茂著称。从文章作用来看，最具经世致用价值的是经史文章。这些文章崇实不虚，典雅古茂，有历史底蕴、经典意义、经世价值，是圣贤之道的记录与传播载体。此种文风与宋代理学名家的文章风格极为接近，"从来道德、文章原非二事，能文之士必须能明理，而学道之人亦贵能文章。朕观周、程、张、朱诸子之书，虽主于明道，不尚词华，而其著作体裁简要，晰理精深，何尝不文质灿然，令人神解意释"④，宋代理学名家的文字，虽不着意于字句的雕琢，但皆能用精简的文字讲明精深的道理，文质互用而大化。

在不断探索中凝练出的理想文风，是康熙努力的方向，他夙兴夜寐，研读圣贤文章，在潜移默化中，他自己写文章会自觉而自然地向着理想文风靠拢，康熙于二十四年（1685）为于成龙写就的碑文，即是一个例证，其"措辞极其典雅"⑤。

文风的形成受社会环境的制约，反过来，一种稳定、成熟的文风也

---

① 第一历史档案馆整理：《康熙起居注》，中华书局1984年版，第1282页

② 第一历史档案馆整理：《康熙起居注》，中华书局1984年版，第1284页。

③ 第一历史档案馆整理：《康熙起居注》，中华书局1984年版，第1292页。

④ 第一历史档案馆整理：《康熙起居注》，中华书局1984年版，第1313页。

⑤ 第一历史档案馆整理：《康熙起居注》，中华书局1984年版，第1297页。

会影响整个社会的价值导向。康熙深明此理，他于二十四年（1685）郑重任命徐乾学为总编纂官，与其他十一位大臣共同编纂《古文渊鉴》①，选取六经以及秦、汉、唐、宋时代符合理想文风要求的文章，以具体的范式向整个社会推广理想文风，达成以人文化成天下的目的。康熙四十一年（1702），康熙面向全国士子颁布《训斥士子文》，并勒石太学，其中有言"文章归于醇雅，毋事浮华"②，士子出身之始，尤贵以正，若无有规绳，荡轶恣肆，一味标榜虚名，危害甚大，需要谨记。康熙对理想文风的规设与推广，起到了强大而独特的引领作用，为清代主流文风奠定了清晰的基调。

　　康熙掌握着最高权力，左右着时代舆论，"权力意味着在一种社会关系里哪怕是遇到反对也能贯彻自己意志的任何机会，不管这种机会是建立在什么基础之上"③，他通过选评古文，努力建构起有利于清廷统治的主流意识形态。

二、果亲王与果亲王府刊《春秋左传》

　　除却《古文渊鉴》，清朝代表官方意识形态的《左传》评点作品，还有一部是雍正年间果亲王允礼圈评的《春秋左传》。

　　果亲王允礼是康熙的第十七子，雍正的弟弟。康熙对皇子的教育非常重视，"四五岁即令读书，教以彝常"④，他为皇子们选择最优秀的师傅，制定

---

① 康熙对《古文渊鉴》极为认可，也很满意，称其选文"煌煌乎洵秉文之玉律，抽牍之金科矣"［(清) 爱新觉罗·玄烨选，(清) 徐乾学等编著：《御选古文渊鉴·序》，康熙四十九年（1710）武英殿刻五色套印本］。他经常将之置于案头，反复温习，"朕自冲龄留心载籍，嗜读古人之文选，秦汉以及唐宋诸名作汇为一书，逐篇亲加评论，名曰《古文渊鉴》，旋授梓颁赐，以广其传于天下。迩年来，常置案头，以备温习"［(清) 爱新觉罗·玄烨撰：《圣祖仁皇帝御制文集》第四卷卷二八《文章体道亲切惟有朱子》，《景印文渊阁四库全书》第 1299 册，台湾商务印书馆 1986 年版，第 581 页］。
② 《清圣祖实录》卷二〇八，康熙四十一年六月戊午条，中华书局 1985 年版，第 116 页。
③ ［德］马克斯·韦伯著，林荣远译：《经济与社会》，商务印书馆 1997 年版，第 81 页。
④ 第一历史档案馆整理：《康熙起居注》，中华书局 1984 年版，第 1294 页。

严格的读书计划，所读之书，尤以儒家经典为要，"凡人养生之道，无过于圣贤所留之经书。惟朕惟训汝等熟习五经四书性理，诚以其中凡存心养性立命之道，无以不具故也"①。康熙自己勤学苦读，曾经因辛劳读书而成疾②，时常督促、检查皇子的学习③，诸位皇子自不敢懈怠，对儒家经典甚为熟稔，"诸皇子自五六岁，动止进退应对，皆合法度，俨若成人"④。待皇子们学识、修养达到一定水准后，康熙还让皇子们参与一个个文化工程，参与图书典籍的编纂工作，引领他们践行实学，明晓以文化人的道理，从而有能力承担清王朝国运长久的重担。

允礼受父亲康熙教育泽惠，又在实践中得到了锻炼。雍正元年（1723），允礼被封为果郡王，管理藩院事，雍正六年（1728）被封为亲王，相继负责工部、户部三库、户部事务，雍正十三年（1735）雍正病危，允礼受遗诏辅政，足见深受雍正重视。在繁重的政务之余，允礼沿袭康熙编纂典籍的做法，参与《日讲〈春秋〉解义》的校订工作，编选《古文约选》。

雍正十一年（1733），果亲王允礼负责督学国子监，允礼认为"承学之士必治古文"，然而一来坊刻无有善本，二来康熙编订《古文渊鉴》篇幅太大，"非始学者所能遍观而切究也"，⑤因此允礼请方苞负责约选两汉及唐宋八家古文，以为士子学文之楷模，"俾承学治古文者，先得其津梁，然后可

---

① （清）康熙著，唐汉译注：《康熙教子庭训格言》，中国社会科学出版社 2004 年版，第 37 页。

② 康熙曾对自己的勤学读书情况有所说明，"及至十七八，更笃于学。逐日未理事前，五更即起诵读；日暮理事稍暇，复讲论琢磨。竟至过劳，疾中带血，亦未少辍"[（清）康熙著，唐汉译注：《康熙教子庭训格言》，中国社会科学出版社 2004 年版，第 38 页]，因读书辛劳而致病，病亦不停读书。

③ "这些皇子的教师都是翰林院中最博学的人，他们的保傅都是从青年时期就在宫廷里培养的第一流人物。然而，这并不妨碍皇帝还要亲自去检查皇子们的一切活动，了解他们的学习情况，直到审阅他们的文章，并要他们当面解释功课。"[［法］白晋著，马绪祥译：《康熙帝传》，《清史资料》第 1 辑，中华书局 1980 年版，第 241 页）

④ 第一历史档案馆整理：《康熙起居注》，中华书局 1984 年版，第 1294 页。

⑤ （清）爱新觉罗·允礼编选：《古文约选·序》，雍正十一年（1733）刊本。

溯流穷源，尽诸家之精蕴耳”①，进而明六经、《论语》、《孟子》之旨，躬蹈仁义，自勉于忠孝。对于允礼、对于国家来说，《古文约选》的编纂，其根本目的还是有资于政教，"是则余为是编，以助流政教之本志也夫"②。刊刻之后，朝廷将此书颁授给国子监诸生，乾隆初年颁发给各个学官，作为官方用书予以推广。

《左传》作为古文之典范，果亲王甚为推崇，称"盖古文所从来远矣，六经、《语》、《孟》，其根源也，得其枝流而义法最精者，莫如《左传》《史记》"③，"古文气体，所贵清澄无滓，澄清之极，自然而发其光精，则《左传》《史记》之瑰丽浓郁是也"④，但是《古文约选》却没有收录《左传》，其原因一源自《左传》之编年体例，"各自成书，具有首尾，不可以分剟"，"学者必览其全而后可取精焉"；⑤二源自易于初学的目的，初学者从易于掌握古文义法者入手，得其门径后再精研《左传》《史记》等文，此为正道。若开端即自《左传》《史记》始，则会走入歧途，"始学而求古求典，必流为明七子之伪体"⑥。

因为既定体例及编选目的的限定，《左传》没有入选《古文约选》，这对果亲王来说，未尝不是一件憾事。果亲王自少时即喜好读《左传》，即便政务繁忙，亦"未尝不翻覆而流连"。在果亲王心目中，《左传》为经世之文，备载治世之道，备载事物之变，蕴义闳深，于治道有益，于教化亦极实用，读懂读透《左传》，即能"达于政事，威慑邻敌者"。⑦为了弥补遗憾，也为了借《左传》宣扬政事、文法，果亲王于雍正十三年（1735）刊刻了评点本的《春秋左传》。

在道德教化与行为规范方面，果亲王批点《春秋左传》可以视为雍

---

① （清）爱新觉罗·允礼编选：《古文约选·凡例》，雍正十一年（1733）刊本。
② （清）爱新觉罗·允礼编选：《古文约选·序》，雍正十一年（1733）刊本。
③ （清）爱新觉罗·允礼编选：《古文约选·序》，雍正十一年（1733）刊本。
④ （清）爱新觉罗·允礼编选：《古文约选·凡例》，雍正十一年（1733）刊本。
⑤ （清）爱新觉罗·允礼编选：《古文约选·序》，雍正十一年（1733）刊本。
⑥ （清）爱新觉罗·允礼编选：《古文约选·凡例》，雍正十一年（1733）刊本。
⑦ （清）爱新觉罗·允礼选批：《春秋左传·序》，雍正十三年（1735）果亲王府刻本。

正朝相关政策的代表。雍正即位之后，称赞康熙之政训足以垂昭万代，他秉承"三年无改于父之道，可谓孝矣"①的儒家教导，坚决效法康熙为政之道，他于雍正二年（1724）编成《圣谕广训》，"以圣祖之心为心，以圣祖之政为政"②，多次表明对康熙治国之道的尊奉，"朕当永遵成宪，不敢少有更张，何止三年无改"③，注重德治，又进一步推崇孝道，实行教化。雍正兢兢业业，政绩显著，但是一些一直存在的问题，也逐渐凸显出来。

雍正六年（1728），一名叫曾静的人上书川陕总督岳钟琪，鼓动他反清，岳钟琪当即上报此事，雍正派出专人审理此事，这就是轰动一时的曾静投书案。曾静是吕留良的追随者，大骂雍正为无德昏君，大言"华夷之分，大于君臣之伦。华之与夷，乃人与物之分界，为域中第一义"④，种种说辞，让雍正大为恼怒，让雍正敏锐地探知到民间反清势力的冰山一角，让雍正清晰地认识到维护大清正统地位的道路仍然任重道远，于是雍正作《大义觉迷录》，为自己辩护，为大清辩护。《大义觉迷录》开篇即言"惟有德者可为天下君，此天下一家，万物一体，自古迄今，万世不易之常经"，"德足以君天下，则天锡佑之以为天下君。未闻不以德为感孚，而第择其为何也之人而辅之之理"，⑤从上天选择天下君主的必备条件——有德入手，明确大清君主皆为有德明君，从至高天道方面立论，以堵住中伤大清君主的悠悠之口。既而，雍正继续从天道说开去，指明百姓应当持有的对待君主的态度。

夫我朝既仰承天命，为中外臣民之主，则所以蒙抚绥爱育者，何得

---

① 程树德：《论语集释》卷二《学而下》，中华书局1990年版，第42页。

② 《清世宗实录》卷一六，雍正二年二月丙午条，中华书局1985年版，第266页。

③ （清）王燕绪等辑校：《世宗宪皇帝圣训》卷三《圣孝》，《景印文渊阁四库全书》第412册，台湾商务印书馆1986年版，第32页。

④ （清）爱新觉罗·胤禛敕编：《大义觉迷录》卷二，哈佛大学图书馆藏武英殿刊本。

⑤ （清）爱新觉罗·胤禛敕编：《大义觉迷录》卷一，哈佛大学图书馆藏武英殿刊本。

以华夷而有殊视？而中外臣民，既共奉我朝以为君，则所以归诚效顺，
尽臣民之道者，尤不得以华夷而有异心。此揆之天道，验之人理，海隅
日出之乡，普天率土之众，莫不知大一统之在我朝。悉子悉臣，罔敢越
志者也。①

被立为天下之君，此为顺天应运②，相对应地，百姓归顺天下之君，此亦
为遵循天道，而不应以所谓的华夷之分而生异心。至若所谓的"夷狄之有
君，不如诸夏之亡也"，其区分依据不当为民族、地域，而应以是否具备人
伦天理为标准，"夫人之所以为人而异于禽兽者，以有此伦常之理也……尽
人伦则谓人，灭天理则谓禽兽，非可因华夷而区别人禽也"，③ 敬天爱民的
大清王朝不当也不能被冠以"禽兽"之称。况且，大清帝王行善政，推仁
德，经过一百多年的精心治理④，国土扩张，百姓富足⑤，已然是"天下一统，
华夷一家"之势，若于此时"妄判中外，谬生忿戾"，⑥ 则为逆天悖理之举。
历史已然证明，凡妄图分裂大清国家、诋毁大清君主者，其结局皆将归入
毁灭⑦。

---

① （清）爱新觉罗·胤禛敕编：《大义觉迷录》卷一，哈佛大学图书馆藏武英殿刊本。
② "上天厌弃内地无有德者，方眷命我外夷为内地主。"[（清）爱新觉罗·胤禛敕编：《大义
  觉迷录》卷一，哈佛大学图书馆藏武英殿刊本]
③ （清）爱新觉罗·胤禛敕编：《大义觉迷录》卷一，哈佛大学图书馆藏武英殿刊本。
④ "我朝肇造区夏，天锡人归，列圣相承，中外从义。逮我圣祖仁皇帝继天立极，福庇兆
  民，文治武功，恩施德教，超越百王，亘古罕有此。普天率土心悦诚服，虽深山穷谷庸
  夫孺子以及凡有血气之伦，亦莫不尊亲者。"[（清）爱新觉罗·胤禛敕编：《大义觉迷录》
  卷四，哈佛大学图书馆藏武英殿刊本]
⑤ "上天眷佑我朝为中国主，世祖君临万邦，圣祖重熙累洽，合蒙古、中国，成一统之盛，
  并东南极边番彝诸部，俱归版图，是从古中国之疆域，至今日而开廓。凡属生民，皆当
  庆幸者，尚何中外华夷之可言哉。"[（清）爱新觉罗·胤禛敕编：《大义觉迷录》卷二，
  哈佛大学图书馆藏武英殿刊本]
⑥ （清）爱新觉罗·胤禛敕编：《大义觉迷录》卷一，哈佛大学图书馆藏武英殿刊本。
⑦ "数十年来，凡与我朝为难者，莫不上干天谴，立时殄灭。如内地之三逆，外藩之察哈
  尔、噶尔丹、青海、西藏等，偶肆跳梁，即成灰烬。"[（清）爱新觉罗·胤禛敕编：《大
  义觉迷录》卷一，哈佛大学图书馆藏武英殿刊本]

　　《大义觉迷录》是雍正的宣教文，他用详细的辩词正面回应曾静乃至其他叛逆之党徒对大清对他的质疑与贬斥，是维护大清皇帝权威的锋利武器。为了驳斥吕留良、曾静"华夷之分，大于君臣之伦"的言论，雍正针锋相对地提出"君臣之伦，大于华夷之分"，"君臣居五伦之首，天下有无君之人而尚可谓之人乎？人而怀无君之心而尚不谓之禽兽乎"，① 以父子之伦行君臣之道，为人君者视民如赤子，仁心爱民；为人臣者当奉君为父母，忠心尊君。将君臣之道置于华夷之分前，意在泯除民族分歧，维系大一统的国家秩序。

　　《大义觉迷录》编成后，雍正下旨颁布于天下，各府、州、县以及远乡僻壤的百姓②，都要明白大清的贡献，都应该自我警醒，切切不可受一二昏聩之人的鼓动而行悖逆举动。雍正维系国家稳定的努力，一一留存在果亲王评点的《春秋左传》中。果亲王评点《左传》时，与康熙一致，依然将维护清廷的正统地位作为核心理念，做了两种努力：一是淡化，二是凸显。淡化的是华夷之分，凸显的是君臣之分。鲁庄公三十一年"齐侯来献戎捷"一事，《左传》称为非礼，"凡诸侯有四夷之功，则献于王，王以警于夷；中国则否。诸侯不相遗俘"③，蛮夷戎狄，不听王命，王命讨伐，功成而献捷，王应亲受而犒劳将士，以示惩不敬、劝有功之意。果亲王于此处有眉评"内外上下之义"④，王要警示夷狄，诸侯不可僭越，此处的"王"，在果亲王那里，不单是周天子，摇身一变，俨然就是清朝的皇帝，他们入主中原后身份陡然一变，从夷狄中抽身而出，一跃而成有德之"王"，是天下、内外、上下皆需尊崇的对象。在此基础上，果亲王进一步强化国家一统的意义，笃信"中外

---

① （清）爱新觉罗·胤禛敕编：《大义觉迷录》卷一，哈佛大学图书馆藏武英殿刊本。

② "将吕留良、严鸿逵、曾静等悖逆之言及朕谕旨，一一刊刻，通行颁布天下各府、州、县、远乡僻壤，俾读书士子及乡曲小民共知之，并令各贮一册于学宫之中，使将来后学新进之士，人人观览知悉。倘有未见此书，未闻朕旨者，经朕随时察出，定将该省学政及该县教官从重治罪。"[（清）爱新觉罗·胤禛敕编：《大义觉迷录》卷一，哈佛大学图书馆藏武英殿刊本]

③ 杨伯峻：《春秋左传注》，中华书局1981年版，第249页。

④ （清）爱新觉罗·允礼选批：《春秋左传》卷三，雍正十三年（1735）果亲王府刻本。

一家，上下一体①，直言"大一统也，通部大意"②；强调"尊王"，要求臣子明君臣之分。大义灭亲的石碏③、纳君于善的臧僖伯④、匡扶国难的子文⑤，都是果亲王着力凸显的对象，他们忠君爱国，凭一己之力除国难、解国忧、达国治，堪称千古臣子楷模。与此正面人物相对的，"国有君而与外人盟"⑥的傅瑕等人不忠，有违天道，果亲王极力鞭挞，警诫臣民。果亲王以古鉴今，从正反两方面入手，建构起官员的道德规范与行为禁忌，进一步回应、宣扬雍正的为政策略。

《古文渊鉴》、果亲王评点《春秋左传》的选文与评点，是在特定历史阶段，为推行教化、扭转文风而做的努力，代表的是官方的价值建构与为文理念，期望收获的是"普遍皇权"的掌控力与控制力。"获得文化与思想的指导权力，从深层支持政治话语的合法性与合理性，在中国来说，更重要的是通过垄断经典思想的解释、建立教育与选举的制度，以及建立一种新的观念系统和与之相应的文化风气"⑦，他们评点《左传》，借《左传》史实重新阐释《春秋》之义，借《左传》故事明晰为臣为人之法，借《左传》文风指示

① 戴逸、李文海主编：《清通鉴》卷九〇，山西人民出版社 2000 年版，第 3114 页。

② （清）爱新觉罗·允礼选批：《春秋左传》，雍正十三年（1735）果亲王府刊本。

③ 果亲王评点石碏之处有三，一言其忠心进谏，"早从石子之谏，当无篡弑之祸"；二言其设计除贼，"石子是术，作者借此流露'王'字，隐映通部血脉"；三言其大义灭亲，"真气感人，不在多言"[（清）爱新觉罗·允礼选批：《春秋左传》卷一，雍正十三年（1735）果亲王府刻本]。石碏在祸乱未生之前即已预见灾祸，提出建议以求断绝灾祸，为未雨绸缪之臣；祸乱发生之后，他并未置身事外，而是大义灭亲，为力挽狂澜之臣。

④ 果亲王对臧僖伯有两条评论，"通局气度端凝，是老臣气象""观鱼甚微，而开决裂轨物之端，其系甚大，见得真，守得正，真大臣也"[（清）爱新觉罗·允礼选批：《春秋左传》卷一，雍正十三年（1735）果亲王府刻本]，见微知著，忠诚严正。

⑤ 果亲王于鲁宣公四年有眉评言："直作子文小传。子文自毁其家，以纾国难，虽齐桓强盛无加，于楚则子文当国也。以其事皆凭陵僭逆，故略之，以其有功于君国，故因事补之。"[（清）爱新觉罗·允礼选批：《春秋左传》卷八，雍正十三年（1735）果亲王府刻本]子文体恤百姓，生活节俭，身为令尹，家中却常常无有一日余粮，此等良臣，果亲王甚为钦佩。

⑥ （清）爱新觉罗·允礼选批：《春秋左传》卷三，雍正十三年（1735）果亲王府刻本。

⑦ 葛兆光：《中国思想史》（第二卷），复旦大学出版社 2001 年版，第 73 页。

作文方向，达成对社会各个层面的绝对控制，逐步奠定、展现精神权威的地位与力量。

第二节　精英知识阶层的评点

除却帝王外，知识分子是清代《左传》评点的主力军。从学术素养、身份地位、文化影响等方面，知识分子可分为精英知识阶层与一般知识阶层。所谓精英知识阶层，一般是对知识分子中的佼佼者的称呼，一般是指拥有突出才智、有一定影响力、对社会有正确引导的少数的知识分子。根据其身份的差异，精英知识阶层又有在朝知识精英与在野知识精英的分别。

一、参与御选御评工程知识精英的评点

清代帝王以教化人心为己任，推行了一系列针对性强的文化政策，经过清初几代君王的努力，经过帝王选本的垂范，"户习诗书，家敦礼乐，遐迩无不向风。文教之隆，莫过于此矣"①，文教事业取得了预想的文化效果，渐渐趋于有序的社会秩序。需要注意的是，官方文化政策的制定与实施，不单是帝王本身的眼光与想法，而且还有全体知识阶层的共同努力与谋划，在这个过程中，在朝知识精英的作用至关重要。

康熙二十四年（1685），御选内阁学士徐乾学奉旨主持编修《古文渊鉴》。徐乾学之外，还有十一位官员参与了具体的编校工作，他们分别是：王熙、吴正治、宋德宜、陈廷敬、张英、韩菼、王鸿绪、翁叔元、孙岳颁、高士奇、励杜讷。此十二人，是康熙朝在朝知识精英的代表，他们的学识、人品

---

① （清）王燕绪等辑校：《世宗宪皇帝圣训》卷一〇《文教》，《景印文渊阁四库全书》第412册，台湾商务印书馆1986年版，第142页。

及与康熙的关系，决定了他们有足够的能力与可能参与到康熙朝文化政策的构建中。

王熙，顺治四年（1647）进士，授翰林院检讨，后迁日讲官、侍讲学士、宏文院学士，充经筵讲官，至礼部尚书，颇得顺治信任，以草拟《世祖遗诏》有名。康熙朝为工部尚书、兵部尚书，授保和殿大学士兼礼部尚书，加太子太傅。王熙忠心事君，顺治大渐之时，诏王熙至养心殿撰写遗诏，"熙伏地饮泣，笔不能下"①。王熙"持大体，有远虑"②，以文学备顾问，熟悉国家典制沿革，手点二十一史，可随事举述大义。

吴正治，顺治六年（1649）进士，授国史馆编修，后授工部侍郎、兵部督补左侍郎，充经筵讲官，后授礼部尚书、武英殿大学士。"守成法，识大体"③，编纂《太祖实录》《三朝圣训》《大清会典》《大清一统志》《平定三逆方略》，为总裁官。《太祖实录》编成，加太子太傅。

宋德宜，顺治十二年（1655）进士，为国子监祭酒，六馆师生皆敬惮。康熙亲政，命宋德宜东向坐，为其讲《周易·乾卦》，深得其心。迁为翰林院侍读学士，充日讲起居注官、经筵讲官，"德宜风度端重，每奏事，辄当上意"④，后擢内阁学士，充纂修。善书法，为《太祖圣训》《太宗圣训》副总裁，参与编纂《明史》。后任吏部右侍郎、吏部左侍郎、太子太傅。

陈廷敬，顺治十五年（1658）进士，授秘书院检讨，曾为时为太子的玄烨讲学。康熙朝，授起居注日讲官，累迁为翰林院侍讲学士、侍读学士、内阁学士，充经筵讲官，入直南书房，侍讲习时间最久，为康熙所赞许，"每日进讲，启迪朕心，甚有裨益"⑤，后任吏部尚书，为《康熙字典》总修官，奉旨编纂《三朝圣训》《明史》《大清一统志》《平定三逆方略》《政治典训》等，

---

① 赵尔巽等：《清史稿》卷二五〇《王熙传》，中华书局 1977 年版，第 9693 页。
② 赵尔巽等：《清史稿》卷二五〇《王熙传》，中华书局 1977 年版，第 9695 页。
③ 赵尔巽等：《清史稿》卷二五〇《吴正治传》，中华书局 1977 年版，第 9697 页。
④ 赵尔巽等：《清史稿》卷二五〇《宋德宜传》，中华书局 1977 年版，第 9699 页。
⑤ 王锺翰点校：《清史列传》卷九《陈廷敬传》，中华书局 1987 年版，第 638 页。

工书法，善诗文，康熙称"大学士陈廷敬作各体诗，清雅醇厚，非集字累句之初学所能窥也"①。

张英为康熙六年（1667）进士，曾为日讲起居注官、侍读学士，官至文华殿大学士、礼部尚书，曾任《国史》《大清一统志》《渊鉴类函》《政治典训》《平定朔漠方略》的总裁官。张英品性嘉良，"英性和易，不务表襮，有所荐举，终不使其人知"，其讲授，"在讲筵，民生利病，四方水旱，知无不言。圣祖尝语执政：'张英始终敬慎，有古大臣风'"，故而深得康熙信赖与器重，巡行多命其跟从，"一时制诰，多出其手"。②工书法，行书楷书绝伦，康熙采集历代名人书法成《懋勤殿法帖》，本朝人独采张英书法。

徐乾学为康熙九年（1670）一甲进士第三名，以文字受知，累迁日讲起居注官、侍讲、侍讲学士、詹事内阁学士，后升礼部侍郎、左都御史、刑部尚书，是康熙朝大型敕修官书的最重要的编修总裁之一。除了《古文渊鉴》外，徐乾学还曾任《明史》总裁官，《大清会典》《大清一统志》副总裁等。徐乾学颇得康熙信任，"时乾学与学士张英日侍左右，凡著作之任，皆以属之"③。

韩菼为康熙十二年（1673）状元，深得康熙喜爱，盛赞其为"天下才"，认为他"学问优长，文章古雅，前代所仅有也"，而其"所为文，能道朕意中事"，④遂赐韩菼"笃志经学、润色鸿业"⑤的匾额。韩菼曾为日讲起居注官、侍读，主纂《孝经衍义》，徐乾学病逝后，总裁《大清一统志》。

王鸿绪为康熙十二年（1673）一甲进士第二名，"俨然士林翘楚"⑥，授编修，充日讲起居注官，累迁翰林院侍讲、侍读学士，擢升为内阁学士、户

① （清）爱新觉罗·玄烨：《圣祖仁皇帝御制文集》第三集卷四九《赋得光风遍寰字》，《景印文渊阁四库全书》第 1299 册，商务印书馆 1986 年版，第 361 页。

② 赵尔巽等：《清史稿》卷二六七《张英传》，中华书局 1977 年版，第 9965—9966 页。

③ 赵尔巽等：《清史稿》卷二六六《徐乾学传》，中华书局 1977 年版，第 10018 页。

④ （清）朱彝尊撰，王利民等校：《曝书亭全集·曝书亭集》卷七一《礼部尚书兼掌翰林院学士长洲韩公菼墓碑》，吉林文史出版社 2009 年版，第 685—686 页。

⑤ 赵尔巽等：《清史稿》卷二六六《韩菼传》，中华书局 1977 年版，第 9955 页。

⑥ 赵尔巽等：《清史稿》卷二七一《高士奇传》，中华书局 1977 年版，第 10016 页。

部侍郎、工部尚书，充经筵讲官。张伯行誉其"崇经术，斥异端，为文章之宗匠，为乔木之世臣，海内皆知之"①，为《明史》《诗经传说汇纂》《省方盛典》总裁官，《佩文韵府》修纂之一，曾为日讲起居注官，官至工部尚书。精研书法，张百行《神道碑》称其"有魏晋以来诸家之长，挥毫落纸，人争藏弄"②，工行书，笔力苍劲有神。

翁叔元为康熙十五年（1676）一甲进士第三名，未第时文章既已名满海内，中进士后，更是家家户户诵读其文。参与《明史》编纂，升右赞善，充日讲起居注官，后升侍讲、侍读、国子监祭酒、内阁学士、吏部右侍郎，充经筵讲官，后升为工部尚书、刑部尚书。善学能文，"在史馆，皆推其有笔，每奏一篇，上皆称善"③。

孙岳颁为康熙二十一年（1682）进士，官至礼部侍郎，以善书受知，御制碑版多为其手书，为《佩文斋书画谱》总裁官。

高士奇，以监生就顺天府乡试，考试不利，遂自为联句，写其落拓之怀。高士奇工书法，经明珠举荐，康熙见其字，击节赞叹，立即召见，旬日之间举行了三次考试，高士奇皆以第一胜出。旋授内阁中书舍人，后升为翰林院侍讲、詹事府录事、侍读、侍读学士，充日讲起居注官，《大清一统志》副总裁官、《明史》纂修官。其一生，"以诗受知圣祖，不由科甲，钦赐翰林，官至詹事，陪宴唱和，扈从不离左右，恩宠无比"④，至若其原因，在于高士奇在读书方面给予康熙很大的帮助与指引，康熙曾对此有过解释，"朕初读书，内监授以《四子》本经，作时文；得士奇，始知学问门径。初见士奇得古人诗文，一览即知其时代，心以为异，未几，朕亦能之。士奇无战阵功，

---

① （清）张伯行：《皇清诰授光禄大夫经筵讲官户部尚书加七级王公鸿绪墓志铭》，载（清）钱仪吉纂，靳斯校点：《碑传集》卷二一，中华书局 1993 年版，第 706 页。

② （清）李放纂录：《皇清书史》卷一六，金毓绂辑：《辽海丛书》第 3 册，辽沈书社 1985 年版，第 1534 页。

③ （清）韩菼：《经筵讲官刑部尚书翁公叔元神道碑》，载（清）钱仪吉纂，靳斯校点：《碑传集》卷二一，中华书局 1993 年版，第 711 页。

④ （清）李调元撰，湛之校点：《淡墨录》卷三《翰林不由科甲》，辽宁教育出版社 2001 年版，第 49 页。

而朕待之厚，以其裨朕学问者大也"①，将高士奇视为提升学问境界的重要引路人。

励杜讷，善书法，精通楷书，康熙二年（1663）编纂《清世祖实录》时，朝廷诏选善书之士，励杜讷位列第一，参与编纂书写②。后留南书房行走，授编修，充日讲起居注官，编纂《御批通鉴纲目》。官至礼部尚书。

综合以上十二位《古文渊鉴》编纂官的基本情况，大体呈现四个特点：第一，博学多才。十二位编纂官有十位进士，高士奇虽未中进士，但得康熙亲自赐予会试机会，亦是不凡。且有多位编纂官书法绝佳。第二，御选侍讲。十二位编纂官有十一位为康熙的侍讲、侍读、日讲起居注官、经筵讲官，讲解经典，出谋划策，"上陈道德，下达民隐"③，所言多能为康熙称许。作为康熙的讲官，要才德兼备，"讲官关系紧要，最宜选用老成，其轻浮立异之人，切不可用"④，徐乾学等人"人品学问果系优长"⑤，与康熙关系亲近，颇得信赖。⑥ 第三，编纂多书。此十二位编纂官为当时的知识精英，作为足以信赖且能担当重任的御用文人，⑦ 他们多次参与朝廷大型书籍的编纂工作，经验丰富，能准确把握并传达官方为政之道与文化理念。第四，官运亨通。他们靠着渊博的学识与优秀的才能，为康熙讲授经义、编纂，兢兢业业，多次被提拔。康熙于十九年（1680）四月谕史部曰："朕万机之暇，留心经史，虽逊志时敏，夙夜孜孜而研究阐发，良资讲幄之功，日讲起居注各官，俱以

---

① 赵尔巽等：《清史稿》卷二七一《高士奇传》，中华书局1977年版，第10017页。

② 赵尔巽等：《清史稿》卷二六六《励杜讷传》，中华书局1977年版，第9946页。

③ 赵尔巽等：《清史稿》卷二六二《熊赐履传》，中华书局1977年版，第9893页。

④ 第一历史档案馆整理：《康熙起居注》，中华书局1984年版，第1008页。

⑤ 第一历史档案馆整理：《康熙起居注》，中华书局1984年版，第871页。

⑥ "十六年，圣祖命择词臣谆谨有学者日侍左右，设南书房。命英入直，赐第西安门内。词臣赐居禁城自此始。时方讨三藩，军书旁午，上日御乾清门听政后，即幸懋勤殿，与儒臣讲论经义。英率辰入暮出，退或复宣召，辍食趋宫门，慎密恪勤，上益器之。"（赵尔巽等：《清史稿》卷二六七《张英传》，中华书局1977年版，第9965页）

⑦ 杨念群认为，经筵讲官"不知不觉地变成了帝王意识和思想的修正补充者，而不是思想灌输者"（杨念群：《何处是江南：清朝正统观的确立与士林精神世界的变异》，生活·读书·新知三联书店2010年版，第98页）。

学行优长，简备顾问，讲解明晰，奉职勤劳，所纂讲义，典确精详，深裨治理。侍读学士张英供奉内廷，日侍左右，恪恭匪懈，勤慎可嘉。高士奇、杜讷学问淹通，居职勤慎，供奉有年，应授为翰林官。尔部俱一并从优议叙具奏。"①总之，此十二人皆是博学文士、天子近臣、朝廷重臣，他们与一般的文人士子不同，"讲官所职者大……君心正而天下治，此犹天之枢纽，转运众星，而人不之见者也，讲官又是默令枢纽能转运底"②，他们在当时是一股特殊的积极力量，他们对国家对社会发展亦有自己的认知，他们"普遍具有一种'建构性的道统意识'，即有试图通过与现实中某种强权力量结合，来实现其社会理想的思想取向"③，他们通过日讲，通过《古文渊鉴》的编纂，阐释理想中的为政之道、修身之本与为文之法，用他们的学术理念与文学创作，影响、补充着康熙的思想建构。

此种影响，在日讲内容中有很多例证。康熙二十一年（1682）八月二十三日，讲官牛钮、陈廷敬、孙在丰为康熙进讲《周易》九四"解而拇"二节、六五君子"维有解"二节完毕，康熙问道："小人亦有可用之才，唯在随才器使否？"三人否定了这一看法，"小人虽有可用之才，国家断无用小人之理。即使贪使诈，古亦有之，要贵朝廷驾驭得宜，终不可委之以事权，假之以威势"，认为应当学习宋代司马光之言，"国家与其用小人，不若用愚人。盖愚人无为恶之才，自不至肆奸邪之祸。若小人乘权藉势，则流毒遗害于国家，不可胜言"。康熙深以为然，却也感叹知人最难，三人继而以汉文帝欲拜啬夫为上林令之事，阐释"人固难知，而君子小人则必有辨"，像啬夫那样的巧佞之人，尤为圣人所深恶，故而汉世用人，必择长者。随后，三人用唐明皇重用牛仙客一事，说明重用小人的危害，"由是士大夫效为持禄养恩之习，国家阴受其害"，④最终得出"才全德备之人，乃可寄朝廷之倚任"

---

① （清）爱新觉罗·玄烨：《圣祖仁皇帝御制文集》卷一〇《谕吏部》，《景印文渊阁四库全书》第1298册，台湾商务印书馆1986年版，第114—115页。

② （清）汤斌：《汤子遗书》卷一，康熙四十二年（1703）刊本。

③ 高瑞泉主编：《巨变时代的社会思潮与知识分子》，上海古籍出版社2014年版，第29页。

④ 第一历史档案馆整理：《康熙起居注》，中华书局1984年版，第885—886页。

的结论。康熙听后,"嘉纳之",① 采纳了他们的主张。牛钮、陈廷敬、孙在丰所讲之言,即是康熙朝用人的主导政策,选官要用德才兼备之人,尤重其德。韩菼在为徐乾学作的碑传中曾提到,"公常言学问须有根柢,浮辞剿说,最足误人。故所为文章,源本经史,旁通诸子百家,开辟变化,肖物命义,敛其海涵地负、出神入天之惊才,而融液于章妥句适间。内外制诸作,典雅蕴藉,得王言之体;奏疏表启,忠爱之意蔼然也"②,徐乾学主张文章写作需有经史之根柢,而非浮夸、因袭之词的堆砌,他的文章即是闳于内而肆于外的代表。徐乾学的主张、文章为康熙所接触、吸纳、思考,对康熙的文风建设提供了思路与指引。由此可见讲官对康熙为政策略的建构有着直接的影响。

康熙的日讲课,初仅为讲官讲解,后则有康熙覆讲,康熙覆讲完毕再讲新内容。无论是前期,还是后期,君臣之间都会就讲解的内容进行探讨。《康熙起居注》曾记载康熙二十二年(1683)九月十日的一则日讲情况。

> 初十日戊寅。早,上御乾清宫,讲官牛钮、张玉书、汤斌进讲:九三频巽吝二节、六四悔亡二节、九五贞吉二节、上九巽在床下二节。讲六四爻有中臣事君以身,上臣事君以人等语。上曰:"大臣以人事君,必出于公心方可。"张玉书奏曰:"圣论诚然。若出私心,则所荐之人皆为党援矣。"汤斌奏曰:"大臣之心惟辨公私,若以树私党为心,则不可以对朝廷。若合天下之贤才以共事朝廷,自是大臣公忠之道。"③

此段记载,与《古文渊鉴》的选评形式特别相似:先选择一篇古文,再针对某一段话、某一句或整篇文章做出品评,一般是康熙先评说,再由几位大臣相继从不同的角度进行补充诠释。试以《古文渊鉴》第一篇《郑庄公叔段本

---

① 第一历史档案馆整理:《康熙起居注》,中华书局 1984 年版,第 886 页。

② (清)韩菼:《资政大夫经筵讲官刑部尚书徐公乾学行状》,载(清)钱仪吉纂,靳斯校点:《碑传集》卷二〇,中华书局 1993 年版,第 690 页。

③ 第一历史档案馆整理:《康熙起居注》,中华书局 1984 年版,第 1067—1068 页。

末》的评语为例，予以对比。

> 《书》曰"烝烝乂，不格奸"，人伦之至，万世之训也。以武姜之偏
> 溺、叔段之贪愚，庄公初无孝友之诚心，遂不明于予夺之大义，养成弟
> 恶，而后以兵取之，其失德多矣。
> 东莱吕祖谦曰：左氏序郑庄公之事，极有笔力，其怨端之所以萌、
> 良心之所以回，皆可见庄公材略尽高。叔段已在掌握中，故祭仲之徒愈
> 急而庄公之心愈缓，待段先发而后应之。公之于段，始如处女，敌人开
> 户；后如脱兔，敌不及拒者也。然庄公此等计术，施于敌国，则为巧；
> 施于骨肉，则为忍。此左氏铺叙好处，以十分笔力写十分情事。
> 臣熙曰：叙事文字贵首尾连贯，详略得宜，左氏最善此法。是篇骨
> 劲而色腴，摹写入情，为传记之祖。
> 见亦讽谏之类欤？
> 臣德宜曰：孝为人心之同，百行之本，帝王以之及物，忠臣以之格
> 君。所谓推而放之，皆准也。故《西铭》言仁，丞称颍封人之锡类。①

《郑庄公叔段本末》的评语分别出自康熙、吕祖谦、王熙、宋德宜。康熙从
人伦方面入手，言说郑庄公不孝不友，失德甚多。吕祖谦既评文，言其铺叙
之绝；又评人，庄公有才略，但施之于骨肉兄弟，则过于残忍。王熙主要言
文，言其叙事之妙。宋德宜则着眼于"孝"字，言说帝王当以孝心待物，大
臣当以忠孝事君。康熙与宋德宜的评语可以相互证明，王熙的评说则是在吕
祖谦基础上的概括提升，一评人，一评文，各有侧重。

如果将《古文渊鉴》的评语，还原到康熙的日讲场景中，就是一场场的
君臣讲课问对、讲解。先是康熙阐释自己的认识，再由某一位大臣讲解南宋
吕祖谦的经典评说，既回应康熙，又提出了另一个视角，接下来王熙从吕祖

---

① （清）爱新觉罗·玄烨选，（清）徐乾学等编著：《御选古文渊鉴》卷一《郑庄公叔段本末》，
康熙四十九年（1710）武英殿刻五色套印本。

谦提到的另一个视角再次诠释，最后宋德宜回到康熙的话题，推而广之，提升为整个社会层面的行为准则。当然，针对不同的文章，评语有多有少，少的仅有康熙与一位大臣的评语，如《晋献公娶骊姬》一文，仅有康熙与宋德宜的评说，他们从君主本身与谗佞察言观色两个方面，诠释晋国内乱的必然性与危害①。就这样，十二位康熙朝的知识精英与康熙作为一个整体出现，他们将日常讲解、探讨的核心话题，通过古文评点的方式呈现出来，宣之于臣民，"于以阐扬理道，则翼赞乎经籍；于以敷陈政事，则裨益夫治体"，共同构建起积极有效的国家话语体系，自觉将《古文渊鉴》定位为"训世之要编，觉民之巨典"。②

二、高中进士知识精英的评点

清代评点《左传》的精英知识分子，基本上都参加过科举，熟知科举程式，文才过人。他们中有些人，比如徐乾学、韩菼、方苞等人参与过帝王的文化编纂工程，这是官方意识形态影响下的集体项目，评点思想、审美倾向皆有相对固定的设定。除此之外，还有相当多的知识精英有独立完成的《左传》评点作品，他们凭借多年阅读《左传》及古文的体会，面向不同的对象，形成了相对集中的《左传》评点倾向。

（一）高中进士知识精英评点《左传》的文风建构

独立评点过《左传》的精英知识阶层，有相当大一部分是当时科举考试的翘楚人物，并有相应官职。兹将中过进士的相关人物情况列表说明。

---

① 康熙评曰："观献公之行事，虽非骊姬、二五，亦无不乱之理，此人事，亦天道也。"宋德宜的评语为："谗谮之入，必探君之情而曲中之。二五之言甘而易悦，潜移国本，此《小雅·巷伯》所为绝痛也。"[（清）爱新觉罗·玄烨选，（清）徐乾学等编著：《御选古文渊鉴》卷一，康熙四十九年（1710）武英殿刻五色套印本]
② （清）徐乾学：《憺园文集》卷三五《御选古文渊鉴凡例》，《清代诗文集汇编》第124册，上海古籍出版社2010年版，第710页。

《左传》独立评点者中进士情况一览表

姓名	编纂作品	中进士年份	官职
林云铭	《古文析义》《古文检玉》	顺治十五年（1658）	徽州府通判
徐与乔	《经史钞》	顺治十八年（1661）	
韩菼	《春秋左传纲目句解》	康熙十二年（1673）	翰林院修、日讲起居注官、右赞善、侍讲、侍读、礼部侍郎、吏部右侍郎、礼部尚书兼翰林院掌院学士
方苞	《左传义法举要》《方氏左传评点》	康熙四十五年（1706）	武英殿修书总裁、翰林院侍讲学士、内阁学士兼礼部侍郎、礼部右侍郎、经史馆总裁
朱元英	《左传拾遗》	康熙四十八年（1709）	翰林院编修
张昆崖	《左传评林》	康熙五十二年（1713）	建阳县令
杨绳武	《文章鼻祖》	康熙五十四年（1715）	翰林院编修
周大璋	《左传翼》	雍正二年（1724）	龙阳县令
周正思	《增补左绣汇参》	雍正八年（1730）	翰林院编修
浦起龙	《古文眉诠》	雍正八年（1730）	苏州府学教授
谭尚忠	《经史钞》	乾隆十六年（1751）	广东高廉道、河南按察使、广东按察使、甘肃按察使、山西布政使、山西巡抚、安徽巡抚、福建按察使、云南布政使、云南巡抚、吏部左侍郎
姜炳璋	《读左补义》	乾隆十九年（1754）	石泉知县
朱宗洛	《古文一隅》	乾隆二十五年（1760）	天镇县知县
吴汝纶	《左传点勘》	同治四年（1865）	内阁中书、深州知州、冀州知州、京师大学堂总教习
曾国藩	《古文四象》	道光十八年（1838）	内阁学士、礼部侍郎、工部侍郎、刑部侍郎、吏部侍郎、两江总督、直隶总督

以上十五位进士，除却朱元英的《左传拾遗》在中进士之前已刊刻出版

外，其他皆是中进士之后才评点、刊刻的。作为国家科举考试选拔出来的进士，他们担任国家职务，拿国家俸禄，一定程度上决定了他们评点的倾向、格局以及为谁说话的问题，他们会自觉、主动地向国家政策靠拢，有明确参与国家文化建设的评点意图。

方苞是清代一位重要的御用文人，其才学深得康熙、雍正、乾隆赏识，康熙赞言"方苞学问天下莫不闻"①，雍正、乾隆对其礼遇有加。方苞曾任武英殿修书总裁、翰林院侍讲学士、内阁学士，负责、参与了清朝的重大文化工程，如《大清一统志》《皇清文颖》《三礼义疏》《钦定四书文》等，向天下学子昭示为学准绳，引领时代的文风建设。

方苞于雍正十一年（1733）奉果亲王允礼之命编纂《古文约选》一书，作为官方古文选本，向天下学子推广。对于执行《古文约选》具体选评工作的方苞来说，"为学宗程、朱，尤究心《春秋》、《三礼》"②，对《左传》尤为推崇，他认为《左传》叙事有法，"一篇之中，脉相灌输，而不可增损。然其前后相应，或隐或现，或偏或全，变化随宜，不主一道"③，他虽然在《古文约选》中没有评点《左传》，但在《左传义法举要》与《方氏左传评点》中，却留存下了他对《左传》与文风建设相关问题的思索。

《左传义法举要》由方苞口授，其生徒王兆符、程崟传述而成，首刻于雍正六年（1728）。此书选取《左传》中的"齐连称管至父弑襄公""韩之战""城濮之战""邲之战""鄢陵之战""宋之盟"六次重大事件进行点评，较为详尽地阐释了方苞重要的"义法"理论。具体评说如下：

> 《左氏》精于义法，非汉、唐作者所能望。（《韩之战》）④

---

① 徐珂编撰：《清稗类钞·爵秩类·方望溪以白衣入南书房》，中华书局 2010 年版，第 1299 页。

② 赵尔巽等：《清史稿》卷二九〇《方苞传》，中华书局 1977 年版，第 10272 页。

③ （清）方苞著，刘季高校点：《方苞集·书五代史安重诲传后》，上海古籍出版社 1983 年版，第 64 页。

④ （清）方苞著，彭林、严佐之主编：《方苞全集》第 7 册《左传义法举要》，复旦大学出版社 2018 年版，第 11 页。

叙事之文，义法精深至此，所谓出奇无穷。虽太史公、韩退之不过能仿佛其二三，其余作者皆无阶而升。(《韩之战》)①

唐、宋诸家之文，终篇一意相贯，譬如万派同源，百枝共本。不如此，则气脉断隔，而篇法为之裂矣。太史公《礼书序》首尾以二义分承，篇法之奇，唐以后无之。此篇以德、礼、勤民三义相贯，间见层出，融洽无间，又汉以后所未有也。(《城濮之战》)

《易》于《坤》曰："为文。"又曰："物相杂，故曰文。"盖彼此交互，相为经纬，而文生焉。叙事之文，最苦散漫无检局。惟《左氏》于通篇大义贯穿外，微事亦两两相对。(《城濮之战》)②

此战之事与言，最繁杂细碎，故特起连类而书之例。使一以事之前后为序，则意脉不贯，拳曲臃肿而不中绳墨矣。其两两相映，则与诸战略同。(《郧之战》)③

《左传》僖、文以前，义法谨严，辞亦简炼。宣、成以后，义法之精深如前，而辞或澶漫矣，故于篇中可薙芟者，句画以示其略。(《宋之盟》)④

方苞的"义法"理论，包括"义"与"法"两个方面，"义即《易》之所谓言有物也；法即《易》之所谓言有序也。义以为经，而法纬之，然后为成体之文"⑤。《左传义法举要》所评点之事，皆为春秋之大事，过程跌宕起伏，波折丛生，方苞于评点时，皆会找到一篇之主旨，揭示《左传》"言有物"之处，如《齐连称管至父弑襄公》围绕一"乱"字，写谋乱、作乱之事；《韩

① (清) 方苞著，彭林、严佐之主编：《方苞全集》第 7 册《左传义法举要》，复旦大学出版社 2018 年版，第 14 页。

② (清) 方苞著，彭林、严佐之主编：《方苞全集》第 7 册《左传义法举要》，复旦大学出版社 2018 年版，第 19 页。

③ (清) 方苞著，彭林、严佐之主编：《方苞全集》第 7 册《左传义法举要》，复旦大学出版社 2018 年版，第 28 页。

④ (清) 方苞著，彭林、严佐之主编：《方苞全集》第 7 册《左传义法举要》，复旦大学出版社 2018 年版，第 39 页。

⑤ (清) 方苞著，刘季高校点：《方苞集·集外文补遗卷二·史记评语》，上海古籍出版社 1983 年版，第 851 页。

之战》围绕晋人"失德失谋"展开，言其败亡之必然；《城濮之战》以"德"字为一篇关键，贯穿全文，言晋国胜利之本；《邲之战》以"怙乱"为一篇枢纽，既有"观衅而动"之处，又有条陈战事之文；《鄢陵之战》以"忧"字为一篇纲领，言楚败之必然及经过；《宋之盟》言说弭兵之事，明言向戌求名诬道而蔽诸侯之心。

方苞评说时所涉之"义"，既有《左传》叙事之主脉，又有其蕴含的经义、道义，与《春秋》义法一脉相承。无论是战争，还是弑杀，还是会盟，"德"字皆是其阐释的根本，齐襄公无德失信而终招致杀身之祸，晋惠公无德无义而失信于邻国、百姓，向戌在弭兵的大旗之下掩盖的是其求名求利之心①，而"楚之无信，子木不自讳""晋非能务德守信"，②弭兵怎么可能真正实现呢？

至若"言有序"之处，则是方苞解读、阐释的重点，以致光绪年间李光廷称其"单言文法，不说经义"③。方苞言说《左传》为文之法，涉及材料删削、结构安排、文章大意及文字运用等诸多方面，毫不掩饰对《左传》文法的赞美与推崇。

方苞认为，《左传》文法多变，曲尽其妙。有只言隐括其事者，如《齐连称管至父弑襄公》一文尾评言：

> 《左氏》之文，有太史公不能及者。如此篇，谋乱之始，连称、管至父与无知交，何由合？何以深言相结而为乱谋？连称如何自言其从妹？何由通无知之意于宫中而谋伺襄公之间？若太史公为之，曲折叙次，非数十百言莫备。此但以"因之作乱"及"使间公"二语隐括，而其中情事，不列而自明。作乱之时，连称之妹如何告公出之期？无知与连、管何以

---

① 方苞评说《宋之盟》言："欲以为名，是明知兵之不可弭、信之不可保也，故曰'以诬道蔽诸侯'。"〔（清）方苞著，彭林、严佐之主编：《方苞全集》第7册《左传义法举要》，复旦大学出版社2018年版，第35页〕

② （清）方苞著，彭林、严佐之主编：《方苞全集》第7册《左传义法举要》，复旦大学出版社2018年版，第36—37页。

③ （清）李光廷：《守约篇》甲集《左传义法举要跋》，《榕园丛书》本。

部署其家众？何以不袭公于外而转俟其归？何以直入公宫而无阻间？非数十百言莫备。此则一切薙芟，直叙公田及徒人费之鞭，而以走出，遇贼于门，遥接作乱，腾跃而入，匪夷所思。费入告变，襄公与二三臣仓皇定谋，孟阳如何请以身代？诸臣何以伏公于户下？费与石之纷如如何相誓同命以御贼？非数十百言莫备。此独以"伏公而后出，斗"一语隐括，而其中情事，不列而自明。其尤奇变不测者，后无一语及连称之妹，而中间情事皆包孕于"间公"二字，盖弑谋所以无阻，皆由得公之间也。①

连称、管至父与公孙无知共谋弑杀齐襄公，事情复杂，中间很多环节，皆可成几段长文，然而《左传》却用简洁的话语予以呈现，不禁令人感叹《左传》用语之精炼与奇妙。

《韩之战》则是另外一种叙事风格，细大必具，层层铺设。《韩之战》尾评有言：

> 左氏长篇，多于篇首总挈纲领，而随地异形，其变无方。此篇晋惠公以失德致败，篇首具矣。而中间愎谏、违卜，临事而失谋，则非平昔败德所能该也。故因韩简之论占，忽引《诗》以要绾前后，而篇中所载惠公之事与言，细大毕举矣。且失德失谋，以致败由人，则守义好谋，而转败以为功，亦由人。并晋群臣之感忧以从君，惕号以致众，驰辞执礼以喻秦，皆一以贯之。而庆郑之孽由己作，亦包括无遗矣。②

韩之战，晋国之败，源自晋惠公的失德失谋，为了凸显此点，《左传》多方铺排，层列而下：背信弃义，失信于秦穆姬、秦穆公；以怨报德，失德于秦国百姓；刚愎自用，不从占卜，不用庆郑为车右；不听劝谏，一意进攻，不

---

① （清）方苞著，彭林、严佐之主编：《方苞全集》第7册《左传义法举要》，复旦大学出版社2018年版，第9—10页。

② （清）方苞著，彭林、严佐之主编：《方苞全集》第7册《左传义法举要》，复旦大学出版社2018年版，第14页。

得人心，军心涣散。如此种种，皆为其失德失谋之注脚，《左传》一一写出，不厌其烦。

方苞认为，文多变化，是《左传》为文之特色，变化无方，方能成就世间至文。但万变不离其宗，两个关键点必须把握好，否则便无从称其为至文。此两个关键点，一是有主线，为文不散漫；二是有详略，为文不臃肿。

为文不散漫，需依据文义组织材料，或两两相对，或一脉而下，或层层铺垫，或前后穿插，不一而足。《韩之战》在秦晋两国议和后，追叙了伯姬嫁秦前史苏所作的卜筮之词，至于追叙的原因，方苞言道：

> 筮嫁穆姬，何以追叙于此？以时惠公方在秦，有史苏之问与对也。舍此，更无可安置处。观此，则知古人叙事，或顺或逆，或前或后，皆义之不得不然。①

史苏的卜筮之词，显示不吉，预言秦国与晋国会有大战，晋国伤亡惨重，且晋惠公的儿子要留在秦国做人质，最后惨死。韩之战后，晋惠公被困在秦国，想起了史苏当初的预言，把责任推到了晋献公身上，直言晋献公如若当初听从史苏的预言，不把伯姬嫁予秦穆公，他就不会大败而被困秦地。很显然，晋惠公的言论，没有任何悔过想法，不思己过，反责他人，与秦国的几次战争，完全因为他无德失信，《左传》在此处追述史苏的卜筮之词，其用意还是为了表现晋惠公的无德。一切材料，围绕文章主旨大意组织，结构上紧凑而不散漫。组织材料，有终篇一意相贯穿者，如唐宋诸家之文多如此，"如万派同源，百枝共本"，似乎不如此，便会"气脉断隔，而篇法为之裂矣"②，《左传》亦有此种做法。但在方苞看来，《左传》还有更为奇特的作

---

① （清）方苞著，彭林、严佐之主编：《方苞全集》第 7 册《左传义法举要》，复旦大学出版社 2018 年版，第 13 页。

② （清）方苞著，彭林、严佐之主编：《方苞全集》第 7 册《左传义法举要》，复旦大学出版社 2018 年版，第 19 页。

法，如《城濮之战》一文，"以德、礼、勤民三义相贯，间见层出，融洽无间，又汉以后所未有也"①，层列而下，脉络清晰。

方苞所选《左传》的几大战争，皆是重大而繁乱之事，极易写得散漫，而《左传》于此却甚为成功，在有通篇大意贯穿之外，细微处则用两两相对之法，一一对应，斐然成章。如《城濮之战》，其一一对应处如下：

> 此篇言晋侯有德有礼而能勤民，所以胜；子玉无德无礼不能勤民，所以败。其大经也。中间晋侯能用人言，不独博谋于卿大夫，且下及舆人；得臣刚愎自用，不独荣黄之谏不听，楚众欲还不从，即楚子之命亦不受。又一反对也。楚子不欲战，而得臣强之；晋侯疑于战，而诸臣决之。又一反对也。晋侯之梦，似凶而终吉；得臣之梦，似吉而终凶。又一反对也。楚所爱者曹、卫，晋所急者宋、鲁，则阳从晋而阴为楚，郑则始向楚而终从晋，皆两两相对，所以杼轴而成章也。②

两两相对，清晰展现了晋楚两国君主、主帅、盟军等各个方面的不同，诸多方面的对应，自然而然诠释了晋胜楚败的原因及过程，避免了杂乱无章之弊。

《左传》写作时，左丘明面对的材料很多，如若全部收入文中，势必会让文章繁杂不堪，为此，左丘明根据表达意旨，进行了相应的选择、删削。方苞以《城濮之战》为例，对此予以说明如下：

> 《左氏》序事之法，在古无两，宜于此等求之。盖晋之告胜、王之谋劳晋侯，及晋闻王之出而留诸侯以为会盟，就中情事，若一一序入，则不胜其繁而篇法懈散。惟于还至衡雍，先序王宫之作，则王至践土，晋献楚

---

① （清）方苞著，彭林、严佐之主编：《方苞全集》第 7 册《左传义法举要》，复旦大学出版社 2018 年版，第 19 页。

② （清）方苞著，彭林、严佐之主编：《方苞全集》第 7 册《左传义法举要》，复旦大学出版社 2018 年版，第 19 页。

俘，可以顺承直下，斩去一切枝蔓，而情事显然，所谓神施而鬼设也。①

城濮之战，从战争之萌蘖、发生至结束，事情很多，若事无巨细地写入文中，文章势必会等同于流水账式的材料堆积，因此，删削是必然之举。

删削为的是突出重点，方苞极为认同此种做法，赞其明详略之法，其评价《宋之盟》一文言道：

> 仲尼所称赵武享于宋之文辞也，此所称子木、叔向之能言也，《传》皆略焉。而后此所述，多赵武之言，何也？武之善言若此，则子木、叔向可知矣。盖备举前二享之文辞，则拳曲臃肿不中绳墨，而文体为之杂冗，故独详于终事。②

子木、叔向都是当时能言善辩之人，当时留存下来的他们的言说材料有很多，《左传》称颂其能言之才，但此处却对其言辞未加详细著录，主要记载的是赵武的言辞，其缘由即是为了避免为文之臃肿冗杂。

至若韩之战，《左传》叙述晋惠公失德之事甚为详细，而于战事则着墨甚略。方苞言道：

> 盖此篇大指在著惠公为人之所弃，以见文公为天之所启，故叙惠公愎谏失德甚详，而战事甚略。正战且不宜详，若更叙前三战三败之地与人，则臃肿而不中绳墨。宋以后诸史，冗杂庸俗，取讥于世，由不识详略之义耳。③

---

① （清）方苞著，彭林、严佐之主编：《方苞全集》第7册《左传义法举要》，复旦大学出版社2018年版，第17—18页。

② （清）方苞著，彭林、严佐之主编：《方苞全集》第7册《左传义法举要》，复旦大学出版社2018年版，第37页。

③ （清）方苞著，彭林、严佐之主编：《方苞全集》第7册《左传义法举要》，复旦大学出版社2018年版，第11页。

史书写作，需围绕主线砍去冗余枝蔓，如此方能重点突出，脉络清晰，如此方为史之良才。

具体写作之时，《左传》使用"连类而书"、两两相映之法，而不仅仅以事情的先后顺序为写作顺序，方苞评说《邲之战》时言道："此战之事与言，最繁杂细碎，故特起连类而书之例。使一以事之前后为序，则意脉不贯，拳曲臃肿而不中绳墨矣。其两两相映，则与诸战略同。"① 意脉贯穿、去除冗余、避免散漫的文章，既会"言之有物"，又能"言之有序"，此即《左传》叙事之法宝 ②。

方苞对《左传》的评点，凝聚着他对古文文风构建的思索，文不散漫、不臃肿，对应的是文需雅洁，文需简当。此种思索，有对前代经验的思考，又与清代官方正统文风归于一致。清代帝王对文风改革极为重视，顺治提倡典雅宏博之文 ③，康熙提倡古雅实用之文，雍正提倡"雅正清真、理法兼备"之文 ④，乾隆申明"清真雅正"之训，提倡清真古雅、辞达理醇之文 ⑤。在清代官方正统文风的构建过程中，方苞是一个重要的节点。吴蔚《雍正之"雅正清真"与方苞之"雅洁"论》一文，通过具体的时间推演认为，方苞早期的"雅洁"点评，或许启发了雍正，而他在《钦定四书文》《古文约选》中

---

① （清）方苞著，彭林、严佐之主编：《方苞全集》第 7 册《左传义法举要》，复旦大学出版社 2018 年版，第 28 页。

② 方苞评价《鄢陵之战》一文时说道："五战惟鄢有阙文，其脉络之灌输，精神之流注，遂莫可探寻，可知古人为文之不苟。"［（清）方苞著，彭林、严佐之主编：《方苞全集》第 7 册《左传义法举要》，复旦大学出版社 2018 年版，第 35 页］

③ 顺治二年（1645），顺治下达谕旨，"凡篇内字句，务典雅纯粹，不许故撰一家之言，饰为宏博"［（清）素尔讷等纂修，霍有明、郭海文校注：《钦定学政全书校注》卷六，武汉大学出版社 2009 年版，第 26 页］。

④ 雍正十年（1732）七月壬子，雍正下达指令："近科以来，文风亦觉丕变，但士子逞其才气词华，不免有冗长浮靡之习。是以特颁此旨，晓谕考官。所拔之文务令雅正清真，理法兼备。虽尺幅不拘一律，而支蔓浮夸之言，所当屏去。"［（清）素尔讷等纂修，霍有明、郭海文校注：《钦定学政全书校注》卷六，武汉大学出版社 2009 年版，第 26 页］

⑤ "我皇上复申明清真雅正之训，是编所录——仰禀圣裁，大抵皆词ता理醇，可以传世行远。"［（清）永瑢等：《四库全书总目》卷一九〇《集部·总集类五·钦定四书文四十一卷》，中华书局 1965 年版，第 1729 页］

形成的"清真古雅"之说，又是对雍正"雅正清真"的最好阐释①，"'清真古雅'的提出正是以雍正为代表的清廷文艺思想和方苞文论的最佳结合，是两条抛物线相交会的节点"②。方苞的义法说萌芽、生成于康熙年间，可以看作康熙朝正统文风的接受者与践行者，又是雍正朝正统文风的推广者与阐释者，还是乾隆朝正统文风的发起者与倡导者，他在《古文约选》中用具体可见的范文辅助人们理解雍正提倡的"雅正清真、理法兼备"，又在《钦定四书文》中精要阐释"清真雅正"之义，③力求使之成为"主司之绳尺""士子之矩矱"，对清代正统文风的倡立、阐发贡献很大。

方苞是考中进士而从事《左传》评点的代表，集中展现了考中进士的《左传》评点者的评点面貌。他们的评点大都与朝廷的文化政策密切相关，或者直接参与帝王评点，或者受帝王评点的影响，积极响应、参与、顺应国家的文风建设，以各自的《左传》评点来阐释与国家理念、与帝王评点相应的为文理念。

（二）《四库全书》编纂对进士知识精英评点《左传》的影响

从时间上来看，具有进士身份的《左传》评点者，绝大多数集中在清代中前期，晚期只有两位。清代中期具有进士身份的《左传》评点家，最晚的一位是乾隆二十五年（1760）中进士的朱宗洛，这个时间点在清代知识精英的《左传》评点历程中非常重要，具有一定的标志意义。

乾隆于三十八年（1773）开设四库全书馆，择选博洽贯通、学识渊博者编纂《四库全书》，开始了清代规模最大的文化工程。四库馆臣虽然学术渊

---

① "雍正是否读过方苞关于义法的作品，我们不得而知，但是早有文名，雍正不会不晓。……可见义法说虽早在康熙年间已形成，但被人接受是有一个过程的。也许正是在这期间，'义法说'启发了雍正，使得他最终在谕旨中慎重地提出了'理法兼备'之说。"（吴蔚：《雍正之"雅正清真"与方苞之"雅洁"论》，《文艺评论》2013年第6期）

② 吴蔚：《雍正之"雅正清真"与方苞之"雅洁"论》，《文艺评论》2013年第6期。

③ 李元春《四书文法摘要》言"清有四：意清，辞清，气清，要在心清。真有五：题中理真，题外理真，当身体验则真，推之世情、物理则真，提空议论则真。雅有二：自经书出则雅，识见超则雅。正有二：守题之正，变不失常"［（清）李元春：《四书文法摘要》，清道光刊《清照楼丛书》本］，则是在方苞理念阐释基础上的概括。

源不同，学术主张也有一定的差异，甚至还有激烈的学术争辩，但是在《四库全书》编纂过程中，他们不约而同地有了一种身份认同，整体上贯彻了"崇实黜虚"的学术追求。

整个编纂过程中，四库馆臣要经过搜集底本、确定入选篇目、校阅典籍、撰写提要、抄录原文、校对全文等工序，其中确定何者可入选以及如何撰写提要，都是学术主张、为文理念的直接体现。《四库全书》抄录了一定数量的评点类作品，如《古文关键》《崇古文诀》《文章轨范》《妙绝古今》《论学绳尺》《古文集成》《古文渊鉴》《古文雅正》《文编》《古今诗删》《唐宋八大家文钞》《二十一史论赞》《楚辞评林》等，另有《批点考工记》《古周礼释评》《批点檀弓》《檀弓评》《昭明文选越裁》《文选尤》《李太白诗选》《评注八代文宗》《明文隽》《合评选诗》《古论大观》《唐诗选脉会通评林》《史汉文统》《唐诗广选》《斯文正统》《唐宋十大家全集录》《钟评左传》《或庵评春秋三传》《左绣》《读左补义》《左传评》《放翁诗选》《孙月峰评经》《苏评孟子》《大学本文》《大学古本》《中庸本文》《古文练要》等书，存其目，未抄录其书。收录评点类作品，代表了四库馆臣的一种态度，他们尊重事实，尊重评点类作品的影响力与传播效能。有些作品，四库馆臣经过辨析，已然证明其为伪作，但因为其流传已久，影响较大，他们也将其收录在"存目"之中，如"流俗所行，别有攀龙《唐诗选》。攀龙实无是书，乃明末坊贾割取《诗删》中唐诗，加以评注，别立斯名。以其流传既久，今亦别存其目，而不录其书焉"①。

四库馆臣还为所收录的评点类作品做了提要说明，涉及作品的作者、写作特点以及功过评价，集中体现了四库馆臣对评点类作品的学术态度。四库馆臣对评点类作品的评价，有两种倾向：一种是褒扬，褒扬的原因之一是作品质量上乘。如评说《御选古文渊鉴》"睿鉴精深，别裁至当""考证明确，详略得宜"②，既不失之简略，又不趋于芜杂，且通圣人之心，备圣人之

---

① （清）永瑢等：《四库全书总目》卷一八九《集部·总集类四·古今诗删》，中华书局1965年版，第1717页。

② （清）永瑢等：《四库全书总目》卷一九〇《集部·总集类五·御选古文渊鉴》，中华书局1965年版，第1725页。

道，"非惟功隆德盛，上轶唐虞，即乙鉴之余，品题文艺，亦词苑之金桴，儒林之玉律也"。①《御选唐宋文醇》甄选经世致用、不为空言之文，"品题考辨，疏通证明，无不抉摘精微，研穷窔奥"②。综合而言，上乘的评点作品在选文、考证、见解等方面，皆见功力。襃扬的原因之二是评点类作品有实用价值，如评价吕祖谦《古文关键》时言其"批选议论，不为无益"③，评点为有用有益之作，此为对评点本身价值的肯定。楼昉《崇古文诀》繁简得中，精于发明文义，"尤有裨于学者。盖昉受业于吕祖谦，故因其师说，推阐加密，正未可以文皆习见而忽之矣"④，真德秀《文章正宗》虽有其缺失，然"兼存其理，以救浮华冶荡之弊，则亦未尝无裨"⑤，皆是有用之作。评价唐顺之《文编》时言，"其言皆妙解文理。故是编所录虽皆习诵之文，而标举脉络，批道窾会，使后人得以窥见开阖顺逆、经纬错综之妙。而神明变化，以蕲至于古。学秦汉者当于唐宋求门径，学唐宋者固当以此编为门径矣"⑥，示学子以门径，有裨于初学。《御选唐宋文醇》"其上者足以明理载道，经世致用。其次者亦有关法戒，不为空言"⑦，既能学以致用，又能垂范世人。《御选唐宋诗醇》"共识风雅之正轨"⑧，有益诗教。此两条原因，一从评点作品的水

---

① （清）永瑢等：《四库全书总目》卷一九〇《集部·总集类五·御选古文渊鉴》，中华书局 1965 年版，第 1725 页。

② （清）永瑢等：《四库全书总目》卷一九〇《集部·总集类五·御选唐宋文醇》，中华书局 1965 年版，第 1728 页。

③ （清）永瑢等：《四库全书总目》卷一八七《集部·总集类二·古文关键》，中华书局 1965 年版，第 1698 页。

④ （清）永瑢等：《四库全书总目》卷一八七《集部·总集类二·崇古文诀》，中华书局 1965 年版，第 1699 页。

⑤ （清）永瑢等：《四库全书总目》卷一八九《集部·总集类四·文章正宗》，中华书局 1965 年版，第 1699 页。

⑥ （清）永瑢等：《四库全书总目》卷一八九《集部·总集类四·文编》，中华书局 1965 年版，第 1716 页。

⑦ （清）永瑢等：《四库全书总目》卷一九〇《集部·总集类五·御选唐宋诗醇》，中华书局 1965 年版，第 1728 页。

⑧ （清）永瑢等：《四库全书总目》卷一九〇《集部·总集类五·御选唐宋文醇》，中华书局 1965 年版，第 1728 页。

平评说，一从评点作品的功用评说，彰显的是四库馆臣认真严肃的学术态度，凸显的是四库馆臣经世致用的学术追求①。

四库馆臣对评点作品的另外一种态度是批评。四库馆臣的批评，相对褒扬的理由来说，要更具体、更细致。

第一，经书不可单论词语，评语不与经义相关，即为下品。在四库馆臣眼中，经书为天下恒久之大道，为天下万民共遵之至道，"盖经者非他，即天下之公理而已"②，经书大义深奥，于国于家皆有益处，需要不断涵泳、反思、揣摩，方能得其肯綮，若单着眼于字词细节，从细微琐碎处言说所谓的妙处，此定非说经之正道。戴君恩《读风臆评》因"其于《经》义，固了不相关也"③，而为四库馆臣所批评，凌濛初《言诗翼》则因"直以选词遣调造语炼字诸法论三百篇"④，而招致四库馆臣的讽刺，即便是王澍所撰《大学本文》《大学古本》《中庸本文》，对其本文加以圈点，虽意在因文法以阐释经理，"然圣经虽文字之祖，而不可以后人篇法、句法求之"⑤，终不被四库馆臣认可。相反，储欣《唐宋十大家全集录》仿明茅坤《唐宋八大家文钞》，"观其持论，仍不离乎经义之计"⑥，而得四库馆臣称赞，称其用意良美。种种例证，足见四库馆臣对评点经书类作品在解读经义与遣词造句方面的选择：先言经义，方可再评语词；评词论语，也需与经义相关。

第二，评语体式，皆以时文为法，当不足取。四库馆臣不认可科举时

---

① 《四库全书总目》多次提到有用的评价原则，《凡例》中有言："圣贤之学主于明体以达用。凡不可见诸实事者，皆属卮言。"[（清）永瑢等：《四库全书总目·钦定四库全书卷首·凡例二十则》，中华书局 1965 年版，第 18 页]

② （清）永瑢等：《四库全书总目》卷一《经部总叙》，中华书局 1965 年版，第 1 页。

③ （清）永瑢等：《四库全书总目》卷一七《经部·诗类存目一·读风臆评》，中华书局 1965 年版，第 140 页。

④ （清）永瑢等：《四库全书总目》卷一七《经部·诗类存目一·言诗翼》，中华书局 1965 年版，第 142 页。

⑤ （清）永瑢等：《四库全书总目》卷三七《经部·四书类存目·大学本文一卷大学古本一卷中庸本文一卷》，中华书局 1965 年版，第 317 页。

⑥ （清）永瑢等：《四库全书总目》卷一九四《集部·总集类存目四·唐宋十大家全集录五十一卷》，中华书局 1965 年版，第 1773 页。

文，圣人立教，非徒以用来弋取科名，故而《四库全书》中仅收录乾隆帝御敕编订、作为士林标准的《钦定四书文》，其他时文选本，一概不录，"时文选本，汗牛充栋，今悉斥不录"①。评点作品很多是为助力科举考试，为了达到最佳效果，评点者往往会采用八股时文的套路来评点古书，标举字法、句法等，言说破题、接题、小讲、大讲、入题、原题等，讲解"两扇格"、排偶等文法。对于此种做法，一贯排斥时文的四库馆臣自然极为反感。他们在评说朱泰贞《礼记意评》时，言"泰贞此书，乃弃置一切，惟事推求语气。某字应某字，某句承某句，如场屋之讲试题，非说经之道也"②，以时文之法评点古文，往往过于注重外在的格式而忽略文章内容，讲章琐说，从而不能探得古文精义，不能得其精髓，流于肤浅，无一字之发明，非可取之道。

第三，不言名物，空谈为文，非惯常说经之道。四库馆臣强调信实笃实，不尚空言，主张无信不征，一字一句皆有来处，其中，名物、制度等是重要的解读基础，必须核实清楚，解说准确，方能切中古人之大意。以《礼记》研究为例，"汉儒说《礼》，考《礼》之制。宋儒说《礼》，明《礼》之义。而亦未敢尽略其制"，汉代重名物制度，宋代言说义理亦不敢对名物制度略而不谈，个中原因，"盖名物度数，不可以空谈测也"，③但是，明代以来的评点作品，常有弃置不论的情况出现，转而专论文章之语气、脉络等，此等做法，在四库馆臣看来，等同于离经叛道。

第四，删改古文，窜乱次序，不可据为典要。某些评点者为了评点方便，或者凸显自己的评判标准，有时会将某些原文删去，或者重新组合。此种现象，在《左传》评点中很常见，《左传》为编年纪事，但是有时一件事

---

① （清）永瑢等：《四库全书总目》卷一九〇《集部·总集类五·钦定四书文四十一卷》，中华书局 1965 年版，第 1729 页。

② （清）永瑢等：《四库全书总目》卷二四《经部·礼类存目二·礼记意评四卷》，中华书局 1965 年版，第 195 页。

③ （清）永瑢等：《四库全书总目》卷二四《经部·礼类存目二·礼记意评四卷》，中华书局 1965 年版，第 195 页。

的发生、发展、结束，不是一天、一月、一年能完成的，为了展现事件的整体过程，很多评点者会将与此无关的记载删去，将相关的记载放在一起，如此一来，事件的整体过程就能清晰地展现出来。对于与《左传》评点类似的做法，四库馆臣大为不满，评说《文选尤》时，直言"其书取《文选》旧本，臆为删削"①，一个"臆"字，不满之情尽露；评说钟惺的《周文归》，言其"敢于刊削圣经，亦可谓悍然不顾矣"②，不满之情更甚；评说钟惺、谭元春的《诗归》，言其"于连篇之诗随意割裂，古来诗法于是尽亡"③毁，坏诗法之作，何谈指导后学？四库馆臣认定为学为文需尊重古书，尊重古书原貌，不可妄自篡改。陈继儒《古论大观》，任意点窜古文，妄改名目，"《史记》、《汉书》诸传之序，以及《史通》、《文心雕龙》、《新论》、《亢仓子》，其篇题本无论名。乃悉强增一论字，已自无稽。杜佑《通典》、郑樵《通志》、马端临《文献通考》，不过于征引典故之后，附以案语。荀悦、袁宏前后《汉纪》，司马光《资治通鉴》，不过于纪载事实之下，附以评断。亦加以论名，并各为造作题目，尤为杜撰。甚至魏文帝《典论论文》，增一字曰《典论论文论》。冯衍《自叙》，改其名曰《自论》。索靖《草书势》，改其名曰《草书论》。韩愈《送高闲上人序》，亦改其名曰《草书论》。任情点窜，不可究诘"，四库馆臣认为，如此种种，随情任性，毫无依据，若以此为例，古今篇目无不可更改题目，加上"论"字，如此一来，"万卷可得，何止四十卷乎"，④如此一来，陈继儒的四十卷《古论大观》便不可称"大"了。谢枋得《文章轨范》卷三"小心文"题下原有"先暗记侯王两集，下笔无滞碍"⑤之语，但是坊间刻书却妄自改窜，

---

① （清）永瑢等：《四库全书总目》卷一九一《集部·总集类存目一·文选尤十四卷》，中华书局1965年版，第1734页。

② （清）永瑢等：《四库全书总目》卷一九三《集部·总集类存目三·周文归二十卷》，中华书局1965年版，第1759页。

③ （清）永瑢等：《四库全书总目》卷一九三《集部·总集类存目三·诗归五十一卷》，中华书局1965年版，第1759页。

④ （清）永瑢等：《四库全书总目》卷一九三《集部·总集类存目三·古论大观四十卷》，中华书局1965年版，第1762页。

⑤ （宋）谢枋得：《叠山先生批点文章轨范》卷三，《中华再造善本》影印元刻本。

此处改窜虽无关大义，"亦足见坊刻之好改古书，不可据为典要也"①，然而四库馆臣依然认为此等做法不可为据，《四库全书》抄录《文章轨范》时一仍旧题，还其原貌。明代孙攀《古周礼释评》的音释、评语，四库馆臣认为皆采用村塾读本之式，无足可取之处，但此书不删削经文，不窜乱次序，"兢兢守郑贾之本"②，四库馆臣着意提出，予以肯定，足见四库馆臣对古书的尊重，对乱改古书的反感。

第五，思想不正，文风不良，流毒后学，危害甚大。在四库馆臣那里，宋代评点与明代评点代表的是两种倾向，宋代评点质朴，有益于世，而明代评点浮夸，不利于人。四库馆臣选取了明代的三位评点者着力批判，一位是李贽，一位是钟惺，一位是谭元春。李贽被四库馆臣评定为离经叛道之人，他攻击正统儒学，讽刺圣人经典，反对以儒家教义规范人生，四库馆臣诟病其狂诞③、狂谬④，言"贽恃才妄诞，敢以邪说诬民"⑤，"贽书皆狂悖乖谬，非圣无法"，言其"罪不容诛"，但是他们还是对李贽的《藏书》存目，当然，存其目不代表褒扬，而是凸显其罪过，"特以贽大言欺世，同时若焦竑诸人，几推之以为圣人。至今乡曲陋儒，震其虚名，犹有尊信不疑者。如置之不论，恐好异者转矜创获，贻害人心。故特存其目，以深暴其罪焉"，⑥ 李贽在当时乃至清初的影响甚大，四库馆臣认为与其回避问题，听之任之，不如正面出

---

① （清）永瑢等：《四库全书总目》卷一八七《集部·总集类二·文章轨范七卷》，中华书局1965年版，第1703页。

② （清）永瑢等：《四库全书总目》卷二三《经部·礼类存目一·古周礼释评六卷》，中华书局1965年版，第184页。

③ "其他妄为升降，颠倒乖错之处，不可胜言，殆与李贽之藏书狂诞相等。"[（清）永瑢等：《四库全书总目》卷六五《史部·史钞类·史纂左编一百二十四卷》，中华书局1965年版，第580页]

④ "至于陈继儒之浅陋，李贽之狂谬，复为之反复辨论，更徒增词费矣。"[（清）永瑢等：《四库全书总目》卷九〇《史部·史评类存目·史折三卷续一卷》，中华书局1965年版，第766页]

⑤ （清）永瑢等：《四库全书总目》卷一一九《子部·杂家类三·疑耀七卷》，中华书局1965年版，第1026页。

⑥ （清）永瑢等：《四库全书总目》卷五〇《史部·别史类存目·藏书六十八卷》，中华书局1965年版，第455页。

击，暴露毒瘤之危害，警醒世人。李贽评点的《三异人集》，评点的对象是方孝孺、于谦、杨继盛的诗，与他所作的其他书不同，此书的评语基本在情理之中，四库馆臣对此予以客观评价，但是在此之后，又附以"三人皆自有集，皆自足千古，初不假贽之表章。况以贽之得罪名教，流毒后学，而选录三人之文，不足以为三人荣，反足以为三人辱矣"①之语，言说李贽评点方孝孺、于谦、杨继盛三人之作，实为三人之耻辱，此种语调，讽刺意味不言而喻。

如果说四库馆臣对李贽的批判，主要着眼于其狂悖思想，对钟惺、谭元春的批判，则主要侧重于文风方面。钟惺、谭元春受过李贽"童心说"的影响，注重书写自我真情，他们编订《诗归》，评说古诗，以书写性灵为追求，纠正复古派的弊病，欲肃清诗坛的不正风气，新天下耳目，具有一定的积极意义。但是，在四库馆臣的评价体系中，钟惺、谭元春的创作题材狭窄，醉心于一字一句的雕琢，倡导、践行的诗风趋于尖新幽冷、浅率纤仄，四库馆臣遂赞同前人之看法，视之为明代诗坛之"诗妖"②，"天门钟惺更标举尖新幽冷之词，与元春相唱和。评点《诗归》，流布天下，相率而趋纤仄。有明一代之诗，遂至是而极弊。论者比之诗妖，非过刻也"③。钟惺、谭元春评点诗文，四库馆臣称之为"轻佻放诞"，"以纤巧之法选之，以佻薄之语评之"④，与"文以载道"的观念、"温良敦厚"的诗教观可谓南辕北辙，加之

---

① （清）永瑢等：《四库全书总目》卷一九二《集部·总集类存目二·三异人集二十二卷》，中华书局 1965 年版，第 1750 页。

② 清初反思明亡之教训，钟惺、谭元春背上了很多骂名。钱谦益《列朝诗集小传》言："其所谓深幽孤峭者，如木客之清吟，如幽独君之冥语，如梦而入鼠穴，如幻而之鬼国，浸淫三十余年，风移俗易，滔滔不返。余尝论近代之诗，抉擿洗削，以凄声寒魄为致，此鬼趣也。尖新割剥，以噍音促节为能，此兵象也。鬼气幽，兵气杀，著见于文章，而国运从之，以一二轻才寡学之士，衡操斯文之柄，而征兆国家之盛衰，可胜叹悼哉！……钟谭之类，岂亦五行志所谓诗妖者乎！"［（清）钱谦益：《列朝诗集小传》丁集中《钟提学惺》，上海古籍出版社 1983 年版，第 571 页］

③ （清）永瑢等：《四库全书总目》卷一八〇《集部·别集类存目七·岳归堂集十卷》，中华书局 1965 年版，第 1627 页。

④ （清）永瑢等：《四库全书总目》卷一九三《集部·总集类存目三·宋文归二十卷》，中华书局 1965 年版，第 1759 页。

钟惺、谭元春的影响很大，奉其为圭臬者众多，"钟惺、谭元春之书盛行于天启、崇祯间，至真赝并出，无由辨别。今乡曲陋儒尚奉其绪论，缪种流传，知为依托者盖少。既悉其谬，即当显为纠正，以免疑误后人"①，清朝亦有钟惺的许多信徒，如王承烈的《复菴诗说》单就文字而论，其篇章、顿句、运调、炼字、设想，"是又岐入钟、谭论《诗》之门径矣"②，故而四库馆臣将钟惺、谭元春的书收录，意欲纠偏矫正。

第六，贪多务博，冗杂为病。无论是汇编成书，还是评点诗文，四库馆臣都有一个明确的目标，即睿鉴指示，垂范世人，"文集日兴，散无统纪，于是总集作焉。一则网罗放佚，使零章残什，并有所归。一则删汰繁芜，使芳稊咸除，菁华毕出。是固文章之衡鉴，著作之渊薮矣"③，编纂文集、评点作品，并非简单地把文章、评点集在一起，它一定要经过审慎的选择，择之精华，勒之成书，方能有用于世，方能传之久远。但是，很多人不明此理，或者明知此理而不能践行，去取不精，鉴裁不当，如清代王澍批点《大学》《中庸》，既列其古本，又列朱熹的改本，各言其文字之妙处，四库馆臣对此很不认可，"古本是则改本非，改本是则古本非。两相尊奉，不亦合之两伤乎"④，妄自求全，殊不知二者本不同，放在一起反而不妥。或者不顾此理，妄自裒集，不加甄别，遂陷入冗杂之困境。周珽《唐诗选脉会通评林》有"笺证"以解释字句典故，有"训"以发明词意脉络，有评以议论文法，这三个方面共同的特点是"贪多务博"，各种评说汇集一处，看似以广博取胜，却最终摆脱不了"冗杂特甚"的标签。沈云翔《楚辞评林》亦是如此，杂取诸家评语，"冗碎殊甚"⑤，颇嫌疣

① （清）永瑢等：《四库全书总目》卷一一九《子部·杂家类三·厄林十卷补遗一卷》，中华书局 1965 年版，第 1028 页。

② （清）永瑢等：《四库全书总目》卷一八《经部·诗类存目二·复菴诗说六卷》，中华书局 1965 年版，第 146 页。

③ （清）永瑢等：《四库全书总目》卷一八六《集部·总集类一》，中华书局 1965 年版，第 1685 页。

④ （清）永瑢等：《四库全书总目》卷三七《经部·四书类存目·大学本文一卷大学古文一卷中庸本文一卷》，中华书局 1965 年版，第 317 页。

⑤ （清）永瑢等：《四库全书总目》卷一四八《集部·楚辞类存目·楚辞评林八卷》，中华书局 1965 年版，第 1270 页。

赘。与之相反，茅坤的《唐宋八大家文钞》，选录繁简适中，虽有瑕疵，但四库馆臣予以称赞，称其"足为初学之门径。一二百年以来，家弦户诵，固亦有由矣"①。

第七，评论浅显疏略，不足为据。四库馆臣的此种批评，主要针对明代评点，而非面向全体评点展开，他们对宋代评点的评价较高。《苏评孟子》旧题为宋代苏洵所评，但四库馆臣观其文，"其评语全以时文之法行之，词意庸浅，不但非洵之语，亦断非宋人语也"②；旧题宋代尹焞所作的《孟子解》，"每章之末，略赘数语，评论大意。多者不过三四行，皆词义肤浅，或类坊刻史评，或类时文批语，无一语之发明。焞为程氏高弟，疑其陋不至于此。……殆近时妄人所依托也"③，此两处断语，足见在四库馆臣心目中宋代评点的水平之高。明代以来的评点，很多为科举助力之作，不论经义，单论文法，诸多评语缺乏思想的深度，所发评论流于表面，几无深义。加之，因为学子需求量大，坊间出现了大量的书商射利之作，或者利用名人效应伪造评点本子，如《明文隽》托名袁宏道，《钟评左传》托名钟惺；或者杂撷诸家之评，仓促编就，拉杂成书，如题名为明代袁黄所作《评注八代文宗》，"取《文选》中之近于举业者，掇拾成书"④。此二者皆为坊刻翻新之常技，但却产生了很多至陋刊本，一无名人之应有水准，二无精心架构之思，故而识见不高，评说浅显，无有创获。此种刊本流布天下，既不能提升为文水准，亦无助于世道人心，反而让学子的为文水平停留在浅陋层次，危害不小。

第八，考辨不足，舛误甚多。清初反思明亡教训，"束书不观，游谈无根"的学术风气位列其中，被反复提及，有识之士倡导征实之学，踏踏实

---

① （清）永瑢等：《四库全书总目》卷一八九《集部·总集类四·唐宋八大家文钞一百六十四卷》，中华书局 1965 年版，第 1719 页。

② （清）永瑢等：《四库全书总目》卷三七《经部·四书类存目·苏评孟子二卷》，中华书局 1965 年版，第 307 页。

③ （清）永瑢等：《四库全书总目》卷三七《经部·四书类存目·孟子解二卷》，中华书局 1965 年版，第 307—308 页。

④ （清）永瑢等：《四库全书总目》卷一九三《集部·总集类存目三·评注八代文宗八卷》，中华书局 1965 年版，第 1756 页。

实做学问，精审考证，"考古必衷诸是，持论务得其平光"①。四库馆臣将考据学进一步发扬光大，抄录典籍入《四库全书》前，要对典籍的作者、版本、文字进行一一比校，辨核舛讹，折衷同异，确定最佳版本，明辨真伪。带着这样的学术要求去审视评点作品，四库馆臣发现了不少问题：有些作品基本不考证，如明代穆文熙的《七雄策纂》，取《战国策》之文进行评说，集诸家议论附于上阑，但是对于这些议论基本上是全盘照搬，"剿袭陈因，无所考证"②。有些作品考证失误，明代程明哲撰《考工记纂注》，剿袭林希逸《考工记图解》之文，错误之处不加改正，不误之处却转相修改，其误更甚，"今明哲于希逸之误皆袭之，其不误者转改之，亦可谓不善改矣"③。有些作品校雠不精，名实舛互，如旧题宋代谢枋得所作的《批点檀弓》，刊刻时有"杨升庵附注"，但实际上却非杨慎之注④。如此一来，遂致真伪错杂，舛误迭出。郭孔延评释《史通评释》所引典故，一律不著出处，而对照原典则会发现其引用文字"颇有舛漏"⑤。四库馆臣对此种问题，态度明确，必须批评。《四库全书总目》评说《瀛奎律髓》时写道："此书世有二本。一为石门吴之振所刊。注作夹行，而旁有圈点。前载龙遵《叙》，述传授源流至详。一为苏州陈士泰所刊，删其圈点，遂并注中所圈是句中眼等句删去。又以龙遵原序屡言圈点，亦并删之以灭迹。校雠舛驳，尤不胜乙。之振切讥之，殆未可谓之已甚焉。"⑥陈士泰刊本删去圈点，源自他对圈点的

---

① （清）阮元：《纪文达公遗集序》，载（清）纪昀撰：《纪文达公遗集》，嘉庆十七年（1812）纪树馥精刻本。

② （清）永瑢等：《四库全书总目》卷五二《史部·杂史类存目一·七雄策纂八卷》，中华书局 1965 年版，第 468 页。

③ （清）永瑢等：《四库全书总目》卷二三《经部·礼类存目一·考工记纂注二卷》，中华书局 1965 年版，第 184 页。

④ （清）永瑢等：《四库全书总目》卷二四《经部·礼类存目二·批点檀弓二卷》，中华书局 1965 年版，第 192 页。

⑤ （清）永瑢等：《四库全书总目》卷八九《史部·史评类存目一·史通评释二十卷》，中华书局 1965 年版，第 757 页。

⑥ （清）永瑢等：《四库全书总目》卷一八八《集部·总集类三·瀛奎律髓四十九卷》，中华书局 1965 年版，第 1707 页。

不满，吴之振对其予以强烈抨击，四库馆臣认同吴之振的批评，认同的原因是陈本校雠舛驳。

四库馆臣对评点类作品的批评不少，对此，吴承学先生指出"在具体书籍的评点上，四库馆臣站在偏向批评的立场，但他们又从未在基本理论上完全地、公开地否定评点之学。对于众多评点著作的蔑视，并不等同于对评点之学的整体否定"①，此论甚确。首先，四库馆臣虽然批评了不少评点作品，但也称赞了不少评点作品，比如《古文关键》《御选古文渊鉴》等。其次，四库馆臣批评的是质量不佳的评点，而非批评评点形态本身。《四库全书总目》中对评点作品的几条批评理由，并非单纯针对评点，而是适用于全体典籍的评论标准。《四库全书总目》言说余萧客《文选音义》的过失，大致有八：一曰引证亡书，不具出典；一曰本书尚存，转引他籍；一曰嗜博贪多，不辨真伪；一曰摭拾旧文，漫无考订；一曰叠引琐说，繁复矛盾；一曰见事即引，不究本始；一曰旁引浮文，苟盈卷帙；一曰抄撮习见，徒溷简牍。②此八条过失，"不仅深中吴派代表人物余萧客一人一书之失，而且具有一般方法论意义"③，与四库馆臣对评点的批评相对照，颇有一致之处，而与四库馆臣对评点作品的褒扬原因相对照，则恰好相悖，代表的是四库馆臣解读古书的共通路径，凝聚着四库馆臣一以贯之的学术理念。四库馆臣对评点有一处比较明显的"恶评"，见于对《十五家词》的评说，"国初诸人文采风流之盛。至其每篇之末，必附以评语，有类选刻诗文，殊为恶道。今并删除，不使秽乱简牍焉"④，不赞成删削典籍的四库馆臣却把文中的评语删去，此种异常之举背后，是另外一个重要理念在发挥作用，那便是对科举时文之法的不认可。不认可时文之法的背后，是对

---

① 吴承学：《〈四库全书〉与评点之学》，《文学评论》2007 年第 1 期。

② （清）永瑢等：《四库全书总目》卷一九一《集部·总集类存目一·文选音义八卷》，中华书局 1965 年版，第 1734—1735 页。

③ 司马朝军：《〈四库全书总目〉编纂考》，武汉大学出版社 2005 年版，第 741 页。

④ （清）永瑢等：《四库全书总目》卷一九九《集部·词曲类二·十五家词三十七卷》，中华书局 1965 年版，第 1826 页。

经义的重视，乾隆明确表示"朕辑《四库全书》，当采诗文之有关世道人心者"①，而时文体段僵化，且不涉经义，于人物之文采风流无助，于经义而无助，且"时文盛，而经义荒"②，四库馆臣以乾隆的谕旨为准的，尊经重典，以发明经义为要，与科举时文相似的评说遭遇恶评，也就在情理之中了。

综上而言，四库馆臣批评评点作品是客观事实，但是并非所有的评点作品都被批评，而且批评的也不单单是评点类作品，因此，不能单纯地从四库馆臣批评评点作品即认定四库馆臣否定评点本身。

历史的影响力是复杂的，四库馆臣虽然没有完全否定评点，但是《左传》的评点主体却因《四库全书》的编纂发生了重大改变。四库全书馆开馆之前，"崇实黜虚"之风渐成，"一时才俊之士，痛矫时文之陋，薄今爱古，弃虚崇实，挽回风气，幡然一变"③，朝廷奖掖埋首经书中的学者。四库全书馆开馆后，一大批知识精英博极群书，精审考证，评文论书，作为一个学术共同体，掌控起了学术的话语权以及对学术的解释权，传递出了官方的文化政策。《四库全书》的编纂讨论、具体编纂及编纂完成，整个过程在当时都具有强烈的学术导向作用，影响深远，"乾隆三十八年四库开馆……清廷宣称稽古右文，大力提倡考据之学，影响遍及全国，一度呈现'家家许郑，人人贾马'的盛况"④，一时间学术倾向大变，社会风气也为之一变⑤，"于是四方才略之士，挟策来京师者，莫不斐然有天禄石渠、句坟抉索之思。而投卷于公卿间者，多易其诗赋举子艺业，而为名物考订，与

① （清）永瑢等：《四库全书总目》卷首乾隆四十六年十一月初六条，中华书局 1965 年版，第 7 页。
② （清）永瑢等：《四库全书总目》卷二四《经部·礼类存目二·礼记敬业八卷》，中华书局 1965 年版，第 195 页。
③ （清）皮锡瑞：《经学历史·经学复盛时代》，中华书局 1998 年版，第 289—290 页。
④ 司马朝军：《〈四库全书总目〉编纂考》，武汉大学出版社 2005 年版，第 738 页。
⑤ 葛兆光对此评说道："如果说明代后期确实有所谓'束书不观，游谈无根'的现象，那么，到了清代尤其是康、雍、乾的时代，似乎从注释、辑佚、辨伪、音韵、文字、训诂方向入手，追寻人们历史想象中的经典本来意义，已经成为风气。"（葛兆光：《中国思想史》第二卷，复旦大学出版社 2001 年版，第 406 页）

夫声音、文字之标，盖骎骎乎移风俗矣"①，文人士子的治学兴趣集中于考据上，"向之空谈性命及从事帖括者，始骎骎然趋实学矣"②，科举考试也开始崇尚实证，更遑论考中进士的精英知识阶层③。对应到《左传》评点上，《四库全书》编纂前后，精英知识阶层投身其中者渐趋于零，他们更多走向了考证之路，唯有清末的进士吴汝纶等人在新环境下再次批点《左传》，以应世变。

三、在野且有特定影响力知识精英的评点

"拥有相当深厚历史与传统资源的中国士人，通常采取的是重新诠释古典以回应新变的途径"④，除了在朝有一定官职的知识精英外，还有一部分知识精英，他们并没有显赫的官职，没有上达圣听的机会，然而他们学术造诣很高，学术影响很大，身边有一批志同道合的朋友与学生，以他们为中心，形成了志趣相投的评点圈，共同回应着时代的新变。

（一）魏禧与《左传经世钞》

魏禧生于明朝末年，幼年走的是一条常规的上进之路，自十岁时开始学习科举时文，渴望能科举及第，成就功业，济世安民。魏禧聪颖而勤学，少有盛名，然而1644年的甲申之变让这一切成为泡影。二十一岁的魏禧初闻明亡消息，"痛哭几气绝"⑤，不甘于明王朝的灭亡，与曾应遴谋划起义兵

---

① （清）章学诚：《章学诚遗书》卷一八《周书昌别传》，文物出版社1985年版，第181页。

② （清）洪亮吉撰，刘德权点校：《洪亮吉集》，中华书局2001年版，第192页。

③ 此种学术思潮，极为闻名于世的"乾嘉之风"，梁启超称其为"科学的古典学派"，影响巨大，"乾、嘉间之考证学，几乎独占学界势力，虽以素崇宋学之清室帝王，尚且从风而靡，其他更不必说了"（梁启超：《中国近三百年学术史》，东方出版社2004年版，第25页）。

④ 葛兆光：《中国思想史》第二卷，复旦大学出版社2001年版，第477页。

⑤ （清）魏禧著，胡守仁、姚品文、王能宪校点：《魏叔子文集·魏叔子文集外篇》卷一六《陈潏仙先生画像记》，中华书局2003年版，第758页。

勤王，得其父魏兆凤慷慨相助，后因李自成很快灭亡，事遂不果。随后，魏禧走上了拒与清廷合作的道路，不参加科举，不寻求仕途，康熙十七年（1678），魏禧被举荐入博学鸿词科，魏禧以生病为由拒辞，被称为"全节"之士。此后余生，魏禧基本隐居翠微山读书、论学、教书、写文。

隐居不代表与世隔绝，不代表遗世独立，魏禧虽处僻远之所，然仍有经世之志，"夫君子立言，必取其关于世道民生，虽伏处岩穴，犹将任天下之责"①，他愿意担负起一个文人应该有的责任，写民生，关世道。魏禧选择的担负责任的方式，不是出仕，而是著书，"磅礴郁积于胸中，必有所发，不发于事业，则发于文章"②。

魏禧一生著作颇丰，其著述理念一为求经世，二为求不朽，"丈夫处世，正于狂澜中自立脚跟，沸鼎中自开生面"③，他以文为媒介，在清代社会发出了自己激情澎湃的呐喊，积极呼喊着"明理适用"的学术理念，要求世人留心一切有用之学问，写出有用之文章④。

魏禧的著述非常贴切地贯彻了经世理念，但是，魏禧对自己的作品有着不同的评价，他曾自言其文，"吾有三男，《左传经世》为长男，《日录》为中男，《集》为三男"⑤，最珍视最得意的是《左传经世钞》。《左传经世钞·自叙》开篇即言道：

> 读书所以明理也，明理所以适用也。故读书不足经世，则虽外极博

---

① （清）魏禧著，胡守仁、姚品文、王能宪校点：《魏叔子文集·魏叔子文集外篇》卷八《郑礼部集序》，中华书局 2003 年版，第 440 页。

② （清）魏禧著，胡守仁、姚品文、王能宪校点：《魏叔子文集·魏叔子文集外篇》卷八《王竹亭文集序》，中华书局 2003 年版，第 426 页。

③ （清）魏禧著，胡守仁、姚品文、王能宪校点：《魏叔子文集·魏叔子文集外篇》卷七《与邱邦士》，中华书局 2003 年版，第 314 页。

④ 魏禧在《答曾君有书》中说道："禧窃以谓明理而适于用者，古今文章所由作之本。"［（清）魏禧著，胡守仁、姚品文、王能宪校点：《魏叔子文集·魏叔子文集外篇》卷五，中华书局 2003 年版，第 218 页］

⑤ （清）彭士望：《耻躬堂文钞》卷九《祭魏叔子文》，《四库禁毁书丛刊》集部第 52 册，北京出版社 1997 年版，第 171 页。

综，内析秋毫，与未尝读书同。①

魏禧读书，选择的也是经世之作，其接受路径为经世之作—明理—适用，一切典籍都是为了明理适用，无关经世的典籍，即便内容再广博，分析再细致，文采再妙绝，也不在他的选择之内。

魏禧读书总结出一条规律，"经世之务，莫备于史"②，也就是说史书中包孕着天下治理之道。在众多史书中，魏禧更看重《左传》，一来这是他的兴趣所在，"吾少好《左传》、苏老泉"③，及遭变乱，居于翠微山中，时时取而读之。二是《左传》切于经世大用。《左传》记载的变乱之世，各种混乱局面，纷至沓来，"盖世之变也，弑夺烝报、倾危侵伐之事，至春秋已极"④，臣弑君者有，子弑父者存，大国侵凌小国，小国努力生存，"《春秋》之中，弑君三十六，亡国五十二，诸侯奔走不得保其社稷者不可胜数"⑤。多少人在战乱与弑杀之中，丝毫没有还手之力，被历史大潮淹没，而那些脱颖而出者，必定有非凡之处，"身当其变者，莫不有精苦之志，深沉之略，应猝之才，发而不可御之勇，久而不回之力，以谨操其事之始终，而成确然之效"，其志、其略、其才、其勇、其力皆有独出手眼之处，唯有如此，才能解除困境，否极泰来。因此，《左传》实际上是一本"应变宝典"，魏禧即明确提出："古今御天下之变，备于《左传》。"⑥ 而"后世之变，皆前代之所经"⑦，后世一切应变之举，皆可以从中寻到依据，"尝观后世贤者，当国家之任，执大事，决大疑，定大变，学术勋业，烂然天壤，然寻其端

---

① （清）魏禧：《左传经世钞·自叙》，乾隆十三年（1748）彭家屏刊本。

② （清）魏禧：《左传经世钞·自叙》，乾隆十三年（1748）彭家屏刊本。

③ （清）魏禧著，胡守仁、姚品文、王能宪校点：《魏叔子文集·魏叔子文集外篇》卷六《与诸子世杰论文书》，中华书局2003年版，第284页。

④ （清）魏禧：《左传经世钞·自叙》，乾隆十三年（1748）彭家屏刊本。

⑤ （汉）司马迁：《史记》卷一三〇《太史公自序》，中华书局2014年版，第4003页。

⑥ （清）魏禧：《左传经世钞·自叙》，乾隆十三年（1748）彭家屏刊本。

⑦ （清）彭家屏：《左传经世钞叙》，载（清）魏禧：《左传经世钞》，乾隆十三年（1748）彭家屏刊本。

绪，求其要领，则《左传》已先具之"①。另外，《左传》善言兵事，记载了很多兵法、兵略，指明兵法奇正之变，司马穰苴、孙武、吴起等擅长用兵者，都从中得其神益。基于此，《左传》值得学。但是后世之人，却不明此理，不善读书，平日里高谈阔论，喜谈古人之失，似乎很有见地，然而一旦变乱来临，需要其担当大任之时，却是张皇失措，一筹莫展，令人汗颜。基于此，《左传》必须得学。

1. 对明末君臣关系的反思

《左传经世钞》的核心，即为"经世"，自题目到选文、评语，一一予以凸显。经世内容，首先着眼于君主、大臣两个层面来论说，身份不同，所要遵循的规范、所要达成的要求、所要注意的问题，皆有差异，体现了魏禧对历史、现实的思索。

一国之君，首先要有权威，要能掌控权力。鲁隐公被弑，《左传经世钞》录彭家屏之言：

> 《周礼》以八柄驭群臣，谓之柄者，如斧斤之有柄，所执以起事也。观宋人乞师以伐郑，隐公不许，而羽父固请辄行。郑人期约以伐宋，隐公未行而羽父帅师先往，鲁之柄，羽父执之矣。兵柄下属，太阿倒持，故得恣其所逞，略无忌惮，既可对隐以谋其弟，亦可对桓以谋其兄，隐从则桓杀，桓从则隐弑，两君之命悬于其手，操纵之间，易如反掌。总由君失其柄，羽父窃而持之，故至此也。《易》曰"臣弑其君，子杀其父，所由来渐矣"，岂不信哉？②

君主的权柄，是其治理国家的保障，"天下大权惟一人操之，不可旁落，岂容假之此辈乎"③，一旦权柄下移，为权臣所掌握，弑杀篡乱之事便会逐渐

---

① （清）魏禧：《左传经世钞·自叙》，乾隆十三年（1748）彭家屏刊本。

② （清）魏禧：《左传经世钞》卷一《羽父弑隐公》，乾隆十三年（1748）彭家屏刊本。

③ 赵之恒、牛耕、巴图主编：《大清十朝圣训·圣祖仁皇帝圣训·圣治三》，康熙五十三年六月丙子条，北京燕山出版社1998年版，第234页。

浮出水面。鲁隐公末年，鲁国的权柄移至羽父，在关键战事的决断中，羽父的意见都决定性地压倒了鲁隐公之意。唯因如此，鲁隐公才会被羽父易如反掌地杀害。唯有如此，羽父才可以恣意决定鲁桓公的上位。基于此，魏禧提出作为国君，必须牢牢握紧权柄，不可为人所夺，此为全命保国之前提。

一国之君，要有决断力，在重大关头能当机立断，控制事态。鲁隐公在听到羽父要杀桓公的话时，漫然应之，并没有采取果断措施，假若鲁隐公做出应对，无论是杀羽父，还是让位于桓公，事态都不会发展到被弑杀的地步。宋殇公在华父督杀害孔父嘉、夺娶孔父嘉之妻后，没有治罪于华父督，但是背地里却在谋划控制华父督，"诛督不过一力士事耳，怒而不诛，何为也哉？机事不密，当断不断，犯此二者，以当乱臣，安得不弑"①，错过时机，只能为人所制。

一国之君，除了自己的力量与能力，贤能之臣的辅佐与支持亦很重要。同样是《羽父弑隐公》一文，邱维屏说道：

> 读《春秋传》"隐公"一篇，不见有一贤臣为公所倚任者。臧僖伯略见骨鲠而已死，众仲知典故知事势，而未见公与之议及行事也，故闻羽父之言，隐公当即执而戮之而不能者，岂独畏其执兵之柄？亦缘无可倚任之人，遂不敢动耳。使有平、勃则可以诛诸吕，使有王允则可以诛董卓，夫吕、董岂不皆执兵柄者耶？②

邱维屏认为，隐公被弑杀，不单是因为公子羽父手握权柄，更为重要的是朝中无有贤臣可以倚重。公子羽父向鲁隐公言说杀桓公一事，按照常理，鲁隐公应当将此大逆不道之人拘捕而处死，但是鲁隐公身边没有值得信赖的贤人，他迟迟不敢动手，最后反而被公子羽父反杀，假若有得力干将在侧，公

---

① （清）魏禧：《左传经世钞》卷二《宋督弑殇公》，乾隆十三年（1748）彭家屏刊本。
② （清）魏禧：《左传经世钞》卷一《羽父弑隐公》，乾隆十三年（1748）彭家屏刊本。

子羽父即便手握兵权，照样会被诛杀。

探讨明亡原因，是清初思想界的一大潮流，在诸多论说中，崇祯帝被视为明亡的"第一责任人"，被率先讨伐：崇祯帝生性多疑，朝令夕改，刚愎自用，遂致用人不专，所用非人，加上战略失误，空有抱负而终致亡国①。魏禧从情感上痛惜明朝灭亡，从理性上认真反思明亡原因，与有些人一味追责崇祯不同，他首先认为，明亡是一个渐变的过程，崇祯以前皇权旁落，宦官专权，太阿倒持，乾纲不振，因此，崇祯维系君主的权威、强调皇权的控制力是必然之举。同时，魏禧还认为崇祯帝是位极富决断力的好皇帝，《左传经世钞》卷二十《鲁昭公伐季平子》评说鲁昭公欲除三桓反而为三桓所治一事时言：

> 然须虑事久变生，反为所制，种种作用不同，总在临事时度理审势，量情相机耳。然观古今成败，大约多以渐除及诛首恶者为得，若明庄烈皇帝之除魏珰，不假学问，不资谋议，神武独断，可谓振古之烈矣。②

除奸党，谅非易事，需先去其党首，其余则不足为乱，可徐图之；去党首需有迅雷不及掩耳之势，出其不意，方能一招致胜。崇祯帝去除魏忠贤一党，以雷霆手段逼迫魏忠贤畏罪自杀，翦除魏氏一党，以示皇权所在。魏禧认为这是崇祯帝一人之谋，一人之决断，重振皇权之威力，成就赫赫功业，有古贤王之风。

魏禧出于明遗民的身份，本能地为崇祯帝洗白，维护崇祯帝，但是，一

---

① 沧江漫叟为吴骞辑录的《东江遗事》作序曰："读史者谓明之亡也，有君而无臣，以思陵非亡国之君也。然其所以亡有三道焉：急于求治，率于用人，暗于度事。"[（清）吴骞辑，贾乃谦点校：《东江疏揭塘报节抄（外二种）》，浙江古籍出版社1986年版，第149页]唐甄《潜书注》言："庄烈皇帝，亦刚毅有为之君也。以藩王继统，即位之初，孤立无助，除滔天之大逆，朝廷晏然，不惊不变。忧勤十七年，无酒色之荒，晏游之乐，终于身死社稷，故老言之，至今流涕。是岂亡国之君哉！而卒至于亡者，何也？不知用人之方故也。"[（清）唐甄著，《潜书》注释组注：《潜书注》，四川人民出版社1984年版，第350页]
② （清）魏禧：《左传经世钞》卷二〇《鲁昭公伐季平子》，乾隆十三年（1748）彭家屏刊本。

个不可回避的事实是，如此圣贤有为的君主，为何又成了亡国之君呢？崇祯自己将责任推之于大臣，发出了"朕非亡国之君，诸臣皆亡国之臣"①的指责，魏禧虽然不会公开指斥崇祯帝，但是他在《左传经世钞》中多次强调"重贤"，如"是举贤所以敬天也。《传》曰：'善人，天地之纪，而骤绝之，不亡何待？'是害贤所以逆天也"②，将是否重用贤人提到了敬天礼地的高度，与国家生死存亡密切相关。同时，他还通过多个例子，强调远离奸臣、小人的观点，"小人虽忠，专委任之，则反以召祸而无济于国，况未必忠者乎？盖君子而忠，则有深识远见，所以为君国计者，防患于未萌，定变于将发，使君享泰山之安，而无一时不及救之患"③。魏禧等人对齐桓公、晋悼公善于用人的评说④，以及对重贤、远奸人的强调，某种程度上亦是对崇祯帝的一种隐性批评。

对于崇祯帝，魏禧不便于公开批评，但是，明朝却是在他手中灭亡的，他必然有着不可推卸的责任，这是毋庸置疑的。如此一来，魏禧对崇祯帝的维护与称赞，就遇到了现实的重击。为了解决情感与现实的矛盾，魏禧巧妙地把国君任用贤人的责任，转移到臣子身上，"当崇祯季年，先帝焦劳，锐于为治，臣下不称任使，负上意"，"一二直言敢谏之臣，又多议论失平，或迂疏无裨实用"，⑤魏禧称崇祯为"先帝"，足见其对崇祯的尊崇，而大臣不能担当重任，所论不切实用者居多，故而即便崇祯孜孜求变，勤勉理政，终未能护住将倾之大厦，正如夏允彝所言"烈皇帝之英明勤敏，自当中兴而卒

---

① （清）龚炜：《巢林笔谈续编》卷下《崇祯有亡国之罪》，《笔记小说大观》第五册三三编，江苏广陵古籍刻印社 1983 年版，第 230 页。

② （清）魏禧：《左传经世钞》卷一〇《三郤害伯宗》，乾隆十三年（1748）彭家屏刊本。

③ （清）魏禧：《左传经世钞》卷三《弑齐襄公》，乾隆十三年（1748）彭家屏刊本。

④ 《左传经世钞》卷四《齐桓公辞郑子华》言："每读史载人主于臣下之言，连书数不听字，则知其祸至矣，不亡国则败事也。连书数从之字，则知其福至矣，不强大则治安也。管仲言简书则齐人救邢，言礼德则齐侯修礼，言子华则齐侯辞焉，言听计从，桓公之霸不亦宜哉？"［（清）魏禧：《左传经世钞》，乾隆十三年（1748）彭家屏刊本］

⑤ （清）魏禧著，胡守仁、姚品文、王能宪校点：《魏叔子文集·魏叔子文集外篇》卷一六《敬亭山房记》，中华书局 2003 年版，第 734—735 页。

致沦丧者，以辅佐非人也"①。为此，在《左传经世钞》中，魏禧等人为臣子设置了一些行为规范，希望臣子能够主动作为，辅佐君主。

作为臣子，首先要有忠心，"人臣之道，莫大于以人事君"②。内举不失亲、外举不弃仇的祁奚，公忠体国，以大公之心效忠国家。至若犯上作乱的乱臣贼子，《左传经世钞》则对其给予无情的鞭挞，"齐崔杼之弑君也，及其身而覆宗；晋栾书之弑君也，至栾盈而灭族。近则于其身，远则于其子孙，从来乱臣贼子，鲜有克免者"③，将乱臣贼子身死族灭上升到必然规律，警示作用甚巨。其次要有能力。宋国华父督杀害孔父嘉，随后弑杀宋殇公，一般人都会将责任推到华父督身上，认定是华父督狼子野心导致杀戮，孔父嘉因登徒子羡艳妻子美貌而被连带，很无辜。孔之遴在常见的评说中发现了孔父嘉的责任，其言曰：

> 吾观孔父，身为大司马，不能导君以正，至十年而十一战，身握兵柄，曾无耳目腹心，至华督杀己而不知，可谓义、智俱昧，虽身死君难，亦何益哉？④

孔父嘉作为宋国大司马，一不能引导国君正道直行，二不能招纳腹心之人，被杀而不自知，如此可谓无义无智，算不得忠臣，也算不上贤臣。魏禧则进一步阐发"杜云孔父称名者，内不能治其闺门，外取怨于民，身死而祸及其君"⑤，宋殇公之死，亦因孔父嘉治家治国无能而致。

《左传经世钞》对臣子能力的肯定，尤见于变乱的危急关头。鲁隐公四年，楚武王伐随途中身亡，令尹斗祁、莫敖屈重秘不发丧，继续前进，逼得

---

① （明）夏允彝：《幸存录·门户杂志》，载周宪文、杨亮功、吴幅员编：《台湾文献史料丛刊》第六辑，大通书局1987年版，第35页。
② （清）魏禧：《左传经世钞》卷一一《祁奚举善》，乾隆十三年（1748）彭家屏刊本。
③ （清）魏禧：《左传经世钞》卷一五《庆封杀崔杼》，乾隆十三年（1748）彭家屏刊本。
④ （清）魏禧：《左传经世钞》卷二《宋督弑殇公》，乾隆十三年（1748）彭家屏刊本。
⑤ （清）魏禧：《左传经世钞》卷二《宋督弑殇公》，乾隆十三年（1748）彭家屏刊本。

随国人求和，他们以楚武王的名义与随侯签订盟约，直到率军退回汉水才公布了楚武王的死讯。彭家屏对令尹斗祁、莫敖屈重称赞有加，"若令尹、莫敖当伐国之际，王薨于军，而能以智盟随侯，全师而返，其仓卒济变之才有足多者"①，赞其为济变之才。鲁庄公八年，齐襄公被弑杀，徒人费在公孙无知、连称、管至父等篡乱之人即将冲进齐襄公宫中前，骗过他们，进入宫中，藏起了齐襄公，随后出宫门与贼人拼杀而死，假扮齐襄公的孟阳随后也被杀。对此，魏禧评价道：

> 徒人费诸人，见危授命，可谓忠矣，而《春秋》不予。汪克宽以为此皆嬖幸之臣，平日从君于昏，而任其祸，故未可以死节许之。然诈贼伏君，居床代死，仓卒济变，皆可为法。②

可见，魏禧提出的对臣下的要求，需规君之过，需见危授命，此亦为忠臣之责。徒人费等人平日里对齐襄公不加劝说，任其行事，魏禧虽不赞同此事，但在危急时刻，他们为保全齐襄公性命，诈贼伏君，居床代死，是不可多得的济变之才。

孔鼎在魏禧评说基础上，明确提到了甲申之变。

> 予读魏禧"父子不同舟之说"，而重有感于崇祯甲申之事，当闯贼犯北京急，督师李建泰奏乞驾南迁，愿保太子先行。于是平台召对，出建泰奏疏示群臣，言："国君死社稷，朕将安往？其劝太子先行一议，斟酌详奏。"宰相范景文、都御史李邦华亟言："太子监国金陵，最是根本之计。"给事光时亨大声沮曰："诸臣奉太子往南，意欲何为？将效唐灵武故事乎？"景文等遂不敢再语。夫时亨无识小人，城破即降贼，不足深责，独惜景文诸君子，其时能开陈利害以死力争，则时亨援灵武之

---

① （清）魏禧：《左传经世钞》卷三《楚武王荆尸》，乾隆十三年（1748）彭家屏刊本。
② （清）魏禧：《左传经世钞》卷三《弑齐襄公》，乾隆十三年（1748）彭家屏刊本。

说，何足挠国家之大计哉？①

此一大段言说，有愤慨的批判，批判奸人当道；有无奈的叹惜，叹惜范景文、李邦华等人不能在关键时刻应急济变，终致明朝国祚停止。孔鼎言辞之间，弥漫着深深的遗憾，也有无限的焦灼，他将历史最紧要关头的责任，放到了国之重臣身上，多么期待他们能据理力争改写历史！历史不能改写，他只能在无奈与悲愤中书写着对济变之才的渴望。

《左传经世钞》对臣子行为的规设，不仅倾向性明显，而且还有高标准的榜样设定，即大义灭亲的石碏。《左传经世钞》收录魏禧、任安世、谢文洊、魏世杰四人的大段论说，从不同方面予以言说。任安世强调石碏为知"势"之人，谢文洊言其忠智勇略，魏世杰谓其交人得力。魏禧认为，石碏预谏于前，灭亲于后，"其忠其智其略，冠绝千古，晓然易见，独其所以不动声色而除大奸、济大变，最为深心妙用者有三，左氏隐而未发也"，石碏隐忍，且能观变而动，亦有正直腹心之交，故能为国除害，当谓之曰"纯臣"，忠诚中正，且能于危难之际不动声色完成大事。故而，魏禧将《左传》石碏大义灭亲之记载，视为"《左传》第一篇文字"，②需要细细品读，不可轻易读过。

《左传经世钞》特别强调知"势"，这在子产的一系列政事处理中亦可见出。鲁昭公元年，公孙楚与公孙黑因为争夺徐吾犯之妹一事而大动干戈，事后子产归责于公孙楚。公孙楚本已聘徐吾犯之妹，公孙黑强自委禽，待徐吾犯之妹选择公孙楚之后，公孙黑又欲杀公孙楚而夺娶徐吾犯之妹，是非曲直一目了然，公孙黑为整个事件的罪魁，然而子产却做出了令人大跌眼镜的判罚，彭家屏对此解释道："两人之曲直，不待智者而辨矣，子产之贤智，岂有为之模棱之理？必其时其势，未可过激，故委曲以俟之，所谓术也。迨后观衅而动，其毙子皙也，如毙豚犬，贤者之所为，固不可测也夫。"③子产之所以做出如此判决，乃为权宜之计，国家需要团结稳定，而且当时尚非诛杀

---

① （清）魏禧：《左传经世钞》卷三《弑齐襄公》，乾隆十三年（1748）彭家屏刊本。
② （清）魏禧：《左传经世钞》卷一《石碏大义灭亲》，乾隆十三年（1748）彭家屏刊本。
③ （清）魏禧：《左传经世钞》卷一六《子产逐子南》，乾隆十三年（1748）彭家屏刊本。

公孙黑的最好时机。一年后，公孙黑意图发动叛乱，子产列举公孙黑三条罪状：专伐伯有，昆弟争室，会盟矫君位，条条罪状，令公孙黑无法反驳，最后只能自缢而亡。子产诛凶人，不疾不徐，而明时势，令人拍手称快，"可以为后世处凶人之法"①。子产铸刑书，引来叔向之讥讽，以子产之才，岂能不知此理，实乃时事所迫，不得不如此，"郑之公族侈汰，民心习于斗乱，苟不申禁令，何以责遵守乎？"②

君主与大臣，作为治国理政中的两股力量，各自有特定的身份要求、能力贡献，二者共同努力，方能造就盛世图景。但是，现实却是，崇祯生性多疑，刚愎自用，任用大臣多不敢进言，进言亦不得要领，为此，《左传经世钞》多次强调为政者要有器量，大臣要有劝谏艺术。

器量反映的是一个人的见识与修为，为政者尤其需要有大器量，要有容人之量，要有恢宏气度，既能允许别人优秀，又能包容别人的过错，如此方能纳天下英才。郑国执政子皮欲让尹何治理一个采邑，子产认为此举不妥，其理由为"侨闻学而后入政，未闻以政学者也"，让尹何边学习边治理采邑，这是非常危险的，"人之爱人，求利之也。今吾子爱人则以政，犹未能操刀而使割也，其伤实多"，③直接从利害得失劝说子皮。子皮的想法被否定，他不但没有生气，反而感谢子产的教导，并将郑国国政委托给子产。对此，彭家屏评论道：

> 子皮知子产之贤而让以执政，用其善言而自知不足，真所谓无他技而能有人之技者矣。子产之能为郑国，由子皮之能用之也，其度量不有大过人者哉？是可以风后世之为宰执者矣。④

子产是治国能臣，然而他的上位源自子皮的大器量，能发现子产之才，更重

---

① （清）魏禧：《左传经世钞》卷一六《子产逐子南》，乾隆十三年（1748）彭家屏刊本。
② （清）魏禧：《左传经世钞》卷一七《子产铸刑书》，乾隆十三年（1748）彭家屏刊本。
③ （清）魏禧：《左传经世钞》卷一五《子产论尹何为政》，乾隆十三年（1748）彭家屏刊本。
④ （清）魏禧：《左传经世钞》卷一五《子产论尹何为政》，乾隆十三年（1748）彭家屏刊本。

要的是能让位于贤能之人，让更合适的人担当大任。人之器量的大小，决定了其人其家族其国家之兴盛存亡，"鄢陵之捷，郤氏益骄而至于掩上，范氏益退，退而至于祈死。两人器量见识所差万里，郤亡而范兴有以哉"①，即为此理。

劝谏君主，需要摸清君主的心理，不能抓住君主的失误之处，猛烈抨击，而是要找准时机，因势利导，"凡谏人者，既破其所惑，又当使其人有以自处。若无以处之，而徒执理以难，人各有情，岂能从我？"②鲁宣公十一年，楚庄王兴兵灭陈，欲将陈置为楚国之县，出使齐国的申叔时回国之后，对此不问亦不言，反而引起了楚庄王的兴趣，责问申叔时为何独独不予祝贺，此时，申叔时才问"犹可辞乎"，在得到楚庄王的许可之后，申叔时为楚庄王送上了一份有理有据、利弊得失清晰的谏词，遂令楚庄王复封陈国。鲁昭公二十八年，魏献子辞梗阳人之贿一事，阎没、女宽劝谏时，没有直接言说，而是通过三次叹气、一次解说，让魏献子自行感悟。《左传经世钞》引用钟惺之言，"魏子，贤者也。贤者自爱其名，梗阳之贿未成，而谏者先诵言之，可乎？二子以食谏，赐馈之外不加一字，若不知有梗阳之事者，婉转入人，使魏子自止，亦若初无是事焉。灭其所丑而饰其愧，代为之全其名焉。此谏贤者之道也"，称赞阎没、女宽的劝谏艺术，此后魏禧加一按语"禧按强愎拒谏之人，亦宜用此法"，③这是从被劝谏者一方立言，越是刚愎自用之君主，越需要大臣有艺术的劝谏。

历史上总有一部分君臣，不能达成良性互动，或者一方器量小，一方不懂劝谏艺术，又或者双方器量都小，都不愿意倾听。鲁僖公十五年，晋惠公杀死了庆郑，原因出在韩原之战上。韩原之战的爆发，源自晋惠公出尔反尔，秦国予以讨伐，对此，庆郑出言讽谏，言下之意，此乃晋惠公咎由自取，遂令晋惠公心中恼火。交战之前，晋惠公占卜谁人可做他的车右，结果显示庆郑为车右则吉祥，然晋惠公因庆郑出言不逊而否定了这一选择。晋惠

---

① （清）魏禧：《左传经世钞》卷一〇《晋败楚于鄢陵》，乾隆十三年（1748）彭家屏刊本。
② （清）魏禧：《左传经世钞》卷五《富辰请召子带谏伐郑》，乾隆十三年（1748）彭家屏刊本。
③ （清）魏禧：《左传经世钞》卷二〇《魏献子辞梗阳人》，乾隆十三年（1748）彭家屏刊本。

公选择郑国马驾车，庆郑出言劝谏，希望晋惠公选用晋国战马，晋惠公又否定了庆郑的谏言。交战中，晋惠公车马陷入淤泥之中，向庆郑求救，心有芥蒂的庆郑扔下一句"愎谏、违卜，固败是求，又何逃焉"①而去，随后呼喊其他人去救晋惠公，不过，最后晋惠公还是被秦国人捉住了。待晋惠公被释放回晋国后，庆郑自知有违为臣之道，没有逃走，接受了晋惠公的诛杀。《左传经世钞》借晋惠公与庆郑这一对君臣大发感慨：

> 为君父者，于有罪之臣子，最不可不曲谅情事以全贤者。而为臣子者，尤当抑情思义，不可逞一时之客气，堕终身之忠孝，败君国之大事，贻万古之恶名，受身家之戮辱也。②

魏禧认为庆郑虽有误君之罪，却是死义之臣，为血性之人，其事与李陵降匈奴，为"千古好人最伤心事"③，假若晋惠公能包容庆郑的无礼之举，庆郑能约束自己的性情，讲究劝谏艺术，或许晋惠公不会被俘，庆郑也不必死。再进一步推论，假若当初明季大臣能有如此劝谏之术，或许君臣之间亦能形成良性对话，国家灭亡的命运亦或许会被改写或者延迟。

历史与现实的刺激，促使《左传经世钞》构建起了一种理想的君臣关系，君臣关系融洽，相互信任，相互成就。其中，祁奚与晋悼公为一对理想君臣。祁奚内举不避亲，外举不避仇，一心为公，为人称颂，但是祁奚的名声，还得力于晋悼公的支持，魏世效即言："小人以举仇为难，君子以举子为尤难。仇而才，不但存大公之心者能之，稍能克己者即能之；子则有自誉之嫌，而撄上下之疑嫉，来谗慝之口，使非奚之忠而无我，悼公之贤而不猜，安能如此？"④祁奚内举不避亲，会招致嫉妒、谗慝之言，祁奚仍然做了，因其有坦荡之忠心，如果没有晋悼公的仁德，不予猜忌，祁奚

---

① 杨伯峻：《春秋左传注》，中华书局 2009 年版，第 356 页。
② （清）魏禧：《左传经世钞》卷四《晋惠公杀庆郑》，乾隆十三年（1748）彭家屏刊本。
③ （清）魏禧：《左传经世钞》卷四《晋惠公杀庆郑》，乾隆十三年（1748）彭家屏刊本。
④ （清）魏禧：《左传经世钞》卷一一《祁奚举善》，乾隆十三年（1748）彭家屏刊本。

很容易成为众口嚣嚣的攻击对象，自然不会留下美谈。晋悼公与祁奚不猜忌，相互信任，各尽其责，是国家平稳状态下理想的君臣关系。另外一对理想君臣，是魏绛与晋悼公。鲁襄公三年，晋悼公大会诸侯，其弟扬干扰乱行伍，司马魏绛严格执法，杀死了扬干的仆人。晋悼公大怒，认为这是在诸侯面前侮辱扬干，也是侮辱他，定要杀死魏绛。话刚说完，魏绛即已到达，献上一封奏书，便要伏剑自杀，被人阻止。晋悼公读完奏书，明白了魏绛欲使其扬威诸侯之苦心，于是，晋悼公赤脚走出，自言悔过之心，后又专门设礼食优待魏绛。对此，魏禧评价道："谢罪之言，柔而劲；悔过之言，切而婉。如此君臣，可歌可泣。"① 魏绛谢罪，晋悼公悔过，君不执拗，臣不强硬，君臣二人主动化解矛盾，君臣关系归于和谐，此为冲突状态下理想的君臣关系。

　　大臣与大臣之间的关系，亦是政治生态中的关键一环，《左传经世钞》从维系社稷安危出发，对大臣关系有两个关注点：一是大臣交恶。朝廷大臣，关系盘根错节，一旦交恶，势必会造成各种势力的矛盾，一旦爆发冲突则会危及社稷。襄公三十年，叔向向子产询问郑国国政，子产表示郑国未来不好估量，但一定会有忧患出现，其原因就在于郑国的两位重臣伯有、子皙不和，积恶已久，互不相让，对此，《左传经世钞》评曰："大臣不和，为国之忧如此。""朝廷之争，以伪和而益溃。"② 二是大臣结党。朋党对朝政的破坏，历朝历代都有明验，明朝晚期尤其如此，《左传经世钞》除却反对结党以外，还对乱臣贼子结党的脆弱性进行了说明。齐国的崔杼谋杀齐庄公后，与庆封共立齐景公，崔杼为右相，庆封为左相，一时间，崔杼、庆封二人把持了齐国的政权，这是二人关系的亲密期。然而，随着庆封野心、欲望的膨胀，他们的关系出现了裂缝，庆封寻找机会取代崔杼。后来崔杼家庭内部出现问题，庆封借机杀光了崔杼家人，烧毁了崔杼家宅，崔杼也因此自缢身亡，庆封如愿以偿地一人当国政。对此，《左传经世钞》言道：

---

① （清）魏禧：《左传经世钞》卷一一《魏绛上书》，乾隆十三年（1748）彭家屏刊本。
② （清）魏禧：《左传经世钞》卷一五《子产论驷良》，乾隆十三年（1748）彭家屏刊本。

因人家难，遂覆其宗，此昌黎所谓指天日誓生死，真若可信，一旦临利害，反颜若不相识，挤之又下石焉者。呜呼，小人之党，故如此哉！①

崔杼与庆封的关系，最初被视为牢不可破，但是，为了利益，庆封不但乘人之危，还落井下石，这便是小人之党的本质，一切以利益为出发点。

庆封为了利益可以出尔反尔，无视誓言盟约，可笑的是，他亦重蹈崔杼之覆辙，为党人所害，"崔灭于庆，庆亡于卢蒲癸、王何，非莫逆之友，即宠幸之臣，然天道不惝，小人之性，未有不反噬，亦未有不祸反其身者。吁，可鉴也"②，此为咎由自取，此为天道轮回，此即是历史规律。

《左传经世钞》对君主、臣子的行为规设，源自魏禧等易堂九子对明亡教训的体认，是清初反思明亡大思潮中的一支。他们的思考，有对明朝的感情因素影响，也有传统儒家正统观念的影响，他们尊崇皇权，为维护君主权威发声，这与王夫之、黄宗羲等人的思想相比，似乎不够进步，却是代表了遗民群体的"大多数"。

2. 对明亡其他原因的追问

在表层的君臣追责基础之上，魏禧进一步追寻明亡原因，探到了更深层面的问题。

一是科举之弊。魏禧早年意欲以科举而入仕，他对明代的取士制度并没有彻底否定，洪武至宣德年间，"以荐辟吏员至大官者，尚不乏人，盖不专以科目取士，故得人为盛"，并不专以科举取士，但是明中叶以降非科举不可，弊端越来越明显，越来越严重，"中叶以来，至于末造，士非科目不进。科举之文，益迂疏浮滥不足用，伪人并售，祸及国家，此禧捧卷太息，而不胜权舆之感焉"。③很多科举胜出之人，对八股文的写作套路极为熟悉，用一个个总结的模式"生产"出一篇篇"佳作"，实际却是纸上谈兵，没有实

---

① （清）魏禧：《左传经世钞》卷一五《庆封杀崔氏》，乾隆十三年（1748）彭家屏刊本。

② （清）魏禧：《左传经世钞》卷一五《庆封奔吴》，乾隆十三年（1748）彭家屏刊本。

③ （清）魏禧著，胡守仁、姚品文、王能宪校点：《魏叔子文集·魏叔子文集外篇》卷一六《洪武四年会试录记》，中华书局2003年版，第757页。

用意义，从而让整个科举走入迂疏、浮滥而不切实用的厄运。

甲申之变，天地崩裂，魏禧心中悲愤，悲愤八股误国，"余甲申遭烈皇帝之变，窃叹制科负朝廷如此。既思朝廷以八股取士，曲摹口语，正如婢代夫人，即令甚肖，要未有所损益，绳趋矩步，使人耳目无所见闻，是制科之不善也"①，千篇一律的八股文章背后，隐藏着的是"不识当世之务，不知民之疾苦"②，而只知玩弄"雕虫小技"的士子们。《左传经世钞》卷十五《赵孟谢绛县老人》一文尾评，魏禧评论道：

> 古之士大夫未有不博学通古今者。金哀宗曰："今之进士问以《唐书》，尚不能对。"噫，近世士大夫岂独不知《唐书》哉？尝有贵登三事而历代国号世次不能举似者，吾以为其害，皆自八股而益甚也。③

魏禧通过古今对比，指出明末士大夫钻到八股文的框框里不能自拔，连基本的历史常识都不能掌握，更何况读史书，更遑论博古通今。如此考试机制之下选拔出来的人才，"所求非所教，所用非所习"④，其能力其水平都是带着"伪"字的。如此迂腐空疏之人治理国家，是为国家之祸患，遂致国有难而大臣无力挽救的局面。

二是道学不明。在魏禧心目中，道学于国于家甚为重要，真正的道学家能经邦纬国，泽被百姓⑤，真正的道学家能"正人心之惑溺，而救国家之

---

① （清）魏禧著，胡守仁、姚品文、王能宪校点：《魏叔子文集·魏叔子文集外篇》卷八《内篇二集自叙》，中华书局 2003 年版，第 377 页。

② （清）魏禧著，胡守仁、姚品文、王能宪校点：《魏叔子文集·魏叔子文集外篇》卷一〇《送新城黄生会试序》，中华书局 2003 年版，第 500 页。

③ （清）魏禧：《左传经世钞》卷一五《赵孟谢绛县老人》，乾隆十三年（1748）彭家屏刊本。

④ （清）魏禧著，胡守仁、姚品文、王能宪校点：《魏叔子文集·魏叔子文集外篇》卷一〇《送新城黄生会试序》，中华书局 2003 年版，第 500 页。

⑤ 魏禧于《甘健斋轴园稿叙》中言："余愧不能学道，窃谓今天下之志于道者，既心体而躬行之，必达当世之务以适于用，必工于文章使其言可法而可传。"［（清）魏禧著，胡守仁、姚品文、王能宪校点：《魏叔子文集·魏叔子文集外篇》卷八，中华书局 2003 年版，第 434 页］

败"①。纵观历史，魏禧找到了最为尊崇的道学家，那便是"以道学立事功"的王阳明，魏禧誉其"为三百年第一人"②。假若国家皆能用真正的道学之士，则世道人心可正，纲纪法度必明，国家必定走向兴盛，然而明末的事实却是道学不明，假道学横行，世风日下，魏禧对此深恶痛绝，其言道：

> 国家之败亡，风俗之偷，政事之乖，法度纪纲之坏乱，皆由道学不明，中于人心而发于事业，始若山下之蒙泉，终于江河之遗下而不反。然世儒之谈道学，其伪者不足道；正人君子，往往迂疏狭隘驰缓，试于事百无一用。即或立风节，轻生死，皎然为世名臣；一当变事，则束手垂头不能稍有所济。于是天下才智之士率以道学为笑。③

名义上的道学之士，表面上很重气节，轻生死，却只是重名声而已，平日里理事百无一用，危急时刻只会垂头丧气，毫无应对之策。这些人所谓的"明道学"，皆为伪学。真正的道学没有被真正学习、运用，遂致风俗坏，纲纪乱，国家亡。

魏禧在《左传》中，亦找到了两个假道学的代表——宋襄公、士蒍。魏禧等人对宋襄公的批判态度很明确，彭士望称其为"又愚又诈，又迂又贪，真绝物也"④。宋襄公之贪诈，魏禧在其第一次出场时就给予了直接揭露，鲁僖公八年，身为太子的宋襄公于父亲病重之际，固请立庶兄子鱼为嗣君，魏禧从宋襄公一生行事推断，"固请立子鱼者，特伪以邀名耳。宋襄之让，王莽之谦也。若子鱼不辞，便当发杀机矣"⑤，在魏禧看来，宋襄公所谓的让

---

① （清）魏禧著，胡守仁、姚品文、王能宪校点：《魏叔子文集·魏叔子文集外篇》卷八《恽逊庵先生文集序》，中华书局 2003 年版，第 402 页。

② （清）魏禧著，胡守仁、姚品文、王能宪校点：《魏叔子文集·魏叔子文集外篇》卷一六《明右副都御史忠襄蔡公传》，中华书局 2003 年版，第 805 页。

③ （清）魏禧著，胡守仁、姚品文、王能宪校点：《魏叔子文集·魏叔子文集外篇》卷一六《明右副都御史忠襄蔡公传》，中华书局 2003 年版，第 805 页。

④ （清）魏禧：《左传经世钞》卷五《宋败于泓》，乾隆十三年（1748）彭家屏刊本。

⑤ （清）魏禧：《左传经世钞》卷四《子鱼让国》，乾隆十三年（1748）彭家屏刊本。

贤，与王莽谦恭一样，只是获取美名与利益的手段，实际上心口不一，饱含野心，是十足的伪君子。至于鲁僖公二十二年泓之战中，宋襄公因"君子不重伤，不禽二毛""不以阻隘""不鼓不成列"①而错失时机，魏禧又评道：

> 襄公用国君于社，而不鼓不成列，开后世真假道学一辈，若王莽，其嫡裔也。《公羊》以为文王之战不过此，真眯目风心之谈。②

魏禧承续子鱼"君未知战"的观念，认为宋襄公所谓的以古人为据的理由，不但是不知变通，迂腐至极，更为关键的是他仍然想以此博取名声，恰如苏轼所言"襄公以诸侯为可以名得，王莽以天下为可以文取也。其得丧小大不同，其不能欺天下则同也。其不鼓不成列，不能损襄公之虐；其抱孺子而泣，不能盖王莽之篡。使莽无成则宋襄公；使襄公之得志，亦一莽也"③。此种论说的一个证据是鲁僖公十九年宋襄公"使邾文公用鄫子于次睢之社"④，魏禧称其为假道学。为"扫假"，《左传经世钞》对宋襄公极尽嘲讽之能事，"扫假人须如此尽情痛快"⑤。

　　士蒍是晋献公的心腹之臣，尽逐群公子之事就是士蒍出的主意，魏禧怒批"士蒍老贼，逢君造此大恶，宜身死嗣绝，不足偿罪"，抨击其与姚广孝同类，"无故造大难，世有无间地狱，当万劫不出"。⑥鲁庄公二十七年，因虢国两次进攻晋国，晋献公准备讨伐虢国，士蒍以时机不对劝止了晋献公，他还提到"夫礼、乐、慈、爱，战所畜也。夫民，让事、乐和、爱亲、哀丧，而后可用也"⑦，礼乐慈爱，为国君教民之法，为仁人之道，然而士蒍"能知

---

① 杨伯峻：《春秋左传注》，中华书局 2009 年版，第 397—398 页。

② （清）魏禧：《左传经世钞》卷五《宋败于泓》，乾隆十三年（1748）彭家屏刊本。

③ （宋）苏轼著，（清）王时宇重校，郑行顺点校：《苏文忠公海外集·宋襄公论》，海南出版社 2017 年版，第 213 页。

④ 杨伯峻：《春秋左传注》，中华书局 2009 年版，第 381 页。

⑤ （清）魏禧：《左传经世钞》卷五《宋败于泓》，乾隆十三年（1748）彭家屏刊本。

⑥ （清）魏禧：《左传经世钞》卷三《士蒍谏伐虢》，乾隆十三年（1748）彭家屏刊本。

⑦ 杨伯峻：《春秋左传注》，中华书局 2009 年版，第 236 页。

此理为此言，而行极惨刻不仁，非背驰也？惟将礼乐慈爱皆看做作用权术，以求济其不仁之事耳。古今自有此一派学问"①，士蒍对圣贤之道讲起来头头是道，但却行不仁之举，所谓的"道"，只不过是一种权术，只不过是为其不仁之举戴上一顶义正词严的帽子而已。魏禧没有被士蒍的骗术欺骗，也为他戴上了一顶"老贼"的帽子。

魏禧为主的易堂九子，他们以经世作为共同的学术旨归，力倡求真务实之风，"易堂独以古人实学为归"。方以智到翠微山，观易堂九子之性情，赞叹道："易堂真气，天下无两矣！"②他们痛恨明末心学左派将王阳明之学带入歧途，尊德性而入于空寂，道学问而流于支离，以至于伪道学盛行，误国误民。

假道学之假，一在于其"虚"，不能有实际功用，二在于其"假"，并非真正遵循圣人之道，二者皆害于世道人心，其危害甚于乱臣贼子，"乱臣贼子，遗臭万年，人人知而恶之。假道学则言清行浊，窃取高名，欺天罔人，坏乱天下心术，其使人愤恨当更甚耳"，于社稷安危更具破坏力。魏禧"敬真道学，甚于敬忠臣孝子"，③他在批判伪道学的同时，也在积极呼喊着真道学的回归，期盼着去伪存真，如此方是学术之正道。《左传经世钞》极力扫假除虚，为的是回归真道学、实道学。《左传经世钞》卷十五《子皮授子产政》一文尾评，魏禧曰：

> 子产举动，与诸葛武侯如出一辙。……古人任一官，处一事，皆先有一定主意，其平日学术讲求已详，及任事时全副力量做到底，故其志可行，其言有效。……今人当事，大之宰相，小之守令，胸中漫无成竹，纵有清忠之心，亦只随事补救，安能成功哉？欲为救时之相者，不可不熟读此篇。④

① （清）魏禧：《左传经世钞》卷三《士蒍谏伐虢》，乾隆十三年（1748）彭家屏刊本。
② 赵尔巽等：《清史稿》卷四八四《魏禧传》，中华书局 1977 年版，第 13316 页。
③ （清）魏禧著，胡守仁、姚品文、王能宪校点：《魏叔子文集·魏叔子日录》，中华书局 2003 年版，第 1090 页。
④ （清）魏禧：《左传经世钞》卷一五《子皮授子产政》，乾隆十三年（1748）彭家屏刊本。

子产为政，目的明确，政令针对性强，三年间，任流言、恶语盈身，仍矢志不移，遂令郑国都鄙有章，上下有服，百姓称颂。魏禧通过古今对比、正反对比，指出了明代官员的缺陷与为政弊端，即缺乏行之有效的为政举措及坚忍不拔的为政气魄。

《左传经世钞》对科举之弊、假道学的批判，是在痛惜明亡之后，对明亡原因更理性、更深层的思索，将国家败亡与其直接挂钩，警示作用巨大，为扭转世风提供了饱含深情的呼喊与努力。

3. 对清初文风的建构

魏禧对明亡原因不断思考，同样也在思考着清人之命运。经过清初统治者的努力，社会政治秩序慢慢得以恢复、重建，魏禧也不再执着于明朝的复兴。他虽然不愿意与清朝廷合作，但是古代士人的经世精神仍然推动着他思考社会问题。

《左传经世钞》借《左传》反思明亡原因，又不是专门为反思明亡而作，它对理想君臣关系、科举之弊与道学真伪的追问与回答，同样适用于清人的政治体系。康熙朝索额图、明珠两党相互倾轧，蠹国害政，影响恶劣，康熙、雍正、乾隆亦以明史为鉴，对朋党之害保持高度警惕与惩戒，"朋党最为恶习，明季各立门户，相互陷害，此风至今未息……此朋党之习，尔诸大臣有则痛改前非，无则永以为戒"①。

魏禧娴于写文，对清代的文坛情况本能地要了解，一番了解后，敏感地发现，明末的空疏文风仍然不绝如缕，其言曰：

> 今海内狼藉烂熳，人有文章，卑者夸博矜靡，如潘、陆、谢、沈，浮藻无质，不足言矣。高人志士，寄情于彭泽之篇，发愤于汨罗之赋，故可以兴顽懦，垂金石，禧窃以为非其至也。②

① 赵之恒等主编：《大清十朝圣训·清世宗圣训》卷一九《训臣工一》，北京燕山出版社1998年版，第967页。

② （清）魏禧著，胡守仁、姚品文、王能宪校点：《魏叔子文集·魏叔子文集外篇》卷六《上郭天门老师书》，中华书局2003年版，第266页。

凡作文须从不朽处求，不可从速朽处求。如言依忠孝，语关治乱，以真心朴气为文者，此不朽之故也。浮华鲜实，妄言悖理，以致周旋世情，自失廉隅者，此速朽之故也。今人作文，专一向速朽处着想着力，而日冀其文之不朽，不亦惑乎？①

今古文遍天下，莫不自命不朽，然志识卑陋，不出米盐杵臼之间，及夫临文，拘牵万状，首尾衡决，是其终身所经营，意皆在于速朽，而顾求为不朽之文。噫！可叹也。②

当时文坛表面上一片繁荣景象，文人士子各竞其能，逞其文情，自以为其文足以流传不朽，然而细细看去，或者堆砌辞藻，夸耀博学，文有余而无有质；或者抒发一己之幽思，引人泪目，忧愤有余而无功用。其实，此等文章表面光鲜，实则缺乏事理与社会关怀，非但不能流传不朽，反而对社会无益甚或有害，魏禧继续言道：

士不适用者，文虽切实浮。君子虽爱之赏之，不过如鹦鹉之能言，孔翠之羽毛已耳。嗟乎！文人方自恃其文为撑天地、光日月、流川峙岳之物，而君子乃等之于禽鸟耳目之玩，不亦大可哀耶？③

文人们对其所作自视甚高，孤芳自赏，然而有识之士却视之为"速朽之文"，等同于鹦鹉学舌，等同于耳目之玩，哀叹不已。

为文写作，看似简单，实则与国家命运息息相关，它反映的是一个时代的道德归属与时俗趋向。早在曹魏时期，曹丕就提出了"盖文章经国之大业，

---

① （清）魏禧著，胡守仁、姚品文、王能宪校点：《魏叔子文集·魏叔子日录》，中华书局2003 年版，第 1128—1129 页。

② （清）魏禧著，胡守仁、姚品文、王能宪校点：《魏叔子文集·魏叔子文集外篇》卷八《王竹亭文集序》，中华书局 2003 年版，第 426 页。

③ （清）魏禧著，胡守仁、姚品文、王能宪校点：《魏叔子文集·魏叔子文集外篇》卷五《上某抚军书》，中华书局 2003 年版，第 251 页。

不朽之盛事"①，魏禧承袭此说，极为重视文章的经世作用，"窃谓今天下之志于道者，既心体而躬行之，必达当世之务以适于用，必工于文章使其言可法而可传"②，《左传经世钞》就是其反思文风、构建理想的载体。

春秋时代，诸侯纷争，行人辞令甚为重要，"及乎春秋大夫，则修辞聘会，磊落如琅玕之圃，焜耀似缛锦之肆"③，一篇优秀的行人辞令，文辞优美，效果明显，既可以"奉辞伐罪"，也可以避免战争，达成既定的政治目的。《左传经世钞》对文辞之美亦很重视，认为文辞之美最关键的是活络生动，魏禧评说卷十七《蹶由对楚》时言，"此与《阴饴甥会秦伯》《烛之武退秦师》，俱辞令妙品。展喜犒齐、知罃对楚子，亦是善辞，终不得比此数篇者，稍属板硬，只说向一边，诸篇自是生动圆满，擒纵较活耳"④，说辞要避免生硬、刻板。由此可见，《左传经世钞》最欣赏的行人辞令是《阴饴甥会秦伯》《烛之武退秦师》《蹶由对楚》。其评《阴饴甥会秦伯》言："如此辞令，真无一字不妙，无一着不老靠圆密。春秋时祖此者甚多，此不特千古辞命之祖，亦千古处难济变之师也。拜服拜服。"⑤ 其评《烛之武退秦师》言："辞令妙绝，与《阴饴甥对秦伯》足相上下。茅鹿门称欧阳文忠《宦者论》如倾水银于地，百孔千窍无所不入。余于此二篇亦云然。"⑥ 二者对应看，《左传经世钞》认为绝妙之辞令，还需圆满细密，方方面面都要说到说透。

但是，单靠说辞，尚不能称之为辞令妙品。《吕相绝秦》素来被视为春秋辞令的代表，"语言最为工炼，叙事婉曲有条理，其字法细，其句法古，

---

① （南朝梁）萧统：《文选》卷五二《论二·典论论文》，上海古籍出版社 1986 年版，第 2271 页。

② （清）魏禧著，胡守仁、姚品文、王能宪校点：《魏叔子文集·魏叔子文集外篇》卷八《甘健斋轴园稿叙》，中华书局 2003 年版，第 434 页。

③ （南朝梁）刘勰著，范文澜注：《文心雕龙注·才略》，人民文学出版社 1962 年版，第 698 页。

④ （清）魏禧：《左传经世钞》卷一七《蹶由对楚》，乾隆十三年（1748）彭家屏刊本。

⑤ （清）魏禧：《左传经世钞》卷四《阴饴甥谋复晋侯》，乾隆十三年（1748）彭家屏刊本。

⑥ （清）魏禧：《左传经世钞》卷六《烛之武退秦师》，乾隆十三年（1748）彭家屏刊本。

其章法整，其篇法密，诵之数十过不厌"①，但是魏禧却对其大加批判：

> 吕相绝秦，旧注以为口宣己命，玩其文字，当是晋作此书，而遣吕相为使耳。此书情事娓娓，文字斐然，然背理饰辞，十居七八。如殽之役，以仇报德，而以为散离兄弟，倾覆国家。刳首之役，以为帅我蝥贼，尤为灭天理、丧本心之言。使秦暴其书于诸侯，按事折其诬妄，则晋之曲无以自解矣。此辞令之最不善者，后人但知赏其文章，而不知其误国事之大也。②

吕相绝秦最大的问题，便是"诬秦"，略过秦于晋之恩德，且将两国多次战争的责任皆归之于秦国。魏禧以殽之战与刳首之役为例，破其伪饰，揭其疮疤。鲁僖公三十二年冬，秦穆公命军队千里远袭，偷袭郑国，因郑国有所防备而返回，途经晋国殽山时遭遇晋国伏击，却被吕相说成是"蔑死我君，寡我襄公，迭我殽地，奸绝我好，伐我保城，殄灭我费滑，散离我兄弟，挠乱我同盟，倾覆我国家"③，秦穆公于晋惠公、晋文公皆有扶助之功，于晋国百姓有输粮之恩，此次发兵实为袭郑，却被说成侵晋，魏禧认为此为以仇报德，非君子之道。鲁文公七年的刳首之役，起因于晋国的出尔反尔。晋襄公死后，执政大夫赵盾等人因太子夷皋年纪尚幼，决定更立在秦国的公子雍，秦国派兵护送公子雍入晋，不料晋襄公夫人坚持立太子夷皋，赵盾遂派兵阻止护送公子雍的秦军。吕相将公子雍说成"蝥贼"，将秦军说成要颠覆晋国，如此颠倒黑白，魏禧骂其为灭天理、丧本心。吕相之言，达成了目的，也展现了自己的才能，但是，一国之地位，一国之影响，国与国的交往，单靠欺诈、假话是无法长久的，"凡交近则必相靡以信，远则必忠之以言"④，

---

① （明）孙鑛：《孙月峰先生批点春秋左传·成公》，万历四十四年（1616）闵齐伋刻朱墨套印本。

② （清）魏禧：《左传经世钞》卷九《吕相绝秦》，乾隆十三年（1748）彭家屏刊本。

③ 杨伯峻：《春秋左传注》，中华书局 2009 年版，第 862—863 页。

④ （清）郭庆藩撰，王孝鱼点校：《庄子集释·人间世》，中华书局 2004 年版，第 157 页。

人无信不立，国无信必衰。故而，魏禧认为《吕相绝秦》的危害极大，是为误国误民之文章，世人不知其害，反津津乐道于文章之变化纵横。徒知文辞，实为不知文者，此正其所谓"文章以明理适事，无当于理与事，则无所用文"①。

反观《阴饴甥会秦伯》，于晋惠公失德又被俘之后，要说服盛怒的秦穆公放回背信弃义、丧师辱国的晋惠公，营救任务很难，阴饴甥说话极有分寸，既表明歉意，又显露斗志，"收民心，立储贰，益甲兵，先固根本，使敌国知我不可动，且隐然有可战之势，然后许平可决此。吕甥实实经济，不徒靠辞令之妙"②，实实在在道出晋国国内的准备。阴饴甥说服秦穆公，靠的不是花招，靠的不单是文辞，而是发自内心的诚意与国内的充足准备。

反思明末清初的空疏文风，魏禧等人认为，与其将精力放在浮夸而无益的创作上，倒不如写些实实在在的文章。这些实实在在的文章，皆依偎忠贤之道，"善为文者，以《六经》为寝庙，《左》、《史》为堂奥，唐、宋大家为门户"③；皆以切于实用为鹄的，"文之至者，当如稻粱可以食天下之饥，布帛可以衣天下之寒"，能够解决现实问题，"下为来学所禀承，上为兴王所取法"，④ 既能影响当世，又能助益后学，此即为天下之至文。

4. 对个人立身存世的思考

魏禧等人经历乱世，亲身见证了沧海桑田的巨变，亲身感受了历史变迁带来的命运沉浮，他们在思索国家层面的问题，也在思考作为个体的"人"的存身之道。

魏禧自认身处乱世，心中必须紧绷一根弦，那便是忧患意识，"凡事最

---

① （清）魏禧著，胡守仁、姚品文、王能宪校点：《魏叔子文集·魏叔子文集外篇》卷八《恽逊庵先生文集序》，中华书局 2003 年版，第 402 页。

② （清）魏禧：《左传经世钞》卷四《阴饴甥谋复晋侯》谢文洊语，乾隆十三年（1748）彭家屏刊本。

③ （清）魏禧著，胡守仁、姚品文、王能宪校点：《魏叔子文集·魏叔子文集外篇》卷七《答孔正叔》，中华书局 2003 年版，第 360 页。

④ （清）魏禧著，胡守仁、姚品文、王能宪校点：《魏叔子文集·魏叔子文集外篇》卷六《上郭天门老师书》，中华书局 2003 年版，第 266—267 页。

忌十分称心，予尝谓子弟曰：人作事，事事无碍，便须愁着祸来处，衰乱之世尤甚"①。魏禧上述一段话，是评价楚灵王时所言。鲁昭公四年，楚灵王率领诸侯讨伐吴国，又拿诸侯兵力灭了赖国，把赖国迁到鄢地，又想把许国迁到赖国，又命人为他修城，楚国大臣申无宇对此深为忧虑，"楚祸之首将在此矣。召诸侯而来，伐国而克，城，竟莫校，王心不违，民其居乎？民之不处，其谁堪之？不堪王命，乃祸乱也"②，楚灵王叫诸侯来，诸侯就来，讨伐赖国成功，在外修建城池，也没有诸侯敢反对，如此随心所欲的人统领百姓，百姓还能安居吗？百姓不能安居，楚灵王又怎么能没有祸乱呢？果不其然，穷奢极欲、穷兵黩武的楚灵王，最后落得众叛亲离，自缢而亡。魏禧以楚灵王为例告诫弟子，也是告诫世人，切不可骄傲自大，自我放纵，尤其是在顺境之中，更要提醒自己谨言慎行。

人之祸患，有一个重要来源，就是不懂中和之道，行事过度。春秋时期的一对悲惨父子——伍奢与伍员，虽忠虽猛，然皆有过度之处，"伍奢之心，忠而猛。忠猛者，固不失为贤臣，而持之或偏，足以杀身而偾事。奢之所以杀身者，忠猛之过也，其后子员以强谏而见杀于吴，犹是故也。呜呼，其亦可悲矣夫"③，贤臣忠良言行过度，或引起君主不适，或引起小人嫉妒，故而父子二人皆招致杀身之祸。《左传经世钞》从残酷的历史中吸取教训，倡导儒家所言之"中庸"之道，"喜、怒、哀、乐之未发，谓之中。发而皆中节，谓之和。中也者，天下之大本也。和也者，天下之达道也"④，强调立身行事不离其度，不可过度。

人之祸患，还有一个重要来源，便是欲望。《老子》第四十六章尝言，"祸莫大于不知足，咎莫大于欲得"⑤，人之所欲，驱人行事，经常会带来祸

---

① （清）魏禧：《左传经世钞》卷一六《楚子戮齐庆封》，乾隆十三年（1748）彭家屏刊本。

② 杨伯峻：《春秋左传注》，中华书局 2009 年版，第 1254 页。

③ （清）魏禧：《左传经世钞》卷一九《楚杀伍奢伍员奔吴》，乾隆十三年（1748）彭家屏刊本。

④ （汉）郑玄注，（唐）孔颖达疏：《礼记正义》卷五二《中庸第三十一》，（清）阮元校刻：《十三经注疏》第 3 册，中华书局 2009 年版，第 3527 页。

⑤ 陈鼓应：《老子注译及评介》，中华书局 1984 年版，第 244 页。

患。即便是贤人，有时也难免会被欲望所控制。春秋时期提出"三不朽"名言的叔孙豹，在去往齐国避难的途中，邂逅了一位妇人，叔孙豹心生怜爱。没想到，此一动情却让叔孙氏家族遭遇了大祸。待到叔孙豹回鲁国执政后，此妇人为他送去了一个叫竖牛的孩子，最后竖牛却生生饿死了叔孙豹，杀死了叔孙豹的两个儿子，祸乱叔孙氏。彭士望对此言道："叔孙贤者，一外淫，遂殒身而二子杀逐，可不戒哉？"①贤如叔孙豹，也因一时欲望驱使而招致家族祸乱，更何况一般人呢？更为严重的是，如果欲望被有心计之人识破、利用，就容易被他牵着鼻子走。楚国奸臣费无极撺掇楚平王抢儿媳、废太子、杀伍奢，凭借一人之力将楚国拉下神坛，在整个过程中，费无极一直坚持在做的就是揣摩楚平王的心理，"奸人只是揣摩人情，到至处，人不觉入其彀中。楚平之信无极，自此始矣。平不特心以为忠，且心服其智略"②，利用楚平王的欲望，达成自己的目的。楚平王至死也没有识破费无极的奸计，任由他作乱，最终落得被伍子胥"破楚入郢"的结局，令人唏嘘。

为了避免祸事来临，《左传经世钞》一方面要求人需控制欲望，不可为欲望所控制而行篡乱、谋逆、伤身、害家之事。《左传经世钞》专门对"欲"做过解读，"凡执私意，任私见者，皆欲也，岂独财色哉"③，人之欲望，不单是对财、色的过度追求，凡是为了自己的私意而生的念头，都是"欲"，这就扩大了"欲"的范围，将劝诫内容也进一步扩充。《左传经世钞》卷二十《叔孙婼聘宋》尾评言：

> 《论衡·自叙》一篇，原本孤寒，至于引譬睍睆舜鲧禹、醴泉芝草，甚及犁牛骍角，只顾以辨胜人，遂至抑亲扬己，丧心已甚。充乃名人，岂此理尚未知耶？可见人至好名争胜，私心所蔽，白日而不见邱山，如此为胜，愈胜而愈屈；如此为名，愈名而愈辱。人之大愚，莫过于此，

① （清）魏禧：《左传经世钞》卷一七《穆子死昭子杀竖牛》，乾隆十三年（1748）彭家屏刊本。
② （清）魏禧：《左传经世钞》卷一八《费无极去朝吴》彭士望语，乾隆十三年（1748）彭家屏刊本。
③ （清）魏禧：《左传经世钞》卷一七《葬晋平公》，乾隆十三年（1748）彭家屏刊本。

　　可以鉴矣！乃其书犹脍炙千载，古今之以文胜，可叹哉！①

　　此处以王充为例，说明"好名"之危害。王充于《论衡·自叙》中态度分明，抑亲扬己，自祖上至父亲，皆无好事好品行，却用大段文字陈述自己的操行、志向、交友等皆不同于家族众人，皆有不俗表现，魏禧认为，此等书写，非但不能表现王充之不俗，反而暴露了其好名争胜之心，是为莫大之愚、莫大之耻。

　　另一方面，《左传经世钞》又要求人主动作为，自损以避祸。《左传经世钞》在评说鲁襄公二十一、二十二、二十三年之文时，接连用了三个典型事例，来说明避祸之法。

　　第一例为自我伤害法。鲁襄公二十一年，楚康王欲令蓬子冯为令尹，蓬子冯不知如何处理，前去求教申叔豫。申叔豫分析楚国当时的形势，认为楚王力量弱，国内专权的人多，建议蓬子冯不要接受任命。蓬子冯深以为然，便在炎炎夏日挖了一个地洞，摆上冰，放上床，穿着皮袄，不怎么吃东西，就是光睡觉，以此婉拒楚王。对此，魏禧评道，"居乱世，履危朝，辟荣禄，如刀锯坚忍，深苦如此。后世逢萌诸人，得此意而愈忍者也"②，高官厚禄，为人所爱，但是，乱世之中却极易因此招致杀身之祸，蓬子冯为保命不惜苟待自己，世人当以其志为念。

　　第二例为主动找免法。鲁襄公二十三年，齐庄公要赐给臧武仲土地，臧武仲听说后，主动去见齐庄公。见面后，齐庄公高兴地说起攻打晋国之事，想要从臧武仲那里获取些赞美之声，孰料臧武仲却将之比作老鼠，"夫鼠，昼伏夜动，不穴于寝庙，畏人故也。今君闻晋之乱而后作焉，宁将事之，非鼠如何"③，晋国有动乱就去打它，一旦晋国安宁就准备去事奉它，如同老鼠一般"畏人"。此一番话，实在是大煞风景，恼怒的齐庄公再也不赏赐臧武仲土地了。臧武仲此举，不是莽撞，也不是讽谏君主，他的目的就是要惹怒

①　（清）魏禧：《左传经世钞》卷二〇《叔孙婼聘宋》，乾隆十三年（1748）彭家屏刊本。

②　（清）魏禧：《左传经世钞》卷一三《楚蓬子冯辞令尹》，乾隆十三年（1748）彭家屏刊本。

③　杨伯峻：《春秋左传注》，中华书局 2009 年版，第 1085 页。

齐庄公，不再赐田。臧武仲是从鲁国逃奔到齐国的，得到齐庄公的赐田，本是他在齐国长住下去的依托，但是他却敏锐地发现了齐庄公的无常、齐国未来的嚣乱，他不愿意蹚此浑水。对此魏禧评曰："武仲受田，则为齐侯党人，他日必与于贾举、州绰之祸。怒其君以自免，又开千古避祸一法。"贾举为齐庄公内侍，无端被齐庄公鞭打，遂记恨在心，与崔杼里应外合弑杀齐庄公；州绰本为晋国栾氏家将，逃亡齐国而为齐庄公所欣赏，崔杼作乱时，奋力保护齐庄公不得，齐庄公死后他不愿苟活，更不愿事奉新主，自杀以报齐庄公赏识之恩。贾举、州绰二人的行为、归宿，都不是臧武仲想要的，故而他以令人诧异的举动主动疏离了齐庄公的恩赐，也疏离了必至的祸患，是为"巧于避祸"者。①

　　第三例为散财保命法。鲁襄公二十二年，郑国大夫公孙黑肱病重，临终前他把自己的封邑归还公室，并嘱托其子不要多受官职，祭祀所用也要减少，理由是"生于乱世，贵而能贫，民无求焉，可以后亡。敬共事君与二三子。生在敬戒，不在富也"②，生在乱世，地位尊贵而能安贫，这样才能最后灭亡。人之长久，不在富有，而在常怀敬戒之心。《左传经世钞》于此文的尾评列了魏禧、魏礼、魏世俨、彭家屏的四大段论说：

　　　　魏禧曰："'生于乱世，贵而能贫，民无求焉，可以后亡'，至哉言乎！伯张，真千古之知士能人，善保其家长享其财者也。历观春秋诸贤，所见何其同哉！楚子文为令尹，王出其禄，必逃，人问曰：'人皆求富，子独逃之，何也？'曰：'我非逃富，乃逃死也。'齐灭庆氏，与晏子邶殿之师六十，弗受，子尾曰：'富，人之所欲也，何独弗欲？'曰：'庆氏之邑足欲，故亡；吾邑不足欲也，益以邶殿，乃足欲。足欲，亡无日矣。在外，不得宰一邑，不受邶殿，非恶富也，恐失富也。'至于卫免余辞邑受半，齐子雅辞多受少，子尾受而稍致于公，皆此意也。而子张、子文、

---

① （清）魏禧：《左传经世钞》卷一三《臧武仲辞齐田》，乾隆十三年（1748）彭家屏刊本。
② 杨伯峻：《春秋左传注》，中华书局2009年版，第1068页。

晏子之言，尤为明切哀伤，不啻痛哭流涕，大声疾呼，以警天下。后世贪昧庸鄙、醉梦不醒之夫而卒不悟，以至爱齿焚身、破家而灭世者古今接踵也，哀哉！门人问曰：'赐于君者，吾得而辞矣。敢问席祖父之业生而富焉者，则将举以与人，或弃而逃之矣乎？'曰：'吾非苟焉而弃之也。乱世聚财难，散财亦不易，必欲贫而后亡，则散之有道矣。吾之三族，其贫者多矣；吾之邻里，其贫者又多矣；吾之乡邑，其水旱灾疫无时不有矣，是故置义田、建义仓、立义学、食饥、衣寒、药病、葬死、嫁娶、恤孤子女，由亲以逮其疏，而厚礼厚糈以结其仁人君子，时其缓急，达其志，成其美，而推养四方之贤士。如是则小民怀之，贤人君子左右之。财日加薄，德日加厚。不奢不僭，则上不忌；少所可欲，则上不贪，夫是以身安而名立。虽有变乱而人不忍害，亦不敢害也。'曰：'吾将博施，而上之人以为是富之兆也，福未至人祸先发，奈何？'曰：'吾非遽然而施之也。今取吾财而十之，以其十之或一或二或三，养身贻子孙焉；以其十之二，交游馈遗要人苟免焉；其余则渐而举之以济人。久之，产薄财羸，而人无不知，则交游之资亦递损而无后患，且夫人心怀之，天道祐之。家无足欲而罹焚身之祸者，自古及今未尝有是也。'曰：'施德于民则可矣，养四方之士，殆于不可。慕财则贪躁之士进，纲密则奸法之人多。近世以好士而触太祸者，比比矣。'曰：'叶公见龙而走匿，非好真龙者也，士有真伪在善识之而已，故栾盈以多士亡，而中山君以二士免死。今夫轻躁浅狭、好名走利、动不循理者，虽豪侠义声，必其负气债事不能有为者也。忠信沉断，见远知微，虑而后动，验而后言者，虽奇伟不羁，必其保家全身，能大有为者也。古之先祸而弭，祸至而脱，身安于当时，名垂于后世，未有不出于得士者也。'"

魏礼曰："子有枝言一则云：'处乱世，能喫亏是大便宜，能受苦是大安乐，能平气是大力量，能散财是善聚守。'"叔子评云："随时皆然，却说于乱世，更觉受用。"

魏世侃曰："贤而多财，则损其志；愚而多财，则益其过。处乱世与遗中材子弟，益信德操之言为无弊，黑肱归邑于将死之日，亦先得此意。"

　　彭家屏曰："公叔文子遗富以祸其子,公孙黑肱归邑以戒不虞,人之度量,其相去一何远哉?然黑肱归邑,伯石乃受子产之赂邑,父子之间,其志趣之不同,又有如此者。《周书》有之,'若考作室,厥子乃弗肯堂;厥父菑,厥子乃弗肯播',此通患也夫!"①

魏禧、魏礼、魏世俨、彭家屏四人的论说,有一个共同的主旨,即处于乱世,家有财富,良非好事,或引人恼恨,或自损其志,或自益其过,故而,善保家者能散财,能散财方能脱祸安身。四人的论说,尤以魏禧全面、具体,他首先援引《国语·楚语下》记载的子文辞邑,《左传·襄公二十七年》记载的卫国免余辞邑,《左传·襄公二十八年》记载的齐国晏子、子雅、子尾辞邑,以具体可感的历史事迹,以英明清醒之士的透彻言说,垂范世人,又化用鲁襄公二十四年子产"象有齿以焚其身,贿也"②之语,警示贪昧庸鄙、醉梦不醒之人,毕竟,散财辞邑不是一般人愿意做、能够作出的决定。魏禧进而又提出"乱世聚财难,散财亦不易"的观点,以具体细致的散财之道,为世人提供借鉴,进一步劝诫世人节制欲望,远离灾祸。最后魏禧援引叶公好龙、栾盈养士、中山君厚施二义士之事,专门论说养真士以免祸的散财之道。魏禧不惮长篇累牍,不惜细致入微,不怕被人诟病好为人师,层层推进,谆谆告诫,用心良苦!魏禧称公孙黑肱为"千古之知士能人"③,彭家屏则是将之与见载于《左传·定公十三年》的公叔文子遗富祸子之事对比,称赞其智慧与度量。公叔文子入朝奏请卫灵公到他家中享宴,史鱼酋听说后,立马警觉,"子必祸矣!子富而君贪,其及子乎"④,断言公叔文子会因富致祸。公叔文子恍然大悟,悔不当初,赶紧承认错误,请求史鱼酋指点迷津,设法补救。史鱼酋亲见公叔文子的态度,便劝慰他只要保持君臣礼节,就不会有

---

① （清）魏禧:《左传经世钞》卷一三《黑肱归邑》,乾隆十三年（1748）彭家屏刊本。
② 杨伯峻:《春秋左传注》,中华书局 2009 年版,第 1090 页。
③ （清）魏禧:《左传经世钞》卷一三《黑肱归邑》,乾隆十三年（1748）彭家屏刊本。
④ 杨伯峻:《春秋左传注》,中华书局 2009 年版,第 1592 页。

事，因为"富而能臣，必免于难"①。幸运的是公叔文子便是鲜见的"富而不骄"之人，不幸的是公叔文子的儿子公叔戍在富贵的环境中养成了骄傲的性格，最终作乱不胜而逃亡他国。与公叔文子相比，公孙黑肱更胜一筹，但颇具讽刺的是，公孙黑肱的一番安排，并没有得到其子的认可，其良苦用心也未能得到很好的贯彻。公孙黑肱的儿子名叫公孙段，也称作伯石，鲁襄公三十年，郑国子产开始执掌国政，需要交付公孙楚做一件事，在此之前，子产决定送给公孙楚一个田邑，公孙楚为此努力做成了此事。但有人对此议论纷纷，公孙楚便担心子产反悔，好在子产最后依约行事，他才放下心来。后来子产又想让公孙楚做卿，让太史去宣布决定，公孙楚假意推辞，太史误以为公孙楚真有谦让之心，退出去准备回去复命，公孙楚赶紧把太史请来重新发布命令，但是他又故技重施，再三辞谢，方才接受命令，方才谢恩。公孙楚的贪婪与虚伪，在"辞卿"一事上展露无遗，子产对此极为厌恶，从此公孙楚也就失去了升迁希望。公孙黑肱与公孙段，父子二人，为人志趣、性情、智慧相去甚远，公孙黑肱归田邑为真，为求家族长久，公孙段受田邑为真，辞卿为假，只为满足个人欲望。彭家屏对此甚是感慨，遂引用《尚书·周书·大诰》之言，言说父子志趣之不同，进一步申述欲望对人的控制力以及主动散财并非易事。

魏禧在反思历史的同时，也放眼观看当时的社会，他看到了"今天下不乏卓荦之人，方其少年，焰焰然若火之始盛。既而志衰于嗜欲，气夺于祸患，心乱于饥寒，行移于风俗，学术坏于师友，及至强立之年，则萎靡沉溺，而向时之志气熠乎若死灰之不复然"②，本来优秀的年轻人，在欲望的驱使下，志向衰竭，面对祸患时又不能正确应对，遂令其走向萎靡不振。年轻人的志向走势，预示着一个国家的未来图景，为此，他迫切而又沉重地提醒父兄担负起教育子弟的职责，既要明确保身之法，又要提升其应对祸患的能力。

三种避祸方法，实为安身全名之良策，但是世人皆知其好，能做到的却

---

① 杨伯峻：《春秋左传注》，中华书局 2009 年版，第 1592 页。

② （清）魏禧著，胡守仁、姚品文、王能宪校点：《魏叔子文集·魏叔子文集外篇》卷六《答南丰李作谋书》，中华书局 2003 年版，第 271 页。

鲜有其人，公孙楚是一例证，秦后子亦是一例。秦后子是秦桓公的儿子，甚得秦桓公喜爱，待到秦景公即位，他的地位如同国君一般，他的母亲感觉到危险，便劝他逃离秦国。秦后子逃到晋国，与赵孟讲话，很有气势，预言赵孟之死亦见其智，但是，秦后子逃亡晋国途中，他的随从车辆有一千辆，后来秦后子设宴招待晋平公，"造舟于河，十里舍车，自雍及绛"①，在黄河搭建浮桥，每隔十里停放一批车辆，一直从雍城绵延到绛城，往返取送礼物，来回八次，如此种种，多有不妥。对此，彭家屏评论道："观后子对赵孟之言，可谓明哲矣，而有车千乘，富贰于君，智者固如是乎？其奔晋也，大享晋侯，造舟置舍，亦非亡人所宜出也。非知之艰，行之惟艰，后子之谓欤？"②秦后子品头论足，头头是道，但他不知收敛，不知藏势，足见知行合一之难。

《左传经世钞》通过对春秋时代人物命运的评说，目的在于让世人明知其理，践行其道，以期在乱世中自保全身。因此，它不只是提问题，发议论，还提出了具体可行的历练方法。彭士望评说鲁成公二年《鞌之战》言：

> 比读《春秋传》至成襄之际，范武子之杖击、范文子之戈逐、孟献囚子之事、子国为戮之语，而叹古人家训之严、国俗之厚不可及也。才慧子弟不患其英锐不足，而患其发露无余，怙才以滋罪。贾谊之气不平，王勃之名太著，尚致夭折，他可知也。为父兄者困之于独，以敛其才，辱之于众，以柔其气，则器有善藏而锋以时用。彼句之知礼、侨之追盗、燮之居后而不伐、佗之改行而为俭，其所以大有造于子弟，则父兄之为也。③

年轻人年轻气盛，常常会锋芒毕露，父兄在此关键时刻需要挫其锋芒，不可放纵。彭士望选取了四个典型例子，予以说明。第一例是范武子杖击其子。范文子在众位朝臣沉默不对之时，回答出秦国来客的三条隐语，志满意得地

---

① 杨伯峻：《春秋左传注》，中华书局 2009 年版，第 1214 页。
② （清）魏禧：《左传经世钞》卷一六《后子奔晋》，乾隆十三年（1748）彭家屏刊本。
③ （清）魏禧：《左传经世钞》卷九《鞌之战》，乾隆十三年（1748）彭家屏刊本。

回到家中，却被父亲范武子用手杖击打，折断了帽冠上的簪子。被打的原因是范文子不懂谦让，而朝中大夫的沉默则恰是出于对长辈父兄的谦让。范武子为了保护儿子、教育儿子，不惜采用了严厉的惩罚措施。第二例是范文子戈逐其子。被父亲责罚过的范文子，明白了谦让之道，他后来也遵循父训，教育己子。鄢陵之战时，楚军摆开阵势，晋国将士谋划如何应对，范文子之子范宣子率先走上前发言，话音刚落，范文子以戈追打范宣子，一边追一边骂："国之存亡，天命也，童子何知焉？且不及而言，奸也，必为戮！"① 国家存亡，至关重要，范宣子未经许可发言，范文子称其为胡言乱语。范文子把当初父亲教育他帮助他的方法，施之于其子，可谓父子相传，教育得力。第三例是孟献子囚子。鲁国的孟献子在教育孩子方面，也甚为严格。其子仲孙它见季文子身为鲁国国相，"无衣帛之妾，无食粟之马"②，便予以劝说，认为季文子太吝啬，不懂得为国家增添光彩。孟献子听说后，直接将仲孙它关了七天七夜，事后仲孙它改变观念，改正错误，也变得节俭起来。第四例是子国怒骂儿子。子国是子产的父亲，鲁襄公八年，子国、子耳奉命入侵蔡国，俘虏了蔡国司马。郑国上下欢声载道，唯独子产却说这会引来大祸患，子国怒斥道："国有大命，而有正卿，童子言焉，将为戮矣！"③ 子产的判断是准确的，然此次行动为郑国国君发布，又有执政卿士在场，子国认为子产说话不分轻重，不知好歹，必须严惩。以上四例，皆是教子的正面典型，在年轻人妄出风头时，父辈或"困之于独"，或"辱之于众"，使其敛才柔气，明白守藏之道，这是保护他们，也是引导他们，藏其锋芒以待时用，即为"挫其锐，解其忿；和其光，同其尘"④。

　　经历过明末衰亡、易代之乱及清初严苛控制的魏禧，与一众好友隐居翠微山，其最初目的就是"自保"，但是，自保不单靠山川之助，更要靠内里之警醒。《左传经世钞》中的存身之道，是儒家与道家思想的糅合，是历史

---

① 　徐元诰：《国语集解·晋语六》，中华书局 2002 年版，第 395 页。

② 　徐元诰：《国语集解·鲁语上》，中华书局 2002 年版，第 173 页。

③ 　杨伯峻：《春秋左传注》，中华书局 2009 年版，第 956 页。

④ 　陈鼓应：《老子注译及评介》，中华书局 1984 年版，第 75 页。

经验与现实感悟的融合①，不仅适用于乱世，亦是可施之于任何时代的共用之理，但是，不可否认的是，乱世之中更为受用。魏禧强调经世致用，他不但思索时代的变迁，回应时代主题，而且还从自身出发，推己及人，为世人讲解安身立命之道，其"经世"之旨更为阔大，也更具现实关怀。

魏禧胸怀天下大势，关心天下苍生，推崇德义，素有气节，颇得世人推崇，"一二耆旧大鋈之老争识面，引为忘年交，士无识不识皆知有宁都魏叔子"②，影响很大，王源、刘献廷、李塨等人，亦与其有同声相应、同气相求之志，亦留下了《左传》评点之书。

（二）王源与《左传评》

王源为明遗民子弟，其父王世德为明末锦衣卫指挥佥事，在明亡之际，王世德本欲引刀自决，被救下后一直对明亡耿耿于怀，他把对崇祯帝的尊崇、对明末朝官的不满悉数讲与王源。从父亲那里，王源感知了明亡之因，明白了"戡乱保邦须经济才"③之理。王世德所交之人，多为明朝遗民，其中一位就是魏禧。魏禧认识王源时，王源方十几岁，岸异多英气，魏禧对其甚为器重。再次见面，是在康熙十年（1671），魏禧自翠微山游历至广陵。王源专门将自己写就的《项籍论》呈予魏禧，此文纵横驰骋，曾为当地诸位名士交口称赞，王源特别敬重魏禧，他更希望得到魏禧的肯定。不料，魏禧看过以后，并未认可，亦未称赞。王源没有得到想要的肯定，遂默然不语，

---

① 魏禧之侄魏士杰曾言："盖叔父少好学，年十一出交州里与邹先生游，年二十有一而下国变。阅世至今凡三十有余年，而天下之大变大故、可惊可愕之事，虽身百岁所经历未有过于此一二十年间者。故其于人之情伪世故之变，所为博观而熟虑之者，则无不于《左氏》相触发，以得古人深心大略于不言之表。然后知《经世》一书，非必于《左氏》得之，而特于《左氏》发之者也。"［（清）魏士杰：《魏兴士文集》卷四《左传经世钞跋》，载（清）林时益辑：《宁都三魏全集八十四卷》，《四库禁毁书丛刊》集部4，北京出版社1997年版，第290页]

② （清）彭士望：《耻躬堂文钞》卷七，《四库禁毁书丛刊》集部第52册，北京出版社2000年版，第126页。

③ （清）王源：《居业堂文集》卷一八《先府君行实》，《续修四库全书》第1418册，上海古籍出版社2002年版，第247页。

心中颇为不爽。魏禧"未许之"的缘由，在他后来写的《与王汲公昆绳》《答施愚山侍读书》《宗子发文集序》中有所展现，其言曰：

> 日念乔梓昆仲，如家人不可暂释。处四达之地，易于交友阅事，而风气杂糅，虚美相熏，以之滑性长傲，亦不为少。长才人当坚定以学问。学问在求实地，日见己所不足，则不进于古人不止。①

> 愚尝以谓为文之道，欲卓然自立于天下，在于积理而练识。积理之说，见禧叙宗子发文。所谓练识者，博学于文，而知理之要；练于物务，识时之所宜。理得其要，则言不烦，而躬行可践；识时宜则不为高论，见诸行事而有功。是故好奇异以为文，非真奇也。至平至实之中，狂生小儒皆有所不能道，是则天下之至奇已。②

> 且夫理固非取办临文之顷，穷思力索以求其必得。……人生平耳目所见闻，身所经历，莫不有其所以然之理，虽市侩优倡大猾逆贼之情状，灶婢丐夫米盐凌杂鄙亵之故，必皆深思而谨识之，酝酿蓄积，沉浸而不轻发。及其有故临文，则大小浅深，各以类触，沛乎若决陂池之不可御。辟之富人积财，金玉布帛竹头木屑粪土之属，无不豫贮，初不必有所用之，而当其必需，则粪土之用，有时与金玉同功。③

魏禧与王源分别后，对王源甚为挂念，希望他成大才，故而提醒他要善于分辨，要坚定为文为人信念，即不虚美，要厚实，实实在在地追学问道，真真实实地感受古人之情感，以弥补自己的不足。至于如何作文，魏禧认为要"积理而练识"，积理即要走出书斋，走向广阔的社会，体会社会人情，体验

---

① （清）魏禧著，胡守仁、姚品文、王能宪校点：《魏叔子文集·魏叔子文集外篇》卷七《与王汲公昆绳》，中华书局 2003 年版，第 343 页。

② （清）魏禧著，胡守仁、姚品文、王能宪校点：《魏叔子文集·魏叔子文集外篇》卷六《答施愚山侍读书》，中华书局 2003 年版，第 289 页。

③ （清）魏禧著，胡守仁、姚品文、王能宪校点：《魏叔子文集·魏叔子文集外篇》卷八《宗子发文集序》，中华书局 2003 年版，第 412 页。

为文之道；练识即要在积理基础上明晰为文为人之要道，符合时宜，躬行可践，行事有功。魏禧深知王源好"奇"，其《项籍论》也多发奇论，但其论尚浅薄，未深入历史语境，未体会社会现实，故而其论说一味求奇，却不能以奇动人。

得到魏禧指导与提醒的王源，顿时醍醐灌顶，方明白其文章弱点所在。自此后，他着意留心世间之事，在大千世界中体悟、总结人生经验，博观约取，酝酿涵容，提升认知，乃敢行之于文。康熙十六年（1677），魏禧再度去至广陵，王源再次拜谒，再次奉上《项籍论》一文。此时的王源，年近三十，"颔下须已长四寸，目光闪闪逼人"，此时的《项籍论》"议论多肯要，法度老成"，甚得魏禧之心，认为其文可施于用，遂对王源寄予厚望，"吾老矣，而昆绳今不可为少，彼邓仲华、周公瑾何人哉？人学问当有变化，少年英发，中晚之岁，贵沈深掩抑，使不显其光，吾他日以昆绳之文观之矣"。①

十几年的时间，王源之文有如此大的变化，一方面源自王源对左丘明、司马迁、韩愈等文的学习，另一方面则源自对魏禧教诲的遵从。拜谒魏禧时，王源自言"源往者不自得，久而心服先生之言"②，后来亦言"易堂魏叔子先生，其言大与愚见合，故生平议论，间窃易堂绪余，而酷喜谈兵，讲究伯王大略，物色天下伟人奇士而交之"③，他与魏禧一样喜欢兵法，喜欢《左传》，明晓关塞险隘攻守之略；他与魏禧一样喜欢与瑰奇隐异之士交往，探究经世之志，"独从事于经济文章，期有用于世"④。

王源四十岁时，因家庭日渐贫困、父亲年老多病，至京师游历，以代笔写文谋生，后投身至徐元文幕府，参与编纂《明史》。在此期间，王源结识

---

① （清）魏禧著，胡守仁、姚品文、王能宪校点：《魏叔子文集·魏叔子文集外篇》卷八《信芳斋文叙》，中华书局 2003 年版，第 420 页。

② （清）魏禧著，胡守仁、姚品文、王能宪校点：《魏叔子文集·魏叔子文集外篇》卷八《信芳斋文叙》，中华书局 2003 年版，第 419 页。

③ （清）王源：《居业堂文集》卷七《与李中孚先生书》，《续修四库全书》第 1418 册，上海古籍出版社 2002 年版，第 155 页。

④ （清）王源：《居业堂文集》卷八《与毛河右先生书》，《续修四库全书》第 1418 册，上海古籍出版社 2002 年版，第 168 页。

了一生的至交好友刘献廷。王源与刘献廷一见如故，王源所作《刘处士墓表》回忆其相处景象，"与处士道同志合，日讨论天地阴阳之变、伯王大略、兵法文章典制、古今兴亡之故、方域要害、近代人才邪正，其意见之同，犹声赴响"①。二人学术喜好、学术主张相似，谈天论地，相互信任②，如影随形，甚为欢喜。其中，《左传》是二人共同的喜好，是二人经常讨论的典籍，他们的观点，集结到王源的《左传评》与刘继庄的《左传快评》两书中。

王源《左传评》主要论文，"评语皆作文窍妙"，以"抉作者之意"③，所选 143 篇《左传》之文，皆是王源自有心得之文，而非常见的长久传诵之文。王源选文有一大原则，即选载道之文，徒见辞华美赡者皆不选。王源所言载道之文，与习见的认识不尽相同，"文以载道，固矣。然所载者，不必尽仁义道德之言而后为道也，但其文有阴阳不测之神皆道也。又何疑于左氏哉？俗儒之论概不取"④，所谓"道"，不单存在于仁义道德之言中，也存在于阴阳不测的活络文章中。选文标准，一定程度上即已展现了王源的为文理念，《左传评》的一系列评语，则具体、细致地阐释了他的"奇文"理念。

第一，叙述奇诡。奇诡无常，捉摸不定，方是为文之奇境。王源于《狄入卫》的夹评、眉评、尾评均有大量文字，讨论此篇叙述之妙。其中尾评中有云：

> 文字惟不可捉摸，方臻胜境，如懿公好鹤，将战而先叙国人"使鹤"之语，其败可知。若径序其败，何趣乎？惟特地将他规画方略铺叙

---

① （清）王源：《居业堂文集》卷一八《刘处士墓表》，《续修四库全书》第 1418 册，上海古籍出版社 2002 年版，第 246 页。

② 刘献廷对王源的信任，在其嘱托王源为己立传一事上可见一斑。刘献廷"尝从容谓余曰：'吾志若不就，他无所愿，但愿先子死耳。'予惊问故，曰：'吾生平知己，舍子其谁？得子为吾传以传，复何恨哉！'"[（清）王源：《居业堂文集》卷一八《刘处士墓表》，《续修四库全书》第 1418 册，上海古籍出版社 2002 年版，第 246 页]。

③ （清）王源：《左传评·凡例》，《四库全书存目丛书》经部第 139 册，齐鲁书社 1997 年版，第 167 页。

④ （清）王源：《左传评·凡例》，《四库全书存目丛书》经部第 139 册，齐鲁书社 1997 年版，第 166 页。

于前，然后方将败亡叙出，人岂能捉摸得定乎？

……

狄入卫，又败卫人于河，宋桓公遂逆诸河，而立戴公于曹，原是相连事，却于"又败诸河"之下一断，忽将惠公提起。提惠公者，所以叙昭伯；叙昭伯者，所以出戴公与宋桓也。戴、桓既出，于是复以"及败"二字遥接上文，然后落出桓之逆卫人而立戴，如此叙法，当费几许经营。①

本篇叙述卫懿公好鹤亡国之事，其败国亡家的结局于开篇即已奠定基调。卫懿公爱鹤胜于爱国人，故面对狄人入侵，国人拒战，一句"使鹤！鹤实有禄位，余焉能战"将国人的愤懑与不满全盘托出，点明卫懿公的荒唐行径，也预示了卫懿公失败的命运。但是，《左传》在此之后，并没有按照一般叙述写法，直写卫懿公战败之事，而是在国人拒战之后，另作筹划：先是安排国内掌权之事，继而替夫人打算，最后任命具体的战争将帅。此等安排，足见卫懿公非无谋略之人，亦可见其有情之处。一番战争规划后，"卫侯不去其旗，是以甚败"，② 王源解释为"复提卫侯奇兵误敌"③，与前面的规划相应。卫懿公好鹤亡国的记载，篇幅不长，但却颇生波澜，得见卫懿公多样化的性格。在王源看来，唯有如此不可捉摸、波澜生姿的叙述，方能臻于胜境，方为奇文典范。

《左传》是一部历史著作，历史著作的书写应该是顺序写之；但《左传》又不纯粹是一部史学著作，具有浓厚的文学色彩，在叙述方法上表现为经常打破历史的历时性顺序，采用多种文学叙述手法。在叙事方法层面，王源追求奇诡，反对平铺直叙，《叔孙得臣败狄于咸》篇后总评有言：

---

① （清）王源：《左传评》卷二《狄入卫》，《四库全书存目丛书》经部第139册，齐鲁书社1997年版，第195—196页。

② 杨伯峻：《春秋左传注》，中华书局2009年版，第265—266页。

③ （清）王源：《左传评》卷二《狄入卫》，《四库全书存目丛书》经部第139册，齐鲁书社1997年版，第195页。

叙事之法，切不可前者前，中者中，后者后。若前者前之，中者中之，后者后之，印板耳，如生理何？唯中者前之，后者前之，前者中之、后之，使人观其首，乃身乃尾；观其身与尾，乃首乃身，如灵蛇腾雾，首尾都无定处，然后方能活泼泼也。①

叙事，本是按时间顺序排列事件，但是若完全按照时间顺序则又会如同印板一样，程序化、模式化的内容增多，令读者失去阅读的兴趣。要"陡然起，不知其何来；瞥然过，不知其何往；杳然去，不知其何终"②。这样的文章，允称奇文。

第二，事理辞达。一般而言，奇文亦需言辞奇绝，但王源则认为只要"辞达"者即为奇文。《骊姬乱晋》尾评写道：

文不过说理与叙事，吁！文有何奇？说得理出，便是奇文；序得事出，便是奇文，所谓"辞达而已"也。虽然，"达"易言哉？理则天人事物、隐显高深，无一之不达，事则治乱贤奸、话言情状，无一之不达，固非夫人之能事。然则苏氏谓"能达则文不可胜用"，非"达"为文章之要道乎？此篇亦直序之文，无他奇，巧妙处只是能达骊姬之情状而已。③

文章无他，不过是说理文与叙事文二体，故奇文首先得"辞达"。叙事能够说清楚，说理能够讲明白，即为"辞达"。此貌似容易，实绝非易事，要"无一不达"，天理人事、言语情状皆需一一通晓，方可将事理说清，才是奇文。

---

① （清）王源：《左传评》卷三《叔孙得臣败狄于咸》，《四库全书存目丛书》经部第 139 册，齐鲁书社 1997 年版，第 230 页。

② （清）王源：《左传评》卷四《晋侯使郤犫来聘》，《四库全书存目丛书》经部第 139 册，齐鲁书社 1997 年版，第 252 页。

③ （清）王源：《左传评》卷一《骊姬乱晋》，《四库全书存目丛书》经部第 139 册，齐鲁书社 1997 年版，第 192 页。

《骊姬乱晋》一节，与极力摹写奇巧者不同，力求以辞达为标准，但在王源的标准里，无一不达，已属奇文。

讲清楚，说明白，当然称得上"辞达"，但这个"达"也要有"度"，当止则止，不可一览无余，言辞忌尽。作为历史著作，当然写得越清楚越透彻越好，但作为文学作品，如此"说尽"式书写，则索然寡味，往往令人生厌，自然也不能谓之"奇文"。卷一《卫石碏谏宠州吁》篇后总评有言：

> 以"东宫"二字起，不知其所来，以"乃老"二字结，不知其所往，起得离奇，结得巉峭。一篇中多少境界！岂若后人文字，一览无余也。①

此篇先是叙述卫州吁叛乱之因，开篇以"卫庄公娶于齐东宫得臣之妹，曰庄姜"②起，庄姜本是齐侯之女，但在《左传》中却说其为"东宫得臣之妹"，不知所起，不知所在，令人颇费思量，然《左传》作如此安排，乃是照应下文石碏谏言中所列太子顽与公子州吁兄弟之事。正所谓开篇起得离奇，离奇有因。

其后叙述石碏劝谏卫庄公之言，一番有理有据、典雅厚重的言说未被庄公采纳，州吁一如既往地我行我素，后太子顽继位为卫桓公。篇末以"乃老"二字结尾，不知所终，令人摸不着头脑。却不知《左传》乃是留为后案，为之后的州吁之乱及石碏杀子铺垫。正所谓结尾结得离奇，巉峭有趣。

起始结尾皆非等闲之笔，短言之中尽显风姿，如同层峦叠嶂，需不断探索方能得真容，且仍有无限风光在眼前，方引人遐想。若为一览无余之文，怎能留住读者的目光？

第三，结构自然。此处所谓"自然"，当然不是随便，不是"原生态"，

---

① （清）王源：《左传评》卷一《卫石碏谏宠州吁》，《四库全书存目丛书》经部第 139 册，齐鲁书社 1997 年版，第 176 页。

② 杨伯峻：《春秋左传注》，中华书局 2009 年版，第 30 页。

而是经过苦心经营、剪裁之后的自然，是浑然天成，乍一看平平，实则巧夺天工。《齐崔杼弑其君光》篇尾评云：

> 自棠姜之娶至大史之书，种种事情，只一滚序下，不分段落，又一章法也。天下至平者无如水，水而波则不平。平何以波？风也，砥也，高下也，曲折也。风则波，砥则波，高下曲折则波，宁有心于不平乎？随其所遭，因其自然之势而已。文之妙亦如此，但平平写去，而因其常以为常，因其变以为变，因其正以为正，因其奇以为奇，因其纯以为纯，因其杂以为杂，只在剪裁得宜，安顿恰妙，运用不测，则天功非人巧矣。然非惨淡经营，天工何由得哉？……然俱以剪裁得宜，安顿恰妙，运用不测，而后成一篇天工文字，岂若世之以庸平呆板为自然者乎？吾尝谓惨淡经营是经营自然，探得此中消息，而文之道思过半矣。①

王源追求叙事奇崛，即要打破常规，把本来"顺序"的事件分节，重新安置位置，叙述因此迂回曲折，前已言之。但是，并非所有的章节都适合如此构架，一个基本的原则是"随其所遭，因其自然之势"，易言之，要根据具体的情节、事件、人物、因果来剪裁、安置、结构，顺应自然之势，努力营造一种"自然"。宋代苏轼："吾文如万斛泉源，不择地皆可出，在平地滔滔汩汩，虽一日千里无难。及其与山石曲折，随物赋形，而不可知也。所可知者，常行于所当行，常止于不可不止，如是而已矣。"②王安石评张籍的诗云"看似寻常最奇崛"可谓不谋而合，异曲同工。

崔杼弑其君，事件前因后果、本末翔实，固已复杂：崔杼娶棠姜，东郭偃、陈文子言不可，庄公淫棠姜被弑，贾举诸人争为之死，独晏子不死，而

---

① （清）王源：《左传评》卷七《齐崔杼弑其君光》，《四库全书存目丛书》经部第 139 册，齐鲁书社 1997 年版，第 288 页。

② （宋）苏轼撰，孔凡礼点校：《苏轼文集》卷六六《自评文》，中华书局 1986 年版，第 2069 页。

发"君死社稷"之论，崔庆立景公，晏子之盟言，大史之直笔，等等，此类结构，只需用心剪裁安排，一路自然叙述，便可波澜起伏，毫无平庸呆板，自是奇文。

此为事件的结构自然，至于言谈议论之结构，亦可平平道来，如王源于《晋侯使太子帅师》一文尾评写道：

> 以议论文为章法，又一结构……
>
> 诸人共九段议论，妙在绝不旁着一语，只就诸人口中平平叙去，但用一两笔联络之，穿插之。而或离或合，或正或反，或短或长，自成一篇天然恰好文字。然而读来无甚奇妙。不知无甚奇妙，以其平平，而至奇至妙，正在平平。何也？古人为文，未落笔，先有意，意在笔先，文随意生，所谓心知其意者此也。后人每刻意为文，及问其意所在，觉处处俱有意，又处处俱无意。总之不知用意，所以不知用笔，不知用笔，愈不知用意。如此文用意，只为申生死孝作张本，故知羊舌数语乃立意所在，妙在杂于诸人议论之中，一概平平叙去，且于衣、玦二者写得累累若若，如曹孟德七十二疑冢，处处是冢，却不知骨在何处，此所以于平平之中而独藏其至奇至妙也。①

此篇写鲁闵公二年晋献公派遣太子申生讨伐东山皋落氏，是为鲁僖公四年申生之死张本，其间缘由在狐突、先友、梁余子养、罕夷、先丹木、羊舌大夫等人的议论中尽数列出，讨论的焦点集结在"大子帅师，公衣之偏衣，佩之金玦"②上，偏衣金玦是意有所指的，但究竟所指何在，尚需慢慢探究，引人思索。诸人议论本身，观点正反不一，话语长短不一，其内容本身即已具备内在的起伏，故只需平平列出，用三言两语连接一下，似乎无甚奇文，然因以意结构，意在笔先，文随意生，故此平平淡淡的文字中却有至奇至妙之味。

---

① （清）王源：《左传评》卷二《晋侯使太子帅师》，《四库全书存目丛书》经部第139册，齐鲁书社1997年版，第198页。

② 杨伯峻：《春秋左传注》，中华书局2009年版，第269页。

王源认为，文章结构之自然，或惨淡经营，顺势而为；或以意笼括，文随意生，避免呆板，杜绝"刻意"，追求"恰好"，自成一篇天工文字、天然恰好文字，"奇不在幻而在平，只如泛论人情物态，而天道遂莫能外，非天下之至奇乎！"①

因为评点体例，王源对《左传》奇文的评点及其奇文理论的阐释虽然零散，但比较全面，正反对举，不仅明确品评奇文之奇，亦列出为文之忌讳，相得益彰，正面标准，有章可循；反面教材，引以为戒。二者相互补充，全面阐明了王源的奇文理论。王源以奇诡、辞达、自然为奇文的观点，大致涉及为文叙述、语言表达、文章结构等重要层面，又间涉文章意境、总体风格、文章生成，将"奇"的内涵揭示得很清晰，即为文需有曲折变化，奇势迭出，但不必刻意为文，着意修饰，只需文成自然，事理清晰。此三方面层层递进，在一般认识基础之上，将奇诡者为奇文的观念进一步开拓，在强调变化的同时亦不刻意求奇，不拒绝平淡。在王源的文论中，奇文成为美文佳作的代称，《陈人杀其公子御寇》一节评语"高矣，美矣，奇矣，妙矣，神矣，至矣"②，是对章法安排的赞美，此六字当为并列，层列而下，极言文章之好。王源对"奇"的论说，不局限于一隅，思路开阔，将"奇"之内涵扩大化、普泛化。王源以奇为美、奇文即美文的观点，在清代《左传》评点史上可谓独树一帜。

王源对"奇文"的推崇与阐释，首先与其本性、志趣密切相关。王源少时酷爱李贺诗作，读之手舞足蹈，后他人以李贺诗作诡诞非正而予以劝阻，王源虽迷惑不解，但不再读李贺诗。及年纪稍长，因读汉魏乐府诗，方知李贺诗作章法之新奇，遂感叹世人之浅陋，拘泥于字句之怪对李贺横加批评，"人不知其章法之奇，惟字句是怪，陋矣"③。众所周知，李贺的诗歌想象奇，

---

① （清）王源：《左传评》卷九《有星孛于大辰》，《四库全书存目丛书》经部第 139 册，齐鲁书社 1997 年版，第 342 页。
② （清）王源：《左传评》卷一《陈人杀其公子御寇》，《四库全书存目丛书》经部第 139 册，齐鲁书社 1997 年版，第 191 页。
③ （清）王源：《居业堂文集》卷一五《听雨轩诗序》，《续修四库全书》第 1418 册，上海古籍出版社 2002 年版，第 218 页。

辞采奇，结构奇，风格奇，总之与众不同。王源少时对李贺诗歌没有缘由的喜欢，源自天然，可见其好奇之性。

王源为人洒脱不羁，即使穷羁落拓，亦不屈己志，自言"少窃自负，视天下事甚易，每以士非贤俊将相奇才，无足与友"①，平生所交多为瑰奇隐异之士。其子王兆符言其"经纬如诸葛武侯、李伯纪、王伯安，功业如郭汾阳、李西平、于忠肃，文章如蒙庄、司马子长，庶几似之"②；洪嘉植称其"岸异多英气"③，方苞称其"恢奇人也"④，"所心慕，独汉诸葛武侯、明王文成。于文章，自谓左丘明、太史公、韩退之外，无肯北面者"⑤。他敬佩经纬天地的奇才，敬仰建立奇功的奇士，心服写就奇文的文士。读史每见古代奇伟非常之人，辄恨生不同时，不得与其上下议论；著史喜为功勋卓著者、奇姿雄伟者立传。他为明人立传，以刘基为传记第一人，钦佩至极，言其明阴阳术数，运筹帷幄，屡建奇功，更直言"刘诚意之功伟矣，而《实录》所载，何其略也"⑥，由此王源甚至将明朝灭亡的原因与不用奇士联系在一起，"假令明季有老成硕望为国家爱惜人才如侍读者，尽取天下奇才良士，加诸上位，太平曷难致哉！"⑦不用奇士而亡，用奇士而兴，足见其爱奇之心、慕奇之意。王源将"奇"与国家兴亡联系在一起，自然提升了"奇"的地位。

王源是奇人，他仰慕的人物无一不是奇士，折服的文章无一不是奇文。

---

① （清）王源：《居业堂文集》卷一四《蒋度臣诗序》，《续修四库全书》第 1418 册，上海古籍出版社 2002 年版，第 211 页。

② （清）王兆符：《望溪先生文集序》，载（清）方苞：《方望溪全集·原集三序》，中国书店 1991 年版，第 2 页。

③ （清）洪嘉植：《居业堂文集原叙》，载（清）王源：《居业堂文集》，《续修四库全书》第 1418 册，上海古籍出版社 2002 年版，第 93 页。

④ （清）方苞著，刘季高校点：《方苞集》卷一〇《李刚主墓志铭》，上海古籍出版社 1983 年版，第 247 页。

⑤ （清）方苞著，刘季高校点：《方苞集》卷八《四君子传并序》，上海古籍出版社 1983 年版，第 217 页。

⑥ （清）王源：《居业堂文集》卷一《刘诚意伯传》，《续修四库全书》第 1418 册，上海古籍出版社 2002 年版，第 102 页。

⑦ （清）王源：《居业堂文集》卷一六《送徐侍读归里序》，《续修四库全书》第 1418 册，上海古籍出版社 2002 年版，第 225 页。

从内到外，处处浸透着"奇"的一个人，将"奇"作为批评标准，那是自然而然的事。

不唯如此，王源的奇文批评、奇文理论之形成，还与其坎壈的命运遭际有关。王源先祖自明成祖时"靖难"有功，子孙世袭为锦衣卫指挥佥事。身为明朝官宦子弟，王源自负经世奇志，然生非其时，清人入关建立新朝，其身世命运陡然转变，遂流转江淮间，为文论兵、考察地理，意图戡乱复国。年四十余，贫困无所遇，往京师求仕，却屡屡碰壁，奔走四方，久不得志。清政权稳定后，他寻求的不过是"数椽容膝，百亩供餐，足以闭户而无求，便可成其稽诵著述之志"，然"谋之三十余年，终如河清难俟"。① 一生困顿不堪，溘然逝于淮安。

国家、家族及个体命运沧海桑田的骤变，内心的不平之气，郁积于胸，必发而为文，管绳莱言："源以世家子弟，国变家毁，苍凉郁勃之气，无所发泄，一寓之于文……当时号为古文家者，未足与比也，然非遭时之艰，困心衡虑，乌能成其所至若此哉？"② 困于心，衡于虑，而后作，则自然为奇文，《六陵遗事序》中言：

> 予自幼读谢皋羽《冬青树引》，未尝不流涕也。嗟乎！六陵之祸，悲夫！何其痛也。天下义烈忠伟之事，虽由性生，亦往往激发于不容已，激愈甚，则发愈奇。③

谢翱是南宋遗民，《冬青树引》写的是亡国之痛。宋亡后，元人将南宋高宗、孝宗、光宗、宁宗、理宗、度宗六帝的骨骸挖出，从绍兴运往杭州，与六畜

---

① （清）王源：《居业堂文集》卷七《与阎百诗书》，《续修四库全书》第 1418 册，上海古籍出版社 2002 年版，第 157 页。

② （清）管绳莱：《王昆绳家传》，载（清）王源：《居业堂文集》，《续修四库全书》第 1418 册，上海古籍出版社 2002 年版，第 95 页。

③ （清）王源：《居业堂文集》卷一二《六陵遗事序》，《续修四库全书》第 1418 册，上海古籍出版社 2002 年版，第 196 页。

之骨同埋于镇南塔下，陵中的金银财宝悉数掠走。得知此事的遗民唐钰、林景熙、谢翱诸人，悲愤无比，筹划良久，将六帝之骨骸从镇南塔下取出，葬之兰陵山后，并从临安故宫挖掘六棵冬青树，分别种植于六陵之旁，以作标志。《冬青树引》即是以隐晦手法对此事的吟咏，"桀骜有奇气，而节概亦卓然可观"①。王源是明朝遗民，感同身受，易代之痛，痛彻心腑，故每读此文辄为之痛哭流涕。

文人因不平而写就奇文，王源认为是水到渠成之事。他在给新安奇士洪去芜文集撰写的序中说："然则士不得志于时而著之文章，以为法于天下后世，胡可少也！"②此种观念，是韩愈"大凡物不得其平则鸣"理念的继承，是传统的理论命题，但王源在阐发过程中，融入了故国之思与人生感悟，遗民的身份、历史的反思、坎坷的人生，也使其阐释渗透了真切的人生体验，是在含泪带血的生命体验中凝练起来的。

王源有着强烈的现实关怀，"奇文"是其"经世"理念的具体载体。清初思想界，尤其是遗民群体，聚焦明亡问题，反复论说，"遗民学术的批判热情，集中表现于'明亡原因追究'这一政治的又是史学的课题上"③。与此相关，士人亦深刻反思晚明以来之文风，将文风与国运相连，思索文章如何经世致用④。作为遗民之一，王源对科举时文及当时文章写作的取法倾向均有所批评纠正。

八股取士，明清皆为选士之首策，文士竞相学习时文，以之为敲门砖，谋得一官半职。如此选拔的人才，自然难堪大任，面对社会失序、国

---

① （清）永瑢等：《四库全书总目》卷一六五《集部·别集类一八·睍发集十卷睍发遗集二卷遗集补一卷附天地间集一卷西台恸哭记注一卷冬青引注一卷》，中华书局 1956 年版，第 1413 页。

② （清）王源：《居业堂文集》卷一三《洪去芜文集序》，《续修四库全书》第 1418 册，上海古籍出版社 2002 年版，第 207 页。

③ 赵园：《明清之际士大夫研究》，北京大学出版社 2014 年版，第 346 页。

④ "在抗清斗争失败后，一种文化的救亡意识成为当时汉族士人的共同理念，亡国的痛苦和亡天下的恐惧化作深刻的历史批判和文化反思，明代的覆亡被归结于游谈心性、空疏不学的士风，学问被推崇到文化救亡的高度。"（蒋寅：《清代诗学史·导论》，中国社会科学出版社 2012 年版，第 9 页）

破家亡，明人束手无策，王源曾言"人才靡弱不振，至宋已极，而明殆有甚焉"①，至清代一仍其旧，"是时国家承平数十年，方以八股文取士，富贵家子弟无所事经济古文之学"②。其父王世德在总结明亡原因时，第一条即为"戡乱致治需经济才，而以八股取之，所取非所用，弊一"③，由此，王源又开始思考八股与取士的关系，他在《岁试录序》中写道：

> 先王造士之法，自战国后荡然无复存者二千余年，后代以制科取士，制科则以八股。呜乎！八股果足以造天下士乎？原立法之始，特欲合天下之心思耳目，并出于孔孟之途，乃文章不同于政事，自古已然。衡文者乌能知其后之忠奸贤不肖与其才之短长，而豫为之别？不过就文为去取。既以文取，则士亦惟八股是习，而不复计于他。岂朝廷设学造士之初心，如是已哉？④

王源认为，八股时文并不能作为衡量人品、文章好坏的标准，反而会误导士人，误导文章走向歧途。一二侥幸科举及第之人，将其支离谬戾之文传播于天下，一般学子便会竞相模仿，于是"荒经蔑理无文义之体"⑤便流荡于文坛，因此他鄙薄时文，不习时文，反对时文。

时文写作讲究多，句子的长短、字的繁简、声调高低等都要相对成文，字数也有限制，而王源强调、推崇的是错综之法。《左传评·公矢鱼于棠》言："未有不错综而可以言文者，后人务取枝枝相对，叶叶相当，板到底，俗彻

---

① （清）王源著，（清）李塨订：《平书订》，中华书局1985年版，第45页。

② （清）管绳莱：《王昆绳家传》，载（清）王源：《居业堂文集》，《续修四库全书》第1418册，上海古籍出版社2002年版，第95页。

③ （清）王源：《居业堂文集》卷八《家大人八十征言启》，《续修四库全书》第1418册，上海古籍出版社2002年版，第169页。

④ （清）王源：《居业堂文集》卷一五《岁试录序》，《续修四库全书》第1418册，上海古籍出版社2002年版，第221页。

⑤ （清）王源：《居业堂文集》卷一五《畿辅采风录序》，《续修四库全书》第1418册，上海古籍出版社2002年版，第221页。

骨，皆宋人陋习。"①四平八稳，起承转合，乃八股写作之基本，王源的好友方苞曾撰《左传义法举要》，强调为文要对偶，王源也品评《左传》，但与方苞理论全然不同，他认为此种写法既死板又庸俗，皆非错综离奇之文，不利文章写作。《左传义法举要》卷首程崟撰写之《题识》云：

> 崟与北平王兆符成童以后，并请业于望溪先生，兆符尝以其父昆绳先生所发挥《左传》语质于先生曰："先生与吾父为兄弟交，以道义相然信，而论学则相持治。古文并宗《左》、《史》，而兆符暨二三同学从问古文，未尝举吾父之说以为鹄的，何也？"先生曰："凡所论，特为文之义法耳。学者宜或知之，而非所急也。且《左氏》营度为文之意，众人不知而子之先君子独悟者十之三，其中屈折《左氏》之文以就己说者亦十之三，吾尝面讲而不吾许，是以存而不论也。"②

面对相同的文本，王源、方苞二人的评点迥然不同，不唯具体之评点，意图趋向亦异，故二人虽为好友，但方苞讲评《左传》时对王源之评点一概不引，存而不论。不过，也正是在此层面上，王源的《左传评》及其倡导的奇文理论具备了不同时俗的意义。

自南宋真德秀《古文正宗》选择《左传》之文进行点评开始，古文评点与科举考试便结下了不解之缘。最初的评点侧重经义，随着考生对经义的烂熟，评点重点开始转向文章作法。通过《左传》论作文之法，以制八股，成为最通行有效的方式之一，故明清时期古文评点甚为盛行，主要就是应时文之需求③。方苞的《左传义法举要》即为典型的场屋写作指南，对此，方苞

① （清）王源：《左传评》卷一《公矢鱼于棠》，《四库全书存目丛书》经部第139册，齐鲁书社1997年版，第177页。

② （清）方苞著，彭林、严佐之主编：《方苞全集》第7册《左传义法举要》，复旦大学出版社2018年版，第5页。

③ 罗军风：《清代春秋左传学研究》第六章《清代〈左传〉评点学——〈左传〉文学研究的范式》，人民出版社2010年版，第328—334页。

都羞于将之流传于世，他曾对门人王兆符、程崟说："是余之赘言也，以生等迫欲闻此而偶发之，何必传之人世，使敝精神于蹇浅乎？"①方苞无非是借《左传》中的六篇文章，传授他的场屋经验，这属于小道末技，因此他自己也说是鄙陋浅薄，这不全是谦虚之词。

王源鄙薄时文，不屑为时文。四十余岁因家贫游京师为人佣墨时，有人讥笑他不会写八股时文，"源笑曰：'是尚需学而能乎？'因就试，中康熙三十二年（1693）举人。或劝更应礼部试，谢曰：'吾寄焉为谋生计，使无诟厉已耳！'"②因此，王源的《左传评》绝不是为时文写作服务的，尽管其中亦不可避免地涉及一些文章的写法。他反复标榜推崇"奇"及奇文理论，并将之提升至经世致用的层面，这其中有其师魏禧的影响，魏禧有《左传》评点之作《左传经世钞》，直接以"经世"命名。更多的是，王源不满明清盛行的误国之八股，也有对清初文坛宗法唐宋八大家倾向的"反其道"。

明末清初，文坛出现一种宗法唐宋八大家的倾向，清初三大家之一的侯方域即其代表。侯方域在当时影响极大，"近日论古文，率推侯朝宗第一，远近无异词"③，侯方域力倡为文从唐宋八大家入手，是为文最佳路径，王源言己"最爱朝宗文，有流水行云之致，而深不服其入门必由八家之说"④，喜欢侯方域的文章，缘由在于其为文脉流畅。但为文贵乎变化，譬如奇正之术，正有定，奇无定，而以正为奇，以奇为正，则正亦无定，如学习唐宋八大家亦步亦趋，不知超越，不懂提升，那么学到极致也不过是寄八家篱下。况且宋文靡弱，能正不能奇，能整不能乱，能肥不能瘦，缺少变化，根本不是优秀的模仿典范。诗歌亦是如此，王源直言"今之诗人，多取宋人糟粕

---

① （清）方苞著，彭林、严佐之主编：《方苞全集》第 7 册《左传义法举要》，复旦大学出版社 2018 年版，第 5 页。

② 赵尔巽等：《清史稿》卷四八〇《王源传》，中华书局 1977 年版，第 13132 页。

③ （清）王士禛：《渔洋山人感旧集》卷四，周骏富辑：《清代传记丛刊》第 27 册，明文书局 1985 年版，第 213 页。

④ （清）王源：《居业堂文集》卷六《与友人论侯朝宗文书》，《续修四库全书》第 1418 册，上海古籍出版社 2002 年版，第 146 页。

为新奇"①，于字句、调式上沾沾自喜，自以为工，实则不工，自以为新奇之作，实则拾人牙慧，作诗为文者切忌效仿。

为文之道，王源自忖有一定的思索，他对经史典籍的熟稔，令其言之有据，据之有理，他也曾想在为文之法上自成一家，惜其迫于生活压力，无暇将此意付诸实践，"生平略能知古人之意，惜窘于遇，不获殚力造其室，以自成一家言"，但从其文集、评点著作中，此意亦可窥见一斑，王源言为文之道，需学习古人，但学习古人，一要明确学习对象，文从经史中来，当从先秦西汉文中寻求为文之法。二需学之有道，"予尝谓学古人者，不可无我，有我则可以彼，可以此"，②需保持自我，如此方可千古之间纵横驰骋，上下求索，一旦无我，便成伪古人。

王源对清初文坛两种弊端的拨乱反正，既强调了为文之用，又强调了作者的主体性、独立性。文章需经世致用，堆砌知识、卖弄文辞，有害于文之用，故而文需辞达自然；为文不能丢失自我，故而才学非文。

（三）刘献廷与《左传快评》

"清初有一大学者而其学无传于后者，曰大兴刘献廷"③，刘献廷，字继庄，少负大志，不肯为辞章之学，遍历九州，览方域要害，明典制变化，论天地阴阳变化，"于礼乐、象纬、医药、书数、法律、农桑、火攻器制，傍通博考，浩浩无涯涘"④，专力钻研经世之学⑤。投奔徐乾学幕府，读书别有心得，

---

① （清）王源：《居业堂文集》卷一四《朱字绿诗序》，《续修四库全书》第1418册，上海古籍出版社2002年版，第212页。

② （清）王源：《居业堂文集》卷一五《听雨轩诗序》，《续修四库全书》第1418册，上海古籍出版社2002年版，第218页。

③ 梁启超：《清代学术概论》，上海古籍出版社1998年版，第24页。

④ （清）王源：《居业堂文集》卷一八《刘处士墓表》，《续修四库全书》第1418册，上海古籍出版社2002年版，第246页。

⑤ 全祖望总结刘献廷学术贡献言道："继庄之学，主于经世，自象纬、律历，以及边塞、关要、财赋、军器之属，旁而岐黄家流以及释道之言，无不留心；深恶雕虫之技，其生平自谓于声音之道，别有所窥，足穷造化之奥，百世而不惑。"[（清）全祖望撰，朱铸禹汇校汇注：《全祖望集汇校集注》，上海古籍出版社2018年版，第525页]

与其他人不同。博览群书的万斯同最心折于刘献廷，引荐他参与《明史》编纂，长于舆地之学的顾景范、黄子鸿，引荐他参与《大清一统志》编纂。刘献廷参与其中，发现了他们学术的问题，"谓诸公考古有余，而未切实用"①。

王源为刘献廷所作的《刘处士墓表》曾写道：

> 尝谓学者曰："圣人谓人为天地之心。"……所谓仁也，天地不能为者人为之，剥复否泰存乎运，而转移之者心，人苟不能斡旋气运，徒以其知能为一身家之谋，则不得谓之人，何足为天地之心哉？故处士生平，志在利济天下后世，造就人才，而身家非所计。②

在刘献廷看来，立身为人，眼中心中不能只有自己一人、自己一家，而是要为天下人、为后世做一些实际的有利之事，以利济天下苍生。

刘献廷如此想，也是如此做的，即便家贫时有人会救助他人，以天下事为己事，"其生其死，固世运消长所关，而上下千百年中不数见之人也"③。他将心中所想，传授给后学，要求学生重视实学，切勿执着于无关痛痒、华而不实的雕虫小技。《广阳杂记》曾记载他教育学生的话语：

> 陈青来执贽于予，问为学之方。予言为学先须开拓其心胸，务令识见广阔，为第一义；次则于古今兴废沿革礼乐兵农之故，一一淹贯，心知其事，庶不愧于读书。若夫寻章摘句，一技一能，所谓雕虫之技，壮夫耻为者也。④

---

① （清）全祖望撰，朱铸禹汇校汇注：《全祖望集汇校集注》，上海古籍出版社 2018 年版，第 525 页。

② （清）王源：《居业堂文集》卷一八《刘处士墓表》，《续修四库全书》第 1418 册，上海古籍出版社 2002 年版，第 245—246 页。

③ （清）王源：《居业堂文集》卷一八《刘处士墓表》，《续修四库全书》第 1418 册，上海古籍出版社 2002 年版，第 246 页。

④ （清）刘献廷著，汪北平、夏志和标点：《广阳杂记》卷四，中华书局 1957 年版，第 212 页。

为学之道有二，一为亲身体验，多方游历，增长见识，开阔心胸；二为明知典章制度，得知古今兴废严格，唯有如此，方能成就有生命力的学问。一位真正的学者，应该是博古通今，既明知古人之事，又能将之运用到实际中，强调经世致用，"今之学者，率知古而不知今，纵使博极群书，亦只算半个学者"①。

刘献廷生前有大志向，极欲写成的书有很多，比如私修《明史》《水经注疏》，目的皆想有用于世。他认为水利事关国家兴衰，"有圣人者出，经理天下，必自西北水利始。水利兴，而后足食，教化可施也"②，然而历代有关《水经注》的研究，专于考订，多不切实用，因此他欲择取史书中有关水利、农田、战守等方面的记载，详细考证，汇集诸家论说，以为疏证，以利济天下苍生。可惜的是，刘献廷的很多有意义有价值的想法都没有实现，唯有《新韵谱》一书完成，全祖望归结其原因为"凡继庄所撰著，其运量皆非一人一时所能成，故虽言之甚殷，而难于毕业"③。刘献廷之著述，目前所见者，唯有《广阳杂记》与《左传快评》最为有名。《广阳杂记》为刘继庄门人黄宗夏所辑，辑录的是刘继庄在世时所写之笔记、杂记。《左传快评》为刘继庄卒后，金成栋所辑而成，其序言曰：

> 继庄刘先生，抱经济之学，于时不偶，著书等身。其他无论，即评定《左氏传》诸篇，无微不抉，无隐不窥，吸精洗髓，妙解澜翻。自有《左氏》以来，无此尚论，几成千古缺陷。急与坊客谋寿诸梨刻，成而题之曰《左传快评》，以公天下之读至文者。④

---

① （清）刘献廷著，汪北平、夏志和标点：《广阳杂记》卷三，中华书局 1957 年版，第 122 页。
② （清）全祖望撰，朱铸禹汇校汇注：《全祖望集汇校集注》，上海古籍出版社 2018 年版，第 527 页。
③ （清）全祖望撰，朱铸禹汇校汇注：《全祖望集汇校集注》，上海古籍出版社 2018 年版，第 528 页。
④ （清）刘继庄：《左传快评·题辞》，康熙四十五年（1706）刊本。

金成栋称刘献廷之文为天下之至文，为千古之尚论，为了告慰亡人，为了泽惠世人，他急速将《左传快评》刊刻出版，以飨读者。

《左传快评》作为刘献廷流传不多的作品，非常典型地体现了他的经世致用理念。《左传快评》卷二评《斗廉败郧师》时言："料敌之情，细如毫发。有志于经济者，乌可不熟读而深思哉？"①卷五评《楚子围郑》时言："郑伯以能下人，全其社稷于既覆之后。柱下有言'江海能为百谷王，以其善下也'，有国有家者，胡可不取五千言熟读而深思之耶？"②为国为家者，需从经典中探求经济之道，熟读深思而灵活运用。

《左传》中的事例，多为经国之事，《左传快评》面向国家治理，提出了诸多建议，诸如慎爱恶、慎莫侈、戒晏安、戒刚愎自用、节制情爱、教子需有道等方面，以资世人借鉴。在诸多方面中，刘献廷特别强调人才的重要。楚武王伐随途中去世，令尹斗伯比、莫敖屈瑕临变不乱，对此刘献廷评曰："楚不幸中之大幸，以见楚实有材。天之授楚，亦以生材卜之也。前半写夫人之见微而知清浊，后半写令尹、莫敖之临事而能暇整。楚材如此，尽有江、汉，固其宜矣。"③楚国之所以能兴起，人才之重要甚为关键，他于卷二《公会齐侯宋公陈侯卫侯郑伯许男曹伯侵蔡蔡溃遂伐楚次于陉》直接提出了"楚固有人"的观点。

人才很重要，但更为重要的是要知人识才，要任用真正的人才。首先，真正的人才，与小人无涉。小人有小人的能力，小人有小人的方法，他们的蛊惑之辞，从情理上看亦能自圆其说，且能抓住人心，蛊惑人心，因此必须加以分辨。晋献公对太子申生、公子重耳、公子夷吾的态度与处理方式，很明显受到了梁五与东关五两个奸诈小人的迷惑，刘献廷言："从来小人之蛊惑其君，其言未有不入理可听者。盖天下之道理甚圆，只要人有口才，反复纵横，皆可以成文章，使非烛理明而见事透，鲜有不为之动摇者，如二五之

---

① （清）刘继庄：《左传快评》卷二《斗廉败郧师》，康熙四十五年（1706）刊本。
② （清）刘继庄：《左传快评》卷五《楚子围郑》，康熙四十五年（1706）刊本。
③ （清）刘继庄：《左传快评》卷二《楚武王荆尸伐随》，康熙四十五年（1706）刊本。

说献公,何其言之入理可听也如是夫。"①因此,看人才需要明加分辨,以求烛理明,见事透,从而将小人排斥出人才之列。

其次,真正的人才,与私属宠臣无关。晋献公临终前,任命荀息为相,荀息践守对晋献公的承诺,立公子奚齐为君,后来里克杀死了奚齐,荀息欲死而践诺,后经人劝慰,又调动全副精神立公子卓为君,里克却公然在朝廷之上杀死了公子卓,荀息遂以死明志。《左传》征引《诗经》"白圭之玷,尚可磨也;斯言之玷,不可为也"来称颂荀息②,然而刘献廷却认为荀息并非社稷之臣,"息于太子废立之际,不闻其一言,至此而以死许奚齐。然则若荀息者,献公之私人耳,非社稷之臣也。夫人乌可不学圣人之道哉"③,他遵守的是对晋献公的承诺,而非有利于国家社稷的考量,并非刘献廷认可的为臣之道。齐襄公被弑杀之前,徒人费、侍卫、公孙无知等人亦各用其力,保卫齐襄公,但是这些人在刘献廷看来亦非社稷之臣,"纷纷效死,皆左右亲昵之人。若此辈,虽聚千累万,总何益于人之国家乎"④。

最后,真正的人才,不可以一时之成败断言。秦穆公善于用人,其中一个典型事例便是秦穆公三用孟明视。孟明视是百里奚的儿子,素有计谋,且有武艺,秦穆公很看重他,但是他却在崤之战、彭衙之战中连续两次失败,且被晋人擒获。按照一般人的认识,失败一次即要惩罚,即便一次不加惩罚,两次战争都失败,必定要对此人的才识打上一个大大的问号,再有大事绝对不会委以重任,而秦穆公却令人大跌眼镜地再次重用了孟明视。孟明视为报答秦穆公的知遇之恩,立下军令状,渡过黄河,焚毁所有船只,与晋人决一死战,终于取得了王官之战的胜利,对此刘献廷议论道:

> 败于崤而用之,败于彭衙复用之,秦穆公所以霸西戎也。城濮之败杀子玉,泜水之退杀子上,楚风之所以不竞也。国君犹不可以成败用

---

① (清)刘继庄:《左传快评》卷二《晋献公嬖姬》,康熙四十五年(1706)刊本。

② 杨伯峻:《春秋左传注》,中华书局 2009 年版,第 330 页。

③ (清)刘继庄:《左传快评》卷三《晋里克杀其君之子奚齐》,康熙四十五年(1706)刊本。

④ (清)刘继庄:《左传快评》卷二《齐无知弑其君诸儿》,康熙四十五年(1706)刊本。

人，学者又可以成败论人乎？宜《左氏》之津津于秦穆也。

秦穆三用孟明，济河焚舟已办必死之志，使晋更败之，不惟无以处秦，并无以自处矣。闭门不出，让其济茅津、封殽尸，以结此一局，了此一案，自是最高一着。吾谓："秦人善于处败，晋人善于处胜也。"①

秦穆公三用孟明视，是其用人的一个侧影，秦穆公知人用人，不以成败论英雄，故而能人尽其用，遂致称霸西戎。反观楚人，则是以成败论人，子玉战败自杀，子上战败被杀。一番对比，刘献廷强调，切切不可以胜败论人。

刘献廷所强调的人才，其最高层次是一心为公的社稷之臣，而真正的社稷之臣，当以管仲、子产、晏婴、叔向等人为榜样。在刘献廷看来，管仲之才，甚于齐桓公，齐桓公无天下苍生之志，其能称霸只因用对了管仲，"桓公生平，实无天下苍生之志，徒以能用管仲，遂致一匡九合之烈"②。子产之才，又甚于管仲，"尝谓子产之才，在管仲之上。为管仲者易，为子产者则难也。生当季世，身相小国，而偷延一日之安"③，管仲处于齐强之时，而子产则处在末世的小国郑国，晋、楚等强国为了各自的利益，或拉拢或打压郑国，郑国在夹缝中生存，作为执政大夫的子产一方面要应对国内的颓势，另一方面要在大国侵扰中图生存，甚为艰难，假若令管仲来治理郑国，管仲亦会愁眉不展，甚或不知如何出牌应对。子产铸刑书、救大火、不毁乡校、坏晋馆垣，皆为应变之典范，"宋、卫、陈、郑皆火，而独详于郑者，以子产故也。子产救火一段，可为千古仓卒应变之法，奚独火哉"④，面对国家出现的棘手问题，子产皆能精准应对，化解危机，拯救黎民百姓，维系国家安定。晏婴、叔向曾因发表齐、晋为"季世"的言论，而被人视为不思为国尽忠的迂腐、空谈之士，而刘献廷则从当时的时势以及《左传》的写法上，认

---

① （清）刘继庄：《左传快评》卷四《秦人伐晋》，康熙四十五年（1706）刊本。
② （清）刘继庄：《左传快评》卷二《公会齐侯宋公陈侯卫侯郑伯许男曹伯侵蔡蔡溃遂伐楚次于陉》，康熙四十五年（1706）刊本。
③ （清）刘继庄：《左传快评》卷八《郑人铸刑书》，康熙四十五年（1706）刊本。
④ （清）刘继庄：《左传快评》卷八《宋卫陈郑灾》，康熙四十五年（1706）刊本。

定晏婴、叔向并非无能不忠之辈，"叔向、晏子明知公室之为季世，而皆无策挽回，人将疑贤智之无益于人国家也，而不知贤者未常不以其身为国家之模范，以冀斡旋于万一，而一言之利博及生民也如此。若夫公室之兴替，固有天命矣。此《左氏》附此事于此传之微意也"①，晏婴、叔向的言论是据时势而言，时势原非单个人能左右，齐、晋王室的衰落是大势所趋、民心所向，此恰是他们洞若观火的敏锐所在。但是，叔向、晏子并未因此而放弃自己的职责，《左传》在叔向、晏婴的论说之后接上晏子辞谢更宅一事，以此见其恪守本分之处。

知人识人之后是用人，用人之关键在于留住人心。留住人心，一靠仁义，二靠赏罚得当。晋文公重耳流亡过程中，有识之士对他的评价是能用人，他也正是靠着诸多人才的辅佐，才能冲破重重障碍，回返晋国，成为一国之君、一代霸主。但是，贤能如晋文公，仍然有失误之处，其中一条即为赏罚之事。论功行赏时，晋文公忘却了割股啖君的介子推，刘献廷对此评论道，"赏罚为天下之公，尧、舜而后，已难言之矣。论功行赏大约皆从一人之私起见耳"②，介子推的功劳或许没有狐偃、赵衰等人大，但是晋文公的忘却却冷了介子推的心，令其怨愤至极，最终忧愤离去。

刘献廷对人才的强调，对社稷之臣的不同评价，烛显出他对历史的反思，以及对明亡教训的体认。历史上的昏庸无道之君，或者不辨贤佞，不能知人，或者驱逐贤人，不能用人，遂令国家陷入危险状态，"弃贤资敌，千古大患"③。即便是有治国理想的君主，比如明代的崇祯帝，仍然摆脱不了用人上的误区，不信任所用官员，且赏罚随性而行。刘献廷没有明确的历史指向，但是熟悉明史的人，能自然、快速地从中看出一一对应的反思与劝诫。

除却对《左传》书写内容引发的反思之外，刘献廷还从文风、文法等方面提出了自己对清初文坛现状的思索。一提倡简妙之文，反对连篇累牍、废话连篇之文。其简妙表现在字词、语句等方面，"寥寥数语耳，无不尽之情，

---

① （清）刘继庄：《左传快评》卷八《齐请继室于晋》，康熙四十五年（1706）刊本。

② （清）刘继庄：《左传快评》卷三《介之推不言禄》，康熙四十五年（1706）刊本。

③ （清）刘继庄：《左传快评》卷五《晋复士会》，康熙四十五年（1706）刊本。

无不达之意，叹后人连篇累牍之无益也"①"寥寥数语，抵后人万言，长篇只为其善于曲折耳"②"用四'之'字叠作四句，细读之却是一气串下，中省却无数虚字，简妙"③"二'我'字，写争长，声容逼肖。文字之妙，不在连篇累牍也"④。文贵简妙，一字即可凸显人物心理，展现人物性情，卷一《郑伯克段于鄢》，用两"悔"字言说郑庄公之性情，前一悔为"既而悔之"，"此悔不是从性情中流出，只是作奸雄之人怕人议论他耳。有为老奸瞒过者，辄许以能悔，误矣"，后一悔为"公语之故，且告之悔"，"此悔字与前不同。前悔不过怕人议论他耳。其告考叔之悔，自然别是一番至性之言矣"，⑤ 同一个字，却是真真假假，隐却许多心事，又凸显某些心理。文贵简妙，用几个字即能明确事情的来龙去脉，如鲁僖公二十四年，晋文公入主晋国，吕甥、郤芮欲弑杀晋文公，至于其缘由，《左传》于开端用"吕、郤畏偪"⑥ 四字交代清楚，吕甥、郤芮为晋惠公旧臣，害怕晋文公对其不利，便先下手为强了。短文、长文各有写法，然简妙则是二者的共同追求。二提倡奇文，反对平铺直叙之文。文章之妙，如观山峰景象，隐隐约约，若隐若现，引人入胜。鲁僖公十五年阴饴甥会秦伯，被刘献廷称为"应变之才，辞令之妙，千古无出其右"，具体理由为"以小人之言恐之，以君子之言谀之。胸中实以小人之言为主，口中翻以小人之言为宾。胸中本以君子之言为宾，口中却以君子之言为主。奇奇正正，虚虚实实，遂令秦伯不觉堕其玄中"，⑦ 阴饴甥在晋惠公理亏且被俘的情况下，要达成解救晋惠公的目的，开口很难，阴饴甥在晋国立定脚跟之后，心中有了一定底气，言说时以君子之言道出晋国之准备以及对秦国必定释放晋惠公的期待，以小人之言道出对秦国的逢迎以及晋惠公理亏的歉意，将胸中的真实想法与言语中的主宾侧重予以颠倒，让秦穆

① （清）刘继庄：《左传快评》卷一《卫人杀州吁于濮》，康熙四十五年（1706）刊本。
② （清）刘继庄：《左传快评》卷三《晋怀公执狐突杀之》，康熙四十五年（1706）刊本。
③ （清）刘继庄：《左传快评》卷一《公矢鱼于棠》，康熙四十五年（1706）刊本。
④ （清）刘继庄：《左传快评》卷一《滕侯薛侯争长》，康熙四十五年（1706）刊本。
⑤ （清）刘继庄：《左传快评》卷一《郑伯克段于鄢》，康熙四十五年（1706）刊本。
⑥ 杨伯峻：《春秋左传注》，中华书局 2009 年版，第 414 页。
⑦ （清）刘继庄：《左传快评》卷三《晋阴饴甥会秦伯盟于王城》，康熙四十五年（1706）刊本。

公不能辨其虚实、奇正，不知不觉间跟随其思路思考。阴饴甥若一开始便直言解救晋惠公，则会令秦穆公产生本能的排斥，甚或拒绝，自然不会取得理想效果。鲁昭公十四年，宋、卫、陈、郑四国发生大火灾，《左传》"初叙梓慎之言，正当四国皆火之时。继叙裨灶之言，在郑既灾之后。更追叙里析之言，则在郑未火之先也。然后趁势疾入子产之救火。文如龙跳虎卧，夫岂平铺直叙者所能望其藩篱耶"①，叙述若如大路观景，一览无余，尽收眼底，则会失却观景看物的兴趣，因此，文章写作，需纵横驰骋，有所显有所隐。

以上两种主张，与王源的奇文理念很契合，当是二人于京师论学言文的共同感悟。二人性情相投，皆爱好奇人奇事奇文，但在对对偶之文的认识上，二人走向了不同的方向。王源力斥对偶之文，提倡错综之文，"未有不错综而可以言文者，后人务取枝枝相对，叶叶相当，板到底，俗彻骨，皆宋人陋习"②，强调化板为活。刘献廷虽不事科举，对八股时文亦有所批判，但他却认为对偶亦有对偶的妙处。卷二《晋献公娶姬》一文在"赂外嬖梁五与东关嬖五"下有评曰，"三'嬖'字、二'五'字，凑成对偶，妙文"③，这是从文章的字词对偶方面来谈。刘献廷更为看重的是通篇用对偶的情况，《周郑交质》与《莒弑其君庶其》皆是其例。《周郑交质》有评曰：

> 周既失天王之尊与郑交质，则周之与郑俨然敌体，于是竟将周、郑写作一对，因周、郑一对是《左氏》作意之笔，遂将通篇皆写作对偶以绚染之。周、郑是本题一对，又将交恶与交质作一对。交质之中以王子狐、公子忽作一对；交恶之中即以温之麦、成周之禾凑成一对；礼与质本是一对；明与信又是一对；涧、溪、沼、沚，蘋、蘩、蕰、藻，筐、筥、锜、釜，潢、汙、行、潦，加倍写作无数对，又顺手将鬼神、王公

---

① （清）刘继庄：《左传快评》卷八《宋卫陈郑灾》，康熙四十五年（1706）刊本。
② （清）王源：《左传评》卷一《公矢鱼于棠》，《四库全书存目丛书》经部第139册，齐鲁书社1997年版，第177页。
③ （清）刘继庄：《左传快评》卷二《晋献公娶姬》，康熙四十五年（1706）刊本。

带笔作一对。引诗作结是《左氏》常例，今故意两引《风》《雅》作一对，
而《采蘋》与《采蘩》、《行苇》与《泂酌》又自为两对。通篇对偶俱是宾，
只有周、郑一对是主。然而通篇无数对是真对，惟有周、郑一对却是假
对，真是奇绝！孰谓《左氏》无意为文哉？①

此文中涉及多处对偶者，周与郑为一对，交恶与交质为一对，王子狐与公子
忽为一对，温之麦与成周之禾为一对，礼与质为一对，明与信为一对，鬼神
与王公为一对，《风》与《雅》为一对，《采蘋》与《采蘩》为一对，《行苇》
与《泂酌》为一对，涧、溪、沼、沚，蘋、蘩、蕰、藻，筐、筥、锜、釜，
潢、汙、行、潦，作无数对。当然，此文的妙处，不单在如此多的对偶上，
更在于对偶与真假的关系上，其他所有的对偶都是"真对"，唯有周郑对偶
是"假对"，周为天子，郑为臣子，是上下级的关系，不该同列对待，而《左
传》将其置于对偶的关系，恰恰将郑庄公的僭越之心暴露无遗，此即为假对
偶真僭越。

鲁文公十八年，《左传》记载"莒弒其君庶其"之事，叙其前事曰：

> 莒纪公生大子仆，又生季佗，爱季佗而黜仆，且多行无礼于国。仆
> 因国人以弒纪公，以其宝玉来奔，纳诸宣公。公命与之邑，曰："今日
> 必授！"季文子使司寇出诸竟，曰："今日必达！"②

《左传快评》对此评说道：

> "命与之邑""使出诸境"，"今日必授""今日必达"，天外奇峰，对
> 插而起。因而通篇皆作对偶，此与《周郑交质》同法。而彼文精严，此
> 文开阔，遂为秦以下文字作蓝本，在《左传》中别为一体。③

① （清）刘继庄：《左传快评》卷一《周郑交质》，康熙四十五年（1706）刊本。
② 杨伯峻：《春秋左传注》，中华书局 2009 年版，第 633 页。
③ （清）刘继庄：《左传快评》卷五《莒弒其君庶其》，康熙四十五年（1706）刊本。

《左传快评》称此文亦是通篇对偶，对偶处有二：鲁文公所言"命与之邑"与季文子所言"使出诸境"相对，鲁文公所言"今日必授"与季文子所言"今日必达"相对。其后季文子围绕"使出诸境""今日必达"二句展开一大段论说，纵横开阔。

　　对偶所造就的是一种整齐有序的效果，整齐有序，能令人迅疾有效地掌握文章大意及书写脉络，刘献廷对整齐有序甚为认可。鲁僖公二十四年，周襄王因为郑国扣留了周大夫，决意借用狄人的力量讨伐郑国，周大夫富辰予以劝阻，其劝谏之辞分为两部分，前一部分主要言"不可以小忿而弃郑"，后一部分主要言"不可以狄伐郑"，刘献廷言"前后两段文字甚整"。① 鲁僖公二十四年，寺人披得知吕甥、郤芮"将焚公宫而弑晋侯"的消息，请求拜见，但晋文公以"虽有君命，何其速也？夫袪犹在。女其行乎"② 之言，指责寺人披当初差点杀死自己的罪责，拒绝接见。寺人披随后以一番一对一的论说，逐一击破晋文公的四句话，陈说己意，且映照吕甥、郤芮谋逆之事，刘献廷对此赞叹不已，"一段文字中有两翻说话，此等笔法，惟秦以上有之"③。鲁僖公二十七年，楚国联合陈国、蔡国、郑国、许国围宋，《左传》写作此一事，分成三段，"一篇以五'于是乎'作章法，遂将晋文君臣写得着着有心、事事皆假"，为"奇绝之格，遒极之文"。④

　　以上三种主张，既是拨乱反正，亦是理念建构，刘献廷意欲以其体悟出的文章之道影响世风、文风，亦是其经世致用的初心所在。刘献廷对作文之事甚为重视，"古人处大事，只如作文，今人作文，反不能尔"⑤，他比对古人、今人提出，古人对"处大事"与"作文"皆极为重视，慎之又慎，深思熟虑，苦心经营，方敢动手下笔，反观今人之作则缺少此种态度。《左

---

① （清）刘继庄：《左传快评》卷三《富辰谏以狄伐郑》，康熙四十五年（1706）刊本。

② 杨伯峻：《春秋左传注》，中华书局 2009 年版，第 414 页。

③ （清）刘继庄：《左传快评》卷三《吕郤焚公宫》，康熙四十五年（1706）刊本。

④ （清）刘继庄：《左传快评》卷四《楚人陈侯蔡侯郑伯许男围宋》，康熙四十五年（1706）刊本。

⑤ （清）刘继庄：《左传快评》卷四《秦人入滑》，康熙四十五年（1706）刊本。

传》在刘献廷心中是"化工"之文，"惟左氏能知，千古文人无不望洋向流而叹"①"无一语不从煅炼中来，无一字不自经营中出"②"修辞是左氏一生精神，全副学问"③，但是今人却不知《左传》妙笔之法，亦不知如何学成《左传》之妙法，故写就之文多质量堪忧，"在心为意，出口为言，落笔为文，三件只是一事。今人何时心无妙思、口无妙语？但苦无左氏妙笔写作妙文，遂皆散作冷风荡烟耳"④，基于此，刘献廷提出从《左传》中学习作文之法，对于改变文坛现状，具有强烈的现实意义。

学习《左传》作文之妙笔，刘献廷提出了具体的步骤，他在评说城濮之战时写道：

> 写得精神之至，此《左传》五大战之一，譬犹东岱、西华，乃造化全副力量之所结构，非寻常一丘一壑可比。余常言学者当取此等大文别录一册，诵之万遍，与心口合一，然后细讲其经营位置、开合变化、起伏顿挫之妙，心胸于此而开，眼界于此而豁，将见古今无不可读之书，天下有不足写之事矣。⑤

学习《左传》，当选择典范文章，勤加诵读，细讲文章妙处，待心胸开、眼界豁之后，方可动笔写作。《左传快评》即是其熟诵、细讲之作，其中特别强调细读文章，细中求妙处，仔细揣摩个中奥妙，还原当时情景，唯有如此方是真正读懂了文章，进入了语境。卷一《公及齐侯郑伯入许》一文，录有郑庄公辞令，刘献廷写道：

---

① （清）刘继庄：《左传快评》卷六《晋侯及楚子郑伯战于鄢陵楚子郑师败绩楚杀其大夫公子侧》，康熙四十五年（1706）刊本。

② （清）刘继庄：《左传快评》卷六《吕相绝秦》，康熙四十五年（1706）刊本。

③ （清）刘继庄：《左传快评》卷七《郑子产献捷于晋》，康熙四十五年（1706）刊本。

④ （清）刘继庄：《左传快评》卷五《齐侯伐我西鄙遂伐曹入其郛》，康熙四十五年（1706）刊本。

⑤ （清）刘继庄：《左传快评》卷四《晋侯齐师宋师秦师及楚人战于城濮楚师败绩》，康熙四十五年（1706）刊本。

上文是向百里说，此二句是侧转脸来向齐、鲁二君说，细读自见。

左氏妙文，不惟言辞而已，能将郑伯左顾右盼、瞻前顾后、指天抚己之形容、意态无不宛然，令千秋慧心读书人皆于文字之外仿佛见之矣。①

郑庄公的辞令，分为上、下两部分，分别说给不同的人听，若能进入《左传》设置的语境，脑海中自然能涌现出郑庄公左顾右盼的情态，千古之事，历历在目。

不同于记载郑庄公一人之形态，卷二《晋侯使太子申生伐东山》一文写了一群人的情态与谈话情景。当时晋献公命令太子申生前去讨伐东山皋落氏，赐给申生偏衣、金玦，狐突负责为申生驾戎车，先友为车右，梁余子养为罕夷驾戎车跟从，先丹木为其车右，羊舌大夫为军尉。先友、狐突、梁余子养、罕夷、先丹木、羊舌大夫六人对于晋献公的安排意图以及太子申生的命运忧心忡忡，各自言说自己的看法，一般人平平看过，就记住了六个人，再进一步记住了六人的话语，刘献廷则从中还原了当时的语境。

写六人，六样意思，六种声口，文亦六种章法，拉杂扶疏之至。狐突之言，复而整，是初发议论，人神理方。在踌躇详审之际，中间夹入梁余子养、罕夷、先丹木，三人各出主意。而后接狐突欲行，方才是狐突自出主意。狐突因先友之言而叹，三人议论又因狐突之言而发。狐突欲行，羊舌又谏其不可，确是遑遑无定光景。读之如亲见其聚哭一堂。若只作平平六段读过，便失却无数光景矣。②

先是先友安慰申生，言说"远灾""无患"，然此宽慰之辞皆从忧患中来，遂引来其他五位的议论纷纷。狐突将衣、佩、时三事翻作四层，反复推许，叹其不可恃。梁余子养则减却金玦，单从龙服上发议论，以示与狐突不同。子

---

① （清）刘继庄：《左传快评》卷一《公及齐侯郑伯入许》，康熙四十五年（1706）刊本。
② （清）刘继庄：《左传快评》卷二《晋侯使太子申生伐东山》，康熙四十五年（1706）刊本。

养则力劝太子申生逃亡。罕夷仔细推原金玦的命意，自问自解，是个沉吟的光景。先丹木之言，是个从旁抽口的光景。羊舌大夫沉吟半日方才定出主意，反对逃亡，要求遵从君父命令。六人六种意见，六种形态，刘献廷读出了"聚哭一堂"的感觉，群口议论，纷纷无定，更见太子申生之困境。刘献廷强调进入语境的品读方式，"语语如画，令读者如观戏剧"①，为的是探寻古人之真精神，古人、古书、评说一一对应，此当为读书评论之正道。

唯有细细品读，方能揣摩出人物的性情特征。刘献廷读《左传》一篇文尽，总会用简练的语言归纳文中人物的特点。如公叔段为痴肥公子，颍考叔为迎合之徒，姜氏为愚痴妇人，宋穆公为好名之人、不识大体、出先君之丑、诬先君、危社稷、不知人，卫庄公为痴人、昏沉醉梦，石碏为能成事之人、可悲可叹之人，鲁桓公为无心肝者、不知廉耻、不知惭愧，邓曼为绝世奇人、千古有识女子，吴公子季札为春秋时第一奇人，齐襄公为无常之人、暴横无礼之人，曹刿为草野英雄，原繁为社稷之臣，郑厉公为无情无理之人、通身妖气逼人，齐敬仲为真实、谦卑、仁义之人，令尹子元为狂淫之人、可恶可恨之人、可笑至极之人，齐桓公为材质庸下、无天下苍生之志之人，管仲非止霸者之佐，虞公为顽钝无礼之人，宋襄公为刚愎自用之人，齐姜为千古第一奇伟妇人，富辰为老成谋国之人，齐孝公为浅露之人，子玉为刚愎之人、豪杰之士，原轸为奇人，孟明视为人杰，郤文公为见道者，楚庄王为枭雄，子上为能谋国不能谋身之人，叔向为忠实诚朴之人，等等。此种归纳，深入文本深处，细细思索人物言行，故而能做到言简意赅而得其真意，为人赞叹。

刘献廷对人物性情的归纳，有本于一文者，亦有从不同篇章中综合归纳者。刘献廷认为"全部《左传》是一篇文字"②，要联系起来观人识文。读郑庄公知春秋五霸，"读《左传》者，能理会得左氏写郑庄之文，则于五霸之文皆迎刃而解矣"③，郑庄待弟知郑庄待周王，"此是郑庄公第一篇文字。春

---

① （清）刘继庄：《左传快评》卷八《楚子伐徐》，康熙四十五年（1706）刊本。
② （清）刘继庄：《左传快评》卷七《郑子产相郑伯如晋》，康熙四十五年（1706）刊本。
③ （清）刘继庄：《左传快评》卷一《郑伯克段于鄢》，康熙四十五年（1706）刊本。

秋之法，必先自治而后治人。郑庄公之权略，用之于母子、兄弟之间者如此，他日用之于天王者，亦只是此一副手段"①。读弦高想到烛之武，"郑有此人，而遗之于商，宜乎其削弱矣。由此观之，郑之失人，不只一烛之武也"②。读展喜犒齐师想到阴饴甥对秦伯，"此篇机杼，若全从《晋阴饴甥会秦伯于王城》学来。然彼则以君子、小人两路夹攻，此则只重'君子则否'句，若夫'小人之恐'，只算闲闲答还孝公耳，故下文更不照管小人一句"③，既言其同，又言其异。读晋公子重耳之亡，想到晋文公的一系列对外作战，"此篇为后文救宋、败楚、侵曹、伐卫张本，千溪万壑皆从此发源，全部《左传》只是一篇文章"④。因此，他对一些时间跨度较大、参与事件较多的人物，通过联系对比，展现人物性格的丰富与复杂，如郑庄公既奸诈残忍，又大有才，"郑庄公恶极滔天，然其才实有大过人者"⑤，既有雄心壮志，又有无可奈何，一生功业，子孙无可承其盛者。晋文公识大体、见识广、眼光长、有胸襟、真人杰、知分寸、敏捷，成就霸业自有其才能，但不可否认，晋文公又是少恩、诡谲之人。对单个人物评说时，也习惯将同类或相反性情、举动的人物进行联系对比，以求对人物的评说细致入微，切中肯綮。

唯有细细品读，方能读出不同于常说之处。刘献廷在细读过程中，产生了很多怀疑，提出了很多不同常说的观点。《周郑交质》一段，《春秋》无载，《左传》详记，有人归罪《左传》，刘继庄则认为此恰是《左传》解读《春秋》大义之处，"左氏并书周、郑，见周至此已不复为周矣。此等处，正是左氏微辞书法，虽若与经相悖，而大义实则与经发明。后儒漫不深思，辄以此罪左氏，何谓耶"⑥，进而归结为"《春秋》书法以正名分也，左氏妙文却全在名分不正处"⑦。一般认为，宋穆公传位于其侄，为仁德之举，王源《左

---

① （清）刘继庄：《左传快评》卷一《郑伯克段于鄢》，康熙四十五年（1706）刊本。
② （清）刘继庄：《左传快评》卷四《秦人入滑》，康熙四十五年（1706）刊本。
③ （清）刘继庄：《左传快评》卷三《齐人伐我北鄙》，康熙四十五年（1706）刊本。
④ （清）刘继庄：《左传快评》卷三《晋公子重耳出亡》，康熙四十五年（1706）刊本。
⑤ （清）刘继庄：《左传快评》卷一《公及齐侯郑伯入许》，康熙四十五年（1706）刊本。
⑥ （清）刘继庄：《左传快评》卷一《周郑交质》，康熙四十五年（1706）刊本。
⑦ （清）刘继庄：《左传快评》卷一《郑人大败戎师》，康熙四十五年（1706）刊本。

传评》即言"穆公口口先君，声中有泪，义让也"①，黄震言"盖宣公逊穆公，穆公终以逊宣公之子，是穆公不可谓非贤矣，宣公不可谓不知矣"②，刘献廷则将宋国之大乱归结到宋穆公身上，且称其为好名之徒，"宋数十世之祸，皆穆公一念好名之私为之也"③。《左传》以"君子曰"的口吻称颂郑庄公之子公子忽"善自为谋"④，但是刘献廷则称其为矫情之人，非善为谋者，而《左传》所言"君子曰"之言，乃公子忽遥想之辞。解说鲁僖公二十八年所记"距跃三百，曲踊三百"⑤，认为此非魏犨之动作，"凡病伤者，能运动其肢体，则血脉流通而疾自愈。魏犨知公之意，故言力疾踊跃以自疗其伤。'距跃''曲踊'二句，乃魏犨对使者之言。世人多解作对使者距跃、曲踊，此成何说话"⑥。

细读揣摩之后，要善于归纳总结文章之妙处，讲解其篇章结构布置经营之法，得其精要。刘献廷读《左传》总结了《左传》的写人之法，"左氏每一篇传，必以一人为主，一事为经"⑦，"左氏之文，出于一手，然细读之，一人自有一人笔法，真化工也"⑧；总结了反衬法、吞吐法、顿挫法、连环法、夹写法、插写法、结穴法等叙事之法，明晰了《左传》叙事写人的妙处所在。在此基础之上，刘献廷向为学作文者提出了有针对性有操作性的建议。

一者作文需知大体。作文是一项大工程，字、词、句、章、意之间要统筹规划，方能成就一篇妙文。刘献廷称此为作文之第一要务，切不可单纯因为喜欢某一个字词、某一句话语，而破坏整体效果。

---

① （清）王源：《左传评》卷一《宋公和卒》，《四库全书存目丛书》经部第 139 册，齐鲁书社 1997 年版，第 175 页。

② 李卫军：《左传集评》，北京大学出版社 2016 年版，第 56 页。

③ （清）刘继庄：《左传快评》卷一《宋穆公属孔父》，康熙四十五年（1706）刊本。

④ 杨伯峻：《春秋左传注》，中华书局 2009 年版，第 113 页。

⑤ 杨伯峻：《春秋左传注》，中华书局 2009 年版，第 454 页。

⑥ （清）刘继庄：《左传快评》卷四《晋侯齐师宋师秦师及楚人战于城濮楚师败绩》，康熙四十五年（1706）刊本。

⑦ （清）刘继庄：《左传快评》卷四《晋侯齐师宋师秦师及楚人战于城濮楚师败绩》，康熙四十五年（1706）刊本。

⑧ （清）刘继庄：《左传快评》卷八《郑人铸刑书》，康熙四十五年（1706）刊本。

刘献廷在讲解此番道理时，选择了一生动事例，即郤克报仇。卷六《季孙行父臧孙许叔孙侨如公孙婴齐帅师会晋郤克卫孙良夫曹公子首及齐侯战于鞌齐师败绩》有言曰：

> 宣公十七年，晋侯使郤克征会于齐，齐顷公帷妇人使观之。郤子登，妇人笑于房，以郤子之跛也。献子怒出而誓曰："所不此报，无能涉河。"献子先归，使栾京庐待命于齐，曰："不得齐事，无复命矣。"郤子至，请伐齐，晋侯弗许。请以其私属，又弗许。齐罪无所，不可以一笑之故而兴师动众也。范武子将老，使郤献子为政，以遄其志于齐，而鲁、卫又来乞师，此正郤献子释憾于齐之时也。此文通篇不露此意，而略示其意于萧同叔子之一言，郤子于此亦畅满其志矣，此古人为文以知大体为第一要事。①

事情起因于鲁宣公十七年，郤克代表晋国出使齐国，参加盟会，怎料却被齐孝公的母亲萧同叔子嘲笑一番。原来郤克有身体缺陷——跛脚，他一瘸一拐走路的样子惹得萧同叔子大笑不止。受到侮辱的郤克大怒，发誓定要为己雪耻。郤克此后做了五件事情：第一，安排人待命于齐国，以作其复仇的照应。第二，请求晋景公发兵讨伐齐国，晋景公拒绝。第三，请求晋景公以自己的私属家众去讨伐齐国，晋景公还是拒绝了。第四，利用郤氏家族的力量，郤克做了执政大夫兼中军元帅。第五，率军在鞌之战大败齐军，几近生擒齐顷公。《左传》在写鞌之战时，并没有将郤克报私仇之怨恨倾泻无余，只用晋人的口吻说了媾和的条件，即"必以萧同叔子为质，而使齐之封内尽东其亩"②，刘献廷认为此为郤克知大体之处，并没有揪住齐国不放，也没有一定要灭了齐国，而是放弃私怨，同意了齐国的求和。

从郤克复仇的故事，刘献廷引申至作文，要求作文也要像郤克一般，能

---

① （清）刘继庄：《左传快评》卷六《季孙行父臧孙许叔孙侨如公孙婴齐帅师会晋郤克卫孙良夫曹公子首及齐侯战于鞌齐师败绩》，康熙四十五年（1706）刊本。

② 杨伯峻：《春秋左传注》，中华书局 2009 年版，第 797 页。

有所克制，有所取有所舍，而不是一味放纵自己的喜好，一心雕琢字词而津津自道，此为不知大体，而只昧于小技。

二者作文要抓住要害。文章要素很多，善作文者要从芜杂之中明确重点，抓住纲领。刘献廷在论述这一观点时，还是从人事入手，说到文事。人不知抓重点，则不能成大事，人不知处事之纲领，则势必会败亡。卷三《齐人伐我北鄙》有评语曰：

> 僖公二十五年，冬，十二月，公会卫、莒盟于洮。二十六年春，公会莒子、卫宁速盟于向。齐侯之伐我，岂以洮、向之盟耶？然孝公嗣桓九年以来从无一事见于经、传，勤王之举甘让晋人，其无志于率桓之功可知。然而不肖之子决不肯自安于不肖，北鄙之伐，正窥其"室如悬罄，野无青草"，而借题于卫、莒之渎盟，将以张皇其霸业也。和圣昆季窥见其隐，便从此说入。齐侯正将以此为率桓之功，岂知其为弃命废职也。天下本无难事，只是人不能扼其要耳。①

齐孝公嗣齐桓公之后，本应光大齐桓公的赫赫功业，然而其才能不肖，无能无力，即位九年而未见载于《春秋》《左传》，但是他又不能自安于不肖，一出面便是因鲁国与卫国、莒国结盟而侵伐鲁国，欲图以此承续齐桓公的功业，妄图耀武扬威于诸侯。与展喜的对话，齐孝公一问"鲁人恐乎"，二问"室如悬罄，野无青草"，正暴露其浅陋狂妄、乘人之危的丑恶嘴脸，而展喜的言辞则围绕"弃命""废职"两点展开，称其违背周公、太公"世事子孙无相害"的盟誓，称其废弃齐桓公"纠合诸侯，而谋其不协"的职责。齐孝公的侵扰，恰是不知治国称霸之大要，而展喜的辞令则恰恰是能扼其大要，故而不战而胜，令齐孝公无功而返。

再如卷六《季孙行父臧孙许叔孙侨如公孙婴齐帅师会晋郤克卫孙良夫曹公子首及齐侯战于鞌齐师败绩》有言曰：

---

① （清）刘继庄：《左传快评》卷三《齐人伐我北鄙》，康熙四十五年（1706）刊本。

　　题目之难更无过于战阵者，左氏每写一战，必有一番阵法，更无一笔相同。如以我三军当彼三军，三军之将为谁，三军之佐为谁，某军先奔，某军不败，此则定例矣。独此篇更不详列三军，彼此各写一戎车，总挈一笔在前，而后次第分写。未战之先，齐只影一高固；既战之时，晋只见一韩厥，其余更不照顾一笔，而灵山一会，俨然如见。吾不知左氏为此文时其意匠之经营何以至此也。更有奇者，献子、张侯皆被重伤，丘缓曰"自始合，苟有险，余必下推车"，则苦战已久可知矣。乃左氏只写最后致胜之一刻，一军只一车，一车只一刻，而终之以"三周华不注"，全军前后皆震动矣。作文能扼其要，譬如六辔在手，自然驰驱如意。①

　　《左传》擅长写战争，"八门五花纵横笔端，万马千车奔走腕下"②，所写五大战各具特色。写城濮之战，"四番大波澜之后，横用如椽之笔，先将两军提出，作一总束，令读者至此心眼之间先作六种震动。学者能得此一笔，即作数万言长篇，皆不懈散"③；写崤之战，"孟明之出也，蹇叔哭而送之。孟明之入也，穆公哭而迎之。以'哭'为章法，奇绝"④；写邲之战，"题是战于邲，乃文中并无'战'字，以不战而为大战，千古奇事，千古奇文也"⑤；写鄢陵之战，"鄢陵为五大战之一，犹五岳之有西华也。见之惟有惊怪太息而已，何能更措一辞哉？晋、楚相间对写是此篇章法"⑥；写鞌之战，"五大战

①　（清）刘继庄：《左传快评》卷六《季孙行父臧孙许叔孙侨如公孙婴齐师师会晋郤克卫孙良夫曹公子首及齐侯战于鞌齐师败绩》，康熙四十五年（1706）刊本。

②　（清）刘继庄：《左传快评》卷六《季孙行父臧孙许叔孙侨如公孙婴齐师师会晋郤克卫孙良夫曹公子首及齐侯战于鞌齐师败绩》，康熙四十五年（1706）刊本。

③　（清）刘继庄：《左传快评》卷四《晋侯齐师宋师秦师及楚人战于城濮楚师败绩》，康熙四十五年（1706）刊本。

④　（清）刘继庄：《左传快评》卷四《晋人及姜戎败秦师于崤》，康熙四十五年（1706）刊本。

⑤　（清）刘继庄：《左传快评》卷五《晋荀林父帅师及楚子战于邲晋师败绩》，康熙四十五年（1706）刊本。

⑥　（清）刘继庄：《左传快评》卷六《晋侯及楚子郑伯战于鄢陵楚子郑师败绩楚杀其大夫公子侧》，康熙四十五年（1706）刊本。

中，此篇最为古峭。主宾反正、虚实顺逆之法，无一不备。熟读之而心知其故，难题到手，自然会得擒纵驾御矣"①，各不相同，又各具奇妙。其中，刘献廷认为《左传》对鞌之战的写作最为古峭，典型体现了作文需"扼要"之要求。此文没有按照一般的写战争的定例，既没有详列三军阵营，亦没有详列三军将佐，而是择取重点对象、重要时刻加以重点刻画，重点对象为战前齐国的高固、开战之时晋国的韩厥，重要时刻为战前高固入晋师，桀石以投人，禽之而乘其车，徇于齐垒，大言"欲勇者贾余余勇"，状其傲慢骄横之态；战争中晋国郤克、张侯、郑丘缓三人咬紧牙关、相互鼓励、浴血奋战的情景，最后方叙述齐军溃败的场景。鞌之战的胜负原因，正在于齐军骄傲轻敌、晋军同仇敌忾，《左传》择取的恰恰是最能体现二国心理状态的情景，这恰为此战之"要"。刘献廷自此引申开来，认为作文若能学得此法，知事之大要，行之于文，当如执六辔于手，纵横驰骋，尽如心意。

三者作文要有自我。学习古文，需学古人文章之真精神，不可盲目学步效颦，丢失自我。正确的方法，当为学古人后自行消化，自炼其才识，自我创新，点顽石成黄金。卷三《晋里克杀其君之子奚齐》评荀息对晋献公所承诺的"臣竭其股肱之力，加之以忠、贞，其济，君之灵也；不济，则以死继之"②之语，言"诸葛孔明《出师表》后语，令千古孤臣泣血，乃其粉本却出于此。始知善学古人者，能点顽石化为黄金也"③，认为诸葛亮即为善学古人之人，其《出师表》之精神，与荀息千古同声，而其文采经营又胜过荀息，自有诸葛亮之精神、风采。

四者作文要知应变。刘献廷认为，文无常法，文无定行，会作文之人，需根据情势选择最佳写法。鲁昭公五年，楚王联合诸侯讨伐吴国，吴王派其弟蹶由前去犒劳楚师，楚王捉住蹶由，将以衅鼓，且问其前来是否占卜过，占卜结果是否吉祥，蹶由大胆回应占卜吉祥以及其原因。随后楚王领悟到吴

① （清）刘继庄：《左传快评》卷六《季孙行父臧孙许叔孙侨如公孙婴齐师会晋郤克卫孙良夫曹公子首及齐侯战于鞌齐师败绩》，康熙四十五年（1706）刊本。
② 杨伯峻：《春秋左传注》，中华书局 2009 年版，第 328 页。
③ （清）刘继庄：《左传快评》卷三《晋里克杀其君之子奚齐》，康熙四十五年（1706）刊本。

人有所防备，便未杀蹶由。刘献廷称"读此文，知天下事本无定局，只在人能相席打合耳"①，至若其原因，刘献廷认为蹶由的应对之辞，有三种可能，一种为"未之卜"，一种即为《左传》所记之"吉"，一种为"不吉"，此三种回答，皆可以成就一篇极奇文字，而非仅如《左传》此般处理，此正是为文无定行，只要人会作善作，皆能作出一篇奇文。若一味笃定只有一种写法，此人便非应机之人，亦不可与之论文。

作文与应变之间的关联，"作文与应变，真是一副道理"，刘献廷通过子产救火之事，进一步申论此观念。郑国着火之时，曾经预言郑国将有大灾的里析死而未及葬，子产命三十人迁其枢，以示对里析的尊重。火大作之后，子产派人将晋国公子等人阻挡在东城门之外，新聘问的人不能进入，旧客人不要出去，此为安置外国人员。又派人巡视各处祭祀，迁走大龟，搬迁神主石函至周厉王庙，并敬告先君，此为安置祖先神祇。又命各府库警戒，安排专人在火道处予以救护，又令各县保护其征发之人，记录被烧坏的房子，宽免房子主人的赋税，并给予建筑材料，此为具体救火安置措施。后又派行人到各诸侯国去报信，此为安排国际事务。对此，刘献廷极为认可，此等仓促应变之法，不仅适用于救火，亦适用于作文，"失火是何等匆忙之事？看他事事有条有理，甚整甚暇，逐句逐字，皆宜设身处地，细心体会""事莫急于救火，而能应之以暇事；莫乱于救火，而能行之以整。栾针以此论勇，吾将以此论文"，② 好的文章，即要学会好整以暇，仓促应之以整暇。

刘献廷在《左传快评》中总结左氏文法，提出自己的为文理念，希望能得到知音，能启发世人，又希望世人发其所不能发者，形成健康、向上、有序而又充满生机的文风。此种能与他惺惺相惜且能改变文坛弊端、引领文坛发展的人物，刘献廷称之为"慧心人""慧心文人""慧心读书人"，他在不同的篇章点评中有多处相关论说，"天下慧心人必有以余言为然者矣"③"此

① （清）刘继庄：《左传快评》卷八《楚子蔡侯陈侯许男顿子沈子徐人越人伐吴》，康熙四十五年（1706）刊本。
② （清）刘继庄：《左传快评》卷八《宋卫陈郑灾》，康熙四十五年（1706）刊本。
③ （清）刘继庄：《左传快评》卷一《公及齐侯郑伯入许》，康熙四十五年（1706）刊本。

有深意存焉，慧心人自当知之，吾不敢毕其说也"①"慧心人必深知之，幸有以教我"②"安得慧心人，吾与之快论天人之际哉"③"慧心人当自知之"④"其难言，非天下透顶慧心文人不知也"⑤"细思之不觉失笑，慧心人自知之"⑥。立身以用世，读书以致用，论文亦要致用，此种理念，是刘献廷一生的生命追求，一生的学术精华。

（四）李塨与《评乙古文》

梁启超在言说清代学术时提出："有清一代学术，初期为程朱陆王之争，次期为汉宋之争，末期为新旧之争。其间有人焉举朱陆汉宋诸派所凭借者一切摧陷廓清之，对于二千年来思想界，为极猛烈极诚挚的大革命运动。其所树的旗号曰'复古'，而其精神纯为'现代的'。其人为谁？曰颜习斋及其门人李恕谷。"⑦颜习斋即颜元，李恕谷即李塨，他们开创了清初影响巨大的颜李学派。

李塨一生发扬其师颜元"实文、实行、实体、实用"的实学理念，反对空谈，批判虚文。明朝的灭亡，李塨直接将其与空谈虚文关联，认为"沿至宋明，虚文日多，实学日衰，以诵读为高致，以政事为粗庸。邱濬为大学士，著《大学衍义补》，不期实行，但期立言；孙燧坐大司马堂上，手持书卷，时边事孔棘，为侯执蒲所劾。此风一成，朝廷将相竞以读书著述为名，至于明末，万卷经史，满腹文词，不能发一策，弯一矢，甘心败北，肝脑涂地，而宗社墟，生民燼矣"⑧，文武百官以诵读诗文为高，而疏于治政能力之

---

① （清）刘继庄：《左传快评》卷一《纳郜大鼎于大庙》，康熙四十五年（1706）刊本。

② （清）刘继庄：《左传快评》卷三《晋侯及秦伯战于韩获晋侯》，康熙四十五年（1706）刊本。

③ （清）刘继庄：《左传快评》卷三《晋公子重耳出亡》，康熙四十五年（1706）刊本。

④ （清）刘继庄：《左传快评》卷四《晋侯齐师宋师秦师及楚人战于城濮楚师败绩》，康熙四十五年（1706）刊本。

⑤ （清）刘继庄：《左传快评》卷六《吕相绝秦》，康熙四十五年（1706）刊本。

⑥ （清）刘继庄：《左传快评》卷八《郑伯嘉卒》，康熙四十五年（1706）刊本。

⑦ 梁启超：《中国近三百年学术史》，东方出版社2004年版，第120页。

⑧ （清）李塨：《平书订》卷三《建官》，《丛书集成初编》本，商务印书馆1936年版，第28页。

提升，满口经纶而无一实效；文武百官不务兵农，不知刑名，不辨钱谷，"目明之末也，朝庙无一可倚之臣，天下无复办事之官。坐大司马堂，批点《左传》；敌兵临城，赋诗进讲。其习尚至于将相方面，觉建功奏续俱属琐屑，日夜喘息著书，曰：'此传世业也。'以致天下鱼烂河决，生民涂毒"①，看似读书著书，实则无用于世，无济于事。因此，李塨反对理学，力倡学以致用、习行经济，"纸上之阅历多，则世事之阅历少；笔墨之精神多，则经济之精神少。宋明之亡，此物此志也，望贤者勿溺"②。

李塨身历顺治、康熙、雍正三朝，博学多识，工文辞，喜游历，结交了许多朝廷重臣，明珠、索额图都曾延请其为子弟师，李光地亦真诚邀请他出仕，年羹尧曾重金邀请他入幕，李塨皆辞而不就。李塨在与名宿大儒的交游中，认识到颜元学说亦有偏固之处，积极向毛奇龄、万斯同、胡渭等考据大师学习，广大了颜李学派的学术主张，钱穆《〈清儒学案〉序》即言"习斋之学，得恕谷而大，亦至恕谷而变"③。在外出交游期间，李塨结识了王源，当时王源四处奔波，茫然无措，拙于生计，与李塨多次交往后，深深服膺于颜元之学，认定其为当世之圣学，自言"吾知所归矣！吾自负有用，古文必传世，然躬际太平，弢钤安事？文辞终属枝叶，非所以安身立命也。倩君价予，执贽习斋"④，后专程至博野拜师颜元，立誓以明行圣道为任，"内而身心，一致加功，不入虚空，不流泛滥，立省身录，时刻自检，外而礼乐兵农，实求经世之务"⑤。

拜师颜元后，王源与李塨的交集更多，自言"源生平性命之友有二，一

---

① （清）李塨著，陈山榜等点校：《李塨集·恕谷后集》卷四《与方灵皋书》，人民出版社2014年版，第1401页。

② （清）李塨著，陈山榜等点校：《李塨集·李恕谷先生年谱》，人民出版社2014年版，第1751页。

③ 钱穆：《中国学术思想史论丛（八）·〈清儒学案〉序》，安徽教育出版社2004年版，第369页。

④ （清）李塨著，陈山榜等点校：《李塨集·恕谷后集》卷六《王子传》，人民出版社2014年版，第1422页。

⑤ （清）王源：《居业堂文集》卷八《与塈梁仙来书》，《续修四库全书》第1418册，上海古籍出版社2002年版，第162页。

曰刘继庄，一曰李恕谷"①，王源的很多文章，李塨都有阅读，王源在写定旨在"平天下之书"的《平书》后，送请李塨审订，成《平书订》。李塨对王源的评点观念亦极为熟悉，《评乙古文》即受王源之影响。

《评乙古文》为"守先待后"之书，选评《尚书》《周易》《周礼》《礼记》《春秋》《论语》《孟子》《左传》《国语》《史记》及韩愈、颜元、李明性等人之文章，文皆不多，选录《左传》仅一篇，名之曰《晋公子重耳出亡》。

李塨之所以在《左传》中独选此文评点，在于此文之"得人"主旨，他在"于是乎得人"后的夹注中言"二字一篇之主，妙在无迹"。晋文公在外流亡十九年，能够重返晋国，控制局面，后又称霸诸侯，"得人"是甚为关键之原因。重耳在出亡伊始，历练不够，不够成熟，也正是因为能"得人"，他才能够在贤人的辅佐下快速成长，才能够为人看重，才能够在面对挑战时从容应对，才能够一雪前耻。李塨的评说，准确地展现了重耳的变化过程，他三次提到"写公子只如此"，一次"只如此"，而在与楚王、秦王应对时，重耳文而有礼，不卑不亢，应对自如，"咄咄逼人，至此方极写公子""斩然止，气甚盛"。在此过程中，李塨又分置四处，直评重耳"得人"，另有一处言"大书'从者某某'，正见得人"，还有一处则言"着眼不在公子，而在从者，作者之意可知"。② 如此处理，如此评说，目的即要突出"得人"之重要。

李塨论说此文之妙，言其宾主、虚实、叙法，亦援引王源之语，其尾评有言曰：

> 王昆绳曰："凡古人文字，看其着意处，便是神髓。着意于不着意处，更是神髓。此文起手书曰'从者某某'，以后处处写'从者'，此着意处也。妙在'得人'二字藏在公子口中，全不着迹，此着意于不着意处也。"

---

① （清）王源：《居业堂文集》卷八《复姚梅友书》，《续修四库全书》第1418册，上海古籍出版社2002年版，第168页。

② （清）李塨著，陈山榜点校：《李塨集·评乙古文》，人民出版社2014年版，第1280—1281页。

　　"叙事，不可旁叙一事，又不可只叙一事。旁叙一事则笔法乱，只
叙一事则笔法死，死则无文，乱则无章。不可旁叙一事者，精神只注
一事也；不可只叙一事者，兼叙他事为衬贴也。此文精神注在'得人'，
而处处兼写女子，作衬是也。"

　　昆绳评文固妙，然实当时事本如此。此文善能写之。齐桓晋文，皆
酒色之徒，但能得人任贤，遂成霸业，此汉高祖唐太宗之前驱也。三代
变为汉唐，天也！所谓"天之所与，谁能废之"也。但少左氏妙笔抒
写耳。①

　　李塨所引王源之语，见于《左传评·晋公子重耳出亡》一文的尾评，略有删
减。李塨高度称赞王源的评文，但同时也指出，王源评文之妙，一源自当时
事实本就生动，像晋文公那样的酒色之徒，却能因"得人"而转变，一变为
天下霸主，正如汉高祖、唐太宗一般，命运的华丽转变，引人思索，令人动
容。二源自左丘明的生花妙笔，写出了晋文公这一人物跌宕起伏的命运沉浮
史。论说有侧重，但还是与夹评所言相同，围绕的仍然是"得人"这一主题。
联系魏禧、刘献廷、王源等人的评说可见，对于人才的强调，对于知人用人
的强调，是明末清初思想界的一大主题，亦是《左传》评点的一大入手点。

　　"批评家兼阐释者唯一站得住脚的功能，就是捧读一部自身完整因此相
关语言群体的读者可以理解的文本，从中抽出其人文意指，但目的不是建
立文本的某种确定的意义，而是开拓通向其他意义的路径"②，精英知识阶层
对《左传》的评点带有鲜明的经世致用的特点，他们从《左传》中择取有助
于阐明一己理念的篇章，予以重点解读，或侧重于事，或侧重于文，面向的
都是当时思想、社会、文章等方面的突出问题。无论是在朝还是在野的知
识精英，他们的出发点虽然略有差异，学术路径亦有不同，"横看成岭侧成

---

① （清）李塨著，陈山榜点校：《李塨集·评乙古文》，人民出版社 2014 年版，第 1281 页。
② ［加］马里奥·瓦尔代思：《阐释论》，载［加］马克·昂热诺、［法］让·贝西埃、［荷］
　杜沃·佛克马等主编，史忠义、田庆生译：《问题与观点——20 世纪文学理论综论》，河
　南大学出版社 2010 年版，第 273 页。

峰"，但是却共同构建了清代前期的思想世界，共同推进着清前期意识形态的建立。杨念群先生曾提出"所谓明季清初士人缺失'经世'知识的论断缺乏根据，很可能是后人出于某种目的有意建构的结果"①的观点，清初的帝王、在朝知识精英、在野知识精英，不约而同地将评点对准了"经世"话题，一方面是对历史的反思，另一方面也是有意识地凸显、强调，以求用他们认可的规范构建新的政治秩序，在此过程中，"话语"与"权力"不约而同地走到了一起，达成了完美结合。从此方面看，在清代的政治、文化建构过程中，《左传》评点家亦是一种不可忽视的力量，他们借助《左传》评点，凸显了思想领域、社会政治领域、文章写作领域共同话题的中心与焦点。

第三节　一般知识阶层的评点

在解读中国思想与清代思想中，目前有两种反思研究现状的观点，值得关注。一种观点是葛兆光先生对"一般知识与思想"的强调，他认为"过去的思想史只是思想家的思想史或经典的思想史，可是我们应当注意到在人们生活的实际的世界中，还有一种近乎平均值的知识、思想与信仰，作为底色或基石而存在，这种一般的知识、思想与信仰真正地在人们判断、解释、处理面前的世界中起着作用"②，主张要在精英、经典思想与普通的社会生活之间，着力关注"一般知识、思想与信仰的世界"。另一种观点是高王凌先生对清代帝王、在朝官僚思想的关注，他认为过去的思想史研究，"在研究对象上也偏爱文人、学士，而对官员乃至皇帝等人的思想作为，则不免歧视"③"清代思想史上曾呈现出一种'文人偏好'现象，即清代思想史研究者只注意在野或官场失意的'文人'群体，而'歧视'在朝官僚甚至皇帝，认

---

① 杨念群：《百年清史研究史》，中国人民大学出版社 2020 年版，第 57 页。

② 葛兆光：《中国思想史·思想史的写法》，复旦大学出版社 2013 年版，第 11 页。

③ 高王凌：《18 世纪经世学派》，《史林》2007 年第 1 期。

为他们无'思想'，言行只具'技术'含量"①，主张在关注清代在野文人群体之外，要挖掘皇帝、在朝官僚的思想。葛兆光、高王凌两位先生的两种观点，一个是面向整个思想史，一个是面向清代思想史；一个强调一般知识，一个强调皇帝与在朝官僚，亦关注普通大众②，他们都是要在惯常的研究体系中找到被忽视、被冷落的部分，予以关注，予以解读，从而建构起真正的思想史、真正的清代思想史。

评点作为一种评说古书的解读形式，从其出现伊始即有知识精英的主动作为，亦有面向大众学子的对象设定，亦有皇帝、在朝官员、在野文人的参与，恰恰符合葛兆光、高王凌两位先生对思想史、清代思想史的建构设想。因此，解读清代《左传》评点，可以作为思想史、清代思想史研究的一个重要标本。

当然，皇帝、在朝官员参与清代《左传》评点中，有一个井喷式的集中、作品数量多的阶段，那便是自国初至四库全书馆开馆前后的时间。他们对《左传》的评点是为了治国之需，是国家文化建设的重要组成部分。吴承学先生认为四库馆臣对评点之学没有完全否定，但基本上持蔑视、否定、批评态度，"在某种程度上，'评点'成为恶谥。《总目》所反映出来的立场，代表了主流意识形态与官方文化反对时俗、流行大众文化以及对于功利色彩太强的文化形式的鄙夷，另一方面也表现出清人对于明代尤其是晚明文风与士风的蔑视"③，将评点视为大众文化、世俗文化的代表，此观点虽有可待商榷之处，不完全符合清代《左传》评点的实际，却也指出了大众对评点的认可与追捧。正是有着这样的需求，一般知识阶层对《左传》的评点一直在进行，从清朝建立到清朝灭亡，他们一直是一支生力军，以众多作品支撑着清代《左传》评点的繁盛局面。

葛兆光先生对一般知识的界定"是指最普遍的、也能被有一定知识的人

① 杨念群：《百年清史研究史》，中国人民大学出版社 2020 年版，第 77 页。
② 高王凌在对过去的思想史研究歧视官员、皇帝之后，进一步提出，"更难及于普通人之生活想法与经营进取"（高王凌：《18 世纪经世学派》，《史林》2007 年第 1 期）。
③ 吴承学：《〈四库全书〉与评点之学》，《文学评论》2007 年第 1 期。

所接受、掌握和使用的对宇宙间现象与事物的解释，这不是天才智慧的萌发，也不是深思熟虑的结果，当然也不是最底层的无知识人的所谓'集体意识'，而是一种'日用而不知'的普遍知识和思想，作为一种普遍认可的知识与思想，这些知识与思想通过最基本的教育构成人们的文化底色"①，这是面向思想层面的解释，也是一种普遍认可与适用的解释。王汎森也认为，"在谈思想史的问题的时候，除了注意山峰与山峰之间的风景，还应注意从河谷一直到山峰间的立体图景"②。我们援引葛兆光、王汎森先生解读思想史的观念，将关注的目光对准那些在精英与无知识人之间的一般知识阶层，从他们的评点中发掘普通大众共同关注的焦点，以及作为个体的"人"，他们对思想、文化世界的反思与建构。

从身份上来看，一般知识阶层都接受过一定的文化教育，对清代的科举考试程式都有相应的了解，但是他们一般都没能考中，或者中举却没有走得更高更远，在当时也没有形成很大的政治、文化声望，更有甚者，典籍中亦没有留下他们生平的只言片语，他们恰如飞鸿一飞而过，无法睹其全貌。但是，留存下来的《左传》评点作品，恰如飞鸿所踏之雪泥，证明着他们的存在与努力。"凡是对于文术，自有主张的作家，他所赖以发表和流布自己的主张的手段，倒并不在作文心，文则，诗品，诗话，而在出选本。选本可以借古人的文章，寓自己的意见"③，选择什么书，进行什么样的评点，与选评者的身份、选评目的有着直接的关系，他们的选文、评点，不单纯是为了选文、评点，文本的关注点、重点，一定程度上决定了评点的倾向、格局，透露了选评者的现实境遇，"诠释者并不是为了诠释而诠释，他总是带着在实际生活中所面临的各种问题而进入文本"④。因此，从选评者的选评意图、选评重点入手，可以更好地探究清代整个社会的知识需求。

① 葛兆光：《中国思想史·思想史的写法》，复旦大学出版社 2013 年版，第 12 页。
② 王汎森：《思想是生活的一种方式——中国近代思想史的再思考》，北京大学出版社 2018 年版，第 2 页。
③ 鲁迅：《鲁迅全集》第七卷《集外集·选本》，人民文学出版社 2005 年版，第 138 页。
④ 郭春牛：《文本·诠释·意义》，《河北师范大学学报》2014 年第 1 期。

一、指引初学的初衷

自《古文关键》评点古文开始，评点就与指导学子有了紧密的关联。清代《左传》评点者对学子的关注，一般面对的是两个群体：一是自家的子弟，二是社会上的整个学子群体。金圣叹对子侄辈的教育甚为关注，他曾"因儿子及甥侄辈，要他做得好文字，曾将《左传》、《国策》、《庄》、《骚》、《公》、《谷》、《史》、《汉》、韩、柳、三苏等书，杂选一百余篇，依张侗初先生《必读古文》旧名，只加'才子'二字，名曰《才子必读书》。盖致望读之者之必为才子也"①，他曾自叙人生"不亦快哉"之事三十三则，其中一条为"子弟背诵书烂熟如瓶中泻水"②，试想，若子侄皆能写得好文，岂不更是大快人心？后来金圣叹将此种为文引导，面向整个社会的学子，希望读之者皆能成为"才子"。编有《左传选》的储欣性笃学，嗜经籍，二十岁时，凡先秦、两汉、司马氏、班氏及唐宋八大家之书，多有成诵者，根基深厚。然科举不顺，六十岁方中举人，六十一岁参加礼部考试，未能通过，无法做官。自此储欣不再求仕，潜心闭门著书。于诸多古文中，储欣"嗜《左》尤深"，他在《左传选序》中明确提出"学古之始，基端在乎此"，③ 他多次圈点《左传》，犹云不敢称"尽善"，晚年课孙辈时方形成定本。后来与储欣长孙同研席的徐永深得其惠，故而将此本刊刻，泽惠后学。

用古文评点来引导初学，主要着眼于做人、作文两方面，做人主要讲立身之法，作文主要讲为文写作的基本文法。初学一切未定，需导之以正，选定适合于初学立身、作文的文章进行解读予以引导，以符合父母的育儿期待，这是一个非常大的群体需求。因为父母、家庭的具体情况不同，有的父

---

① （清）金圣叹：《金圣叹评点西厢记·读第六才子书〈西厢记〉法》，上海古籍出版社 2008 年版，第 7 页。

② （清）金圣叹：《金圣叹评点西厢记》卷四之二《拷红》，上海古籍出版社 2008 年版，第 116 页。

③ （清）储欣：《左传选·序》，乾隆四十九年（1784）刻本。

辈有足够的学养自选、自评、自编成书，自己引导子侄，但更多的父辈却没有此种能力，他们只能寄希望于他者的评点作品，这是清代《左传》评点作品面向初学需求的心理基础与社会语境。

《左传》评点者将满足初学作为出发点，以《左传》的具体文本阐发为人之道，指引初学行世。编纂《古文知新》的高朝璎从"务便初学"的立场出发，所选之文"不戾于俗，有合于时"①，以求指引初学文行合一的立世之道：做贤人君子，学筹时经国之言；当贞臣介士，发砥节首公之语。《郑伯克段于鄢》一文尾评言道：

> 爱少而癖，妇人常态。怙宠而骄，幼子习气。庄公欲胜其母，阴剪其弟，故意养成，必逐出之而后快。《春秋》诛意之文，《左氏》传神之笔，可谓字挟霜雷。②

此评论言说武姜、共叔段、郑庄公，皆有批评，着重点在郑庄公身上，但是所提"怙宠而骄，幼子习气"八字，又是很多初学的共性。如果孩童放纵自己的欲望而父母对此放任不管，一定会铸成大错，共叔段的结局就是很好的证据。高朝璎希望父母能对孩子严加管教，孩子也要自我约束，《石碏谏宠州吁》一文尾评援引《古文观止》评语，又有所引申，其曰：

> "宠"字乃此篇始终关键。自古宠子未有不骄，骄子未有不败，石碏有见于此，故以教子义方为爱子之法，是拔本塞源，而预绝其祸根也。
> 州吁弑逆，庄公成之，故传书祸本所由始，而详志石碏之言，以垂训戒，看他前后叙事、立言紧相关照处。③

卫州吁因为得到父亲卫庄公的宠爱而骄纵跋扈，石碏看到了其中的危机，予

---

① （清）高朝璎：《古文知新·发凡十则》，康熙四十五年（1706）学者堂刊本。
② （清）高朝璎：《古文知新》卷一，康熙四十五年（1706）学者堂刊本。
③ （清）高朝璎：《古文知新》卷一，康熙四十五年（1706）学者堂刊本。

以劝诫。高朝璎进一步阐释，认为自古以来宠子必骄子，骄子未有不败，此为历史之定律，石碏垂训诫之辞，世人当深思、熟记并笃行，如此方为正确的教子之法。至于孩童，则需要以州吁行篡逆之事为警诫，还要联系鲁隐公观渔一事，明白"纵败度，欲败礼"的"千秋金鉴"①。

至若年轻人自身如何行事，才能避免此等情况出现，高朝璎给出的具体方法是"窒欲不贪"。共叔段、州吁、鲁隐公各有其贪心，或贪于权势，或贪于安逸，一味放纵，不加节制，《蹇叔送师》提到的秦穆公亦有其贪心，贪于版图的扩张而盲目发动战争，心为利所控而不复听取劝谏之辞，"贪心一萌，险在前而不知，谋甚老而不用，可鉴也！玩占损象，早知窒欲，岂有此耶"②，高朝璎认为若能窒欲不贪，便不会出现崤之战，亦不会招致军力大损的祸患，因此，与其事后痛哭流涕，悔不当初，不若事前窒欲收心。

当然，高朝璎也并非一味地树立批判的靶子，他还为年轻人树立了一个标杆人物，那便是"不贪为宝"的子罕。《左传·鲁襄公十五年》记载，宋国有人将一块宝玉送给司城子罕，子罕拒绝了，此人以为子罕怀疑宝玉的真假，便说已请专人鉴定过，确定为宝玉后方敢献给子罕。其实，子罕不接受宝玉，是因为他将"不贪"视为世间最宝贵的珍宝，而献玉人以宝玉为珍宝，如果接受，二人都会丧失其宝。献玉人又以怀揣宝玉不敢外出为由，希望子罕接受，他也可免于一死，子罕听后，命人将此宝玉加以雕琢，卖出后让此人带着钱回返其家。高朝璎对此评价道，"献玉本意，以求富也，不贪其宝，而适遂其求，乃出玉人望外。存子罕数言，以风世之宝所不当宝者"③，他希望世人能明辨何者为宝，能明白"不贪为宝"的垂范，若能不贪，就会保持内心的清醒与独立。

除此之外，高朝璎还希望年轻人知礼守信、忠君不贰。他在《周郑交质》一文尾评提出，"惟不信，故交质。虽交质，其可信乎？标出'礼'字，是

---

① （清）高朝璎：《古文知新》卷一，康熙四十五年（1706）学者堂刊本。
② （清）高朝璎：《古文知新》卷一，康熙四十五年（1706）学者堂刊本。
③ （清）高朝璎：《古文知新》卷一，康熙四十五年（1706）学者堂刊本。

君君臣臣大纲，不烦言而已摄"①，直言为人臣者，需明礼制大端，唯有遵守礼制，方是恪守臣子之道。具体说来，臣子遵守礼制，主要有两端：

一为明信义。鲁昭公十五年，晋国的荀吴领兵包围了鼓国，鼓国有人向荀吴请求带着城邑里的人叛变，荀吴拒绝了。周围人不解，荀吴解释说"或以吾城叛，吾所甚恶也；人以城来，吾独何好焉？赏所甚恶，若所好何？若其弗赏，是失信也，何以庇民"，厌恶自国人叛变，就不能喜好他国人叛变，也不能奖赏这些人，但是不奖赏投靠他们的人，就是失信，失信无法庇护百姓，他决定靠自己的力量，量力而行，能攻打下来最好，打不下来就撤退。围困鼓国三个月后，鼓国又有人请求投降，荀吴却让他们去修缮城墙，此人很不解，"获城而弗取，勤民而顿兵"②，便质问荀吴何以事君，荀吴认为得到一个城邑而让百姓懈怠，这是不吉的，不妨一如既往地各自尽心事奉国君，如此城邑可以得到，百姓懂得了道义所在，便会没有贰心。后来鼓国人弹尽粮绝，无力对抗，荀吴率人攻下鼓国而回国。高朝璎评说道，"贪功纳叛，后世以为能臣，得此一番正论，犹见好恶之公，信义之立，可以为千古事君常法"③，不贪功，不纳叛，明好恶之道，知信义之要，可为千古臣子之道。

二为无贰心。鲁宣公十二年，晋楚在邲地大战，晋国人杀死了楚国的连尹襄老，俘虏了楚公子榖臣，而楚国人俘虏了晋国的知罃。知罃是晋国中军佐荀首的父亲，鲁成公三年，晋国请求以公子榖臣与连尹襄老的尸首为条件交换知罃，楚国同意了。送别知罃之前，楚庄王询问知罃是否怨恨他，是否感激他，知罃都予以否认。楚庄王又连续追问知罃怎么报答他，知罃先是以"臣不任受怨，君亦不任受德，无怨无德，不知所报"④为由拒绝回报，后又以"以君之灵，累臣得归骨于晋，寡君之以为戮，死且不朽。若从君之惠而免之，以赐君之外臣首；首其请于寡君，而以戮于宗，亦死且不朽。若不获

---

① （清）高朝璎：《古文知新》卷一，康熙四十五年（1706）学者堂刊本。
② 杨伯峻：《春秋左传注》，中华书局 2009 年版，第 1370 页。
③ （清）高朝璎：《古文知新》卷一，康熙四十五年（1706）学者堂刊本。
④ 杨伯峻：《春秋左传注》，中华书局 2009 年版，第 813 页。

命，而使嗣宗职，次及于事，而帅偏师，以修封疆。虽遇执事，其弗敢违，其竭力致死，无有二心，以尽臣礼，所以报也"①回答，话语坚定而霸气，如果以后战场上遇到，他定会恪守臣子职责绝无贰心，他绝不躲避楚王而会拼死奋战，这就是他的回报。对于此段慷慨陈词，高朝璎赞叹道"说得词严义正，可以愧事君而怀二心者"②，忠君无贰，方是人臣本色。

高朝璎对臣子之道的强调，一是希望年轻之人要懂其理，明白处世方法；二是要知其事，君臣大道亦是科举考试之常见题目，都是指向明确、目的强烈的论说。

高朝璎选评《左传》，亦要传达为文之正道，避免初学者走弯路。高朝璎自十岁学习《左传》，其父命其兼读苏轼文，以求二者结合疏通文气。惜未几父亡，学无良师，高朝璎只能随时转移，学习时文，"朝诵古而夕趋今，志意不定，体格无常"，遂恍然大悟，悔不当初。他观察当时的世风，皆倾向于教子弟"速化捷得之学"，皆习惯于取坊间刻本学习，高朝璎深感此非习文之正途。为了导之以正，他选录《左传》《国语》《公羊传》《穀梁传》《庄子》《列子》《楚辞》《韩子》《战国策》《史记》《汉书》《后汉书》及三国、晋、魏、唐、宋、明诸多名篇，汇编《古文知新》一书，博考原文，约从时好，务使"嗜古之士得寻其故，而常遇其新，还俾趋时之子转求其新而不厌其故"，③既能传授古文知识，又能传递出不同于古人的新义，新义不穷，则新机不已。

指引初学并非易事，必须遵循初学的接受规律，"与初学讲书，教弟子先将该讲之书，理会一遍，方与讲解。讲解只用俗浅，如闾阎市井说话一般……至于深文奥理，天下国家，童子理会不来，强聒反滋其惑"④，但却意义重大，因此指引初学几乎成为一般知识阶层评点《左传》的共性。除却流传下来的作品，尚有大量未流传下来的评点类作品大量出现在图书市场中、

---

① 杨伯峻：《春秋左传注》，中华书局 1990 年版，第 813—814 页。

② （清）高朝璎：《古文知新》卷一，康熙四十五年（1706）学者堂刊本。

③ （清）高朝璎：《古文知新·序》，康熙四十五年（1706）学者堂刊本。

④ （明）吕坤：《吕氏四礼翼·冠前翼·养蒙礼》，康熙五十八年（1719）刊本。

私塾教学里，他们的目的、想法虽不尽相同，书籍的质量、水平或有差异，但毋庸置疑的是，他们带着脉脉温情，他们带着疾言厉色，共同走在引导初学的路上，对初学的立身、作文皆产生了相当大的影响，此亦为经世致用之一途。

二、纠正时弊的担当

古文选评在普通大众群体那里有广泛的需求，促成了评点本市场的繁荣，但是过度繁荣的背后，却有着很大的隐患存在。接触过、读过大量评点本的有识之士，不约而同地察觉到了坊间评点本的粗疏舛误，又不约而同地走上了批判舛讹、留存精良本的路子。

一般知识阶层对坊间评点本的不足，主要从两个方面进行批判。

第一个方面，内容不正。

很多评点本为选文评点，选择什么内容的文章传递的是评点者的理念，直接影响的则是读者的行事方法与精神面貌。但是，坊间的很多评点本在文章选择方面却没有审慎的选择。写成《古文资镜》的王寿康对此陋习极为不满，极力抨击选文不正者。

王寿康字二如，留存下来的生平事迹的记载很少。从《古文资镜·自序》中可知，王寿康年幼失怙，未尝入私塾读书，然常与名师友相互切磋，言行合乎古人之道。王寿康秉承父亲"读书贵明理，非徒以是博功名"[①]的训教，崇尚善行，践行善道，为文力持名教纲常，不以驰骋自喜。王寿康素喜读书，接触过很多评点本，读过之后他发现坊间评点本所选之文多指陈为文作法，而甚少言及伦常日用之义理，而在以明理为读书目的的王寿康看来，后者恰恰才是千古之至文，需要着意关注、大力选评。为此王寿康哀集古人之文，取其切身达用而系于世道人心之大者，明示其文章意旨，考镜古今得失之由，以助时人迁善改过，名之为《古文资镜》，刊刻于咸丰五年(1855)。《古

---

① （清）王寿康：《古文资镜·自序》，咸丰五年（1855）王氏刻本。

文资镜》选录《左传》三篇文章，名之曰《子产劝范宣子轻币》《晏子论和与同异》《子产论政宽猛》。与其他选本不同，此三篇文章基本是春秋后期之事，王寿康也没有过多繁琐点评，文中只有小圈点，文后有一段尾评。此三事，皆是言说为政之事，但是，王寿康论说的重点不在政事上，而在政事、家事、人事的互通上，目的是为世人提供借鉴。"子产劝范宣子轻币"一事，见于《左传·襄公十四年》，重点在子产送给晋国执政大夫范宣子的一封书信，书信的主要意旨为"远贿"，"君子长国家者，非无贿之患，而无令名之难"①，一味聚贿，则会诸侯离心、晋人离心，家室不能保，令名不能有。王寿康进一步引用孔子之言评论道，"放利多怨，夫子尝言之人情愤愤，第知积金以肥其家，不知取非其有之，适以丧其家也，悲夫"②，孔子曾言"放于利而行，多怨"③，此为谆谆告诫，示人以道，切勿事事一味求利。"晏子论和与同异"一事，见于《左传·昭公二十年》，主要言说"和而不同"之理，"专一之弊，大之在朝廷之设施，微之在声音之感召，约之在人伦日用性情心术之间，皆当济其不及，以抑其过，始足召和泯害焉，和之未可伪托也如是"④，无论是朝廷治理，还是日常行事，都当注意不可一味求同，以水济水、琴瑟专一皆不当取，而应济其不及，抑其所过。此道理正如《子产论政宽猛》所言"宽猛相济"之道，"武侯治蜀，最得宽猛相济，其实家政何尝不如是？一则猛则恩义薄而骨肉乖离，一则宽则纵逸放肆，家纪亦复当然矣。善治家者，可归其意于门内也"⑤，王寿康援引诸葛武侯治蜀之事，进一步申明"宽猛相济"之道在治家过程中的作用与意义。

王寿康对其编纂评点的《古文资镜》一书很重视很珍视，他自言世人读此书定能得有益之助，"以之修身，而性情趋向无不正；以之保家，而孝养贻谋无不贤。非特此也，读农桑之文而知水利之必当求，读役赋之文而知民

---

① 杨伯峻：《春秋左传注》，中华书局 2009 年版，第 1089 页。

② （清）王寿康：《古文资镜·子产劝范宣子轻币》，咸丰五年（1855）王氏刻本。

③ 程树德撰，程俊英、蒋见元点校：《论语集释》，中华书局 1990 年版，第 253 页。

④ （清）王寿康：《古文资镜·晏子论和与同异》，咸丰五年（1855）王氏刻本。

⑤ （清）王寿康：《古文资镜·子产论政宽猛》，咸丰五年（1855）王氏刻本。

力之必当爱，读货殖之文而知本富之必当讲，读学术之文而知师道之必当立。兵刑也，本德礼以化之，而民生遂宰治也，择贤良以任之，而政事淳，本学问，为经济，其所系又岂在区区日用间乎"①，所选文章涉及农桑、役赋、货殖、学术、战争等领域，从中可知政事民生、学问经济、礼仪教化，不但有裨于伦常日用，且益于修身齐家治国平天下。

任何评点本都有其思想倾向，此种倾向主要通过选文内容及相关评点得以展示，具有很强的指向性，传递出来的可能是精华也可能是糟粕，"选本既经选者所滤过，就总只能吃他所给与的糟或醨。况且有时还加以批评，提醒了他之以为然，而默杀了他之以为不然处"②，显然，为牟利而快速生产出来的《左传》评点本里的糟粕更多一些。一旦初学者接触到的内容不正的坊间评点本越来越多，他们的思想势必会受其影响、钳制，不仅不利于初学，而且不利于整个社会的未来发展。

第二个方面，质量不佳。

如果说内容不正与选评者的评点理念有关，属于思想层面的问题，那么，坊间评点本的舛误、粗疏、鄙陋则与评点者的评点态度与评点水平直接相关，既有技术层面的问题，又有思想层面的问题。评点发展至清代，此种质量不佳的坊间评点本出现了很多，自然引发了许多有责任有担当的文人的强烈抨击。

程润德为康熙年间人，编成《古文集解》一书，刊刻于康熙四十三年（1704）。程润德勤于读书，且自有一套读书之法，"古之善读书者，第求其大指之所在而贯通之。往往于无字句处别有会心，是谓神解"③，即读书一要知其旨意，二要自我体悟，如此方能达成对古书的真正理解。对古书的"神解"，程润德提出有个必要的前提，那便是要先读书，而且要读质量好的书，但是现实却很残酷，古文评点的良工佳作甚少。程润德读古书时，发现很多坊间注释本、评点本，往往字栉句比、汇集诸说，唯恐语焉不详，往往劳

① （清）王寿康：《古文资镜·自序》，咸丰五年（1855）王氏刻本。
② 鲁迅：《鲁迅全集》第七卷《集外集·选本》，人民文学出版社 2005 年版，第 139 页。
③ （清）程润德：《古文集解·序》，康熙四十三年（1704）刊本。

碌而谫陋，即便如林云铭《古文析义》这样优秀的古文评点本，亦不能脱其鄙陋，不易于初学之士，其他刻本更遑他论。程润德对此现象深恶痛绝，忧心忡忡，初学者需要引导，"倘于离经辨志之年，不能详明古人之文词义蕴，则操觚时或有所援引规倣，悉讹舛错乱，否则一亦相沿于习解而不知其非"①，繁冗秽杂之作，只能令初学之士愈昧其解，走入歧途。因此，程润德自言不揣固陋，汇集诸多选本，他博采参考，细心斟酌，字栉句比，力求独出己见，又能达到质量上乘的境地，最终勒成《古文集解》一书。

程润德自言其书，"既无繁冗秽杂之病，而初学者或又不苦其深奥简略焉，则谓大有造于初学也"，通过矫正当时古文选评本的弊端，形成一个适合初学学习的最佳本子，欲"大有造于初学"，② 是程润德为之努力的方向。其后代程廷赞在增订《古文集解》时，曾对程润德此书做过很高的评价，认为此书集千腋以成裘，评语不繁不简，扼要中肯，"是为初学读古文者第一梯航"③。

清末余诚的《古文释义》，亦致力于为初学订一善本。余诚观坊间古今选本，言其总评习套、空言甚多，且坊间刻本唯利是图，翻刻之书，字画讹误处甚多，贻误后学，他自己曾经编纂的一本时文选本，经坊间翻刻后讹错不堪，对此他甚为痛恨。于是，他历时八年时间，遍搜坊间通行本、诸名家秘藏本，选定了八卷古文文章。

此八卷文章，数量虽不多，选录《左传》仅三十篇，但是余诚编订此书，极为慎重，引用前贤评语，必定载明其姓氏，以示不敢攘善，编写后再三校雠，对过数遍后方才发刻，刻完又对过数遍，方才敢修补成书。初学读古文，大多求有裨于时文，余诚此书即以此为指南，非有补学业者不选，同时，他又认为体无不备，义有必详，为了匡正初学之误，知人论世，开阔视野，《古文释义》的选录范围相对较广。余诚倾注八年心血完成此作，字、

---

① （清）程润德：《古文集解·序》，康熙四十三年（1704）刊本。

② （清）程润德：《古文集解·序》，康熙四十三年（1704）刊本。

③ （清）程廷赞：《增订古文集解·序》，载（清）程润德：《古文集解》，乾隆二十九年（1764）刊本。

词、句、意皆一一核对，细细详批，以求切实确当，"直抉发作者不言之秘，俾读者洞彻其义蕴，焕然冰释"①。余诚对此书甚为自豪，也很满意，自认在质量上经得起时间与读者的检验。因此，他希望读者能自始至终读完此书，读一篇是一篇，读一篇得一篇，假若读者按照他的方法一一读过，定会胜过读其他选本千万篇的效果。

除却舛误众多之外，一般知识阶层对评点本的批评，主要源自他们对理想评点本的自我认定，有人认为指引初学的评点本当简，否则不易接受；有人认为指引初学的评点本当全，否则不易学扎实；有人则要求繁简适中，否则白白浪费精力而无法达成理想目的，所得甚微。

康熙年间曹基的《左氏条贯》对坊间选本的批评，主要集中在"读本每失之太略"。曹基自隐于世，自远于名利场，一生好学不辍，年迄七十余岁，依然校雠不断，丹黄涂抹，留其会心之语。他研读《左传》，在于他认为《左传》"为举业先资"②，亦为世人行事宝典，地位重要，作用巨大，但是《左传》因编年体的限制，以事系日，以日系月，以月系时，以时系年，翻阅不易，且坊间读本失之太略，故而曹基依据《国语》体例，分国叙事，按照周、鲁、郑、卫、齐、宋、秦、晋、楚、吴、越的顺序组织材料；在国别下面又按编年排列春秋大事，展现兴衰历程。顺治、康熙间的储欣通览历代《左传》注释，认为杜预、林尧叟二家为注释之首，然二家却"失之繁冗""徒乱人意"；他历数宋、元、明三代《左传》评点，认为当以钟惺、孙鑛二家为首，然二家却"失之疏略"，未得《左传》精微。读本不佳，佳本未定，学子即便日日诵读，其收效必定微小。基于此，储欣专门选评《左传》三百八十二篇，多次修改确定终稿后，"大约其点次也，谨而严；其持论也，约而尽；其间采诸家之训诂也，简而明，使学者开卷豁然，洞若观火"，③自认详略得当，能给予读者指引与帮助，他方才稍稍称意。跟随储欣学习的徐永，朝吟夕咏《左传选》，认为此稿足以为初学者奉上一"定本"。

---

① （清）余诚：《重订古文释义新编·凡例》，宣统辛亥年（1911）上海文瑞楼刊印。
② （清）曹基：《左氏条贯·例言》，康熙五十一年（1712）本。
③ （清）储欣：《左传选·序》，乾隆庚子（1780）新镌本。

《左传》坊间评点本众多，翻刻本层出不穷，说明了人们对《左传》评点的关注，但同时舛误常出的现象，却易误人子弟。一般知识阶层接触过大量的坊间评点本，对坊间评点本的质量问题甚为了解，他们为此不惜花费巨大精力编写精良的评点本子，针砭时弊，对症下药，力图引导形成良性、高质量的评点市场。

三、留名不朽的追求

对于知识分子来说，"三不朽"一直是神圣的理想，终其一生都在为达成理想而努力。对于一般知识阶层来说，"创制垂法，博施济众"的立德、"拯厄除难，功济于时"的立功，都很难达成，"言得其要，理足可传"的立言亦不容易，[①] 但尚算得上一个可以去努力的方向。立言有很多载体，诗、词、文章皆是常道，利用评点来立言不朽，在明代以前不常见，自明代而逐渐抬头，钟惺即言"虽选古人诗，实自著一书"[②]，谭元春亦言"选书者非后人选古人书，而后人自著书之道也"[③]，至清代则成为一般知识阶层评点的突出现象。

写成《古文赏音》的谢有辉，早年攻读古文，研习科举时文，但考运不佳，多年参考皆困惫而归。科举无望，他很苦恼，也很无奈，但他相信，科举不就并不能否定他多年的努力，他也不愿意多年辛苦付之东流。他曾自言其编写《古文赏音》的心路历程曰：

> 有辉学不足窥圣道，材复钝拙，无所成就。两大人年皆七十余，犹日安于菽水之养，每文试困惫而归，反使白发之亲强作慰勉之语，益用

---

① （晋）杜预注，（唐）孔颖达疏：《春秋左传正义》，阮元校刻《十三经注疏》第4册，中华书局2009年版，第4297页。

② （明）钟惺著，李先耕、崔重庆标校：《隐秀轩集》卷二八《与蔡敬夫》，上海古籍出版社1992年版，第469页。

③ （明）谭元春著，陈杏珍点校：《谭元春集》，上海古籍出版社1998年版，第601页。

自惭。窃念士屈首受书，研析今古，终不可毫发无补于世，故不揣固陋，愿以此编为颛蒙之一助。①

科举的失利、父母的宽慰、自我的愧疚，让他心中很不宁静，慎重思考之后，他决定要用另外一种方式留名不朽，有补于世，即选评古文，遂成《古文赏音》一书。命名为《赏音》，取"出以问世，必有闻弦而赏音者"②之义。

通过选评古文以求不朽，此种人生选择需要很大的勇气与气魄，毕竟选评古文在当时并不是一件讨喜的事情，尤其是面向初学者的选本，多被视为等而次之的选择，学术水准亦不甚高。很多人即便为初学选评文章，却也未曾将之视为自己学术的代表、人生的追求，只不过是教育子弟的一个插曲而已。留名不朽不易，借评点留名不朽更是不易，谢有辉顶着这样的压力与困境，对《古文赏音》倾注了极大的热忱与努力，他从前人的读书经验、自身的阅读体会以及时人的读书缺陷出发，字字句句细加揣摩，在反思、体悟基础上意图找到一个为学习文的最佳路径。

前人读书，对于《左传》《国语》《史记》《汉书》等书，多是读其全书；对于唐宋古文，多能明析其出处，考量其大意。谢有辉从中体悟，选录古文让童蒙课诵，若不能详明事情之本末而欲深求其道理，可谓南辕北辙，缘木求鱼，不可得其正途，只会迷谬相仍。因此，《古文赏音》注重事、理、句、字的关联，以通晓全文之旨，"惟不留一字之疑，乃能通一句之意；不留一句之疑，乃能晓全文之旨"③。

谢有辉在自己读书的跌撞中探索到一条颇有心得的道路。他幼时诵读古文，粗有所得，就自以为能通晓文义，颇为自得，然而待其父从书中摘取一二语予以考察，他则茫然无知，不知如何回答。此种情景在他脑海中多次出现，父亲的教导也在他耳边多次回荡，谢有辉自我警醒，不再自以为是，每读一文，必定要寻绎旧注，熟读成诵。此种读书方法很笨拙，但是效果很

① （清）谢有辉：《古文赏音·凡例》，嘉庆三年（1798）宋思仁重刊本。
② （清）谢有辉：《古文赏音·序》，嘉庆三年（1798）宋思仁重刊本。
③ （清）谢有辉：《古文赏音·序》，嘉庆三年（1798）宋思仁重刊本。

明显，诵读既久，读书者会在某一刻突然会心，明晰古人的微眇寓意。此种读法，谢有辉受益很深，因此他在选录、评点《古文赏音》一书的文章时，"由是有所未达，益为之讲求其说，旁证于他书，始焉因古人之注以求古人之文，继焉因古人之文而转核古人之注，详其事者，务提其要，释其词者，务推其旨。虽不敢谓悉得乎作者之微意，要其于古人之文，原本经术以羽翼圣贤之道者，未尝不三复为之发明也"①，在古人之注、古人之文之间相互推求，详事提要，释词推旨，引用故实，考订详明，"务使古人一字一句不留疑窦"②，务在推求古人为文之微意。

时人读书，功利性太强。党塾教授弟子之学习，皆以四书、六经、古文为研读对象，次第而上，以明经书义理、圣贤旨归、文辞炳蔚，这本是学之正途。然而时间一久，功利性超越了一切，初学者的学习路径渐窄，党塾专取有裨于制举之业者，更有甚者，"不惟其意，惟其辞，即其辞，亦不求甚解"③，只专注于文辞，甚至文辞也不能完全理解其妙处。以此路径读书，欲探寻古人之意，实不可得。谢有辉不求标新立异，所选之文自《左传》始，迄唐宋八大家之文，从俗收入，所选评者皆为家弦户诵之文，便于党塾课诵之文，所作阐发不单着眼于科举，亦主于明古文之意、古文之妙。

谢有辉认为"备童蒙之诵习，不无小补"④"选家之文，苦于繁而乐于简"⑤，《唐文粹》《宋文鉴》《明文衡》皆是如此，即便如《古文渊鉴》亦是如此，虽被士子奉为作文习古之准绳，但是很多学子不能通读，谢有辉以此为鉴，不以繁长扬名，选文篇目适中。此书选评《左传》七十一篇，所选之文多见于其他选本，评点侧重于"分疏其义"。字之义、事之义，需了解事情的来龙去脉后方能真正透彻了解，因此，谢有辉在评点时，力求让事件首尾完整

---

① （清）谢有辉：《古文赏音·序》，嘉庆三年（1798）宋思仁重刊本。
② （清）谢有辉：《古文赏音·凡例》，嘉庆三年（1798）宋思仁重刊本。
③ （清）谢有辉：《古文赏音·序》，嘉庆三年（1798）宋思仁重刊本。
④ （清）谢有辉：《古文赏音·序》，嘉庆三年（1798）宋思仁重刊本。
⑤ （清）宋思仁：《古文赏音叙》，载（清）谢有辉：《古文赏音》，嘉庆三年（1798）宋思仁重刊本。

地呈现在读者面前，在《左传》正文之后常以小字附上后续之事，如《楚莫敖以师盟贰轸》后附《楚伐绞》，《晋寺人披告吕郤之难》后附《头须请见》，《吴蹶由犒楚师被执》后附《蹶由反国》，《楚芉尹论执亡人》后附《薳启疆贺鲁公以返大屈》。夹注、尾评中则就经旨大意、字词意思、结构内容等予以论说，论说时会给文章分节，每一小节后面都会简要概括此小节内容，亦会讲说文章纲领，如《臧僖伯谏观鱼》言"以'讲大事'二句为纲，下文力应堂堂正正之师"①。此种解读方法，适合童蒙的学习习性，足见谢有辉为求有补于世所作的精心考量。

为了达到最佳评点水平，谢有辉数易文稿，严加校雠，付之梨枣，力求质量有保证。此书刊刻之后，影响很大，长洲宋思仁重刊此书时对其赞赏有加，"《赏音》篇什，自谢氏钩元提要，汇帙行世，金声玉振，无一艺不极其精，无一体不备其式""江以南之奉为句读者，以《古文赏音》相饷授也"②，虽有夸饰成分，然亦见《古文赏音》之影响，甚得学子欢迎。此种影响，是对谢有辉力求有补于世、扬名不朽的回馈，亦是世人对质量上乘古文评点、《左传》评点的认可。

谢有辉是一般知识分子在科举仕途无望后意图有所作为的代表，他们一直走在读书的路上，虽未能达成现实世界的功成名就，但是内植于心中的儒家入世理念，促使他们采取了另外一种留名传世的方式，将毕生所学凝聚在选评作品上，以求有补于世，此为取之于学，用之于学。著成大篇幅、高质量《左绣》的冯李骅、陆浩，至今未留下明确、详细的人生历程轨迹，于政事他们无缘，于人生他们则有舍不掉的追求，朱轼在为《左绣》作的序言中提到，"学人不朽事业，得志则在经济，不得志则在著述。以生之渺思微会，由论文而进之以谈经，更必有卓荦不群之识也，此犹其嚆矢也夫"③，这不仅是对冯李骅、陆浩的评说，更是一般知识阶层醉心于评点留名的真实写照。一般知识

① （清）谢有辉：《古文赏音》卷一《臧僖伯谏观鱼》，嘉庆三年（1798）宋思仁重刊本。

② （清）宋思仁：《古文赏音叙》，载（清）谢有辉：《古文赏音》，嘉庆三年（1798）宋思仁重刊本。

③ （清）朱轼：《左绣序》，载（清）冯李骅、陆浩：《春秋左绣》，光绪六年（1880）校镌本。

分子的此等努力，如同星星之火，点燃了很多更小的火种，助佑它们成长。

四、精神自适的寄托

与谢有辉等人有意识地求补于世、求存世留名不同，另有一部分一般知识分子，他们评点《左传》，不为求名，不为求利，只是将此作为人生的精神寄托，在或困苦或平静的生活中寻求生活的乐趣与支撑。

卢元昌为明末清初人，曾为明朝诸生，明末松江几社成员，为人傲岸善饮，擅长作制艺文章，风行远近。入清后，因"逋赋"事而被削籍，为消磨岁月，求得精神寄托，卢元昌"朝讽夕披，寒不炉，暑不扇，矻矻不少休"①。《左传分国纂略》为卢元昌的晚年之作，他在序言中明确提出"此书勉力为之，遣暮齿了余生而已"②，晚年的卢元昌经国亡、削籍、丧子、丧妻之痛，心中苦悲，郁郁寡欢，评《左传》成为他排遣悲苦之情的途径，以此陪他度过漫漫长夜。

卢元昌在读《左传》时，将自己的身世命运投注到《左传》文章中，顿生戚戚之感，猜度"圣于文"的《左传》亦为左丘明不得志于时而成之书。因此，他仔细研读《左传》，效仿方岳贡《国纬集》体例，按照国别将《左传》事例重新组织，国别分类后又以时间顺序排列事件，每一事件前都会标明具体的时间，方便阅读。他寻绪究绎，力求血脉贯浃、首尾洞然，希望能将《左传》之隐微、精华处一一道来。卷一为《周集》，开篇选周平王时周郑交质之事，周桓王时郑庄公如周朝桓公之事、周桓公取郑田之事、繻葛之战，分别予以评说，归责于周天子，其言道：

> 信，国之宝也。能信，君臣尝见其有礼。周之东迁，晋郑是依，郑

---

① （清）卢元昌：《杜诗阐·自序》，《续修四库全书》第 1308 册，上海古籍出版社 2002 年版，第 325 页。

② （清）卢元昌：《左传分国纂略·纂例》，《四库未收书辑刊》第 3 辑第 9 册，北京出版社1997 年版，第 73 页。

祖孙父子相继为周卿士，此其君臣相信，夫岂一朝夕之故？忽然平王欲夺郑伯政而授之虢，岂易为力抑？岂不可明示以夺之之故？乃先之以贰，曰"吾意欲分政于虢也"云尔，继而曰"无"，心欲如是而口复"不然"，是不信于郑，又有畏于郑，而惭且自饰也。于是交疑而交质、交恶，直至交兵。始于不信，卒于无礼，无怪乎君子以二国目之，平列之曰"周郑"也。

交质交恶后，得此一来，寒谷之春也，故曰始。又不礼焉，岂非自绝于郑？此李怀光千里赴难，唐德宗不待以殊礼，去而遂叛也。

邬、刘、蒍、邗，郑田也，取而有之；苏忿生十二邑，王所不能有者，使郑自取。夺其怀中之物，使取偿于难得者，何其不恕？《传》曰"争民施夺"，此之谓也。

天子讨而不伐，有不朝者，六师移之。以诸侯伐郑，安在礼乐征伐自天子出也？且夫，能左右之曰"以"。当时王虽自将，蔡、卫、陈人，谁肯用命？又安在能左右之乎？败于二拒，至于射肩，尚曰"王亦能军"，哀哉！①

卢元昌将四件事情放在一起，前后关联，读者对于周王朝与郑国之间的纠葛便能了然于胸，脉络清晰。其评说则分别着眼于失信、无礼、不恕、无人用命四点，言说周天子之失，意在说明春秋时代的礼崩乐坏，其实不单是乱臣贼子犯上作乱的结果，周天子本身亦是重要的推动力量。若单独读其中一段，便不能对周郑之间的纠葛作出正确、客观的评价。

卢元昌推崇《左传》为文之妙，认为《左传》以文胜，因此他的选录标准为"辞采优"，且不会以人物、事件的恶劣略去辞采之优者。所选之文，或繁或简，各有其妙，不会因篇幅繁多而删节，不会因简约而留置。他自言"或曰《左传》，《春秋》功臣，而评《左传》功臣，则我岂敢"②，虽言不敢

---

① （清）卢元昌：《左传分国纂略》卷一，《四库未收书辑刊》第3辑第9册，北京出版社1997年版，第90—91页。

② （清）卢元昌：《左传分国纂略·序》，《四库未收书辑刊》第3辑第9册，北京出版社1997年版，第72页。

自称为评说《左传》的功臣，但言下之意，却有此种期许。他评点着自己喜欢的书，极为专注，极为用心，他本无意于扬名立万，然其"选定古文，不胫而走"①，甚得世人欢迎。

五、明义言文的共存

《左传》作为春秋时代的史实呈现者，自有其著述意图，自汉代尊为经书后，又被用于阐释《春秋》经义，历史上有关其"义"的阐释越来越多，既言《左传》本有之义，又言《春秋》附带之义，更有后人附加之义。同时《左传》自具文学因素，叙事、说理各有奇妙，为人叹服。经义与文法在《左传》的传播历程中，成为时而有隐显、时而有交错的两股力量。

清代一般知识阶层对《左传》的评点，从阐释内容的主导倾向上来说，仍然遵循发明经义与发明文义并存的原则。在清代《左传》仍位为经书，是科举考试的参考书，因此一般知识阶层评点《左传》时不能丢却《左传》经义的阐释。清代《左传》评点中有三本发明经义的典型作品，一本为唐德宜的《古文翼》，一本为周大璋的《左传翼》，一本为李绍崧的《左传快读》。周大璋中过进士，列入知识精英里面，兹不赘述。

唐德宜，字天申，号介轩，江苏昆山人，乾隆元年（1736）被荐举为孝廉方正，他推崇古文，认为古文作用巨大：其一，古文虽不专发经书之旨，然"抉两间之秘奥，析大道之精微，文澜壮阔，法度谨严"，足以羽翼经书。其二，古文既增长器识，又有裨时艺，历代科场名公，皆得古文之润泽。因此，学习古文，当为必然之理。然世之庸下学子所学，大为乖谬，或"徒以肤词蔓语填砌满纸"，或"别为变格变调，搀入诸子佛经之语"，② 与大道相违，与朝廷提倡的"雅正""清醇"之旨相去甚远。因此，明学古文之法，当为时代之所需。基于此，唐德宜取《左传》《国语》《史

---

① （清）沈德潜：《清诗别裁集》卷八《卢元昌》，吉林出版集团股份有限公司 2017 年版，第 279 页。
② （清）唐德宜：《古文翼·元序》，同治十二年（1873）常熟黄氏艺文堂刻本。

记》《汉书》及唐宋诸大家文，参以选家之评注，间附己见，成《古文翼》一书。翼者，羽翼经书、羽翼大道之意。《古文翼》认为《左传》阐发《春秋》，其文精妙如神，故首列《左传》文章四十二篇，有经文者，遵照经文设定题目，无经文者，则根据文章起结处，概括成题，自言不敢妄加标题，生怕叛离经意。

李绍崧于《左传快读·凡例》的第一条即言：

> 《左氏》全书，为羽翼圣经传也。离传而言经，暗室观书矣，全书之不可偏弃也如此。近世学者崇尚简要，便取记诵，执举业为正经，目《左氏》为纪事，谓但能引用制义、群赏典赡足矣，而于经传相发明处者，则略不讲焉。此《左氏》选本之所由刻也。①

很明显，李绍崧亦将《左传》视为翼经之作，对于解读《春秋》经有着不可替代的作用。但是，时人从现实举业出发，于发明经义处不甚着力，因此，李绍崧选择《左传》文章予以评点刊刻，以求阐发经传之奥义。

对《左传》文法的探索，在历代的《左传》研究中并不显眼，学者们更加关注的是《左传》的经学意义以及经世的作用，他们意图从《左传》中探寻圣人之本心，指引时下的社会治理、个人的处世之道。至明代文法的阐释力量逐渐发展，很多评点者用评点古文的方式来解读素被视为经书的《左传》，一向被遮蔽、被忽视的《左传》文法阐释逐渐张扬。清代《左传》评点者特别是一般知识阶层，适应此种阐释倾向的变化，多将《左传》文法作为评点的重点，言其字法、句法、章法、文风等，从多个层面解读《左传》为文之妙。

一般知识阶层解读文法之妙，主要有两种不同的倾向，一种是事理与文法兼顾，一种是专门阐发文法。金圣叹曾感叹古人才识十倍于今人，然古人精心打造之作，今人未必能完全读懂，"夫一日之心，世人未必知，而百年

---

① （清）李绍崧：《左传快读·凡例》，乾隆五十四年（1789）曲江书屋刻本。

之手，吾又不得夺"①，因此，为了避免此种遗憾，他愿意做古人的知音，为古人发声，"吾特悲读者之精神不生，将作者之意思尽没，不知心苦，实负良工。故不辞不敏，而有此批也"②。他的诸多古文评点寻幽探微，曲尽其妙，丝丝入扣，实得古人之文心。冯李骅、陆浩的《左绣》，是古代《左传》文法评点的集大成之作，亦是评《左传》文法的巅峰之作。二人为清康熙年间诸生，曾同窗读书，生平事迹不详，其自言"《左传》但当论文，不当论事"，书名《左绣》之"绣"来自古语"鸳鸯绣出从君看，不把金针渡与人"，冯李骅反其意而用之，"愚特以'绣'目《左》，实有望于天下后世之贪看鸳鸯者"③，意为此书主在揭示《左传》行文中巧妙的"绣工"与"绣法"，传授给天下士子。

　　经义与文法的评说，是整个清代《左传》评点的两翼，但是在帝王与知识精英的评说中，似乎略侧重《左传》经义的评说，但亦会涉及文法评说；一般知识阶层的评说，似乎略侧重《左传》文法的评说，中间亦会有经义作支撑，为《左传》的文学阐释贡献了很多精细、微妙的解读。

　　"文学批评的目的，是文学批评之为文学批评的根本"④，一般知识阶层评点《左传》的寄托不同，但基本都有指引初学的印记，都希望为初学编定为学的最佳本子，至若针砭时弊、留名不朽以及排遣情绪，皆是在此大方向指引下的延伸。此一评点初心，规设着一般知识阶层评点的路径与重点。不同学养、地域、性情的评点者，形成了数量庞大的《左传》评点作品，目前流传下来的《左传》评点作品，只是其中的一部分而已，更多的则消失在历史尘埃中。此类作品，质量参差不齐，消失在历史尘埃中的作品基本上是被学子们剔汰过的，流传下来的基本上是为学子认可、经过多次翻刻的，实实在在印在了当时学子的脑海中，成为他们为人、为学的最初记忆。《古文观

---

① （清）金圣叹：《金圣叹评点〈水浒传〉》，中华书局 2009 年版，第 504 页。

② （清）金圣叹：《金圣叹评点〈水浒传〉》，中华书局 2009 年版，第 1 页。

③ （清）冯李骅、陆浩：《春秋左绣·读左卮言》，光绪六年（1880）校镌本。

④ 李卫华：《价值评判与文本细读——"新批评"之文学批评理论研究》，中国社会科学出版社 2006 年版，第 17 页。

止》《左绣》等作品，并没有因为是一般知识阶层的评点就丧失水准，它们仍然以贴近学子心理的鲜明优势活跃在初学者的案头上。

总之，清代《左传》评点者有帝王、在朝官员、在野知识精英、一般知识阶层，覆盖面很广，他们共同构建起清代灿烂辉煌的《左传》评点世界。康熙、果亲王允礼加入《左传》评点中，表明了官方话语对《左传》的重视与引导，这是宋、元、明三代皆未有过的现象，他们以现实的政治权力规设着整个社会的意识形态建构，影响着学子的精神建构与文章写作，亦影响着《左传》评点体系的主流方向。精英知识阶层评点《左传》多强调经世致用，为社会转型提供可行的方案，建构稳定、合理的文化生产。一般知识阶层的基数更大，作品更多，他们扎根于更广阔的一般大众世界，代表的是民间话语，是最广大学子心声的应和者与指引者，同时，他们又为自我发声，希望通过评点来表达自己的私人话语，以求扬名立世、证明自己。这是一个既不能忽视帝王思想的评点世界，亦不能忽视一般知识阶层努力的评点世界，这也是知识精英参与的评点世界；这是一个从上而下多层次的评点世界，这又是一个殊途同归的评点世界，这又是一个不可复制的评点世界。

第三章　清代《左传》评点文本论

适宜生产的历史语境、不同身份的评点者，促成了清代《左传》评点的生成、发展、繁荣，出现了数量众多的《左传》评点作品。不同的评点主体将一己之精思，投射到《左传》评点文本之中，正如谭元春所言"选书者非后人选古人书，而后人自著书之道也"①，评点文本亦是如此。那么，作为评点主体的覃思之作，《左传》评点文本的样态、系统、语体、体式、体制等，皆是评点者为文理念的最直观反映，是文学阐释的载体，当为《左传》评点研究的重中之重。

第一节　文本形态

"文本形态"是近些年文学研究中经常出现的字眼，广义的文本形态，其指向有多个层面，诸如文本的物质载体、文献版本、语体形式、内部构成等，以及文本生产、传承过程中的不同样貌等。狭义的文本形态，则专指文本本身的部件构成。陈才训《明清小说文本形态生成与演变研究》将明清小说的"文本形态"分成了体制、语体、体式、体性四个层次，"体制指小说文本的外在形态、面貌及附于其上的诸如评点、插图、凡例、识语、序跋、读法、题词、题署等名目不一的'副文本'，语体指小说文本的语言系统、语言修辞和语言风格，体式指小说文本的艺术表现方式，体性指小

---

① （清）谭元春著，陈杏珍点校：《谭元春集》，上海古籍出版社 1998 年版，第 601 页。

说文本的表现对象和审美精神"①，体式、体性更多需深入文本内部、与作者的精神内里密切关联，为文本的"内部形态"，而体制、语体更多是外在的、表层的、形式方面的，为文本的"外部形态"，是切入文本探寻其价值的起端，因此，本章对《左传》评点文本形态的探索，也从文本的外部形态入手。

一、清代《左传》评点的篇名拟定

中国古代文章的篇名拟定，早在先秦时期即已开始，《诗经》、《楚辞》、诸子文章等，或者采撷一篇之首的几个字为题，或者选用能概括全篇主旨的字眼为题，以后渐成风气。但是，作为编年体史书的《春秋》《左传》因为纪事广而杂，并没有拟定标题，只是按照鲁国十二公的在位顺序编次文章。至南宋真德秀《文章正宗》选录评点《左传》时，将所选录的一百三十三篇《左传》文章，全部加上标题，独立成文。自此以后，《左传》评点本为入选《左传》文章拟定篇名成为一个惯常的做法。

清代《左传》评点在是否为《左传》文章拟定篇名的问题上，分为泾渭分明的两个阵营，一个阵营是不拟定篇名，一个阵营是延续《文章正宗》的做法，拟定篇名。

不拟定篇目的《左传》评点作品，主要有《左绣》《左传分国纂略》《左传统笺》《左氏兵法》等。《左绣》是全本评点，依然遵循鲁国十二公的在位顺序分卷评点，不适合另拟题目。《左传分国纂略》没有拟定篇名，其原因在于卢元昌认定"标题，后儒之陋也"②，妄加篇名不符合《左传》的原始样态，亦不能探究到《左传》文章的妙义，此为陋习。《左传统笺》《左氏兵法》《选批左传》则是遵行《左传》之例，按照编年顺序，排列文章先后。因此，不拟定篇名的评点作品，或因体例设定原因，或因观念预设原因，不能、不愿

---

① 陈才训：《明清小说文本形态生成与演变研究》，上海古籍出版社 2018 年版，第 1 页。
② （清）卢元昌：《左传分国纂略·叙》，《四库未收书辑刊》第 3 辑第 9 册，北京出版社 1997 年版，第 71 页。

拟定篇名。

拟定篇名的《左传》评点作品，在数量上比不拟定篇名的《左传》评点作品明显要多，占据相当大的优势。至若拟定篇名的原因，主要有二：

一是沿袭旧俗。《古文眉诠·钞例》有言："一曰随俗置题，《内外传》《国策》原无题目，相沿添设，稳贴乃安，无经之传，尤所加审。"[1] 自南宋以来出现的《左传》评点类作品，绝大部分是有篇名的，习惯的力量是巨大的，很多评点者稳妥起见，选择了拟定篇名。

王源于《文章练要·左传评》中写道：

> 《左传》，编年之书，每年按时月杂记列国之事，无分题分篇之体，但有段落耳。其以经为题，无经即以其事为题者，后人所为也。然段即可为篇，欲论文必分篇，而章法乃易见。且择而取之，故不得不从时，以便读者，要亦无悖于古耳。[2]

《左传》原本无题，为文章设置标题是后起的行为，至清代却已是沿袭已久的常见行为。王源在《左传评》中拟定篇名，"无悖于古"，这是自觉、主动地遵循传统。同时，他又提到"不得不从时"，"不得"二字，则是无奈、被动的选择，时俗如此，若不遵从时俗，既不便于读者阅读，又不易于为读者接受。

二是篇名有益。《增订古文析义合编·凡例》有言：

> 读古文当先细玩题目，掩卷精思，开手如何落笔。既读过一段，复思此段之后应如何接写，如何收拾，直到思路穷竭，方知古人有许多不可及处。若开卷便一气读毕，纵能成诵，必茫然无所得之人，此百试不一差者也。是编段段标出，或可为好学深思者之一助。[3]

---

① （清）浦起龙：《古文眉诠·钞例》，乾隆九年（1744）三吴书院刻本。
② （清）王源：《左传评》，《四库全书存目丛书》经部第 139 册，齐鲁书社 1997 年版，第 166 页。
③ （清）林云铭：《增订古文析义合编·凡例》，康熙五十五年（1716）刻本。

《古文精言合编·凡例》亦言：

> 诵习古文者，必须开卷精思，细察题目，如何落笔，如何开手，读
> 完一段，又玩下段，如何接应，如何收拾，思路极到，方知有古人不可
> 及处。若读毕后，徒能成诵，其可得乎？　①

在林云铭、周大璋看来，篇名对于整个文章具有概括或指示作用，诵读古文
必须先从题目入手，细细玩味，继后再深思文章的间架结构，方能明白为文
写作当如何起笔。因此，评点者为了有助于读者接受，为了增加阅读效果，
亦会为所选篇目拟定合适的篇名。

不同评点者拟定篇名的出发点不同，他们拟定的篇名亦有不同的命名由
来，具体来说，主要有以下几类。

一是用《春秋》经文成题。

《左传》依据《春秋》经文而成书，许多记载是对《春秋》简略记事
的补充，有的评点作品直接将《春秋》经文作为题目。比如孙琮《山晓
阁选古文全集》的《二十有八年春晋侯侵曹晋侯伐卫公子买戍卫不卒戍
刺之楚人救卫三月丙午晋侯入曹执曹伯畀宋人夏四月己巳晋侯齐师宋师
秦师及楚人战于城濮楚师败绩》②，此类题目在此书中所占比重最大，直
接将《春秋》经文一字不落、不加删减地照搬过来，很多篇名长而不齐。
当然，还有一部分评点作品以《春秋》经文为篇名，是去掉了时间记载，
而只选取关键事件，著名的"郑伯克段于鄢"即是如此。盛谟《于埜左
氏录》的题目拟定有两种方式，最重要的即是以《春秋》经文为题，"《左
传》以《春秋》为题，凡传有经者，悉以经文为题"③。

二是用《左传》文字成题。

此类题目或者撷取所评点《左传》篇章的篇首字句而成题，如鲁隐公九

---

① （清）周聘侯：《古文精言合编·凡例》，光绪三十四年（1908）刻本。
② （清）孙琮：《山晓阁选古文全集》卷二，哈佛大学图书馆藏道光遗经堂刻本。
③ 李卫军：《左传集评》，北京大学出版社 2016 年版，第 79 页。

年"北戎侵郑，郑伯御之……"一段，《山晓阁选古文全集》直接以《北戎侵郑》为题；或者选用篇中关键字句为题，《吕相绝秦》即出自鲁成公十三年的"夏四月戊午，晋侯使吕相绝秦"①；或者直接选用《左传》的字句而成题，《周郑交质》即出自《左传·隐公三年》的记载。此等题目，多是《春秋》无载，如《楚屈瑕将盟贰轸》，即是不见于《春秋》而见诸《左传》的字眼。《春秋》至鲁哀公十七年始记载结束，故此时间之后事件拟定题目只能用《左传》文字。孙琮《山晓阁选古文全集》最后的几个题目《楚公孙朝帅师灭陈》《公子荆之母嬖》《晋荀瑶帅师伐郑》，皆是《左传》的原文。另外一个重要原因，则是《左传》记载更凝练、更显眼，如《会于葵丘》一题，《春秋·僖公九年》记载为"公会宰周公、齐侯、宋子、卫侯、郑伯、许男、曹伯于葵丘"②，《会于温》一题，《春秋·僖公二十八年》的记载为"公会晋侯、齐侯、宋公、蔡侯、郑伯、陈子、莒子、邾人、秦人于温"③，而《左传》的记载为"会于葵丘""会于温"，简单明了，更适合做题目。

盛谟首选以《春秋》经文为标题，《春秋》无经者则选《左传》文字为题，但他反对自拟题目，"俗本题目如周郑交质、重耳出亡之类，与本年传意不合，令读者无可寻解。如穆叔重拜《鹿鸣》、子产坏晋馆垣之类，竟将传意露尽，令读者不必观文。岂但不晓文字，并不晓段落矣，甚可悯笑"④，认为自拟的题目或者与传意不符，或者将传意径直揭露，不利于读者阅读，不利于读者感受《左传》文章之妙。因此，《于埜左氏录》拟定题目的第二种方式，便是以《左传》文字为题目，"其无经者，或依传为题，非如俗本自撰题目，大失作传本意"⑤。

三是概括主体事件而成题。

此类题目，在《春秋》与《左传》中均无直接的字句照搬，而是将篇

---

① 杨伯峻：《春秋左传注》，中华书局 2009 年版，第 861 页。

② 杨伯峻：《春秋左传注》，中华书局 2009 年版，第 324 页。

③ 杨伯峻：《春秋左传注》，中华书局 2009 年版，第 450 页。

④ 李卫军：《左传集评》，北京大学出版社 2016 年版，第 79 页。

⑤ 李卫军：《左传集评》，北京大学出版社 2016 年版，第 79 页。

章记载事件的主体内容予以归纳概括，一般情况下是以"人物＋行为"的模式而拟定的。《石碏谏宠州吁》《臧僖伯谏观鱼》《烛之武退秦师》《蹇叔哭师》《宫之奇谏假道》《阴饴甥复惠公于秦》《重耳游历诸国》《晋人复随会》《子产不毁乡校》等，皆是如此。此类题目还有一部分是在主体事件或主体人物后面加上"本末"等，以见其前因后果，如《天下才子必读书·左传》有《商臣弑父本末》，《古文渊鉴》有《郑庄公叔段本末》，《古文赏音》有《郑庄公克段本末》《晋骊姬之乱本末》《齐桓公得国本末》《晋公子重耳出亡本末》。此类题目还有一类是用"之"字将事件的类别、性质等予以解释，如《左传钞》的《卫州吁之乱》《钟巫之变》《齐无知之乱》《王子颓之乱》《庆父之乱》《郑公孙之乱》《南蒯之叛》《阳虎之乱》《白公之乱》，《春秋左传句解》中的《鸲鹆之谣》，《左传经世钞》中的《越椒之难》《澶渊之会》《卫齐豹之乱》《宋华氏之乱》《铁之战》《宋桓魋之乱》，《古文知新》中的《晏子遄台之对》，以及出现在多个评点本中的《繻葛之战》《州吁之乱》《长勺之战》《城濮之战》《韩之战》《泓之战》《鞌之战》《邲之战》《鄢陵之战》《夹谷之会》《白公之乱》等。

另外，概括主体事件而成题的，有一部分是将《春秋》《左传》的相关文字增加、缩减、改造而成，此种类型占了很大比例，具体来说，有以下几种操作手法。

第一，增删内容。增删的内容主要有国别、地点、人物等。《古文渊鉴》中的很多题目都在人物、事件前面加上国别，如《鲁跻僖公》，本于《春秋·文公二年》"跻僖公"，其他的评点本，如《左传选》《左传经世钞》等亦有此种操作，《左传选》的《晋祁奚请老》本于《左传·襄公三年》"祁奚请老"，《晋巩朔献齐捷于周》本于《左传·成公二年》"晋侯使巩朔献齐捷于周"，《左传经世钞》的《鲁败宋师于乘丘》本于《春秋》之"公败宋师于乘丘"，但皆不如《古文渊鉴》整齐划一，以此可见《古文渊鉴》对"国家"观念的重视与强调。与此相对，很多评点本则会删去人物的国别，如《古文翼》中的《屈瑕伐罗》，《左传》的记载为"楚屈瑕伐罗"。删除地点、人物的，如《左传选》的《周甘人与晋争田》，《左传》原文为"周甘人与晋阎嘉争阎田"，"阎嘉"与"阎"被删除，《齐侯坐于路寝》，《左传》原文为"齐侯与晏子坐于路寝"。删减对于题目的凝练来说是必要的，但是某些时候也会对理解原文造成一定的影响，甚至是误导。《宋公筑台》，源自《左传·襄公十七年》"宋皇国父为大宰，为平公筑台"，题目一换，筑台一事的主体便由"宋皇国父"变成了"平公"，叙述角度会发生变化。《晋合诸侯城杞》，源自《春秋·襄公二十九年》"仲孙羯会晋荀盈、齐高止、宋华定、卫世叔仪、郑公孙段、曹人、莒人、滕子、薛人、小邾人城杞"，《左传选》是以事件的实际主导国晋国为主要叙事点，而《春秋》则是以鲁国为主，看不出晋国的主导作用。

第二，改变人物称呼。《左传》人物众多，很多人物有多个名字、称谓，多者竟达十几个，不同评点本在概括标题时，有时会更换主体人物的名字、称谓。《左传选·楚子伐随》，本自《左传·桓公六年》"楚武王侵随"，这是采取了《春秋》经对楚国君主的一般称谓。《晋士匄为政》，本自《左传》"范宣子为政"，此二者，一为人物之名，一为人物之谥号。《卫北宫佗相卫侯如楚》，本自《左传》"北宫文子相卫襄公以如楚"，既有人物名与谥号的改变，又有对君主称谓的改变。此种处理方法在《左传选》中很多，应当是储欣设定题目时的统一体例。

第三，组合文字。储欣《左传选》中的《丹桓宫楹刻其桷》，是将鲁庄公二十四年、二十五年的两件事合在一起，"丹桓宫楹"为《春秋》文，"刻其桷"为《左传》文，《春秋》文为"刻桓宫桷"。《古文翼》则是将相关记载收缩组合，如《滕薛来朝》，《春秋》《左传》的记载，皆为"滕侯、薛侯来朝"，此种操作与其对题目的整体处理有关，《古文翼》多为四字题目。

篇名看似只是一个简单的字词组合，其实，其背后凝聚着评点者不同的学术态度、为文理念、编纂体例等，探求不同篇名拟定方法的比例，对于了解《左传》评点者的学养积淀、学术背景以及时代潮流，具有重要的参照意义。

清代《左传》部分评点本篇目拟定类型表

（单位：篇）

拟定类型 评点作品名	源自《春秋》文	源自《左传》文	自拟题目
山晓阁选古文全集	161	14	22
古文觉斯	3	6	24
左传释	3	1	1
天下才子必读书之《左传》	1	3	43
古文析义	4	2	78
古文渊鉴	2	3	75
春秋左传句解	7	9	264
左传经世钞	14	16	327
古文集解	3	3	20
左传评	89	14	38
左传快评	56	11	38
左传选	161	70	133
古文知新	5	12	38
古文翼	31	8	43
古文资镜	0	0	3
古文精言	2	3	26
古文斫	6	4	59
古文眉诠	32	35	89
古文快笔贯通解	0	2	8
左传义法举要	0	0	6
古文一隅	0	1	1
古文释义	2	6	22
古文赏音	1	2	68
文章鼻祖	3	0	0
古文观止	1	4	29

以上所列《左传》评点作品，并未全部涵盖有篇目的清代《左传》评点作品，仅为抽样调查，但是窥一斑亦可见其全貌，此抽样数据仍然能反映出相应的问题。

首先，尊经为重要理念。

从数据上看，孙琮《山晓阁选古文全集》、王源《左传评》、刘继庄《左传快评》、储欣《左传选》、杨绳武《文章鼻祖》直接照搬《春秋》原文为题目的比重，明显高于自拟题目者。从具体的题目样态来看，此五部评点作品的题目字数参差不一，有的甚至连事件发生的时间都带着，如《山晓阁选古文全集》的《夏楚子蔡侯陈侯郑伯许男徐子滕子顿子胡子沈子小邾子宋世子佐淮夷会于申》，《左传评》的《夏四月取郜大鼎于宋戊申纳于太庙》等，此等题目实际上是意思清晰的句子。更有甚者，还会将几个句子连在一起作为题目，如《二十有八年春晋侯侵曹晋侯伐卫公子买戍卫不卒戍刺之楚人救卫三月丙午晋侯入曹执曹伯畀宋人夏四月己巳晋侯齐师宋师秦师及楚人战于城濮楚师败绩》，这本是《春秋》对城濮之战整个过程的叙述，《山晓阁选古文全集》直接用来作为题目，同样的题目在《文章鼻祖》中亦有出现，只是《文章鼻祖》在前面还录入了《春秋·鲁僖公二十七年》的部分经文，变成了《二十有七年冬楚人陈侯蔡侯郑伯许男围宋十有二月甲戌公会诸侯盟于宋二十有八年春晋侯侵曹晋侯伐卫公子买戍卫不卒戍刺之楚人救卫三月丙午晋侯入曹执曹伯畀宋人夏四月己巳晋侯齐师宋师秦师及楚人战于城濮楚师败绩楚杀其大夫得臣卫侯出奔楚五月癸丑公会晋侯齐侯宋公蔡侯郑伯卫子莒子盟于践土》。评点者之所以选用《春秋》的经文，一是在于他们对经文重视、熟悉，《春秋》经文为天地之至文；二是在于他们希望读者重视、熟悉经文，或者说他们认为读者对《春秋》经文是熟悉的，选择评点者、读者都熟悉的内容为题目，在评点者看来，评点作品已经成功了一小半。《左传快读·凡例》即言：

前人选本，多有不得不离去经文，撮举篇中要义以名篇者，如此则初学者必不知某传为某经发义，究何裨于制义哉？余少时尝受此累矣。盖传有先经、后经、错经不同故也，兹本取本传之经为题传，为文照制义格式低二字，非敢黜经崇传，俾学者即经以观传，即传以明经尔。①

李绍崶从自己少时的学习体会出发指出，自拟题名会令初学者不知文章对应的是《春秋》的哪条经义，无助于科举制义。他选取《春秋》经文为题目，为的就是让初学者能以经观传，以传明经。

此五部评点作品，都是评文的佳作，王源在《左传评·凡例》中提到"传元以翼经，《左氏》之不合经义者，先儒驳之详矣。兹皆不论，特论文耳"②，似乎他对经传关系无意辩驳、分析，只是单纯地言文之阴阳不测，言己之心得之妙，但是题目设定的类型比例，仍然释放出了一个信号：《春秋》经文是《左传》的根基，亦是评点的根基。

其次，自拟题目已成主流选择。

除却《山晓阁选古文全集》《左传评》《左传快评》《左传选》《文章鼻祖》五部作品，表格所列的其他评点作品皆是以自拟题目者为多，这说明自拟题目已经成为大部分评点者的选择，甚至成为大部分人的共识。此种局面的出现，一方面源自中国古代文章写作的题目拟定，至清代基本已形成了以自拟题目为主的局面；另一方面源自中国古代的文章选本、评点本已经有了自拟题目的实践尝试，最早的《左传》评点本——《文章正宗》即已自拟题目，如《定王使王孙满对楚子》《定王辞巩朔献齐捷》《鲁展喜犒齐师》《晋阴饴甥对秦伯》《石碏谏宠州吁》等。

自拟题目之所以广受欢迎，在于自拟题目在传递篇章大意方面具有简洁明快的优势。评点者为了达到最佳效果，也会主动地凝练题目，甚至会有意识地达成体例的统一。《古文翼》共有选文82篇，每篇皆有题目，其中四字题目有63则，介之推不言禄一事，一般评点本的题目即为《介之推不言禄》，《古文翼》则用《介推辞禄》，将人物名字中的"之"字去掉，为的是四字整齐；同样是写战事，分别有《齐败长勺》《晋败于韩》《宋败于泓》《楚败城濮》

---

① （清）李绍崶：《左传快读·凡例》，乾隆五十四年（1789）曲江书屋刻本。
② （清）王源：《左传评》，《四库全书存目丛书》经部第139册，齐鲁书社1997年版，第166页。

《晋败于殽》《晋败于邲》《齐败于鞌》等题目，采用的是"国别＋地点"的组合方式，唯一的不同在于，凡是地点为一个字者，题目皆用"败于"二字，地点为两个字者，题目皆用"败"字，用"败"与"败于"，表达的意思不会改变，之所以会有不同，为的是题目在字数上尽量统一，由此可见，《古文翼》对题目很重视，并且有通盘考虑。

当然，题目拟定也会受到传统与时代的影响，通观以上25部评点作品中的题目，出现频次较多的是《郑伯克段于鄢》(20 次)，《周郑交质》(16 次)，《介之推不言禄》(14 次)，《石碏谏宠州吁》(13 次)，《臧僖伯谏观鱼》(12 次)，《臧哀伯谏纳郜鼎》(11 次)，《曹刿论战》(14 次)，《宫之奇谏假道》(12 次)，《烛之武退秦师》(13 次)，《子产坏晋馆垣》(12 次)，《吕相绝秦》(11 次)，《晋使吕相绝秦》(3 次)，《晋侯使吕相绝秦》(2 次)，《庄公戒饬守臣》(10 次)，《子同生》(7 次)，《秦人入滑》(7 次)，《阴饴甥对秦伯》(7 次)，《季札观周乐》(7 次)，《王孙满对楚子》(6 次)。清代评点者选用这些题目，在于他们对这些题目的认可，而这些题目，也曾不同比例地出现在明代的《左传》评点本中，如方岳贡《历代古文国玮集》、刘祐《文章正宗》、汤宾尹《左传狐白》、葛鼏《古文正集》、陈仁锡《史品赤函》等。因此，清代《左传》评点中的题目拟定，在长期的传承过程中得到了不同时代、不同评点者的认可，通行、常用的题目必是经过历史、时代选择、剔汰后留下来的经典题目。

二、清代《左传》评点的圈点符号

圈点是评点作品的重要组成部分，当与"评"平分半壁江山，但是目前的评点研究对圈点的关注显然要大大少于"评"。以黄霖《文学评点论稿》为例，此书共收录论文 60 篇，其中仅有姜云鹏的《试论评点符号早期的发展历程》专门论说圈点符号，罗建波的《明代〈楚辞〉评点形态及其研究价值》略有提及，此种关注比重，可以看作目前评点研究中的缩影，即"评"多"点"少。姜云鹏认为，此种局面的形成原因，"大要有二：主观上认为'点'带有太多的抽象性、随意性以及不确定性，因而毫无头绪可寻，更无价值可言。二，文献资料的缺失。由于长期以来人们对'评点'的轻视,因此在翻刻典籍时,经常将一些'评点本'中的'点'省去,四库全书便是一个最明显的例子。民间书坊为了节省成本,也有此方面的考虑。而对于一些完整保留了评点符号的宋元书籍,又非寻常人所能目睹。因而造成了'评点'研究中'点'的缺失"①,这是从主观与客观两个方面共同言说学界较少关注圈点的原因。罗剑波以明代《楚辞》评点作品为例,从评点本本身进一步论说研究的客观限制,"由于缺乏对圈点的相关说明,再加上圈点的使用因人而异,没有统一的标准可以依据,这也使我们很难对其意义做出评判"②,很多评点者虽然使用了圈点,但对圈点符号的意义指向等缺少必要的说明,因此脱离了具体评点的语境、过程,读者、研究者对圈点的阅读与研究,皆因缺乏必要的文献支撑而受到限制。

清代《左传》评点作为评点研究中的一个分支,亦从属于整个评点研究的大环境,圈点亦是不太受重视的研究点。李卫军《左传评点研究》在第二章第一节《〈左传〉评点之形式》中有一部分专门言说"评点符号",介绍了《左传》评点本中的评点符号形状、颜色、位置、作用等,并分析了所见不同时段的《左传》评点本的不同特点,是目前可见有关《左传》圈点着力最多者,对于了解《左传》的圈点有很大裨益。惜其因篇幅所限,并未展开更为全面的研究,亦未专门对清代《左传》评点中的圈点符号进行研究。

正如姜云鹏所言,古人翻刻典籍去掉"点",一定程度上阻碍了人们对"点"的研究,但是一方面《四库全书》翻刻的《左传》评点作品不多;另一方面保留了完整评点符号的古籍,目前可见的渐渐多了起来,依据传世的《左传》评点文献,我们可以了解不同评点者的圈点样态,从而细细思索其评点寄托、意义指向等。加之,清代一些《左传》评点本在序、凡例等部分中,明确交代了与圈点有关的内容,这是进行深入研究的直接而坚实的文献支撑。至若那些没有意义指示的作品,通过其评语及文本结构,亦能猜度、推测、确证其意义指向,因此,目前《左传》圈点研究欠缺的重要甚至主要

---

① 黄霖主编:《文学评点论稿》,凤凰出版社 2017 年版,第 24 页。
② 黄霖主编:《文学评点论稿》,凤凰出版社 2017 年版,第 122 页。

原因，在很大程度上与主观上的轻视、畏难情绪有关。

（一）圈点符号的类型

圈点在整个评点文本中，属于无声的存在，它不像文字评论那般直接评判高低，表达意旨，但是它的存在本身即是一种评判，有它即为文章之佳处、重要环节，不可偏废，必须重视。因此，指示性、评判性、模糊性、笼统性是其主要特点。从总体上来看，清代《左传》评点中的圈点符号类型，主要是有圈有点，有截有抹。

圈有单圈"○"，有重圈"○○"或"◎"，有黑圈"●"，有密圈"○○○○"，有细长圈"〇"，有联圈，有三角"△"，有尖角"∧"；点有单点"、"或"．"，有双点"、、"或"··"，有密点"、、、、"或"···"，有双虚点"、、"，有密虚点"、、、"；还有圈与点的结合，圈中点"⊙"。

截有小截"—"，用于小段落处；有大截"——"，用于大段落处；有"└""┘"，用于断而另起者之处，表示一部分结束，另行写起。

抹有竖线条"|"，一般置于文字右边。《左传经世钞》中抹用得比较多，其作用与圈、点类似，起到提示、强调作用，但又与结构设置有关。如《宋穆公立与夷》一文有三处抹，一处见于开头，言说事情的起端，宋穆公病重召见大臣，希望他们拥立其侄子与夷为君。一处见于中间，言说事情的转折，大臣们愿意拥立宋穆公之子公子冯。一处见于结尾处，言说事情的结果，在宋穆公的坚持下，公子冯只能出居郑国。

在圈点符号中，圈的类型及位置是最多样

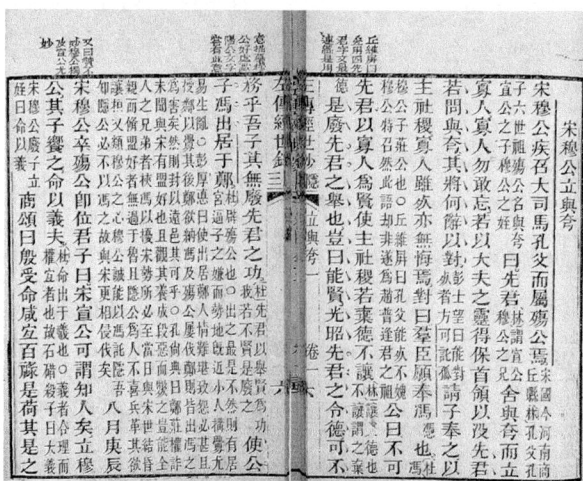

图为乾隆十三年（1748）彭家屏刊刻《左传经世钞》书影

的，或者放于右侧，表句读，明重点；或
者置于注释、评论中间，隔开不同的内容。
对此，林云铭于《增订古文析义合编·凡
例》中明确提出，"是编小注内，有逐句解
释之下，或遇段落应总结者，恐致相混，
必加一小圈〇别之。或每句解毕，另有评
语，亦加一小圈别之。"①此种方式很常见，
见于很多《左传》评点本，右图《左传快评》
中的"〇"亦是如此。

　　谭尚忠增辑《经史钞》在增加评注时，
亦会用到圈，其《凡例》有言：

图为康熙四十五年（1706）刊印
《左传快评》书影

　　　　钞徐本，凡附益评注，加"增"字以别之，其有数条相连续者，增
　　　后更用双圈，有单圈者，有不圈者，则皆原本中事。②

只不过，数条相连时，增辑的《经史钞》用的是双圈，而不是单圈。

　　清代《左传》评点所用圈点符号，渊源有自。南宋评点第一书《古文关键》
即已有点抹，惜现存有点抹的版本"颇为模糊，不易辨认"③，谢枋得《文章轨范》
已见密圈"〇〇〇〇"与密点"、、、、"。元代程端礼《程氏家塾读书分年日程》《春
秋本义》在谢枋得批点法基础上进一步细化，成"广叠山法"。明代评点兴盛，
圈点符号渐渐多了起来，《新锲翰林三状元会选二十九子品汇释评·凡例》有言：

---

① （清）林云铭：《增订古文析义合编》，康熙五十五年（1716）刊本。

② （清）徐与乔编，（清）谭尚忠增辑：《经史钞·凡例》，乾隆五十五年（1790）刻本。

③ 《四库全书总目》卷一八七言说《古文关键》称："此本为明嘉靖中所刊，前有郑凤翔序。
又别一本所刻，旁有钩抹之处，而评论则同。考陈振孙谓其'标抹注释，以教初学'，则
原本实有标抹。"[（清）永瑢等：《四库全书总目》，中华书局1965年版，第1698页]吴
承学称《古文关键》的版本"分为有点抹与无点抹两个系统"，《四库全书》本、《丛书集
成初编》本皆无点抹。（吴承学：《现存评点第一书——论〈古文关键〉的编选、评点及
其影响》，《文学遗产》2003年第4期）

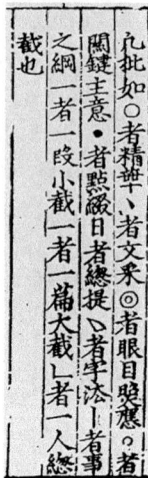

图为明万历四十四年（1616）刊刻《新锲翰林三状元会选二十九子品汇释评》书影

凡批如"〇"者精华，"、"者文采，"◎"者眼目、照应，"〇"者关键、主意，"●"者点缀，"日"者总提，"ᗧ"者字法，"∣"者事之纲，"—"者一段小截，"——"者一篇大截，"ᒧ"者一人总截也。①

归有光《诸子汇函》也提到了一些圈点符号：

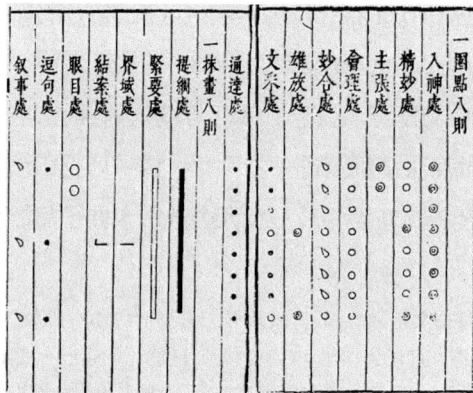

图为明天启五年（1625）刊刻《诸子汇函》书影

---

① （明）焦竑等辑：《新锲翰林三状元会选二十九子品汇释评二十卷》，《四库全书存目丛书》子部第133册，齐鲁书社1995年版，第250页。

唐顺之《唐会元精选批点唐宋名贤策论文粹》提到的圈点符号有：

图为明嘉靖二十八年（1549）书林胡氏刊刻《唐会元精选批点唐宋名贤策论文粹》书影

此文中所言之圈点符号，基本都出现在了清代《左传》评点作品中。由此可见，圈点符号的使用，经过了由少至多、逐步定型的过程。

（二）圈点符号的意义指向

唐彪在《读书作文谱》中言："凡书文有圈点，则读者易于领会而句读无讹，不然，遇古奥之句，不免上字下读而下字上读矣。又，文有奇思妙论，非用密圈，则美境不能显；有界限段落，非画断，则章法与命意之妙，不易知；有年号、国号、地名、官名，非加标记，则披阅者苦于检点，不能一目了然矣。"①圈点符号有不同的类型有不同的意义指向与功用，但皆对读书、作文有益，需要加以关注。发展到清代，圈点符号的类型基本上有了大致的范围，但是具体到不同的人、不同的评点作品，具体运用过程中，又会给予圈点符号不尽相同的意义指向，形成了不同的分类层次。清代《左传》评点者对圈点符号的意义指向，有两种不同的认知。

---

① （清）唐彪辑著，赵伯英、万恒德选译：《家塾教学法·读书作文谱》卷二《书文标记、圈点、评注法》，华东师范大学出版社 1992 年版，第 63 页。

首先，圈与点二分，意义指向不同。

高朝璎在《古文知新·发凡十则》中写道："圈点之法，各自有义。其眉目醒豁处则用点，精神团结处则用圈。"在他看来，圈与点是有差异的，当有不同的意义指向，"点"主要用来点出文章的结构脉络等，而"圈"则主要指向凝练主旨的话语。比如《曹刿论战》一文，其书影如下：

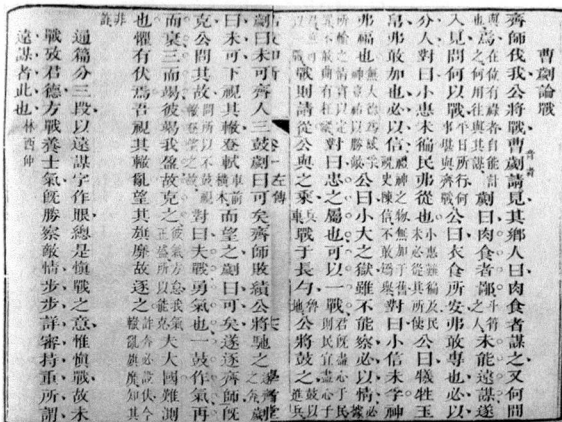

图为康熙四十五年（1706）学者堂刊印《古文知新》书影

此文主要分为"曹刿请见""何以战"与"如何战"三个大部分，高朝璎在"何以战"部分中，分别在"必以分人""必以信""必以情"三处旁边画有点，这三种不同的备战方法，从结构上来说是逐层推进的，曹刿否定了前两者，而肯定了后者。这三处，将"何以战"一部分清晰明白地勾连了起来。在"如何战"中，高朝璎又在"未可""可矣""未可""可矣"旁四处画了点，这是具体作战时的四个关键点，步步推进，将曹刿善于抓住战争时机、把控战斗节奏的特点写活了。此三部分，每一部分都有其宗旨大意，第一部分即为"肉食者鄙，未能远谋"，第二部分是"忠之属也，可以一战"，第三部分则是"夫战，勇气也。一鼓作气，再而衰，三而竭。彼竭我盈，故克之"，[1]皆是其"精神团结处"，点出了大意所在，故而高朝璎在此三段话旁边画上了密圈。

---

① 杨伯峻：《春秋左传注》，中华书局2009年版，第182—183页。

高朝璎对圈与点不同意义指向的区分，主要原因，在于他在评点《左传》时只用了圈与点这两种符号，"《左》、《国》、《史》、《汉》之文，正如浑金璞玉，所谓不必多着圈点者也"①，而其圈点又只为让初学领会古文，不必过于复杂。

其次，圈与点作为一个整体，进行意义指向分类。

在大部分评点者那里，圈与点都是指示符号，不会刻意将二者进行区分，而是将不同的圈与不同的点作为一个整体，全部进行统筹分类。清代某些《左传》评点作品的"凡例"部分清晰地指出了不同圈点符号的意义指向，为明确清代《左传》评点作品所用圈点符号的意义情况提供了文献支撑。

《增订古文析义合编·凡例》云：

> 一是编凡遇主脑结穴处，旁加重圈"◎"，埋伏照应窾邻处，旁加黑圈"●"，精采发挥处及点衬处旁加密点"、、、、"，神理所注、奇正相生、字句工妙、笔墨变化处，旁加密圈"○○○○"，段落住歇处下加截断"—"，以便观览。②

《左传经世钞·凡例》言：

> 句读或差，则文义随舛。《左传》中地理、国名、姓氏、时月、支干，连上搭下，初学者每以段落难分病之。兹则于每句之下加一小圈，逐篇阅去，心通意适，较为简便。至于每传文或连圈，或单圈，或密点，或旁加直画，各就论事中指其精意之所存，不得拘为一律。③

《左传评·凡例》云：

> 文有主意，有眼目。其段落有大小，其序事有案有结，其词语有精

---

① （清）高朝璎：《古文知新·发凡十则》，康熙四十五年（1706）学者堂刊本。
② （清）林云铭：《增订古文析义合编·凡例》，康熙五十五年（1716）刻本。
③ （清）魏禧：《左传经世钞·凡例》，乾隆十三年（1748）彭家屏刊本。

彩、有闲情、有点缀、有句法、有字法，俱一一标出。凡主意用双钩
"∥"，眼目用大圈"○"，大段落用大画"▬"，小段落用半画"▁"，案
用联虚点"ჳ"或单虚点"、"，精彩与奇变处用联圈"○○○"，次单
圈"○"，闲情点缀、句法用钩点"、、、"，字法用双点"、、"。①

《左绣·刻左例言》云：

> 传文于大段落用"——"，小段落用"—"，断而另起者用"⌐"，
> 略读者用"●"。其于线索关键、词意警妙处，或"△"，或"◎"，或
> "○○○○"，或"、、、、"，各就本篇照应，不拘一律。②

周正思《增补春秋经传左绣会参·例言》云：

> 传文段落提应线索关键处，旁加圈点，倍觉豁目，故或"⌐"，或
> "△"，或"◎"，或"○○○"，或"、、、"，不拘一律，各就本篇行之。至
> 字义音释，则于希见者，及别有读法，世所传讹者增入，余则从略而已。

《古文释义》云：

> 一是篇于文中纲领、主脑、眼目、关键、骨子、结穴，每一字旁用
> 一重圈"○○"，起伏照应处，每一字旁用一双点"、、"，精采发挥及点染
> 生动，每一句旁用密点"、、、、"，神理活泼、议论警策、字句工妙、笔墨
> 奇变处，皆旁用密圈"○○○○"，而每一句下必着一小圆点"."，不使
> 初学句读莫辨，至每一段止处，则下用一画一断之，俾学者便于分别。③

---

① （清）王源：《左传评》，《四库全书存目丛书》经部第 139 册，齐鲁书社 1997 年版，第
167 页。
② （清）冯李骅、陆浩：《春秋左绣·刻左例言》，光绪六年（1880）校镌本。
③ （清）余诚：《重订古文释义新编·凡例》，宣统辛亥年（1911）上海文瑞楼印。

通过以上评点作品自己的凡例交代，文章的主脑、眼目、关键、结穴处，文章的起伏照应处，文章的字句工妙、奇变处，文章的闲情点缀处，都是圈点的重点，这是评点作品共同关注的焦点。

具体运用时，不同的评点者在同样的位置，或许会使用不同的圈点符号，以《古文眉诠》《左传经世钞》《古文析义》《古文斫》《古文释义》五书所选《郑伯克段于鄢》一文为例。

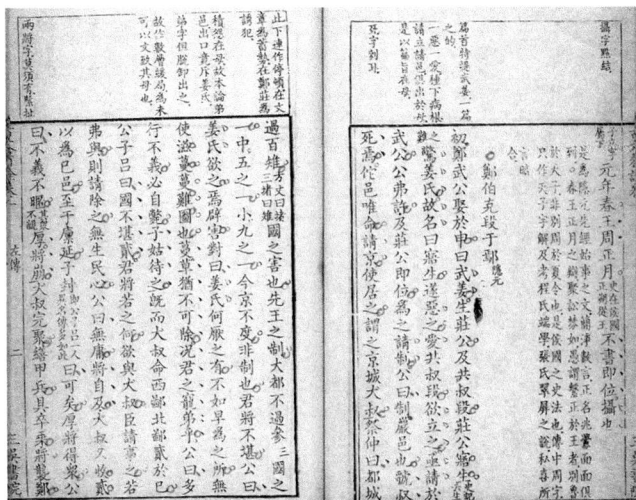

图为乾隆九年（1744）三吴书院刊刻《古文眉诠》书影

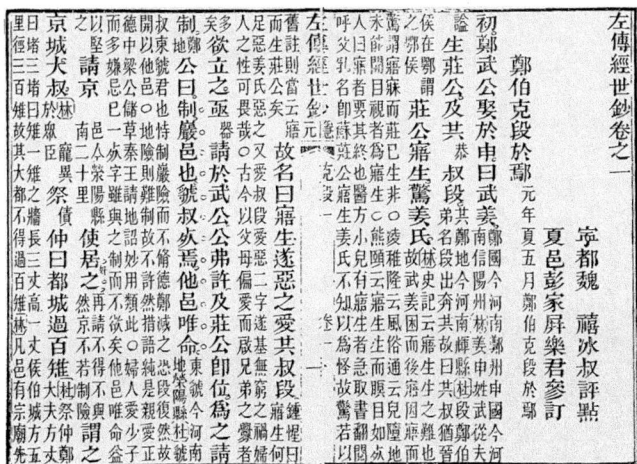

图为乾隆十三年（1748）彭家屏刊刻《左传经世钞》书影

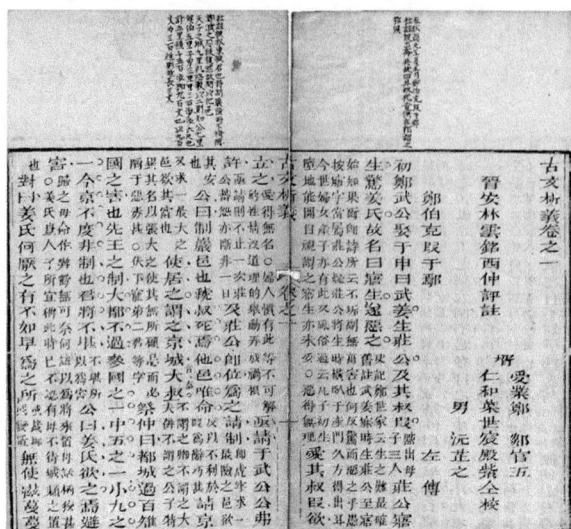

图为康熙五十五年（1716）
文选楼刊印《增订古文析义合
编》书影

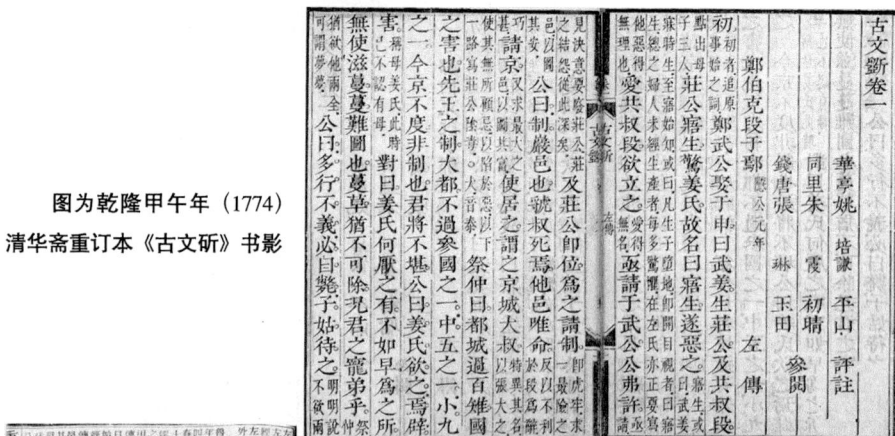

图为乾隆甲午年（1774）
清华斋重订本《古文斫》书影

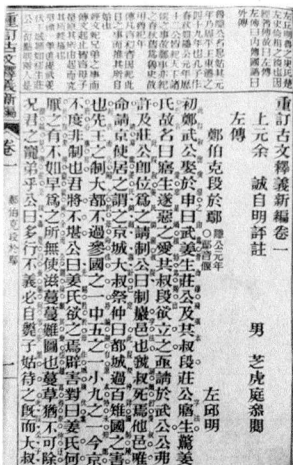

图为上海文瑞楼 1911 年刊印《古文释义》书影

以上五部评点作品，其圈点之不同，主要有二：一是有圈点的地方不同，这反映的是不同评点者的关注点、喜好等的不同。《古文眉诠》于"惊姜氏""故名""恶""爱""欲立之，亟请"旁皆加虚点，《左传经世钞》《古文析义》《古文斫》皆无圈点，说明《古文眉诠》对武姜一恶一爱种下的病根极为关注。二是同一位置使用的圈点符号不同，不同的圈点符号代表的是不同的意义指向。"虢叔死焉"一句旁，《古文眉诠》为"、、、、"，《左传经世钞》《古文析义》《古文释义》为"〇〇〇〇"，《古文眉诠》主要着眼于"死"字，言"'死'字刺耳"，而《左传经世钞》言"地险则难制，故不许，然措语纯是亲爱"①，《古文析义》言"反以不利于段为辞，巧甚"②，《古文释义》言"词颇似爱叔"③，皆是从用语之妙上立意。

当然，清代《左传》评点的圈点亦有相同、相似之处。周正思的《增补春秋经传左绣会参》，评论圈点取诸《左绣》，圈点原则亦承续而定。再比对《古文析义》《古文释义》所言圈点符号情况，其言曰：

> 一是编凡遇主脑结穴处，**旁加重圈"◎"**，埋伏照应窾郄处，旁加黑圈"●"，精采发挥处及点衬处旁加密点"、、、、"，神理所注、奇正相生、字句工妙、笔墨变化处，旁加密圈"〇〇〇〇"，段落住歇处下加截断"—"，以便观览。（《古文析义·凡例十六则》）④
>
> 一是篇于文中纲领、主脑、眼目、关键、骨子、结穴，每一字旁用一重圈"〇〇"，起伏照应处，每一字旁用一双点"、、"，精采发挥及点染生动，每一句旁用密点"、、、、"，神理活泼、议论警策、字句工妙、笔墨奇变处，皆旁用密圈"〇〇〇〇"，而每一句下必着一小圆点"."，不使初学句读莫辨，至每一段止处，则下用一画一断之，俾学者便于分别。（《古文释义·凡例》）⑤

---

①　（清）魏禧：《左传经世钞》卷一《郑伯克段于鄢》，乾隆十三年（1748）彭家屏刻本。

②　（清）林云铭：《增订古文析义合编·凡例》，康熙五十五年（1716）刻本。

③　（清）余诚：《古文释义》卷一《郑伯克段于鄢》，上海文瑞楼 1911 年刊印，第 1 页。

④　（清）林云铭：《增订古文析义合编·凡例》，康熙五十五年（1716）刻本。

⑤　（清）余诚：《重订古文释义新编·凡例》，上海文瑞楼 1911 年刊印，第 2 页。

很明显，二者字句相同、意思相近的地方很多，引文中的加粗之处皆是如此。由此可知，清代《左传》评点的圈点符号在具体使用时，虽然没有形成评点群体完全一致的意义指向，但在很多关键点的处理上，仍然呈现出了一种明显的趋同性。

圈点符号的趋同性，在清代《左传》圈点符号"截"的使用上更加明显，其意义指向基本上是统一的。

截，主要用在段落分合处，小段落用小截，大段落用大截，小截基本是一小画"一"，大截为一大画"——"，还有总截"⌐"。通过上文所引清代《左传》评点作品的"凡例"可以见出，此种意义指向是它们的共同设定。另外，即便是没有明确指明圈点符号意义指向的《左传》评点作品，它们在具体实践中亦做了如是处理。如《古文赏音·石碏谏宠州吁》一文：

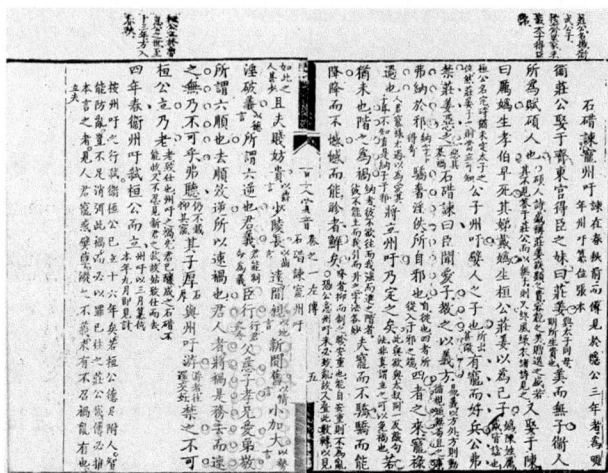

图为嘉庆三年（1798）宋思仁重刊本《古文赏音》书影

谢有辉于文中画有两截，将文章分为三个段落。第一截在"庄姜恶之"之下，此段交代卫庄公宠爱州吁之事，此为石碏谏言的起因。第二截在"弗听"之下，此段主要为石碏谏言的内容。此下一段为州吁纵乱之事，此为不听石碏谏言的后果。

截的意义指向，不单在清代《左传》评点作品，清代其他的评点作品亦多趋同，不单在清代，自南宋评点开始，即有此种意义设定。谢枋得《文章轨范》中用截的频率很高，许多篇章都用，而且一篇之中亦会多次使用，《上张仆射书》即是典型一例。

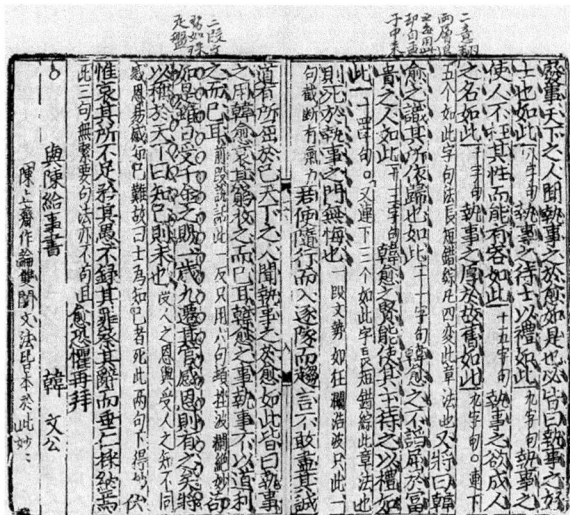

图为元刻本《叠山先生批点文章轨范》书影

可见，截的符号及意义指向比较固定，在于"—""——"最能体现一分为二、一截两段之意，既方便，又醒目，既易于理解，又易于接受，故而从其一出现，便成为评点者、读者认可的符号。

根据以上所列圈点符号的划定与使用情况，可以得出以下推论。

第一，清代《左传》评点乃至整个评点使用圈点符号并没有形成统一的标准，随人而异，亦随文而异。圈点符号没有统一的标准，一个原因是圈点本身具有一定的即时性、随意性，另外一个原因在于评点者本身不想刻意设定标准。魏禧、陆浩、冯李骅明确提出，"各就论事中指其精意之所存，不得拘为一律"①"各就本篇照应，不拘一律"②，根据文意、文法之不同而使用合适的圈点符号，随文设定，因文而异，不必拘于一律。

第二，圈点符号在随意中亦有一定的继承性。清代评点作品多是在前人

---

① （清）魏禧：《左传经世钞·凡例》，乾隆十三年（1748）彭家屏刊本。

② （清）冯李骅、陆浩：《春秋左绣·刻左例言》，光绪六年（1880）校镌本。

评点本基础上的再次评点，不可能完全脱离前人而妄自拟定，历史的惯性具有很强的辐射力与影响力。有些作品明确提出以前人的作品为评点准的①，它的承续性会更强。加之，某些圈点符号的意义指向从其出现时便为众人所认可，符合群体需求与习惯，进而逐渐演变为符号的意义规范。

（三）圈点符号的颜色区分

圈点符号在使用时，大部分是墨黑色的，另有一部分圈点符号会有其他的颜色，以示区别。以不同颜色区分不同内容，早在董遇读《左传》时已有尝试，《三国志》言其"善《左氏传》，更为作朱墨别异"②。唐代陆德明《经典释文》，"以墨书经本、朱字辩注，用相分别，使较然可求"③。宋代朱熹则用红、青、黄、黑色圈点读书心得，"尝看上蔡《论语》，其初将红笔抹出，后又用青笔抹出，又用黄笔抹出，三四番后，又用墨笔抹出，是要寻那精底"④。真德秀《文章正宗》的点、抹、撇、截，"以上四者皆用丹，正误则用铅"⑤。明代归有光评点《史记》，"朱圈点处，总是意句语叙事好处。黄圈点处，总是气脉。朱圈点者人易晓，黄圈点者人难晓。黑撇是背理处，青撇是不好要紧处，朱撇是好要紧处，黄撇是一篇要紧处"⑥。明代刊刻大家闵氏、凌氏多有朱墨套印本、几色套印本问世。清代《左传》评点在承续前人

---

① （清）李绍崧《左传快读·凡例》云："前人批评传义，不过标举事实之臧否，行文之奇正，而于谋篇立局、命意措辞，无法不备、一字不苟者，则我朝冯、陆两先生独辟新径，直达九逵，所谓《左氏》一书，为文家津梁者，微二公，人犹在梦寐耳。愚于上层批录，有未著名者，皆《左绣》原本也，他如《公》《穀》《胡传》《东莱驳议》《聘侯左翼》，间辑颇多，其余二孙、韩、钟、俞、顾、刘、王诸前辈，时亦节取。"[（清）李绍崧：《左传快读》，乾隆五十四年（1789）曲江书屋刻本] 可见，《左传快读》是以《左绣》为依傍对象。
② （晋）陈寿撰，（南朝宋）裴松之注：《三国志》卷一三，中华书局1982年版，第420页。
③ （唐）陆德明撰，张一弓点校：《经典释文》卷一《序录·条例》，上海古籍出版社2012年版，第2页。
④ （宋）黎靖德编，王星贤点校：《朱子语类》卷一二〇，中华书局1988年版，第2887页。
⑤ （宋）真德秀：《西山先生真文忠公文章正宗》卷首，元建安刊本。
⑥ （清）钱泰吉：《曝书杂记》卷二《震川评点史记》，《续修四库全书》史部目录类第926册，上海古籍出版社2002年版，第28页。

基础上，圈点符号颜色的使用，一般有以下两种情况：

一种是评点作品在刊刻时用的不是黑色印刷，而是几种颜色套印而成。

《古文渊鉴》在刊刻时有四色套印本、五色套印本。四色套印本于康熙二十四年（1685）刊刻，正文用黑色，评语用黄色、蓝色、朱红色，圈点符号全用朱红色。五色套印本刊刻于康熙四十九年（1710），正文用黑色，康熙御评用金黄色，参与评点的其他十二位大臣之评用橙色，前代人的评用蓝色，圈点符号全用朱红色。

在两种套印本中，圈点符号都使用了红色，使用红色的原因，当是为图醒目，黑色与红色具有强烈的视觉差，黑色字，红色圈点，更易于传递圈点信号。

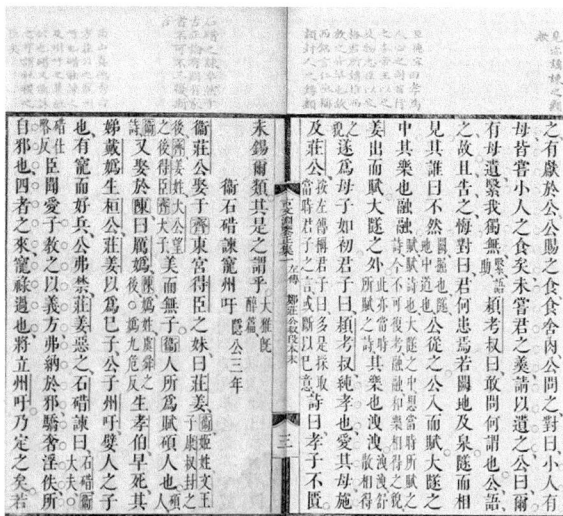

图为康熙二十四年（1685）武英殿刊刻《古文渊鉴》四色套印本书影

另外一种是不同的圈点符号，使用不同的颜色。与第一种不同，此种颜色设定，主要关注的不再是与正文的区分，而是不同圈点符号的区分，颜色与圈点符

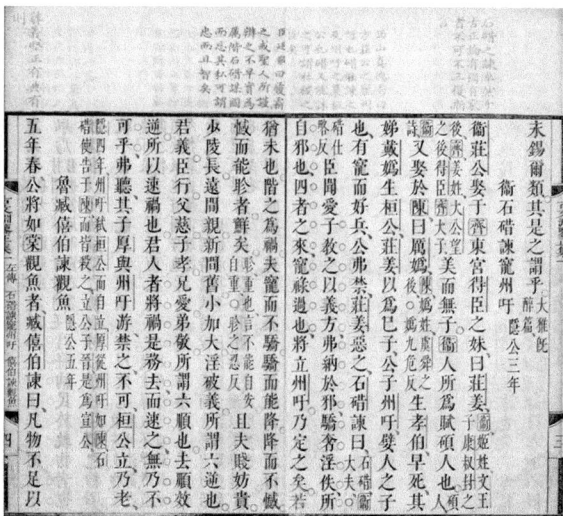

图为康熙四十九年（1710）武英殿刊刻《古文渊鉴》五色套印本书影

号的意义指向是一体的。知道了圈点符号的颜色，圈点符号的意义指向也就一目了然了。

果亲王评点《春秋左传》中的圈点颜色有红色、绿色、蓝色，如下图所示：

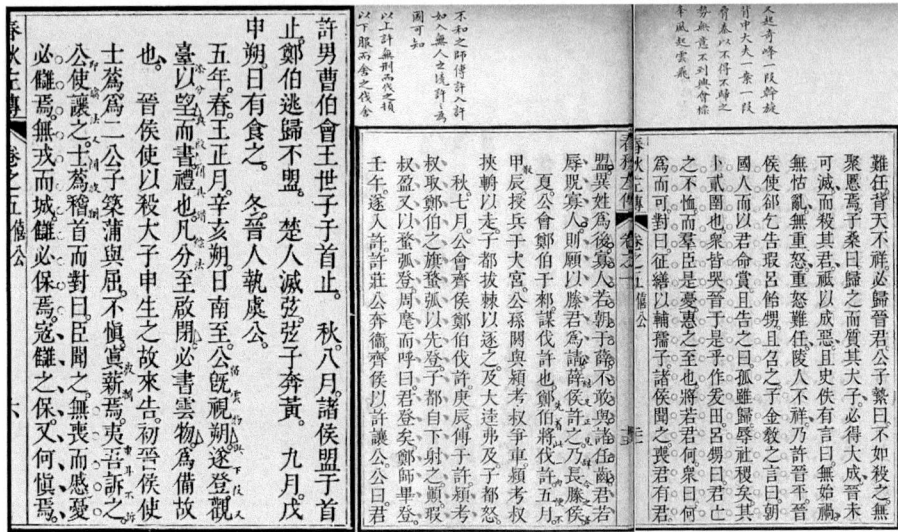

图为雍正十三年（1735）果亲王府刊刻《春秋左传》书影

其意义指向，在《方氏左传评点》中有言：

> 果亲王刊本《左传》，望溪方氏奉教所点定也。泉尝于荣成孙佩兰先生处得读其书，大抵辞义精深处用丹笔，叙事奇变处用绿笔，脉络相灌输处用蓝笔，顾原本传印甚稀，海内学者未能家有其书。今援马平王氏辑《归方史记合笔》例，摘录起讫为《方氏评点》二卷，以附《左传义法举要》之后，俾当世治古文者览观焉。光绪癸巳夏六月，金匮廉泉记。①

此处对圈点符号意义指向的说明，完全靠的是颜色的变化，即只要看颜色就

---

① （清）方苞著，彭林、严佐之主编：《方苞全集》第 7 册，复旦大学出版社 2018 年版，第 47 页。

能知道评点者的用意所在。如颍考叔被射杀一事，此书用绿色"、、、、"标注，强调事件的过程，言说叙事之奇变，辞义精微深刻处用红色，脉络连贯处则用蓝色。按照此段说明，《方氏左传评点》一方面符合圈点符号指示不同意义的功能，另一方面又泛化了圈点符号的意义指向，不同形式的符号类型，其意义指向似乎没有差异。但实际上此书圈点符号的指向意义，不单是靠颜色传递，也靠不同类型的圈点符号来传递。此书的圈点符号有"○○○○""、、、、""△""、""○"，皆有红色、绿色之别，很明显，红色的"○○○○"与"、、、、"，绿色的"○○○○"与"、、、、"，它们的意义指向并非完全一致，中间是有不同的，而红色的"△""、""○"有时仅仅是标明句读，提醒读者。方苞善于用不同颜色来表示不同的意义指向，他评点《史记》时有朱笔有绿笔。评点不同的作品，方苞所用的颜色略有差异，但是在用不同颜色指示不同的意思这一点上，方苞在圈点时是有统一的态度的，而且不同的圈点符号与不同的颜色结合，其意义指向略有差异。

吴汝纶点勘《左传》时，在评点文章后面，用叙述性语言将重要评点家的圈点符号予以说明，如右图所示。

吴汝纶所选录的诸家评点中，最重要、最多的便是姚鼐的《评点左传》，其圈点符号主要是圈与点，根据圈点符号所在的位置不同，又分为顶点、句点、点、领圈，这些圈点符号主要有黄色与朱色，凡是黄色的，在表述时即明确指出，如黄领圈、黄点等，其他没有指出颜色的圈点符号，一律标以朱色。

不同颜色的圈点符号，在

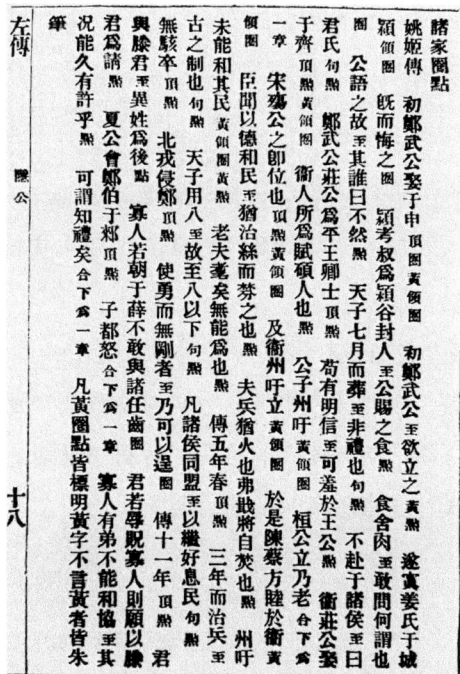

图为都门印书局印吴汝纶《群书点勘》书影

观念预设之下，可以更为醒目地传递意义指向，"非曰炫华，实有益于观者"①，既能令读者"娱目怡情"，又能使读者"精神为之一振"②。再加上与不同圈点符号的结合，在某种程度上进一步细化了圈点符号的指向意义，对于更好地、更直观地明白评点者之意，大有裨益。

（四）圈点符号的使用范围

清代大部分《左传》评点作品，其圈点符号是面向《左传》正文的，也有一部分作品，则在尾评中亦会用到圈点符号。比如《古文知新》：

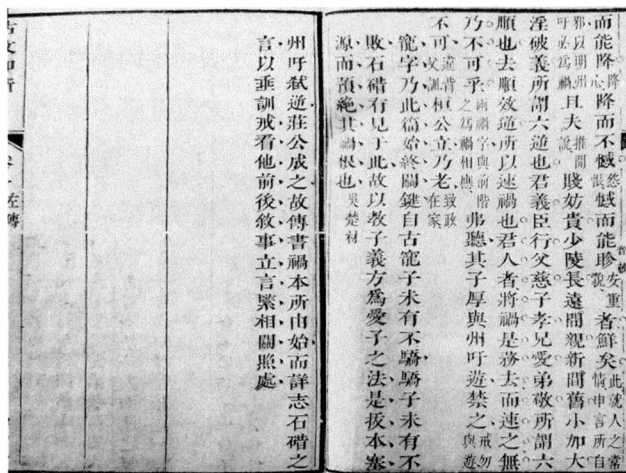

图为康熙四十五年（1706）学者堂印高朝瓔《古文知新》书影

《古文知新》尾评常引用他者之论，此处援引吴楚材《古文观止》观点，强调《石碏谏宠州吁》一文的关键是"宠"字，又对石碏提出的爱子有方予以强调，引起读者的重视。后面一段则是高朝瓔自己的论说，主要强调阅读要关注文章叙事时的前后照应，给予读者指引。

比如《古文析》：

---

① （明）杨慎著，王文才、张锡厚辑：《升庵著述序跋》，云南人民出版社1985年版，第261页。

② （宋）叶德辉：《书林清话》，上海古籍出版社2008年版，第162页。

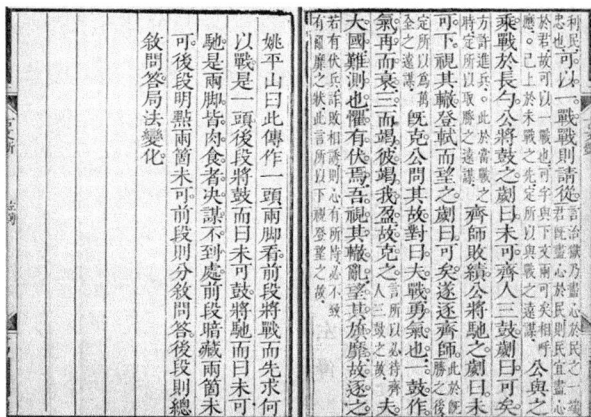

图为乾隆甲午年（1774）清华斋重订本《古文斫前集》书影

此段为姚培谦评说《曹刿论战》一文，主要言文法，言说"一头两脚"之法，论说清晰明了，但是姚培谦在此并未强调"一头两脚"，也未强调"局法变化"，而是将一串密圈放到了"皆肉食者决谋不到处"①，这是在文法评说的同时，关注了文意。一番圈点，便将自己的观念传递出来，即关注文法，不能脱离文意。

比如《文章鼻祖》：

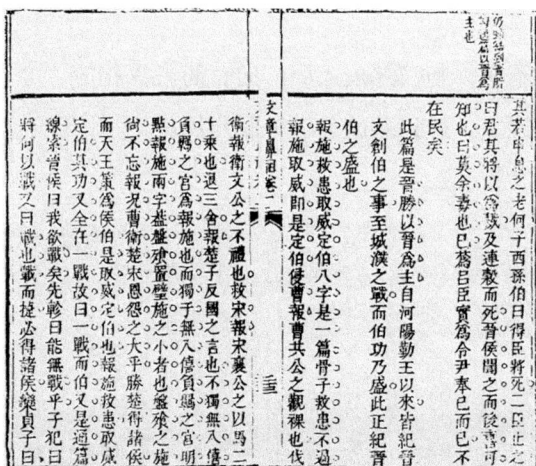

图为乾隆二十八年（1763）刊印《文章鼻祖》书影

---

① （清）姚培谦：《古文斫》卷一《曹刿论战》，乾隆甲午年（1774）重订本。

此处是对城濮之战的论说，有三种圈点符号，一个是密圈，一个是联三角，一个是单三角，联三角是说明本文的主要内容，密圈是说明本文的骨子、线索等，单三角是凸显"报施、救患、取威、定伯"中的"报"字，以展现城濮之战爆发的其中一个原因。

比如《左传钞》：

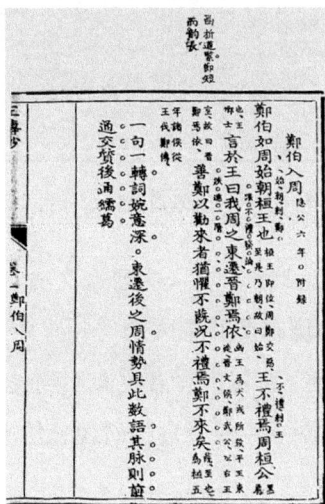

图为乾隆五十三年（1788）刊刻《高梅亭读书丛钞·左传钞》书影

此段尾评，字数不多，与《郑伯入周》的言简意深相应，亦在简单话语中言说此事件的重要意义，此记载的前后关联作用。

再比如《古文析义》：

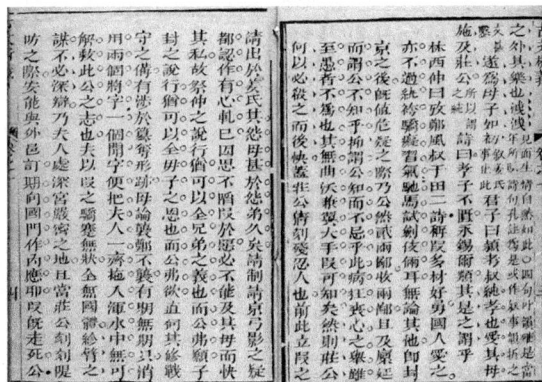

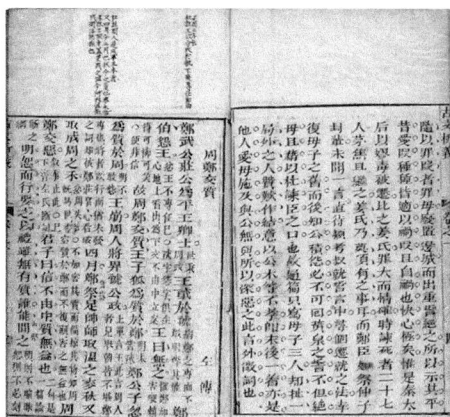

图为康熙五十五年（1716）文选楼刊印《增订古文析义合编》书影

此段论说，洋洋洒洒，一气呵成，长篇大论涉及人物众多，表达意思丰富，林云铭用密点"、、、、"将五个重点解释的问题"庄公何以必杀之（共叔段）而后快""緃臂之谋不必深辩""庄公罪段""姜氏乃莫须有之事""扯一局外人赞叹作结"① 点了出来，而密圈"○○○○"则是将相关回答、论述中的主要支撑观点圈出来，以求眉目清晰，层次清楚。

另外，论说的其他位置，比如《凡例》部分亦有再加圈点者，如《古文析义》即有此种操作：

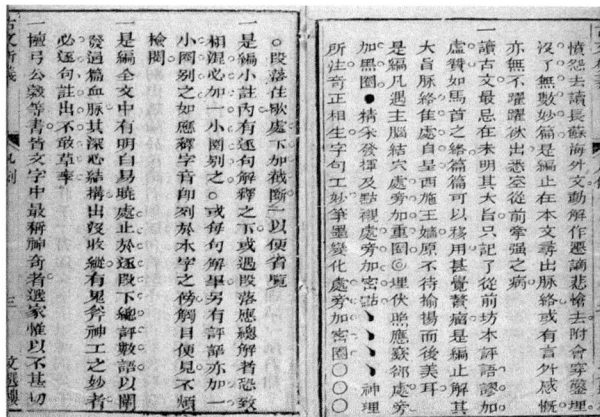

图为康熙五十五年（1716）文选楼刊印《增订古文析义合编》书影

---

① （清）林云铭：《增订古文析义合编》卷一《周郑交质》，康熙五十五年（1716）刻本。

以论说圈点符号的一则凡例看，《古文析义》将"旁加重圈""旁加密点""旁加密圈""下加截断"旁边加密圈，按照其解说，此处当为笔墨变化处，将重要的圈点符号一一指出，予以强调。

以上几种《左传》评点作品，在尾评、凡例中再加圈点，不论是引用他者之评论，还是自己的论说，不论是长篇大论，还是简单评说，只要是想要提示、强调之处，皆可加上圈点符号，从而将圈点符号的使用范围进一步扩大化。

（五）评点者对圈点的态度

清代《左传》评点者对圈点符号的作用、使用频次等方面都有相应的论说，反映出评点者对于圈点的不同态度。

第一，圈点对文章阅读的作用。

圈点出现在评点中，有其必然性、必要性，《二十九子品汇释评·圈点凡例》云，"读文者贵得意于文字之外，有文若浅易而意绝精到，有文寔拮崛而意若平正，谈吐有关于世教，文墨有裨于词藻，如此之类，不能遍举。读者但于圈点处求之，各有所指，能得其意，解悟便多"[1]，文章之意，有文字直接呈现的，有于文字之外需仔细揣摩的，圈点即是于文字之外而下功夫者，读者若能在圈点之处细加琢磨，定能更好地理解文意。

清代的《左传》评点者，大部分评点者认同圈点有益的观点，若无圈点，则会"眼目不醒"[2]。圈点作用的发挥，一靠圈点提醒，读者领悟。宋代何基曾言"凡所读无不加标点，义显意明，有不待论说而自见者"[3]，单凭圈点，就能让读者注意到文章之关键，进而领悟到很多东西，了解文章

---

① （明）焦竑等辑：《新锲翰林三状元会选二十九子品汇释评二十卷》，《四库全书存目丛书》子部第 133 册，齐鲁书社 1995 年版，第 251 页。

② （清）卢元昌：《左传分国纂略·纂例》，《四库未收书辑刊》第 3 辑第 9 册，北京出版社 1997 年版，第 73 页。

③ （元）脱脱等：《宋史》卷四三八《何基传》，中华书局 1977 年版，第 12979 页。

之妙处、作者之用意。二靠圈点与"评"的结合，更能简洁有效地传达文章之意。"点"与"评"的指向关联，在圈点与旁批的组合中最为明显，有的组合会直接将圈点的意义指向传递出来。储欣的《左传选》没有尾评、眉评，其观点主要通过选文、圈点与旁批传递，如其评点《郑伯克段于鄢》一文：

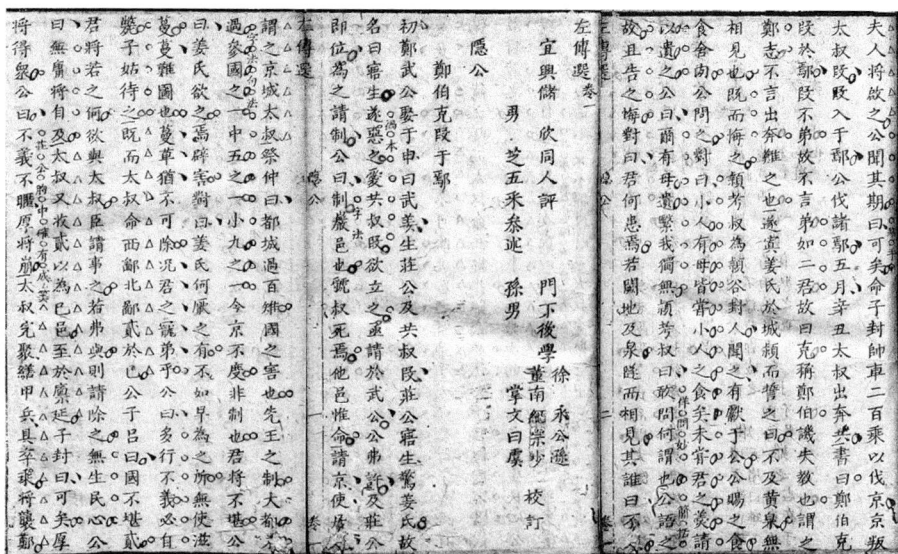

图为乾隆庚子年（1780）新镌本《左传选》书影

此文有单列圈点者，如"多行不义必自毙，子姑待之"旁加密圈"○○○○"；有圈点与旁批结合者，"不义不暱，后将崩"旁有密圈"○○○○"，另有"庄公胸中却有成算"的评说；"公闻其期曰可矣"旁有密圈"○○○○"，另有"煞手"二字。三处为郑庄公对待共叔段的态度，他在一步步引诱共叔段进入他的圈套，最终成功收网。由此，储欣对郑庄公的评说态度，即可了然。

同时，有些圈点与旁批结合者的意义传达，需要仔细揣摩，如《左传选·宋公和卒》一文：

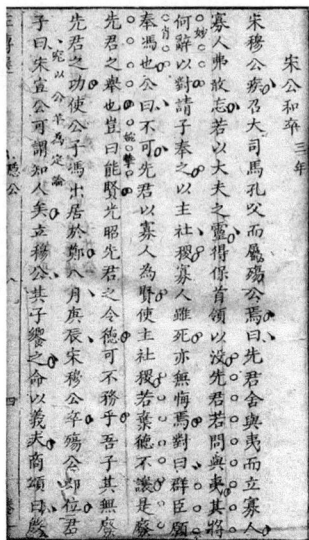

图为乾隆庚子年（1780）新镌本《左传选》书影

"先君若问与夷，其将何辞以对"旁有密圈"○○○○"，且有一"妙"字评说，但是，究竟妙在何处，就需要读者自己去思索。思索之后，或许便能明白宋穆公立与夷的原因：此本就是宋宣公之意。当初宋宣公立穆公而不立与夷，只不过是为了国家社稷的暂时安定，最终还是希望穆公还政于与夷，穆公只不过是"摄政而已"，即《公羊传》所言"终致国乎与夷"①。储欣于"宋宣公可谓知人矣"旁注曰"究以《公羊》为定论"②，为宋穆公、宋宣公盖棺定论，此正是《公羊传》所言"宋之祸宣公为之也"③。

无论是单列圈点，还是圈点与评说结合，都能看出评点者对圈点的重视，他们亦会在圈点时斟酌思量。唐德宜《古文翼·凡例》曾言"是编只为家塾读本，非敢问世，虽于音注批评及圈点句读，曾费参酌，其中尚有舛错，或仍前贻误，未及校正。愿海内君子惠而教我，则幸甚幸甚"④，此段唐德宜态度谦虚，恐文有舛误，但也传递出了一个信息，即他在圈点评说时并

---

① 刘尚慈：《春秋公羊传译注》，中华书局2010年版，第23页。
② 储欣：《左传选》，乾隆庚子年（1780）新镌本。
③ 刘尚慈：《春秋公羊传译注》，中华书局2010年版，第23页。
④ （清）唐德宜：《古文翼·凡例》，同治十二年（1873）常熟黄氏艺文堂刻本。

不随意，而是费力费心，认真琢磨。之所以如此，正源自他对圈点作用的
重视。

在以上评点者重视圈点作用的同时，另有一少部分评点者认为不加圈点
为佳，署名韩菼的《批注春秋左传句解·凡例》曾言：

> 批点《左传》之佳文，不加点援。我明孙月峰先生原有批本，此
> 尤著其佳者也，但标其字法、句法、套句、可删等语，诚左氏暗刻
> 中一烺。今合而重订之，其于蒙士未必无少补，又于本书庶成其大
> 全云。①

《春秋左传句解》一书，"盖节录朱申《春秋左传详节句解》而成"②。署名韩
菼的《批注春秋左传句解·凡例》与朱申《春秋左传详节句解·凡例》略有
不同，后者有七条凡例，前者有八条，多出来的一条，就是上面所列有关圈
点的文字。此条凡例援引有评说而无圈点的《孙月峰先生批评左传》为例，
提出《左传》评点的佳作，当没有圈点。

在强调圈点有益文章与佳文不加圈点两种观点之外，清代《左传》评点
者另有一种观点，即文章意旨的传达，与有无圈点没有太大关系，有圈点可
以达意，无圈点亦可传音。谢有辉在《古文赏音·凡例》以《文章正宗》《文
章轨范》为例提出，"或有圈点而无评注，或并无圈点，但录其文，皆可使
人识其意指"③，在他看来，评注、圈点、选文，都是赏文识意的途径，三者
并无高低优劣之分。

第二，圈点的使用频率问题。

圈点的使用频率问题，有个前提便是评点者认同圈点的价值，在承认圈
点价值的基础之上再去讨论圈点使用的多寡问题，这是两个层面的问题。卢
元昌《左传分国纂略·纂例》提出："圈点，非古，非此，眼目不醒，但不

---

① （清）韩菼：《批注春秋左传句解·凡例》，广益书局 1947 年版，第 2 页。
② 李卫军：《〈左传〉评点研究》，中国社会科学出版社 2014 年版，第 303 页。
③ （清）谢有辉：《古文赏音·凡例》，嘉庆三年（1798）宋思仁重刊本。

太滥，使人厌观。"①圈点有重要的提示作用，但是却不能滥用，过多的圈点符号出现在评点文本中，反而会适得其反，或者令读者反感，遂视而不见、置之不理，或者令读者沉浸其中，喧宾夺主，影响文本的连贯阅读，都不会达到既定的评点目的与理想的阅读效果。

圈点不宜使用太多，在《古文观止》看来，最关键的原因，在于评点作品多是面向初学，"诸选本圈点外或加角，或加小画，虽各有取义，然初读不能即晓，徒以眩目。是编但加圈点，盖评注既详，信口读去，奥旨自明。又于圈下加一小圆点，以便句读"②，初学者有初学者的特点，接受能力有限，评点者用圈点指引初学必须因势利导，有的放矢。因此，《古文观止》选取了最简单的圈点符号，只有"○○○○"与"•••"，如下图所示。

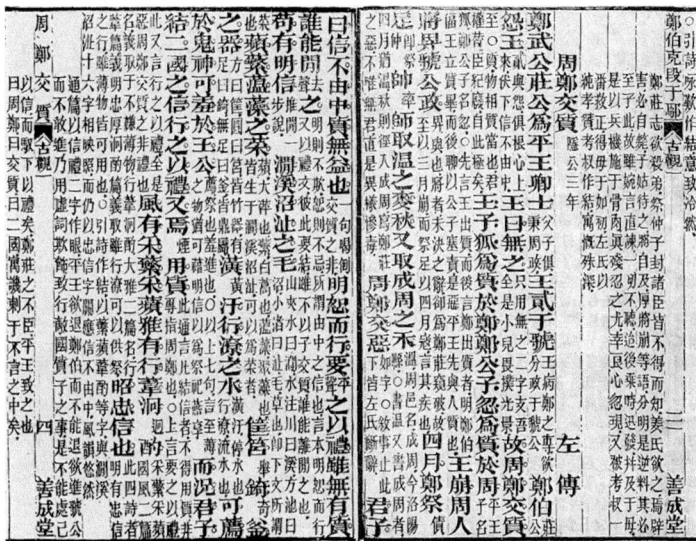

图为光绪壬寅年（1902）善成堂刊印《重校古文观止善本》书影

为了初学者阅读方便，《古文观止》还在夹注中加圆点"•"以明确句读之处，不致初学读不通句子或者读破句子。

---

① （清）卢元昌：《左传分国纂略·纂例》，《四库未收书辑刊》第3辑第9册，北京出版社1997年版，第73页。

② （清）吴楚材、吴调侯选注，安平秋点校：《古文观止》，中华书局2020年版，第1页。

除了从阅读效果方面规范圈点符号的使用频率之外，有些评点者还主张根据不同典籍的性质、特点等确定圈点的使用频率。高朝璎于《古文知新·发凡十则》言：

> 《左》《国》《史》《汉》之文，正如浑金璞玉，所谓不必多着圈点者也。唐宋八家之文，则皆争奇扼要，尽态极妍，不加圈点，亦无以昭其灿烂。分别观之，各有取尔，要不容以此轻加轩轾也。[1]

秦汉古文与唐宋八大家之文，一如浑金璞玉，一如灿烂之花，一者无须多着圈点，一者需要多加圈点，读者切不可以圈点之多寡判定其价值高低，一切皆是因文设定，一切皆为凸显文章之妙。

综上而言，清代《左传》评点作品在承续前人基础上，使用了多样性的圈点符号，具体到每一位评点者又会有各自的择取标准、意义指向、圈点位置、使用频率等，呈现出差异性与多样性的互补。同时，清代《左传》评点作品中的圈点随文而设，没有形成系统、统一的意义指向体系，但是也应看到，圈点符号的世界也并非杂乱无序，完全随意，符号的意义指向有共同关注的点，而且后起者对前面优秀评点作品的主动学习，又让某些圈点符号的意义指向在一定范围内形成了一个小系统。

三、清代《左传》评点的底本依据

清代《左传》评点作品是在《左传》文本基础上的加工与阐释，究竟选择什么版本的《左传》文本，这本身就是一个学术选择的结果，这本身就是一种学术主张的体现。自《左传》产生后，不同时代的研究者对其进行注释、评说，产生了大批的《左传》注释本，这些本子是清代《左传》评点的重要依据，不同的评点者选择不同的本子，其背后是对诸多注释本价值的鉴定，

---

[1] （清）高朝璎：《古文知新·发凡十则》，康熙四十五年（1706）学者堂刊本。

亦受到时代大潮、学术理念的影响。

（一）清代《左传》评点者对底本的选择

《左传》研究发展至清代，已经积聚了大量的经典注本，《左传》评点者面对众多的前人成果，不约而同地选择了两种注本。

第一，《春秋左传杜林合注》是清代《左传》评点常见的底本。

《春秋左传杜林合注》是明代就很流行的《左传》读本，杜是指晋代的杜预，林是指宋代的林尧叟，杜林合注即是汇合杜预《春秋经传集解》与林尧叟《春秋左传句解》的注释。《春秋经传集解》与《春秋左传句解》本身都有单行本，影响较大①，后来被合到了一起。

至于合注出现的时间，朱彝尊认为是在明代，为书商所编，《经义考》在"林氏尧叟《春秋左传句解》"下著录郑玥之言："尧叟，字唐翁，崇祯中，杭州书坊取其书，合《杜注》行之。"②王重民则认为此书出现在宋代，本是林尧叟自为之作，并未提杜预之名，明代翻刻时始加上杜预之名，"盖合注出于宋代坊贾之手。明清以来诸坊本，皆从之出，王道焜与赵如源同编之说，则又明末杭州书坊所托也"③。王重民做出此种结论的缘由，或许是因为林尧叟在作《春秋左传句解》时，即援引杜注入文，"句解直解并依杜氏古注，及采止斋陈先生议论而附益之，其有润色古注，别出新意者，并以'愚按'别之"④。朱彝尊与王重民的结论有冲突，但却共同指向一个事实，即至少在明代《杜林合注》已经出现，并且风行开来。

《杜林合注》的出现，一方面源于人们对杜注与林注的认可，"夫说《春

---

① 李绍崧尝言"余幼时读经义毕，塾师即授以《左传句解》"〔（清）李绍崧：《左传快读·刻左传快读说》，乾隆五十四年（1789）曲江书屋刻本〕，可见，《左传句解》是学子常见的读本。

② （清）朱彝尊撰，林庆彰、蒋秋华、杨晋龙等点校：《经义考新校》卷一九一《春秋二》，上海古籍出版社 2010 年版，第 3491 页。

③ 清代流行的《春秋左传句解》版本是《四库全书》收录的明人王道焜、赵如源共编之本（王重民：《中国善本书提要》，上海古籍出版社 1983 年版，第 26 页）。

④ （宋）林尧叟：《春秋左传句解》，元刊本。

秋》者，莫良于左氏，俎豆而诂籀之者夥矣，总之，则杜元凯为之赤帜，林唐翁其亚旅与"①"咸称《左氏》忠臣焉"②，二者被视为《左传》训释系统中的翘楚。另一方面源自人们对杜注与林注的不满。对于普通读者来说，杜注虽好但太古奥博大，不太容易接受。至于林注，虽然浅显易懂，但又被有些人视为俗本，似乎不够档次。因此，人们期待在杜注、林注之外有更适应读者需求的更好读本出现。读者的需求，就是图书刊刻的风向标，就这样，《杜林合注》应运而生。

《杜林合注》是取长补短的结合，兼顾学术质量与普及大众。杜注精密简奥，林注直白浅显③，《春秋左传句解·春秋左氏传括例始末句解纲目》多次提到要适应初学者的特点，"盖为初学设也""便初学之观览"，④ 王重民亦言《春秋左传句解》"是林氏著书之旨，意在将杜预《集解》通俗化，俾初学者能读之"⑤。二者结合，更能符合人们的阅读期待，更能给予初学以指引。

正是这一取长补短的结合，让《杜林合注》的影响力渐渐凸显，至清代俨然压倒其他注本，"有清一代，杜林合注本是最通行的《春秋经传》读本"⑥"《左氏》为文章鼻祖，注之者无虑数十百家，枕多《杜林合编》"⑦，成为学校、私塾、学子们的必备书。梁章钜在《退庵随笔》曾写道：

---

① （晋）杜预著，（宋）林尧叟注，（唐）陆德明音，（明）闵光德辑：《春秋左传杜林合注·凡例》，万历二十二年（1594）吴兴闵氏刻本。

② （清）姜希辙：《左传统笺·序》，《四库全书存目丛书》经部第131册，齐鲁书社1997年版，第3页。

③ 《四库全书》评说《左传杜林合注》时写道："杜预注《左氏》，号为精密。虽隋刘炫已有所规，元赵汸，明邵宝、傅逊、陆粲，国朝顾炎武、惠栋又递有所补正，而宏纲巨目，终越诸家。尧叟之书，徒以笺释文句为事，实非其匹。第古注简奥，或有所不尽详。尧叟补苴其义，使浅显易明，于读者亦不无所益。"[（清）永瑢等：《四库全书总目》卷二八，中华书局1965年版，第234页]

④ （宋）林尧叟：《春秋左传句解》，元刊本。

⑤ 王重民：《中国善本书提要》，上海古籍出版社1983年版，第27页。

⑥ 顾永新：《林尧叟〈春秋左传句解〉传刻考论》，《中国经学》第八辑。

⑦ （清）周正思：《增补左绣汇参·例言》，乾隆三十九年（1774）刻本。

余曾问一塾师：“塾中所授《春秋》为何本？”应曰：“《杜林》。”问以“何为《杜林》”，则曰：“殆谓杜注所荟萃耳。”①

此事是《杜林合注》影响力的缩影，亦是其地位的重要参照。虽然塾师对“杜林”的解释并不恰当，但是却不妨碍他对《杜林合注》的使用与讲解。塾师对《杜林合注》的使用，恰恰是《杜林合注》影响深度的体现，它下到民间百姓家里，深植于私塾学子的脑海中。

清代《左传》评点者为了达到最佳的评点效果，必然要顾及初学者的接受能力；为了能达到最广泛的影响力，他们必然要从俗从众，植根于大众的知识阅读基础。基于此目的，他们选择了最通行的《左传》读本作为评点的底本。

周大璋《左传翼》明确提出，要以《杜林合注》为底本，其《凡例》有言：

《春秋》为经，《左氏》为传，有经因之有传，而读传即可明经。经文传中已载，故不须另刊，致滋繁重。至评定，悉照《杜林合注》原本，一句一字有关紧要者，俱为载入。其有一二间句类于衍文，间为节去，非敢私有去取，务期有裨后学，藉为读本云尔。②

《左传翼》为了有益于后学，选取《杜林合注》为底本，作出如此选择的原因在于，“注《左氏》者，推杜、林两家，后人常伸杜而林抑，然杜注舛误正复不少”③，与杜注相比，林注并不差很多，而且杜注本亦有很多舛误之处。

《杜林合注》有自身优势，有大众基础，加之杜预的《春秋经传集解》亦有不可回避的舛误，且与某些评点者的学术理念不合，甚或招致了唾

① （清）梁章钜：《退庵随笔》卷一五《读经二》，光绪元年（1875）《二思堂丛书》本。
② （清）周大璋：《左传翼·凡例》，乾隆五年（1740）刻本。
③ （清）周大璋：《左传翼·凡例》，乾隆五年（1740）刻本。

骂①，因此，清代一些《左传》评点者选择将更能扩大传播范围的《杜林合注》作为底本。

第二，《春秋经传集解》是清代《左传》评点另一个常见底本。

杜预的《春秋经传集解》是《左传》学史上的一座丰碑，唐代《左传正义》定杜注于一尊，并通过朝廷力捧，进入官学，成为朝廷认可的权威著作，而其他旧注近废，从此为天下学子尊崇。至宋代胡安国《春秋胡氏传》问世，元、明二代尊崇《春秋胡氏传》，作为科举必读书，杜预《春秋经传集解》的影响力有所降低。清朝初年，朝廷仍然宗《春秋胡氏传》，康熙朝的《日讲〈春秋〉解义》还是"大约以胡氏为宗"②，但《春秋传说汇纂》则对《春秋胡氏传》大加不满，康熙直言其"率多穿凿附会，去经义逾远"③，至乾隆年间，朝廷同意纪昀以乡试题目雷同、胡传与孔子之意不符等理由奏请，科举不用《春秋胡氏传》④，"疏请乡会试《春秋》罢胡安国传，以《左传》本事为文，参用《公》、《穀》，从之"⑤，随着《左传》在科举考试中的地位上升，杜预《春秋经传集解》的地位也水涨船高起来。

---

① 罗军凤提出，在清代《左传》经学兴起兴盛的过程中，"杜注遭到了无情的唾骂"，其原因较为复杂，"因为它是魏晋经注而不受尊崇，且因它择采汉儒及同时人的经说而隐没其名，不合清人的治学规范，而受人鄙弃；又因为它改写了《左传》古文经文，改变了原古文《春秋》和传注分开刊行的模式，而被喜好复古的学者们深恨。最冤枉的是，杜注因为在义理上曲为《左传》'回护'，而遭人谩骂，成为《左传》义理之'谬'的替罪羊"。（罗军凤：《清代春秋左传学研究》，人民出版社 2010 年版，第 22 页）

② （清）爱新觉罗·玄烨钦定，（清）库勒纳、李光地等编撰，李孝国、杨为刚注：《日讲〈春秋〉解义·序》，中国书店 2012 年版，第 2 页。

③ （清）王掞纂辑：《钦定春秋传说汇纂·序》，《景印文渊阁四库全书》第 173 册，台湾商务印书馆 1986 年版，第 1 页。

④ "乾隆五十七年十一月，纪文达师奏言：'向来试《春秋》者用《胡安国传》，而《胡传》中多有经无传，可以出题之处不过数十节，如本年乡试竟有一题而五省同出者。且安国作是书以讽高宗而斥秦桧，与孔子之意不相比附。恭读《钦定春秋传说汇纂》中驳《胡传》者数百条，《御制文》亦屡辟其说，而科场所用以重复相同之题习、偏谬失当之论，殊觉无谓，请嗣后《春秋》题俱以《左传》本事为主，参用《公羊》、《穀梁》之说，庶足以劝经学而裨文风。'"[（清）梁章钜：《退庵随笔》卷一五《读经二》，光绪元年（1875）《二思堂丛书》本]

⑤ 赵尔巽等：《清史稿》卷三二〇《纪昀传》，中华书局 1977 年版，第 10771 页。

受此影响，清代很多评点者都认可杜注的经典地位，《左绣》认为"杜解词意高古，典制详明，诚为左氏功臣"①，《左传快读》称"杜氏注《左》，不减《左》之传经，千古奉为拱璧"，因此，读《左传》不读杜注，如同不知门径，"读《左传》而不读杜序，侈谈《春秋》发凡言例等说者，皆门外汉也，又恶知《左氏》何为作传"。②有着经典地位、历史传承、众多注释本的《春秋经传集解》，自然成为清代评点者的选择对象。《左绣·刻左例言》云：

> 近人皆以《杜林合注》为读《左》善本，张松南夫子与沈操堂先生俱云此系俗刻，林不得与杜并，故本注悉遵杜氏《经传集解》原本，一字不敢删动。③

《左绣》的这段话，一方面证明了《杜林合注》在当时确实具有很大的影响力，几乎被人视为《左传》的最佳读本；另一方面也说明人们对杜预《春秋左传集解》有相当高的定位，它并非如《杜林合注》一般的俗刻本，而是高质量的学术经典。因此，《左绣》尊奉《春秋左传集解》，"不敢"二字透露出《左绣》对《春秋左传集解》的学术认可与敬仰。

《左绣》选择《春秋左传集解》作为底本，是在对比《春秋左传集解》与《杜林合注》的优劣基础上进行的。此种选择并非个案，《左传经世钞》亦认为前者要优于后者，"杜林合注，旧为读《左》善本，然切实了当，林不得与杜并"④。周正思的《增补左绣汇参·例言》称"《春秋左传集注》，向推杜林为善本，林非杜匹也"⑤。由此可知，清代《左传》评点者在选择底本时，底本的学术质量也是一个重要的参照系。

---

① （清）冯李骅、陆浩：《春秋左绣·刻左例言》，光绪六年（1880）校镌本。
② （清）李绍崧：《左传快读·凡例》，乾隆五十四年（1789）曲江书屋刻本。
③ （清）冯李骅、陆浩：《春秋左绣·刻左例言》，光绪六年（1880）校镌本。
④ （清）魏禧：《左传经世钞·凡例》，乾隆十三年（1748）彭家屏刻本。
⑤ （清）周正思：《增补左绣汇参·例言》，乾隆三十九年（1774）刻本。

第三，白文本是清代《左传》评点使用最多的重要底本。

除却带有注解的底本，清代《左传》评点者有时还会选择不带注解的白文本作为底本。《左传》评点者的评点，有不同的侧重点，有的评点者想做大做全做深，字义、读音、句意、段意、文法、章法等都要涉及，故而他们会选择带有注解的底本，无论是选择《春秋左传杜林合注》还是《春秋经传集解》，都是有基本的训诂目的；有的评点者则只是想将内容说明白，让初学者容易接受，他们会在评点前自我选择、自我提取，最后将自己认可或有一己之见的注解用简练的文字表述出来。

姚培谦有专门注解杜注的作品，名字就叫《春秋左传杜注》，这说明姚培谦对杜注很熟悉，也很认可。此书质量很高，"关华亭姚氏，复有《左传杜注》之刻，参酌诸家，归于清粹，使人于荆榛荒秽中得遇疏梅修竹，其为斯文之宝也"①，周正思做《增补左绣汇参》"注疏解释取诸姚刻"②，但是在姚培谦自己的评点作品《古文矼》中，并没有出现照搬杜注的情况。在两部不同性质的作品中，姚培谦所做的夹注并不相同，比如其评说"郑伯克段于鄢"：

图为乾隆十一年（1746）吴郡陆氏小郁林刊印《春秋左传杜注》书影

---

① （清）周正思：《增补左绣汇参·叙》，乾隆三十九年（1774）刻本。
② （清）周正思：《增补左绣汇参·例言》，乾隆三十九年（1774）刻本。

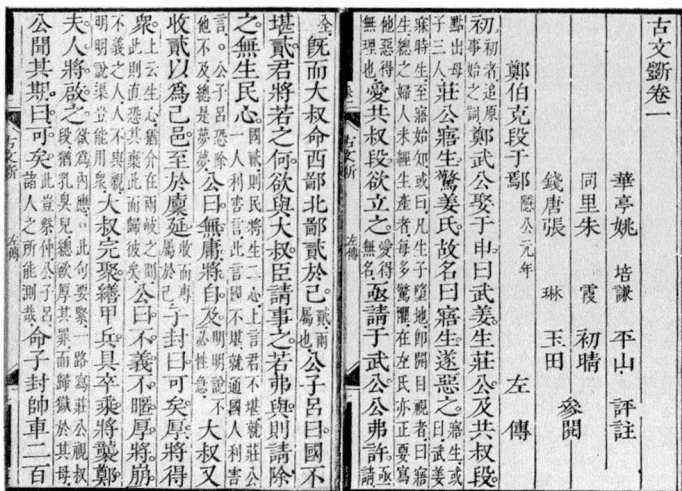

图为乾隆甲午年（1774）重订本《古文斫前集》书影

《古文斫》于"初"字下有夹注曰"初者，追原事始之词"①，以见《左传》叙事之有始有终，首尾照应。关于这点，姚培谦在《古文斫·读左国史汉例言》中即已明确提出：

> 《左传》一书，古本原自单行，因后人夹入经文，故词多割裂，如《郑伯入许》一篇可见，集中皆联属之，方见首尾照应。
>
> 《左氏》记诸大战，有缘起，有收煞，起伏照应，脉络纷然，正复一丝不乱，集中皆备录全文，细加梳栉，庶读者心目朗然。②

可见，他的评点是要清晰地把事件的来龙去脉展现出来，让读者明白《左传》叙事的技法所在，脉络清晰，方能心目朗然。但是，在《春秋左传杜注》中不见此条注解。后面的其他注解，《春秋左传杜注》更倾向于地名、人名、难懂字词等的意思解读，而《古文斫》则是着眼于人物心理、性格等方面，

① （清）姚培谦：《古文斫》卷一《郑伯克段于鄢》，乾隆甲午年（1774）重订本。
② （清）姚培谦：《古文斫·读左国史汉例言》，乾隆甲午年（1774）重订本。

如解读"瘠生"时，《古文斫》的落脚点在"正要写他恶得无理也"①。

姚培谦有专门注释杜注的作品，但是他在评点时并没有援引杜注入文，说明在他心目中，评点是与注解不同的文体，有不同的关注与强调内容。与姚培谦有相似观念的，还有很多评点者。《古文眉诠》、《左传钞》、《古文知新》、《古文赏音》、《左传选》（储欣）、《古文析义》、《左传快评》以及果亲王选批的《春秋左传》等，都是以白文本为底本的清代《左传》评点作品，评点者为了更清晰地展现、凸显自己的评点，为了更易于初学接受，他们不约而同且主动地选择了在白文本上尽情挥洒观点。

另外，评点者选择白文本，还有其他的原因。杨绳武在《文章鼻祖·例言》中说道：

> 此数篇文字，皆人所熟习，具有本注。《尚书》有孔安国传、孔颖达疏、蔡沈集注，《国语》有韦昭注，《左传》有杜预注，《史记》有徐广音义、裴骃集解、张守节正义、司马贞索隐，《汉书》有颜师古注，全书具在，都未失传，倘有疑义，可以检阅。文字繁多，不及备录，又不敢删节，故兹编概不用注。②

《文章鼻祖》选用白文本的原因，主要有三：一是所选文章，皆为时人熟悉之作，皆有本注。这是文本原因。《文章鼻祖》共选录三篇《左传》文章，分别是《战于城濮》《战于邲》《战于鄢陵》，是《左传》的经典篇目，亦是诸多选本、评点本必选的篇章。杨绳武编订此书，其预设的阅读者、接受者是钟山书院的学子，他们对经史作品已经有过学习，已经读过了《春秋左传集解》，因此，即便不加注释，他们亦能无障碍地阅读此三篇文章。退一步讲，即便学子不能完全理解文义，书院还有《春秋左传集解》可供翻阅。二是文繁时紧，不及备录。这是客观原因。三是不愿、不敢私自芟节注文，这

---

① （清）姚培谦：《古文斫》卷一《郑伯克段于鄢》，乾隆甲午年（1774）重订本。

② （清）杨绳武：《文章鼻祖·例言》，乾隆二十八年（1763）刻本。

是主观原因。如果要用注解本的话，那么必定费时费力，在时间不允许的情况下，某些人就会有选择地芟节注文，但是，在杨绳武看来，这是对经典的篡改，是对经典的亵渎。出于对经典的尊奉与敬仰，他选择了条件不具备情况下的退而求其次。

当然，《文章鼻祖》提到不用注释的原因，在整个清代《左传》评点系统中属于少数，更多的评点者还是从便于评点方面考虑的，"假使《左氏》而仅列其本文，学者以意悬解，或且失其句读，乌能寻文晓畅，领其旨趣哉"①，承认注释、解读的重要及引领作用。

（二）清代《左传》评点者对底本的接受与改造

清代《左传》评点者使用了不同的底本，但是，在具体使用时，他们对于底本又展现出了不同的态度。

第一种态度是全文照搬。

《左绣》作为以《春秋经传集解》为底本的代表，明确提出全文照搬杜注，一字不敢删除。《增补左绣汇参》"其全载杜注与《左绣》同"②，"本注悉遵杜氏《集解》，一字不遗"③。《左传翼》是以《杜林合注》为底本的，周大璋提出要全部按照原本载入，至于《杜林合注》中类似衍文之处，则间或删去，其他"一句一字有关紧要者"则不敢删去，因为周大璋自言"非敢私有去取"。④

《左绣》《增补左绣汇参》《左传翼》完全照搬底本原文，源自对所选定底本的认可，他们认为所选底本代表了《左传》注解的不同高峰，不容置喙。为了便于后学、初学获得经典的解读，他们遵从传统，不敢改变。

第二种态度是另加改造。

在依据底本进行评点时，清代有些《左传》评点者，会依据自己对底本

---

① （清）姜希辙：《左传统笺·序》，康熙十五年（1676）刻本。

② （清）周正思：《增补左绣汇参》，乾隆三十九年（1774）刻本。

③ （清）周正思：《增补左绣汇参·例言》，乾隆三十九年（1774）刻本。

④ （清）周大璋：《左传翼·序》，同治十二年（1873）常熟黄氏艺文堂刻本。

的认识以及自己的评点原则、目的等进行相应的改造。持有此种态度的《左传》评点者，多是因为对所依据底本并非完全认可，认为其中尚有需要修改之处，《古文知新·发凡十则》即提出：

> 　　评注古文，原自不易，历考从前，《左传》有十三经原注、杜林合注，《国语》有韦仆射注，《国策》有刘中垒注，《史记》则徐中散、裴参军前后考订，更得司马学士之《索隐》而略备矣。其他两《汉书》以及唐宋八家之文，一一皆有旧注，然各随意见，得失参半，未必悉当作者之意。以今摘昔，瑕疵显然，由后视今，瘢垢不免，所以难也。迩来争以多注赘评招摇过市，其细已甚，是编虽未尽革俗，犹不致竟伤大雅。
> 　　旧注有意可发明而词太冗长者，则为芟节，取之不没其意，或见解虽别而论议开辟，互相长益，亦自不妨并存，以俟好学深思之士资折衷焉。①

高朝璎认为，《左传》的两种经典注释版本，并非无可挑剔，其注释可谓得失参半，各有优劣。他不赞同多注赘评，因此会删节旧注冗长者。

评点者对底本的芟节，有时单单是因为便于评点。《左传快读·凡例》尝言：

> 　　选本如林，好尚固殊，体式亦异，虽理解不变，亦各抒所长，然于一篇之首尾段落，每多割裂更张之病，于作者经营苦心有遗憾焉。愚是选也，取全书之六七以附剞劂，每篇必具录全文，庶成完璧云。②

不同的评点者，从自身评点理念出发，会对《左传》原文有所芟节、割裂、组合，"旧注有意可发明，而词太冗长者，则为芟节，取之不没其意"③，这

---

① （清）高朝璎：《古文知新·发凡十则》，康熙四十五年（1706）学者堂刊本。
② （清）李绍崧：《左传快读·凡例》，乾隆五十四年（1789）曲江书屋刻本。
③ （清）高朝璎：《古文知新·发凡十则》，康熙四十五年（1706）学者堂刊本。

是评点作品常见的现象，李绍崧的评说展示了此种现象的普遍。当然，李绍崧与这些评点者不同，他反对割裂、更张原文，每一篇皆录全文，力图全面、完整展示《左传》原貌，以求完整展现《左传》之苦心经营。

除了芟节正文、注文之外，评点者有时会变换底本的格式。《左传分国纂略·纂例》言"合注向列于腹，兹列眉，使读者于正文全行俱下，稍有增减，总使传文明豁而已"①，卢元昌为了便于读者无断裂阅读全文，将置于正文之中的合注放于文本顶端，并有所增减。

第三种态度是旧注并存。

清代《左传》评点者引用前人的注释，为的是更好地让读者理解文意，某些评点者会在底本基础上援引他家注释。

声称"悉遵杜氏《经传集解》原本，一字不敢删动"的《左绣》，对于流行甚广的林氏注本也并未完全摈弃，而存其训释明切者。为示区分，《左绣》另加姓氏别之，"林注则芟芜驳谬，略存其明切者而另刊姓氏以别之，庶不失古人遗意"②。"具录《左传》全文"的李绍崧言其《左传快读》"必杂采林氏、朱氏以及先儒之注辨，详参折衷，祈归明当而止，有见各不同者，即妄抒管见，以归于一焉"③。痛恨"多注赘评"的高朝璎自言《古文知新》会芟节古注，但也会并存古注，"或见解虽别而论议开辟，互相长益，亦自不妨并存，以俟好学深思之士资折衷焉"④，古注见解虽有不同，但并存诸说可助明晰文意，足以触发好学深思者的思考，这本身就是评点者的评点预期所在。

秉持旧注并存的评点者，他们皆有所本，皆有所主，但他们并没有设置壁垒，并不排斥他注，他们秉承集思广益的理念，融会贯通，参酌选用，"诸选各有妙解，颇多阙略，是当取其所长以补其不足，便成全璧。是编遍

---

① （清）卢元昌：《左传分国纂略·纂例》，《四库未收书辑刊》第3辑第9册，北京出版社1997年版，第73页。

② （清）冯李骅、陆浩：《春秋左绣·刻左例言》，光绪六年（1880）校镌本。

③ （清）李绍崧：《左传快读·凡例》，乾隆五十四年（1789）曲江书屋刻本。

④ （清）高朝璎：《古文知新·发凡十则》，康熙四十五年（1706）学者堂刊本。

采名家旧注，参以己私，毫无遗漏"①，既传承了前人智慧，又启迪了后学学习。

综上而言，清代《左传》评点的底本，主要有《春秋经传集解》《春秋左传杜林合注》以及白文本这三个选择。这三个底本的凸显，主要与经典选本的持续影响、时代的学术变化、评点者的个人喜好、评点的体例导向等诸多因素有关。评点者对于底本，有一字不删者，也有另行芟节、增补、改造者，虽然态度不同，处理底本的方式不一，但是他们在为读者提供一个完善、质量上乘的《左传》评点作品上是殊途同归、高度一致的。

清代《左传》评点文本的外部形态，是《左传》评点文本的直观呈现，基本上具有相似的形态展现，有正文，有注释，有圈点，有序跋等，多能一目了然地分辨出各部分内容，明晰其意义指向。但是，外部形态又不纯然是一目了然的，它们为何会呈现此种形态，外部形态背后又有怎样的传统延续，又有怎样的个人改造，各种部件之间究竟是怎样的关联，这里面有一双隐形的手在操控着一切。

第二节　文本层次

清代《左传》评点的每一个文本，都是独立的、完整的且自成系统的，文本的各个部件共同作用而形成了"独一无二"的"这个"文本②。同时，这个自成系统的文本，又与众多"那个"评点文本相互作用，它们又成为整个清代《左传》评点文本系统的部件，共同缔造了另一个"更大的""独一

---

① （清）吴楚材、吴调侯选注，安平秋点校：《古文观止·例言》，中华书局 2020 年版，第 1 页。

② 雷纳·威莱克将英格尔登所分出的文学作品的结构层次概括为四层：一是"语词—声音"层，二是意群，三是系统方向，四是客体所体现的世界，此四个层次在整体中皆有作用，"在最理想的情况下，这一整体达到一种'多音的和谐'"（[美]雷纳·威莱克著，林骧华译：《西方四大批评家》，复旦大学出版社 1983 年版，第 102 页）。

无二"的"这个"文本。小文本内部、小文本之间、大文本内部、小文本与大文本之间，都有各自独立的文本层次，层层累积，层层推进，在分裂、融合作用之下，文本场域建造成功。

一、《左传》评点本与《左传》文本、《左传》注释文本的文本系统

《左传》在中国古代多被视为《春秋》之传，在汉代被立为学官，隋唐以来被列入"九经""十一经""十三经"，成为科举考试的经典，成为治国理政、规范思想的重要依据，影响巨大，为学子所熟知。因此，自汉代始，就出现了很多《左传》的注释本，"前汉张苍、贾谊、尹咸、刘歆，后汉郑众、贾逵、服虔、许惠卿等，乃各为训诂，以传《左氏》。晋世杜预元凯作《左氏集解》，而晋宋传授，以至于唐为义疏者，更得沈文沙、苏宽、刘炫辈，传复有传，解复有解，推崇《左氏》，几与经等"①，形成了数量庞大、滚雪球式、代进式的诠释体系。

《左传》的诠释体系是不断叠加的，这个叠加的体系具有无限的开放性，正如孙少华、徐建委在《从文献到文本——先唐经典文本的抄撰与流变》中所言：

> 文本的产生是确定的，其生产与保存具有"封闭性"特征；而文本的流传、阐释与再书写则具有"开放性"特征。具体说来，文本产生后，其阐释在流传过程中会有不同层次的累积与叠加，表现出鲜明的流传与再书写的开放特征。②

作为原文本的《左传》，其文本从生产完毕结束，其文本样态已经固定，具有了封闭性的特征。与其相反，具有"开放性"特征的是其不断出现的阐释

---

① （清）魏朝俊：《选批左传·选批左传说》，光绪十四年（1888）古香阁魏氏刊本。
② 孙少华、徐建委：《从文献到文本——先唐经典文本的抄撰与流变》，上海古籍出版社2016年版，第103页。

文本，其意义会在诠释与再书写中不断更新、叠加，这个系统中的阐释文本，无论在数量上、种类上、方法上都具有无限的延伸可能。

在《左传》文本诠释系统中，《左传》评点文本属于"第三代"。《左传》文本为第一代，《左传》注释文本属于"第二代"，当然，第二代又是一个自生系统，具备次生代。《左传》评点文本，是在《左传》文本、《左传》注释文本基础上的"第三代"，既有对《左传》文本本身的阐释，又有对《左传》注释文本的接受与加工。虽然有的《左传》评点本没有直接展示《左传》注释文本的原貌，但是它所做的注释中一定有前代注释文本的影子。从而形成了《左传》文本、《左传》注释文本、《左传》评点文本共生的三代文本，形成了多重文本系统。

《左传》评点文本与《左传》注释文本的关系，相对复杂一些，源自不同的评点理念，清代《左传》评点者对《左传》注释文本呈现出了不同的态度。很大一部分人认同前人注释文本，如姜希辙《左传统笺·序》言，"假使《左氏》而仅列其本文，学者以意悬解，或且失其句读，乌能寻文晓畅，领其旨趣哉"①，认为前人注释文本是读者阅读的重要参照与依据。《于埜左氏录》则没有选录前人注释文本，其言曰"《左传》注解，诸本悉载，此独汰去，亦以读此书者当有巨眼，非训诂家所晓也"②，在盛谟看来，读《左传》的训诂，不是读《左传》的最终目的，亦非读《左传》的最高层次，读者最为重要的是从《左传》文本中寻得不同俗常之处，此种阅读，靠的不是单纯的字词训释，而是需要独具慧眼。有些评点者虽不反对前人注释，却反对繁琐、芜杂的前人注释，如姚培谦即言此等注释，只会徒增读者苦恼，只会误导读者。因此，《左传》评点文本与前代《左传》注释文本之间的关系，有近有远，有非常依赖者，亦有完全抛弃者。

《左传》评点文本与《左传》文本的关联更为直接，更为紧密。《左传》评点文本，在形式上可以绕过"第二代"的《左传》注释文本，但是却绕不

---

① （清）姜希辙：《左传统笺·序》，《四库全书存目丛书》经部第131册，齐鲁书社1997年版，第2页。

② 李卫军：《左传集评》，北京大学出版社2016年版，第78页。

过《左传》文本，评点者对于《左传》文本无一例外地推崇备至。《左传》文本是评点的"定海神针"，《左传》评点文本一定是在《左传》文本上的评点，没有《左传》文本的《左传》评点文本是不成立的，其圈点、点抹、评语，与《左传》文本一起又形成了一个"新文本"。

当然，《左传》评点文本中的《左传》文本样态，是经由评点者选择、处理而呈现的，一般有两种样态：一种是改动本，一种是原本。

改动本是对《左传》原本进行的修改、组合，一般有删削本和组合本。删削本在《左传》评点系统中较为常见，姜希辙言"是书前人删本甚多"①，冯李骅言"《左传》删本最多"②。删削内容不一而论，或删字、词，或删句子、段落，所删内容，或位于文章之始，或位于文章之中，或位于文章之尾，"或篇删其节，节删其句，句易其字，甚或录前幅而割去后段，或取后劲而弗列前矛，或选中权而前后均从割爱"③。删削的原因，一是为了突出所论说的重点，而删去关系不大的内容。比如《吕相绝秦》等辞令文章，有的评点本只收录绝秦的内容，凸显文辞本身之妙处，而于其前因后果则不予收录。二是为了节约纸版，"左氏之文，善于辞命，前后节末，务省纸版，妄有刊削"④。

读此删节之文，很多人认为，亦不能学得作文之法，"使读者无从得其起伏照应之法，最为大谬"⑤。唐彪曾对删削《左传》本文情况，提出过严厉批评，其言曰：

至于《左传》，选既不精，又皆截去其首尾，如《晋公子历游列国》篇，七百七十字，止摘中间一百五十字，《栾盈出奔楚》

---

① （清）姜希辙：《左传统笺·凡例》，《四库全书存目丛书》经部第 131 册，齐鲁书社 1997 年版，第 4 页。

② （清）冯李骅、陆浩：《春秋左绣·读左卮言》，光绪六年（1880）校镌本。

③ （清）过珙：《古文评注·凡例》，康熙四十二年（1703）刊本。

④ （清）韩葵：《批注春秋左传句解·凡例》，广益书局 1947 年版，第 1 页。

⑤ （清）过珙：《古文评注·凡例》，康熙四十二年（1703）刊本。

篇，七百四十一字，止摘中间三百十七字，《吴子使札来聘》篇，八百三十七字，止摘中间五百字，世岂有首尾尽去，而犹成文者乎？《季梁劝修政》、《夏四月取郜大鼎于宋》诸篇，则去其首者也，夫文无首，则由来且无可考，何况其他？《晋侯复假道于虞》、《吕相绝秦》、《晏子和同之对》诸篇，则截去其尾者也，夫文无尾，且无以见其归结，何况波澜余意也？噫！为此者过矣。推其意，盖以世之习举业者，读古文所重不过取移用于时文而已，佳文未必知也。不思天下岂尽庸才，即中人之下，苟见至佳之文，必无不知，必无不读。今也，乃竟以为不能知不能读而置之，祇选其短小之篇，又徒存其浮词，而去其筋节首尾，岂非目天下士尽为不能知文不能作文而仅能抄文也哉！①

唐彪援引几个典型事例，以此表达他对删除《左传》某一篇章首尾的批评，文无首尾，则不能知文章的起始与波澜所在，自然不能探得文章之妙，亦不会学得作文妙招，只会沦为"抄手"的地步。

　　组合本是将《左传》并不连续的几段记载放在一起，以此呈现事情的起伏变化与后续影响等。储欣《左传选》在选录鲁僖公四年的召陵之盟之前，又将鲁僖公三年齐桓公与蔡姬乘船游玩，齐桓公受到惊吓而送蔡姬回蔡国，蔡侯将蔡姬另嫁他人之事录入，以此展示齐国伐蔡的原因，以让读者更加透彻地理解召陵之盟的内容。姚培谦评点《左传》时提到了两条原则：

　　　　《左传》一书，古本原自单行，因后人夹入经文，故词多割裂，如《郑伯入许》一篇可见，集中皆联属之，方见首尾照应。
　　　　《左氏》记诸大战，有缘起，有收煞，起伏照应，脉络纷然，正复一丝不乱，集中皆备录全文，细加梳栉，庶读者心目朗然。②

① （清）唐彪辑著，赵伯英、王恒德选译：《家塾教学法·读书作文谱》，华东师范大学出版社 1992 年版，第 149—150 页。
② （清）姚培谦：《古文斫·读左国史汉例言》，乾隆甲午年（1774）重订本。

姚培谦言《左传》本来是单本流传，自杜预将经传合一之后，《左传》本来可连接而下的文字，却因《春秋》经文的掺入而让事情之首尾顿显割裂。姚培谦以《郑伯入许》一文为例言说首尾照应的益处与必要，他在此文尾评中言"此传起手，即叙争车一事，后叙诅颍考叔作结，明明璧一子都，使颍考叔死于非命，却佯做不知，将一诅掩天下耳目。故既以会许为知礼，而以此事断其失政刑。见得藏头露尾，奸诈心情如揭。旧评谓左公被他瞒过，殆未综此传首尾观之也"①，要想明白郑庄公的本性、郑庄公伐许的本质、郑庄公一大段陈辞的本心，必须从伐许之前颍考叔与子都争车、颍考叔被射杀以及郑庄公处理此事的方式说起，如此方能明白郑庄公为阴狠人，伐许为制许，陈辞为堵人之口。如若没有前面的铺垫，单看郑庄公的温言好语，一定会被他骗过，认为他真的是有礼之人。评说《左传》写战争的文字，也应采取此种方法，姚培谦的评说都是将战争的起因、过程、结尾、伏应等组合到一起，为的是让读者清楚探知到战争发展的脉络。

全本则是将《左传》原文按照其原先的排列顺序依次展开，其原因一是尊经，二是完整展示文之妙处，如《左绣》言"《左传》删本最多，然长篇无论，即如'漏师'、'城郑'，单辞只句，无不工致，更从何处割爱？愚故全刻而评之，世有昌歜之嗜者，定当把臂入林"②，《左传》无论是长篇大论，还是只言片语，皆有其妙处，因此冯李骅、陆浩不忍割舍，不能删减，皆全文录入而评说。

《左传》文本、《左传》注释文本、《左传》评点文本之间的关系，也并非从一到三的单线传递，《左传》评点文本开始生产时，"始焉因古人之注以求古人之文，继焉因古人之文而转核古人之注，详其事者，务提其要；释其词者，务推其旨，虽不敢谓悉得乎作者之微意，要其于古人之文，原本经术以羽翼圣贤之道者，未尝不三复为之发明也"③，这是《古文赏音》的作者谢

---

① （清）姚培谦：《古文研》卷一《郑伯入许》，乾隆甲午年（1774）重订本。

② （清）冯李骅、陆浩：《春秋左绣·读左卮言》，光绪六年（1880）校镌本。

③ （清）谢有辉：《古文赏音·序》，嘉庆三年（1798）宋思仁重刊本。

有辉在介绍其具体的评点过程时提到的评点方法，他在古人之注、古人之文之间多次反复考核、思索，以求最大限度地还原古人之意。此种做法，不是谢有辉的专利，众多的《左传》评点者在评点之时，并非空言论文论事，而是皆有所据，站在"巨人的肩膀"上，进而有所阐发，有所提升。他们进行《左传》评点文本生产之前，为了保证文本质量，先通过读《左传》注释文本而熟悉《左传》文本，又通过读《左传》文本而去查验《左传》注释文本的质量，从而再进行《左传》评点文本的生产。这个生产过程，是回环往复的曲线形态，而且在评点文本生产进入实践层面时，这种曲线一定是多次反复出现的。

多重文本的系统建构，不单是形式上的关联，更为重要的是其对文本内里的诠释关联，围绕《左传》文本，依据《左传》注释文本，《左传》评点文本实现了诠释意义的"增值"。与文本生产的共性相符，《左传》评点文本在生产结束时，这个新文本便也固定，贴上了"封闭性"的标签，需要其他评点文本的助力，而实现诠释意义的"增值"。

二、《左传》评点文本内部点、抹、眉批、夹注、旁批、尾评的文本系统

自吕祖谦《古文关键》评点古文以来，评点文本的基本部件已经成形，主要是圈点与评说，具体来说，主要有点、抹、眉批、夹注、旁批、尾评等。对于如何安排这些部件，如何让它们发挥最大的功效，这是每一个评点者需要考虑的问题。

评点者寻找到的答案，是不能当游兵散将，而是需要协同作战，才能发挥最大效能。杨义对评点体例进行论说时写道：

> 尽管评点家并不过分追求抽象的理论体系的建立，但他们还是非常注意整然有序的体例的规划。……评点体例在探索中不断完备，大体包括序言、读法、回评、夹批和眉批诸项，组成一个各有分工、各司其

职，又相互呼应、相互渗透、相互补充的可操作性极强的系统。①

评点各个部件围绕一个文本，从不同的意义指向、功能要求出发，发出自己的声音，步步推进，共同展示评点者的情感内里与文章评价。

清代《左传》评点者对于评点各个部件的作用与相互关系，有清醒而自觉的认知，具体来说主要有以下三种认知。

一是评注需兼有。《古文观止·例言》曾云：

> 古文须评注兼有方能豁然。若有注无评，或有评无注，譬若一人之身，知其有面目而不知其有血脉，知其有血脉而不知其有面目，可乎？是编字义典故逐次注明，复另加评语，庶读之者明若观火。②

《古文观止》是针对评、注的关系来说的，在其看来，二者关系密切，如同人的面目与血脉，不可或缺。因此，解读古文，需兼而有之，方能令古文解读豁然呈现，方能令读者明晰接受。

二是各有功能，各自分立。《左绣·刻左例言》曾言：

> 本注单训义例，不论文法。鄙意则专论文法，然无混入本注之理，故另列上方，所以尊杜也。或以高头讲说为嫌，弗遑恤矣。③

《左绣》的评说着意于文法，而其依据的杜注本，则主要论说字义、义例，这是二者的不同。为了文本的条目清晰，它将自己的评说放在正文上方作眉批，而杜注及他注放在正文之下，以夹注形式出现。眉批与夹注各自承担着不同的功能，各自独立，不相混淆。《左绣》自言如此处理，并非是抬高自

---

① 杨义：《中国叙事学》，人民出版社 1997 年版，第 348 页。
② （清）吴楚材、吴调侯选注，安平秋点校：《古文观止·例言》，中华书局 2020 年版，第 1 页。
③ （清）冯李骅、陆浩：《春秋左绣·刻左例言》，光绪六年（1880）校镌本。

己而要作高头讲说，也不是贬低杜注，而恰恰是为了尊杜，文法评点本与注
解不同，若将文法评点掺入杜注之中，反令杜注不显豁。

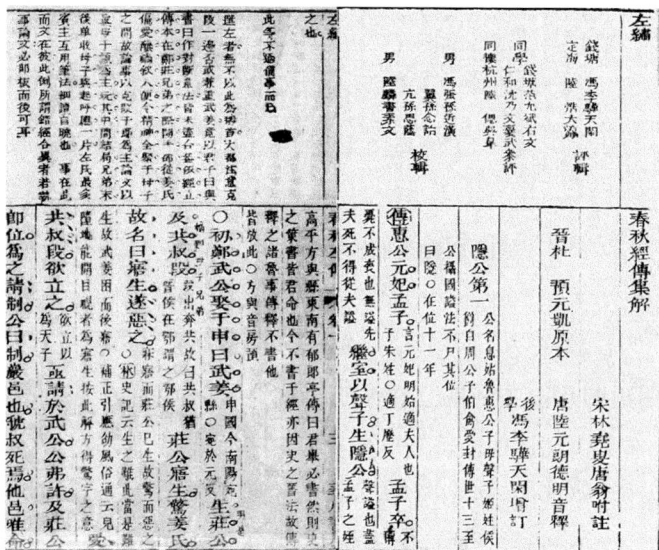

图为光绪六年（1880）校镌本《左绣》书影

此书影更为直观地呈现了《左绣·刻左例言》中提到的文本样态，整个文本
分为上、下两栏，上栏为《左绣》评说，下栏为《春秋经传集解》，二者相
互对应。另外，冯李骅、陆浩对《左传》文章的圈点、旁批、字义解说等，
因为其不同的价值功能被放在了下栏。

三是相互结合，互相补充。评点各个部件虽然所处位置不同，承担的功
能不同，但是它们都统摄在评点者的评点理念之下，前后关联，相互照应。
《左传评》即言其评点，"总评于后，又细评于中，唯恐有负良工苦心、微言
妙绪"①，二者相互照应，为的是抉作者之意，阐篇章之法，明文章之妙。以
《左传评·卫石碏谏宠州吁》为例来看：

---

① （清）王源：《左传评·凡例》，《四库全书存目丛书》经部第 139 册，齐鲁书社 1997 年版，
第 167 页。

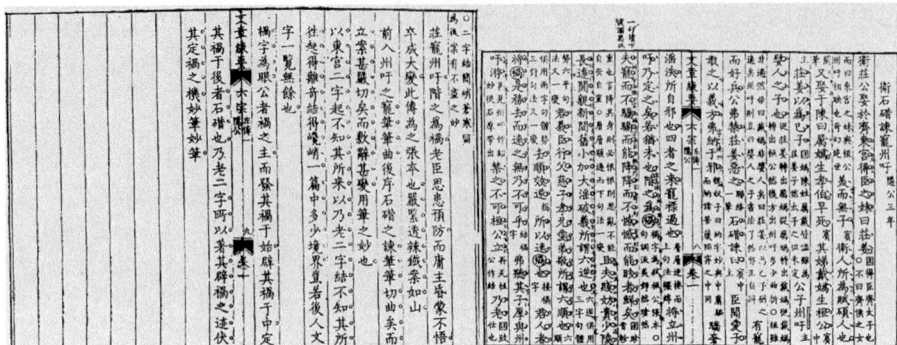

图为康熙居业堂刻本《左传评》书影

文中的"注"为杜预注，下面用"〇"隔开的是王源的文中评，也即他说的"细评"；正文后面的几段文字是王源的文后评，也即他说的"总评"。总评中的四段内容，在文中细评中已经简单提及。

文中细评之"从庄姜转出厉妫，从厉妫转出戴妫，从戴妫转出桓公，然后方出州吁，多少曲折""层层逆楼而上，句法缠绵""'六逆'俱用三字句，体势六平，句法又一变""'六顺'俱用两字句，体势三对，句法又一变"，对应的是总评中的"前入州吁之宠，笔笔曲；后序石碏之谏，笔笔切曲矣。而立案甚严切矣，而敷辞甚变，用笔之妙也"，①言说《左传》叙述州吁之宠的曲折，以及石碏谏词的层层变化，而又层层切题。

文中细评之"不曰齐侯之女，而曰东宫之妹，与桓公、州吁相映也。奇幻绝世""二字结，简峭苍寒"，对应的是总评所言"以'东宫'二字起，不知其所来；以'乃老'二字结，不知其所往。起得离奇，结得巉峭。一篇中多少境界！岂若后人文字，一览无余也"，②言说文章的开头、结尾之妙。

文中细评之"此下极言'祸'字，至'无奈不可'句方结""接'祸'字""结'祸'字"，以及用圆圈圈出的三个"祸"字，对应的是文后总评之

---

① （清）王源：《左传评》，《四库全书存目丛书》第 139 册，齐鲁书社 1997 年版，第 176 页。
② （清）王源：《左传评》，《四库全书存目丛书》第 139 册，齐鲁书社 1997 年版，第 176 页。

"'祸'字为眼。公者，祸之主。而发其祸于始，辟其祸于中，定其祸于后者，石碏也。'乃老'二字，所以著其辟祸之迹，伏其定祸之机，妙笔妙笔"①，言说石碏谏言以"祸"字为字眼。

文中细评的"'祸'字为弑庄公张本""留为后案，有不尽之妙"，对应的是文后总评的"庄宠州吁，阶之为祸。老臣思患预防，而庸主昏蒙不悟，卒成大变，此传为之张本也。严紧透辣，铁案如山"②，言说此文的伏笔作用。

文中先有细评，读者在跟随《左传》文本阅读的过程中，自然而然地接收了王源细评给予的零散、片段的点评信息，文章读完以后，王源再进一步将此零散、片段的信息予以长段论说，将读者的浅层次认知进一步强化，此种信息便会更深刻地留存在读者的脑海中。这种由浅及深、由零散到系统的论说，符合读者的接受规律与记忆规律，效果明显。

王源的此种认识，此种评点方法，不是个案，在清代《左传》评点中应该是普遍性、常态化的，刘继庄《左传快评·宋穆公属孔父》的评说亦是运用了此种方法。

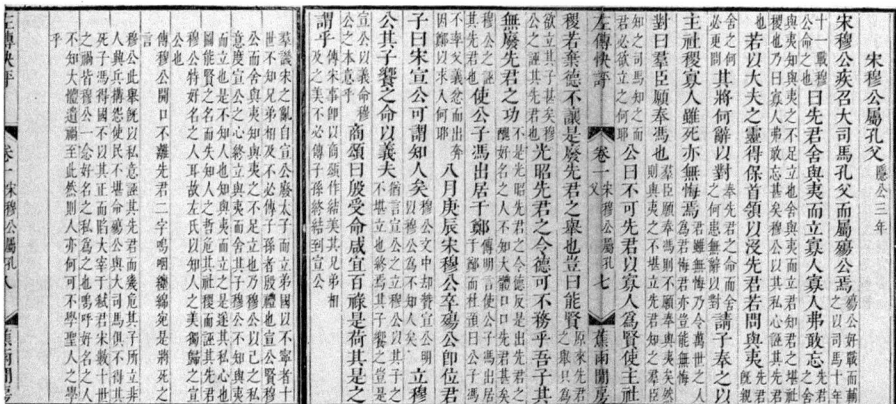

图为康熙四十五年（1706）刊印《左传快评》书影

---

① （清）王源：《左传评》，《四库全书存目丛书》第 139 册，齐鲁书社 1997 年版，第 176 页。
② （清）王源：《左传评》，《四库全书存目丛书》第 139 册，齐鲁书社 1997 年版，第 176 页。

宋宣公不立儿子与夷，而传位于宋穆公，宋穆公不立儿子公子冯而传位于与夷，这两件事在宋国历史上皆是大事，按照《左传》文本，宋宣公为"知人"者，而宋穆公是什么人则没有明言。王源在《宋公和卒》的尾评提到"穆公口口先君，声中有泪，义让也。穆公之义，宣公为之也。归美宣公，结穴'义'字，不必呆结穆公，而中有穆公在"①，认为宋穆公为德义之人，颂美宋宣公，即为颂美宋穆公。作为王源的好友，刘继庄却有不同意见，这在《左传快评》的文中细评与文后总评都有体现。其总评言：

> 群讥宋之乱自宣公废太子而立弟，国以不宁者十世，不知兄弟相及，不必传子孙者，殷礼也。宣公贤穆公，而舍与夷，知与夷之不足立也。乃穆公以己之私意度宣公之心，终立与夷而舍其子。穆公不知与夷而立也，是不知人也；知与夷而立之，是遂其私心也。图能贤之名而失知人之哲，危其社稷而诬其先君，穆公特好名之人耳！故左氏以"知人"之美独归之宣公也。
>
> 传穆公，开口不离"先君"二字，呜咽缠绵，宛是将死之言。
>
> 穆公此举，既以私意诬其先君，而几危其子。所立非人，兴兵构怨，使民不堪命，殇公与大司马俱不得其死。子冯得国，不以其正，而陷太宰于弑君。宋数十世之祸，皆穆公一念好名之私为之也。呜呼！好名之人，不知大体，遗祸至此。然则人亦何可不学圣人之学乎！②

刘继庄认为，《左传》文本呈现出来的是对宋穆公的批评甚或讨伐的态度，具体来说，宋穆公的罪名主要有三：好名不识大体，不知人而危社稷，诬先君而危其子。宋宣公之所以不立与夷，在于对与夷的不认可，然而宋穆公从其私心猜度宋宣公想立与夷，只不过是当时形势所迫而已。因此，他不想落得一个贪图权势、不知感恩的名声，便一意孤行立与夷为嗣君，这是对宋宣

---

① （清）王源：《左传评》，《四库全书存目丛书》第 139 册，齐鲁书社 1997 年版，第 175 页。
② （清）刘继庄：《左传快评》卷一《宋穆公属孔父》，康熙四十五年（1706）刊本。

公的污蔑，亦非有利国家之举。他让儿子公子冯出居郑国，后致与夷被弑杀，公子冯不能以正道即位，甚至引来了宋国数十世的灾祸。总评里的内容大概，文中细评亦全部提及：

> 殇公好战而辅之以司马，十年十一战，穆公命之也。
>
> 先君之舍与夷，知与夷之不足立也。舍与夷而立君，知君之堪社稷也。乃曰"寡人弗敢忘"，甚矣！穆公以其私心诬其先君也。
>
> 君虽无悔，乃令万世之人为君悔。君亦岂能无悔？
>
> 群臣愿奉冯，则不愿奉与夷矣。然则与夷之不堪立，先君知之，群臣知之，司马知之，而君必欲立之，何耶？
>
> 原来先君之举，只为欲立其子？甚矣！穆公之诬其先君也。
>
> 不是光昭先君之令德，反是出先君之丑。好名之人不知大体，口口先君，甚矣！穆公之诬其先君也。
>
> 穆公文中，却赞宣公，明以穆公为不知人矣。
>
> 犹言宣公之立穆公，以其子之不堪立也。终焉其子飨之，岂是宣公以义命穆公之本意乎？
>
> 传宋事即以《商颂》作结，美其兄弟相及之美，不必传子孙，终结到宣公。①

文中细评从《左传》文本的具体语境出发，发掘宋穆公、大臣、君子之话语背后的意思，散点出现了对宋穆公的批判，至文后总评则将之概括、提炼，建构起了对宋穆公的评价。

总之，在大部分《左传》评点者看来，一部评点作品就是一个大文本，里面的所有内容，都是这个大文本的组成部分，它们各司其职，相互补充，缺一不可。

---

① （清）刘继庄：《左传快评》卷一《宋穆公属孔父》，康熙四十五年（1706）刊本。

三、《左传》评点与选本中其他文本评点的关系系统

《左传》评点文本，从所收文本的内容来看，一般分为以下两大类。

一类是专门对《左传》的评点，即评点对象仅是《左传》文本。这一类《左传》评点文本，从评点作者的数量上看，又分为单评本、合评本与集评本。所谓单评本，是指一位评点者对《左传》的评点文本。所谓合评本，是指几位评点者对《左传》的评点文本，如《左绣》为陆浩、冯李骅二人合作完成。所谓集评本，是指集引多位评点者的评点，如高梅亭《左传钞》集录了此前或同时代诸多评点者的评论。

《左传》评点文本中部件与部件之间的关联，不单单在一篇文章之中有直接呈现，在篇与篇之间也有间接关联。《左传评·凡例》有云："评语皆作文窍妙，一篇可旁通千百篇而无穷，非仅为此一篇说法也。读者勿忽。"①这是评与评之间的关联，一篇文章的评语，虽然有具体的点评对象，有不同的言说范围，然而总体上却能触类旁通，一通百通，受用无穷。此种关联，《左传评》有时有直接的说明、揭示，如《蔡人卫人陈人从王伐郑》一文评说写郑庄公的笔法曰：

> 拒王命，射王肩，不臣已甚，偏结出一种如忠似厚、恂恂秉礼之
> 态。郑伯之诈，适成左氏之文耳。与《克段》文同一笔法。②

繻葛之战前，郑庄公不听王命，引起周桓王不满，从而有了繻葛之战。繻葛之战中，郑庄公手下又射中周桓王肩膀，根本没把周桓王放在眼中。然而，繻葛之战后，郑庄公以"君子不欲多上人，况敢陵天子乎"③的"自救"之辩、

---

① （清）王源：《左传评》，《四库全书存目丛书》经部第139册，齐鲁书社1997年版，第167页。

② （清）王源：《左传评》，《四库全书存目丛书》经部第139册，齐鲁书社1997年版，第180页。

③ 杨伯峻：《春秋左传注》，中华书局2009年版，第106页。

"使祭足劳王，且问左右"①的慰问举动，为自己洗去不臣之心，为自己披上一件尊礼忠厚的外衣。王源在评说时提到，此篇所用笔法，与《郑伯克段于鄢》一文中郑庄公黄泉见母相同、相通。如此一来，读过《郑伯克段于鄢》的读者，便会再回过头去重读此文，重读王源的评语，重新感受郑庄公的"伪装"，重新体悟《左传》的写人笔法。《左传评·郑伯克段于鄢》尾评有言：

> 如此篇，叙庄公，残忍人也，阴贼人也，乃未写其如何残忍，如何阴贼。先写其仁厚，而既写其如何残忍，如何阴贼；又另写一孝子，如何仁爱，如何笃孝，因写庄公如何念母，如何见母，如何母子如初，且曰"纯孝"，曰"爱其母"，曰"孝子不匮"，与前文固秦越之不相侔也，非变化之妙哉！②

郑庄公的奸诈，在"克段"与"繻葛之战"两处表现得最明显，郑庄公对待母亲、弟弟皆无仁爱孝悌之心，然而《左传》却写他思母、念母、见母、爱母，前后判然有别。此两篇文章互文见义，以不同寻常的奸诈之态的描写来阐释"贵乎变化"的文章之道，"精严当变为疏宕，险峭当变为中庸，写儿女当变为英雄，写乱贼当变为忠孝，正忽变为奇，奇忽变为正，千变万化，不可端倪，然后方有生气，方能万古常新"③，多变化方能成就妙文。假若单纯读《蔡人卫人陈人从王伐郑》一文，或许还不能直接体会到其中的变化之道，但是一旦联系《郑伯克段于鄢》一文，对于郑庄公的认识以及《左传》的笔法就会加深很多。当然，有时篇与篇之间的关联，评点作品也不会说得那么明确，需要读者自己去感受，去体悟。

另一类是古文评点文本中涉及《左传》的评点，即评点对象不仅有《左

---

① 杨伯峻：《春秋左传注》，中华书局 2009 年版，第 106 页。
② （清）王源：《左传评》，《四库全书存目丛书》经部第 139 册，齐鲁书社 1997 年版，第 173—174 页。
③ （清）王源：《左传评》，《四库全书存目丛书》经部第 139 册，齐鲁书社 1997 年版，第 173 页。

传》文本，还有其他古文文本。那么，在这一类评点文本中，《左传》评点文本究竟处于什么位置呢？它与其他文本的关系，亦是考察评点者对《左传》态度的一个角度。

在古文评点史上，绝大部分选录《左传》的古文评点本都倾向于将《左传》放置在整个评点本的开头。此种做法源于真德秀的《文章正宗》。《文章正宗》的选文分为"辞命""议论""叙事""诗赋"四类，其中，"辞命""议论"先列《国语》，再列《左传》，"叙事"先列《左传》，"诗赋"先列《康衢谣》《击壤歌》等原始歌谣。《文章正宗》作如是安排，一是要展现文章的源流变化。"'正宗'云者，以后世文辞之多变，欲学者识其源流之正也"，真德秀通过审视当时尚且行世的《昭明文选》《唐文粹》，认为此二书所录不能称之为文章之正宗，"自昔集录文章者众矣，若杜预、挚虞诸家，往往湮没弗传，今行于世者，惟梁《昭明文选》、姚铉《文粹》而已。由今眂之，二书所录，果皆得源流之正乎"，自然不能准确地展现文章的源流发展等。二是《左传》成就高且年代靠前。真德秀认为《左传》符合他"明义理、切世用"的选文标准，又不像《春秋》《尚书》那般地位神圣而不敢与后世文章并列，"《书》之诸篇，圣人笔之，为经不当与后世文辞同录。独取《春秋》内外传所载周天子谕告诸侯之辞、列国往来应对之辞"，故而无论是"辞命""议论""叙事"，都将《左传》文章放置于前位，"今独取《春秋》内外传所载谏争论说之辞，先汉以后诸臣所上书、疏、封事之属，以为议论之首"，"独取《左氏》《史》《汉》叙事之尤可喜者，与后世记、序、传、志之典则简严者，以为作文之式"。①

《文章正宗》是第一本评点《左传》的作品，它在《左传》评点史上具有引领与示范作用，清代的《左传》评点者在古文评点时，往往将《左传》放置在篇首②。放置于篇首的《左传》评点，开篇见义，承担着引领与统摄全书的功能。

---

① （宋）真德秀：《西山先生真文忠公文章正宗·纲目》，嘉靖四十三年（1564）序刊本。

② 杨绳武《文章鼻祖》先列《尚书》，后列《左传》，与此有别，其原因在于，杨绳武将《尚书》视为"经之祖"，而《左传》是"传"之祖，而一般的古文选本基本不收经书。《左传》虽未列于《文章鼻祖》之首，但仍是传记类作品的鼻祖。

第一，与先秦古文相关，《左传》与其相互补充，互文见义。

很多古文评点本，选《左传》的同时，会选取《国语》《公羊传》《穀梁传》《战国策》，这都是记载历史的典籍。《国语》《公羊传》《穀梁传》与《左传》记载时间的时段多有重合，那么，评点者在选文时就选了很多共同的事件来评说。

王源的《文章练要》有《左传评》《公羊传评》《穀梁传评》《孟子评》《庄子评》，其中《左传评》《公羊传评》《穀梁传评》又被合在一起，称《或庵评春秋三传》。《公羊传评》与《左传评》收录的共同事件有"赵盾弑其君""邲之战""鞌之战""吴子使札来聘""黑肱以滥来奔""齐陈乞弑其君"等，《左传评》与《穀梁传评》重合的事件有"郑伯克段于鄢""鞌之战""梁山崩"等。《左传评》《公羊传评》《穀梁传评》选评与这些事件相关的文字，有相同的地方，也有不同之处。比如《左传评》有《晋赵盾弑其君夷皋》一文，《公羊传评》没有选此文，但选了《晋赵盾卫孙免侵陈》一文。

　　赵盾弑君，此其复见何？亲弑君者，赵穿也。亲弑君者赵穿，则曷为加之赵盾？不讨贼也。何以谓之不讨贼？晋史书贼曰："晋赵盾弑其君夷獳。"赵盾曰："天乎！无辜！吾不弑君，谁谓吾弑君者乎？"史曰："尔为仁为义，人弑尔君，而复国不讨贼，此非弑君如何？"赵盾之复国奈何？灵公为无道，使诸大夫皆内朝，然后处乎台上，引弹而弹之，己趋而辟丸，是乐而已矣。赵盾已朝而出，与诸大夫立于朝，有人荷畚自闺而出者，赵盾曰："彼何也？夫畚曷为出乎闺？"呼之，不至，曰："子大夫也，欲视之，则就而视之。"赵盾就而视之，则赫然死人也。赵盾曰："是何也？"曰："膳宰也。熊蹯不熟，公怒，以斗摮而杀之，支解，将使我弃之。"赵盾曰："嘻！"趋而入。灵公望见赵盾，愬而再拜。赵盾逡巡北面再拜稽首，趋而出。灵公心怍焉，欲杀之。于是使勇士某者往杀之。勇士入其大门，则无人门焉者；入其闺，则无人闺焉者；上其堂，则无人焉。俯而窥其户，方食鱼飧。勇士曰："嘻！子诚仁人也！吾入子之大门，则无人焉；入子之闺，则无人焉；上子之堂，则无人焉；

是子之易也。子为晋国重卿，而食鱼飧，是子之俭也。君将使我杀子，
吾不忍杀子也，虽然，吾亦不可复见吾君矣！"遂刎颈而死。灵公闻之，
怒，滋欲杀之甚，众莫可使往者。于是伏甲于宫中，召赵盾而食之。赵
盾之车右祁弥明者，国之力士也，仡然从乎赵盾而入，放乎堂下而立。
赵盾已食，灵公谓盾曰："吾闻子之剑，盖利剑也，子以示我，吾将观
焉。"赵盾起，将进剑。祁弥明自下呼之曰："盾食饱则出，何故拔剑于
君所！"赵盾知之，躇阶而走。灵公有周狗，谓之獒。呼獒而属之，獒
亦躇阶而从之。祁弥明逆而踆之，绝其颔。赵盾顾曰："君之獒，不若
臣之獒也！"然而宫中甲鼓而起，有起于甲中者，抱赵盾而乘之。赵盾
顾曰："吾何以得此于子？"曰："子某时所食活我于暴桑下者也。"赵盾
曰："子名为谁？"曰："吾君孰为介？子之乘矣！何问吾名？"赵盾驱而出，
众无留之者。赵穿缘民众不说，起杀灵公，然后迎赵盾而入，与之立于
朝，而立成公黑臀。①

此文为《公羊传》最长的文章，《公羊传》大部分为短文，此处却不嫌其长，
详述事件始末。其叙述与《左传》有几处大的不同：一是叙法不同，《左传》
为直叙，《公羊传》为追叙。二是详略不同，《左传》详叙士会谏晋灵公之辞，
《公羊传》详叙赵盾与运膳宰之人的对话；《左传》详述赵盾与翳桑人的过往，
《公羊传》则用二人对话交代清楚。三是内容不同，《左传》言晋灵公派往刺
杀赵盾的人，名叫鉏麑，《公羊传》以"某"代之；《左传》言刺客"触槐而
死"，《公羊传》言其"刎颈而死"；《左传》言赵盾"寝门辟矣，盛服将朝。
尚早，坐而假寐"②，《公羊传》言赵盾"方食鱼飧"；《左传》言刺客因赵盾"不
忘恭敬"，而不愿"贼民之主"，放弃刺杀赵盾，《公羊传》言刺客因身为重
卿的赵盾非常节俭而放弃刺杀赵盾；《公羊传》言晋灵公令赵盾拔剑，而《左
传》未言此事；《左传》言提弥明扶赵盾欲离开王宫，《公羊传》言赵盾自己"躇

---

① 刘尚慈译注：《春秋公羊传译注》，中华书局 2010 年版，第 343—344 页。
② 杨伯峻：《春秋左传注》，中华书局 2009 年版，第 658 页。

阶而走";《左传》言提弥明死,《公羊传》未明言。

王源《左传评》与《公羊传评》选择不同的文章,叙法不同、详略不同、内容不同,但二者合一,可以对"赵盾弑其君"一事有更全面、更生动、更深刻的认识,这是二者的互补之处。另外,《左传评》《公羊传评》中的评语,亦可互相参见。如《左传评》在"触槐而死"下有夹注言:"序鉏麑之侠,为赵盾生色"①,《公羊传评》在刺客"刎颈而死"后有夹注曰"一次杀盾不得",此二者是可以相互解释的,《左传》所记鉏麑之死,亦是一次不成功的刺杀行动,《公羊传》写刺客某之死,亦是侠义之举,还能衬托赵盾的重卿风采。《公羊传评》有夹注言"叙谏公为杀赵盾起案",②《左传评》没有此条论说,然而将《公羊传评》的此条评说置于《左传》文本中,并不违和,甚为熨帖。《左传》与《公羊传》的记载详略不同,但都是有详有略,正如《公羊传评》所言"繁处简,略处详,忙处闲,热处冷"③,令人耐看而不倦。

《公羊传评》与《左传评》都选录了"黑肱以滥来奔"一事,二文所写之事虽然侧重点不同,《左传》是直接解读《春秋》为何要这么写,而《公羊传》在"以滥来奔"本事之外援引了大段事例,层层排列,言叔术之让、颜公之诛,"又以简峭行之,使人不见其迹"④。两相结合,既有史实依据,又有笔法解读,清晰明了。同时,二书在评说时又有共同的评说点。《公羊传评》尾评写道:"此《公羊》第一篇奇文,可与《左氏》争雄,所以然者,只是断乱莫测耳。"⑤ 这是《公羊传评》自己提到与《左传》的关联,关联点

---

① (清)王源:《左传评》,《四库全书存目丛书》经部第 139 册,齐鲁书社 1997 年版,第 234 页。
② (清)王源:《公羊传评》,《四库全书存目丛书》经部第 139 册,齐鲁书社 1997 年版,第 404 页。
③ (清)王源:《公羊传评》,《四库全书存目丛书》经部第 139 册,齐鲁书社 1997 年版,第 405 页。
④ (清)王源:《公羊传评》,《四库全书存目丛书》经部第 139 册,齐鲁书社 1997 年版,第 419 页。
⑤ (清)王源:《公羊传评》,《四库全书存目丛书》经部第 139 册,齐鲁书社 1997 年版,第 418 页。

便是"奇"。至若如何成就"奇文",《左传评》给出的答案是"随手变化,莫测端倪"①,《公羊传评》给出的答案亦是变幻莫测。

第二,与秦汉之后的文章相关,《左传》在"载道"上有所规设,明道以致世用。

清代《左传》评点者评点《左传》的一个原因,在于《左传》蕴含经世之道,关系世道人心,可以用来指导初学,可以用来安邦定国。

《左传》作为某些古文评点本的首选之文,首先昭示了评点者认可的"文之佳者必载道"的理念。康熙为《古文渊鉴》作的序,开篇即为"夫经纬天地之谓文。文者,载道之器",他所择取评点的文章皆为载道之文,"朕留心典籍,因取古人之文,自春秋以迄于宋,择其辞义精纯,可以鼓吹六经者,汇为正集",各类文章虽然文体不同,流别各殊,但在康熙看来,皆可以"引而伸之,触类而通之"。②他选录《左传》文章予以点评,治国理念于此可见一斑。林云铭《增订古文析义合编·凡例》即提出"文所以载道也,是编凡忠孝义烈大节及时务经济,关系于国家兴亡,或小题中立意正大者,方汇入选,其一切排偶粉饰、变乱是非之文,及有得于时忌者,虽工致可观,概不敢录"③,不是载道之文即非佳作,自然不能入选以载道为上的评点本中。

《左传》作为首选之文,其次昭示了"载道"之文的源头作用。古文评点选评"载道"文章,一般从经书讲起,过珙《古文觉斯·序》中有言:"夫文以载道,四子五经,固道所从出,文章中之昆仑星宿海也。周秦两汉以迄唐宋元明大家之文,其言之可传而不朽者,亦道所由寓,文章中之百川众壑、殊涂同归者也。"④过珙认为,四书五经为载道之渊薮,后代能传之不朽的文章,也是载道之文。以《古文渊鉴》为例,多次强调重贤、用贤,如

---

① (清)王源:《左传评》,《四库全书存目丛书》经部第 139 册,齐鲁书社 1997 年版,第 361 页。

② (清)爱新觉罗·玄烨选,(清)徐乾学等编著:《御选古文渊鉴》,康熙四十九年(1710)武英殿刻五色套印本。

③ (清)林云铭:《增订古文析义合编·凡例》,康熙五十五年(1716)刻本。

④ (清)过珙:《古文觉斯·序》,康熙十一年(1672)刻本。

《随季梁劝修政》《楚蒍启疆论辱晋》等，"季梁在而楚不敢伐随，宫之奇行而晋即举虞，合二国之事观之，可以见用贤之效矣"①，而在评说后面汉高祖的《求贤诏》时，即有评曰"人材者，国家之桢干，储蓄而器使之，惟患其不广"②；强调孝悌之德行，如《郑庄公叔段本末》言"孝为人心之同，百行之本"③，评说后文汉昭帝的《赐涿郡韩福等五人诏》时言道："优赐有行义者，使修孝弟以教乡里，较之居官尽职，裨益尤多。"④ 此等相似的论说，在《古文渊鉴》中还有多处，在《古文观止》《古文觉斯》《古文评注》《古文释义》等评点本中亦有多处，此皆是对文以载道观念的认可，亦是对《左传》载道作用的强调。

在很多评点者心目中，后世文章若不能取法前人，不能学习名家，必定为无源之水、无本之木，为人所耻笑，"夫学者取法乎上，高以自命，方能雄迈超脱，卓然自立于世。但行文不本于周、秦、两汉以及唐、宋、元、明大家，识者必嗤其毫无根柢，而屏诸庸俗不堪之列"⑤。抱有此种想法的人绝非少数，因此，当他们将《左传》视为载道文章，又将之置于选文之首时，其追根溯源的意义自然不言而喻了。

《左传》与选录的后世文章，都是评点者展现载道理念以及文章作法的重要载体，但是《左传》与后世文章的入选及入选数量，代表着不同评点者对"古文""古文范本"的理解与认知。对于清代的古文评点者来说，他们对古文推崇备至，"天下之可以长垂不朽、脍炙人口者，惟古文为最"⑥，一般

① （清）爱新觉罗·玄烨选，（清）徐乾学等编著：《御选古文渊鉴》卷一，康熙四十九年（1710）武英殿刻五色套印本。

② （清）爱新觉罗·玄烨选，（清）徐乾学等编著：《御选古文渊鉴》卷一〇，康熙四十九年（1710）武英殿刻五色套印本。

③ （清）爱新觉罗·玄烨选，（清）徐乾学等编著：《御选古文渊鉴》卷一，康熙四十九年（1710）武英殿刻五色套印本。

④ （清）爱新觉罗·玄烨选，（清）徐乾学等编著：《御选古文渊鉴》卷一〇，康熙四十九年（1710）武英殿刻五色套印本。

⑤ （清）过珙：《古文评注·序》，康熙四十二年（1703）刊本。

⑥ （清）林丰玉：《古文析义·序》，载（清）林云铭：《增订古文析义合编》，康熙五十五年（1716）刻本。

选择先秦、秦汉、唐宋文为评说对象，有些评点者倾向于先秦古文，故而作为先秦古文代表的《左传》选文在整本书中所占比例很高。《古文释义》选文共 147 篇，其中《左传》30 篇，《国语》10 篇，《公羊传》2 篇，《穀梁传》2 篇，《檀弓》8 篇，《战国策》16 篇，《楚辞》2 篇，《南华经》1 篇，秦文 1 篇，西汉文 17 篇，《史记》9 篇，东汉文 6 篇，晋文 3 篇，唐文 7 篇，韩文 9 篇，柳文 3 篇，宋文 19 篇，元文 1 篇，明文 1 篇，其中先秦文 71 篇，高于其他朝代的选文；其中《左传》选文高于所有的单一著作或单一作家的选文，可见，在余诚看来，学习古文，当以先秦文为主，先秦文又以《左传》为主。至若唐宋八大家之文，亦非常重要，"古文佳篇可以汗牛充栋，而唐宋八家尤夥，苦于集隘，颇多割爱，俟二编再为评注问世"①。《古文观止》选文共 222 篇，其中《左传》34 篇，《国语》11 篇，《公羊传》3 篇，《穀梁传》2 篇，《礼记》6 篇，《战国策》14 篇，秦文 1 篇，楚辞 2 篇，《史记》14 篇，其他西汉文 13 篇，东汉文 2 篇，后汉文 2 篇，六朝文 6 篇，韩文 24 篇，柳文 11 篇，其他唐文 8 篇，欧阳修 13 篇，苏洵 4 篇，苏轼 17 篇，苏辙 3 篇，曾巩 2 篇，王安石 4 篇，其他宋文 8 篇，明文 18 篇，其中先秦文 72 篇，汉文 31 篇，唐文 43 篇，宋文 51 篇，先秦文的选文比例最高，《左传》仍然稳居榜首。此等数据可以证明清代古文评点者对《左传》载道功能的认可与推崇。

第三，与秦汉之后的文章相关，《左传》在文法上亦有所贡献，成为后世习文之范例。

清代《左传》评点者对《左传》的文章学意义皆有体认，首先，《左传》影响后世文风。《左传评林·序》中即言："春秋至今，时代几更，文风不能无盛衰纯驳之异，譬之天时，虽有春夏秋冬之分，而美景良辰四时咸具。自左氏后，《国语》、《国策》、班、马、韩、欧，下逮前明，以及我各公巨卿之文，亦如四时之中各有佳处，其中正和平、锵金振玉之声，固自不乏，而寻其绪系，总不外于《左氏》。"②张昆崖提出文风时变，文章各有佳处，但是

---

① （清）余诚：《重订古文释义新编·凡例》，宣统辛亥年（1911）上海文瑞楼印。
② （清）张昆崖：《左传评林·序》，道光丁未年（1847）武水研香书屋校刻本。

文章之佳处并非凭空出现。其中,中正和平的文风,当源自《左传》。

其次,《左传》影响后世文法。姚培谦在《古文斫·读左国史汉例言》中说道:"叙事之法,至《史记》而具备,虽长篇至千万言,中或旁及一人,或连及数事,其断筒接脉处,具有神理。其法自《左氏》开之,至史公,遂为圣手,班氏则加以缜密耳。嗣响者,卢陵之后无闻矣。"① 姚培谦言说叙事之法,推崇《史记》《汉书》法备而缜密,认为其法当从《左传》发端。比如长篇中旁及一人之法,如《左传》记载"赵盾弑其君"一事时,在赵盾被刺杀的关键时刻为人所救,此人为谁? 他为何要救赵盾? 这需要交代清楚,否则读者便会如同置身云里雾里,无从猜度,因此《左传》用一"初"字,交代了此人为翳桑饿人,因赵盾赐其食物并接济其母而感念在心。《左绣·读左卮言》细细列举了《左传》的不同叙法,如"有正叙,有原叙,有顺叙,有倒叙,有实叙,有虚叙,有明叙,有暗叙,有预叙,有补叙,有类叙,有串叙,有摊叙,有簇叙,有对叙,有错叙,有插叙,有带叙,有搭叙,有陪叙,有零叙,有复叙,有间议夹叙,有连经驾叙,有述言代叙,有趁文滚叙,有凌空提叙,有断案结叙"② 。当然,《左传》对后世文法的影响,还有很多,比如伏应、剪裁、详略、宾主、衬托等法,这些文法在古文评点作品中经常出现,对当时或后世的文章写作都有理论指导意义。

最后,《左传》的影响,不单在具体可见的文法上,更重要的是神理影响。学习古文,文法很重要,但是文章之间的神理关联更为重要。林云铭《增订古文析义合编·凡例》中言:"读古文要得篇中神理。如王荆公读眉苏《表忠观碑》云似太史公《楚汉以来诸侯王表》,试问那一句相似? 此神理也。"当时很多学子读书,只要不切举业,只要没有直接关联,便不上心,但在林云铭看来,"观斗蛇而字法进,观舞剑而画事工",③ 要寻得文章的神理所在,方能越古至今,古为今用。

---

① (清)姚培谦:《古文斫·读左国史汉例言》,乾隆甲午年(1774)重订本。
② (清)冯李骅、陆浩:《春秋左绣·读左卮言》,光绪六年(1880)校镌本。
③ (清)林云铭:《增订古文析义合编·凡例》,康熙五十五年(1716)刻本。

《左传》的单篇评点文本与其他的《左传》评点文本、《左传》评点文本与同一古文评点文本中其他评点文本的关系，呈现出相互独立而又相互依存、相互补充、相互阐释的关系，它们如同一个身体的不同部分，有神理统摄，有互动关联，协调一致，共同向前。

清代《左传》评点文本是一个大系统，在整个系统内部有不同的部件，这些部件构成了不同的文本层次，体现了不同部件的不同性质。《左传》原文、《左传》注释、《左传》评点的层次，关涉的是文本生产过程；点、抹、眉批、夹注、旁批、尾评的关联层次，关涉的是评点部件的相互依存；《左传》评点与古文选本其他评点的关联层次，关涉的是评点者的古文建构理念。它们从不同的方向进入文本生产、阐释、评说、流传，带来了浓厚的历史感与强烈的立体感。

第四章　清代《左传》评点关键词

　　清代《左传》评点者评说《左传》文本，各有方向，亦各有依据，他们在诸多视角不同的评说中，采用了很多共同的术语。这些术语在单个《左传》评点文本、整个《左传》评点中出现的频率极高，概括力极强，很好地代表了他们的评点理念与为文之道，是探寻清代《左传》评点的"关键"。此类术语，我们称之为《左传》评点的关键词。

　　关键词研究，在西方自英国学者雷蒙·威廉斯而逐成规模，他的《关键词：文化与社会的词汇》一书成为关键词研究的必读书目，进而也影响了中国的文学批评研究，关键词研究的著作如雨后春笋般出现。其实，关键词研究在中国算不上新理论，中国古代早期的文本书写中即已出现，如先秦诸子中的概念辨析与专题论文即已初具样态，南朝时期刘勰的《文心雕龙》则开始了比较典型的关键词批评实践，对 49 个文论关键词进行解读，振叶寻根，观澜索源。更为重要的是，此后的文话、诗话、评点中存在着大量的关键词，这些关键词对应着的是一部部不同的古代著作、一篇篇生动的古代作品、一个个鲜活的作者及评论者；这些关键词背后是一个时代、几个时代乃至整个古代社会的审美理念与价值追求，建构着古代知识分子的思维习惯与学术素养；这些关键词亦影响着现代的写作与阅读。因此，探寻清代《左传》评点关键词的内涵与价值功能，不仅能进一步了解清代《左传》评点的内里，而且对了解中国古代文学批评、对构建新时代的中国话语体系具有一定的促进作用。

目前对关键词的界定众说纷纭①，但一个不可反驳的义项是重要的、核心术语。具体到评点而言，一个相对简单可行的方法便是依据词语出现的频次判断。此种方法的出现，与评点的独特性有关。评点是随文阐释，有点抹、眉批、夹注、尾评等方式，有些字词在字法、句法、章法的点评时会多次反复出现，虽然关键词不一定是出现频次最多的字，虽然数量不是绝对的判断依据②，但一部评点作品中成百甚至上千的出现频次，绝对是重要的参照与评判标准。因此，我们可以说，在评点作品中大量、反复、多次出现且有一定阐释的语词，当可选定为关键词。

第一节　主脑

《左传》记事，以编年排列，事件相对独立，清代评点者对其予以评点时，往往将某件事、某一篇章作为独立的版块看待，即便是《左绣》为代表的全文评点的作品，亦作如是观，分别予以集中评说。评说一篇独立、完整的文章有很多视角，也有不同的方法，但是，明主脑是最关键的一步③。

清代《左传》评点者非常重视主脑的作用，周聘侯即言"读古文先须要详明其大旨，乃在本分之中，反覆推原其脉络，豁然其贯通，庶可谓善博古也"④，读古人文章，首要一步即是要明其主脑大意。《左传翼》尾评亦言："凡

---

① "中国文学批评史的'关键词'是指在整个中国古代文论体系中具有强大生发能力和辐射效应，最核心的、使用频率最高因而具有历史坐标性质的理论范畴"（胡红梅、胡晓林：《范式转换与批评史学科重构——试探以关键词为纲撰写"中国文学批评史"》，《湖南科技大学学报（社会科学版）》2014年第4期）。

② 赵园在言说其撰写《制度·言论·心态》的第一章《经世·任事》的过程时提到，"此后虽由大量的材料中提取了'任'一类字面，却并不认为就是那个时代思想言论中的'关键词'——即使对其出现的概率有粗略的统计，也未必就能作此认定"（赵园：《想象与叙述》，人民文学出版社2009年版，第315页），此为思想层面的关键词判定。

③ 承认主脑的重要性，是清代《左传》评点者的共识，只是在具体的称谓上，除了"主脑"外，少部分人还会用"主意""纲领""总纲"等。

④ （清）周聘侯：《增订古文精言·凡例》，光绪三十四年（1908）夏刊本。

看文字，认定主脑，则句句有针线，不至治乱丝而棼之也。"①主脑对于文章写作、阅读作用重大，只有明确了主脑，阅读古文才能有脉络条理，才能豁然贯通。

一、主脑的设定对象

有关"主脑"的意蕴，比较经典、流行的论说见于李渔《闲情偶寄》的"立主脑"一说，其中有言：

> 古人作文一篇，定有一篇之主脑。主脑非他，即作者立言之本意也。传奇亦然。一本戏中，有无数人名，究竟俱属陪宾，原其初心，止为一人而设。即此一人之身，自始至终，离合悲欢，中具无限情由，无穷关目，究竟具属衍文，原其初心，又止为一事而设。此一人一事，即作传奇之主脑也。……后人作传奇，但知为一人而作，不知为一事而作。尽此一人所行之事，逐节铺陈，有如散金碎玉，以作零出则可，谓之全本，则为断线之珠，无梁之屋。②

李渔从传奇戏出发，指出一本戏有主角人物，其他的人物、所有的情节，都是为此一人而设置。传奇写主导人物时，又会写到主导事件，主导人物、主导事件即是文章主脑，是作者本意的重要载体，如《琵琶记》中的主导人物为蔡伯喈，"重婚牛府"为影响蔡伯喈人生的关键事件，因此《琵琶记》的主脑即为蔡伯喈重婚牛府。

李渔的"立主脑"，是与"减头绪"并立的结构原则，基本是以"一人一事"为基本特征，而清代《左传》评点作品中提到的"主脑"，则相对复杂一些。清代《左传》评点者作品中的"主脑"，基本上是从评点文本中选定的，其

---

① 李卫军：《左传集评》，北京大学出版社 2016 年版，第 2039 页。
② （清）李渔著，杜书瀛译注：《闲情偶寄》，中华书局 2014 年版，第 47—48 页。

本身自带"主脑",只是被评点者单独列了出来而已。因为评点者、评点文本、评点理念的差异,被选定为"主脑"的对象就有了不同的类型。

首先,以人物为主脑。

《左传》记载的二百多年历史中,有很多人物,《左传》评点者选定文章的主脑时,也会自然地将主导人物作为文章的主脑。

著名的"向戌弭兵"一文,《左传翼》尾评有言:"一篇大文字,只以文子、子木为主脑,而造谋奔走,向戌为之也。"弭兵为向戌发起,但是,为什么周大璋要说此篇大文字的主脑为文子、子木呢?文子为晋国执政赵武,子木为楚国令尹屈建。此次弭兵,牵线搭桥者为向戌,但是弭兵能够实现,靠的是晋楚二国执政的筹划、较量。"楚以力竞,晋以德服。楚以诈来,晋以信往。所以一闻向戌之言,即欣然乐从"①,故而《左传翼》将此文的主脑定为起主导作用的赵文子与子木,而非奔走牵线的向戌。

骊姬为乱之事,《左绣》即以骊姬为文章主脑,"此篇从以骊姬为夫人叙起,则通篇著笔姬上。如姬谓太子、姬置诸宫、姬泣、姬遂谮二公子,草蛇灰线,用意极显,用笔极微。总之,一文自有一文主脑,非可随手杂凑也"②,《左绣》称文章的主脑设定非常重要,也需慎重选择,其中一个选择方法,便是选择主导人物。此文一切叙事皆围绕骊姬而写,骊姬为夫人是为事件的序曲,骊姬诬骗太子申生、骊姬置毒于肉胙、骊姬中伤太子、骊姬中伤重耳夷吾,是为事件的不同环节,如若没有骊姬操控,晋国的三位公子不会落到如此悲惨、落拓的境地,是故《左绣》以骊姬为主脑。

清代《左传》评点者设定的此种主脑,即是李渔所说的"一人",对于整个叙事都有统摄作用。

其次,以字词为主脑。

清代《左传》评点作品,多为旁批、夹注、尾评综合的评论方式,非常擅长字词的解读,评点者最擅长的是将文本中的某个字、词拈出来,直接作

---

① 李卫军:《左传集评》,北京大学出版社 2016 年版,第 1388—1389 页。

② (清)冯李骅、陆浩:《春秋左绣》卷五,光绪六年(1880)校镌本。

为文章的"主脑"。

鲁隐公三年，宋穆公传位于与夷，《左传》在文章最后借"君子曰"道明了自己的态度："宋宣公可谓知人矣。立穆公，其子飨之，命以义夫！《商颂》曰'殷受命咸宜，百禄是荷'，其是之谓乎！"① 对此，方宗诚评论道：

> 论本应赞穆公，而专赞宣公，赞宣公知人，则穆公之贤自见，一笔作两笔，高浑灵妙。"义"字一篇主脑。②

方宗诚认为"君子曰"不赞宋穆公而专赞宋宣公，在于宋宣公所知之人恰恰是宋穆公，由此赞宋宣公便是赞宋穆公。宋宣公传位于弟而不传子，是为"义"，宋穆公传位于侄而不传子，亦是为"义"，故而将"君子曰"中提到的"义"字，作为一篇之主脑。一个"义"字，言简意赅，却是贯穿全文，以"义"始，而又以"义"终。此种选定主脑的做法，是根据文章内容而定的。

鲁襄公二十五年，郑子产在攻打陈国之后，献捷于晋，并着戎服行礼。对此，晋国人三次连问子产：第一问为问"陈之罪"，第二问为问郑国"何故侵小"，第三问为子产"何故戎服"。子产对此，一一回应，用"先王""先王之命""文公布命"分别引起了三段论辩文字，申明"不敢废王命"之意，以此表明郑国出师有道，自己着戎服亦有所遵。《左绣》评说此文时提到，"'先王'、'王命'字，尤一篇主脑"③，此二词为子产三答之依据，为《左传》文本所记载，"先王"出现三次，"王命"一次，《左绣》将此二词视为文之"主脑"，建立在对《左传》谋篇布局的细细分析基础之上，可谓一语中的。

评点者选择《左传》文本中的字词作文章之"主脑"，一是源自此字词具有一定的概括力，二是文章围绕此字词细细展开，层层道来，符合"主脑"决定文章结构的意义设定。

---

① 杨伯峻：《春秋左传注》，中华书局 2009 年版，第 30 页。
② 李卫军：《左传集评》，北京大学出版社 2016 年版，第 60 页。
③ （清）冯李骅、陆浩：《春秋左绣》卷一七，光绪六年（1880）校镌本。

再次，以句子为主脑。

以句子为主脑，实因此句子在整个叙事过程中具有极为重要的作用，其他一切叙事，皆由此发散出去，由此引申而来。《左传翼》评说骊姬为乱之事，文分两篇，后篇《晋侯杀其世子》评曰：

> 细看前篇，主脑在"骊姬嬖，欲立其子"二句。"使太子"、"使重耳"、"使夷吾"，皆骊姬谋也。从献公无子叙起，不过为诸子叙出身耳，非专重在献公也。此篇主脑在"及将立奚齐"一句，谮太子、谮二公子，所以为立奚齐地也。从"欲以骊姬为夫人"叙起，不过叙其得气之由耳，非所重在立骊姬而所轻反在立奚齐也。总之，两篇皆为并宠夺嫡描写，前是布网设阱，此则下手结果矣。合观前后，献公之昏、姬氏之毒，历历如见。女戎祸国，至此岂不为千古炯戒乎？亲莫如父子，而嬖孽之计一行，至使欲辨不能，欲行不得，死无以自明，于此叹谗人罔极而彼昏不知，千古有余恨也。呜呼！浸润之谮，肤受之诉，有不行者，得不谓之明且远乎？献公废立由姬氏，里克中立亦由其妻妇言是用，君危其国，臣丧其身，牝鸡司晨，维家之索。吁！可畏哉！①

前篇之主脑为"骊姬嬖，欲立其子"，此二句话是骊姬谋划驱逐太子申生、公子重耳、公子夷吾的缘由，亦是后文骊姬策划陷害太子申生的缘由。至若谋害太子申生一文，先写晋献公不顾占卜结果而执意立骊姬为夫人，生奚齐，后写陷害太子申生想谋害晋献公。后篇主脑不在晋献公，也不在太子申生，而是以"及将立奚齐"为主脑，这种整个叙述的关联点，连接起前后两端的叙述，于此亦可见骊姬之毒、牝鸡司晨之害。

最后，以段落为主脑。

与以字词、句子为主脑不同，以段落为主脑选择的不是《左传》文本本就有的字句，而是自己概括出的段落意旨。此种类型的主脑设定，建立在对

---

① 李卫军：《左传集评》，北京大学出版社 2016 年版，第 370 页。

文章层次的细化分析与层次大意的凝练概括基础上。

高嶋《左传钞》在《公自京师公自京师遂会晋侯齐侯宋公卫侯郑伯曹伯邾人滕人伐秦》一文的眉评中写道：

> 三段责秦今君之罪。辅氏之聚，举旧事作引，一层。令狐之会，入今事作提，二层。狄、楚两来告我，极数秦之背晋，为主脑，三层。诸侯备闻此言，说到晋之绝秦作收结，四层。己诋秦也，却在楚、狄口中叙。己疾秦也，却在诸侯心中叙。从侧面用笔，以宾代主，化实为虚，此文章活法。秦告狄、楚，狄、楚述来告晋，晋又述来罪秦，意曲而笔亮。①

此文主要内容为吕相绝秦的辞令，高嶋将其分为三大段，第一段从秦晋早年互相交好的历史说起，言晋有德于秦；第二段责秦前代先君之过，言秦晋不好当归责于秦国；第三段责秦国现任君主之过，言说绝秦亦当归责于秦国，此三段尤以第三段为主。第三段中又有四个层次，尤以第三个层次为主脑，即狄人、楚人向晋人控诉秦国背弃晋国，其他三个层次皆与此层次直接相关：第一个层次言辅氏之役，第二个层次言令狐之役，皆是秦国国君背弃盟誓的铁证，亦是狄人、楚人控诉内容的依据与佐证，而第四个层次诸侯痛恨秦国背弃晋国，故而晋当"绝秦"，这是言说秦国背弃晋国的结果。

吕相绝秦的第三个层次，《左传》的记载为："楚人恶君之二三其德也，亦来告我曰：'秦背令狐之盟，而来求盟于我，昭告昊天上帝、秦三公、楚三王曰：余虽与晋出入，余唯利是视。不穀恶其无成德，是用宣之，以惩不壹。'"②高嶋将之概括为"狄、楚两来告我，极数秦之背晋"两句，作为此段的主脑，言简意赅，建构起了第三大段四个层次的论说结构。

综合以上四种主脑的设定类型可以看出，清代《左传》评点的"主脑"拟定要比李渔的"一人一事"丰富，评点者或者直接从《左传》原文中挑选

---

① （清）高嶋：《左传钞》，黄秀文、吴平主编：《华东师范大学图书馆藏稀见丛书汇刊》第15册，北京图书馆出版社2006年版，第567—568页。

② 杨伯峻：《春秋左传注》，中华书局2009年版，第865页。

关键字眼作为文章主脑，或者概括文意而称之为主脑，与《左传》文本的关联性更强一些。

二、主脑的位置功用

清代《左传》评点者多从《左传》文本中选取字词、句子、段落作为主脑，这些内容在所评点的《左传》单篇文本中处于不同的位置。

首先，主脑出现在篇首。

主脑出现在篇首，其作用便是开篇点题，明确主旨，后面则围绕主脑具体论说。读者阅读时，一上来便明晰了文章之主脑，再阅读下去，自然要相对容易些。这是一种总分式的排列、论证方式。

周聘侯《古文精言》在评说《臧哀伯谏纳郜鼎》一文时，便是直接从臧哀伯谏辞的起端，挑选"昭德塞违"作为此文之"主脑"，其尾评曰：

> 华督弑殇公，鲁即不讨，亦不当受其赂而立为宋相。哀伯前此不谏，以齐、陈、郑皆有赂，共平共乱，置之勿论可也。至以赂鼎纳于太庙，是明明以赂当受、督当立矣。哀伯必不意公出此，而公竟出此者，弑逆之人，本视弑逆为常事。不知宗庙乃礼法之所在，子孙所世守，百官所瞻瞩。若见赂器在庙，皆以为君可弑，弑君之罪可赂也，岂有国者之利乎？此篇全在"临照百官"上着眼，把"昭德塞违"四字做个主脑，以为人君不能有德而无违。但德当明示，违当闭匿。以德可训，违不可训。故把庙堂上物件，逐一分疏，皆所以昭令德，并无一件昭违乱之物在内。则太庙容不得郜鼎可知。若连忙退出，犹不失塞违之义。此在既纳之后而谏，胸中有许多不果意处，故周内史谓之不忘。①

《臧哀伯谏纳郜鼎》的主体部分是臧哀伯的谏辞，这一谏辞是为批评鲁桓公

---

① 李卫军：《左传集评》，北京大学出版社 2016 年版，第 137 页。

而生。鲁桓公接受宋国华父督的贿赂，并将贿赂品大鼎安放在太庙之中，臧哀伯认为此为"非礼"之举，国君非礼则国将不安，故而郑重进谏。谏词开端并未直言鲁桓公之过错，而是搬出了国君的职责来立论，即"君人者，将昭德塞违，以临照百官"①，随后层层铺排，"昭其俭""昭其度""昭其数""昭其文""昭其物""昭其声""昭其明"七层意思，皆是围绕"昭德塞违"展开，从不同层面予以解说。后面才引出纳鼎之危害，此亦为君主不遵循"昭德塞违"要求的危害。周聘侯将此文的主脑定为"昭德塞违"，正是建立在对全文脉络的梳理基础之上。主脑明确，脉络清晰，层层铺排，恰是《臧哀伯谏纳郜鼎》谏辞的成功之处。

清代《左传》评点作品的此种做法，与八股文的体式有很大关系。八股文要想夺人眼目，最好在开端即令人眼前一亮，"'场中作文，有倒骗主司入彀之法'：开卷之初，当以奇句夺目，使之一见而惊，不敢弃去"②，要想在众多试卷中脱颖而出，必须要先声夺人，"故作文者，须有呼寐者而使觉之法，使一展卷，眼目一醒，精神一提，觉此卷文字与千百卷不同，自不觉手之舞之矣"③，此即八股写作中关键的"破题"。

破题，即用一两句话说明文题之要义，"文莫贵于尊题。尊题自破题、起讲始。……尊题者，将题说得极有关系，乃见文非苟作"④，破题虽短，然作用至关重要，破题已经决定了文章的境界层次，"全篇之神奇变化，此为见端"⑤。破题的好坏，是衡量一篇文章水平高低的关键。清代科举考试中出现了很多因为破题做得好而改变命运的例子，如《清稗类钞》记载的两则故事。

---

① 杨伯峻：《春秋左传注》，中华书局 2009 年版，第 86 页。

② （清）李渔著，杜书瀛译注：《闲情偶寄·词曲部·大收煞》，中华书局 2014 年版，第 176 页。

③ （清）俞樾撰著，赵一生主编：《俞樾全集》第 29 册《春在堂尺牍·致王豫卿》，浙江古籍出版社 2017 年版，第 442 页。又梁章钜《制义丛话》引梁素冶语云："凡作破题，最要扼题之旨、肖题之神，期于浑括清醒，精确不移。"[（清）梁章钜著，陈居渊校点：《制义丛话》卷二三，上海书店出版社 2001 年版，第 435 页]

④ （清）刘熙载著，王气中笺注：《艺概笺注》，贵州人民出版社 1986 年版，第 444 页。

⑤ （清）刘熙载著，王气中笺注：《艺概笺注》，贵州人民出版社 1986 年版，第 445 页。

县试文破题

国初时，嘉兴县县试全案已定，惟甲乙二人文笔并佳，不能定案首。屡试之，皆然，以致全案未能出。最后乃以《四书》之〇，命各作一破题，甲所作破题曰："圣贤立言之先，得天象也。"乙曰："圣贤立言之先，无方体也。"乃定甲为案首。后二人咸贵，甲官至大学士，以功名终。乙官至巡抚，缘事伏诛。①

宋芷湾代人应院试

宋湘，字芷湾。未达时，以贫代人应试，被执。将荷枷示众，宋求免，学使曰："汝既能文，可现身说法，拟一破题，当释汝。"宋应曰："加乎其身，自取之也。"学使曰："文尚有乎？"宋又曰："嘉乐君子，恶其文之著也。"学使颔之，遂得释。②

第一则故事中，在科举士子文笔不相上下之时，破题成为判定科举排名的重要依据，破题佳者得列头名。第二则故事中，因替考而被治罪的宋湘，其被豁免的原因，竟然是破题做得好。此类故事，在清代还有很多，在学子们中间亦有很多流传，进一步印证与强化了破题的重要性，破题好与文章佳几乎成为同义词。破题好与文章佳挂钩，很大程度上在于破题难工，"一篇主意要尽见于二三句中，尤不可不用工也"③，因此，在破题重要、破题难作的双重作用之下，科举士子们往往花费大量力气学习破题，颜元即言士子"自幼稚从事做破题"④。

倪士毅《作文要诀》强调"破题为一篇纲领，至不可苟"⑤，刘熙载亦言"破题是个小全篇"⑥，破题为全文的大意所在，为全文的精神所在，为全文的纲

---

① 徐珂：《清稗类钞·考试类》，中华书局 2010 年版，第 601 页。
② 徐珂：《清稗类钞·考试类》，中华书局 2010 年版，第 612—613 页。
③ （元）倪士毅：《作义要诀·论冒题》，《景印文渊阁四库全书》第 1482 册，台湾商务印书馆 1986 年版，第 374 页。
④ （清）颜元：《存人编·唤迷途》卷二，《畿辅丛书》本。
⑤ （元）倪士毅：《作义要诀·论冒题》，《景印文渊阁四库全书》第 1482 册，台湾商务印书馆 1986 年版，第 374 页。
⑥ （清）刘熙载著，王气中笺注：《艺概笺注》，贵州人民出版社 1986 年版，第 445 页。

领，读者需认明白方能洞见其筋脉，学者需认明白方能下笔模仿。基于此，清代《左传》评点者在分析一篇文章时，往往摘出篇首几句话，点明此为文章之"主脑"，以期给读者以作文引导。

其次，主脑出现在篇中。

主脑出现在篇中，则前后皆有文，前后文皆以主脑为中心，皆主动地向此中心点靠拢，形成"分——总——分"的论证结构。

鲁襄公二十四年，楚国攻打郑国，晋国救援郑国，派遣张骼、辅跞向楚军挑战，并让郑国出一个驾驶战车的人。郑国占卜之后，派出了宛射犬。宛射犬临行之前，子太叔告诫宛射犬不可与来自大国的张骼、辅跞平行抗礼，宛射犬则回了一句，"无有众寡，其上一也"，也就是说，无论人多人少，只要上了战车，他们都是一样的。有此想法的宛射犬在感受到张骼、辅跞二人"既食，而后食之"的"无礼"举动后，"不告而驰之""弗待而出"。① 对此，《左绣》有评曰：

> 左氏于极没紧要事，往往偏写得神致如生，以自娱娱天下后世，游戏三昧，即小题亦属圣手也。
>
> "踞转鼓琴"凡点两遍，特写二子从容闲暇，与亟者相映成趣也，亦便以对绾两头为章法矣，妙极！以一笔写两面，而面面皆活，所以为佳。
>
> 五点"皆"字，不着一笔分写，其意只要脱出"皆笑曰亟"一句耳，叙述最简洁有法。前后两番往复，都兜裹射犬语在中间作主脑，工整无以复过。②

宛射犬之所以有如此举动，在他回答子太叔的话中已有体现，下面看似"亟"的举动，皆是对张骼、辅跞的不满，而其回答"曩者志入而已，今则怵也"③，不过是掩饰而已。《左绣》认为《左传》文中的两处"踞转鼓琴"，将宛射犬

---

① 杨伯峻：《春秋左传注》，中华书局 2009 年版，第 1091—1092 页。
② （清）冯李骅、陆浩：《春秋左绣》卷一七，光绪六年（1880）校镌本。
③ 杨伯峻：《春秋左传注》，中华书局 2009 年版，第 1092 页。

的话语兜裹起来，作为文章的主脑，甚为工整。

鲁襄公十年，晋灭偪阳。《左传》从战前、战中、战后三个层面叙述，里面有荀罃、荀偃、士匄等人物，其中，荀罃与荀偃、士匄为对写，通过荀偃、士匄衬托荀罃，以见荀罃之不俗。对此，《左绣》评道：

> 篇中凡三写荀罃，五写偃、匄。其写荀罃也，首写其料事之明，末写其持正之识，中写其御下之严，决几之果，为一篇主脑。其写偃、匄也，先写其高兴，继写其败兴，后写其惹事，终写其着急，而中则写其发剧吃苦，特为知伯衬托。两两对写，三人才识之不侔，一则使人可爱，一则使人可笑，真写生手也。文处处将荀偃、士匄并说，无一笔变换，意在斯乎！ ①

荀罃在文中共出现三次：第一次在战前，荀偃、士匄请求伐偪阳，荀罃不赞成，"城小而固，胜之不武，弗胜为笑"②。第二次在战中，久攻不下后，荀偃、士匄请求班师回朝，荀罃怒斥而下达军令，"七日不克，必尔乎取之"③。第三次在战后，回朝途中，晋悼公生病，荀偃、士匄将之归因于不受宋国《桑林》之乐，欲奔回宋国祈祷，荀罃则以"我辞礼矣，彼则以之。犹有鬼神，于彼加之"④ 而坚决拒绝，后来晋悼公病好了。《左绣》认为荀罃的三次出现，"首写其料事之明，末写其持正之识"，最关键的则是第二次，写其"御下之严，决几之果"，⑤ 并将之作为一篇之主脑，这是偪阳之战成功的关键，具有牵上搭下的作用。

主脑出现在篇中，主脑的作用等同于文章的关键，前面为其出现铺叙，后面则是印证、补充其观点，前后对着中心点叙述，脉络清晰可寻。

---

① （清）冯李骅、陆浩：《春秋左绣》卷一五，光绪六年（1880）校镌本。
② 杨伯峻：《春秋左传注》，中华书局 2009 年版，第 974 页。
③ 杨伯峻：《春秋左传注》，中华书局 2009 年版，第 976 页。
④ 杨伯峻：《春秋左传注》，中华书局 2009 年版，第 977 页。
⑤ （清）冯李骅、陆浩：《春秋左绣》卷一五，光绪六年（1880）校镌本。

再次，主脑出现在尾端。

主脑在文章尾端出现，则是总结全篇。前面蕴积之论说，如同百川归海，汇入篇末，此为"分——总"式的论说结构。

鲁宣公十七年，晋国郤克出使齐国，却因生理缺陷被齐顷公之母取笑，郤克大怒之下立誓报仇。回国后，郤克多次请求晋景公发兵攻打齐国，皆被拒绝。晋国执政范武子深知郤克不会就此罢休，而他的"中军将"职位将是郤克的必然目标，因此，为了避祸，范武子请辞告老。对于此事，《左绣》评道：

> 士会致事戒子，全为郤克用事起见，故篇中详于论克，而略于训子。起从晋师还叙入，紧承上文一怒而来，为一篇文字之根。结处直点出献子为政，一篇主脑。而"将老""乃老"，首尾呼应，大旨了然矣。①

士会即范武子，他的告老原因在其对儿子范文子的话语中展露无遗，郤克势在必得，范武子告老还乡，范氏一族的祸患方可解除。《左传》在叙述时，以"将老""乃老"组织范武子告老一事，首尾呼应，而这一切的缘由皆在于郤克想握军权，而最后的结果也是郤克掌握了军权。因此，《左绣》指出，此文的主脑为篇末的"郤献子为政"② 五字。

主脑在文章尾端，读者在阅读过程中，虽不像开篇立主脑那般有明确的路径指引，但却有"山重水复疑无路，柳暗花明又一村"的恍然大悟之畅快，是迥然不同的阅读喜悦。

复次，主脑贯穿全篇。

上文所述主脑出现在篇首、中间或篇尾，都是唯一而确定的，而有些文章的主脑，它在文中的位置并不单一而固定，它在整个文章中多次出现，贯穿于全篇之中，不可去除任何一处。

鲁僖公十二年，管仲让戎人与周襄公讲和，周襄王以上卿的礼节招待管

---

① （清）冯李骅、陆浩：《春秋左绣》卷一一，光绪六年（1880）校镌本。
② 杨伯峻：《春秋左传注》，中华书局 2009 年版，第 774 页。

仲，而管仲却予以辞谢，仅接受了下卿礼节。对此，《左绣》眉评曰：

> 此与"下、拜、登、受"同一举动，桓与仲真所谓是君是臣者矣。通篇以三"礼"字为主脑，"上卿""下卿"为眼目。①

高塘《左传钞》眉评亦言：

> 以三"礼"字为主脑，以一辞一命为对叙，以"上卿""下卿"为眼目，以一飨一受为照应。②

《左绣》《左传钞》皆指出了此文之主脑为出现于文中的三个"礼"字。第一

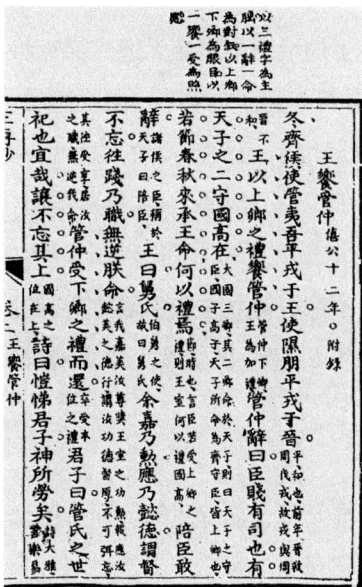

图为乾隆五十三年刻《左传钞》书影

个"礼"为周襄王对管仲的"加礼"，第二个"礼"为周礼，第三个"礼"为管仲作为下卿的"本位之礼"。周襄王皆为知礼之人，他们所行之礼，皆是出于对周礼的尊重。此三"礼"字共同构成了文章的主脑，删去一个"礼"字，便会破坏文章的脉络。

最后，主脑在前篇。

主脑出现在一文的篇首、中间、篇尾，都还是在一文之中，另外还有一种特殊的主脑位置，是出现在此文的前篇。这是一种前后关联的出现方式。

鲁成公九年，晋景公视察军府，见到了戴南冠的囚徒钟仪，释放并重礼对待钟

---

① （清）冯李骅、陆浩：《春秋左绣》卷五，光绪六年（1880）校镌本。

② （清）高塘：《左传钞》，黄秀文、吴平主编：《华东师范大学图书馆藏稀见丛书汇刊》第15册，北京图书馆出版社2006年版，第267页。

仪，并让他作为晋楚友好的使者。对此，姜炳璋《读左补义》眉评有言：

> 晋德不竞，诸侯多贰，自谓不能与楚争郑也，于是思与楚成，而无
> 径可通，忽得钟仪，欲以为引线，军府之观，有意无意，逐节推问，而
> 范文子默喻其故，仁信忠敏，极力抬高，而此囚遂十分出色。上篇季孙
> "德之不竞"一语，正是此篇主脑。①

姜炳璋所言上篇"德之不竞"，出自同为成公九年的晋侯会诸侯于蒲之事。
当时诸侯对晋国已经有了二心，晋侯为了笼络人心，与诸侯会盟，以重申马
陵之会的盟誓。鲁国的季文子提出："德则不竞，寻盟何为？"② 不能增强德
性，重申盟会是没有意义的，晋国的范文子则认为"寻盟"为"德之次也"。
同样，晋国选择钟仪作为晋国与楚国求成的使者，亦是"德之次也"，更是
"德之不竞"，故而姜炳璋将之作为此文的主脑。

　　将主脑在一文的前文之中寻找，这是将整个《左传》看作一篇大文章，
篇与篇之间是有关联的，故而在寻找文章主脑时，评点者超出了单个文本，
而能做到贯通如一，相互诠释。

　　总之，清代《左传》评点者，根据文章的脉络，在不同的位置点出文章
的"主脑"，点明不同位置主脑的作用与论述方式，这是在文本细读基础上
的自然呈现。对于主脑的出现位置，刘熙载亦曾做过说明，"揭全文之指，
或在篇首，或在篇中，或在篇末。在篇首则后必顾之，在篇末则前必注之，
在篇中则前注之，后顾之"③，主要是篇首、篇中、篇末，这是就一般单篇文
章而言，而清代《左传》评点者在揭示文章主脑位置时，亦有与刘熙载相同
的论说，更为重要的是，有些评点者还超越了评点的"这个"文本，而与其
他相关文本联系，在其他文本中找到此文本的"主脑"，这种互文见义的方
式，又使主脑认定有了更多的空间感与融通性。

---

① （清）姜炳璋：《读左补义》卷二一，乾隆三十八年（1773）三多堂刻本。
② 杨伯峻：《春秋左传注》，中华书局 2009 年版，第 842—843 页。
③ （清）刘熙载著，王气中笺注：《艺概笺注》，贵州人民出版社 1986 年版，第 118 页。

三、主脑的确立方式

主脑在文章中的作用很重要，但是主脑在文中出现有不同的方式，评点者在确立主脑时需要根据其出现方式予以辨别、判定、揭示。

第一种方式为明立主脑。

明立主脑者，主要体现在有明确的总分、分总结构的，或者是有词语多次反复出现者，或者意思明晰展现，读者一读，便能很容易找到文章的主脑。

鲁文公元年，楚太子商臣弑君弑父夺取君位，方宗诚《春秋左传文法读本》评论道："'忍人'二字为此篇主脑，下文句句有'忍'字意思。"[①]"忍人"本是令尹子上根据商臣相貌而得出的断言，此后商臣的一系列行为无不印证着子上"忍人"的断言：因其父楚成王欲更换太子而决意行大事夺权；果断兴兵作乱，包围楚成王；成王想食熊掌而死，商臣不同意；逼迫楚成王自缢身亡。因此，方宗诚选中"忍人"二字作为文章的主脑，相对明显一些，易于被读者发现。

另外，明立主脑，还有一种比较独特的方法叫"横插法"。《左传》的此种主脑出现方式，一般是在正常的叙述之中，陡然插入一句揭示主旨的话语，此后再继续叙述，颇有"横云断山"之感。

鲁桓公六年，鲁桓公之子子同出生，鲁桓公问名于申繻，申繻回复道：

> 名有五，有信，有义，有象，有假，有类。以名生为信，以德命为义，以类命为象，取于物为假，取于父为类。不以国，不以官，不以山川，不以隐疾，不以畜牲，不以器币。周人以讳事神，名，终将讳之。故以国则废名，以官则废职，以山川则废主，以畜牲则废祀，以器币则废礼。晋以僖侯废司徒，宋以武公废司空，先君献、武废二山，是以大物不可以命。[②]

---

① 李卫军：《左传集评》，北京大学出版社 2016 年版，第 640 页。
② 杨伯峻：《春秋左传注》，中华书局 2009 年版，第 115—117 页。

此段话语，主要内容为五"有"与六"不"，言说取名的五种原则与六类不能用的名字，条理很清楚。唯有中间的两句话"周人以讳事神，名，终将讳之"，致前后话语略微有隔，如果去掉，则文脉更顺。但是，《左传》将之放在文中，却大有作用，即将之作为一文之"主脑"。对此，《读左补义》在此两句话上有眉评曰："横插二语为通篇主脑。"① 申繻所言不能取名的六种类型，在于以此为名便会废去国名、官职、山川、祭祀、礼仪等，因此周人命名时要知避讳，以此来事奉神灵，避免造成社会生活的不畅。去掉"周人以讳事神，名，终将讳之"两句话，不会影响文义的表达，但《左传》仍然将之横插在论说之中，就是要以文气的陡然改变引起读者的注意，从而将文章之"主脑"以一种独特的方式凸显出来。

第二种方式为暗立主脑。

暗立主脑者，有时则非易事，辨别起来没有那么直接明了，"草蛇灰线，用意极显，用笔极微"②，需要细加思索，方能确立何者为主脑。

《左传·闵公二年》写共仲、哀姜谋乱而季友谋立鲁僖公之事云：

> 初，公傅夺卜齮田，公不禁。秋八月辛丑，共仲使卜齮贼公于武闱。成季以僖公适邾。共仲奔莒，乃入，立之。以赂求共仲于莒，莒人归之。及密，使公子鱼请，不许，哭而往，共仲曰："奚斯之声也。"乃缢。
>
> 闵公，哀姜之娣叔姜之子也，故齐人立之。共仲通于哀姜，哀姜欲立之。闵公之死也，哀姜与知之，故孙于邾。齐人取而杀之于夷，以其尸归，僖公请而葬之。③

此段主要写共仲私通哀姜、共仲杀闵公、哀姜欲立共仲之事，但是此文之主脑仍在僖公身上。僖公之立，乃因闵公被弑，僖公母亲成风将僖公托付给季

---

① （清）姜炳璋：《读左补义》卷三，乾隆三十八年（1773）三多堂刻本。
② （清）冯李骅、陆浩：《春秋左绣》卷五，光绪六年（1880）校镌本。
③ 杨伯峻：《春秋左传注》，中华书局 2009 年版，第 262—263 页。

友，季友谋立僖公为君，而成风在此文中并未出现，季友只是轻轻点过。《左传》的此种处理，很容易让人抓不住主脑，或者选错了主脑，故而需要仔细揣摩。无论是共仲、哀姜，还是季友，他们的出现，只是为了僖公、为了僖公被立为君服务。对此，《左绣》评道：

> 此处正传共仲，故成风托僖事不得夹入，而成季只用轻点，此史家剪裁一定之法。两段都点入僖公，又是暗立大主脑处，不可不知。①

《左绣》将此种主脑不易辨别之处，称之为"暗立大主脑处"，特意提出，让读者知悉。《左传》暗立主脑，《左传》评点者则凭借个人的阅读与思考，将之呈现出来，完成了作为"引领者"的任务。

暗立主脑者，还有一种方法叫"衬托而出主脑"。此种主脑的出现，不是一下子呈现出来，也不是横插过来，而是需要拨开层层外饰，方能见得真身，此法即如黄宗羲所说"剥去一层，方有至理可言。犹如玉在璞中，凿开顽璞，方始见玉，不可认璞为玉也"②。鲁隐公十一年，滕侯、薛侯至鲁国朝见鲁君，而争执行礼的先后顺序。二人各执己见，争执不下，薛侯的理由是自己先受封，滕侯的理由是自己是周天子同姓。于是，公子羽父出面解决了此问题，《左传》记载道：

> 公使羽父请于薛侯曰："君与滕君辱在寡人。周谚有之曰：'山有木，工则度之；宾有礼，主则择之。'周之宗盟，异姓为后。寡人若朝于薛，不敢与诸任齿。君若辱贶寡人，则愿以滕君为请。"③

羽父的一番话，效果明显，最后薛侯让滕侯先行礼。羽父之话语有什么杀手

---

① （清）冯李骅、陆浩：《春秋左绣》卷四，光绪六年（1880）校镌本。

② （清）黄宗羲：《论文管见》，载白寿彝等主编，罗超、龚兆吉编注：《文史英华·文论卷》，湖南出版社 1993 年版，第 89 页。

③ 杨伯峻：《春秋左传注》，中华书局 2009 年版，第 71—72 页。

铜呢？《左绣》评道：

> 此左氏开手第一则辞令文字，看其字字活。主脑在"宗盟"二句，
> 然直说便觉唐突，妙在前后许多衬托。"君与滕君"，先平放一笔。"辱
> 在寡人"下，且顿住口。另扯一话头作开科，妙甚。"异姓为后"，已明
> 说破，又缩住口，忽将对面翻转一看，说得心平气和，隽妙岂有两也？
> "寡人若""君若"两路往复，意亮而舌松。《国策》活计，尽在些子耳。①

《左绣》道出了羽父成功说服薛侯的根本所在，即"周之宗盟，异姓为后"
二句。但是，如果开宗明义，一上来就硬邦邦地将此关键交代出来，薛侯不
见得能接受。作为《左绣》认可的"开手第一则辞令文字"，自然不会如此
突兀、生硬、唐突，而是一步步慢慢道来，既让人明白其义，又心甘情愿地
接受劝说。

《左传》的主脑有明有暗，评点者在字斟句酌、通晓文章脉络基础上，
郑重地推出文章的主脑。一方面，《左传》文本本身即暗含着"主脑"，另一
方面则需要评点者靠着自己的学识去理解与寻找，"主脑有纯、驳、平、陂、
高、下之不同，若非慎辨而去取之，则差若毫厘，缪以千里矣"②，有时甚至
会偏离真正的主脑，"认题立意，非识之高卓精审，无以中要"③。因此，不
同的评点者在选定同一篇文章的"主脑"时，就会出现重合、离分的不同
样态。

《左传》评点者选定的主脑重合，一般出现在《左传》明立主脑的情
况下。如《楚武王侵随》一文，随国大臣季梁言民之事，要求随后重民爱
民，祭祀当"先成民而后致力于神"④，此为治国理政之主脑，亦为此文之
主脑。此文观点鲜明而突出，故而《左绣》与《读左补义》一致将"成民"

---

① （清）冯李骅、陆浩：《春秋左绣》卷一，光绪六年（1880）校镌本。
② （清）刘熙载著，王气中笺注：《艺概笺注》，贵州人民出版社1986年版，第129—130页。
③ （清）刘熙载著，王气中笺注：《艺概笺注》，贵州人民出版社1986年版，第112页。
④ 杨伯峻：《春秋左传注》，中华书局2009年版，第111页。

选定为"主脑"①。评点者选定"主脑"时的重合，有时并非一字不差地对应，但基本趋向是一致的。如"楚王问鼎"之事，很多评点者都曾予以评说，比如：

> 揭出"天"字、"德"字，便见主脑。是时周为共主，虽无休明之德可称，亦不至奸回昏乱如桀纣也。故以"天命未改"为言，觉楚之问，尚觉太早，措辞极有斟酌。楚人志在九鼎，其伐陆浑，全为问鼎作地。观左氏"遂"字可见。问鼎之大小轻重，已示周人以意矣。王孙满妙在明明说破，更不作委曲，能令楚人索然意尽。②

> 一语破的，振起通篇。辞命严正。"德"字是主脑。……"天"字，一篇关键。③

> 提出"德"字，已足以破痴人之梦；揭出"天"字，尤足以寒奸雄之胆。④

> 前截以"德"字为主，带出"天"字；后截以"天"字为主，带定"德"字，结构各殊，针线却密。⑤

《古文约编》《春秋左传文法读本》《古文观止》《左传评林》的论说，各有所据，皆指出此文的主脑为"德"与"天"，二者相互配合，指出周天子统领天下为天命，天命尚未转移，周德尚在，因此周鼎之轻重是他人不能问的，以堵塞楚庄王之野心。

---

① 《左绣》言："此是论战第一首有主脑、有波澜文字。后来如曹刿、宫之奇等议论，总不出此。前段'忠民'、'信神'并提，而'民馁'、'矫举'已自侧重。后因随侯只把信神来支吾，便特提'民'字，索性说个事神单在乎'成民'。"[(清) 冯李骅、陆浩：《春秋左绣》卷二，光绪六年 (1880) 校镌本]《读左补义》言："楚人以小国离为主，季梁以亲兄弟为宾，以'成民'为主。'成民'二字，正治国御戎大主脑，否则虽有兄弟之国无益也。"[(清) 姜炳璋：《读左补义》卷三，乾隆三十八年 (1773) 三多堂刻本]
② 李卫军：《左传集评》，北京大学出版社 2016 年版，第 788 页。
③ 李卫军：《左传集评》，北京大学出版社 2016 年版，第 784 页。
④ (清) 吴楚材、吴调侯选注，安平秋点校：《古文观止》，中华书局 2020 年版，第 37 页。
⑤ 李卫军：《左传集评》，北京大学出版社 2016 年版，第 787 页。

　　《左传》评点者选定的主脑离分，有时出现在暗立主题处，有时则是因为评点者的认知不同而产生了差异。鲁成公十六年鄢陵之战，《左传翼》尾评有言：

> 　　从来大臣忧国，全在根本绸缪，而不为好大喜功之计。盖君令臣共，上下和睦，乃长治久安之道。攘外必先安内，理自不易。是时晋政乖乱，大难将作，栾、郤诸人犹汲汲以胜楚为务，贪近功而忘远祸，范文子所以未战而忧，既胜而惧，一篇血战文字，而以文子名论经纬其间，识见学问俱系圣贤一路，《春秋》诸贤无有与之颉颃者，不仅栾书辈不能望其项背已也。晋之胜，止一笔轻叙。楚师败征，详书不一，知楚所以败，即知晋所以胜，轻窕、整暇，固二国胜败之大略。然楚师轻窕出自栾书之口，唯姚句耳所云"志失列丧"为近，若郤至"六间"二字，已不足以该之。而申叔时云云，则根本上更多欠缺，即不轻窕恐亦不能胜晋，标此四字作通篇主脑，似觉未当。①

　　鄢陵之战，晋国胜，因其整暇，楚国败，因其轻窕，故而很多评点者将"轻窕、整暇"四字视为此文之主脑，《古文渊鉴》即言"楚师轻窕，晋师整暇，是一篇眼目"②，但是周大璋却并不认同以此四字为文章主脑。其原因在于，周大璋认为楚国之败，不单单是轻窕的原因，更重要的是"志失列丧"，即便是楚国将士不轻窕，亦不能战胜晋国。至于晋国，虽然以整暇而取胜，但当时晋国国内并不安宁，将士亦不团结，危机四伏。

　　《左传》本身写作时，即有"主脑"，而《左传》评点者在解读过程中根据自己的体悟选定一定的词汇，以明确的字眼标示出其为文章的"主脑"。其间有明有暗，有与他者重合者，亦有与他者离合者，至若读者是否遵从，遵从何者，这在评点者看来，都不是关键，都不成其为问题，只要能给读者

① 　李卫军：《左传集评》，北京大学出版社 2016 年版，第 1040 页。
② 　（清）爱新觉罗·玄烨选，（清）徐乾学等编著：《御选古文渊鉴》卷三《晋楚鄢陵之战》，康熙四十九年（1710）武英殿刻五色套印本。

一定的启示，他们的目的便已达到。

四、主脑的层次关系

清代《左传》评点者在对文本进行细致点评时，多会分段、分层分析，每一段、每一层皆会有文意的概括分析，并会赋予其"主脑"的称谓。

《左传·成公七年》写申公巫臣与楚国子反、子重的怨仇，《左绣》以巫臣自晋遗二子书"余必使尔罢于奔命以死"①为界，将之分为两大部分，上叙"结怨"，后叙"修怨"②，其言道：

> 连写三"教"字，三"伐"字。三教吴在末，三伐楚在首。又分写两"奔命"，总写"七奔命"，极写巫臣怨毒，无所不至，皆传神之笔。七奔命结过"罢于奔命"本旨，下文趁势结"通吴"一笔，亦所以完下半篇之主脑也，而楚之奔命无已时矣。写得笔有余酣，妙甚。③

申公巫臣因子重、子反杀申公巫臣之族人，分其财物，而怨恨不已，遂立誓要让子重、子反疲于奔命，因此说通晋吴二国国君，通吴于晋，并"教吴乘车，教之战陈，教之叛楚"，致"吴始伐楚，伐巢、伐徐"，④终于实现了当初的誓言。《左绣》从关键字句出发，分析文章脉络，称至最后"亦所以完下半篇之主脑也"，此主脑即为前面提到的"修怨"，这是下半篇的主要意旨。《左绣》虽未提及"上半篇之主脑"，但上下连贯，即知上半篇之主脑即为"结怨"，而"结怨""修怨"的组合便是整篇文章的"主脑"，即申公巫臣的怨仇。对各个段落的主脑予以明确指示，更利于读者把控文章的整体内容，明晰整个文章的"主脑"所在。

---

① 杨伯峻：《春秋左传注》，中华书局 2009 年版，第 834 页。
② （清）冯李骅、陆浩：《春秋左绣》卷一二，光绪六年（1880）校镌本。
③ （清）冯李骅、陆浩：《春秋左绣》卷一二，光绪六年（1880）校镌本。
④ 杨伯峻：《春秋左传注》，中华书局 2009 年版，第 835 页。

《左绣》在分析《左传·襄公九年》晋国与郑国结盟于戏之事时，亦是将文章做两段论：

> 通篇作两半读，上半提笔曰"诸侯伐郑"，便以诸侯为主。"令于诸侯""诸侯之锐"，处处提掇，末以"诸侯不欲战"作收煞。下半提笔曰"郑服也"，便以郑为主。开手郑六卿从郑伯，直至末连写"终必获郑""岂惟郑""何恃于郑"作收煞，各有主脑，此片段之所以成也。上半"乃许郑成"，下半"乃盟而还"，相承对结，裁配明整。分之为二，合之为一，盖《左》法之大略耳。上着意诸侯，下着意郑，合之便都以晋为主也。妙法！①

此文分为两部分，上半篇写诸侯伐郑，便以诸侯为主，下半篇写郑国求和结盟，以郑国为主，判然分明。而诸侯伐郑以晋国为主，结盟之时郑国大夫亦是与晋国大夫对垒，最终也是晋国的知䂮同意了盟书内容才得以结盟，因此全文当以晋国为主脑。

以上所引《左绣》对不同段落"主脑"的解说，其内容是不同的，有些评点作品对不同段落的"主脑"解说时用的是同样的词语。"城濮之战"是春秋时期的一件大事，亦是《左传》叙事中的一篇大文章。高嵣《左传钞》将之分为十个段落进行分析。其中，前面几段有言：

> 第二段叙晋之欲战作主脑，"我欲战矣""能无战乎"，揭醒本意。
>
> 第三段叙楚之不欲战作波折，论晋侯、引军志，步步顿跌。
>
> 第四段又叙晋之欲战作主脑，"将何以战""战后图之"，揭醒本意。
>
> 第五段突叙晋之不欲战作波折，念旧惠，审曲直，步步顿跌。②

---

① （清）冯李骅、陆浩：《春秋左绣》卷一四，光绪六年（1880）校镌本。

② （清）高嵣：《左传钞》，黄秀文、吴平主编：《华东师范大学图书馆藏稀见丛书汇刊》第15册，北京图书馆出版社2006年版，第349—352页。

高塘在分析第二段、第四段时，皆言以"晋之欲战"为主脑，此处主脑不是整篇文章的主脑，而是小段落的主脑。虽然两段的主脑用的词语是一致的，但却是对不同的叙述段落的概括，第二段是言说晋国欲战，但条件不允许，晋国君臣谋划让卫国贿赂齐、秦，齐秦便会参与进入，由此一来，晋国的作战条件便会好很多。第四段是因第三段"楚不欲战"而局势再次发生改变，子玉欲复卫侯、封曹、释宋之围，晋国若不同意，便会陷入无礼而多仇怨的境地，故而亟须新策略来破局。此两段所言"主脑"虽然一致，但具体的内容指向则略有差异。

不同段落的主脑，处于并列关系，皆隶属于整个文章的主脑。整个文章的主脑与段落主脑之间是上下关系，分属不同的层次。整个文章的主脑，有的评点者用"主脑"指代，有的评点者用"大主脑"代替。《古文晨书》评说鲁桓公六年季梁谏追楚师一事时，提出"观其提出'民为神主'，得大主脑。段段破随侯之所恃，而启其惧①，《古文晨书》以"民为神主"为整个文章的主脑，而其余的小段主脑则是破随侯之所恃，由此支撑起大主脑。王系在评说士蔿劝晋侯缓伐虢时，言"大主脑只在一个'骄'字。盖先看破敌之为人，而制敌之书因之而生矣"②，不同段落的主脑，处于并列关系，它们协同作战，共同为诠释整个文章的主脑服务。大主脑所对应的便是小主脑，此种称谓设定，反映出评点者对文章"主脑"的层次有着较为清晰的认识，他们更习惯在层次分明的结构中自然而然地推出、阐释文章的主脑。

五、清代《左传》评点对"主脑"含义的揭示意义

"主脑"是古代典籍中经常出现的一个术语，但是，"主脑"究竟为何意，却有不同的界定，研究者也多有不同意见。

---

① 李卫军：《左传集评》，北京大学出版社 2016 年版，第 159 页。
② 李卫军：《左传集评》，北京大学出版社 2016 年版，第 291 页。

目前研究者对"主脑"一词内涵的研究，多以李渔《闲情偶寄》、刘熙载《艺概》中的相关论述为据，进行阐释。一种观点认为，主脑即是"主题"，指文章的主旨大意。此种观点的得出，主要依据是李渔所言的"主脑非他，即作者立言之本意也"①，以及刘熙载所言的"凡作一篇文，其用意俱要可以一言以蔽之。扩之则为千万言，约之则为一言，所谓主脑者是也"②。二人所说，皆指向了"意"，作者写作文章时的思想，体现在文章中就是文章的主题大意。此种观点影响极大的，甚至有人直接将"主脑"与"主题"等同。另一种观点认为，主脑即是关键、枢纽、中心。此种观点的得出，主要依据是李渔所言的"此一人一事，即作传奇之主脑也"③。李渔认为一个戏，有无数人物，但是只有一个中心人物，这是体现作者本意初心的，其他的很多人物都是陪衬。所有的叙述，所有的戏份，都要为中心人物的中心事件服务。因此，主脑便是能体现作者初心本意的中心人物、关键事件、关目情节。另外，还有一种观点是将以上两种观点进行融合，认为李渔的"主脑"说并不矛盾，或者认为中心人物、关键情节等只是展示"主题"的必要手段，或者认为其"主脑"本就包含多重意思，杜书瀛认为有"主题"与"关键"两层意思④，周贻白先生认为有"主题思想""主要事件""剧情发展中的主要关键"的前后变化。

研究者对于"主脑"含义的研究，虽然阐释不同、结论不同，但其依据基本是一致的，就是李渔、刘熙载的论说。在各言其志而不能达成共识时，从单个文本中跳脱出来，从其他文本中寻求证据，当是一个妥帖的方法。更何况，评点作品中本就有大量的文本、众多的评论来说明这一问题，放着如此丰富的材料不用，反而只着眼于李渔的一段论述上，着实有些浪费，也不

---

① （清）李渔著，杜书瀛译注：《闲情偶寄》，中华书局 2014 年版，第 47 页。
② （清）刘熙载著，王气中笺注：《艺概笺注》，贵州人民出版社 1986 年版，第 444 页。
③ （清）李渔著，杜书瀛译注：《闲情偶寄》，中华书局 2014 年版，第 47 页。
④ "李渔之'主脑'，有两个意思：一是'作者立言之本意'（今之所谓'主题'、'主旨'）；一是选择'一人一事'（今之所谓中心人物、中心事件）作为主干。"［（清）李渔著，杜书瀛译注：《闲情偶寄》，中华书局 2014 年版，第 47 页］

能全面地展示中国古代对"主脑"意蕴的阐释实况。清代《左传》评点只是评点中的一个小分支，而大部分评点作品都会提到"主脑"，因此，以清代《左传》评点中对"主脑"的论述为依据，完全可以佐证、补充、充实"主脑"一词的意蕴指向。

研究者对"主脑"内涵的探究，主要是着眼于"主脑"的功能来立论。对于"主脑"功能内涵的探究，可以通过对比"主脑"与其他相关、相近术语的关系来进行。

首先，"主脑"有"主意""纲领"等同义词。

评点者在评点《左传》时，表达"主脑"的功能内涵时，有的会选择其他的词语来表示，比较常用的是"主意""纲领"。

高嵣《左传钞》在评点吴人入楚郢都之事时，尾评有言：

> 此一篇报仇雪耻之文也。以伍员、包胥为起讫，乃前后关键。以复楚、兴楚为纲领，乃通篇主脑。①

伍员与申包胥本为好友，后一人立誓要"复楚"，一人立誓要"兴楚"，吴人入楚郢都为伍员的"复楚"，秦师出兵救楚为申包胥的"兴楚"，复楚、兴楚为此文的线索脉络。高嵣在此处将"复楚、兴楚"视为纲领，也视为主脑，则主脑与纲领在此成为同义词，这个线索亦即文章要展示的"主脑"。

与此相关，很多评点会用"纲领"来称说一篇文章之主脑。刘继庄《左传快评》评说《纳郜大鼎于大庙》时提到，"此篇以'德''违'二字为纲领，尤僖伯文中之'轨物'二字也"②，周聘侯在评说此文时则言"把'昭德塞违'四字做个主脑"③，刘继庄所言之"德""违"恰恰就是周聘侯所说的"昭德塞违"之缩写，以此言说文章大意。而孙琼在评说此文时则言"庇乱人而取其赂，

---

① （清）高嵣：《左传钞》，黄秀文、吴平主编：《华东师范大学图书馆藏稀见丛书汇刊》第16册，北京图书馆出版社2006年版，第512页。

② （清）刘继庄：《左传快评》卷一《纳郜大鼎于大庙》，康熙四十五年（1706）刊本。

③ 李卫军：《左传集评》，北京大学出版社2016年版，第137页。

违之大者也。通篇主意，只重'塞违'。而'塞违'之本，全在'昭德'"①，由此可见，"主意"与"主脑"又有了近乎相似的意思。

其次，"主脑"具备"眼目""关键""骨子""结穴"等的功能特征。

主脑、纲领、眼目、关键、骨子、结穴这些词语，在古文评点、《左传》评点作品中早已多次出现过，而且很多时候，它们是作为言说文章不同方面特点的术语平行出现的。吕祖谦《古文关键·总论看文字法》提到，读古文，需先看文字体式，再考察古人用意下句处，具体的方法有四条：

> 第一看大概主张。
>
> 第二看文势规模。
>
> 第三看纲目关键。如何是主意收尾相应，如何是一篇铺叙次第，如何是抑扬开合处。
>
> 第四看警策句法。如何是一篇警策，如何是下句下字有力处，如何是起头换头佳处，如何是缴结有力处，如何是融化屈折、翦截有力处，如何是实体贴题目处。②

吕祖谦所说的"大概主张"，即是我们前面反复论述的"主脑"，"纲目关键"是指文章结构方面的紧要部分，"抑扬开合处"则关联着文章的开端与结尾。

清代武亿《左传钞》在评说晋公子重耳流亡一文时言曰："是晋文一篇外传。喧寂炎凉，处处描写生色。以'天'字作主脑，以从者作贯串，以所历之国与地作关键，以寺披、头须作衬托，以末段作结穴。"③显然，此处主脑、关键、结穴是并列的，其意义指向并不一致。

但是，也有部分评点者会将主脑、关键、眼目、结穴等的意义指向统一起来。余诚在《古文释义·凡例》中写道：

---

① 李卫军：《左传集评》，北京大学出版社 2016 年版，第 134 页。

② （宋）吕祖谦：《古文关键》，《丛书集成初编》本，商务印书馆 1936 年版，第 1—2 页。

③ 李卫军：《左传集评》，中华书局 2016 年版，第 500 页。

读古文，固当先得大旨，大旨不得，虽极赏其词华句调，终未识作者意思何取乎。读一得其大旨，而余文势如破竹矣。但古来大家文字，细针密线，重包叠裹，曲折变化，每不许人一望，竟尽其大旨，或提于篇首，或藏中幅，或点煞尾。在篇首为纲领，为主脑，为眼目。在中幅为关键，为骨子。煞尾则为结穴，又或以一二语陪出，又或以反笔挈之。种种不同，要在读者细心寻绎。①

在余诚看来，文之主脑，即是文章主旨，由于为文者不同的作法，主旨会出现在文章中的不同位置，也就有了不同的称呼。在篇首称为“纲领”“主脑”“眼目”，在中间就称为“关键”“骨子”，在篇尾则称为“结穴”。

余诚将指向不同层面的词汇，聚拢到文章“大旨”的词义之下，作为“大旨”下属的语义项，改变了这些词汇本来的关联，进一步扩充了“主脑”的所指范围。他的这种解读，并非空穴来风，也并非他自己的一己之思，而是在众多的评点实践中找到的一种认知。今以《曹刿论战》一文的几则评说为例，予以说明。

(《左绣》眉)“远谋”二字，通篇大旨。

(方宗诚眉)“远谋”是一篇之主。

(《析义》尾)细玩通篇，当分三段。以“远谋”二字作眼，总是一团慎战之意。惟知慎战，故于未战之先，必考君德。方战之时，必养士气。既胜之后，必察敌情。步步详审持重处，皆成兵机妙用。所谓远谋者，此也。

(《集解》尾)“远谋”二字是一篇眼目，未战必推原其本，既胜不轻肆其锋，皆远谋也。

(《喈凤》尾)“远谋”是主意，战之本、战之法俱从远谋来。

(德宜尾)“远谋”二字，是一篇之骨，前后一问一对，及战时之审

① （清）余诚：《重订古文释义新编·凡例》，宣统辛亥年（1911）上海文瑞楼印。

量，总莫非远谋也。

（盛谟总评）通篇以"远谋"二字为主，玩下"将鼓"、"将驰"是未能远谋。而曹刿所见，乃能远谋。

（高嵣尾）通篇以"远谋"二字作主。

（王系尾）此篇只是写"远谋"二字，未战而反己自求，将战而因机制胜，既胜而虑变防危，老成切实，有古意焉。与楚、郑蒲骚、北戎诸战，别是一种意思。①

《曹刿论战》一文主要写的是曹刿的深谋远虑，当为文章主脑。以上几种评点作品不约而同地将"远谋"作为《曹刿论战》中的关键字眼挑选了出来，赋予其"大旨""眼""眼目""主意""骨""主"等称呼，有的虽没有专门术语指示，但其论说则有主旨大意的意思，如王系《左传说》尾评即是如此。

"主脑"与"关键""结穴""眼目"等本是不同的术语，"主脑"侧重于立意，而"关键""结穴"侧重于结构功能，余诚将"主脑"与"关键""结穴"并立，一方面缩减了"主脑"的指向范围，只有在篇首时的文章大旨才称之为"主脑"，实际上清代《左传》评点者在运用"主脑"解读作品时，将之放到文章的各个位置，甚至是文本外的其他文本处。评点者在具体操作时，很多是将"主脑"当作余诚所说的"大旨"看待的。另一方面，余诚对"主脑"所做的改变与解释，实际上是根据主脑处于不同位置时的作用决定的，反映了"主脑"的功能意义。"主脑既得，则制动以静，治烦以简，一线到底，百变而不离其宗，如兵非将不御，射非鹄不志也"②，一切写作都要向中心靠拢，主脑处于篇首时，就如同人的脑袋、衣领、眼目一样，都是领先、突出、显眼的位置，如同统领着身体、衣服、脸庞一样统领着全文。主脑处于文章中间，就如同支撑物体的架子一样，"三十辐，共一毂"③，其作用就是让文章围绕它立起来。主脑处于文末，就如同地脉所藏的结穴一般，就如同百川归

① 　以上引文摘自李卫军：《左传集评》，北京大学出版社 2016 年版，第 237—243 页。

② 　（清）刘熙载著，王气中笺注：《艺概笺注》，贵州人民出版社 1986 年版，第 444 页。

③ 　陈鼓应：《老子注译及评介》，中华书局 1984 年版，第 102 页。

海一般，归结全文。

因此，清代《左传》评点中的"主脑"指的是文章主旨，有关键、眼目、结穴等本身具备的结构作用。二者在内蕴上没有交叉，是平行存在的，只是因为主脑所处的位置而导致其具备了关键、眼目、结穴等的功能意义。

再次，"主脑"与"神理"具有不同的意义指向。

"神理"一词，较早见于刘勰的《文心雕龙》的《天道》《正纬》《明诗》《情采》《丽辞》，有神明之理、自然法则、文章思理等不同意思。至明代的唐宋派提倡"神理"说，反对秦汉派的模拟因袭之风，明清之际的王夫之以"神理"解诗，则主要承续的是《文心雕龙》"文章思理"这一意思。

清代《左传》评点中较多注重"神理"的，有《左绣》《古文析义》《左传翼》等。《古文析义·凡例》中有一条言：

> 读古文要得篇中神理。如王荆公读骞苏《表忠观碑》云似太史公《楚汉以来诸侯王表》，试问那一句相似？此神理也。今人读古，或遇不切举业者，辄云不必究心，不知观斗蛇而字法进，观舞剑而书事工，亦思学与蛇何涉，书与剑何涉乎？若不解此，纵全篇学步邯郸，徒来丑妇矉里之诮耳。是编间有拈出，在善读者会心，笔墨中不能尽也。①

林云铭是从苏轼的《表忠观碑》与司马迁的《楚汉以来诸侯王表》两篇文章的比较之中，指出神理是超越于具体字句之上的文理。对于神理，需要读者自己领悟，有些是笔墨不能言尽的。

与《古文析义》相比，《左绣》指出的文章"神理"处要更多一些，并且明确提出了"神理皆在无字句处"②的观点，即单从字面意思是无法真正探得文章神理的，需要在文字之外细细思索。有学者认为"'神理'之'神'是一种只可以感觉、感受、领悟而不可以通过一般技术手段而达到的神妙的

---

① （清）林云铭：《增订古文析义合编·凡例》，康熙五十五年（1716）刊本。
② （清）冯李骅、陆浩：《春秋左绣》卷三，光绪六年（1880）校镌本。

状态。而'神理'之'理'则是可以通过一定操作手段、通过主体的努力而达到的层面"①，从"神""理"各自的意思来共同阐释"神理"之意，比较符合清代《左传》评点中对"神理"的认识。清代《左传》评点者在文本分析基础上把握文章理路，并从中提炼出文本背后的理念等，此即为依据字句而于字句之外寻求的"神理"，即文章之精神、风神。

之所以将"主脑"与"神理"进行比对，在于二者在功能上都具有统摄作用，"行文之道，神为主"②，但是二者具体所统摄的对象以及指示层次上又有一定的差异。

《左绣》在评说鞌之战时有一段眉评言：

> 以晋为主，何故上半叙事、下半议论都注意在齐？盖鞌战为郤克愤兵，虽胜亦俸。但以霸国故，不用明刺，只将齐一边理直气壮描写十分精彩，以为反映，而起手谦光，收稍荣耀，不过替他装点门面，以成一篇主脑，而神理则别有在已。左氏最是暗藏手法处，使人玩味不穷，以为故意瞒人，则失之矣。③

鞌之战，实为郤克极力推动而成，他为报被妇人羞辱之仇，屡次向晋景公要求出战齐国，晋景公起初以条件不成熟为由拒绝了，后来郤克于鲁成公二年再次请求出兵，晋景公终于同意了。郤克打着救援鲁国、卫国的旗号，率领八百乘战车，出兵齐国。作战时，"郤克伤于矢，流血及屦，未绝鼓音"④，率领晋军奋勇杀敌，最终齐师败绩。因此，此篇文章的主脑当为"郤克愤兵"。但是，《左传》在描写此事时，通篇文章却以齐国为主，叙写齐顷公之轻敌、逢丑父易位救君、齐顷公求救逢丑父、齐宾媚人求和之事，又让人颇

---

① 徐杰：《"神"、"理"、"韵"的融合——"神理"说、"神韵"说及其对刘大櫆"神气"说的影响》，《华夏文化论文》2013年第2期。

② （清）刘大櫆：《论文偶记》，人民文学出版社1959年版，第3页。

③ （清）冯李骅、陆浩：《春秋左绣》卷一二，光绪六年（1880）校镌本。

④ 杨伯峻：《春秋左传注》，中华书局2009年版，第791页。

费思量。《左绣》认为这恰是《左传》文法的巧妙之处，此种文字多寡的处理，恰恰是为了将此文的"神理"展示出来。那么，此文的神理为何呢？《左绣》继续言道：

> 韩、濮、邲、鄢四大战都有断语，此独无断语者，盖既不便贬他，又不当赞他，则即以国佐之对为断矣。脱换之妙，神变无方耳。上半写齐君意气不弱，而前有高固，后有丑父，则又夹写齐臣。下半写齐臣辞气不挠，而前曰齐侯使，后曰齐疾我，则仍归重齐君。总以顷公敌郤克，而郤克终不得而敌顷公也。①

郤克因私怨而成二国之战，战胜后又要求以萧同叔子为人质方同意求和，此为以公谋私。齐顷公为一国之君，意气不弱，且得齐国臣子、将士推重，而郤克为一国之臣，因私怨而成二国之战，此为因公谋私；战胜后又要求以齐君之母为人质方同意求和，此为无德无礼。因此，对郤克无德无礼的不满，是此文的"神理"，它超脱于"主脑"之上，在具体文本中没有直接言说，但在文章的脉络中却是有迹可循的。

《左绣》提到的这个例子很有代表性，较为明晰地展示了评点文本中"主脑"与"神理"的差异：主脑是紧贴文本的，神理是可以在文本之上的；主脑是对文章主要内容的揭示，而神理是对文章精神的揭示；神理在意蕴指示层次上要高于主脑。

清代《左传》评点者在评点时大量运用"主脑"来指示文章内容大意，有与戏曲、小说、诗歌评说相同的地方，也有很多不同之处。具体说来，清代《左传》评点文本中的"主脑"有以下特征：

第一，与其他文体不同，清代《左传》评点文本的"主脑"多是在文章中直接出现，无论是人、事，还是字词、句子、段落等，在《左传》文本中都是存在的，评点者直接将文中这些能统摄全文的部分选出来，称之为"主

---

① （清）冯李骅、陆浩：《春秋左绣》卷一二，光绪六年（1880）校镌本。

脑"，至于此篇文章在文本之外能提升出来的情感倾向、精神脉理，皆不在评点所示"主脑"的职责范围之内。

第二，清代《左传》评点文本中的"主脑"基本意蕴是指文章大意、主要人物、核心理念等，有不同的对象、位置及设定方式，评点者在强调其功能意义时，有时会与其他的评述术语交叉、混用，在具体的称谓上也会与其他评点术语产生浑融、交错的联系。

第三，清代《左传》评点者对于"主脑"一词的基本意蕴有固定的认识，只是在具体运用时，在其内涵外延的把控上又有个体的差异。

"主脑"作为清代《左传》评点的重要关键词，以上特征不单是"主脑"运用、阐释的特点，它较为典型地代表了整个《左传》评点关键词的共性特点，即与文本结合密切，内蕴有基本的统一认识，但在具体使用时会出现外延的个体差异。

第二节　宾与主

宾主是中国由来已久的术语，最初用在生活礼仪中，如《孟子·尽心下》言"礼之于宾主也"①，《礼记·乡饮酒义》言"乡人、士、君子，尊于房户之间，宾主共之也"②，《战国策·秦策三》言"敬执宾主之礼"③，出现于宴饮、外交、日常接待等场合，指的就是主人与客人。后来，此种现实生活中习见的词语，被赋予了美学意义，见于文学、图画、建筑、书法等各个领域，就文学而言，文、诗歌、小说、戏曲创作时都会有"宾主"的设置，文章写作、文学评论也会对"宾主"着意关照。

清代《左传》评点作为古文评点的代表，"宾主"出现的频次极高，见于不同的评点作品中，代表了评点者的创作理念与评价标准，将之作为清代

---

① （清）焦循撰，沈文倬点校：《孟子正义》，中华书局1987年版，第991页。
② （清）孙希旦：《礼记集解》，中华书局1989年版，第1425页。
③ （汉）刘向集录，范祥雍笺证：《战国策笺证》，上海古籍出版社2006年版，第311页。

《左传》评点的关键词，当无异议。

一、宾主的名目类型

"宾主"在清代《左传》评点作品中出现，最主要的便是"主"与"宾"，一般说来，"主"为中心人物、中心事件，"宾"为非中心人物、非中心事件。叙事作品要有人物有事件，其中有核心人物、核心事件，亦有陪衬人物、非主要事件。

清代《左传》评点者对"宾主"名目的设立，是在现实"宾主"意义基础上的理论提升，是在"四宾主"基础上的意义扩充。"四宾主"的提法，最早出自唐代禅宗的论说中。临济宗提出禅门教学方法，有宾看主、主看宾、主看主、宾看宾，师傅与学生对于禅意各有不同的体悟水平，所谓"主"便是体悟水平高者，所谓"宾"便是未体悟禅意者。曹洞宗言有主中宾、宾中主、宾中宾、主中主①，从体用关系来言宾主，主为体，宾为用，主为君，宾为臣。虽然禅宗并非针对文章写作，但却对宾主进行了进一步的层次划分。清代很多学者、文人接受了"四宾主"的说法，将之运用于古文评说之中。阎若璩在《潜邱劄记》卷一尝言：

> 四宾主者：一主中主，如一家唯有一主翁也。二主中宾，如主翁之妻妾儿孙奴婢，即主翁之身分以主内事者也。三宾中主，如主翁之朋友亲戚，任主翁之外事者也。四宾中宾，如朋友之朋友，与主翁无涉者也。于四者中，除却宾中宾，而主中主亦只一见，唯以宾中主钩劲主中宾而成文章。八大家无不然也。②

① "'四宾主'不同临济。主中宾，体中用也宾中主，用中体也宾中宾，用中用，头上安头也主中主，物我双忘，人法俱泯，不涉正、偏位也。"[（宋）智昭著，尚之煜释读：《人天眼目释读》，上海古籍出版社2015年版，第165页]
② （清）阎若璩：《潜邱劄记》卷一，《景印文渊阁四库全书》第859册，台湾商务印书馆1986年版，第413—414页。

阎若璩不仅提到了四宾主，而且对其在文章写作中的地位亦做了说明：主中主最重要，宾中宾分量最轻，皆只一见，最能成就文章精彩的是宾中主与主中宾。

清代《左传》的评点者对"宾主"亦进行了细分，从而使"宾主"有了多种名目：主、主中主、宾中主；宾、宾中宾、主中宾。

王源在《左传评·齐无知弑其君诸儿》的尾评中写道：

> 文才数行，而除襄公外，共叙十有五人。以数行文字，叙一十六人事，若入他人手，忙矣，乱矣。看此老摆布之妙，如千军万马，作坐进退，寂无人声，何等力量！弑襄公者，连称、管至父也，故二人为主。无知虽被弑君之名，二人特借以作乱，故为主中宾。僖公、夷仲年只引出无知，故为宾中宾。连称从妹，二人使以间公者也，故为宾。公子彭生，与二人迥不相谋，却亦欲弑襄公者，故为宾。徒人费、石之纷如、孟阳三人，为公死者，故总为宾。二人立无知，鲍叔牙奉小白，管夷吾、召忽奉公子纠，又借来映带作结。鲍叔、管、召陪二人者也，故为宾。小白、子纠陪无知者也，故为宾中宾。①

《左传》写齐襄公被弑杀一事，里面写就了十六个人物。此十六人各有自己的位置，弑杀案的发起者是连称与管至父，其为此文之"主"；公孙无知被连称、管至父挑唆而参与弑杀案，其为"主中宾"；齐僖公、夷仲年则因参与弑杀案的公孙无知而被引出，此即为"宾中宾"；公子小白、公子纠为公孙无知的陪衬，故亦为"宾中宾"。至若其他人，连称从妹、公子彭生、徒人费、石之纷如、孟阳、鲍叔牙、管仲、召忽，虽然发挥的作用不同，但皆被卷入弑杀案，统称为"宾"。

王源未提"主中主"，顾明佳认为其原因为，"'主'是代表着包含篇章'主

---

① （清）王源：《左传评》卷一《齐无知弑其君诸儿》，《四库全书存目丛书》经部第139册，齐鲁书社1997年版，第187页。

意'的核心人物事件，一般文篇只有一个'主意'，不可能出现'主中主'的现象"①。其实，王源之所以没有提出"主中主"，在于《齐无知弑其君诸儿》一文之"主"——连称与管至父，在弑杀齐襄公一案中作用相当，《左传》亦将二者并立，并未单独凸显哪一个，因此未出现"主中主"的说法。刘继庄的《左传快评》、周大璋的《左传翼》等都明确提到了"主中主"，可以作为例证来印证此观点。鲁文公十八年，太史克替季文子言说"四凶"之事，刘继庄评曰：

> 元恺、四凶板板叙来，忽将三凶一结，留饕餮在后，更作一行，另叙文阵。一军忽变，令全军旗帜皆改观矣。〇试问学人：何故饕餮当另作一行写？不可谓文无定格，挥洒由我也？盖饕餮云云与莒仆之窃宝玉相类。三凶是主中之宾，惟饕餮是主中之主，不可令主宾莫辨也。②

季文子言说四凶，起因于莒国的一件弑杀案：莒纪公立了太子莒仆，后又喜欢小儿子季佗，后来莒仆弑杀其父，偷窃莒国宝玉而投奔鲁国，献给鲁宣公，以求得庇护。鲁宣公下令当日即授予莒仆土地，但季文子则令司寇当日将莒仆驱逐出鲁国。鲁宣公自然不悦，向季文子询问缘由。季文子明确提出不能庇护莒仆，并举尧对待四凶之事为例予以论证，"莒仆来奔，宣公不去，亦犹尧之不能去四凶"。刘继庄认为，此文之主便是"尧不能去四凶"。③ 在叙说之时，季文子将三凶连写，而将饕餮独立另写，其缘由在于贪婪的饕餮与莒仆窃宝玉之事更相似。故而，刘继庄将三凶视为主中宾，而饕餮则是主中主。

《左传翼》的评说，见于鲁定公九年：

> 偪阳之战，叙诸勇士，以其久而无功也。此叙书、弥先登，志其功也。屹屹崇墉，而数子踊跃争先，遂有成功。不言城之所以克何如，而

---

① 顾明佳：《王源〈左传评〉之"宾主"说》，《兰州教育学院学报》2012年第7期。
② （清）刘继庄：《左传快评》卷五《莒弑其君庶其》，康熙四十五年（1706）刊本。
③ （清）刘继庄：《左传快评》卷五《莒弑其君庶其》，康熙四十五年（1706）刊本。

但言其登，又言其下，且言其息，则城之古□可知。此叙事隐见之妙
也。东郭书是主，犁弥与王猛从之，故皆合叙。一就登时写，一就息时
写，笔法各别。敝无存乃先驱耳，而前以之始，后以之终，郑重写来，
又恰似主中之主。只此数人，而错错落落，如花片随风，星光伴月，不
可名状。①

齐景公讨伐晋国的夷仪，敝无存、东郭书、犁弥、王猛等人奋勇作战。众多
勇士中，周大璋认为犁弥、王猛跟随东郭书登城、休息、作战，故以东郭书
为主。而在东郭书以前，文章以敝无存开篇，敝无存先不婚而作战，登城力
战而战死，可谓东郭书等勇士的前驱，文章又以齐侯给予敝无存的丧葬待遇
结尾，前后贯连，故而周大璋将敝无存视为主中主。

　　清代《左传》评点中的宾主名目基本上承袭的是前代人的论说，根据事
件的性质以及人物在事件中所发挥的具体作用，而赋予他们各自不同的宾主
名目。

　　一般认为，长篇文章之中人物、事件多，作者为了叙事清晰，常常需要
区分宾主，短篇文章人物、事件少，作者或者不设宾主，或者宾主并不怎么
明显。但是王源则明确提出，即便是短篇文章，亦有主脑，其在评说鲁昭公
二十一年《天王铸无射》时写道：

　　　　心者，立言之旨，一篇之纲。一句挈起，后用三折笔，折到钟，又
　　以三句总之，然后别其美恶而点明正意以为结，何尝无折也？先言不窕
　　不摦之足以养心，次言窕与摦之足以害心，然后言王钟之摦，而结明其
　　将有心疾之意，又何尝无宾主也？短篇之法皆然。②

此文总共一百一十六字，主要内容为泠州鸠对周景王将铸无射钟所作的预

---

① 李卫军：《左传集评》，北京大学出版社 2016 年版，第 1960 页。
② （清）王源：《左传评》卷九《天王铸无射》，《四库全书存目丛书》经部第 139 册，齐鲁书
　　社 1997 年版，第 351 页。

言，即周景王会因心疾而亡，为此文之"主"。"小者不窕，大者不摦，则和于物""窕则不咸，摦则不容，心是以感，感实生疾""今钟摦矣，王心弗堪，其能久乎"，① 补充"王其以心疾死"之意，则为此文"宾"。

宾主在长篇、短篇中皆可出现，亦有主、宾、主中主、宾中主、宾中宾、主中宾等不同的名目，是塑造人物、结构文本、表现"主意"的重要手段。

需要指出的是，清代《左传》评点者在言文章大旨时，有时会用"主"来指代，王源《左传评·公败齐师于长勺》在"肉食者鄙，未能远谋"句之下，有夹注曰"二字一篇之主"②，此二字指的是"远谋"，远谋为此文的篇章大旨，为一文之主意。但是，此"主"非"主宾"中的"主"，二者字虽同，但所指不同，一指主旨大意，一指与宾相对的对象；二者字虽同，但在独立性上不同，"主意"中的"主"是独立出现的，"主宾"中的"主"则需有"宾"的托映，不能独立存在；二者字虽同，但出现范围不同，"宾主"中的"主"分布、使用范围要更广，人物、句子、结构只要有主次之分，皆可言其为有宾有主。

二、宾主的呈现方式

清代《左传》评点者基本上都用"宾主"来解读文章，之所以如此，在于他们明确认识到明晰宾主对于文章阅读具有重要的促进作用，是文章写作的重要手段之一，"叙事文，最要识宾主"③。同时，他们在宾主运用时，并非囿守单一理念，又有变通之处。

首先，宾主分明，为叙事佳作之重要条件。

叙事文章最基本、最重要的要求，是要把事情说清晰说明白。数事数人杂然并陈，为文之拙者会陷入糟乱之中，为文之佳者则会划定宾主不同，巧

---

① 杨伯峻：《春秋左传注》，中华书局 2009 年版，第 1424 页。
② （清）王源：《左传评》卷一《公败齐师于长勺》，《四库全书存目丛书》经部第 139 册，齐鲁书社 1997 年版，第 188 页。
③ （清）姚培谦：《古文斫》卷四，乾隆甲午年（1774）重订本。

妙运用宾主来调遣纷繁事项。宾主明，则会井然有序，避免杂乱，"一事中序有数事，一人中序有数人，人则有主有宾，事亦有宾有主，千头万绪，井然不乱"①，宾主调遣得当，文章会眉目清晰、人物生动，"宾主分合，烂如锦簇，而忠奸贤不肖，人人面目俱见"②。

鲁桓公九年，巴国本欲与邓国为好，并将之告于楚国。楚武王派人护送巴国使者，不料却被邓国边境的鄾国人围攻，抢夺了财物，还杀死了邓国使者与护送的楚国大臣。楚武王责备邓国，邓国拒不接受，楚武王大怒之下，使斗廉帅师及巴师围鄾。最终，楚、巴两军大败鄾、邓军。《左绣》对此评论道：

> 本是巴、邓为好，却从巴转出楚，又从邓转出鄾。鄾以邓为主，巴以楚为主。而楚邓作对，又以楚败邓、助巴溃鄾为主。只此四国，写得花团锦簇，仍自宾主分明，叙事圣手。③

四个国家的战争，牵扯人员、事务很多，但是《左传》却能写得眉目清晰，毫有错乱之感。其原因在于，《左传》将此四国两两为对，又两两设宾主，楚、巴两国与鄾、邓两国两两相对，楚、巴两国以楚为主，以巴为宾，鄾、邓两国以邓为主，以鄾为宾，故能于花团锦簇之中，各有阵营，各有位置，《左绣》以此称其为"叙事圣手"。

宾主分明的好处，几乎为《左传》评点者的共识，《左传快评》还将之视为读古文最重要的功夫。

> 读古人之文，最要宾主分明。宾主分明，而后知古人用笔行文之

---

① （清）王源：《左传评》卷九《盗杀卫侯之兄繄》，《四库全书存目丛书》经部第139册，齐鲁书社1997年版，第347页。

② （清）王源：《左传评》卷八《叔孙豹卒》，《四库全书存目丛书》经部第139册，齐鲁书社1997年版，第315页。

③ （清）冯李骅、陆浩：《春秋左绣》卷二，光绪六年（1880）校镌本。

诀。若主宾莫辨，鲜有不为古人笔墨之所簸弄者也。①

《左传》写作自有宾主，但是如果读者不能自行分辨出宾主所在，便很难寻得作者的行文诀窍，很难找到叙事的章法所在。这是从读者层面言说宾主的意义所在，亦是对读者提出了为文写作的提醒与要求，待读过此番话的读者再去写作之时定会筑牢"明宾主"的理念，成就佳文。

其次，宾主不可太分明，才能文情活。

宾主分明，文章脉络、条理好寻，然而事不可过，若宾主太分明，则会让文章失去灵巧奇妙，陷入呆板、平滞的境地。

《左传评林》在评说鲁文公三年"秦伯伐晋"一事时写道：

> 文字有宾主一法久矣，宾主不明，则章法乱。宾主太明，则文情板。如此传，秦伯主也，孟明主中宾也，子桑纯乎宾矣。于推叙缘由处，以"秦伯犹用孟明"喝起。于叙事既毕后，以"用孟明也"结住。一笔两笔，提醒主脑，使人晓然知其大旨所在，而以孟明夹叙于中，子桑带赞于后，章法何等分明？乃其叙晋之论秦也，说孟明不及秦伯，错综矣。叙秦之伐晋也，说秦伯又及孟明，错综矣。后面更将秦伯、孟明、子桑议论一番，咏叹一番，三人排列，并无低昂，愈整齐，愈错综矣。读者几不辨其孰主孰宾。孰为主中主，孰为宾中宾。但觉段段迷离，文情又何等变化不测也。②

张昆崖以《左传》记载为例，说明了两个观点：一是宾主明，则章法治。此文以秦穆公为主，孟明为秦穆公称霸西戎的重要功臣，故为主中宾，子桑为晋大臣，叙事中没有特提其贡献，仅见于后面议论中，故为宾。《左传》写时，先写秦穆公，中写孟明，后写子桑，恰如宾主关系相应，章法极为分明。二

---

① （清）刘继庄：《左传快评》卷七《楚伍举出奔声子复之》，康熙四十五年（1706）刊本。
② 李卫军：《左传集评》，北京大学出版社 2016 年版，第 660 页。

是宾主太明，则文情呆板。《左传》中的"君子"评说秦穆公、孟明、子桑时，三者并列，君子从不同方面赞颂三人，其颂词并未有高低之分，让人不辨孰为主，孰为宾。如此一来，便与前面判然分明的宾主设置迥然有别，呈现错综之感，令读者直呼善于变化之妙。张昆崖在肯定明晰宾主的同时，特意提出要让宾主设置有所变化，这是极为辩证的观念，是对宾主关系的融通处理。

与张昆崖的观念相似，王源在《左传评》中提出：

> 自宾自主而判然分，则章法平。杂宾杂主而淆然乱，则章法混。平则无奇，混则无正。无奇无正，而文之道亡矣，尚何论宾主乎？虽然，平固无奇，奇则易于混。混固无正，正则易于平。既欲不平，复欲不混，将何法以处此？曰："无他也。唯并举以为奇，单抽以为正而已。"并举以为奇，则不平；单抽以为正，则不混。如衡岳七十二峰，峰峰竞秀，而独以祝融为尊，所以磅礴而郁积也。此文莫敖主也，"心不固"三字，断尽莫敖。后邓曼多少议论，俱摄于此。而曼却将"抚小民""训诸司""威莫敖"三者平说，并举以为奇也。又将莫敖独说一段，单抽以为正也。奇正辨而宾主明，宾主明而章法出矣。只"宾主"二字，古人是多少变化！①

王源此处批判了两种错误作法：一是自宾自主，宾主分明，导致章法平滞；二是杂宾杂主，宾主淆乱，导致章法混乱。此为宾主运用时的两个极端，皆不符合理想的为文之道。王源援引奇正观念入宾主，提出"平则无奇，混则无正"，而正确的作法便是"并举以为奇，则不平；单抽以为正，则不混"。为了更好地阐释此意，王源以《楚屈瑕伐罗》一文为例予以说明，此文以莫敖屈瑕为主，伐罗之前，屈瑕"举趾高，心不固"②，而被楚大夫斗伯比预言必败，后因刚愎自用而致楚军大败，自己亦自缢身亡。邓曼在评说斗伯比"必

---

① （清）王源：《左传评》卷一《楚屈瑕伐罗》，《四库全书存目丛书》经部第139册，齐鲁书社1997年版，第185页。

② 杨伯峻：《春秋左传注》，中华书局2009年版，第136—137页。

济师"的请求时提出，斗伯比的意思是要求楚武王"抚小民、训诸司、威莫敖"，此三者并说，宕开一笔，不专言屈瑕，奇峰突起，此为"并举以为奇"；而后又单独将"威莫敖"拎出，重点解读，回归于正主，此为"单抽以为正"。

无论是张昆崖的宾主错综论，还是王源的奇正宾主说，都是在分宾主的前提下，强调宾主描写时的变化。唯有变化，方能宾主明，又能章法出，文情活。

再次，无宾主亦可成文之妙。

宾主处理得当，能成就一篇妙文，那么，没有宾主是否就不是佳作呢？如果固守"宾主是行文第一活着"①的理念，自然是肯定的答案。但是，清代《左传》评点者并非墨守成规、不知变通之人，他们亦能发现无宾无主文章的妙处所在。

鲁成公五年，梁山崩塌，晋侯召见伯宗询问对策，王源《左传评》对此评论道：

> 与《穀梁传》各有妙处。《穀梁》之妙，在复在趣，而宾主判然。此传之妙，在无宾无主，而情境洒然。事虽略同，章法迥别。②

此事在《左传》《穀梁传》中有详细的记载，王源认为此二处记载皆能传递为文之妙。《穀梁传》之妙在于宾主判然分明，而《左传》之妙在于无宾无主。同一件事，宾主分明有妙处，无宾无主亦有妙处，那么，是否意味着宾主没有作用呢？要回答此问题，需要回到文本，细细找寻缘由。

> 梁山崩，晋侯以传召伯宗。伯宗辟重，曰："辟传！"重人曰："待我，不如捷之速也。"问其所。曰："绛人也。"问绛事焉。曰："梁山崩，将召伯宗谋之。"问将若之何。曰："山有朽壤而崩，可若何？国主山川，

---

① （清）冯李骅、陆浩：《春秋左绣·读左卮言》，光绪六年（1880）校镌本。

② （清）王源：《左传评》卷五《梁山崩》，《四库全书存目丛书》经部第139册，齐鲁书社1997年版，第248页。

故山崩川竭，君为之不举、降服、乘缦、彻乐、出次，祝币，史辞以礼焉。其如此而已。虽伯宗，若之何？"伯宗请见之。不可。遂以告，而从之。(《左传》) ①

梁山崩。不日何也？高者有崩道也。有崩道则何以书也？曰梁山崩，壅遏河，三日不流，晋君召伯尊而问焉。伯尊来，遇辇者，辇者不辟，使车右下而鞭之。辇者曰："所以鞭我者，其取道远矣。"伯尊下车而问焉，曰："子有闻乎？"对曰："梁山崩，壅遏河，三日不流。"伯尊曰："吾为此召我也，为之奈何？"辇者曰："天有山，天崩之，天有河，天壅之，虽召伯尊如之何？"伯尊由忠问焉。辇者曰："君亲素缟，帅群臣而哭之，既而祠焉，斯流矣。"伯尊至，君问之曰："梁山崩，壅遏河，三日不流，为之奈何？"伯尊曰："君亲素缟，帅群臣而哭之，既而祠焉，斯流矣。"孔子闻之，曰："伯尊其无绩乎！攘善也。"(《穀梁传》) ②

在基本情节上，《左传》《穀梁传》是一致的，但二书亦有五处不同：一是人的称谓不同，《左传》言伯宗、重人，《穀梁传》言伯尊、辇者。二是伯宗对重人与伯尊对辇者的态度不同。《左传》虽言重人避开其车，但并未有《穀梁传》的打人之事，说明《左传》中的伯宗相对温和、谦逊，他只是因为着急赶路而让重人让路，而《穀梁传》的伯尊则相对傲慢、无礼。三是重人与辇者的形象略有差异。《左传》是重人自己说出梁山崩而晋侯召见伯宗，而《穀梁传》中则将《左传》中的之话一分为二，"梁山崩"由辇者道出，"晋侯召见"由伯尊自己道出，则见《左传》中的重人对局势把握更全面。四是伯尊攘善，伯宗不隐人之功。《穀梁传》中的伯尊虽然亦下车问询，但最后却隐去了辇者的功劳，而《左传》中的伯宗则邀请重人一同拜见晋君，重人不肯，伯宗方才将重人的话告之晋君。五是《穀梁传》最后有孔子的评论，贬斥伯尊，而《左传》则仅有过程记载。

---

① 杨伯峻：《春秋左传注》，中华书局 2009 年版，第 822—823 页。
② (清) 钟文烝撰，骈宇骞、郝淑慧点校：《春秋穀梁经传补注》，中华书局 2009 年版，第 481—483 页。

王源所说的《穀梁传》所记"宾主判然",是说以伯尊为主,以辇者为宾,伯尊与辇者之间来回往返的对话、行为更多,为的是支撑伯尊的形象建构,伯尊使人鞭辇者、下车问、由忠问,展现了伯尊傲慢、尊重、虚心请教的态度变化,最后孔子的评说则又给伯尊打上了"攘善"的标签。至若言《左传》"无宾无主",在于伯宗虚心而不攘善,而重人智慧而不居功,记二人之言行,所用笔墨基本相等,亦无优劣对比,但都令人肃然起敬,此谓"情境洒然"。

《左传经世钞》评文公二年"跻僖公"一事时言曰:

> 两引诗之后即接"仲尼曰",而下以六事并说,以"不仁""不知"双结,全无宾主,章法最奇。且上记夏父之论,此突出臧文仲"不仁""不知",尤妙。[1]

鲁闵公早于鲁僖公即位而为鲁君,按照周礼的规定,在祖庙祭祀时应当将鲁闵公的神主摆在上面。但是担任伯宗的夏父弗忌则认为,鲁僖公是鲁闵公的哥哥,先大后小,亦为顺礼,故而将鲁僖公的神主排在了鲁闵公前面。《左传》对此极为不满,两用"君子"之评说,两用《诗经》之诗句,一用孔子之言,表达贬斥态度。孔子之言,为言说臧文仲不仁不知之事,"臧文仲,其不仁者三,不知者三",三不仁是指"下展禽,废六关,妾织蒲",三不知是指"作虚器,纵逆祀,祀爰居",[2] 其中所言"纵逆祀",夏父弗忌所言"跻僖公"亦是此类。《左传》重点批评"纵逆祀",但是援引孔子之论,并未对其着重突出,而是以"不仁"与"不知"并列,下展禽、废六关、妾织蒲、作虚器、纵逆祀、祀爰居六条并列,没有轻重、高低处理,此为"全无宾主",但又以其中一条解说夏父弗忌之言,章法奇妙。

无宾无主的文章,能成就妙文,靠的是作者的精心调遣,或者是各个部

---

① (清)魏禧:《左传经世钞》卷七《跻僖公》,乾隆十三年(1748)彭家屏刻本。
② 杨伯峻:《春秋左传注》,中华书局 2009 年版,第 525—526 页。

分均衡用力，或者是结构、章法之奇妙，它们相互用力，互相成就。

清代《左传》评点者既重视宾主分明的文法，又要求宾主不可太分明，强调宾主的错综变化，同时又在宾主之外，提出无宾无主亦能成就妙文，态度豁达而融通。

三、宾主的详略差异

"主"与"宾"，代表的是作者写作时的情感倾向与侧重，在人物塑造、章法结构等方面的重点与非重点之分，但是，在具体书写时，"宾"与"主"所占的比重、描写的细致与否，却没有一致的标准，也不是简单的对应，并非"主"就要详细描写，"宾"就要简略描写。具体来说，清代《左传》评点者提出了以下几种存在形式：

第一，略宾详主。

此种形式比较常见、普通，也是比较容易察觉、把握的，符合宾主不同的地位、功能设定。

鲁昭公二年，晋侯使韩宣子到鲁国聘问，后又至齐、卫二国。在这三个国家的聘问中，所用笔墨不等，聘鲁最前，所用笔墨最多，有观书、宴飨、赋诗等事，有事件叙述，有人物四处对话。聘齐继之，则写预言子旗、子围命运，笔墨渐少，有简单叙事，有人物对话二处。聘卫最后，仅言卫侯宴饮赋诗之事，无有对话，笔墨最少。因此，"聘鲁是主，齐、卫是宾，前详后略，是详主略宾"①，这是很明显的宾主设置，从笔墨多少及结构设置即可判定谁主谁宾。

鲁哀公十一年，齐国伐鲁，当时鲁国是季孙氏执政，冉求为其家宰，《左传》以大段文字写冉求为季孙谋划出兵之事。冉求考虑全面，最佳方略是"一子守，二子从公御诸竟"，季孙守国，孟孙、叔孙在边境防御。其次是"居封疆之间"，派孟孙、叔孙在近郊防御。最后是"一子帅师，

---

① （清）姜炳璋：《读左补义》卷三四，乾隆三十八年（1773）三多堂刻本。

背城而战"，① 季孙一人领兵，与齐作战。待确定孟孙、叔孙不愿出兵后，冉求与孟孙何忌、叔孙州仇对话，以言语刺激，令其自我羞愧。后来冉求率领左军出兵，孟孺子泄帅右师，此为鲁国的两股兵力，作用本应等同，但《左传》却将之视为一主一宾，左师为主，右师为宾。《左绣》之所以做如此划分，是根据左师右师在战争中的实际作用。右师出兵迟缓，作战时又逃退，而左师早早集结，冉求力主樊须为车右，在作战时，樊须提出逾沟之法，士兵积极进攻，战绩卓著。至若左师、右师的书写分量，《左绣》言道：

> 上截又分四节，季孙谓其宰节，写冉求分派三子。季孙告二子节，写冉求独激季孙。季孙使从于朝节，写冉求兼愧二子。帅左帅右节，宾主双提。而须弱用命，同次雩门。右师之从，迟之五日。详主略宾，已为下半伏脉。②

《左传》对起主要作用的左师主帅、将士的作战情况叙述细致，而对右师则仅用"右师从之""右师奔"等语句描述，详略之分，显而易见。

第二，略主详宾。

此种形式相对复杂、隐蔽，需要阅读者仔细辨别，方能确定孰为宾，孰为主。

鲁昭公二十八年，晋国大臣祁盈及其党羽杨食我被杀。对于此事，王源《左传评》尾评写道：

> 因杀祁盈，并及杨食我，于是序盈而拖出食我。盈，主矣。食我，宾矣。乃拖序之后，复以祁与羊舌二氏并结，又似无主无宾，且后序叔向之娶，以及食我之生，较前文加倍，而并无一字挽合，更似宾盈而主

---

① 杨伯峻：《春秋左传注》，中华书局 2009 年版，第 1658 页。
② （清）冯李骅、陆浩：《春秋左绣》卷二九，光绪六年（1880）校镌本。

食我，何其宾主溷而无分一至此乎！曰非无分也。食我之死，由于祁盈，羊舌之亡，由于祁氏，盈之为主，岂待问哉？盈为主，食我为宾，又待问哉？乃宾主既分而并结之，宾且详之，详宾而主更无一字以及之，用奇而已。用奇之道，正欲其无分也。无分而未尝不有分，斯为奇也，斯宾主之极致也。①

《左传》完整叙述了祁盈本欲杀通室的祁胜与邬臧，司马叔游劝说而不听，终至亡身灭族之事，在叙述其被杀时提到了杨食我，"晋杀祁盈及杨食我。食我，祁盈之党也，而助乱，故杀之"，由此段可以很自然推断出祁盈为主，杨食我为宾。但是，《左传》后面的叙述，则会让人陷入迷惑：祁盈、杨食我被杀后，《左传》继而写到祁氏、羊舌氏被灭族，"遂灭祁氏、羊舌氏"，②将二者并立，让人有"无宾无主"之感。此后，《左传》又大段叙述叔向欲娶申公巫臣之女为妻，叔向母亲反对，叔向恐惧而不敢娶，不料晋平公强令叔向娶之，生下了杨食我。叔向母听到其哭声，即预言其会带给羊舌氏灭族之灾。此段笔墨要多于祁盈被杀之事，易让人有杨食我为主、祁盈为宾的错觉。王源则言杨食我之死皆因祁盈而起，羊舌氏之亡皆因祁氏之亡，此为主宾关系确立的依据，不当有异议，至于宾详主略，此为用奇之道，亦为宾主使用的极致状态。

详宾略主与详主略宾是宾主在详略上的两种最重要的表现，王源明确提出："主详而宾略，正也。略主而详宾，变也。"③详主略宾是正体，详宾略主为变体。与《左传评》将"详宾略主"视为奇道、变体相似，《左绣》明确提出"大抵文字主详宾略，此正法也"④，言下之意，略主详宾当为"奇

---

① （清）王源：《左传评》卷一〇《晋杀祁盈及杨食我》，《四库全书存目丛书》经部第 139 册，齐鲁书社 1997 年版，第 358 页。

② 杨伯峻：《春秋左传注》，中华书局 2009 年版，第 1492 页。

③ （清）王源：《左传评》卷三《晋人败狄于箕》，《四库全书存目丛书》经部第 139 册，齐鲁书社 1997 年版，第 223—224 页。

④ （清）冯李骅、陆浩：《春秋左绣》卷一〇，光绪六年（1880）校镌本。

法"。"叙事写照之文，莫呆于直叙，莫板于正写"①，宾写得详细，主亦能因宾而得以展现，"有时略主而反详宾者，主即于宾中见也"②。文章写作需要通观全局，前后照应，比如《赵盾弑其君》一文，赵盾之贤，见之于鉏麑、提弥明、灵辄三人，赵盾之谏，详写于士季劝谏中，此为详宾略主之法。若将其谏言全部展开，表现其忠贞恳切，则后面再写"赵盾弑其君"，就会甚感别扭。《左传》此等处理，《左绣》认为是"大作手"方有之功力③。

详宾略主是奇道，需要作者有掌控全局的能力，需要正笔、傍笔相互作用而灵活变通。若能操控得力，自然会形成耳目一新的感觉，"行文解得此法，板者活，平者奇，寂者喧，澹者艳矣"④。

第三，宾主两重。

此种情况，宾与主皆为作者所重，所用笔墨也会大体相当。

鲁桓公十二年，鲁桓公想促成宋国与郑国的和好，多次与宋公举行会盟。《左传》记载为：

> 公欲平宋、郑。秋，公及宋公盟于句渎之丘。宋成未可知也，故又会于虚；冬，又会于龟。宋公辞平，故与郑伯盟于武父，遂帅师而伐宋，战焉，宋无信也。
>
> 君子曰："苟信不继，盟无益也。《诗》云'君子屡盟，乱是用长'，无信也。"⑤

---

① 李卫军：《左传集评》，北京大学出版社 2016 年版，第 775 页。

② （清）冯李骅、陆浩：《春秋左绣》卷一〇，光绪六年（1880）校镌本。

③ 《左绣》言此曰："若前半骤谏写得详尽恳到，则后书弑君，便未免有触背之病。作文须照顾通局，古今大作手，亦何以易此哉？左氏惯用牵上搭下法，如宣子骤谏，本应主'将谏'，却起下'公患'，'攻之'本对上'贼之'，而'弥明杀之'又对下'灵辄免之'，以'遂自亡也'作总结之笔，解此伸缩，叙置方变而活。"[（清）冯李骅、陆浩：《春秋左绣》卷一〇，光绪六年（1880）校镌本]

④ 李卫军：《左传集评》，北京大学出版社 2016 年版，第 775 页。

⑤ 杨伯峻：《春秋左传注》，中华书局 2009 年版，第 134 页。

《左传》此段记载了五件事，即鲁桓公与宋公的三次会盟、与郑伯的一次会盟以及率军伐宋，此五件事在《春秋》中都有记载，《左绣》称此作法为"连经驾叙法"。此文意在斥责宋公无信，以宋公无信为主，然而此文所记五事皆是在鲁桓公主导下进行的，所占笔墨甚重，故而需要对宋公无信另加笔墨，《左传》援引"君子曰"对其进行评说，以此归结于主，专责宋公无信。此种作法，《左绣》称之为"宾主两重者"。①

《左绣》在评说高渠弥弑杀郑昭公之事，亦有类似的评说。《左传·鲁桓公十七年》记载：

> 初，郑伯将以高渠弥为卿，昭公恶之，固谏，不听。昭公立，惧其杀己也，辛卯，弑昭公，而立公子亹。
>
> 君子谓"昭公知所恶矣"。公子达曰："高伯其为戮乎！复恶已甚矣。"②

《左绣》眉评有云："此段以断高伯为主，却先安顿昭公一笔，乃宾主轻重双结法。说见前公欲平宋郑篇。"③《左绣》此段评说与《公欲平宋郑》的评说是互文见义，言说"宾主两重"之法。此文意在斥责高渠弥弑杀之过，但是开篇却以郑昭公反对立高渠弥为卿写起，后面评说亦是两层并立，言郑昭公"知恶"，言高渠弥"复恶"。因此，宾主两重者，需要仔细辨别，以文章的意旨所在为据，辨别孰为宾孰为主。

《左传》对文章宾主的详略处理，与宾主的呈现方式密切关联，或者一目了然，判然分明，或者需要细加思索，认真辨别。在总体认知中，清代《左传》评点者多以"详主略宾"为正体，以"详宾略主""宾主两重"为奇道。

---

① （清）冯李骅、陆浩：《春秋左绣》卷二，光绪六年（1880）校镌本。
② 杨伯峻：《春秋左传注》，中华书局2009年版，第150页。
③ （清）冯李骅、陆浩：《春秋左绣》卷二，光绪六年（1880）校镌本。

四、宾主的关系样态

《左传》叙事、议论时用宾、主、主中宾、宾中主等组织材料，它们血脉相通，共同构建文章结构。它们之间亦会形成纷繁复杂的关系，从而达到关联效应。

王源在《左传评》卷三《八月大事于大庙跻僖公》的篇后总评中有言：

> 用宾之法，非与主相类，即与主相反。相类者，以正映。相反者，以反映。反正虽不同，未有不与主相映者，然亦有非反非正，不伦不类，与主全不相涉不相映，但于其中，与主牵带一二笔以为联络，而遂有连山断岭之妙者，此奇中之奇、法外之法，用宾之又一道也。①

按照王源的解释，宾主之间主要有三种关系，即相类、相反与非反非正关系。相类关系是宾主之间的正面照映，相反关系是宾主之间的反面照映，此两者为宾主关系的常态，而非反非正关系，则是宾与主之间没有照映关系，只是因宾主之间有一二联系，为宾主关系的变态。

在总体关系样态确定的情况下，清代《左传》评点者又对宾主之间的相类、相反关系做了进一步的细致化分类解读，总结了一些方法，概括成相应的名目。

第一，以宾引主。

以宾引主，是将宾放在前面，通过它将文章之主自然而然地引出来。这一方法，在宾主关系处理方面较为常见，也多为人所识。

《左传评·楚子灭萧》篇后总评有言：

> 挟纩，宾也；井绖，主也。以宾引主，反映于前，而正序于后也，

---

① （清）王源：《左传评》卷三《八月大事于大庙跻僖公》，《四库全书存目丛书》经部第139册，齐鲁书社1997年版，第227页。

何以知挟纩为宾？曰"萧溃"焉耳。①

楚国灭萧之战过程中，楚王巡师，将士皆如挟纩，此是战争胜利的关键，似应为主，但王源却称本篇之主，乃为后面的废井茅经之事。楚国申叔展与宋国的还无社是好友，宋国因不听楚王请求而杀害了楚国的熊相宜僚及公子丙，引起楚王不满，遂巡师振奋士情。还无社知宋人、萧人必败，便与申叔展约定了救助之法，即智井茅经。挟纩而致萧溃，萧溃而有智井茅经为信号以相救之事。

以宾引主，亦即王源所说的映带之法，主放于后，宾在前，由宾引主，主义见于前宾。

第二，借宾陪主。

借宾陪主，实际就是映衬法，以宾映衬主。王源对此有过一段形象的描述：

> 文有借景生情之法。辟画一人，岩壑以暎之，花树以衬之，琴樽以佐之，皆景也。然岂人自人，景自景，判然不相属者乎？不过属其人之情，以写其生而已。既属其情以写其生，则凡此一人以外之物，虽十数倍于其人，皆此一人情之所属耳，岂有客胜于主之嫌邪？此文以"德""违"二字作眼，"立违"为主，"昭德"为宾，"清庙"种种，宾也，"赂鼎"，主也。宾则不厌其繁，主则至于一句，非借景生情之法乎？然情有不同，景无常势，随手变化，存乎其人，虽借景以生情，实因情以布景，繁简浓淡，无一定之景也。②

王源用"借景生情"来言说宾主之道，就好比画一个人，画像上或许会用山

---

① （清）王源：《左传评》卷四《楚子灭萧》，《四库全书存目丛书》经部第139册，齐鲁书社1997年版，第245页。

② （清）王源：《左传评》卷一《夏四月，取郜大鼎于宋。戊申，纳于大庙》，《四库全书存目丛书》经部第139册，齐鲁书社1997年版，第178页。

水、花草、树木、琴弦、樽杯等景物来映衬人物，佐助人物形象的气质风韵，此即为"情"。"情"不同，则映衬人物的景亦会随之发生改变，或繁或简，或浓或淡，皆依"情"而设置。王源所言"人之情"，对应的是主，"景"则为宾。

借宾陪主，宾可详可略，详宾略主，说到底是"详宾印主"，详宾的目的还是要为言"主"服务，"人只道他详宾略主，不知他详宾处，正印主也"①，此即为言在此而意在彼。

当然，有些借宾陪主比较容易判断，有些则需要有一定的思考。《左传·鲁襄公二十二年》记载了楚国的一则君杀臣之事。

> 楚观起有宠于令尹子南，未益禄而有马数十乘。楚人患之，王将讨焉。子南之子弃疾为王御士，王每见之，必泣。弃疾曰："君三泣臣矣，敢问谁之罪也？"王曰："令尹之不能，尔所知也。国将讨焉，尔其居乎？"对曰："父戮子居，君焉用之？泄命重刑，臣亦不为。"王遂杀子南于朝，辗观起于四竟。子南之臣谓弃疾："请徙子尸于朝。"曰："君臣有礼，唯二三子。"三日，弃疾请尸。王许之。既葬，其徒曰："行乎？"曰："吾与杀吾父，行将焉入？"曰："然则臣王乎？"曰："弃父事仇，吾弗忍也。"遂缢而死。
>
> 复使薳子冯为令尹，公子齮为司马，屈建为莫敖。有宠于薳子者八人，皆无禄而多马。他日朝，与申叔豫言，弗应而退。从之，入于人中。又从之，遂归。退朝，见之，曰："子三困我于朝，吾惧，不敢不见。吾过，子姑告我，何疾我也？"对曰："吾不免是惧，何敢告子？"曰："何故？"对曰："昔观起有宠于子南，子南得罪，观起车裂，何故不惧？"自御而归，不能当道。至，谓八人者曰："吾见申叔，夫子所谓生死而肉骨也。知我者如夫子则可；不然，请止。"辞八人者，而后王安之。②

---

① 李卫军：《左传集评》，北京大学出版社 2016 年版，第 775 页。
② 杨伯峻：《春秋左传注》，中华书局 2009 年版，第 1069—1070 页。

两大段文字，字数大体相当，事情也有些近似。第一段言令尹子南宠信观起，给予观起不同寻常的待遇，"未益禄而有马数十乘"，从而引起楚王不满，最后子南被杀死在朝廷，观起被车裂。第二段言子南被杀后，蒍子冯继任令尹，有宠信者八人，无俸禄却有很多马匹，楚王亦有不满。唯一的不同是，蒍子冯后来辞退了那八人，楚王才对他放心。子南、子冯的结局之所以不同，正是由于子南的结局警醒了子冯。

对于此文的宾主关系，《读左补义》写道：

> 此篇先宜定宾主，子南是主，子冯是宾。前半实写子南，而后半写子冯，亦是反形子南也，是借宾陪主法。若作两人合传，则经但书杀追舒耳，何与子冯事而合于此？①

姜炳璋认为，此篇不当看作子南、子冯二人的合传，而是以子南为主，子冯为宾，子冯的事情是为了映衬子南之事，此种映衬若从结局的不同来看，即属于王源所说的相反关系。

第三，以主包宾。

以主包宾，一般情况下，是主在两头，而宾在中间，无论宾是详是略，皆能被主包裹住而不溢出。

鲁昭公四年，楚灵王派椒举去往晋国，意图借晋国之力会盟诸侯。最终晋国同意了楚国的请求。对于此事，《左绣》评说道：

> 此篇为楚灵会申起本，以如晋求诸侯为本。末段正论求诸侯之得失，首尾本一串也。中间却详叙晋人许不许一番商榷，自成一篇妙文，而包于椒举、叔向一请一许之中。盖宾详主略，而实以主包宾，章法最为完整。此格屡用而屡妙也。一请一许，委婉顿挫，另作一小文读。②

① （清）姜炳璋：《读左补义》卷二八，乾隆三十八年（1773）三多堂刻本。
② （清）冯李骅、陆浩：《春秋左绣》卷二一，光绪六年（1880）校镌本。

按照行文脉络，此文以楚灵王派人求晋为主，但是在结构设置上，晋国人是否同意楚国请求却占据了大半部分笔墨，详细记述晋人的思想交锋，言说晋国同意楚国的纠结与原因所在。如果没有后段叔向代表晋国同意楚国请求一段，则此文的宾主位置或许会颠倒，《左传》一番处理，让晋人之讨论如同奇峰突起。当然，奇峰虽突出，但仍然与左右山峰连在一起，且更有气势与风味。

主线突出，一起一结，如同形成了一个大大的包裹，具有很大的容纳性，无论里面的东西有多大，都能包裹在一起，这便是以主摄宾，以主包宾。

第四，宾主互用。

如果说，以宾陪主强调的是宾对主的单向作用，以主包宾强调的是主对宾的单向作用，那么，宾主互用强调的则是宾与主之间的互相作用，互相玉成。

《左绣》于《读左卮言》中明确提出了宾主互用之法。

> 又有宾主互用之法，如克段是主，却重在姜氏。杀州吁是主，却重在石厚。于事为主，于文则为宾。于事为宾，于文则为主。盖事是题面，文是作意。他处皆循题立传，此独借题补传。须看其从主入宾，反宾为主，处处有并行不悖之妙。①

宾主互用中的"主"是指事件，是题面，"宾"为文章，为作意，《左绣》以郑伯克段于鄢与石碏设计杀州吁为例，对其意蕴予以揭示。

《郑伯克段于鄢》是诸多评点者都会选的文章，按照《春秋》所言之意，当是以郑庄公与共叔段的纠葛为主，但是看《左传》所写之文，"开手却从姜氏偏爱酿祸叙入，便令精神全聚于母子之间"，"末后单收母子，与起呼应一片"，主言母子情分，遂令《春秋》之意与《左传》之文有了错位，

---

① （清）冯李骅、陆浩：《春秋左绣·读左卮言》，光绪六年（1880）校镌本。

"故论事以克段于鄢为主，论文以寘母于颍为主"，① 此正是"事在此而文在彼"。此种宾主之间的错位，正是杜预所说的"错经以合异"②，虽然叙写重点不同，但是却没有分裂感，既解读了《春秋》之意，又形成了一段妙文，并行不悖。

鲁隐公四年，石碏设计诛杀作乱的州吁以及追随州吁的石厚，此在《左传》中成为极为重要的叙事段落，章法奇妙，为后世很多评点者所赞许。《左绣》对此评道：

> 此篇传杀州吁，自应以吁为主。然石碏难处，又不在吁而在厚。文从州吁未能和民叙起，已立一篇之主。而一则曰"厚问"，再则曰"厚从"，三则曰"厚与"。茬、杀两两对写，而中间直称二人，不分首从，至末单以"大义灭亲"赞碏为纯臣，却全注重厚一边。盖论事则吁主而厚宾，论文则吁宾而厚主。看他起处从主入宾，结处反宾为主，中间由平而侧，安放无迹，手法绝佳。尤妙在重写石厚而仍不略州吁，结"恶州吁"三字，尤带得法密。左氏于宾主互用，尤有并行不悖之妙。不可不深思而熟玩之也。③

《左绣》认为，《左传》写杀州吁一事，应当是以州吁为主。此文起首即以"州吁未能和民"确定了一文主脑，但是此后《左传》却将州吁与石厚并立，"厚从州吁"，且被执、被杀皆是二人并提，石厚所用的笔墨甚至要多于州吁。最后，"君子曰"议论二人，言石碏大义灭亲，则主要针对石厚，但并未忘记论说州吁。故而，《左绣》称"论事则吁主而厚宾，论文则吁宾而厚主"，宾主在论事、论文时恰好调换了位置，事与文结合、宾与主相互作用，亦形成一段旷古流传之文字。

---

① （清）冯李骅、陆浩：《春秋左绣》卷一，光绪六年（1880）校镌本。
② （晋）杜预：《春秋经传集解序》，（清）阮元校刻：《十三经注疏》第 4 册《春秋左传正义》，中华书局 2009 年版，第 3700 页。
③ （清）冯李骅、陆浩：《春秋左绣》卷一，光绪六年（1880）校镌本。

《左绣》在分析文章的宾主关系时，按照不同的标准，将文章分成两个不同的部分对待，每一部分又各自根据详略来确定主宾，且两个部分的宾主恰恰是相反的。《左绣》评说鲁昭公四年楚灵王的相关行为时写道：

> 此文先叙后断。叙事三段相接而下，而首段最详，末段最略。乃叙以最详者为主，断又以最略者为主。此亦宾主互用，文无定格，神而明之，头头是道耳。叙以首段为主者，以无瑕戮人对面，便是楚灵一生定案。断以末段为主者，以"祸首在此"一句，直照"从乱如归"起本也。一点一画，都有其故，岂漫然颠倒而已耶？①

一段文字分为叙事与议论两大部分。叙事分成三小段，首段言楚灵王伐吴杀庆封，次段言楚灵王联合诸侯灭赖，末段言楚灵王派人迁许城赖。此三小段以首段最详，末段最略，以首段为叙事之主。议论则主要针对迁许城赖一事，言此为"楚祸之首"，则迁许城赖为议论之主。叙事有法，议论甚佳，二者互相玉成，既为楚灵王一生定案，又为后文百姓反对楚灵王之事起本，缺一不可。

《左绣》在言说"宾主互用"之法时，运用了二分法，将文、事二分，将叙事、议论两分，不可执事论文，此为死板而不知变通。同时又在不同部分中将宾主互换，皆为精心经营，非漫然而将宾主随意颠倒，颠倒之后又能生成一段妙文。

第五，倒宾作主。

倒宾作主，为王源《左传评》常用之语，其意义与《左绣》所言宾主互用大体相当。《左传评》卷八《郑游吉如晋送少姜之葬齐侯使晏婴请继室于晋》有言：

> 左氏往往用倒宾作主之法，此传亦此法也。葬少姜、请继室，主

---

① （清）冯李骅、陆浩：《春秋左绣》卷二一，光绪六年（1880）校镌本。

也，馀皆宾也。然因葬姜氏而张趯有"晋失诸侯"之说，因请继室，而晏婴、叔向有私议齐、晋之言，于是晋与齐之陵夷衰微毕见于此，其所关之重，岂特百倍于葬少姜、请继室已乎？则以诸臣之言为主，而葬少姜、请继室反属闲文，乃不易之理矣。①

在此篇中，主要围绕葬少姜请继室展开，然由此而生的诸多议论，则以晋国的兴盛变迁为主旨。晋国衰微，在春秋舞台上是至关重要的转折，在此种意义上说，诸多议论反而越过葬少姜请继室，有一篇之主的感觉。在叙事、议论之中，宾主有了交错变化。

倒宾为主的方法，多与宾主详略联系在一起，《左传评》卷三《晋人败狄于箕》有言：

> 宾主详略之变，古人安有穷哉？主详而宾略，正也。略主而详宾，变也。然略主而读者终觉其详于主，详宾而读者终觉其略于宾，何也？曰：正笔略主而详宾，傍笔又略宾而详主也。正笔既略主而详宾，读者固茫乎孰宾而孰主，乃傍笔又略宾而详主，读者不愈茫乎孰主而孰宾哉？②

按照常规，一文之主，应当详尽言之，一文之宾，应当略于主，也就是详主而略宾。倒宾作主作为奇变之笔，宾主相互交错，难以辨别，有云山雾罩之感，引人解疑。王源亦是做了二分法，文章分为正笔、傍笔，正笔是略主详宾，傍笔则是略宾详主，读者于疑惑中亦能获得疑惑、寻找、找到答案的阅读快感。

第六，二主并立互为宾。

此种关系样态，见于王源《左传评·晋侯作二军》：

---

① （清）王源：《左传评》卷八《郑游吉如晋，送少姜之葬。齐侯使晏婴请继室于晋》，《四库全书存目丛书》经部第139册，齐鲁书社1997年版，第312页。

② （清）王源：《左传评》卷三《晋人败狄于箕》，《四库全书存目丛书》经部第139册，齐鲁书社1997年版，第223—224页。

宾可多，主无二，文之道也。独此二主并列而互为宾，别开境界，大奇！大奇！盖前为杀申生张本，申生主也；后为魏氏之兴张本，毕万亦主，不可以为宾也。然前后联络以"天"，二主总摄于一主，彼此互相射映，二主又可为二宾，奇变至此，所谓圣而不可知之神邪？①

《晋侯作二军》写晋侯作二军，太子申生将下军，毕万为车右，作战大胜之后，太子申生被安排在曲沃，将灭掉的魏地作为毕万的封邑，并加封为大夫。王源认为此文有二主，前为申生，后为毕万。前主要预言申生"不得立"，故以申生为主；后主要预言"毕万之后必大"，故以毕万为主。二者宾主相互包含，申生为主时，毕万为宾；毕万为主时，申生为宾。

《晋侯作二军》一文，《古文眉诠》《左传钞》《左传读本》皆有选，但是在选与评上与《左传评》略有差异。《古文眉诠》仅选了预言申生之事，而删节了毕万一事，毕万之事在文章末尾以注释的形式，予以简要概括，因此不存在申生事与毕万事的宾主之争。《左传钞》、《左传读本》与《左传评》选文一致，但《左传读本》的评说没有涉及宾主，《左传钞》的评说有宾主，却与《左传评》略有差异，其眉评有两段论说曰：

> 此段论申生事，是正文，主也，跟将下军、城曲沃两层发论。
> 此段论毕万事，是旁文，宾也。跟毕万之名并赐魏两层发论，后又追出筮仕一层，详宾略主，另是一格。而两宾中又详一置一，用笔不测。②

高嵣认为，此文有正文与旁文之分，正文即申生事，为"主"，旁文即毕万事，为"宾"。正文与旁文相比，旁文要详于正文，是为详宾略主。

---

① （清）王源：《左传评》卷二《晋侯作二军》，《四库全书存目丛书》经部第 139 册，齐鲁书社 1997 年版，第 194 页。

② （清）高嵣：《左传钞》，黄秀文、吴平主编：《华东师范大学图书馆藏稀见丛书汇刊》第 15 册，北京图书馆出版社 2006 年版，第 205—206 页。

高嵀的论说，应当说更符合此文的主宾关系。一方面与题目"晋侯作二军"相应，申生不得立是其直接影响，而毕万之族的兴盛与否与此事的关联则相对差一些。另一方面与"主无二"的文章之道相符合，一文可以有多个"宾"，不能有多个"主"，故只认申生事为主。

王源却坚持此文有二主，其原因在于，申生事与毕万事都写得有理有据，前后文都有出现，不当顾此失彼。但是，他作如是讲，有一个最大的障碍，便是"宾可多，主无二"的惯例，为此，他在前后两段中找到了一个联络点，即"天"。前段有"天若祚大子，其无晋乎"，后段有"天启之矣"，申生不得立、毕万后代之兴，皆因天之庇佑与否。王源按照文章脉络，认定文中出现的二主总摄于"天"之下，如此一来，"天"即统摄一切的"主"，申生与毕万又可视为二宾。如此一番处理，既遵循了文无二主的惯例，又凸显了文章的奇变之处。

宾主之间关系多种，既有正体，又有变化。如果说以宾引主、以宾陪主、以主包宾属于宾主关系的正体，那么宾主互用以及倒宾作主、二主并立，就属于宾主关系的变体，更需要为文者的巧妙调遣，更能体现文章的活法。

五、清代《左传》评点强调"宾主"的原因与意义

"关键词研究是一种新的学术范式，其特征首先表现为关键词研究不是语言研究而是思想研究"[1]，因此关键词研究不是单纯的字词释义，而是要考索其产生的语义场与历史语境。清代《左传》评点者大量援引"宾主"论说《左传》文章之道，并非评点者的坐而论道，而是有对继承传统、超越传统的自觉要求，亦有对现实弊端予以疗救的主动作为。

用"宾主"来评说文章，是古人的传统。人们将现实层面的主人、宾客提升为一种为文之法、评文之道，在"宾主"大名目之下，又细分了一些小名目，对于把握文章脉络、主旨有很大帮助。传统是根基，是滋养，但是光

---

① 高玉：《文论关键词研究的多重维度》，《中国社会科学》2019 年第 4 期。

依靠根基并不能长出参天大树，而且被滋养出来的树枝也想成为新的更大的根基。

清代《左传》评点者在"宾主"关键词，乃至所有的关键词上，其贡献主要体现在细致性、丰富性与深刻性上。评点作品有两个凸显的特征，即与所评点文本关系密切、评点细致，清代《左传》评点者在细读文本、字句评点基础上，进一步细化，总结出了很多前人没有概括出来的"宾主"关系形态以及宾主出现的类叙、顺逆之法，在广度上、深度上都对前人有所超越。

当然，对前人的超越，是清代《左传》评点的整体成就，而非说每一位评点者、每一部评点作品都能超越前人。清代《左传》评点者大多都会用到"宾主"评点作品，但是他们的评说在细致性、深刻性上则有差异，有的只是点出"宾""主"二字，以让读者把握主次，有些则会对"宾主"下大功夫，细细解读"宾"与"主"的差异、关联，总结宾主关系的不同样态，言说为文之道，以求对读者阅读、写作皆能起到直接而深层次的影响。对"宾主"样态的细致解读，大多出现在专以评文的作品中，如《左绣》与《左传评》最为代表①。《左绣·读左卮言》与《左传评·凡例》对其评点方法及评点追求都有过明确的说明：

> 自来选《左》读《左》，不外词调、故实两项，即有标举章法、句法、字法，称为奇奇妙妙者，但言其然，而不言其所以然。又或约指大端而遗其委曲，或细分句节而不露全神，虽前辈引而不发，使人自思，而后人则一概囫囵吞枣矣。仆深惜左氏妙文千载埋没，不惮备加评注，先论全旨，次分大段，又次详小节，又次析句调，务令完其本来，独开

---

① 《左绣·刻左例言》言："《左传》但当论文，不当论事。"[(清) 冯李骅、陆浩：《春秋左绣·刻左例言》，光绪六年（1880）校镌本]《左传评·凡例》则言："传元以翼经，左氏之不合经义者，先儒驳之详矣。兹皆不论，特论文耳。或评中亦偶有及之，不以掩其文也。"[(清) 王源：《左传评》，《四库全书存目丛书》经部第 139 册，齐鲁书社 1997 年版，第 166 页]

生面，要为初学拨其云雾，指其归趣。当世不乏神解之士，超超元箸，亦安用此嚼饭喂人为也！①

　　评语皆抉作者之意。知其意而后知其章法，知其章法而后知其文之所以妙，皆枯心呕血而得之者，非若近人徒赞其如何好如何好，而毫无得于古，毫无益于今者比也。②

专以论文者，着力点固定而唯一，在文章字句、段落、结构处凝聚着力、用力，细言其字法、句法、章法，细论每一小节、大段、主旨之意，此为细致处。一字一句不放过，不仅要言其好，而且要言其之所以好，不可引而不发，故而更能发掘其中的关联及背后的意图，此为深刻处。

《左绣》《左传评》的评论，主要致力于两点努力：一是要有新意。冯李骅言所作评注既要符合《左传》之本来深意，又要有独开生面之论，王源言自己的评说皆为呕心沥血之作，皆能探得作者深意。二是要有益于世。冯李骅反对那些毫无新意的嚼饭喂人，认为既失其味，又令人作呕。王源则明确提出所论不仅要有得于今，更要有益于今。

此两点努力，是整个评点总的追求，对于"宾主"关键词的探索同样适用。有新意，是在传统基础上的提升，是在习常观念基础上的深化，避免人云亦云，袭蹈前人之意，从而出现了很多前人没有提及的宾主写作之法。有益于世，则是在批判弊端基础上的现实疗救。

王源对宾主关系的强调，有着明确的现实批判意识，"今人序事，不知有宾主也，即知宾主，不知有变化也"③，由此可见，与王源同时的人在宾主问题上存在着两大误区：一是不知文有宾主，二是不知宾主变化，而这两点对于文章来说又是至关重要的生花之笔。不知文有宾主，主要表现在文章无

---

① （清）冯李骅、陆浩：《春秋左绣·读左厄言》，光绪六年（1880）校镌本。
② （清）王源：《左传评·凡例》，《四库全书存目丛书》经部第139册，齐鲁书社1997年版，第167页。
③ （清）王源：《左传评》卷九《盗杀卫侯之兄絷》，《四库全书存目丛书》经部第139册，齐鲁书社1997年版，第347页。

统领，笼统一片，杂乱无序，让读者找不到头绪，亦分不清重点。有的似有宾主，然而却是喧宾夺主①、强宾压主，宾主之间没有正确的应对关系，遂令有宾主的文章如同没有宾主，甚至比无宾主的文章更差。与不知文有宾主相比，不知宾主之间的变化更加普遍，很多学子经过初步、正规的学习之后，对于文有宾主的理念已有认识，故而在文章写作时也会刻意或自觉地调遣宾主，这是宾主学习的一般效果。但若只知道文章有宾主，却不知道宾主有变化，那么所写就的宾主文章就会走向僵化、死板而没有灵性，此种文章是形式有余而精神不足。更为重要的是，不知宾主需有变化者，反而嘲笑宾主变化，认为此等作法导致文章杂乱，"今人见此，其谓之何？闻钟而扪钥乎？见橐驼谓马肿背乎"②，见识浅陋，却妄加判断。

王源对"宾主"使用弊端的批判，很有针对性，王夫之亦有类似的说法：

> 诗文俱有主宾。无主之宾，谓之乌合。俗论以比为宾，以赋为主；以反为宾，以正为主，皆塾师赚童子死法耳。立一主以待宾，宾无非主之宾者，乃俱有情而相浃洽。③

王夫之所批判的现象亦集中在两点上：无主之宾如同乌合之众，没有战斗力。世人固守俗论，"比"必为宾，"赋"必为主，"反"必为宾，"正"必为主，皆为不知变通的"死法"。王夫之拈出一个"情"字来统摄文章写作，以情御景，达成情景浑然一体的交融状态。

---

① 姚培谦《古文斫》亦反对喧宾夺主之法，"叙事文，最要识宾主。如此传正意，乃言齐晋之衰，为田氏篡齐、六卿分晋作张本。则中段晏、向语，乃是正文。起手'请昏'一段辞令，是衬起此段正文，后叙'更宅'一事，乃为此段作证佐也。若论宾主，则齐是主，晋却是宾：晏子是主，叔向又是宾，须看其齐事起头，齐事作结。晏子起头，晏子作结。其叙入叔向处，正如衣之有里，不得喧客夺主，此史笔之妙"[（清）姚培谦：《古文斫》卷四，乾隆甲午年（1774）重订本]。

② （清）王源：《左传评》卷九《盗杀卫侯之兄絷》，《四库全书存目丛书》经部第139册，齐鲁书社1997年版，第347页。

③ （清）王夫之著，戴鸿森笺注：《姜斋诗话笺注》卷二《夕堂永日绪论内编》，上海古籍出版社2012年版，第54页。

王源评点《左传》，多为叙事文章，与王夫之关注的诗歌特点不同，因此，王源在给出疗救方案时，不是从"情"入手，而是自"变"入手。

文章写作，没有固定不变的准则与模式，皆需要根据不同的事情而设定宾主以及宾主之间的错综关系，因事立局，随局而迁。王源在鲁昭公二十年《盗杀卫侯之兄絷》、襄公三十年《郑子皮授子产政》两文的尾评中明确表达了此种认识。

> 甚矣，序事之难也！一事中序有数事，一人中序有数人，人则有主有宾，事亦有宾有主，千头万绪，井然不乱，而宾主错杂，变化生心，随局而迁，不可为典要。此岂可为今人道者乎？①
>
> 宾主有极难分处，如此传子产论郑，曰"国小而逼""族大宠多"，二者原无轻重，曷分宾主？且子产当国，内而制服强宗，外而接应大国，二者乃其治郑大端，乌得以"族大宠多"为主，"国小而逼"为宾乎？然文各有局，局不同，则宾主随异。子产之言，虽二者并重，而此传所序，先在安大，即子皮之言，亦以治内为先，事外为后，固不得不以"族大宠多"为主，而不可以二者为并重矣。有所重必有所轻，无所轻即无所重，轻重之间，铢两不可以不辨。②

文各有局，宾主的设定、宾主的详略、宾主的妙合，都应该依据文章局势而设定，不可抓住一个模式而不放松。《盗杀卫侯之兄絷》是篇大文章，人物多，事件杂，一般的写法是"主"要突出，着力来写，但是《左传》却避开此法，略写主而详写宾，又详写宾中宾，曲尽变化，最后又以孔子之言结尾，此为"非主非宾，即主即宾"，局势变化，笔阵不同。宾主错杂间，遂让千头万绪井然不乱。《郑子皮授子产政》一文，子产论郑国之难，一为国小而逼，一

---

① （清）王源：《左传评》卷九《盗杀卫侯之兄絷》，《四库全书存目丛书》经部第 139 册，齐鲁书社 1997 年版，第 347 页。

② （清）王源：《左传评》卷七《郑子皮授子产政》，《四库全书存目丛书》经部第 139 册，齐鲁书社 1997 年版，第 299 页。

为族大宠多，此两条并列而出，本无偏重，但王源却说此文的主为"族大宠多"，其间原因即在后文的叙述集中在子产处理国内事务上，治国之道本就如此，先治内后事外，故而"国小而逼"只能作为"宾"存在。

因事立局，宾主设置随局而迁，宾主之间亦多奇变，似宾非宾，似主非主，"宾主离合，步伐止齐，森然不乱，却极奇变。纵横之致，如八阵六花，藏奇于正者也"①，眩惑迷离，崩腾缭乱，"主"即便撺于数十层光焰之下，却仍能统摄全文，灿烂如云锦。此等文字，王源甚为欣赏，直接连用赞美之词予以评说，"高矣，美矣，奇矣，妙矣，神矣，至矣"②，认为足以令人望洋兴叹。

清代《左传》评点者对"宾主"的阐释与评说，是在超越传统与关注当下影响下的实践，既有微观的词义梳理，又有宏观的组织架构；既有评说的广度，又有阐释的深度；既有批判，又有建构。"宾主"只是清代《左传》评点的一个关键词，但是，举一隅而三隅反，窥一斑而见全豹，通过对"宾主"关键词的梳理与评说，可以为清代《左传》评点乃至整个评点、甚或古代文论的关键词研究提供些许的镜鉴参照。评点关键词是在文本阐释基础上阐发其意蕴的，有着具体的语义场，但是评点关键词从来不是向壁虚造之物，它一定是在特定的历史语境中出现的术语。唯有将颇带历史感的语境与语义阐释结合，将共时性与历时性互通，才能真正探得关键词的内核与关键。

第三节　整齐与错综

一篇文章的立意能否完好展现，与文章的谋篇布局有很大的关系，"文

---

① （清）王源：《左传评》卷一《夏四月取郜大鼎于宋戊申纳于大庙》，《四库全书存目丛书》经部第 139 册，齐鲁书社 1997 年版，第 178 页。

② （清）王源：《左传评》卷一《陈人杀其公子御寇》，《四库全书存目丛书》经部第 139 册，齐鲁书社 1997 年版，第 190 页。

章全在布置"①，"行文之妙，全在于布置格局"②，而谋篇布局的两个重要手段便是整齐与错综。清代《左传》评点者对此两个手段给予了高度关注，形成了看似壁垒分明而实际上却藕断丝连的两种代表观念，代表了不同的行文追求，亦展现了打造妙文的共同目标。

一、"整齐"的意蕴

"整齐"之本义为有秩序、有条理、不混乱，施之于文，可分布于句法、章法、文法之中，能将零碎的事情理整齐，"许多零零碎碎人，叙来整整齐齐，不觉累坠"③，读者阅读起来更易接受，而不感觉费力。

清代《左传》评点者在对《左传》章法、文法的细致发掘中，对"整齐"的意蕴也有了比较明确的认识，具体来说，"整齐"的意蕴主要包括两层意思。

一是以不变为整齐。

此观点由《左绣》明确提出。鲁文公元年有闰三月之事，《左传》认为此为非礼，其依据为先王规正历法之旧例，"先王之正时也，履端于始，举正于中，归余于终。履端于始，序则不愆；举正于中，民则不惑；归余于终，事则不悖"④。此文先举出先王正时的三个法则，然后依次言说每个法则的效果，整齐有序。《左绣》在此基础上言其韵律特点，"两层都以韵语成文，而首句都不入韵。此以不变为整齐者"，两次首句都不入韵，后面则押韵，第一层"中""终"押韵，第二层"悖"字，《左绣》专门有注释"悖，入声，古'悖'与'勃'通韵，亦互叶"。《左绣》称此文为"极整赡之文"，⑤从韵律情况入手说明。

---

① （清）唐彪辑著，赵伯英、王恒德选译：《家塾教学法·读书作文谱》，华东师范大学出版社 1992 年版，第 103 页。

② （清）吴铤：《文翼》，余祖坤编：《历代文话续编》，凤凰出版社 2013 年版，第 623 页。

③ 李卫军：《左传集评》，北京大学出版社 2016 年版，第 269 页。

④ 杨伯峻：《春秋左传注》，中华书局 1990 年版，第 510—511 页。

⑤ （清）冯李骅、陆浩：《春秋左绣》卷八，光绪六年（1880）校镌本。

其实，所谓不变，除了韵律的一致之外，文章前后的句式、结构、次序等基本一致，皆能让人感觉到一种整饬之美。

结构的整齐，可以鲁僖公四年的《齐桓公伐楚盟屈完》为例，《古文析》尾评有言：

> 是一篇极整齐文字。前段两问两答，后段亦两问两答。前段两问，"包茅"一问是主，"昭王"一问却是宾，屈完则认其一而推其一。后段两问，"同好"一问是主，"攻战"一问却是宾。屈完则答其恭，亦答其倨。盖因当日情事，齐之制楚，实苦鞭长，楚之料齐，师难久驻。只应草草结盟，各全体面。故一边全是牢笼，一边全是闲暇，言外各自有意会处。①

姚培谦认为，此一段整齐文字，可分为两段，每一段皆有两问两答，每一问皆有主有宾，每一答皆有所对。因此，结构上的整齐，让齐、楚两国的不同心理相对而出，昭然若揭。

句式的整齐，可以鲁定公六年公叔文子劝说卫灵公之事为例，《左绣》称"三'将以'作呼应，末又着一'天将以'字，文调不涣不乱，是整齐法"②，前面的三个"将以"句，关涉的主语分别是"君""诸侯"以及省略的"君"，说明不可效人之尤，最后以"天将以"言说事情的发展结果，罪人自有天毙之。因为句式上的搭配协调，整个文章没有走入涣乱而倍显整齐。

叙次的整齐，可以鲁成公十六年晋楚鄢陵之战一事为例。战事还没进行，晋胜楚败的结局，《左传》已经通过晋、楚、郑三国大臣的预言展现了出来。方宗诚对此评说道：

> 伏楚败之根。晋范文子知必胜邻国，孟献子亦知必胜楚，申叔时知

---

① （清）姚培谦：《古文析》卷一，乾隆甲午年（1774）重订本。
② （清）冯李骅、陆浩：《春秋左绣》卷二七，光绪六年（1880）校镌本。

必败邻国，郑子驷亦知必败，叙次整齐。①

范文子、孟献子、申叔时、子驷虽然来自不同的国家，立场不同，预言依据不同，但是他们皆推断出了同样的结局。虽然他们在预言时所用的句式以及语句长短并不整齐，但是因为预言内容一致，自动形成了四个小部分，四个小部分的主题又一致，故而在整体叙次上来看，也达到了整齐的效果。

叙事之文，所写事类繁杂，为了能达到整齐效果，必须要进行剪裁、加工，"事不一类，而必裁之使对，是整齐法"②。达成句式、结构、次序等整齐的加工方法，主要有相对法与类叙法。

类叙法，即按照不同的类别组织材料，用相似的写法叙述。如《左传·鲁襄公二十三年》齐侯伐卫的一段描写曰：

> 秋，齐侯伐卫。先驱，谷荣御王孙挥，召扬为右；申驱，成秩御莒恒，申鲜虞之傅挚为右。曹开御戎，晏父戎为右。贰广，上之登御邢公，卢蒲癸为右；启，牢成御襄罢师，狼蘧疏为右；胠，商子车御侯朝，桓跳为右；大殿，商子游御夏之御寇，崔如为右；烛庸之越驷乘。③

此段写齐侯戎车的前锋军、次前军，副车、左翼、右翼、后车的车御、车右的相关人员安排，《左绣》认为此段"以一字两字提头作类叙，章法极其整齐"④，比类叙事时，先用一两个字点出人员所在的车辆，然后以"××御××，××为右"的模式叙述。

相对之法，即叙述的不同部分在内容或章法上是相互对应的，有明对，有暗对，有截对，有句句相对者。两两相对之法，如《左绣》评鲁襄公二十七年庆封灭崔氏之事。

---

① 李卫军：《左传集评》，北京大学出版社2016年版，第1025页。
② （清）冯李骅、陆浩：《春秋左绣》卷一三，光绪六年（1880）校镌本。
③ 杨伯峻：《春秋左传注》，中华书局1990年版，第1076页。
④ （清）冯李骅、陆浩：《春秋左绣》卷一七，光绪六年（1880）校镌本。

前半偃、咎之专，所以致成、强之怒，而庆封以"助女"一言杀其相。后半成、强之难，所以致崔杼之出，而庆封以"为女之讨"灭其家。一串叙来，却两两相对。两"怒"字，两"助"字，"告庆封""见庆封"，皆是剪裁整齐处，此左氏叙事之大凡，亦千古作文之大凡也。①

此段写庆封杀崔杼之相、灭崔杼之家事，事情繁杂，头绪冗乱，如何将此灭族之事叙述清楚，很考验人的叙述能力。《左传》一是对事件进行剪裁，二是采用了两两相对之法，崔成、崔强之"怒"对崔杼之"怒"，"助"崔成、崔强对"助"国人，崔成、崔强"告庆封"以求助对崔杼"见庆封"以求助，叙述整齐有序。《左绣》认为此等作法，是《左传》叙事的代表，亦是千古作文技巧的大要，对此大加称赞。

二是整齐为文之神。

此种观念是对纯粹推崇参差为文者的拨乱反正。参差为文，容易走入信笔书写，随心所欲而无条理的境地，善为文者，即便是写参差之文，亦有其内在脉络，"总于错综中见整齐，自无信笔直书，一往不返之病矣"②。

冯李骅在通读、熟读《左传》之后，得出了《左传》的一条规律性的法则，即"参差中有整齐，左氏一定之法"③，参差不是完全无序，参差中存在着整齐。进而，冯李骅明确提出了"参差者其迹，整齐者其神"的观念，此说见于《左绣·读左卮言》。

愚观左氏片段，无论本当属对者必两两对写，即极参差中，未尝不暗暗相准而立，相耦而行。散中有整，在作者尤精致独绝。盖参差者其迹，整齐者其神，读者慎毋以乱头粗服为古人也。④

---

① （清）冯李骅、陆浩：《春秋左绣》卷一八，光绪六年（1880）校镌本。
② （清）冯李骅、陆浩：《春秋左绣》卷一九，光绪六年（1880）校镌本。
③ （清）冯李骅、陆浩：《春秋左绣》卷一八，光绪六年（1880）校镌本。
④ （清）冯李骅、陆浩：《春秋左绣·读左卮言》，光绪六年（1880）校镌本。

文有参差，这是不能忽视也不能否认的，很多人的观念是承认整齐与参差的差异，参差不一，不可能整齐划一，亦承认二者并立的位置。冯李骅则是将"整齐"置于"参差"之上，指出"参差"只是表象，而"整齐"则是其神理，切不可一叶障目，亦不可诋毁古人。从参差之中发现整齐之道，这恰是为文者的精妙卓绝之处。

所谓"神"，指的便是文章的筋脉、精神。文章有神，方能一脉贯通，不涣不散。《左绣》在评说鲁襄公二十五年"郑子产献捷于晋"一事时云：

> 首段从昔说到今，前以三"自入""自出""自立"作奇偶文法，后以两"我有往年之告""有我东门之役"作对举文法，皆于参差中着整齐。非此，便筋脉懈弛矣。①

在子产到晋国去以前，郑国讨伐陈国，子产入晋后，晋国人质问子产陈国有何罪过而招致祸灾。子产一段回应，先用"自入""自出""自立"三个关键字眼，将郑国对陈国的恩惠按照时间顺序层列而下，后用"我是以有往年之告""有我东门之役"②言说因陈国恩将仇报，依仗大国欺辱郑国，郑国曾求助晋国，晋国无有所动，郑国不得已才有了对陈国的军事行动。《左绣》认为子产的回应貌似参差，但实际上参差中有整齐，凸显了陈国的忘恩负义与郑国的迫不得已，这便是此文的"神"。因此，参差中见整齐的文法，整齐至关重要，它能让一篇文章的意义聚拢起来，让"精神团聚"，筋脉不松懈。

在分析《左传》文法基础上，冯李骅将"参差者其迹，整齐者其神"上升为古文的一般规律，"参差中无笔不藏整齐，奈何以乱头粗服之见读古文乎"③。如此一来，冯李骅便将"整齐"的所指进一步扩大，地位也有了提升。

冯李骅所作的此种解读，一方面源自他的师承，一方面源自他自己的体会。《左绣·读左卮言》有云：

---

① （清）冯李骅、陆浩：《春秋左绣》卷一七，光绪六年（1880）校镌本。

② 杨伯峻：《春秋左传注》，中华书局 2009 年版，第 1105 页。

③ （清）冯李骅、陆浩：《春秋左绣》卷一八，光绪六年（1880）校镌本。

小时学为八股，好作驰骤文字。先师王约斋夫子先师生平启迪不倦，著有《约斋四书小学讲义》行世。指谓先辈点题，尚用对偶，何一往不返为！骅因此求之古文，亦无不散中有整，且往往纯以整御散者。今之评《左》，犹师说也。①

冯李骅小时喜欢作参差驰骋之文字，为其师所纠正，认为当遵循前辈用对偶之法。后来，冯李骅自己读古文，"吾未见古文之不以参差写整齐为贵"②，从中发现古文写作皆是散中有整，且以整御散。

参差中见整齐，并非易事，"古文看参差不难，最要识得整齐处"③，需要熟读深思方能探求到。《左绣》评说鲁桓公二年宋华父督弑杀宋殇公而赂他国大鼎之事写道：

此篇是倒装法。他处皆先叙而后断，此独先断而后叙。盖特出变格也。然不过以下半篇申说上半篇耳。上截依经分项，下截"司马则然"以上，申说弑君。"遂相宋公"以上，申说立华氏。乍读似乎参差，熟复乃见整齐。章法神化极矣。④

《左传》记载此事，与一般的叙事不同，读者初读或许会有参差错乱之感。但是假若细细读过，反复思索，便能体会到文章的整齐之处：此文分为两大部分，前一部分先是阐释《春秋》经义，揭示华父督弑君的心理，"有无君之心，而后动于恶"⑤。后一部分则叙述具体过程，又细分为弑君、赂之事。《左传》将此复杂之事用倒装法一一道出，层次井然，很有章法。

---

① （清）冯李骅、陆浩：《春秋左绣·读左卮言》，光绪六年（1880）校镌本。

② （清）冯李骅、陆浩：《春秋左绣》卷二五，光绪六年（1880）校镌本。

③ （清）冯李骅、陆浩：《春秋左绣》卷一三，光绪六年（1880）校镌本。

④ （清）冯李骅、陆浩：《春秋左绣》卷二，光绪六年（1880）校镌本。

⑤ 杨伯峻：《春秋左传注》，中华书局2009年版，第85页。

参差中见整齐，需要学会从断续中找到整齐、条理之处。《左绣》评说
鲁哀公十一年齐国伐鲁之事时有一大段评说，其曰：

> 下半亦分四节，却是两对串递。递说则"师不踰沟"，是写左师。"右
> 师奔"节，是写右师。"师获甲首"，又写左师。"孟孺子"节，又写右
> 师。转换极匀。对说则"三刻踰沟"，是写樊迟。"获甲八十"，是写冉有。
> 左师自为宾主。"后入为殿"，写孟之侧。"不欲能嘿"，写孟孺子。右师
> 亦自为宾主。而不狃之不走不止，附见于前。羽、泄之一锐一驱，附见
> 于后，恰好相配。看似断续错综，其中实整齐条理也。左氏叙战大篇，
> 此又出一格矣。①

《左绣》在众多人物的不同表现、不同心理中，用串对、偶对等方式在断续
中找到了五处对应点，在错综中寻到了整齐处，化零碎为整齐，将参差的文
字变成片段，段段分明，为读者指明了阅读的路径。

冯李骅为清代《左传》评点者中提倡"整齐"理念的重要代表，亦是
其中使用"整齐"最频繁的一位，他曾明确说道："自来人好以参差论古文，
鄙意独好以整齐论古文以此。盖于参差见古人之纵横，不如于整齐见古人之
精细耳。"②冯李骅喜以整齐论古文，在于他看到了整齐所带来的为文效果，
能发掘古人为文的精细之法，故而将之抬到了"千古作文之大凡"③的高度。
冯李骅自言"愚好以整齐论古，常恐于古无当"④，在众多以参差论文的环境
中，他渴望知音，渴望有同道合辙者。《左绣》在评说鲁宣公十二年邲之战时，
专门援引了陈梅麓的一大段评说：

> 起讫分作九幅。每一幅各有两扇紧相对照。其小注以晋师救郑，与

---

① （清）冯李骅、陆浩：《春秋左绣》卷二九，光绪六年（1880）校镌本。
② （清）冯李骅、陆浩：《春秋左绣》卷六，光绪六年（1880）校镌本。
③ （清）冯李骅、陆浩：《春秋左绣》卷一八，光绪六年（1880）校镌本。
④ （清）冯李骅、陆浩：《春秋左绣》卷一一，光绪六年（1880）校镌本。

楚子北师，至次管以待，相对为一幅，写两边关紧。晋在敖鄗，与楚少师如晋，至盟有日矣，相对为一幅，写渐渐放开。楚许伯致师，与晋魏锜求公族，至皆命而往相对，一是楚来生事，一是晋往生事，为一幅。二憾往矣，与乘广三十，至得其甲裳相对，一是晋无备，一是楚有备，都写到赵旃惹事住，为一幅。晋人惧与楚人惧，至乘晋军相对为一幅，是写两家忽然交锋。桓子不知所为，与工尹齐逐下军，至大国数奔，相对为一幅，写两边各自忙乱。赵旃良马与楚囚知罃，至不可苟射，相对为一幅，写两边各有亏损。及昏，楚军于邲，与晋余师四句，相对为一幅，写两边各自收军。楚重至邲，与秋晋师归，至使复其位，相对为一幅，写两军各自反国。①

陈梅麓的此段评说，从邲之战复杂、繁多的描写中，按照时文写作的思维，将文章分成两两相对的九幅，对应整齐。冯李骅虽然对其细微处略有不同意见，"愚意九幅唯第一幅、第五幅、第八幅裁对天成，余则于本文未免割裂"，但是更多的是同道中人带给他的喜悦，"愚好以整齐论古，常恐于古无当，今陈君实获我心，亦窃喜出门合辙矣"，② 这是以"整齐"为纽带的一次隔空交流，亦是对"整齐"影响力的肯定与传播。

其实，除陈梅麓外，方苞、姚培谦、杨绳武等人都是冯李骅的同道知音，他们亦多从"整齐"这个角度论说文章之妙处，因前文已有相关论述，兹不赘述。

二、"错综"的意蕴

"错综"一词，早在《周易》中已经出现。《周易·系辞上》言："参伍以变，错综其数。通其变，遂成天下之文；极其数，遂定天下之象。"孔颖达疏曰：

---

① （清）冯李骅、陆浩：《春秋左绣》卷一一，光绪六年（1880）校镌本。
② （清）冯李骅、陆浩：《春秋左绣》卷一一，光绪六年（1880）校镌本。

"错谓交错，综谓总聚，交错总聚，其阴阳之数也。"① 本是就卦爻辞的象数左右上下之交错聚合而言，后来则成为文章写作的一条重要法则。武之望《举业厄言》所言"何谓错综？组织者之一左一右、一低一昂者是也"②，即是在《周易》本义基础上的专门化处理。

清代《左传》评点者对"错综"意蕴的阐释，亦建立在《周易》奠定的体系之下。王源《左传评》评说鲁襄公二十四年《叔孙豹入晋》一文阐述了对"错综"的看法，其言曰：

> 孔子曰："物相杂，故曰文。"又曰："玄黄者，天地之杂也。"一色不能成锦，一音不能成乐，取乎杂也。曰"参伍"，曰"错综"，杂而已。此传论"不朽"而以六"谓"字相间成章。宣子曰"何谓"，不知所谓不朽也，曰"其是之谓"，谓不朽，非不朽也。穆叔曰"此之谓世禄，非不朽"，反驳其所谓不朽，曰"其是之谓"，曰"此之谓不朽"，正告以所谓不朽也。至其终，复驳其所谓不朽者，曰"不可谓不朽"。只此六"谓"字，将"不朽""非不朽"错综出之，而云崩涛涌，文章遂不可胜用。杂之义，可不讲乎？③

王源从《周易》对"文"的解读入手来言说错综。一色不能成锦，一音不能成乐，一物亦不能成文，五色、五音相杂方能成就美锦佳乐。《周易·系辞》所说的"参伍""错综"，王源认为说到底就是"杂"，故而才会出现"物相杂，故曰文"④ 的说法。即以叔孙豹论"三不朽"之事为例，

---

① （魏）王弼、（晋）韩康伯注，（唐）孔颖达等正义：《周易正义》卷七《系辞上》，（清）阮元校刻：《十三经注疏》第 1 册，中华书局 2009 年版，第 167 页。

② （明）袁黄撰，黄强、徐珊珊校订：《〈游艺塾文规〉正续编》卷之八《武叔卿论文》，武汉大学出版社 2009 年版，第 269 页。

③ （清）王源：《左传评》，《四库全书存目丛书》经部第 139 册，齐鲁书社 1997 年版，第 284—285 页。

④ （魏）王弼、（晋）韩康伯注，（唐）孔颖达等正义：《周易正义》卷八《系辞下》，（清）阮元校刻：《十三经注疏》第 1 册，中华书局 2009 年版，第 188 页。

《左传》记载为：

> 二十四年春，穆叔如晋，范宣子逆之，问焉，曰："古人有言曰，
> '死而不朽'，何谓也？"穆叔未对。宣子曰："昔匄之祖，自虞以上为陶
> 唐氏，在夏为御龙氏，在商为豕韦氏，在周为唐杜氏，晋主夏盟为范
> 氏，其是之谓乎！"穆叔曰："以豹所闻，此之谓世禄，非不朽也。鲁有
> 先大夫曰臧文仲，既没，其言立，其是之谓乎！豹闻之：'大上有立德，
> 其次有立功，其次有立言。'虽久不废，此之谓不朽。若夫保姓受氏，
> 以守宗祊，世不绝祀，无国无之。禄之大者，不可谓不朽。"①

"三不朽"即是立德、立功、立言，这是此文的主脑，但是《左传》并没有
一上来就平铺直叙，将此三点倾倒而出，而是通过范宣子与叔孙豹的对话慢
慢道来。其中，范宣子负责提出问题，提出一己之见，叔孙豹则负责否定错
误观点，提出正确观点，强化正确观点。此间用六个"谓"字贯穿文章，此
为"整齐"，而又用"不朽""非不朽""不朽"交错出现，此为参差，遂让
文章错综而不平。

文章的不同部分相互错杂，文章不单一，会成"错综"之局。具体说来，
评点者对"错综"的评说，主要有两层意思：

一是以参差为错综。

"参差"与"错综"，经常出现在评点作品中，二者有近似之处，许多人
亦将二者通用。实际上，二者的侧重点不同，"参差"强调的是"不齐""不
同"的状态，而"错综"强调的是交错聚合的关系。王源曾提出"以参差为
错综"，这是将参差作为错综的一种方法。

《左传评·盟于宁母》是"以参差为错综"观点的一个例证。

此文记管仲之言，主要从"礼""德"两个层面入手，文中直接出现的"礼"
字有五个，"德"字有六个，分错排列，或单说，或并言，或单言其各自不

---

① 杨伯峻：《春秋左传注》，中华书局 2009 年版，第 1087—1088 页。

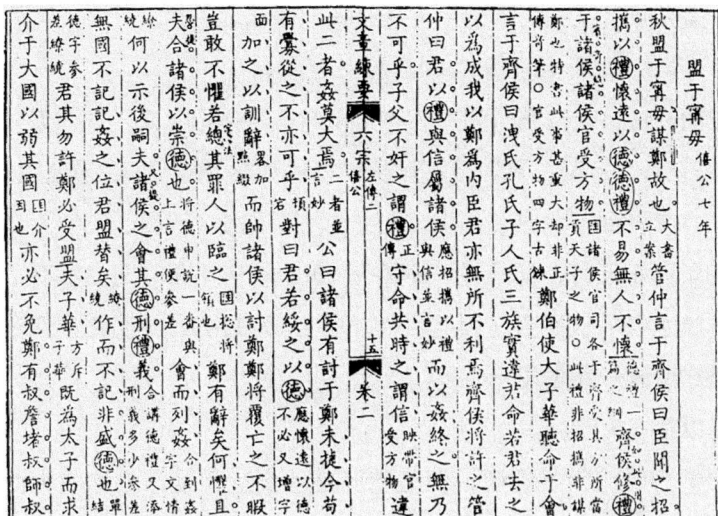

《四库全书存目丛书》录《或庵评春秋三传·左传评》书影

同的指向，或言二者的关系。单从王源所画的"○"中，即可看到"礼""德"的参差错置，已显错综之感，王源在夹注中多次提到"错综"二字，尾评又进一步指出，"前以'礼''德'提纲，后以'礼''德'分应，参差见于详略，文情缭绕，纸落烟云"①，从言说的详略之分中进一步点明错综之感，遂令文章变化多姿，文法高妙。

文章写作时，援引不同的内容入内，详略不同，不同便有错杂之感。同时，叙述时若曲折叙来而非一路直行，亦会有错综之感。《左传·僖公三年》有段简短记载："三年春不雨，夏六月雨。自十月不雨至于五月。不曰旱，不为灾也。"②此段虽短，《左绣》却认为其错综有趣。

经只言正月、四月，传却从十月数至五月，乃是要其始终而言，愈见其旱之意。然妙在先说到了六月雨，然后再从十月不雨说起，曲折有

① （清）王源：《左传评》卷二《盟于宁母》，《四库全书存目丛书》经部第 139 册，齐鲁书社 1997 年版，第 201 页。

② 杨伯峻：《春秋左传注》，中华书局 2009 年版，第 285 页。

趣。若从头数来，文字便一直账，此亦错综之一也。①

按照一般的写法，会按照时间关系将下雨与否直接记下来，如《春秋》即是"三年春王正月，不雨。夏四月不雨。……六月雨"②，而《左传》则是从"正月不雨"直接转到"六月不雨"，又从"六月不雨"转到了去年十月，从十月又说到了此年五月，还是说"不雨"，如此一来，在时间上就有了往复跳跃，而非流水账一般平直。因此，《左绣》认为文字有所变化，叙述有所曲折，亦是错综的一种表现。

二是以整齐为错综。

以参差为错综很好理解，但是整齐是怎么造就错综之感的呢？王源在《左传评》中说道：

> 错综之法不一，以参差为错综，固矣。亦有以整齐为错综。整齐矣，乌得错综？曰不应整齐而整齐，即错综也。何谓不应整齐而整齐？如此传"书名""书盗"是矣。"书名"，主也。"书盗"，宾也。传黑肱耳，本以书名发义，乃正义既毕，却与书盗二义，相并互发，一无参差。前则有主无宾，后则主宾莫辨。愈整齐愈错综，非以整齐为错综之法乎？③

王源给出的回答是，不应整齐之处整齐了，此即为错综。为了更好地说明此观点，王源以《邾黑肱以滥来奔》一文为例予以解读。邾黑肱身份低贱，《春秋》却将之记了下来，其原因在于"以地叛，虽贱，必书地，以名其人"，《左传》开头即解读"贱而书名"④之义，此为文章之主。此后，《左传》开

---

① （清）冯李骅、陆浩：《春秋左绣》卷五，光绪六年（1880）校镌本。
② 杨伯峻：《春秋左传注》，中华书局 2009 年版，第 284—285 页。
③ （清）王源：《左传评》，《四库全书存目丛书》经部第 139 册，齐鲁书社 1997 年版，第 361 页。
④ 杨伯峻：《春秋左传注》，中华书局 2009 年版，第 1512 页。

始解读《春秋》书齐豹为"盗"之事，此为文章之宾。但是，《左传》于"书名""书盗"二事并列，详略亦大体相当，文势整齐。整齐本来会让文意明晰，但此处之整齐，却让文章宾主难辨，错综迷离。此即为"不应整齐而整齐"之义。

王源所言"以整齐为错综"，与冯李骅的"整齐中见参差"有异曲同工之妙，整齐为形式上的整齐，而错综则是效果上的错综。

"以参差为错综"与"以整齐为错综"，是清代《左传》评点者对"错综"的两种代表性解读，指向不同，其实二者强调的都是一种变化，参差是变化之后的不同，整齐是不同的变化。

"错综"在很多评点者心目中，是文章的必备特征。作为"错综"论的坚定倡导者，王源明确提出：

> 必错综而后可以言文，未有印板整齐而谓之文章者。此传序魏献子举贤无亲疏，一也。先将十人平列，次分三段复述，亦一也。乃复述中，段段变化，又有不举名字者四人，已见错综。而抽序魏戊一段，又抽序贾辛一段，两段潆洄灏淼，详之又详，竟似此传单为二人作者，于是极错综之致矣。及末引仲尼之言，又将命辛配举贤双结，错综中更有错综，都是文家三昧。①

王源强调文章的灵活变动，反对印板文字，文需有错综，错综之中还需有变化有错综，如此一来，方算真正掌握了文章的奥妙。

文章有长有短，若调度有方，皆可成就错综之妙。"头绪愈多，文愈妙。盖多则错综颠倒，分合穿插，种种妙法，俱可施展。若头绪无多，便须分外生情，起炉作灶，所以多多愈善也。"②长文篇幅长，头绪多，相对来说，可

---

① （清）王源：《左传评》，《四库全书存目丛书》经部第139册，齐鲁书社1997年版，第360页。
② （清）王源：《左传评》，《四库全书存目丛书》经部第139册，齐鲁书社1997年版，第229页。

供使用的错综法更多，而短文则需分外生情，另起炉灶。短文的调遣法，可以《左传·僖公二十四年》的"郑杀子臧"为例。《左传》记载曰：

> 郑子华之弟子臧出奔宋，好聚鹬冠。郑伯闻而恶之，使盗诱之。八月，盗杀之于陈、宋之间。君子曰："服之不衷，身之灾也。《诗》曰：'彼己之子，不称其服。'子臧之服，不称也夫！《诗》曰'自诒伊戚'，其子臧之谓矣。《夏书》曰'地平天成'，称也。"①

此文写郑杀子臧之事，本事极为简单。《左传》在本事之外，又用诸多评论来表明观点，对此，《左传评》评说道：

> 四段体势若平，实错综尽致。"君子曰""《诗》曰""《诗》曰""《夏书》曰"，词繁句复，如空中蜃市，气象万千，故文才三四行，便有万言之势。此作短篇法也，今人便以为沓矣。②

"君子曰""《诗》曰""《诗》曰""《夏书》曰"，此为连类而叙，增加评说力度。从表面上来看，此处评说并列而行，文势很平，易让人有复沓之感。实际上，四处评说，却是从子臧不称其服之事，写到了灾祸自诒的道理，最后又归于上下相称的天地之道，各有所据，气象万千，文虽短，而气势逼人。

其实，无论是短文，还是长文，都需要作者的精心经营，"小小结构中，有起有结，有正义，有余波，有变化，与长篇同一用笔，所谓抟象抟兔，俱用全力也"③，短文之法亦可用于长文，长文之法亦可给予短文借鉴。

---

① 杨伯峻：《春秋左传注》，中华书局 2009 年版，第 426—427 页。

② （清）王源：《左传评》，《四库全书存目丛书》经部第 139 册，齐鲁书社 1997 年版，第 214 页。

③ （清）王源：《左传评》，《四库全书存目丛书》经部第 139 册，齐鲁书社 1997 年版，第 188 页。

清代《左传》评点者，对"错综"之法提及很多，大要来说，主要有以下几种：

第一，变化词面见参差。

变化词面，是指使用不同的语词指称同样的人物或事情，避免重复。

鲁僖公三十三年，晋人败狄于箕，文中出现了先轸、郤缺、臼季等人物，《左传》在写这些人物时，出现了不同的称谓，臼季即胥臣，冀缺即郤缺。《左传》记载人物，常常出现一人多名的情况，不同的名字多出现在不同的篇章中，或者出现在一篇文章的叙事、对话中，此处两种不同的称谓则全见之于叙事段落中。

语词词面不同，文章便会生出变化，读者读文之时，自不会直直看下，而会略有停顿，如此便避免了叙事的单调与平板。

第二，句式参差见错综。

句式错综，是指在几个相同词语中间错杂着一个或几个不同的词语，以此避免文章叙述时因过于整齐而形成的刻板印象。

此种方法，可以齐僖公送女之事为例。《左传·桓公三年》记载：

> 齐侯送姜氏于欢，非礼也。凡公女，嫁于敌国，姊妹，则上卿送之，以礼于先君；公子，则下卿送之。于大国，虽公子，亦上卿送之。于天子，则诸卿皆行，公不自送。于小国，则上大夫送之。①

齐僖公亲自护送女儿文姜出嫁，此为非礼之事，《左传》在本事叙述之后，断以"非礼"之语，继而言说送亲之礼，"总提一句，下分四项，四'送之'、一'不送'，总见齐侯之送非礼，笔法整齐中有参差也"②。"公不自送"，夹在四个"送"之间，避免了句式上的整齐划一，在参差中更易凸显"公不自送"一条，与文章开篇的"非礼"评说相呼应。

---

① 杨伯峻：《春秋左传注》，中华书局 2009 年版，第 99 页。
② （清）冯李骅、陆浩：《春秋左绣》卷二，光绪六年（1880）校镌本。

句式参差见错综，主要是着眼于句子的语词顺序、句式变化等，靠句式的参差差异，构建文章的错落之美。

第三，叙法变化见错综。

叙法变化，是指不按照事件发生的先后顺序平直叙述，或者在某事叙述完成之后再加几笔，避免叙述的单一。

清代《左传》评点者对叙法关注最多、划分最细的，无过于《左绣》，"至叙事全由自己剪裁，其中有正叙，有原叙，有顺叙，有倒叙，有实叙，有虚叙，有明叙，有暗叙，有预叙，有补叙，有类叙，有串叙，有摊叙，有簇叙，有对叙，有错叙，有插叙，有带叙，有搭叙，有陪叙，有零叙，有复叙，有间议夹叙，有连经驾叙，有述言代叙，有趁文滚叙，有凌空提叙，有断案结叙"①，其他评说者虽没有划分如此细致，但在使用时亦会关涉以上提及的叙法。叙法多样，正叙、原叙、顺叙之中叙法错综需要调遣不同的笔法，而其他的叙法则较容易有错综在。

复叙见错综者，以鲁闵公二年《晋侯使太子帅师》一文为例。此文写晋献公对太子申生"衣之偏衣，佩之金玦"②后，六位晋国大臣对此的评说。其中，有四位大臣皆出现一次，仅评说此事，另一位羊舌大夫出现了两次，一次评说，一次是劝阻狐突。狐突则出现了三次，不仅评说，而且有行动，还有劝谏申生。王源对此评论道，"一人三见，亦错综法"③，在与他人的比对中，多次出现的狐突，便让文章有了错综之感。类似的评说，《左传评》还有一些，如鲁成公十年《晋侯獳卒》"巫再见，错综"④、成公十六年《晋侯及楚子郑伯战于鄢陵楚子郑师败绩》"复上数语，错综"⑤ 等，皆是言因复

---

① （清）冯李骅、陆浩：《春秋左绣·读左卮言》，光绪六年（1880）校镌本。

② 杨伯峻：《春秋左传注》，中华书局 2009 年版，第 269 页。

③ （清）王源：《左传评》，《四库全书存目丛书》经部第 139 册，齐鲁书社 1997 年版，第 197 页。

④ （清）王源：《左传评》，《四库全书存目丛书》经部第 139 册，齐鲁书社 1997 年版，第 251 页。

⑤ （清）王源：《左传评》，《四库全书存目丛书》经部第 139 册，齐鲁书社 1997 年版，第 258 页。

叙而产生的错综。

插叙以见错综者，以《左传·庄公十四年》郑厉公入郑复国一事为例，《左传》记载云：

> 郑厉公自栎侵郑，及大陵，获傅瑕。傅瑕曰："苟舍我，吾请纳君。"与之盟而赦之。六月甲子，傅瑕杀郑子及其二子，而纳厉公。
>
> 初，内蛇与外蛇斗于郑南门中，内蛇死。六年而厉公入。公闻之，问于申𬯎曰："犹有妖乎？"对曰："人之所忌，其气焰以取之。妖由人兴也。人无衅焉，妖不自作。人弃常，则妖兴，故有妖。"
>
> 厉公入，遂杀傅瑕……①

对此，高嵋《左传钞》有评曰：

> 中段不急接厉公入国事，忽插入蛇妖一层，又夹叙鲁语一层，光怪错综，极断续离合之妙。史迁叙赤帝子、白帝子事，从此脱胎。②

《左传》此文的主体是郑厉公自外入郑，处理相关事务，但是在"外"与"内"中间的段落，《左传》插上了一段早年的预兆，这段预兆与郑国的内乱完全对应。高嵋认为插入此段，让文章脉络断离后又续接起来。此等离合断续而产生的错综之感，让人颇有跳脱本事的感觉，而在即将跳脱之时又用简单的话语拉入原叙事语境中，从而生成一种阅读的奇异之感。

更为错综的是，几种叙法集中在一起，共同发力。《左传评·晋人败狄于箕》言说此文的错综之处时说道：

> 夹叙先轸，妙矣！尤妙在追叙郤缺，从白季口中传出。而结处，三

---

① 杨伯峻：《春秋左传注》，中华书局 2009 年版，第 196—197 页。

② （清）高嵋：《左传钞》，黄秀文、吴平主编：《华东师范大学图书馆藏稀见丛书汇刊》第 15 册，北京图书馆出版社 2006 年版，第 169 页。

人一例并叙，何其错综！先轸变为居且，胥臣、冀缺又复串叙，何其错综！①

此文的核心内容为晋人打败白狄后，晋国郤缺俘获白狄子。此后《左传》宕开一笔，言说先轸。至于先轸免胄入狄师的原因，《左传》用夹叙法，引入先轸"匹夫逞志于君，而无讨，敢不自讨乎"②的批评，遂让看似不合理的举动有了合理解释。此后，《左传》用追叙法，叙述郤缺懂礼，以此引入臼季举荐郤缺之事，再次将笔锋拉回至郤缺。文章末尾则将先轸、臼季、郤缺三人并叙，言说晋文公的赏赐，臼季被赏的原因是举荐郤缺有功，此是将臼季与郤缺串叙。多种叙法交错出现，文章回返往复，曲折生动。

叙法所见的错综，更多靠的是结构的断续离合，在正常的叙述之外，作者横插托补，遂生烟波万状、错综迷离之效。

第四，照应多变出错综。

为了让文章血脉贯通，结构分明，古人多在文章的不同部位设置相互照应的部件，如此读来会有整齐、清晰之感。那么，照应不完全，或者照应不同，都会脱离整齐，而走向错综。

不完全照应者，可以鲁桓公六年季梁劝阻随侯追杀楚军为例。季梁言"所谓道，忠于民而信于神也。上思利民，忠也；祝史正辞，信也。今民馁而君逞欲，祝史矫举以祭，臣不知其可也"，他的论说有两层意思，一是"忠"，二是"信"，但随侯所言之"吾牲牷肥腯，粢盛丰备，何则不信"，③只是回应的"信"，而回避了"忠"。故而，《左传评》评道："只讲一边，有错综。"④

---

① （清）王源：《左传评》，《四库全书存目丛书》经部第 139 册，齐鲁书社 1997 年版，第 224 页。

② 杨伯峻：《春秋左传注》，中华书局 2009 年版，第 501 页。

③ 杨伯峻：《春秋左传注》，中华书局 2009 年版，第 111 页。

④ （清）王源：《左传评》，《四库全书存目丛书》经部第 139 册，齐鲁书社 1997 年版，第 180 页。

只讲一边，与季梁所言是不完全对应，王源便认为此为错综。

《左传·襄公三十一年》所记卫北宫佗聘郑及郑子产任贤之事，亦是不完全对应而出错综者。此文分两段，第一段写北宫文子聘郑，郑国贤人招待之事，"过郑，印段迋劳于棐林，如聘礼而以劳辞。文子入聘。子羽为行人，冯简子与子大叔逆客"，以上四人知礼而被北宫文子大加称赞。第二段写子产选贤任能，"冯简子能断大事；子大叔美秀而文，公孙挥能知四国之为，而辨于其大夫之族姓、班位、贵贱、能否，而又善为辞令。裨谌能谋，谋于野则获，谋于邑则否。郑国将有诸侯之事，子产乃问四国之为于子羽，且使多为辞令；与裨谌乘以适野，使谋可否；而告冯简子使断之。事成，乃授子大叔使行之，以应对宾客，是以鲜有败事。北宫文子所谓有礼也"，① 亦写到了四位贤人，四人各有其能，佑助郑国。但是，第一段与第二段的贤人并没有一一对应，"前叙诸贤，有印段而无裨谌，后则有裨谌而无印段。后序诸贤，各详其能，前则但详逆客，总似不甚照应者，皆错综之妙也"②，二段并立，按照一般的理解，被北宫文子盛赞的四位贤人，当是子产选择委以重任的，此即为完全对应，是整齐叙事的方法，但是《左传》所载，却出现了对应不全的情况，子羽、冯简子、子大叔三人是完全对应，印段与裨谌则没有照应，接待的印段未被委以重任，被委以重任的裨谌则并未招待北宫文子，王源认为此等不完全对应处，恰恰是文章的错综之处。

照应不同出错综者，可以鲁襄公四年晋侯享穆叔之事为例，《左传》记载道：

> 穆叔如晋，报知武子之聘也。晋侯享之，金奏《肆夏》之三，不拜。工歌《文王》之三，又不拜。歌《鹿鸣》之三，三拜。
>
> 韩献子使行人子员问之，曰："子以君命辱于敝邑，先君之礼，藉

①　杨伯峻：《春秋左传注》，中华书局 2009 年版，第 1190—1191 页。

②　（清）王源：《左传评》，《四库全书存目丛书》经部第 139 册，齐鲁书社 1997 年版，第 302 页。

之以乐，以辱吾子。吾子舍其大，而重拜其细。敢问何礼也?"对曰：
"《三夏》，天子所以享元侯也，使臣弗敢与闻。《文王》，两君相见之乐
也，使臣不敢及。《鹿鸣》，君所以嘉寡君也，敢不拜嘉?《四牡》，君所
以劳使臣也，敢不重拜?《皇皇者华》，君教使臣曰：'必咨于周。'臣闻
之：'访问于善为咨，咨亲为询，咨礼为度，咨事为诹，咨难为谋。'臣
获五善，敢不重拜?"①

此段文字，王源甚为推崇，援引杜甫之言，称赞其"藏锋不露"之妙，《左
传评》曰：

> 藏锋而不露，明者见之，暗者忽焉。少陵所谓"裁缝灭尽针线
> 迹"，即此法也。此传序晋人失礼，穆叔知礼，"礼"固通篇主矣，乃
> 藏而不露。晋人曰"先君之礼"，泛而言之，非辨礼也。曰"敢问何
> 礼"，虽属辨礼，顾以礼为非礼，礼之反也。至穆叔口中，绝不及礼，
> 特于释诗中逗出"咨礼"二字，有意无意色相俱空，又岂庐山面目之
> 真乎?三"礼"字，一字不着，而晋之失礼显然，豹之知礼昭然，藏
> 锋之妙如此。曰"不拜"，曰"又不拜"，曰"三拜"，案也。乃应两"不
> 拜"，曰"弗敢与闻"，曰"臣不敢及"，用暗应法。应"三拜"，曰
> "敢不拜嘉"，曰"敢不重拜"，曰"敢不重拜"，用明应法。应有明暗，
> 而错综见矣。②

晋人前两次奏乐，穆叔皆不拜，一般会认为穆叔不知礼，甚至以为他会像宋
华定一样因不答赋而被断言"必亡"，但实际上并非穆叔不知礼，而是晋人
失礼，晋人所奏之乐不符合当时的礼制要求，不符合穆叔的身份，所以当晋
人又奏《鹿鸣》之乐时，穆叔予以三拜。至若后来言说"拜"与"不拜"的

---

① 杨伯峻：《春秋左传注》，中华书局 2009 年版，第 932—934 页。
② （清）王源：《左传评》，《四库全书存目丛书》经部第 139 册，齐鲁书社 1997 年版，第
267 页。

原因时，穆叔亦很有策略，不能明言晋人过错，故用隐语，暗应"不拜"之举；可以明言晋人有礼之举，故详加说明，"敢不拜嘉""敢不重拜""敢不重拜"明确对应"三拜"。穆叔所做所言，皆有对应，但一为明应，一为暗应，便让整齐对应中有了错综之感。

照应多变出错综，注重的是文章内部的相互关联，要在关联的方法、数量、位置等方面找到参差之处，需要更多的辨识力，"观其照应之参错，察其前后之异同，一一还他清楚，然后方知其博奥而赏其瑰雄，否则方眩其外，茫然不得其门，而遽夸其宗庙之美、百官之富，岂不诬哉"①。

清代《左传》评点者，从文词、句式、叙法、结构关联等方面来言说"错综"之法，相对来说，比较全面，涵盖了前人、后人的基本论说。

对于"错综"之法，叶圣陶先生认为有更换词面、交换语位、伸缩文身三种方法，陈望道先生则提出有抽换词面、交蹉语次、伸缩文身、变化句式四种方法。二者大同小异，主要针对的是清代《左传》评点者所言"错综"之法的前两个方面，其重要原因在于叶圣陶、陈望道两位先生是将"错综"作为一种修辞手法来界定，"凡把反复、对偶、排比或其他可有整齐形式，共同词面的语言，说成形式参差，词面别异的，我们称为错综"②，而清代《左传》评点者则将"错综"的辐射面扩展至文章的各个方面，且力图往精深方面挖掘其意蕴，言说文章之妙。

三、"整齐"与"错综"之变

"整齐"与"错综"作为追求不同的两种文法，各有其蕴含，亦各有其坚定的拥护者，但是，二者之间并未形成水火不容之势，而是都有一种坚守之下的变通。

首先，"整齐"与"错综"的对立，是各自的意蕴内核不同，而非评点

---

① （清）王源：《左传评》，《四库全书存目丛书》经部第 139 册，齐鲁书社 1997 年版，第 355 页。

② 陈望道：《修辞学发凡》，复旦大学出版社 2008 年版，第 166 页。

者的观念对立。

清代《左传》评点者对于错综与整齐，虽然有各自不同的倾向选择，但是他们大多都认识到，二者皆是为文之法，皆可成就妙文，"整齐则局不涣，参差则局不板，谋篇之尽善者也"①。

周大璋在评说鲁宣公十五年晋侯赏赐荀林父时，曾有一段对整齐、参差之文的比较，其曰：

> 秦伯能用孟明，晋侯不杀林父，卒收后效。可知不以一眚掩大德，真千古人主用人之药石也。此与前济河焚舟篇遥相应，而极口称叹不置，所以见秦晋之得而楚之用法太峻也。前篇以整齐胜，此以参差胜，笔法各别。②

周大璋对比了两篇文章，一篇是秦穆公不责孟明而重用之，一篇是晋景公不责荀林父而赏赐之，孟明与荀林父皆是败军之将，秦穆公、晋景公皆不以一眚掩大德，故而周大璋盛赞秦穆公、晋景公用人有道。同样的主题，《左传》写得风姿别致，各有特色，前一篇简单叙事后，用"君子曰"表明观点，以整齐取胜；后一篇叙事不仅写赏荀林父，还写赏士伯，评论不仅援引《周书》，还援引《诗经》，用称赞士伯举荐有方来称赞荀林父，则以参差取胜。

"整齐"与"错综"造就妙文，并不是说"整齐"高于"错综"，或者"错综"高于"整齐"，其关键在于与文章主旨有关，根据文意选择适当的文法来安排人物、组织结构，合适是关键。二者没有高低之分，评点者反对抬高某一方而贬低另一方。

其次，清代《左传》评点者在"整齐"与"错综"的两相对立中，援引一个"变"字，从而出现了整齐中有错综、错综中有整齐、错综整齐两两相

---

① （清）冯李骅、陆浩：《春秋左绣》卷二〇，光绪六年（1880）校镌本。
② 李卫军：《左传集评》，北京大学出版社 2016 年版，第 879 页。

配的整合样态。

整齐中有错综、错综中有整齐在前面已有说明，此处单言错综整齐两两相配。错综、整齐两两相配，是指在同一篇章中，既有参差，又有整齐，"两两相配，既参差，又整齐，左氏大略如此"①，《左绣》对此有很多处说明：

1."王唯信子""王唯信吴""余唯信吴""臣岂不欲吴"，四起句一样笔调，相映作章法，章法奇绝人。四层作两半读，参差整齐兼而有之。②

2.平平四段，于不变处见其整齐，于各变处见其错综，铺排得此，思过半矣。③

3.前以参差叙，后以整齐束，煞笔劲足。④

4.看其前用整齐，后用参差，变换处写得精神勃勃，令读者为之鼓舞不倦，妙极！⑤

5.上段议论多于叙事，下半叙事多于议论。上段用整齐，下段用参差，相准而立，以变而适均也。⑥

6.此篇当与垂陇之享参看，前文七子赋《诗》，赵孟每赋一答，极其整齐。此则穆叔、子反四赋两答，极其参差。又前文于赋《诗》前先作一领，而于后添出许多评论。此于前文亦作一引，而于后亦添一番闲情，左氏妙文，于相准而相错处，尤见其变化之妙。⑦

7.前半零叙，末段总发。零叙则用参差，总发则用整齐。譬游名山，转一境辄臻一妙也。⑧

8.此段结上转下，先将"不及君身"虚插一句，而以两"荥之"撇

① （清）冯李骅、陆浩：《春秋左绣》卷一六，光绪六年（1880）校镌本。
② （清）冯李骅、陆浩：《春秋左绣》卷二三，光绪六年（1880）校镌本。
③ （清）冯李骅、陆浩：《春秋左绣》卷一八，光绪六年（1880）校镌本。
④ （清）冯李骅、陆浩：《春秋左绣》卷二四，光绪六年（1880）校镌本。
⑤ （清）冯李骅、陆浩：《春秋左绣》卷一四，光绪六年（1880）校镌本。
⑥ （清）冯李骅、陆浩：《春秋左绣》卷一六，光绪六年（1880）校镌本。
⑦ （清）冯李骅、陆浩：《春秋左绣》卷二〇，光绪六年（1880）校镌本。
⑧ （清）冯李骅、陆浩：《春秋左绣》卷一六，光绪六年（1880）校镌本。

去上文，及跌落"君身"，却又带"山川星辰"一笔，牵上搭下，圆密之极。虽是转下，其实用双绾之笔，收束上两节也，看他对写得笔笔有精神。叙用参差，结用整齐。方圆之变，其妙无穷。①

9.此篇乃类叙法也，因叙新事，直追叙旧事，又倒挈后事，重叙前事。叙其人则用整齐法，叙其事则用参差法。而五人五事，凡三点郑瞞。伐我、伐宋、伐齐，一主二宾，段落明整。末以一句作收，不过分提总结，而联络映带，奇丽天成。似此结构，固史、汉诸公所寝食以之者已。②

以上九个例子，第1例是说参差、整齐兼而有之。第2例是说参差、整齐兼而有之的方法，即不变处为"整齐"，变处为"参差"。后面6个例子则专门论整齐、参差两两相配，例3、4、5是说参差、整齐所处的位置，或在前，或在后，当然，此前后不单限于同一篇章，不同篇章亦可成为两两相配之局。例7、8则是说文章的不同叙法会有不同的选择，一般是分叙用参差，总叙用整齐。例9是说叙述对象不同，选择亦会有不同，一般来说，叙人用整齐法，叙事用参差法。

整齐与参差两两相配，其变化皆根据文意、文章结构而定，虽各不同，但如同游山转境，各有奇妙，又如同方圆之变，差距越大，效果更明显。

清代《左传》评点者选择用"变"，让错综、整齐之间有了多种不同的组合样态，更显参差错综之妙。更为关键的是，此"变"非一，经常会有多次、多重变化。

张昆崖有评说云，"切题断起，切题断结，首尾相应，最为整齐。中间开宕作论，变化之妙也。三引《诗》作两段，横插断句于中，错综生动，局法入妙，变化中又有变化"③，此为评说鲁定公九年郑驷歂杀邓析而用邓析制定之《竹刑》，文章开端、结尾评判驷歂"不忠""无以劝能"，此为整齐。中间则是援引《诗经》诗句为据展开相关议论，与前后相比，笔法一变，此为错综。

---

① （清）冯李骅、陆浩：《春秋左绣》卷二〇，光绪六年（1880）校镌本。
② （清）冯李骅、陆浩：《春秋左绣》卷九，光绪六年（1880）校镌本。
③ 李卫军：《左传集评》，北京大学出版社2016年版，第1955页。

中间援引《诗经》诗句，前两处一意，后一处一意，笔法又一变，又一错综。《左绣》亦言"于事则联者断之，于文则断者联之。化整齐为参差，复运参差为整齐"[①]，此为评说鲁庄公二十一年周惠王赏赐不均之事。周惠王赐给郑武公虎牢以东之地，周惠王赐给虢公酒泉之地，《左传》将此二事相对联结叙出，言说"郑伯效尤"，但中间亦夹入了其他的叙述，此为化整齐为参差。周惠王赐虢公酒泉之地，又赐之爵杯，是郑厉公恶周惠王之始，因此将前面发生的赐郑厉公"鞶鉴"一事拿出，与"予爵"相对成文，此为化错综为整齐。整齐、错综间的多次变化，让其间关系更为错综复杂，更加多变，至为巧妙。

清代《左传》评点者强调"整齐"与"错综"之间的变化，"文人圣境，参差整齐，神化不测耳"[②]，其理念大约有三：

第一，变化为事物运行的规律。

变化，本就是天地万物存在的状态，"水火相逮，雷风不相悖，山泽通气，然后能变化，既成万物也"[③]，两种相对的属性相互变化，故能化成万物。《周易》的主旨即是"变"，"今验六十四卦，二二相耦，非覆即变"[④]，发端于《周易》的两两相对之整齐、参伍交织之错综，自然亦不例外，从一开始就打上了"变化"之烙印。

掌握变化之道，即掌握了世间万物运行的规律，就能有一种融通之心，"知变化之道者，其知神之所为乎"[⑤]，从而更易于与对立者对话、互融而又保持自己的内核。

第二，尊重《左传》本身的特点。

《左传》作为"叙事之最"，文法变化万千，"非如村里鲍老，只有一副

---

① （清）冯李骅、陆浩：《春秋左绣》卷三，光绪六年（1880）校镌本。

② （清）冯李骅、陆浩：《春秋左绣》卷六，光绪六年（1880）校镌本。

③ （魏）王弼、（晋）韩康伯注，（唐）孔颖达等正义：《周易正义·说卦》，（清）阮元校刻：《十三经注疏》第1册，中华书局2009年版，第197页。

④ （魏）王弼、（晋）韩康伯注，（唐）孔颖达等正义：《周易正义·序卦》，（清）阮元校刻：《十三经注疏》第1册，中华书局2009年版，第199页。

⑤ （魏）王弼、（晋）韩康伯注，（唐）孔颖达等正义：《周易正义·系辞上》，（清）阮元校刻：《十三经注疏》第1册，中华书局2009年版，第167页。

面具也"①。其中一个重要奥妙，便是"极参差又极整齐，极变化又极均匀"，越整齐越变化，越错综越求其整齐，不见其板，但见其活。此等做法，正是"直以夜来之针，制天孙之锦"，巧妙至极。与《左传》的特点相对应，解读《左传》，"须参差读，参差读则见其错综之变。又须整齐读，整齐读则得其裁剪之工"，②要明其错综、整齐之法。

第三，避免过于强调整齐、错综的缺陷。

评点者还看到了过于强调整齐与过于强调错综，都有不可避免的缺陷。过于整齐，便会流于刻板、单调；过于错综，就会文局涣散、不清，倡导错综的王源反对的不是整齐，而是造成印板效果的整齐，"未有印板整齐而谓之文章者"③，而倡导整齐的冯李骅虽然认为整齐不等于印板，参差不等于错乱，整齐与参差各有其妙，但他还是不能回避过于强调某一方会带来不必要的问题，因此，他希望消除壁垒，若能做到"整齐不病于板，参差不患其涣，而文不可胜用矣"④。在不做印板文章、不写散漫文章方面，清代《左传》评点者的立场是一致的。

清代《左传》评点者从一般规律、《左传》特点、避免行文缺陷三个方面入手，强调用变化来调节整齐与错综的对立、矛盾，并用变化找到了二者可以共生的存在方式，是一种有益的探索与创获。

四、"整齐"与"错综"之变的背后

"整齐"与"错综"作为清代《左传》评点的关键词，与《左传》文本直接关联，在不同评点者的调遣下，其意蕴有了较为详尽的展示，对了解《左传》文法以及"整齐"与"错综"之文的优劣都有裨益。但是，"整齐"

---

① （清）冯李骅、陆浩：《春秋左绣》卷一二，光绪六年（1880）校镌本。

② （清）冯李骅、陆浩：《春秋左绣·读左卮言》，光绪六年（1880）校镌本。

③ （清）王源：《左传评》，《四库全书存目丛书》经部第139册，齐鲁书社1997年版，第360页。

④ （清）冯李骅、陆浩：《春秋左绣》卷二四，光绪六年（1880）校镌本。

与"错综"只是被评点者推到前面的传声筒，其背后是更为复杂、更为错综的思想交锋，甚或权力操纵。

乾隆元年（1736），乾隆下令方苞选编时文选本，"今朕欲裒集有明及本朝诸大家制义，精选数百篇，汇为一集，颁布天下"①，书成名之曰《钦定四书文》。方苞在《钦定四书文》中提到明代科举制义之文的兴盛时言，"至正嘉，作者始能以古文为时文，融液经史，使题之义蕴隐显曲畅，为明文之极盛"②，制义文章至明朝即已弊端甚多，明代制义名家在宋人提出的"以古文为法""以古文为时文"的理念影响下，大力援引古文文法入制义文章，从前代经史著作中寻求滋养，从而创造了明代文章的极大盛时期。《钦定四书文》选录的名家制义文章，以归有光之文最多，其次则是唐顺之，而此二人恰恰是创作"以古文为时文"之文的代表③。尊崇"以古文为时文"的《钦定四书文》颁布天下，成为天下士子写作时文的标杆，这是首次以官方名义推行"以古文为时文"。

权力的力量是巨大的，裹挟着政治权力的"以古文为时文"，遂成为自上而下的衡文标准，影响着士子的书写模式，亦影响着评点者的评点趋向。

当然，"以古文为时文"被朝廷正式认可，亦源自此方法的合理性与疗救性能。"以古文为时文"写作的一个重要方法，是以古文的经纬错综来减少、消解时文因偶对格式、追求整齐带来的僵化、呆板之弊端，这是在保持时文基本特征基础上的求变求新，是一种有益的探索。很多人在论说时文时，亦强调开合错综之法，"就时艺论，有本股自为开合者，有二股共为开合者，

---

① （清）方苞等编：《钦定四书文·上谕》，《景印文渊阁四库全书》第 1451 册，台湾商务印书馆 1986 年版，第 1—2 页。

② （清）方苞等编：《钦定四书文·凡例》，《景印文渊阁四库全书》第 1451 册，台湾商务印书馆 1986 年版，第 3 页。

③ "归、唐皆以古文为时文，唐则指事类情，曲折尽意，使人望而心开；归则精理内蕴，大气包举，使人入其中而茫然；盖由一深透于史事，一兼达于经义也。"〔（清）方苞等编：《钦定四书文·正嘉四书文》卷二《三仕为令尹》，《景印文渊阁四库全书》第 1451 册，台湾商务印书馆 1986 年版，第 100 页〕

有四股共为开合者，有通篇大开大合者，得其法者，文多错综变化，有纵横离合之致焉"①。很多时文作品因援引古文之法写作，而能新人耳目，格调、水准都有所提升。

作为《钦定四书文》真正的选编者，方苞自然是"以古文为时文"写作的代表，"桐城方苞以古文为时文，允称极则"②，文有根底，为世人推崇。但同时，对于方苞或者"以古文为时文"的批评的声音也逐渐出现。

批评一认为，"以古文为时文"混淆了古文、今文界限。

古文和时文各有自己的形式特点，时文有规定好的固定格式，必须要有四段对偶文，甚至字数也有限制；古文则不讲究对偶，形式相对丰富而灵活。因此，很多人认为，讲究"以古文为时文"在很多时候会削弱时文的特点，失其规范，而入于粗豪。

批评二认为，推崇"以古文为时文"的方苞，却不可避免地有了"以时文为古文"的痕迹。钱大昕曾有两段批评方苞的话，其言曰：

> 吾兄特以其文之波澜意度近于古而喜之，予以为方所得者，古文之糟粕，非古文之神理也。王若霖言："灵皋以古文为时文，却以时文为古文。"方终身病之，若霖可谓洞中垣一方症结者矣。③

> 金坛王若霖尝言："灵皋以古文为时文，以时文为古文。"论者以为深中望溪之病。④

钱大昕的两段话，皆援引了金坛人王澍对方苞的评说，认为方苞之文有以古文为时文者，最后却坠入以时文为古文的漩涡，方苞为此而苦恼不已。钱大

---

① （清）唐彪辑著，赵伯英、王恒德选译：《家塾教学法·读书作文谱》，华东师范大学出版社 1992 年版，第 110 页。

② 赵尔巽等：《清史稿》卷一〇八《选举三》，中华书局 1977 年版，第 3153 页。

③ （清）钱大昕撰，吕友仁标校：《潜研堂集》卷三三上《与友人书》，上海古籍出版社 1989 年版，第 608 页。

④ （清）钱大昕撰，吕友仁标校：《潜研堂集》卷三一《跋方望溪文》，上海古籍出版社 1989 年版，第 565 页。

昕认为此话一语中的，击中了方苞文章的弱点，方苞所津津乐道者，仅仅是古文的糟粕，他并未探索到古文的神理。钱大昕的批评有些苛刻，方苞的古文、时文写作水准相对很高，但是，不能否认的是，长期习染时文之风，古文写作很容易带上骈偶之气，"少习时文，操之太熟，声律、对偶，把笔即来，如油渍衣，涮除不去"①。

与对"以古文为时文"的批评相比，对"以时文为古文"的批评声音更严重。清代的文士无一不受八股时文的影响，他们从小的教育以及科举考试都要求他们会写、善写八股时文，但是八股时文只是进入仕途、谋取功名的敲门砖，在很多人心目中，古文的地位是要高于时文的，"以时文为古文"会拉低古文的品质、品格，故而方苞面对王澍的批评终身在意，苦恼不已。

对方苞乃至"以古文为时文""以时文为古文"的批判，是对古文、时文之学的恪守，批评者不想看到古文与时文之间的变化，亦拒绝二者之间的相互渗透与会通。其实，古文、时文本出自一体，"文一而已矣，后世科举之学兴，始歧为二焉。学者遂谓古文之妨于时文也，不知其名虽异，其理则同。欲业时文者，舍古文将安法哉"②，古文写作时亦会有偶对者，此即清代《左传》评点者所言之"错综中着整齐"，亦即"正格"之外有"变格"。同时，批评者的担忧也并非杞人忧天，若没有足够的掌控力，援散入时文，强化古文骈偶作法，时文、古文或许会变成"四不像"，故而强调古文与时文会通时，还需要遵循"不变"理念，基本的体式、神理不能变。在"变"与"不变"之间找到恰当的度，方能为古文、时文带去来自"他者"的滋养，为己所用。

"观念是世界上最具迁徙性的事物"③，整齐与错综、"以古文为时文"与

---

① （清）施补华：《泽雅堂文集》卷二《与吴挚甫书》，《续修四库全书》第1560册，上海古籍出版社2002年版，第307页。

② （明）詹仰庇：《文章指南原序》，载王水照编：《历代文话》，复旦大学出版社2007年版，第1738页。

③ ［美］阿瑟·洛夫乔伊：《反思观念史》，《思想史杂志》1940年第1期。

"以时文为古文"，都是清代以前皆已出现的术语、为文理念，在观念内里上具有一定的传承性，皆植根于提升文章写作的群体观念。无论是"以古文为时文"，还是"以时文为古文"，其实都是文人们为了写出更好的文章而寻求到的解决方案，"时学、古学源出一流……无论何家学问，必先从词章入手；无论何体词章，必先从时文入手。盖时文无法不备，尤以读书穷理为本。此其与古学不特不相背，且直相成"①，二者相辅而行，亦可各添助力。古文以散体错综为主，时文以骈俪对偶为主，"错综"与"整齐"的复杂关系，恰恰是古文与时文关系的缩影。同时，它们又与特定的历史语境相适应，其间交织着权力、思想、情感等多种要素的共生与斗争。

第四节　虚与实

"虚实"，本是军事用语，《孙子兵法》专门有一篇《虚实篇》，唐太宗曾盛赞"观诸兵书无出孙武，孙武十三篇无出虚实。夫用兵，识虚实之势，则无不胜焉"②，可见虚实在军事中的重要。后来"虚实"成为绘画、书法、文章、戏曲、文论领域经常用的术语，清代《左传》评点者亦援引"虚实"入文，评说《左传》文法之妙。

一、虚实与表现对象的对应关系

《孙子兵法》在《虚实篇》中明确提到了"兵之形，避实而击虚"③，所言虚实，指的是正面与侧面、主动与被动之分，亦指进攻上的真攻与佯攻，因此，虚实又有了真实与否的区分。

---

① （清）张文翰：《丰山书院课艺序》，光绪十四年（1888）刻本。
② （唐）李靖撰，唐松波注释：《唐李问对》，新华出版社 2003 年版，第 284 页。
③ （春秋）孙武著，中国人民解放军军事科学院战争理论研究部《孙子》注释小组注：《孙子兵法新注》，中华书局 1986 年版，第 58 页。

当"虚实"运用到文学评论时，其含义又有所引申，大体有三：一是虚构与真实，李渔的《闲情偶寄·审虚实》即是按事情的真实与否界定虚实，实际发生的事为实，虚构而生的事为虚，"实者，就事敷陈，不假造作，有根有据之谓也；虚者，空中楼阁，随意构成，无影无形之谓也"①。二是正面与侧面，正面展现的物象等为"实"，侧面表现的情思等为"虚"，黄宗羲曾提出的"以景为实，以意为虚"②，即是此种意思。三是直接与间接，直接描写出来的物象，或者由各种意象、文字实际组合而成的意境为"实"，由结构、留白等间接体现出来的想象境界为"虚"。

清代《左传》评点者运用"虚实"评说之时，亦会评点描写战争的文章，自然对兵家津津乐道的虚虚实实之法亦会予以分析，同时，《左传》亦写了梦境、占卜、鬼神等虚诞之事，评点者评说时对《孙子兵法》《闲情偶寄》等观念有所承续。但《左传》评点者对"虚实"的阐释更多集中在文法方面。其中，展现叙述对象时，作者采用实笔还是虚笔，是极为重要的一点，也与"虚实"的内涵直接对应。具体来说，清代《左传》评点者主要提出了三个观点：

第一，实事实写，虚事虚写。

此观点认为，实事要用实笔，虚事要用虚笔，前一个虚实的区别在于是否真实，后一个虚实有正面与侧面之分。

《左传·鲁僖公二十四年》记叙周王室王子带叛乱之事，其言曰：

> 王德狄人，将以其女为后。富辰谏曰："不可。臣闻之曰：'报者倦矣，施者未厌。'狄固贪惏，王又启之，女德无极，妇怨无终，狄必为患。"王又弗听。
>
> 初，甘昭公有宠于惠后，惠后将立之，未及而卒。昭公奔齐，王复之，又通于隗氏。王替隗氏。颓叔、桃子曰："我实使狄，狄其怨我。"

---

① （清）李渔著，杜书瀛译注：《闲情偶寄》，中华书局 2014 年版，第 64 页。
② （清）黄宗羲著，吴光主编，平惠善校点：《黄宗羲全集》第 10 册《南雷诗文集·景州诗集序》，浙江古籍出版社 2012 年版，第 15 页。

遂奉大叔以狄师攻王。王御士将御之，王曰："先后其谓我何？宁使诸
侯图之。"王遂出，及坎欿，国人纳之。

秋，颓叔、桃子奉大叔以狄师伐周，大败周师，获周公忌父、原
伯、毛伯、富辰。王出适郑，处于氾。大叔以隗氏居于温。①

周襄王此前借用狄人军队讨伐郑国，富辰劝谏，周襄王不听而令大夫颓叔、
桃子带领狄国军队出征郑国，占据了郑国的栎地。对此，周襄王很满意，遂
取狄女为后，立为惠后。不料，后来惠后与王子带私通，事情败露后，周襄
王废掉惠后。怕被狄人怨恨的大夫颓叔、桃子与王子带，联合狄人军队攻打
周襄王。后来，周襄王出亡，王子带与惠后住到温地。对于此段记载，《左
绣》有段评说：

> 承前篇来，德狄、女后，亦一句提，两层应，而以女后为主。善道
> 物情，精透语不在多。"王德狄人"是虚景，"施者未厌"二句亦用虚说，
> 而以"我实使狄"二句虚应之。其女为后是实事，"女德无极"二句亦
> 用实说，而以"通隗"、"居温"二句实应之，无一笔乱下也。②

《左绣》的观点，便是虚景虚说虚应之，实景实说实应之。此处的虚景，是
"王德狄人"，周襄王以狄女为王后，此举在秉持"非我族类，其心必异"③
观念的周人看来，是非礼之举，为了实现娶妻立后的目的，周襄王打出了
狄人有德的旗号，并不见得是真实。"报者倦矣，施者未厌"，为富辰引用
他人之语，并非直接解读，狄人的怨恨，是通过大夫颓叔、桃子的话语透
露出来，并没有直接叙述，此即为虚说虚应。与此对应，周襄王确实娶了
狄女为后，这是真实发生的实事；富辰直接点出"女德无极，妇怨无终"
的观点，没有援引他人话语，此为"实说"；惠后与王子带私通，逼走周襄

---

① 杨伯峻：《春秋左传注》，中华书局 2009 年版，第 425—426 页。

② （清）冯李骅、陆浩：《春秋左绣》卷六，光绪六年（1880）校镌本。

③ 杨伯峻：《春秋左传注》，中华书局 2009 年版，第 818 页。

王后，二人居于温地，这是对"女德无极，妇怨无终"的直接诠释，此为
"实应"。

针对真实与不真实的两类事情，《左传》分别运用两种不同的方式来解
说、照应，实事用实笔、虚事用虚笔，一一对应，整齐有序。

第二，实事虚写，虚事实写。

此处的实事、虚事，仍是以真实与否为划分标准，实笔仍然是指正面、
直接的描写，虚笔仍然是指侧面、间接的写法。唯一的不同，在于调换了写
法，实事要用虚笔，虚事要用实笔。

实事虚写，可以《左传·成公二年》的鞌之战为例。《左传》记载曰：

> 郤克伤于矢，流血及屦，未绝鼓音，曰："余病矣！"张侯曰："自始
> 合，而矢贯余手及肘，余折以御。左轮朱殷，岂敢言病？吾子忍之！"
> 缓曰："自始合，苟有险，余必下推车，子岂识之？然子病矣！"[1]

齐晋两国在鞌地大战，战斗极为激烈：郤克被箭射伤，血流不止，张侯亦被
射伤，箭穿过他的手和肘部，伤亡严重。但是，晋国的将士极为勇敢，郑丘
缓一遇到危险便跳下去推车。郤克、张侯、郑丘缓只是众多将士的缩影，正
是他们的勇敢拼杀，方才取得了胜利。对此，《左传汇钞》有言："于诸人口
中叙出战时事，以省铺缀之烦，是实事虚写法。"[2]战事的激烈与残酷，这是
鞌之战的实事，但是《左传》在叙述时，并没有按照一般的写法将战事直接
呈现出来，而是通过郤克、张侯、郑丘缓的三句话间接托出，这便是实事虚
写。实事虚写，既能达到展现实事的目的，又能避免叙事的繁杂，言简意赅
而立意顿显。

同样的写法，还见于《左传》写重耳流亡之事。重耳流亡十九年，经
历多国，随从众多，他们皆是有大谋略之人，《左传》在盛赞其谋略时用的

---

[1]　杨伯峻：《春秋左传注》，中华书局 2016 年版，第 791—792 页。

[2]　李卫军：《左传集评》，北京大学出版社 2016 年版，第 901 页。

便是虚写之法,"从亡诸臣宣猷效力最多,略而不叙,只于负羁妻、叔詹、楚子口中下一赞语,而诸臣之才已尽见,虚虚实实,莫可名其妙"①。僖负羁之妻言"吾观晋公子之从者,皆足以相国",郑叔詹言"有三士,足以上人,而从之",楚成王言"其从者肃而宽,忠而能力",② 三者共同指向一个主题,那便是重耳的从者能力超群。《左传》于此处采用此种笔法,一是结构的需要,此文重点凸显的是重耳在不同国家的待遇,故而按照国别依次展开叙事,若在中间专门写从者的能力,则会令结构杂乱而不清晰。二是为了达到更好的叙事效果,实写各国对待重耳的态度、重耳的改变,虚写从者的能力,但重耳的改变皆与从者能力有关,各国对待重耳的态度很多又取决于重耳从者的能力,如此便在虚虚实实间有了错综的叙事效果,甚为巧妙。

虚事实写,可以《左传·昭公四年》叔孙豹之子竖牛出生之事为例。叔孙豹逃奔至齐国途中,曾与一妇人同宿,至齐国后,他娶妻生子。有一天,叔孙豹做了一个梦,梦见天压着自己,快要支撑不下去时回头看见一人,叔孙豹大喊"牛!助余"③,最终胜利了。梦醒后,叔孙豹寻找梦中那个被他叫作"牛"的人,都没有找到。后来,叔孙豹回到鲁国为卿,那个与他同宿过的妇人之子捧着一只野鸡来见他,与他梦中所见之人一模一样,而且这孩子的名字恰恰叫"牛"。此事奇幻虚诞,《左传评》评曰:

> 凡幻境奇情怪物诞语,皆文之美料,但看其描写何如、安顿何如耳。叔孙之梦,作于未有牛之先,楚丘之词,发于初有豹之后,可谓幻奇怪诞者矣。如此美料,运用于文,安有不妙者?然使写得不工亦虚耳。看左氏是如何生动,如何精彩,首尾联贯,奇资横溢。④

---

① 李卫军:《左传集评》,北京大学出版社 2016 年版,第 490 页。

② 杨伯峻:《春秋左传注》,中华书局 2016 年版,第 407—409 页。

③ 杨伯峻:《春秋左传注》,中华书局 2016 年版,第 1256 页。

④ (清)王源:《左传评》,《四库全书存目丛书》经部第 139 册,齐鲁书社 1997 年版,第 316 页。

虚幻的梦境，很多人视为荒诞不经，当然亦有很多人将之视为文章写作的绝佳素材，但是素材再好，如若不能组织好描述好，也终究不能写就佳文，白白浪费素材。《左传》将此一梦，处理得极为到位，从做梦写到寻人不得，从见妇人写到见梦中之人，长相相符，名字又同，遂让人对叔孙豹之梦深信不疑，此即为虚事实写。至于此梦到底为真为假，世人各持己见，有人认为这是叔孙豹为重用竖牛编造之语，有人认为这是左丘明信鬼神之明证，有人对此信以为真，有人则认为这是左丘明的生花妙笔。之所以有如此多的争论，其中一个很重要的原因便是《左传》将看似虚幻的事情写实了，假若虚事虚写，世人会众口一词地斥之为虚幻、虚空。

虚事实写，需要作者更多的苦心调遣，一旦组织、描写成功，虚事对于文章的佑助作用，绝不仅仅是锦上添花，更可能是点铁成金。

实事虚写、虚事实写对文章写作益处很大，一篇文章中若同时有实事虚写、虚事实写两种笔法，其效应自然更加凸显。《左传·昭公七年》有一则伯有鬼魂现身的奇异故事。

郑人相惊以伯有，曰："伯有至矣！"则皆走，不知所往。铸刑书之岁二月，或梦伯有介而行，曰："壬子，余将杀带也。明年壬寅，余又将杀段也。"及壬子，驷带卒，国人益惧。齐、燕平之月，壬寅，公孙段卒，国人愈惧。其明月，子产立公孙泄及良止以抚之，乃止。子大叔问其故。子产曰："鬼有所归，乃不为厉，吾为之归也。"大叔曰："公孙泄何为？"子产曰："说也。为身无义而图说，从政有所反之，以取媚也。不媚，不信。不信，民不从也。"

及子产适晋，赵景子问焉，曰："伯有犹能为鬼乎？"子产曰："能。人生始化曰魄，既生魄，阳曰魂。用物精多，则魂魄强，是以有精爽至于神明。匹夫匹妇强死，其魂魄犹能冯依于人，以为淫厉，况良霄，我先君穆公之胄，子良之孙，子耳之子，敝邑之卿，从政三世矣。郑虽无腆，抑谚曰'蕞尔国'，而三世执其政柄，其用物也弘矣，其取精也多矣，其族又大，所冯厚矣。而强死，能为鬼，不亦宜乎!"①

伯有为郑国大夫，因为与驷带在政治上的争执而被杀，死后化为鬼魂而出现，众人见后惊吓而走。更为奇异的是，伯有说出的两则关于驷带、公孙段之死的预言，皆一一应验。郑国人对伯有鬼魂索命坚信不疑，认为是实有之事，但实际上可能是伯有下属或者驷带政敌所为，假借鬼魂来达成自己的目的，后来子产让伯有的儿子当了大夫，鬼魂便不再出现了。对此，许宝善《自怡轩古文选》评道："前半写鬼，若人人目见耳闻，而不必信其有，所谓实者虚之也。"众人信以为真的伯有鬼魂之事，实际上是虚假的。伯有鬼魂消失后，子产却以一大段来论说鬼魂实有，言之凿凿，又让人不得不信其真，"鬼已无矣，而子产口中，偏凿凿还他有鬼实据，所谓虚者实之也"，②子产之所以如此解读，是想借鬼魂之事解决现实问题，安定郑国内争，行教化之实。

一篇文章之中，实者虚之，虚者实之，"虚实互用，遂成异样色泽，此古人金针渡人处"③，遂让一篇文章真假杂糅，虚实相间，虚幻离奇，别具风格。

第三，虚美实刺，虚实不一。

无论是虚事实写，还是虚事虚写，作为一种文法，都是助佑文章展现，与表现的内容之间是一致的，只是有直接与间接之分、正面与侧面之别。而"虚美实刺"则强调二者之间的错位。

《左绣·读左卮言》曾提到"虚实美刺"之法，"褒贬是作书把握。其巧妙有虚美实刺之法，如郑庄贪许后，才赞他知礼，即刻便议其失政刑，有此一刺，连美处都认真不得"④，《左绣》所举的例子是郑庄公。

郑庄公在《左传》中一出场就打上了"讥失教"的标签，对母不孝，对

---

① 杨伯峻:《春秋左传注》，中华书局2009年版，第1291—1293页。

② 李卫军:《左传集评》，北京大学出版社2016年版，第1620页。

③ 李卫军:《左传集评》，北京大学出版社2016年版，第1620页。

④ （清）冯李骅、陆浩:《春秋左绣·读左卮言》，光绪六年（1880）校镌本。

弟不友，后人因此称其为奸诈、阴狠的第一恶毒之人，这是"实刺"，但在鲁隐公十一年，《左传》又言"君子谓郑庄公'于是乎有礼。礼，经国家，定社稷，序民人，利后嗣者也。许，无刑而伐之，服而舍之，度德而处之，量力而行之。相时而动，无累后人，可谓知礼矣'"①，则让郑庄公形象有了从"无礼"到"有礼"的大转变。

正当读者要认可郑庄公的改变时，《左传》又继续记载曰：

> 郑伯使卒出豭，行出犬、鸡，以诅射颍考叔者。君子谓郑庄公"失政刑矣。政以治民，刑以正邪。既无德政，又无威刑，是以及邪。邪而诅之，将何益矣！"②

颍考叔与郑庄公克段、伐许都有莫大的关系，但颍考叔被子都射杀后，郑庄公明知凶手为谁而不加惩处，只是用诅咒的方式来堵住悠悠之口。因此，君子对其在政治、刑罚方面的邪恶不正予以批评。至此，郑庄公又从"知礼"回归到"无礼"。

如果单独来看，郑庄公身上既有"知礼"的一面，也有"无礼"的举动，显然，《左绣》并不如此看，它认为读文章需连贯起来看，方能探得文章的真意所在。刚一赞美，即又批评，遂让人感觉赞美亦非真正赞美，这便是"虚美实刺"。

"虚美实刺"中的"虚"指的是表面的、虚假的表现，"实"指的是深层的、真正的文意。表现与文意之间的错位，令文章读来更具有讽刺意味，也更耐人寻味。

清代《左传》评点者使用"虚实"涵义时，基本沿袭的是前人的意义设定，但是，他们在使用时不是单纯地言"实"言"虚"，而是从外在表现与内容的统一与否、表现方式的直接与否方面错综用之。

---

① 杨伯峻：《春秋左传注》，中华书局 2009 年版，第 76 页。
② 杨伯峻：《春秋左传注》，中华书局 2009 年版，第 76 页。

二、虚实的用力多寡

刘熙载在《艺概·经义概》中尝言"文之善于用事者，实者虚之，虚者实之"①，《左传》即为擅长以虚实来结构文章者。《左传》的此等做法，亦源自《春秋》笔法的示范。《春秋》会调用不同的笔法来表明褒贬之意。

《左绣》对于此等春秋笔法，概括为"因物付物"，其有言曰：

> 合前传，两写"不复"，深为此公惜之。"纪侯大去"，经用实笔。"州公寔来"，经用虚笔。仰窥圣裁，真因物付物也。②

《左绣》所提的虚笔，指的是《春秋》所记淳于公之事。鲁桓公五年，淳于公至曹国，预测其国有难，不能自安，便不再回国；鲁桓公六年春，淳于公从曹国又到了鲁国，不再回自己国家。《春秋》承上书写"是来"③，未直言淳于公，是为虚写，两写其不复国，是为淳于公惋惜。《左绣》所提的实笔，指的是《春秋》所记鲁庄公四年纪侯离开纪国之事，则是直言纪侯离国之事。虚写、实写代表的是《春秋》不同的褒贬态度，此为根据不同的褒贬之情来选用虚笔实笔。《左传》对于此三处皆有详细说明，是对《春秋》笔法的认可，在展示褒贬之情时，亦会根据不同情境，调用虚笔、实笔。

郑伯克段于鄢之事，事实记载清晰，《左传》的态度也很明确，"段不弟，故不言弟；如二君，故曰克；称郑伯，讥失教也：谓之郑志。不言出奔，难之也"④，这是"见之于行事之深切著明"⑤后所载之"空言"，直接批评郑庄公与共叔段，丝毫不留情面，以此引起世人警觉，起到疗救作用。

---

① （清）刘熙载著，王气中笺注：《艺概笺注》，贵州人民出版社 1986 年版，第 460 页。

② （清）冯李骅、陆浩：《春秋左绣》卷二，光绪六年（1880）校镌本。

③ 杨伯峻：《春秋左传注》，中华书局 2009 年版，第 108 页。

④ 杨伯峻：《春秋左传注》，中华书局 2009 年版，第 14 页。

⑤ （汉）司马迁：《史记·太史公自序》，中华书局 2014 年版，第 4003 页。

鲁僖公九年荀息之死一事，《左传》的评说则相对间接。荀息得晋献公托付，力挺公子奚齐。但后来里克欲杀奚齐，并预先告知荀息，希望他选择正确道路。面对里克即将展开的杀戮，荀息没有阻止，只是表明了自己忠贞不贰的决心。奚齐被杀后，荀息本欲以死尽忠，得人劝说，又立卓子，卓子被杀而以身死之。对于荀息，《左传》借用"君子曰"道出了自己的褒贬之情，"《诗》所谓'白圭之玷，尚可磨也；斯言之玷，不可为也'，荀息有焉"①，"君子曰"则是引用《诗经》诗句间接表明观点。此诗句有两层意思，"白圭之玷，尚可磨也"与"斯言之玷，不可为也"，前者褒而后者贬，究竟《左传》取的是前者还是后者，《左传》没有明确说明，遂引发了后人"荀息之信"与"荀息之恶"的大争论。《左绣》绕开对荀息的争论，只从笔法之妙方面予以评说，"'君子曰'下，不着断语，只借诗来虚虚咏叹。便只此等笔诀，开后人巧妙多少"②，不着断语，虚虚咏叹，恰令人思索无限，品味无穷。

虚笔、实笔皆有妙处，到底是用实笔，还是虚笔，则需要根据所要描写的事情、所要表达的情感来调遣。同时，虚笔、实笔到底孰多孰少，亦需"因物付物"③，随事而变。基于此，评点者在分析虚实之妙处时，基本都会从笔墨多少的调遣来探究。

一是均匀用力。均匀用力，是指虚笔、实笔在叙事、议论时所占的比重基本上持平，没有特别明显的多寡差异。

《左传·僖公四年》记载了许穆公葬礼之事，其言曰：

> 许穆公卒于师，葬之以侯，礼也。凡诸侯薨于朝、会，加一等；死王事，加二等。于是有以衮敛。④

许穆公于军中去世，得以侯爵之礼下葬，这是"实"。周代礼制，"诸侯命有

---

①　杨伯峻：《春秋左传注》，中华书局 2009 年版，第 330 页。

②　（清）冯李骅、陆浩：《春秋左绣》卷五，光绪六年（1880）校镌本。

③　（清）冯李骅、陆浩：《春秋左绣》卷三，光绪六年（1880）校镌本。

④　杨伯峻：《春秋左传注》，中华书局 2009 年版，第 294 页。

三等：公为上等，侯、伯中等，子、男为下等"①，而诸侯于朝会时薨，葬礼按照上一等的礼制进行，许穆公为男爵，葬以侯爵之礼，这是加一等；诸侯为王事战死，可以用加二等的礼制殡殓，许穆公死于军中，可以用公爵之衮衣殡殓，这是加二等。

对于此事，《左绣》《左传翼》皆从虚实方面，予以解读。

> （《左绣》眉）以一等、二等对举，而侯葬衮敛，恰一实一虚为起讫，文贵匀称，此一班也。②

> （《左传翼》尾）此朝会也，故加一等，而以侯葬之，由朝会而推之死王事，由加一等而推之加二等，由侯葬而推之衮敛，一虚一实，前用逆叙，后用顺叙，中间对举，剪裁工稳，笔笔匠心。③

因为对文章的理解不同，《左绣》与《左传翼》在虚实设置上持不同意见，《左绣》认为，侯葬为实，衮敛为虚；《左传翼》则认为，侯葬为虚，衮敛为实，在叙述时，言说"侯葬"用的是逆叙法，先说明结果，再说明原因，而言说"衮敛"用的是顺叙法，先言原因，再说结果。虽然理解不同，但是二书在虚实设置的分量上达成了一致，《左绣》认为一实一虚恰好对应加一等、加二等，相互对举，文章匀称，而《左传翼》亦称其加一等、加二等对举，剪裁工稳。

又如鲁僖公三十年周公阅辞飧一事，《左传》记载道：

> 冬，王使周公阅来聘，飧有昌歜、白黑、形盐。辞曰："国君，文足昭也，武可畏也，则有备物之飧，以象其德；荐五味，羞嘉谷，盐虎形，以献其功。吾何以堪之？"④

---

① （晋）杜预注，（唐）孔颖达正义：《左传正义》，（清）阮元校刻：《十三经注疏》第4册，中华书局2009年版，第3892页。
② （清）冯李骅、陆浩：《春秋左绣》卷五，光绪六年（1880）校镌本。
③ 李卫军：《左传集评》，北京大学出版社2016年版，第366—367页。
④ 杨伯峻：《春秋左传注》，中华书局2009年版，第482—483页。

周公阅代表周襄王至鲁国聘问，鲁僖公招待他的食物有昌蒲菹、白米糕、黑黍糕和虎形块盐。周公阅见到之后，以自己不够资格享用这些食物为由予以拒绝。陈述理由时，周公阅先是说了君主需有文德可昭明、武德可敬畏，才有资格用物飨来"象其德"，又说了君主所用之物飨种类，以"献其功"，而鲁僖公招待他的这些食物，恰恰就在其中。

《左绣》对此文评价极高，认为此文是《左传》善于用虚实之法的代表，其言曰：

> 先虚说一层，再实说一层，明于虚实之法，而文不可胜用矣。象德献功，又互见法。典雅精洁，而气韵又极生动，洵文之圣者。①

"献其功"具体说到飨食，直接对应周公阅辞飨一事，此为"实"。"象其德"一层，为总言国君备飨原则，与辞飨一事距离稍远，此为"虚"。同时，二者又能互文见义，典雅工整，生动而不板重，可称之为"文之圣者"。

虚实用力匀称，一般出现在层次分明且行文工整的文章中，文章恰由一虚一实结构成篇，或相对，或相应，或顺写，或逆写，匀称发力，没有偏重。

二是用力不均。用力不均，即指虚笔、实笔在文中的比重不同，或虚笔分量重，或实笔分量重，皆根据文章实际而定。

实笔分量重，可以《左传·成公二年》宾媚人致赂之言为例。宾媚人不辱使命，晋国同意了齐国求和的请求。宾媚人之言，其为巧妙，《左绣》解释其巧妙曰：

> 三段都引《诗》，极谈言微中之致。前后两诗，引在"吾子"云云之后，中一诗引在"今吾子"云云之前，必要倒换，不作印板章法。两对后，总一笔作束，即从此又生出一段文字。与上两段，两分一合，两

---

① （清）冯李骅、陆浩:《春秋左绣》卷七，光绪六年（1880）校镌本。

实一虚，前偶后奇，作三扇文格，化板为活，以散作整，绝妙局法。①

宾媚人的言说，引用了三处《诗经》诗句，表明观点。第一处针对郤克"必以萧同叔子为质"之言，言说不当以不孝号令诸侯。第二处针对齐人献地而晋人不许之事，言说违反先王之命不能号令诸侯。此二处皆有所据，又是晋人所行之实事，即为"实"。第三处则设想晋侯若不能宽和施政，则会失去诸侯的支持，这是假想之事，即为"虚"。宾媚人既要反驳晋人的不妥之举，又要为晋人提供当行的正确举措，反驳是前提，不能反驳掉不妥之举，则为晋人提供路径就无从谈起，因此，《左传》在虚实比重上，选择了两实一虚，实笔分量更重一些。这是在虚实的使用数量上的用力不均。

虚笔分量重，可以《左传·僖公十五年》记载的"阴饴甥对秦伯"一事为例。阴饴甥回答"晋国和乎"的问题时，从小人、君子观点不同言说"不和"；回答"国谓君何"的问题时，亦是从小人、君子不同的态度言说。其不同在于前者只有一层，后者则有两层阐释。对此，《左绣》评说道："前一段字字着实，后一段字字虚圆。前一段意思说话，只做一遍，妙于直致。后一段意思说话，却作两遍，妙于推敲。"②晋国国内意见不统一，这是事实，此为"实"。阴饴甥去往秦国的目的是营救晋惠公，但晋惠公的命运如何取决于秦穆公，而不是晋国人，阴饴甥所提到的晋国君子、小人对晋惠公是否会被释放的不同态度，亦不起实际作用，阴饴甥不直接言说希望秦穆公释放晋惠公，而是通过君子之期待而展露无遗，此则为"虚"。阴饴甥目的在营救，故而多在虚处着笔设色。

虚处设色，是虚笔分量重的代表性观点。刘继庄在评说蹇叔哭师一事时，明确提出"不善设色者，于实处设。善设色者，于虚处设"③，于虚处设色是善作文者的必备条件。《古文汇钞》在评说鲁襄公十八年齐师伐鲁之事时亦言道："善文者以文使事，不以事使文。此篇历叙琐事，多从闲处生情，

---

① （清）冯李骅、陆浩：《春秋左绣》卷一二，光绪六年（1880）校镌本。
② （清）冯李骅、陆浩：《春秋左绣》卷五，光绪六年（1880）校镌本。
③ （清）刘继庄：《左传快评》卷四《晋侯重耳卒》，康熙四十五年（1706）刊本。

虚处设色。俗手为之，只一二行可了矣。"① 齐师伐鲁后，晋国联合诸侯国讨伐齐国。在战争之前、战争之中及战争结束，《左传》多次用虚笔。战争之前，写了中行献子之梦、中行献子沉玉济河，此为虚笔，有虚幻的梦境，亦有对战事的间接铺垫。战争之中，齐灵公登上巫山观望晋军，晋人设置了假象迷惑齐灵公：除山泽之险，即使军队达不到的地方，也树起大旗，布置军阵；战车的左边坐上真人，右边则是假人；大旗在前开道，战车后面拖着木柴前进。此景象在晋人那里是"虚"，但在齐灵公眼中则是"实"。晋军人多势众的假象，让齐军逃走，这是"实事"，但在晋人那里则是通过师旷、邢伯、叔向对乌鸦、战马的叫声以及城中有乌鸦来间接推测，这是"虚摹"。虚虚实实，有兵法设置，有笔法描摹，有真假，有直接、间接，有不同人眼中的虚与实，错杂交织，甚为奇幻。

　　与虚处设色相关，清代《左传》评点者极为推重"着神于虚，省力于实"。《左传翼》称"'着神于虚，省力于实'二语，最是文家换骨金丹"②，此为评说鲁桓公十一年楚国大败郧国军队之言。同样是评说此文的《左传评》，亦有相同观点，其阐释更为具体，其言曰：

> 左氏叙战，每将权谋方略铺叙于前，而实叙处不过一两言，简炼直截，绝不拖带。总之，着神于虚，省力于实，所以虚实不测，灵怪百端。庸手反之，故详则失之繁，简则失之略。即无繁与略之病，而终不能有生气，以不能着神于虚而已矣。③

楚国之胜利，在斗廉的两次论说中已经确定无疑，而整个战争过程及结果，《左传》仅用"遂败郧师于蒲骚，卒盟而还"④ 一带而过。《左传评》从此处

---

① 李卫军：《左传集评》，北京大学出版社 2016 年版，第 1227 页。
② 李卫军：《左传集评》，北京大学出版社 2016 年版，第 180 页。
③ （清）王源：《左传评》卷一，《四库全书存目丛书·经部》第 139 册，齐鲁书社 1997 年版，第 184 页。
④ 杨伯峻：《春秋左传注》，中华书局 2009 年版，第 131 页。

的描写推及整个的《左传》战争描写，总结出《左传》的叙战特点，即实写战争者少，更多的笔墨放在战前权谋上。实叙者少，虚笔处多，不但不影响叙事效果，反而增加了文章的灵动。此即为"着神于虚，省力于实"。当然，所谓"着神于虚，省力于实"亦有其度，虚者不能流于繁冗，实者不能失之太略。

虚实之详略处理，是一门大学问，对于文章写作具有至关重要的作用。《左传翼》以《吕相绝秦》一文为例对此予以强调，"文章之难，恒难于用多，此则愈多愈妙，惟其轻重虚实布置得宜，曲折宕折，玲珑可爱耳"①，虚实之详略处理得当，自然能将结构复杂的事情叙述得曲折生动，饶有趣味。

鲁成公十六年，晋楚鄢陵之战爆发，最开始晋军处于不利局面，营前是泥沼地，楚军逼近，无法列阵迎战，军中对是否迎战楚军，也有不同意见。后来晋厉公决定迎战后，晋军填井平灶，布列阵势，晋军的一系列变化，《左传》通过楚共王与伯州犁的"望"传递出来。

> 楚子登巢车，以望晋军。子重使大宰伯州犁侍于王后。王曰："骋而左右，何也？"曰："召军吏也。""皆聚于军中矣。"曰："合谋也。""张幕矣。"曰："虔卜于先君也。""彻幕矣。"曰："将发命也。""甚嚣，且尘上矣。"曰："将塞井夷灶而为行也。""皆乘矣，左右执兵而下矣。"曰："听誓也。""战乎？"曰："未可知也。""乘而左右皆下矣。"曰："战祷也。"②

此段文字，为很多评点家用来评说虚实，他们在孰为实孰为虚的问题上，观点略有差异，方苞认为"此则以实为虚，晋人军中事，皆现于楚子、伯州犁之目，是谓出奇无穷"③，晋军之实情，非直接写出，为"虚"。姚培谦则认

---

① 李卫军：《左传集评》，北京大学出版社 2016 年版，第 1008 页。
② 杨伯峻：《春秋左传注》，中华书局 2009 年版，第 884 页。
③ （清）方苞著，彭林、严佐之主编：《方苞全集》第 7 册《左传义法举要》，复旦大学出版社 2018 年版，第 31 页。

为"叙晋强，用实写。叙楚强，用虚写"①，这是与写楚军比较而言虚实，《左传》对楚军情况的说明，是通过苗贲皇与晋厉公的对话点出，"苗贲皇言于晋侯曰：'楚之良，在其中军王族而已。请分良以击其左右，而三军萃于王卒，必大败之'"②，晋军的强大不在于数量、武器、战斗力，而在于同心协力、谋略正确、听从命令，乃至祈祷神灵获得精神支撑，是一种综合力量，而楚军之强，却只在中军王族之精良。《左传》叙述晋军时用了大段笔墨，而叙述楚军时则只用了两句话而已。姚培谦叙晋强用实写，叙楚强用虚写，为的是凸显晋强于楚，以此说明楚败的必然性，"见得此胜原不可保，是通篇精力结聚处"③。在虚实功能阐述基础上，姚培谦进一步提出，虚实处理得当，文章精神方出。

虚实在文章中着墨的轻重，或二者持平，或一轻一重，这不单是形式上的特点，说到底还是受文章神理的总体调控，"文成规矩，思合符契；或简言以达旨，或博文以该情"④，随文所好。同时，虚实的用力多寡，也反映出清代《左传》评点者的不同为文主张，可以看出整齐与错综的不同追求。

三、虚实的位置规律

虚与实对文章写作的作用，不单在其功能设定、详略设置中有所体现，它们在文章中的位置，亦是影响文章成功与否的一个因素。位置不同，所用文法亦有差异，行文效果自然会迥然有别。

写实文章易板重，故而需用虚来调解，清代《左传》评点者单言虚与实的位置时，多着眼于"虚"，虚处确定，他处便是实处。"虚"可见于文首、文中、文末。虚笔见于文首，较为常见，主要为引出下文，《左传·襄

---

① （清）姚培谦：《古文斫》卷三，乾隆甲午年（1774）重订本。

② 杨伯峻：《春秋左传注》，中华书局 2009 年版，第 885 页。

③ （清）姚培谦：《古文斫》卷三，乾隆甲午年（1774）重订本。

④ （南朝梁）刘勰著，范文澜注：《文心雕龙注·征圣》，人民文学出版社 1958 年版，第 15 页。

公二十五年》记载大叔文子预言宁喜灭族之事曰：

> 卫献公自夷仪使与宁喜言，宁喜许之。大叔文子闻之，曰："乌呼！《诗》所谓'我躬不说，遑恤我后'者，宁子可谓不恤其后矣。将可乎哉？殆必不可。君子之行，思其终也，思其复也。《书》曰：'慎始而敬终，终以不困。'《诗》曰：'夙夜匪解，以事一人。'今宁子视君不如弈棋，其何以免乎？弈者举棋不定，不胜其耦；而况置君而弗定乎？必不免矣。九世之卿族，一举而灭之，可哀也哉！"①

鲁襄公十四年，孙文子、宁惠子将无信的卫献公驱逐出国，又拥立卫献公的弟弟卫殇公上位。鲁襄公二十五年，流亡在外的卫献公派人向宁惠子的儿子宁喜请求回卫国，宁喜同意了。这便是大叔文子预言的起因。大叔文子先用《诗经》《尚书》的三段文字对宁喜的行为评说，此为间接而出的虚笔，后则直接预言宁喜与其家族都会灭亡，此为直接言说的实笔。虚笔在前，"此一首长太息文字，'乌呼'起，'可哀'结，字字传攒眉顿足之神。通篇作两截读，先虚说一遍，再实说一遍"②，引起一番太息文字，从一开始便为文章定下了感情基调，亦即方宗诚所说的"先虚领起通篇之神"③。

同时，虚笔在前，还可以避免直促之感。鲁襄公四年，晋侯招待叔孙豹，奏《肆夏》《文王》，叔孙豹皆不拜，歌《鹿鸣》，叔孙豹三拜回礼。叔孙豹的举止及回应质疑之辞，皆为《左传》精心调遣之文，《左传》记载道：

> 穆叔如晋，报知武子之聘也。晋侯享之，金奏《肆夏》之三，不拜。工歌《文王》之三，又不拜。歌《鹿鸣》之三，三拜。韩献子使行人子员问之，曰："子以君命辱于敝邑，先君之礼，藉之以乐，以辱吾子。吾子舍其大，而重拜其细。敢问何礼也？"对曰："《三夏》，天子所

---

① 杨伯峻：《春秋左传注》，中华书局 2009 年版，第 1108—1109 页。
② （清）冯李骅、陆浩：《春秋左绣》卷一七，光绪六年（1880）校镌本。
③ 李卫军：《左传集评》，北京大学出版社 2016 年版，第 1357—1358 页。

以享元侯也，使臣弗敢与闻。《文王》，两君相见之乐也，使臣不敢及。《鹿鸣》，君所以嘉寡君也，敢不拜嘉？《四牡》，君所以劳使臣也，敢不重拜？《皇皇者华》，君教使臣曰：'必咨于周。'臣闻之：'访问于善为咨，咨亲为询，咨礼为度，咨事为诹，咨难为谋。'臣获五善，敢不重拜？"①

方宗诚认为，此篇为"先虚后实"之作，若在"金奏《肆夏》之三"之后，即回答"三《夏》，天子所以享元侯也，使臣弗敢与闻"②，直接回应，在意思表达方面"亦自明爽"，但是效果就会大打折扣，"然直促少味，必如此文境方从容不迫"③。

虚笔在中间，会对文势改变，行文曲折。盛谟在评说曹刿论战时说道：

> 通篇以"远谋"二字为主，玩下"将鼓"、"将驰"是未能远谋。而曹刿所见，乃能远谋。左氏明明如此，却不说破，至末只从曹刿口中写出远谋意，妙绝！逐步空笼虚描，故作停留以蓄文势。一入"夫战，勇气也"数句，忽令读者回顾前文，俱在空中盘桓，跃跃欲活。文情停顿曲折，各极其妙。④

曹刿在战斗中的"远谋"，主要体现在发起战斗与追逐敌人方面，发起战斗的关键在于"夫战，勇气也。一鼓作气，再而衰，三而竭"，追逐敌人的关键在于"夫大国，难测也，惧有伏焉。吾视其辙乱，望其旗靡，故逐之"，⑤ 都是强调时机。若曹刿直接以此谋略指挥战斗，行文直接明了，但《左传》偏偏不说破，逐步用虚，以作停留，收放顿挫，从而让文势蓄积，至最后方交代正题，曲折生动。此即《左绣》所言"逐层渐吐，真有春山

---

① 杨伯峻：《春秋左传注》，中华书局 2009 年版，第 932—934 页。
② 杨伯峻：《春秋左传注》，中华书局 2009 年版，第 933 页。
③ 李卫军：《左传集评》，北京大学出版社 2016 年版，第 1101 页。
④ 李卫军：《左传集评》，北京大学出版社 2016 年版，第 242 页。
⑤ 杨伯峻：《春秋左传注》，中华书局 2009 年版，第 183 页。

出云之乐"①。

虚笔在结尾，主要作用是照应前文，收束全文。鲁闵公二年，狐突、先友、梁余子养、罕夷、先丹木、羊舌大夫六人针对"大子帅师，公衣之偏衣，佩之金玦"②一事，从不同角度各论一段，"通篇语语透切，已无不说，然文气亦太逼迫矣"，为了消解文气的逼迫感，《左传》末尾狐突的谏言，引用此前辛伯劝说周桓王之语，"结处忽拖一歇后语虚宕作收，令读者悠然不尽，真妙笔也。作文最妙是此种掉尾法"，③虚宕一笔，变化含蓄。虚笔收束全文，会让人有意犹未尽之感，令人寻味，给读者带来精神的愉悦，"末引诗作虚掉，尤飘飘欲仙矣"④。

清代《左传》评点者根据虚实的不同位置来言说为文效果时，有两个侧重点：一是对虚笔极为称赞，"虚写法，言简而意赅"⑤，"有云穿月出之妙"⑥。二是注重虚实结合，"致师实事，皆以虚言出之，忽用一语指实，与下文承接无间，所谓变化无方"⑦。

清代《左传》评点者在单篇文章虚实的评说基础上，根据不同的内容、表达方式，总结、凝练相应的写作规律，归纳出了一些虚实位置设置的规律。

第一，议论文字，多先虚领，后实法。

此条规律，由《左绣》提出。《左绣》在评说鲁襄公十四年"师旷侍于晋侯"一段时提出：

此是一首奇辟文字，道理本自平正，但当时无人见到耳，看作者故

---

① （清）冯李骅、陆浩：《春秋左绣》卷三，光绪六年（1880）校镌本。
② 杨伯峻：《春秋左传注》，中华书局2009年版，第269页。
③ （清）冯李骅、陆浩：《春秋左绣》卷四，光绪六年（1880）校镌本。
④ （清）姚培谦：《古文斫》卷四，乾隆甲午年（1774）重订本。
⑤ （清）冯李骅、陆浩：《春秋左绣》卷三，光绪六年（1880）校镌本。
⑥ （清）冯李骅、陆浩：《春秋左绣》卷一六，光绪六年（1880）校镌本。
⑦ （清）方苞著，彭林、严佐之主编：《方苞全集》第7册《左传义法举要》，复旦大学出版社2018年版，第23页。

意写成一种不经人道语也。晋侯以出君为甚，却突接"其君实甚"，此种笔意，最奇警动人，只此一句，已振通篇之局矣。劈手提明一笔，下以一反一正申说，其意已了。却又重从"天生民"说起，展出大议论，大铺排，熟玩可得另提开局之法。左氏议论文字，大概都用先虚领，后实发，使文意尽而复起，展拓不穷也。其另提开局，却用束上转下之笔，盖"天生民而立之君"，上文已透。"有君而为之贰"，乃是暗替卫人出君解说。"父子兄弟补察其政"云云，分明孟子大过易位之意，却不明言，只紧紧归结到爱民上去，见天既爱民，则不得不出君。"天"字起，"天"字收，说得民心即是天意，乃所谓其君实甚者也。字字警拔，神气都从提句一滚而来。其"神之主而民之望"及"善则赏之"四句，亦都是束上转下笔法，文字方无平衍之病。左氏极精熟于此，后贤所宜寝食以之者。①

《左绣》认为此文有两个大段落，第一个段落从开篇至"弗去何为"，主要论说"天生民而立之君"之意。师旷回应晋悼公"卫人出其君，不亦甚乎"的问题，没有直接回复"不过分"，而是用"或者其君实甚"②引起自己的论说，此为以虚领起议论。此后师旷从"良君"与"困民之主"的不同作为，正面陈说卫献公为咎由自取，此为实说其事。第二个段落从"天生民而立之君"开始，至结尾。此段为另起一局，援引礼制进一步言说天之爱民，不会让一人放肆于百姓之上，故而"卫人出其君"并不过分。两段大议论，共同构成一篇鸿文，以虚笔领起，以实笔应之。

虚笔领起、实笔应之之后，有的文章亦会在末尾再添上一处虚笔，与起笔处相呼应。《左绣》认为《左传》"君子曰"评说周郑交质、子车氏三兄弟殉葬之言，皆是此种虚实调遣方式，"先提明一层，次申说一层，末以荡漾作收，与交质篇格法相似"③。

---

① （清）冯李骅、陆浩：《春秋左绣》卷一五，光绪六年（1880）校镌本。
② 杨伯峻：《春秋左传注》，中华书局 2009 年版，第 1006 页。
③ （清）冯李骅、陆浩：《春秋左绣》卷八，光绪六年（1880）校镌本。

《左绣》总结的议论文章调遣虚实的作法，无论是"虚＋实"，还是"虚＋实＋虚"，都是以虚领起，《左绣》称之"为议论文字之正锋"。此种作法，便于掌握，"在左氏固是常谈，而自为千古之法"，① 是《左传》大多数议论文章的共性，亦为后世很多写文者所遵循。

在议论文字中，"虚"先"实"后是最常见的一种方法，虚与实所承担的功能各有不同，一般说来，总领议论的虚笔，主要功能是总括文意，申明文理；实笔的功能，主要是分疏文意，以事证理。《左绣》尝言"先虚说一遍，再实说一遍。虚说用总挈，实说用分疏"②，这是言虚实之总说、分疏功能；《左传翼》尝言"前言降神，虚论其理；后言听神，实证其事"③，《左绣》尝言"论断文字，要有实理，又须有虚神。此文中段是实理，起结呼应乃虚神也"④，这是言虚实之传神、证理功能。

第二，虚实位置需有变化。

《左绣》《左传翼》等在评说《左传》文本基础上，总结出了议论文章运用虚实的最常用笔法，同时，评点者亦认识到，再常用的笔法也不是一成不变的，虚实的位置设定亦需要随文变化。

《左绣》在评说鲁桓公二年"取部大鼎于宋"一事时，有下面一段评论：

> "昭令德以示子孙"，领笔用虚。"夫德"云云，束笔用实。"百官象之"云云，领笔用实。"其若之何"，束笔用虚。相对中无一笔不变者。前半大作铺排，后半用层波叠浪之笔，体势相配，亦行文一定之法也。⑤

《左绣》认为此段为两截文字，相对而立，上截是写"昭德"，下截则是写"塞

---

① （清）冯李骅、陆浩：《春秋左绣》卷八，光绪六年（1880）校镌本。
② （清）冯李骅、陆浩：《春秋左绣》卷八，光绪六年（1880）校镌本。
③ 李卫军：《左传集评》，北京大学出版社 2016 年版，第 305 页。
④ （清）冯李骅、陆浩：《春秋左绣》卷八，光绪六年（1880）校镌本。
⑤ （清）冯李骅、陆浩：《春秋左绣》卷二，光绪六年（1880）校镌本。

违"。上截是以虚笔领，用实笔束；下截则是以实笔领，用虚笔束。虚实所处的位置，在同一篇文章的不同段落中皆有不同的处理，皆根据文意、文势而进行对应的变化调整。相应地，在不同的文章中，虚实所处的位置亦当有所变化。

　　虚实的位置，不单指在文章的前后处，而且还指在不同的叙述位置。一般来说，文章的"主"在叙述时多用正叙，正叙多用实笔，"宾"则多用附叙，附叙多用虚笔。如鲁庄公十一年，宋国发生了大水灾，《左传》记载：

> 　　秋，宋大水。公使吊焉，曰："天作淫雨，害于粢盛，若之何不吊？"对曰："孤实不敬，天降之灾，又以为君忧，拜命之辱。"
>
> 　　臧文仲曰："宋其兴乎！禹、汤罪己，其兴也悖焉；桀、纣罪人，其亡也忽焉。且列国有凶，称孤，礼也。言惧而名礼，其庶乎！"既而闻之曰公子御说之辞也。臧孙达曰："是宜为君，有恤民之心。"①

宋闵公对于水灾，主动担责，自称"孤"，符合礼制，臧文仲从"言惧""明礼"两个方面论说，从历史入手，指明道理，断言宋国要兴盛。后来听说是公子御说的话，臧孙达便直接断言公子御适宜为君。这便是《左绣》所说的"一案两断法"，"前一层断宋当兴，后一层断公子宜为君，前详后略，前实后虚"②，宋兴之断，为直接正面论说，是为实；赞公子御之言，是从赞宋意思中抽笔另提，是为虚。宋兴之断为主要陈说对象，故而用笔墨多，附带而出的公子御之赞，用笔墨则少。

　　但是，宾主的叙法会有变化，相应的叙法所对应的虚实亦会有所调整。王系《左传说》评说鲁襄公二十三年栾盈入晋之事时说道：

> 　　此篇是栾盈复入于晋、入于曲沃传，正叙栾盈也，却不刻画栾盈，但写胥午之知天，而盈之不知天明矣；但写乐王鲋之审势度力，而盈之

---

① 杨伯峻：《春秋左传注》，中华书局 2009 年版，第 187—189 页。

② （清）冯李骅、陆浩：《春秋左绣》卷三，光绪六年（1880）校镌本。

不审度见矣；但写范鞅之英锐捷给，而盈之迟钝见矣。事之不集，虽曰天废，岂非人事哉？读者但知其借众人以写栾盈，不知已随笔附写众人也。史家叙法，于斯为妙。正叙用虚，附叙用实，文笔之变，于斯为极矣。①

此为栾盈所作传记文字，正叙栾盈，叙述栾盈时提到了胥午、乐王鲋、范鞅等人，他们皆用附叙，这是主用正叙，宾用附叙。但同时，栾盈的性情、才智是在胥午、乐王鲋、范鞅的话语中对比映现的，用的是虚笔，而胥午、乐王鲋、范鞅则是用的实笔刻画。此种虚实位置之变，为的是更好地凸显栾盈，是为借他人以写主。

虚实位置的变化，在常法之外，又创造了无限的可能，虚虚实实，变幻无穷，此为文文之妙处。

清代《左传》评点者在具体的文本评说过程中，发现了虚笔、实笔在文章中的不同位置，并对其在不同位置所达成的行文效果进行了详尽的阐释，进而总结出了虚实位置设定的规律与原则，对深入理解《左传》中的虚实情况有一定的指导意义。

四、虚与实的关系类型

文章写作，有纯用虚、实者，有虚实兼有者，张昆崖《左传评林》评说鲁成公十三年《吕相绝秦》时即言，"凡四段，奇横可爱。第一段虚实错出，二段纯用虚煞，三段纯用实指，四段上实下虚，层层变换"②。虚实之间的关系，自然是在虚实兼有者的文本中体现出来的。虚与实作为文章写作中对立又统一的笔法，清代《左传》评点者在对立统一的原则之下，对它们之间的关联、作用皆有所关注，从而探寻出几种关系类型。

---

① 李卫军：《左传集评》，北京大学出版社 2016 年版，第 1285 页。
② 李卫军：《左传集评》，北京大学出版社 2016 年版，第 1003 页。

第一，以虚运实。

以虚运实，指的是虚与实之间是一种驾驭与被驾驭的关系，"虚"占据主动地位，为文章的神理、精神所在。

以虚运实之法，在《左绣》中多次出现。鲁庄公三十二年，鲁国在嗣君问题上出现了极大的纷争，《左传》记载：

> 公疾，问后于叔牙。对曰："庆父材。"问于季友。对曰："臣以死奉般。"公曰："乡者牙曰'庆父材'。"成季使以君命命僖叔，待于鍼巫氏，使鍼季鸩之，曰："饮此，则有后于鲁国；不然，死且无后。"饮之，归，及逵泉而卒。立叔孙氏。
>
> 八月癸亥，公薨于路寝。子般即位，次于党氏。冬十月己未，共仲使圉人荦贼子般于党氏。成季奔陈。立闵公。①

当时，鲁庄公病重，询问弟弟叔牙、季友意见，叔牙推荐庆父，季友推荐子般，一个是鲁庄公的庶兄，一个是鲁庄公的儿子。鲁庄公本身想立儿子为嗣君，但无奈庆父势力太大，故而需要借助其他兄弟的力量扶助子般。叔牙与庆父交好，希望庆父即位，但又不好明说，故而只回应了"庆父材"，这是间接回应鲁庄公的意思，此为"虚"。季友则坚定地支持子般，在得到季友的回答后，鲁庄公确定了可以倚重的对象，同时也确定了需要除去的敌对者。鲁庄公在向季友传递此信号时，亦采用了迂回间接的方式，"乡者牙曰庆父材"，此亦为"虚"。季友接收到信号，派人给叔牙送去了毒酒，言说时亦未提及杀害他的真正原因，只是保证喝了毒酒便可让他的后代存活下去，此亦为"虚"。对此，《左绣》评价曰：

> 贼般立闵事，以共仲为主，中间却不正叙，只于叔牙及公口中，连点两"庆父材"句，其意已十分透足，最是以虚运实妙法。

---

① 杨伯峻：《春秋左传注》，中华书局 2009 年版，第 254 页。

> 中段叙成季于公曰"庆父材"下，绝不正言其非，竟去将君命行事。
> 于"针季鸩"之下，亦不明言其故，只叫他饮此便罢，写得智深勇沈，
> 既刚正，又机警，为后辅鲁张本。神理皆在无字句处。妙甚。①

在此文中，两处"庆父材"，皆为"虚"，但却是庆父能够杀子般而立鲁闵公
的重要保障，也是引起鲁庄公不满的导火索，更是季友毒杀叔牙的原因所
在。此文之妙，恰恰在于用"虚"展现了不同人物的心理，调动起了人物的
不同行动，写出了一段曲折跌宕、生动传神的故事，此即为"以虚运实"的
效果。

《左绣》在评说时所提出的"神理皆在无字句处"，与绘画上的"留白"
近似，"虚实相生，无画处皆成妙境"②，实际上说的还是"以虚运实"，"虚"
借助暗示、留白等手段，在无字句处为读者留下了一定的想象空间，"文
之思也，其神远矣。故寂然凝虑，思接千载；悄焉动容，视通万里；吟咏之
间，吐纳珠玉之声；眉睫之前，卷舒风云之色"③，在神思想象中，品出言外
之旨。

以虚运实之关键，在于"虚"，在具体运用时，"虚"会有不同的展示方
式，但它作为文之精神所在的作用不会改变。鲁僖公十五年，晋惠公于韩之
战失败后，被秦国俘获，《左传》叙述时追叙了"晋献公筮嫁伯姬于秦"之事，
为晋献公占卜的史苏认为"不吉"。晋惠公被俘，正应验了史苏所言之"侄
其从姑，六年其逋，逃归其国"④，因此，晋惠公埋怨晋献公，认为若晋献公
听从史苏之言，他便不会有此一劫。侍立一边的韩简却直接否定了晋惠公的
此种想法，世间之事，"职竞由人"，晋献公败德之举不可尽数，即便听从

---

① （清）冯李骅、陆浩：《春秋左绣》卷三，光绪六年（1880）校镌本。
② （清）笪重光著，王石谷、恽寿平评，吴思雷注：《画筌》，四川人民出版社 1982 年版，第
　24 页。
③ （南朝梁）刘勰著，范文澜注：《文心雕龙注·神思》，人民文学出版社 1958 年版，第
　493 页。
④ 杨伯峻：《春秋左传注》，中华书局 2009 年版，第 364 页。

了史苏之言，也不会改变什么，晋惠公被俘的命运仍不会改写。对于此事，《左绣》评说：

> 《克段》篇以赞考叔结，是反刺法。此文以断先君结，是正刺法。用意不同，而总之只是运实于虚，不单从正位着笔，所谓别行一路者耳。岂有他谬巧哉？①

《左绣》将此文与《郑伯克段于鄢》一文共同言说，《郑伯克段于鄢》以称赞颍考叔"纯孝"结尾，明为赞颍考叔，实为刺郑庄公，此为反刺法，而此文对晋献公之"败德"则是直接予以讽刺，此为正刺法。二者的共同之处，皆是采用了以虚运实的手法，前者赞颍考叔为实，刺郑庄公为虚，而后者则以刺晋献公为实，"职竞由人"的道理为虚，都是通过文在此而意在彼的方法来表明文之精神。

以虚运实，是在"虚"掌控下的虚实配合，"虚"为掌控者，由它决定着文章的间架结构、文脉走势，"实"的功能是配合协调，虚实合力，以见文章的神理、精神。

第二，虚实互见。

虚实互见，是指虚与实相互参见，相互补充。《左绣》《左传翼》《古文析》《左传钞》等书，皆多有阐释。

此种关系类型，多见于两两相对的结构中，这便是虚实互见的一种方式——虚实相对。此处的"相对"，指的是格式上的相对而出，而非意义上的相反。《左绣》在评说鲁僖公二十四年富辰劝说周王时，提到"上截虚歇，下截实煞，相对作结，章法整齐"②，在评说鲁昭公十一年申无宇劝说周王时，提到"此篇竟是两扇格……上截虚歇，留于下截揭破，此左氏擅长之法"③，虚实相对而出，整齐有序。

---

① （清）冯李骅、陆浩：《春秋左绣》卷五，光绪六年（1880）校镌本。
② （清）冯李骅、陆浩：《春秋左绣》卷六，光绪六年（1880）校镌本。
③ （清）冯李骅、陆浩：《春秋左绣》卷二二，光绪六年（1880）校镌本。

虚与实意义指向本不同，但是评点者在用虚实两两相对时，所看重、强调的并不是二者的差异，而是它们的关联。虚实在结构上两两相对，实际上是相互诠释，相互玉成。《左绣》在评说富辰劝说周王之事时，进一步又讲道，"上截只是泛论，合到郑又只用虚笼，留于下截实讲。反复申重，虽作两截，实只一串也"①，虚实虽分为两截，但意义上则是串联而下。二者相互照应，反复相承，对于言说文章之意，甚为高效，说得极透。

虚实互见的另外一种方式，是虚实互参。鲁襄公二十九年，季札至鲁观周乐，见古帝王之舞，并对其各有评说，《左传》记载曰：

> 见舞《象箾》、《南籥》者，曰："美哉！犹有憾。"见舞《大武》者，曰："美哉！周之盛也，其若此乎！"见舞《韶濩》者，曰："圣人之弘也，而犹有惭德，圣人之难也。"见舞《大夏》者，曰："美哉！勤而不德，非禹，其谁能修之？"见舞《韶箾》者，曰："德至矣哉，大矣！如天之无不帱也，如地之无不载也。虽甚盛德，其蔑以加于此矣，观止矣。若有他乐，吾不敢请已。"②

《象箾》与《南籥》是周文王的武舞与文舞，《大武》是周武王的乐舞，《韶濩》是商汤的乐舞，《大夏》是大禹的乐舞，《韶箾》是虞舜的乐舞。《古文评注便览》对此评曰："文、武用虚说，禹、汤用实说，此虚实相参也。"③季札言乐言舞，以明盛德所在，评说周文王、周武王之舞，并没有直接切入人物盛德，此为虚；而言商汤、大禹之舞，则直接点出汤、禹的帝王盛德，此为实。二者共同诠释圣王之盛德应当为何种样态，最后以虞舜之乐言说盛德之极致。

虚实互见，"前后两番，一隐一显"，在评点者看来，其效果"亦如澄潭

---

① （清）冯李骅、陆浩：《春秋左绣》卷六，光绪六年（1880）校镌本。
② 杨伯峻：《春秋左传注》，中华书局2009年版，第1165页。
③ 李卫军：《左传集评》，北京大学出版社2016年版，第1424页。

映月，有影无形，妙不可言"①，既能观赏美景，却又不是直接观景，如此奇景妙趣，引人入胜。

第三，虚实转换。

虚实之间的转换，主要指的是虚与实在行文过程中，在语意层次上或顺承而下，或相反而行。

虚实转换的顺承关系，可以《左传·僖公十九年》司马子鱼的一段论说为例。《左传·僖公十九年》记载：

> 宋人执滕宣公。
>
> 夏，宋公使邾文公用鄫子于次睢之社，欲以属东夷。司马子鱼曰："古者六畜不相为用，小事不用大牲，而况敢用人乎？祭祀以为人也。民，神之主也。用人，其谁飨之？齐桓公存三亡国以属诸侯，义士犹曰薄德，今一会而虐二国之君，又用诸淫昏之鬼，将以求霸，不亦难乎？得死为幸。"②

此段记载了宋襄公的两种不礼之举，一是拘执滕宣公，一是以鄫子祭社。司马子鱼以此展开评论。司马子鱼的论说很有针对性，也体现了虚实转换的特点，《左绣》言道：

> 执滕、用鄫，事有轻重。故文亦有详略，然竟脱不得，粘亦不得。看其前后都从"用"字着笔，中间却以"一会而虐二国之君"作双绾，又妙在随绾随撒，用笔圆转，如珠走盘。语凡两层，前飨神，只论理。后求霸，兼论事。而每层又各有虚实两转、曲折明快之文。③

《左绣》认为司马子鱼的论说可分为前后两部分，前者主要论说祭祀，后者主

----

① 李卫军：《左传集评》，北京大学出版社 2016 年版，第 614 页。
② 杨伯峻：《春秋左传注》，中华书局 2009 年版，第 381—382 页。
③ （清）冯李骅、陆浩：《春秋左绣》卷六，光绪六年（1880）校镌本。

要论说求霸。说祭祀，先笼统言说祭祀之礼，后点明不当用人；说求霸，先用齐桓公存三亡国仍被称为薄德，后言宋襄公求霸之难。每一部分都是先虚后实，由虚转实。虚实之间在意义表达上是顺承关系，共同为诠释论点服务。

虚实转换的反逆关系，指的是以虚反实，此种反逆与两两相对的"反对"不同，是在意思、结构方面的颠覆。

鲁襄公九年，宋国发生火灾，晋悼公针对此事与士弱有了一番交谈，《左传》记载曰：

> 晋侯问于士弱曰："吾闻之，宋灾于是乎知有天道，何故？"对曰："古之火正，或食于心，或食于咮，以出内火。是故咮为鹑火，心为大火。陶唐氏之火正阏伯居商丘，祀大火，而火纪时焉。相土因之，故商主大火。商人阅其祸败之衅，必始于火，是以日知其有天道也。"公曰："可必乎？"对曰："在道。国乱无象，不可知也。"①

晋悼公询问宋人通过火灾预知天道的缘故，士弱从古之火正、陶唐氏之火正、商人之火正讲起，指出作为商人后裔的宋人即有此认知。此番论说细致，层次感强，说得令人信服，遂让晋悼公有了火灾必然可以预知天道的感觉。但是，士弱却用"在道"二字将之反转，假若国君无道，上天就不会降下预兆，自然无法预知天道了。

对于此段文字，《左绣》有一番关于虚实关系的评说，其曰：

> 此等见左氏精博，概以浮夸少之，何哉？通篇零星叙述，先就事行事，就事言事，末句结出道理。知救灾、备灾当尽人事，不当求之天道也。从"可知"说到"不可知"作结，乃翻进一步法。以一句之虚，翻尽一篇之实也。得其笔意，有转无竭矣。②

---

① 杨伯峻：《春秋左传注》，中华书局 2009 年版，第 963—964 页。
② （清）冯李骅、陆浩：《春秋左绣》卷一四，光绪六年（1880）校镌本。

《左绣》提出，士弱与晋悼公的对话，皆针对宋灾而出，就事论事，此为文之实者。最后言说道理，是由宋灾而出的一般道理，此为文之虚者。实者说得有历史有细节，虚者却用一个"道"字否定了前面的所有，翻"可知"为"不可知"，将文意递进一步。

虚实反转，是在前者论说基础上的否定式递进，若识得此等作法之妙诀，于作文之时灵活运用，定能让文情不竭，文势跌宕。

虚与实，各有其功能，"文章非实不足以阐发义理，非虚不足以摇曳神情，故虚实常宜相济也"①，清代《左传》评点者细细探究，总结、分析虚实之间的不同关系类型，或并列，或顺承，或转折，他们认为皆是令文章生色的重要凭借，不可偏废。

五、虚实与其他关键词的关联书写

虚与实是清代《左传》评点中的一对关键词，虚实不是独立而封闭的，它们周围还存在着其他相关的关键词；它们的效应不单靠自身的互见互用产生，还来源于与其他关键词的磁场吸纳与聚合。评点者解读虚实在文章构成上发挥的独特功能、效应时，在单独阐释虚实的同时，还注重发掘虚实与其他文章学关键词的关联。

一是虚实与宾主的聚合。

虚实与宾主的聚合，主要体现在笔法上，一般是主用实笔，宾用虚笔。

鲁宣公二年，宋国与郑国在大棘交战，宋国战败。宋国战败的主要原因，是宋国主帅华元的车御羊斟驾车冲入郑国军队中。《左传》在写羊斟一事前，写了战斗中宋国狂狡为郑人所俘获之事，"狂狡辂郑人，郑人入于井。倒戟而出之，获狂狡"，想救跳入井中的郑人，反而被郑人借势俘获，"失礼违命"。②《左传》写狂狡之事，并非单纯地就事写事，而是为了衬托羊斟之

---

① （清）唐彪辑著，赵伯英、王恒德选译：《家塾教学法·读书作文谱》，华东师范大学出版社1992年版，第110页。

② 杨伯峻：《春秋左传注》，中华书局2009年版，第651页。

事，对此，王源《左传评》评曰：

> 大棘之战，华元辱国丧师，罪何待言？然所以丧败，羊斟之罪也。
> 著斟之罪，而元之罪轻矣。……先序狂狡一段最妙，既为华元作衬，又
> 为羊斟作衬。衬华元，虚也。衬羊斟，实也。盖以羊斟为主耳。①

王源认为大棘之战的罪责，羊斟为最，华元为次，故羊斟为文之主，华
元为文之宾。羊斟以私憾而败国殄民，亦是"失礼违命"，与狂狡一样皆
是做了不该做的事情，因此用狂狡来直接衬托羊斟，为实衬，至于衬托
华元，则是隔了一层，为虚衬。主宾与虚实连在一起，主为实衬，宾为
虚衬，让两段各自独立的文字有了筋脉联系，更能凸显"君子"的评判
态度。

宾主之间本身就有错综复杂的关系，相互依存，宾主互用，对应到虚实
关系上就是虚实互见，孙琮在评说鲁昭公三十一年"邾黑肱以滥来奔"时提
到，"于邾黑肱之来奔，而发书名之例，举《春秋》大义，皆在其中。通篇
或用直喝，或用曲写，或以彰劝，或以示沮，宾主相生，虚实互见，笔意最
为奇警"②，宾主关系与虚实关系发生了二次作用，交错达理。

二是虚实与反正的聚合。

虚实与反正聚合的一种方式，为依次展开，顺次而下。《左传·宣公
十三年》记载宋国孔达之死曰：

> 清丘之盟，晋以卫之救陈也，讨焉。使人弗去，曰："罪无所归，
> 将加而师。"孔达曰："苟利社稷，请以我说，罪我之由。我则为政，而
> 亢大国之讨，将以谁任？我则死之。"③

---

① （清）王源：《左传评》，《四库全书存目丛书》经部第139册，齐鲁书社1997年版，第
233页。
② （清）孙琮：《山晓阁选古文全集》卷四，哈佛大学图书馆藏道光遗经堂刻本。
③ 杨伯峻：《春秋左传注》，中华书局2009年版，第752页。

晋国因为清丘之盟卫国援救陈国之故，责讨卫国，要求卫国找出责任人，否则便会出兵征讨卫国，实际上，这只是发动战争的口实。此时，卫国大夫孔达出来承担起所有责任，以死堵住了晋国的讨伐之路。孔达在陈说理由时，说了四句话，对此，《左绣》评说：

> 连写四"我"字，所谓罪有所归也。凡作四转读，一虚一实，一反一正，"罪"字只于中间一点。前云利社稷，后云将谁任，占却地步多少！①

孔达的回应，主要回应的是晋国所言"罪无所归"，而归责于自己，因此，第二句话"罪我之由"是对"罪无所归"的正面回应，为实。第一句话"苟利社稷，请以我说"为侧面烘托"罪我之由"，为虚。第三句话"我则为政而亢大国之讨，将以谁任"，语意反转，如果他不归责自己，是为反。第四句话"我则死之"，又回转自身，以一己之死为国纾难。四句话，虚实反正连用，文意变转，遂让短短的陈死之文曲折生动。若单用虚实，或单用反正，文意也能表达清楚，但在打动人心方面则会大打折扣。

虚实与反正聚合的另外一种方式，是交叉使用，在虚实中插入一段反文，或者在正反中插入一段虚文。《左传·僖公二十六年》记载展喜犒师的辞令，为春秋辞令的代表作，王源《左传评》在评说时，便援引虚、实、反、正的错综交叉言说其文之妙，其尾评曰：

> 文有反虚、正虚、反实之法，盖反、正、虚、实，固也，而善为文者，每于反之后、正之前，着一段虚文；虚之后、实之前，着一段反文，煞是生动可爱。②

---

① （清）冯李骅、陆浩：《春秋左绣》卷一一，光绪六年（1880）校镌本。
② （清）王源：《左传评》，《四库全书存目丛书》经部第 139 册，齐鲁书社 1997 年版，第 217 页。

王源将虚实与正反对应，又对虚与实做了进一步的细分，虚有反虚、正虚，实有反实。具体到此文来说，开头写齐侯问"鲁人恐乎"，实际是认为鲁人恐惧，展喜回应言"恃先王之命"而君子不恐，这是文章正面之意，则齐侯之问便为反面之意。文章如此正反相接，语意亦顺畅，但若如此，虽大义凛然，未免会激起齐桓公的怒火，故而用"小人恐矣，君子则否"①回应，虚虚宕开一笔，调节一下节奏，又引起对方的兴趣。此即为《左传评》所言"反之后、正之前，着一段虚文"。后面则从成王赐盟约、齐桓公守命侧面说起，最后直接道出"恃此不恐"，而"上文提出'先王之命'，已足詟服齐侯，若紧接说他弃命未为不可，但势太迫，气太促，无余地矣"②，故而《左传》在中间又插入"岂其嗣世九年，而弃命废职？其若先君何"③之语，以反"先王之命"，此即《左传评》所言"虚之后、实之前，着一段反文"。④

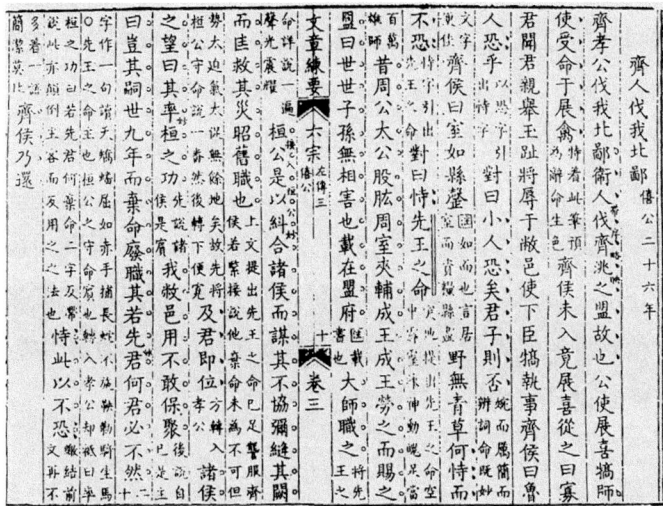

《四库全书存目丛书》录《或庵评春秋三传·左传评》书影

---

① 杨伯峻：《春秋左传注》，中华书局 2009 年版，第 439 页。

② （清）王源：《左传评》，《四库全书存目丛书》经部第 139 册，齐鲁书社 1997 年版，第 217 页。

③ 杨伯峻：《春秋左传注》，中华书局 2009 年版，第 440 页。

④ （清）王源：《左传评》，《四库全书存目丛书》经部第 139 册，齐鲁书社 1997 年版，第 217 页。

清代《左传》评点者所提出的反虚、正虚、反实术语，是虚、实、反、正等术语的组合形态，它们兼具两种术语的特性，也展现了一种功能上的顺承，体现了结构上的推进关系。唯有准确理解了虚实、反正各自的内蕴以及功能设定，方能进一步组合、提炼，形成新的术语，这是清代《左传》评点者在关键词评说时的一大贡献。

三是虚实与奇正的聚合。

虚实、奇正是兵法中常用的术语，兵家讲究胜人的"诡道"，奇正是保证战争胜利的重要手段，"三军之众，可使必受敌而无败者，奇正是也"[①]，虚实调遣得当，循环无端，"战势不过奇正，奇正之变，不可胜穷也"[②]，而以实击虚、避实击虚恰恰是奇正变化调遣的结果。

王源《左传评》在评说鲁哀公十七年《越子伐吴》时，对兵法、文法上的奇正、虚实关联有一段说明：

> 左氏序战功之妙，千古无两，余评之详矣。此绝笔也，极奇正之变，而该兵法之能，足以包罗从前无限妙谛。盖兵法无他，奇正而已；奇正无他，变化而已；变化无他，不测而已。出其不意，攻其无备，不测之术也。多方以误之，出不意攻无备之术也。千章万句，能外此乎？淮阴、诸葛之雄，孙武、太公之略，有加于此乎？而此传一一备之，句卒，奇也，三军，正也，左右鼓噪，虚而实，以奇为正也。三军潜涉，实而虚，以正为奇也。吴师分御左右，误矣，当中军而鼓，出其不意攻其无备矣，不过数言而写尽兵家能事。谓左氏不知兵，吾不信也。[③]

---

① （春秋）孙武著，中国人民解放军军事科学院战争理论研究部《孙子》注释小组注：《孙子兵法新注》，中华书局1986年版，第40页。

② （春秋）孙武著，中国人民解放军军事科学院战争理论研究部《孙子》注释小组注：《孙子兵法新注》，中华书局1986年版，第42页。

③ （清）王源：《左传评》，《四库全书存目丛书》经部第139册，齐鲁书社1997年版，第372页。

王源喜言兵，对兵法之奇正虚实之道甚为熟稔，他评说越王勾践攻打吴国之事时，一是认可越王勾践之兵法，认为越王勾践正是以实为虚、以正为奇，迷惑住了吴王夫差，方才分散吴王夫差的兵力，重点攻击吴之中军，遂让吴军大乱而败。二是盛赞《左传》叙事之能，认为左丘明亦为熟悉兵法之人，仅用六十个字，即将奇正虚实交代清楚。

王源对《左传》奇正虚实的解读，建立在对兵法奇正、虚实关系的熟悉基础之上，对个种关联的解读，似乎是勾践重生，讲解他的谋略。他以己推人，对世人不能写出兵法之妙的原因归结为，"文人每叙战功，不能传古人兵法之妙者，以不知奇正、虚实、分合之术也。他家无论，即以马迁之雄，亦不能辨，非不知兵之故乎"①，因此，为文写作亦要明知奇正、虚实、分合之道。

熟悉兵法的左丘明，将奇正、虚实之道施之于文，自然效果甚佳，清代《左传》评点者从左丘明知兵法这一特点出发，将兵法与文章合二为一，阐释《左传》文章之妙，"千古以文章兼兵法者，唯《左传》；以兵法兼文章者，唯《孙子》"②。此种基于对左丘明身份、特长与文章特色正确认识基础上的评定，恰如其分，逐渐成为评点者的共识。

四是虚实与整齐错综的聚合。

根据不同文意调遣的虚实笔法，在文章形式、效果上会有整齐与错综不同的表现。《左绣》在评说邓曼预言楚屈瑕与楚军命运一事时说道：

> 下截邓曼语自作一篇妙文读。先就大夫意中虚猜一遍，次就莫敖身上实说一遍。而首以一笔正喝，末以一笔反掉，章法极整，笔法极松。③

邓曼之语内容条理很清晰，先将自己对斗伯比"莫敖必败""必济师"预言

---

① （清）王源：《左传评》，《四库全书存目丛书》经部第 139 册，齐鲁书社 1997 年版，第179 页。

② （清）王源：《左传评》，《四库全书存目丛书》经部第 139 册，齐鲁书社 1997 年版，第179 页。

③ （清）冯李骅、陆浩：《春秋左绣》卷一一，光绪六年（1880）校镌本。

的理解言说一番，此为虚。接着又将屈瑕的狂傲自大、轻率不设防细细道出，印证斗伯比之言，此为论说的真正意思，是为实。前面正面陈说，后面用"不然"二字调转，反问终之，回应"实"。如此一来，此文在章法上甚为整齐，却以较为松弛的笔法写出。

《左传翼》对虚实与整齐错综之间的关联，则从"道"的高度，予以更深一步的解读，其曰：

> 一阴一阳之谓道，有对待，有流行，妙处全在两"一"字。对待者，偶也，流行则偶化为奇矣。偶则实，奇则虚。实则能整齐，虚则能变化。不整齐则无结聚，不变化则不玲珑。虚虚实实，实实虚虚，如环无端，不可思议。左氏之文，所以独有千古也。①

天下之道，在于阴阳的相对、流动运行。从此"道"出发，相对即为偶，偶为实，实则成整齐，整齐则会聚合；流动即会化偶为奇，奇为虚，虚则成变化，变化才能灵活。如此一来，虚实相对，虚虚实实化为实实虚虚；奇偶相对，奇化为偶，偶化为奇；整齐错综相对；整齐化为错综，错综化为整齐，反复变化，如此方能奠定《左传》千古妙文的地位。

清代《左传》评点者重视虚实与其他术语的聚合，但同时亦强调聚合是在变化中的聚合，唯有如此，聚合关系才更具有生命力。

五是虚实与明暗的聚合。

清代《左传》评点者对虚实与明暗聚合关系的说明，可以张昆崖《左传评林》对《晋侯使巩朔献齐捷于周》一文的评说为例，其言曰：

> 不正责献捷之罪，而起处泛论，已将晋罪从言外反面影托出来。至正责处，又另起峰峦，于此可悟文中明暗虚实，错综布置之法。②

---

① 李卫军：《左传集评》，北京大学出版社 2016 年版，第 180 页。
② 李卫军：《左传集评》，北京大学出版社 2016 年版，第 930 页。

晋景公派巩朔向周定王献捷，周定王没有接见他，并派单襄公予以辞谢。其内容分为两部分，第一部分是泛论周代的献捷制度，蛮夷戎狄不遵王命，周王命令讨伐他们，战胜后才有献捷之事，此为惩不敬而劝有功；若是兄弟甥舅败坏法度，周王命令讨伐他们，战胜后不用献捷，此为敬亲昵而禁淫慝。明面上是泛论礼制，未言晋侯之过失，但是此言论本就是在晋国献捷之后而发，自然是对晋侯之过的暗讽，亦是虚写一笔。第二部分是从正面言说晋侯之过，这是实写，但是言说之时又从晋侯派遣在王室中未任职的巩朔前来，不合礼制，虚宕一笔；又反问晋国讨伐齐国，是否是齐人不可教诲了，以此指责晋侯不当讨伐齐国。单襄公从虚实两方面，或明或暗，将对晋侯的不满态度传递了出来，遂令辞令有"责而不责、不责而责之妙"①。

　　虚实与明暗之间的关系，一般来说，虚处用暗写者较多，而实处用明写者较多，这与虚实有直接言说与侧面烘托之义契合。

　　六是虚实与多对关键词的聚合。

　　清代《左传》评点者在对虚实与其他关键词聚合关系进行分析时，很多时候是将几对关键词放在一起共同言说，而不仅仅集中在某一对关键词上。

　　《左传》叙写鄢陵之战的笔法，与春秋时期的其他几大战役相比，甚为独特，其他多写战前谋划，此篇则对战争过程细细道来。《古文评注便览》言"此篇纯用联对，一线双行，而虚实详简，交错离合，各尽其妙。若他处叙战，极写权谋。而此以道学为起讫，左氏亦深有感于无义战乎"②，《左传评》则有几段长文评说此文。

　　　三战已尽文家幻态，似难更见神奇，乃此篇又与三战大异。盖三战用意，在本传之中，此篇意在本传之外，只为晋乱张本，不为晋胜序功，如天在水，月在镜，影在此而形在彼。三战用笔，以琐细为闲情，此篇以琐细为正面，盖意不在于序晋功故，但零写一人一事，而

---

① 李卫军：《左传集评》，北京大学出版社 2016 年版，第 931 页。

② 李卫军：《左传集评》，北京大学出版社 2016 年版，第 1035 页。

胜败带序其中，如十洲三岛，横斜参错，景态万千。呜呼！三战之外，又复有此，非化工，孰能然乎？故文不知以化工为师，断不能百出而不穷也。

通篇"战"字十一，与城濮略同，而用意迥别。城濮精神在战，"战"字即精神进露处。此篇精神不在战，"战"字乃题面点逗处，不得混而同之。

晋自鄢陵胜后，君臣益骄，未几而三郤诛，厉公弑，晋国大乱，皆此战误之也。作者于是全为后事作张本，故以范文子之言为主，始曰"晋国之忧，可立俟"，继曰"逃楚，可以纾忧"，又曰"外宁必有内忧"，终曰"唯命不于常"，序战胜文字而如此起结，如此关键，何其奇警！然确是当年情形时势如此，所谓因物赋形，非由造作，可知百出不穷者，皆自然也。

"时中"二字，亦文家要诀，文能时中，则无偏倚之弊，过不及之疵而恰止其所。此篇虽为晋乱张本，然如此大战，一胜一负，所关非小，胜也岂无因？败也岂无故？若略而不见，便有偏倚，而或过或不及矣。故序孟献子有胜之言，见晋之所以胜。又序申叔时、姚句耳与郤至之言，见楚之所以败，是以精神虽不在序晋功，而胜败之故，未尝略也，"时中"之妙，乌可不知？

压晋而陈，巢车望晋，两事俱突兀争奇。压陈如画虎，草木有声；望晋如画龙，风云无际。压晋实在楚，虚在晋，借楚以写晋。望晋实在晋，虚在楚，亦借楚以写晋，总见晋之强。而接序筮词以伏后案，掀淖以见晋之有人，无非此意。

末段结楚，谓之余波者。因正传只在范文子前后数语耳，但晋之胜，不足以为功，楚之败，不得谓无过。虽是余波，乃所以详楚而略晋也，轻重之间，锱铢不爽。①

---

① （清）王源：《左传评》，《四库全书存目丛书》经部第139册，齐鲁书社1997年版，第261—262页。

文避雷同，《左传》记战文字很多，但在韩原、城濮、邲、鄢陵等大战文字上，"用意用笔判然，各开乾坤，无一字雷同仿佛"①。王源认为，《左传》写鄢陵大战之主意不是写晋国之胜，而是为晋国内乱张本，遂有范文子言"忧"之言贯彻全篇。但是，此战毕竟是晋胜而楚败，其间缘由、经过不能不说，《左传》将此战的零零碎碎详详细细地道出，通篇"战"字出现十一次，遂令很多人误以为《左传》的描写以写战为主意，此即为写文的明暗之别。叙述晋军战胜之事，却在战前、战中、战后皆言晋国之忧，此法在写战文字中不常见，此为文之奇者。《左传》将晋人、楚人两相为对，战前、战中、战后都是二者两两相对，此为整齐，当然，叙述时二者的着墨多少、叙述模式并不完全对应，此为错综。战中之"压晋而陈""巢车望晋"，二者亦是相对，只不过，压晋而陈是借楚人来言说晋军，晋为虚，楚为实，而巢车望晋则是借晋人言说楚军，晋为实，楚为虚。此为虚实互用。战后写晋国范文子天命无常之论与楚国子反自杀之事，以作余波。范文子之论相对简单，而子反之死则是曲折详细，先言楚王与子反各自悔过，自我追责，又写子重督促子反自杀，再写子反以死谢罪，最后写楚王派人拦阻而无果。此为详略不同。

王源在言说《左传》写鄢陵之战文字的独特之处时，亦将主脑、明、暗、整齐、错综、虚、实、详略等关键词所关涉之处一一指出，如此多的关键词置于一篇叙战文字之中，错综交融，遂有化工之妙。

当然，多种关键词参杂使用，并非《左传》评点者评说鄢陵之战的专利，其他的叙战文字也有此用法，刘继庄《左传快评》言说鞌之战时即提到，"五大战中，此篇最为古峭。主宾、反正、虚实、顺逆之法无一不备。熟读之而心知其故，难题到手，自然会得擒纵驾御矣"②。战事本就复杂，牵扯国家、人员众多，计谋、对阵方法等亦要随时变动，叙写此等事情，若一种文法叙来，不但文章平平，还不能让读者把握文章之精神命脉。

---

① （清）王源：《左传评》，《四库全书存目丛书》经部第 139 册，齐鲁书社 1997 年版，第 260 页。

② （清）刘继庄：《左传快评》卷六《季孙行父臧孙许叔孙侨如公孙婴齐帅师会晋郤克卫孙良夫曹公子首及齐侯战于鞌齐师败绩》，康熙四十五年（1706）刊本。

　　除却叙战文字，其他内容的记载，《左传》评点者亦会调遣多种关键词予以评说。姚培谦在评说《取郜大鼎于宋》一文时，称其为极整极炼文字，其整齐不仅在于以两截为对，而且还在于宾主、实虚、整散的一一对应，"通篇前段宾，后段主。前段实，后段虚。前段整，后段散，是文章家一定之势"①。当然，关键词聚合使用时，其位置关系并不总是如此整齐，如此对应。刘继庄在评说著名的《阴饴甥会秦伯》一文时，就此而提出：

　　　　秦伯之问，意中冀晋之不和也，更意子金之必谬以和对也。乃子金就秦伯口中"和"字翻作"不和"，将"君子""小人"分作两路。以小人之言恐之，以君子之言谀之。胸中实以小人之言为主，口中翻以小人之言为宾。胸中本以君子之言为宾，口中却以君子之言为主。奇奇正正，虚虚实实，遂令秦伯不觉堕其玄中。应变之才，辞令之妙，千古无出其右。②

阴饴甥回应秦穆公"晋国合乎"的问题时，直接回应"不和"，出乎秦穆公意料，此为奇。"不和"之后又为君子、小人两种态度，此为正。君子、小人的态度，实有宾主分别，小人言"必报仇"，是为主，君子言"必报德"，是为宾。但是，在向秦穆公回应时，宾主却有变化，君子言为宾、小人言为主，此是阴饴甥胸中的真实态度，此为实。发之为言，则以君子言为主、小人言为宾，此为虚。一篇文章中，宾主、虚实、奇正错综交织，出人意料，又能引人入彀，最后的结果自然是意料之中、水到渠成。

　　清代《左传》评点者对虚实与其他关键词的聚合关系的梳理，从相对的方向来看，也可以看成其他关键词与虚实的聚合关系，也就是说，几种关键词聚合使用，是清代《左传》评点者使用关键词评说的共同特征，不同的关键词相互交融、互动，形成功能强大的关键词群，更易于诠释文章妙处。

---

① （清）姚培谦：《古文斫》卷一《臧哀伯谏纳郜鼎》，乾隆甲午年（1774）重订本。
② （清）刘继庄：《左传快评》卷三《晋阴饴甥会秦伯盟于王城》，康熙四十五年（1706）刊本。

第五节　关键词研究与中国话语体系建构

清代《左传》评点的关键词并不仅限于上文所提及的，另外如详略、伏应等亦当归属其中，文中虽然没有专门解读，但亦在解读之中有所涉及。古人讲"窥一斑而知全豹"，基于对主脑、宾主、整齐错综、虚实以及奇正、明暗、反正等的分析，清代《左传》评点关键词的特点与价值亦能有所体现。

一、全面性、细致性与深刻性是清代《左传》评点关键词的着力点

清代处于古代文论发展的最后阶段，文学创作过程中的一些重要术语、基本范畴基本上都已出现，并被不同时代的评论家多次反复评说过，清代评论家能做的、所做的不再是提出新的术语、范畴，而是对前人所论之重要术语、基本范畴进行全面总结，更细致、更深刻地揭示其意义内涵。

清代《左传》评点在关键词阐释方面的全面性，体现在将历代相关的观点尽可能多地呈现在评点之中。比如关键词"主脑"的阐释，包含了前代"主题"与"关键"的意义内蕴，"宾主"则包含了前代"四宾主"的名目，"虚实"则包括了"虚构与真实""侧面与正面""间接与直接"三种含义。前代对于某一个关键词内涵的阐释，基本上都出现在清代《左传》评点文本中，体现了清代《左传》评点者处于一个文学、思想、文化、学术集大成时代的优势与努力，他们努力践行一种丰富、全面的关键词阐释路径。

清代《左传》评点在关键词阐释方面的细致性，体现在分类的细化、阐释的细致上。蒋寅先生在《清代诗学史》中对清代诗学的贡献曾有一段经典性的阐释。

中国古代诗学的理论框架到明代已告完成，清代诗学的贡献主

要是在内容的专门化、细节的充实和深描，其成就不是基于一种创
造性的冲动，而是一种征实的学术精神。清代诗论家不再满足于将
自己对诗的理解、期望和判断表达为一种主张，而是努力使之成为
可以说明的，可以从诗歌史获得验证的定理。大到一种观念的提
出，小到一个修辞的揭示，他们不仅付以多方的论述，而且要在历
史的回溯中求得证实，从前人的诗歌文本中获得印验。清代诗学著
述由此而显出浓厚的学术色彩，由传统的印象性表达向实证性研究
过渡。①

此段阐释是以清代诗学为依托对象、解读对象的，认为清代诗学内容上专门
化的趋向增强，在评说方式上，更注重深挖细节、充实细节，并且予以多方
论证，以证其实。其实，此种特点，不单是清代诗学的专利，清代的评点
学、《左传》评点亦是如此。

　　清代《左传》评点者对不同的关键词有更为细致的分类，前面所提及的
主脑、宾主、虚实、奇正等皆已有所体现，另外，关键词"活""埋伏""提
应"等亦可作为例证。清代《左传》评点者对"活"这一关键词，从所关涉
对象的性质上划分，有叙事活法②、议论活法、辞令活法③、意境活法④之分；

---

① 蒋寅：《清代诗学史》第 1 卷《绪论》，中国社会科学出版社 2012 年版，第 19—20 页。

② 《左传评》言："追叙之法，谁不知之？但今之所谓追叙者，不过以其事之不可类叙者，
置之于后作补笔耳。如此是一死套而已，岂活法乎？追叙之法，乃凌空跳脱法也。"
[(清) 王源：《左传评》，《四库全书存目丛书》经部第 139 册，齐鲁书社 1997 年版，第
225 页]

③ 《左传经世钞》言："此与《阴饴甥会秦伯》《烛之武退秦师》，俱辞令妙品。《展喜犒齐》《知
罃对楚子》，亦是善辞，终不得比此数篇者，稍属板硬，只说向一边，诸篇自是生动圆
满，擒纵较活耳。"[(清) 魏禧：《左传经世钞》卷一七《蹶由对楚》，乾隆十三年（1748）
彭家屏刻本]

④ 《左传钞》引俞桐川之言："'退会'二字，最有眉目，见得楚公子盛气登坛，眼空四国；
诸大夫侧目旁观，附耳窃议，光景如昨。正与鄢陵之战巢车一段，同一妙境。若无此
二字，却似盟后私相评论，意境便不活。"[(清) 高塘：《左传钞》，黄秀文、吴平主编：
《华东师范大学图书馆藏稀见丛书汇刊》第 16 册，北京图书馆出版社 2006 年版，第
269 页]

从具体手法上看，又有以叙为议活法①、夹叙夹议活法②、横插活法③、对面翻转活法 ④ 等。既有总的论说，又有具体技法的加持，甚为丰富。

《左绣·读左卮言》对"提应"的论说，基本上涵盖了清代《左传》评点者的观点，其言"篇法最重提应。或单提，或双提，或突提，或倒提，或原提，或总提，或分提，或直起不提，却留于中间以束为提，乃是变法。或顺应，或倒应，或分应，或总应，或正应，或反应，或借应，或翻应，或明应，或暗应，或应过又应，或不应而应，亦是变法。逐篇比对，始知其变化不穷"⑤，从数量、位置、关系、变化等方面来言说"提应"之法，每一种方法，都对应着多处《左传》文本，关涉着不同的文章风貌。

"埋伏"一词本是军事术语，指的是隐藏起来伺机行动，后来用于文章评论，指伏笔。李渔在《闲情偶寄·密针线》中曾言道，"每编一折，必须前顾数折，后顾数折。顾前者，欲其照映；顾后者，便于埋伏。照映埋伏，不只照映一人、埋伏一事，凡是此剧中有名之人、关涉之事，与前此后此所说之话，节节俱要想到。宁使想到而不用，勿使有用而忽之"⑥，李渔立足戏曲，认为各部分内容需要前后联系，与前面相互联系者，此为照应；与后面相互联系者，此为埋伏。另外，照应、埋伏需要面面俱到，节节想

---

① 《左绣》言："一'矣'字拖下，以文贯事，即以叙为议之法也，贯穿得此神理乃活耳。"[(清) 冯李骅、陆浩：《春秋左绣》卷一二，光绪六年（1880）校镌本]

② 《左传评林》言："满篇趣语，此左氏有意游戏之文。夹叙夹议，已开司马子长门户。开手一行，将正传叙过，以下忽用散叙体，或追叙前一层，或接叙后一层，或夹叙旁人作映射，或拖叙余波作点染，零星琐细之中，纯用隽语作联络映照，局法活变，文情跳脱。"（李卫军：《左传集评》，北京大学出版社2016年版，第768页）

③ 《左绣》言："'陈桓之谓'句，乃横插法，活甚。"[(清) 冯李骅、陆浩：《春秋左绣》卷一，光绪六年（1880）校镌本]

④ 《左传钞》言："读前段，如严霜峭壁，傲岸凌人。读后段，如巧燕流莺，清和可听。小小洞天，亦必层折布景，不令人一望而尽。'异姓'句下，亦可接末二句，然文势径直，便少情致。妙用'朝薛'一跌，玲珑婉转，姿态横生。此古人用笔最活处，亦文家对面翻转看法也。"[(清) 高嵣：《左传钞》，黄秀文、吴平主编：《华东师范大学图书馆藏稀见丛书汇刊》第15册，北京图书馆出版社2006年版，第92页]

⑤ (清) 冯李骅、陆浩：《春秋左绣·读左卮言》，光绪六年（1880）校镌本。

⑥ (清) 李渔著，杜书瀛译注：《闲情偶寄》，中华书局2014年版，第53页。

到，如此方能让内容紧凑，这是李渔倡导的"密针线"的手法之一。清代《左传》评点者在评说"埋伏"时，对其进行了更加细密的分类，《左绣·读左卮言》言：

> 埋伏是文字线索，而用笔各变。有倒伏，又有顺伏之法。如《屈瑕盟贰轸》篇，"师克在和"，便伏于"君次郊郢，我以锐师"两"君"字、"我"字中；"不疑何卜"，便伏于"必不诚""必离"两"必"字中，随手安插，令下文有根也。有明伏，又有暗伏之法。如写子元欲蛊文夫人勉强出师，处处写出他心头有事。写郤克忿兵幸胜，处处写作齐侯不弱，便令读者得之笔墨之表也。有正伏，又有反伏之法。如子产将诛子皙，却先放子南，字字偏枯子南，却正字字激射子皙，为绝隐秀可思也。有因文伏事之法，如石碏谏宠州吁，却先写庄姜一段缘故。有因事伏文之法，如晋厉败秦麻隧，却先写绝秦一篇文字是也。①

《左绣》此处提出了顺伏、倒伏、明伏、暗伏、正伏、反伏、因文伏事、因事伏文之法，这是文字线索方面的笔法变易。此种分类，标准不同，顺伏、倒伏是从叙事顺序来说的，明伏、暗伏是从文之隐显来说的，正伏、反伏是从直接与间接层面来说的，因文伏事、因事伏文是从事与文的关联来说的。多种不同的分类，将"埋伏"关键词的意蕴、功能、效果等更好地展现了出来。

　　清代《左传》评点者的细致，还表现在对话语语义的细细分析上，这与评点本身的特点有关。"评点是从作品本身出发，道道地地是实用的文学批评，所有的评点者无不正视文学作品本身的权威性，他们最关心的是作品本身，全力以赴的是怎样对作品本身作最精确的分析与阐释，评点可以说是一种极为彻底的研读"②，评点本身即以对文本的细读著称，在阐释关键词时，

---

① （清）冯李骅、陆浩：《春秋左绣·读左卮言》，光绪六年（1880）校镌本。
② 康来新：《晚清小说理论研究》，大安出版社1986年版，第36页。

清代《左传》评点者亦是依据具体的文本，从文章内部入手，细细加以解读，不放过一个字，努力挖掘文本各个层面、各种维度、各处细节里的语义功能与审美内涵。有了对文本多方向的细致挖掘，评点者的评说也从最初的片言只语走向了日渐繁富，"大抵皆评语极繁，笔舌互用，一字一句无不抽阐，每多至数百言，颇能使读者心开而目明，手舞而足蹈"[①]，尾评、眉评的大段论说逐步增多，每一段落或者多个段落集中阐释某一关键问题，从而让读者在细致了解文本的基础上对关键词有了更深入的理解。

分类标准的多样化、阐释的细致性，在很大程度上代表的是对所评说关键词的认知、把控更全面，更丰富，"符号与意义的联系是由一定社会历史条件和需要来决定。因此，随着外界事物的发展，特别是随着人们对外界事物的认识日益深入，用以标志外界事物的名称的内涵也在不断变化、充实和丰富"[②]。绝大多数清代《左传》评点者的评说是有"作文法"指向的，为了尽可能多地给予学子细致的指引，他们会在叙法、文体、修辞等各个方面进行全方位的细致描摹。因此，他们对众多关键词的调遣、评说，是建立在对《左传》文本的全方位解读基础上的，他们依据《左传》文本，从字法、句法、章法、文法等层面，从结构、形式、文章效果等方面，对关键词的基本意蕴进行界定，对关键词的详略使用进行分析，对关键词的关系样态进行归纳、命名，对关键词的变化进行揭示，以期最大限度地为学文者提供行文路径。众多关键词就如同一个个支撑点，支撑起复杂而多变的作文殿堂，支撑起丰富而集大成的清代文论系统。

二、通过实践建构理论体系是清代《左传》关键词的努力方向

中国古代文论素来被认为是重感悟，重经验，模糊而缺乏逻辑严密的理论系统，多是片段式的零星论说。作为中国文学批评的一个分支，评点亦有

---

① （清）梁章钜著，陈居渊校点：《制艺丛话》，上海书店出版社 2001 年版，第 25 页。此为梁章钜评价《书香堂笔记》之语，亦适应于清代《左传》评点作品特点。

② 宋协力：《"言意之辨"：语言的局限性与文学的重要性》，《文史哲》1994 年第 2 期。

着中国古代文学批评的整体特征，重感悟、零散的印记明显，在早期为人所忽视其价值。那么，将评点作为回应中国文论模糊而不成体系斥责的一个视角，当为可行。

模糊性主要指的是文论术语的界定不清晰，"古人在运用概念、范畴探讨问题时，也常常表现出程度不等的模糊特点：一是用词多歧义，没有明确界说；二是立辞多独断，缺乏详细的论证"①。模糊在很多人的认知中，等同于混乱不清，鲁迅先生曾批评道："中国的文或话，法子实在太不精密了，……这语法的不精密，就在证明思路的不精密，换一句话，就是脑筋有些胡涂"②，但其实有时候模糊亦是一种优势，它为话语评说提供了更多的丰富性、包容性，为话语含蕴的多义性、多层性提供了思维支撑，为多维的话语阐释发出了邀请，生发了更多的阐释空间，因此，中国文论术语阐释的模糊性，不是因为评说者思维混乱，而是他们主动选择了模糊性，"从某种意义上说，选择模糊正是古代中国人认识智慧的鲜明表征"③。

文论术语界定时存在一定的模糊性，不代表此术语的语义内涵便无从把握，模糊之中仍有一种基本确定的意义指向，不能偏移。随着不同时代评论家对同一个文论术语的不同维度的阐释，此术语的语义内涵不断丰富，其模糊性在一定程度上逐渐被消解，而渐渐有了较为清晰的意义界定。丁国旗先生在对当代文论的体系建构进行思考时，提出"我国古代的文论（美学）范畴并不是某一个人创造或建构体系，而是多由个人或某一思想流派提出概念，而后再经由后代文论家、艺术家不断运用，不断丰富，从而逐步形成为具有活力的理论范畴、理论体系"④，孕育于中国文化土壤中的《左传》评点者，不是单打独斗，不是个体建体系，而是群体共同建构。"瞎子摸象"式的研究，从一点出发而提供具有操作性的研究方法，虽然不能面面俱到，虽

---

① 汪涌豪：《范畴论》，复旦大学出版社 1999 年版，第 81 页。
② 鲁迅：《鲁迅全集》第四卷《关于翻译的通信》，人民文学出版社 2005 年版，第 391 页。
③ 汪涌豪：《范畴论》，复旦大学出版社 1999 年版，第 81 页。
④ 丁国旗：《对当下我国文论话语体系建构的理论思考》，《中国矿业大学学报》2015 年第 5 期。

然只是得其一隅，但是，若能深入下去，也能做到"片面的深刻"①。因此，即便是"瞎子摸象"，只要做的人够多，做得够深入，积少成多，不仅能拼成整个的"象"，而且比表面的"摸"更能探得"象"之特点。在不同时代、不同流派、不同评点者的共同诠释之下，文论术语的语义内涵不断增殖，愈发清晰化，也愈见系统性。

清代《左传》评点者在解读评点关键词时，除了直接使用此关键词的基本义之外，还会通过同类相连与正反对举的方式，与同类、相反意义的术语进行关联，形成多样性的话语阐释。先看同类相连。传统训诂学的训诂方式有互训法，即同义词或近义词相互解释，清代《左传》评点者将此种方式进一步灵活化，不再局限于"某，某也"的简单对应，循环阐释，而是将关键词与同类意蕴的词语相互关联，并将同类词语的阐释与此关键词的基本义相呼应，互文见义，此即同类相连。实际上，此种具体语境的解读，不但是对关键词意蕴的细化，也为关键词增加了新的内涵。王源的《左传评》评说"奇"这一关键词时，在文本细读中遇到他认为的奇异之处，随手于字里行间夹批"奇""奇句""奇笔""奇文"等字眼，意犹未尽之处，则于末端缀以大段评论。《左传评》单用"奇"字三百余处，单字之外，尚有"奇幻""离奇""大奇""雄奇""奇宕""奇妙""奇变""奇绝""奇崛""奇警""奇特""奇观""奇笔"等词组。再如清代《左传》评点者阐释"活"这一关键词时，又有"轻活""松活""虚活""圆活""灵活""活泼""活变""活脱"之分。此种更加细致的分类、阐释，围绕"奇""活"的基本义，而又有各自细微的侧重点与着力点，这就说明清代《左传》评点者在关键词的体认上有了更为清晰而精当的评说，亦丰富了"奇""活"等话语的意蕴体系。再看正反对举。清代《左传》评点中的关键词有很大一部分是由意义相对的两个词组成的，宾与主、虚与实、开与合、顺与逆、明与暗、繁与简，它们既可以单独称之为关键词，又可以合二为一称为一个新的关键词，因此将二者并举，可以从其中一方身上

---

① 吴曾祺《左传菁华录》中言，"不知古人作文，皆以发明一义而言，不得以有所不及者，遂疑其偏宕也"（吴曾祺：《左传菁华录》上册，商务印书馆 1933 年版，第 6 页），即此意。

探寻到另一方的意义、特点等，并能更好地理解合成的新关键词。以尚奇的王源为例，他的《左传评》中与"奇"相对者，最重要且出现频率最多的是"正"。王源特别喜欢将奇、正并举，《左传评》中此种评点阐释方式，约有近三百处。王源通过与"正"的强烈对照，凸显"奇"的清晰意义；通过奇正之间的变化，也赋予了"奇"对立面"正"的意义，寓奇变于规矩，由此形成的迂回反复、变幻莫测，自然造就奇文。此种具体语境之中的意义扩展，构建了王源古文点评的术语系统与概念逻辑，也是对古代文学理论的丰富与发展①。除此两种方式之外，清代《左传》评点者在使用某个关键词评说时，还会援引其他关键词共同阐释一个文本，将不同意义指向的关键字，聚合在某个意义指向、功能、效应之下。因此，清代《左传》评点者使用的关键词形成了同类、相反、相互交织的观念群，既有内部之细化阐释，又有外部之互证诠释，建构起了错综复杂的话语体系。

清代《左传》评点关键词的体系性，是在具体的评说实践中建构起来的，不同评点者建构了繁复、重合、互补甚至相悖的意义阐释。推而广之，有着多种阐释方式与言说方式的中国古代文论，在具体的文本阐释中层累构建起独具特色的系统性②。程千帆先生在对古典文学批评的特征进行评说时提出，"体系自有，而不用体系的架构来体现，系统性的意见潜在于个别论述之中，有待读者之发现与理解"③，中国古代文论并非不成体系，它的体系需要读者从不同评说者的多维阐释中予以概括、总结，需要研究者从不同的文体形态、言说方式中予以整体观照，发现并建构起中国自有的语义体系。

---

① 参见赵奉蓉：《清人王源〈左传评〉重"奇"之义蕴抉微》，《北方论丛》2020 年第 2 期。

② "说到底，对中国古代缺乏成系统著作的遗憾，纯粹缘于对中国文学理论、批评文体形态及言说方式多样化的漠视……选本使作品经典化，评点负责作品细读，目录提要完成诗学史的建构。而序言则多借题发挥，或阐发传统诗学命题，或借古讽今，批评时尚和习气。"（蒋寅：《在中国发现批评史——清代诗学研究与中国文学理论、批评传统的再认识》，《文艺研究》2017 年第 10 期）

③ 徐有富：《程千帆沈祖棻年谱长编》，南京大学出版社 2013 年版，第 637 页。

三、现代性是清代《左传》评点关键词的建构路径

清代《左传》评点者对关键词的使用与阐释，是在前代诸多的评论实践基础上选择、批评与建构的结果，他们着眼于与先者、他者、后来者的关系，立足"当代"之现实，反观"历史"之传统，面向"未来"之目标，建构起了有清一代的评点关键词阐释路径。

与先者的关系，主要体现在清代的关键词评说与评点传统、解《左传》作品、文学批评实践千丝万缕的关系上。清代《左传》评点出现之前，评点走过了近五百年的发展历程，评点者所使用的某些关键词也有了两千年的历史积淀，《左传》的注解、训释、鉴赏作品汗牛充栋，这些先验知识，是清代《左传》评点者所可利用的"财富"，是其评说不能脱离也无法脱离的基础与依据。但是，"人们在每一个不同的历史时期，由于认识的局限性，不可能毫无遗漏地认识和表述事物的全部特性或特征"[1]，前驱者对关键词的解读，不能将关键词所有的意义指向完全揭露出来，而且关键词意义的解读要与时代的需求相应和，因此，清代《左传》评点者接收到大量的先验知识，对其重新进行转译、编码，"文化传统的创造性转化不是'文艺复兴'，而是把中国文化传统中的符号与价值系统加以改造，使经过改造的符号与价值转变成有利于变迁的种子，同时在变迁中继续保持文化的认同"[2]，在保持意义的连续性上努力寻求阐释的变化。

清代《左传》评点者对此亦有明确认知，他们在评说《左传》时努力践行此种理念，不仅在评点形式、评点方法上在继承中寻变化，还将此理念凝聚于关键词"变"的论说中。评点者从天道出发，引申到文章之道，《左传评》言：

> 文章贵乎变化，变则生，不变则死。生则常新，死则就腐。穷阴沍

---

[1] 宋协力：《"言意之辨"：语言的局限性与文学的重要性》，《文史哲》1994 年第 2 期。

[2] 何卓恩：《殷海光与近代中国自由主义》，上海三联书店 2004 年版，第 291 页。

寒，万物闭塞，一变而为阳春伏夏，繁衍畅茂；一变而为秋杀，此天地所以为生物而至今常新也。文章之道亦然，精严当变为疏宕，险峭当变为中庸，写儿女当变为英雄，写乱贼当变为忠孝，正忽变为奇，奇忽变为正，千变万化，不可端倪，然后方有生气，方能万古常新。①

春夏秋冬，次第变化，此乃天地万物常生常新之所在，生生不息之根本。与天道相应，文章之道亦需遵循变化之道，如此方能常变常新。评点者将一切之终极追究到天，由此赋予其不容置疑的诠释力量。因此，变化之道被评点者置于文题的拟定、篇章的整合与删减、评点形式的安排以及评点内容的组织中，具体到评说内容时，又在字法、章法②、段落③、叙次④、结构⑤、文势⑥、叙事⑦、用墨详略⑧等方面——强调变化之妙，涉及不同层面的内容，足见其对为文变化之道的重视。

　　变化是以前者为基点而产生的不同，清代《左传》评点者明确提出了"以

---

① （清）王源：《左传评》，《四库全书存目丛书》经部第 139 册，齐鲁书社 1997 年版，第 173 页。

② 《左绣》言："章法前偶后奇，变化不测，盖又出一新意矣。"[（清）冯李骅、陆浩：《春秋左绣》卷二，光绪六年（1880）校镌本]

③ 《左绣》言："段落错综变化，使人不知端倪。"[（清）冯李骅、陆浩：《春秋左绣》卷一九，光绪六年（1880）校镌本]

④ 《左传翼》言："叙次变化，而局段自整。"（李卫军：《左传集评》，北京大学出版社 2016 年版，第 1667 页）

⑤ 《左传评林》评周郑交质一文有云："左氏之文，有夹叙夹议者，有叙次详、论断略者，又有叙次略、论断详者。结构变化，总非一法，一部《史记》不能出其范围。"（李卫军：《左传集评》，北京大学出版社 2016 年版，第 51 页）

⑥ 《古文研》言："文势如瀑布飞流，天风吹断，又如峰回路转，忽遇平原，可悟操纵变化之妙矣。"[（清）姚培谦：《古文研》卷二，乾隆甲午年（1774）重订本]

⑦ 《古文约编》评郑伯克段于鄢一文言："原其始，要其终，叙事极变化错综。间以议论，复抑扬深婉。史迁传赞，皆从此出。读者须玩其行文之法，不当徒考其故实也。"（李卫军：《左传集评》，北京大学出版社 2016 年版，第 30 页）

⑧ 《左传评》言："于主则简净直捷，一字不多。于宾、于宾中宾，则委备周详，繁称不厌，非变化之妙乎？"[（清）王源：《左传评》，《四库全书存目丛书》经部第 139 册，齐鲁书社 1997 年版，第 347 页]

避就为变化"的理念，周大璋《左传翼》曾言：

> 宋之盟以赵孟作主，首尾极力赞扬赵孟，中叙子木之诈，正以赵
> 孟。虢之会，以子围作主，首尾极力讥刺于子围，中述赵孟之信，正以
> 罪子围。一彼一此，错举互见，乃不雷同。至列国诸大夫在会，盟宋则
> 详记其来至于前，后则略而不书。会虢则详写其讥评于后，前则隐而不
> 露。此皆以避就为变化者也。"设服离卫"一段，层波叠浪，如鱼吹细
> 浪，燕蹴飞花，与垂陇赋《诗》逐一品题相似。而退会总评，与卒享复
> 断，又于至变中寓不变，文心至此，真不可方物矣。①

周大璋以《左传》所记宋之盟与虢之会为比较对象，言说变化之事。在写文
之主的方法上，宋之盟以赞颂赵孟为主，首尾颂扬，中间反衬，虢之会则以
讥讽子围为主，首尾讥刺，中间衬托，力避雷同。在文之详略上，宋之盟详
前略后，虢之会则详后略前，以求避就。文章写法有所避就，方能趋于变化
而不重复，成就妙文。同时，变化之中须有不变，如此方能有一脉贯通的内
里，宋之盟后，子羽根据参加会盟的诸侯国大夫的表现对他们的命运做出了
预测，预测的依据是言行是否与其身份相符，叔孙穆子、宋左师、乐王鲋、
子皮和子家说话得当，被预言可保几世爵禄，而齐国子、陈公子招、卫齐子
则无故忧虑或者忧虑不当，故被预言忧虑必至。再后来刘定公慰劳赵孟，因
赵孟所言与身份不当，身为晋国正卿反而将自己等同于下贱之人，故预言他
"弗可久已矣"②。虽然两处预言的发出者以及预测对象不同，但是其预言依
据是相同的，此即为"至变中有不变"。

　　清代《左传》评点者是在继承前人评点方法、评点模式、评点结构、
评点内容基础上进行的，他们"以避就为变化"，有意识地规避前人阐述
时的某些论题或方法，根据所处时代的话语建构要求而对评点关键词的内

---

① 李卫军：《左传集评》，北京大学出版社 2016 年版，第 1493 页。
② 杨伯峻：《春秋左传注》，中华书局 2009 年版，第 1208 页。

涵、形式等予以补充、拓展与完善，"一切刻舟求剑、照猫画虎、生搬硬套、依样画葫芦的做法都是无济于事的"①。同时，因为历史惯性的影响，他们不能完全脱离文学批评、评点的历史而另谋新路，故而在评说时势必要遵循"至变中有不变"的原则，既强调历史的连续性，又提倡传统的转化与创新。

转化与创新，不仅要在研读传统上下功夫，而且还需要从他者身上汲取营养。清代《左传》评点者在评说关键词时，特别强调关键词对立面的转化，整齐可以变错综，错综可以为整齐，奇变为正，正变为奇，虚实之间亦可转化，而且这些转化是成就妙文的关键所在。因此，清代《左传》评点者不排斥对立，而且善于从他者、甚至对立者一方寻求力量。金圣叹推崇《左传》为文之法，"可见临文无法，便成狗嗥。而法莫备于《左传》，甚矣，《左传》不可不细读也！我批《西厢》，以为读《左传》例也"②，用《左传》文法批点《西厢记》，这是从他者身上寻求助力的一个例证，批点《金瓶梅》用批点《左传》之法，孰又知批点《左传》未用他书批点之法？

另外，关键词作为一种术语，理解起来有一定的难度，因此，为了更好地将关键词的意义指向与评说方法展示出来，清代《左传》评点者在两处大下功夫：一是向"征实"之风学习。清代一反明人空言之弊端，提倡"征实"之法，强调无一字无来处，《左传》评点者受此风气影响，在阐释关键词时，从来不是凭空论说理论，而是依据文本，一点一点地阐释清楚，既弄懂了文本，亦阐明了关键词之语义内涵，将本属评点的实际批评做得更细致、更扎实。二是向自然各界取法。清代《左传》评点者为了更形象地传递评点理念，多次使用引譬设喻之法，"法度难以空言，则往往取譬以示蒙学，拟于房室，则有所谓间架法构；拟于身体，则有所谓眉目筋节；拟于绘画，则有所谓点睛添毫；拟于形家，则有所谓来龙结穴。随时取譬，然为初学示法，亦自不

---

① 《习近平谈治国理政》第二卷，外文出版社 2017 年版，第 344 页。
② （元）王实甫著，（清）金圣叹评点：《西厢记》卷一《一之一·惊艳》，上海古籍出版社 2008 年版，第 8 页。

得不然"①。清代《左传》评点作品很多是面向初学的，初学者接受能力有限，引譬设喻是很好、很便易的传情达意之法，评点者从房屋、身体、气象、山川、花草等处入手，多方设喻，文辞优美，说理清晰。关键词"头脑""眼目"，是直接用身体器官来指称。王源《左传评》评说鲁襄公二十四年《楚子伐郑》言"又曰'部娄无松柏'，孕奇毓幻，五字万象包罗，如肤寸之云，瞬息腾龙驭凤，变化山川楼台，不可方物，绝世奇观"②，此为以云之变化无方而言文词之奇。《左传翼》评说鲁僖公九年《葵丘之盟》时言"文章出没隐见，如龙行空中，烟云布濩，不见全身，方有妙致，否则直头布袋，便不耐咀嚼矣"③，此为借龙行云中之态言说隐显之道。《左传翼》评说鲁定公九年齐师在夷仪之事时言曰，"敝无存乃先驱耳，而前以之始，后以之终，郑重写来，又恰似主中之主。只此数人，而错错落落，如花片随风，星光伴月，不可名状"④，此为用花与月、星与月之关系言说宾主关系。《左绣》评说鲁哀公十一年齐师伐鲁时言，"皆与'能''不能'相映，如点水蜻蜓，穿花蛱蝶也"⑤，此为用昆虫的行动言说映衬之灵动。类似的例子还有很多。清代《左传》评点者从天地自然中择取物象借以阐述文理，有些还可与绘画、书法等艺术门类互通，陈震《左传日知录》评说鲁襄公二十九年子皮即位一事时称"'花花自相对，叶叶自相当；春风东北起，花叶自低昂。'妙语写生，于此文之立格用笔且对且递、若承若注处，益悟前语形容之工"⑥，此为用画境写文境，言说整齐之妙。王源评鲁僖公七年《盟于宁母》时称"前以'礼''德'提纲，后以'礼''德'分应，参差见于详略，文情缭绕，纸落烟云"⑦，"纸落烟云"，本为言说书法之妙，潘

---

① （清）章学诚著，叶瑛校注：《文史通义校注》卷五《古文十弊》，中华书局 1985 年版，第 509 页。

② （清）王源：《左传评》，《四库全书存目丛书》经部第 139 册，齐鲁书社 1997 年版，第 286 页。

③ 李卫军：《左传集评》，北京大学出版社 2016 年版，第 403 页。

④ 李卫军：《左传集评》，北京大学出版社 2016 年版，第 1960 页。

⑤ （清）冯李骅、陆浩：《春秋左绣》卷二九，光绪六年（1880）校镌本。

⑥ 李卫军：《左传集评》，北京大学出版社 2016 年版，第 1416 页。

⑦ （清）王源：《左传评》，《四库全书存目丛书》经部第 139 册，齐鲁书社 1997 年版，第 201 页。

岳《杨荆州诔》有云："草隶兼善，尺牍必珍。足不辍行，手不释文。翰动若飞，纸落如云。"① 则此处是书法与文法互通。通过引譬设喻，清代《左传》评点者将抽象的理念形象化，赋予清晰而生动的画面感。

清代《左传》评点者从其他领域的研究方法、用语入手，从自然万物中读取评点之法，达成了与他者的融通。评点者将一个个关键词的阐释视为征实之作，不空言，不虚论，保证了评点关键词阐释的学术性与谨严性。《左传》评点者很多工于书法，清晰书法之道，因此便将书法的占位、留白、避就、浓淡、主次之法应用于阐释之中，言说为文效果，在他们眼中，所评点的《左传》文本以及对关键词所作的阐释，如同一幅幅各具情态的画面，或层峦叠嶂，或奇峰突起，或花团锦簇，或燕舞花飞，或云飞霞落，或柳暗花明，或龙翔云中，或草蛇灰线，灵动多姿，引人入胜。

清代《左传》评点者对前者、他者的继承、接纳、转化与融通，为的是为后学者提供为文的"活法"，这是面向未来的话语建构。此种建构是以让后学者明晰作文之妙法为基点的，因此，评点者要通过具体的例证为后学提供一定之"法"，有法可循，方能找到提升的途径，此即为"文有定法"②。为文之法，分布于篇章的各个部位，章有章法，篇有篇法，句有句法，字有字法，"首尾开阖，繁简奇正，各极其度，篇法也。抑扬顿挫，长短节奏，各极其致，句法也。点缀关键，金石绮彩，各极其造，字法也"③，不同层面的关键词指向不同的文法建构。只要能将此法度熟记于心，文章便会有所凭依，趋于规范，不致走向邪曲佻率之道。

规范性在初学者不懂法度之时是写好文章的必要保障，但是，若一味模

---

① （南朝梁）萧统：《文选》卷五六，上海古籍出版社 1986 年版，第 2441 页。

② 李绍崧评价鲁僖公十五年《获晋侯》一文时说道："'三败及韩'句留在获晋侯前点出，亦无不可，乃知作者欲先表'愎谏违卜'所以致败之由，不得不于未战之前一提，逼出庆郑许多正经道理，暗形晋惠忌克衷肠。而行文又妙以提笔为承接，又融贯，又省简，到战时尽可不必铺张矣，此亦相局行文之妙用也。若《城濮》篇，此笔便用不着，文固有定法在。"[（清）李绍崧：《左传快读》卷五，乾隆五十四年（1789）曲江书屋刻本]

③ （明）王世贞著，陆洁栋、周明初批注：《艺苑卮言》卷一，凤凰出版社 2009 年版，第 14 页。

拟，苟守法度，那么文章不但无法提升，反而会愈以陷入"偃蹇狭陋"的境地而无法自拔。故而，撰文者、评论家提倡文章"活法"，"文章一技，要自有活法。若胶古人之陈迹而不能点化其句语，此乃谓之死法。死法专祖蹈袭，则不能生于吾言之外。活法夺胎换骨，则不能毙于吾言之内。毙吾言者，故为死法；生吾言者，故为活法"①。清代《左传》评点者在阐释关键词时，每一个关键词都强调要因文设置，主脑的设定对象、位置，宾、主各自的呈现方式，虚、实各自的位置等都不是固守不变的，更为关键的是，每一对关键词的详略处理及关系样态皆是出于不断变化之中，随文而异，以文运法，因此，"活"成为诸多关键词使用时的共同追求，诸多评点者将之多次用于《左传》文法的评说中，从而让"活"亦成为清代《左传》评点的一个重要关键词。清代《左传》评点者对"活"意蕴的阐释，专注于其功用来立言。《左传》记载历史事实，根据一般规律，"凡征实文字，易板易复"②，板即是不灵动，复即是重复，然《左传》被称为"叙事之最"，绝非浪得虚名，其去除板、复等"死法"的妙诀便是以文字相救之法③化板为活，为避免犯"复"而用"活法"④，"活则虚能为实，浅能为深，晦能为显，浊能为清，轻能为重"⑤。评点者强调为文者当如《左传》一般注重文辞、结构等方面的变化，亦总结了关键词的组合样态，同时，他们还提出文章之变当有一定限度，不可恣意求变，他们更为看重的是以一二变化处求得文章整体之"活"，"文欲灵活，段段欲灵，字字欲活。然不必段段求灵，字字求活。但得一二

---

① （宋）俞成撰，李伟国、孙莺整理：《萤雪丛说·文章活法》，大象出版社 2019 年版，第282 页。

② （清）冯李骅、陆浩：《春秋左绣》卷二一，光绪六年（1880）校镌本。

③ 《左绣》言："咏叹淫佚，兴会淋漓，长文最贵收缴完密。似此一气盘旋，如大海回风生紫澜也。起结写得生动，中幅板处都活，此文字相救之法。"[（清）冯李骅、陆浩：《春秋左绣》卷九，光绪六年（1880）校镌本]

④ 《古文评注便览》评说鲁桓公二年纳郜大鼎之事言："此文首尾，向传'昭德、塞违'起，'君违、谏德'收。今细按正脉，应是'非礼'起，'君违'收。但恐首尾重复而失落中间，故引入史语，是用活笔法。"（李卫军：《左传集评》，北京大学出版社 2016 年版，第 137 页）

⑤ （明）李湘洲撰，刘依平、汤颖芳、章飚校点：《李湘洲集》卷一一《文字法》，岳麓书社2012 年版，第 474 页。

处灵活，即通体无处不灵活矣"①。因此，清代《左传》评点者对"活"的阐释，既强调变化的作用，又不忽视法度的规范，并将之上升为普遍的、共通的价值追求。

评点是中国独特的一种文学批评方式，谭帆言"这是中国古代颇富民族特性的文学批评体式，在古代文学史、文学批评史、文学传播史上都产生了深远的影响"②。蒋寅曾言："如果硬要在清代文学中举出一门代表性艺术的话，那我们倾向于投文学批评一票。"③那么，清代《左传》评点作为清代文学与评点的代表，自然是既富有民族性，又富有艺术性，对新时代中国话语体系的建构具有重要的参照与影响意义。清代《左传》评点者对评点关键词的选择与阐释，有意无意间走出了创造性转化与创新性发展的道路。评点者身处清代重视话语体系建构的大环境下，受反思明人文章弊端及清代征实风气的影响，对前人的话语体系进行了创造性转换，并吸收他者的述说方式，跨界融通，为后来者提供了既有法度又强调变化的为文"活法"，为构建中国话语体系提供了可供借鉴的标本与路径。同时，具有中国本土特色的清代《左传》评点关键词，与西方文论话语有很多相通之处，林纾在评点古文时，即已发现此点，"纾不通西文，然每听述者叙传中事，往往于伏线、接笋、变调、过脉处，以为大类吾古文家言"④，"左氏之文，在重复中能不自复；马氏之文，在鸿篇巨制中，往往潜用抽换埋伏之笔而人不觉，迭更司氏亦然"⑤，因此，充分挖掘清代《左传》评点关键词、评点关键词的意蕴内涵，是确认中国话语体系有效性、普遍性的重要前提与依据。

---

① （清）王源：《左传评》，《四库全书存目丛书》经部第 139 册，齐鲁书社 1997 年版，第 187 页。
② 谭帆：《中国小说评点研究·导言》，华东师范大学出版社 2001 年版，第 1 页。
③ 蒋寅：《中国古代文学通论·清代卷·绪论》，辽宁人民出版社 2016 年版，第 4 页。
④ 林纾著，吴俊标校：《林琴南书话》，浙江人民出版社 1999 年版，第 34 页。
⑤ 林纾著，吴俊标校：《林琴南书话》，浙江人民出版社 1999 年版，第 99 页。

第五章　清代《左传》评点接受论

"一部文学作品的历史生命如果没有接受者的积极参与是不可思议的。因为只有通过读者的传递过程，作品才进入一种连续性变化的经验视界"①，接受是《左传》评点的一种存在方式，没有被接受的《左传》评点作品，是不能进入读者视域，而进行历史传递的。进入清代，《左传》评点者的评点实践，既有前人的评点示范，又有同时代人的评点影响，他们既是这些"前文本"的接受者，又是"新文本"的生产者，他们既有与前人的对话，又有对后学的叮嘱。当作品被读者阅读时，它们便成为被接受者，与读者进行着一轮又一轮的对话，接受读者与历史的检验。唯有质量高的佳作，才能经得起历史大浪淘沙的选择与冲刷。因此，研究《左传》评点的接受，既能明确《左传》评点作品的质量情况，亦能明确其与时代的契合度。

第一节　清代《左传》评点的接受层次

一般来说，一部作品完成，为作者所阅读、鉴赏、批评，这部作品便进入了接受过程。这个过程可以是多次的、反复的，但对于此作品来说，它与读者之间的接受关系是单一层次的，阅读、鉴赏、批评完成，一次接受便已结束。在此过程中，作者的身份是单一的生产者，读者的身份是单一的接受

---

① ［德］H.R.姚斯、［美］R.C.霍拉勃著，周宁、金元浦译：《接受美学与接受理论》，辽宁人民出版社 1987 年版，第 24 页。

者。评点作品，其文本形态则相对复杂，它不是单一文本，而是复合文本，既有评点的对象文本，又有评点者的阐释文本，因此，其接受层次相对要复杂一些，它的接受过程亦是多层次的。在此过程中，评点者兼具两种身份，一是生产者，二是接受者，分别指向不同的接受层次。具体到清代《左传》评点文本，其接受层次主要有两个。

第一个层次，是清代《左传》评点者对前代文本的接受。

清代《左传》评点者所接受的前代文本，包括《左传》文本，《左传》注解文本，《左传》与评点、注解等共有的复合文本。这些文本，在清代《左传》评点文本中会以不同的样貌出现，或全选，或删节，或摘抄。

在此接受层次中，评点者是以阅读者，或者说接受者的身份出现的。作为阅读者、接受者，他们通过阅读、探究以观测前人之文心、文意，"沿波讨源，虽幽必显。世远莫见其面，觇文辄见其心"[1]，具备接受的可能性与现实性。同时，阅读者在阅读前代文本时，带着自己的"前理解"进入阅读过程，接收来自前代文本的信息。按照姚斯文学阐释的阅读理论，阅读有三个前后连续、递进的阶段，即初级阅读、二级阅读与三级阅读，"初级阅读经验是审美感觉范围内的直接理解阶段，反思性阐释阶段则是在此之上的二级阅读阶段"[2]，"第三级阅读最近乎于历史——哲学解释学了，它涉及从作品的时间和生成前提上对一部作品的阐释"[3]，清代《左传》评点者作为阅读者身份去阅读前代文本时，首先将前代文本的信息一一读过，转码成自己足以明白的语义内容；其次是将此内容进行反思、对话，在认同与否定的双重路径下，实现自我"期待视野"与"文本召唤结构"的沟通、交融，从而形成一种自我提升的"新视野""现在视界"，将感性体悟上升至理性的理解层面。

---

① （南朝梁）刘勰著，范文澜注：《文心雕龙注·知音》，人民文学出版社1958年版，第715页。

② [德] H.R.姚斯、[美] R.C.霍拉勃著，周宁、金元浦译：《接受美学与接受理论》，辽宁人民出版社1987年版，第178页。

③ [德] H.R.姚斯、[美] R.C.霍拉勃著，周宁、金元浦译：《接受美学与接受理论》，辽宁人民出版社1987年版，第183页。

接受是作者与读者、生产者与接受者的交流过程，"接受意味着读者作为主体占有了作品并按照自己的需要改造了它，通过释放作品蕴含的潜能，使这种潜能为自身服务；通过实现作品蕴含的潜能，使这种潜能为自身服务；通过实现作品的可能性扩大了自身的可能性"①。清代《左传》评点者作为读者，在阅读过程中从被动接受，慢慢有了主动性、能动性与创造性、批判性，他们对《左传》的文本内容本身有了自我的认知，对《左传》文本所展现的主题意旨以及文法结构等有了相对清晰的认知，这是在理解上的提升，在理解与对话中有了同化、顺应的改变。同时，他们对前代《左传》的诸多注解、评点有了不同的意见，形成了自己的阐释观点，又对自我的习惯系统进行相应改变，这是在否定基础上的提升，在否定中生成了填充、建构的欲望，在传统中发展了自我的个性。

此种心理与认知过程，是一个动态流程，恰如朱立元解读皮亚杰的"认识发生和建构的心理过程阅读过程"所提出的，"是一个同化与顺应不断从不平衡态走向平衡态的发展过程，对作品的认识过程也是一个阅读心理图式不断改变与建构、逐步更新与提高的过程"②。从盲目接受到有所发现，从有所发现到有所发明，这是清代《左传》评点者从接受者到创造者转变的前提与基础。

第二个层次，是后学对清代《左传》评点文本的接受。

在此接受层次中，《左传》评点者的身份变成了文本的生产者。曾经的阅读者变成了生产者，产生对《左传》文本的解读，此种"产品"与读者有着一种天然的亲近感，评点者带着真切的读者体验进入文本生产，将阅读过程与阅读经验作为生产对象，为后学提供新的阅读体验。因此，《左传》评点者的文本生产，从一开始便打上了阅读者的阅读烙印，是真正的读者反应批评。

《左传》评点生产的阅读基因，主要体现在读者阅读过程的重建与阅读

---

① 章国锋：《文学与读者》引瑙曼语，《文艺报》1987 年 8 月 29 日。
② 朱立元：《接受美学导论》，安徽教育出版社 2004 年版，第 200 页。

经验的呈现上。读者阅读作品时，基本上是从一个字到另一个字，从一句话到另一句话，从一个段落到另一个段落，从一节到另一节，从一篇到另一篇，此种阅读过程，也就是伊瑟尔所说的"视点游移"。《左传》评点恰恰就是从一个字一个字讲起，从一个字推移到一句话，从一句话推移到一个段落，从一个段落推移到一篇，再从一篇推移到另一篇，每一个关键字下要标明字义，每一个关键句下要指明功能、意义，每一个段落下要总结主旨大意，每一篇文章要言说其内容、文法等，此种评说过程，恰恰就是阅读过程的再现，都是在"视点游移"中动态展现。

读者在阅读过程中，有时会忍不住做出一定的标记，标记文章的妙处、关键点以及生疑之处。此种阅读习惯，行之于评点文本，便是不同的点抹符号，或标于字句旁边，或置于一段之尾，或圈出单个字，或画出大段话，皆是为求醒目，皆是在做提示。

当然，读者阅读文本，并不能仅仅局限在对字、词、意的微观把握及标注上，还要将诸多微观感受整合、提升，形成一种更为深刻、更为理性的宏观把控，这是进一步解读文本的必然要求，"作品的字、词、句、段的孤立意义是在读者'视点游移'过程中获得连贯一致的独特意义的，这种连接、统一、整合也就是确定意义、填补空白的过程"①。清代《左传》评点者将阅读局部层次的暂时记忆，转向对微观结构层的整合、归并，进而形成体现自己旨意的"综合"宏观结构层，最后以尾评、眉评等叙述的上层结构，重建了阅读过程。

清代《左传》评点者将阅读时产生的自我提升的感觉，进行了再创造、再生产，从而实现了从阅读者到阐释者的身份改变。此种身份改变，在评点作品中大量出现的"读者"二字中可窥一斑。评点者用"读者"二字，提出对读者的指引、期待，以期与读者达成一种跨越时间的交流。"许多文章，都在无字处，读者何可不细心"②，这是提醒读者学会从无字句处体悟

① 朱立元：《接受美学导论》，安徽教育出版社 2004 年版，第 188 页。
② 李卫军：《左传集评》，北京大学出版社 2016 年版，第 104 页。

文章真意；"读者不可徒赏其词调之工已也"①"读者须观其大要，毋徒赏其词句之花簇"②，这是警诫读者不可耽于字句雕琢，不顾大意；"读者所宜反复致思也"③"读者细玩，自得其用意用笔之妙"④，这是指引读者读书品文之法；"一入'夫战，勇气也'数句，忽令读者回顾前文，俱在空中盘桓，跃跃欲活"⑤，这是对读者应有阅读感受的提醒。读者读过评点文本，就如同跟着评点者重新温习了一遍，重走了一遍评点者的阅读过程，在此过程中，读者读出了一种熟悉而又能满足其期待的感觉，评点者总能恰到好处地抓住读者的兴趣点，总能在关键点上解答疑问。此种相似度极高的心理过程，是读者与评点者进行沟通的重要保障，也是评点文本能够达成最佳阐释效果的佑助。

后学作为清代《左传》评点文本的阅读者、接受者，他们会带着自己的"期待视野"进入阅读，亦会对清代《左传》评点文本的空白、空缺点进行他们的填充、解读与批评，从而完成新一轮的接受。

清代《左传》评点接受的两个层次，是文学阅读、阐释、批评的过程再现。这一过程是带有主观性的创造过程，观赏者"总要进行主观的意向性'投射'，使作品中的人、事、背景增添若干主观性的'杂质'"⑥。每个评点者的身份、知识、素养与所处环境各不相同，在评说时自然会有不同的阐释方向与内容，从而呈现出"千人千面"的评点样态，而且同一个评点者在不同时间、不同心境下读同一部作品往往会有不同的感受与认知，其评说亦会有所差异。但是，诸多不同并未脱离《左传》文本，并未脱离评点的习惯系统，并未脱离评点者与读者共同的阅读过程，从而使清代《左传》评点既具备了达成接受的可能性，又具备了接受无限延续的可能性，

① （清）王源：《左传评》，《四库全书存目丛书》经部第 139 册，齐鲁书社 1997 年版，第 181 页。
② 李卫军：《左传集评》，北京大学出版社 2016 年版，第 160 页。
③ 李卫军：《左传集评》，北京大学出版社 2016 年版，第 576 页。
④ 李卫军：《左传集评》，北京大学出版社 2016 年版，第 247 页。
⑤ 李卫军：《左传集评》，北京大学出版社 2016 年版，第 242 页。
⑥ 朱立元：《接受美学导论》，安徽教育出版社 2004 年版，第 15 页。

"对一本文或一部艺术作品里的真实意义的汲舀是永无止境的，它实际上是一种无限的过程"①。

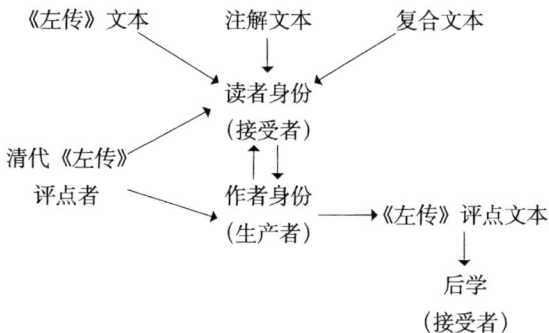

```
《左传》文本    注解文本    复合文本
        ↘       ↓       ↙
        读者身份
        (接受者)
        ↗   ↑ ↓
清代《左传》      
评点者   →  作者身份  →《左传》评点文本
        (生产者)
                    ↓
                   后学
                  (接受者)
```

清代《左传》评点接受层次示意图

清代《左传》评点接受的两个层次之间，在时间层面上前后相继，评点者生产出评点作品，必须在多次阅读基础之上。即便是在生产过程中，评点者也需要再次、重复、反复阅读，再次变身为接受者，从前代诸多文本中汲取知识，提升认知水平与阐释能力。如此，方能将《左传》阐释进一步具体化，实现阅读的"完形"功能，达成"通作者之意，开览者之心"②的评点效果。

第二节 清代《左传》评点对前代文本的接受

清代《左传》评点者的第一个身份，是《左传》及相关文本的阅读者，他们的阅读并非全盘接收，不加区分，而是有所选择、有所凸显。"经典是阐释者与被阐释文本之间互动的结果。经典只有持续不断地被解释、接

---

① ［德］汉斯—格奥尔格·伽达默尔著，洪汉鼎译：《真理与方法》，上海译文出版社 1999 年版，第 383 页。

② （明）袁无涯：《忠义水浒全书发凡》，载朱一玄编：《〈水浒传〉资料汇编》，南开大学出版社 2002 年版，第 133 页。

受、传播，它内在的潜力才能得以开发"①，而经典文本在被阐释时，不同的时代、不同的阐释者会有不同的选择，诸多选择，恰恰是时代思潮、文学风貌与个人意志的写照。不同的主题、人物、时段在不同的评点者眼中具有不同的兴趣点与审美点，具备不同的意义与价值指向，故而他们在阅读时会有选择、有重点地读，这些重点，行之于评点文本，便是不同的选文、评点趋向，代表了有清一代《左传》评点者对《左传》经典文本的接受、传承与建构。

一、清代《左传》评点对《左传》文本的选择趋向

清代《左传》评点对《左传》的接受情况，最可靠的材料，便是众多的《左传》评点文本；最直接的依据，便是清代评点者共同趋向于对《左传》哪些文本的选择，这是接受内容，是价值遴选。数量统计是对内容的客观呈现，因此，只要将清代《左传》评点作品所选评的《左传》相关内容进行定量统计，即能较为清晰地看出清代《左传》评点者的价值导向与审美期待。

需要指出的是，清代《左传》评点本众多，此处统计只是抽样统计，抽样文本包括《山晓阁选古文全集》《古文觉斯》《古文评注》《唱经堂才子书汇稿·左传释》《金圣叹评点才子古文》《天下才子必读书·左传》《左传读本》《古文析义》《古文渊鉴》《春秋左传句解》《古文观止》《左传经世钞》《古文集解》《文章练要·左传评》《左传快评》《古文知新》《古文赏音》《古文快笔贯通解》《古文眉诠》《文章鼻祖》《储欣左传选》《古文斫》《左传评林》《古文翼》《左传钞》《古文资镜》《古文精言》《古文一隅》《古文释义》《左传义法举要》《评乙古文》，共31本。选文内容因不同的评点本拟定的题目不一，此处选择相对常用的一种表达，数量统计时将之全部统计在内。

---

① 黄曼君：《中国现代文学经典的诞生与延传》，《中国社会科学》2004年第3期。

清代部分《左传》评点本选文内容统计简表

选文内容	选本数量	排序
郑伯克段于鄢	25	1
曹刿论战	22	2
臧哀伯谏纳郜鼎	21	3
子产论尹何为邑	21	3
重耳游历诸国	21	3
臧僖伯谏观鱼	20	6
知罃对楚子	20	6
周郑交质	19	8
石碏谏宠州吁	18	9
介之推不言禄	18	9
展喜犒师	18	9
子产坏晋馆垣	18	9
王孙满对楚子	18	9
晋败齐师于鞌	17	14
楚武王伐随	17	14
烛之武退秦师	16	16
子产论政宽猛	15	17
盟召陵	14	18
宫之奇谏假道	14	18
阴饴甥对秦伯	14	18
吕相绝秦	14	18
楚屈瑕伐罗	13	22
邾黑肱以滥来奔	13	22
战于鄢陵	13	22

续表

选文内容	选本数量	排序
邲之战	13	22
庄公戒饬守臣	12	26
白公胜之乱	12	26
齐国佐不辱命	12	26
子产却楚逆女以兵	12	26
城濮之战	12	26
骊姬之乱	11	31
赵盾弑其君	11	31
季札观乐	11	31
子产告范宣子轻币	11	31

通过上表可以看出，评点者的选文从内容上来看，涉及政乱、战争、辞令、礼制等层面，基本涵盖了《左传》叙事的主要内容类型。从文体上来看，有叙事，有议论，叙事有本末体与单叙体，议论有周大夫之言与行人辞令，风格多样。评点者从文体发展的角度，将有源头作用的作品选入其中，如蒋铭《古文汇钞》称《吕相绝秦》一文"是千古檄文谩书之祖"①，《古文晨书》称之为"是千古檄文之祖"②，《左传快评》称之曰"千古声罪致讨之文，此其鼻祖也"③，《古文一隅》称之为"辞令之妙，千古第一"④；《古文渊鉴》称《阴饴甥对秦伯》一文为"千古第一词令也"⑤，等等。由此可见，清代《左传》评点的选文，本就是有着明确接受意识的选择与凸显。

---

① 李卫军：《左传集评》，北京大学出版社 2016 年版，第 994 页。
② 李卫军：《左传集评》，北京大学出版社 2016 年版，第 1000 页。
③ （清）刘继庄：《左传快评》卷六《吕相绝秦》，康熙四十五年（1706）刊本。
④ （清）朱光洛：《古文一隅》，道光庚戌年（1850）刻本。
⑤ （清）爱新觉罗·玄烨选，徐乾学等编著：《御选古文渊鉴》卷一《晋阴饴甥对秦伯》，康熙四十九年（1710）武英殿刻五色套印本。

对照第一部《左传》评点本《文章正宗》,《郑伯克段于鄢》《臧哀伯谏纳部鼎》《子产论尹何为邑》《重耳游历诸国》《臧僖伯谏观鱼》《知罃对楚子》《石碏谏宠州吁》《展喜犒师》《子产坏晋馆垣》《王孙满对楚子》《烛之武退秦师》《子产论政宽猛》《宫之奇谏假道》《阴饴甥对秦伯》《吕相绝秦》《战于鄢陵》《邲之战》《齐国佐不辱命》《城濮之战》皆在《古文正宗》中出现,此后亦不断出现在相关的古文选本以及《左传》评点本中。今以明代的部分《左传》选评本为例,可见明代对《左传》的选择与认可内容。

明代部分《左传》选评本选目与清代部分《左传》选文对比表

(注:选文相同者用"○"标记,题目或有不同,以选文内容为统计依据)

选目 ＼ 作品名	史品赤函	历代古文国玮集	文章正论	古文正集	左传狐白	四史鸿裁	左传文苑	左传评林
郑伯克段于鄢	○	○		○	○	○	○	○
曹刿论战	○	○			○	○	○	○
臧哀伯谏纳部鼎	○	○		○	○	○	○	○
子产论尹何为邑	○	○	○	○	○	○	○	○
重耳游历诸国	○	○			○	○	○	○
臧僖伯谏观鱼	○	○	○	○	○	○		○
知罃对楚子	○	○	○	○	○	○	○	
周郑交质	○	○		○	○	○	○	
石碏谏宠州吁	○	○	○	○	○	○	○	
介之推不言禄	○	○	○	○	○	○	○	
展喜犒师	○	○	○	○	○	○	○	
子产坏晋馆垣	○	○	○	○	○	○	○	○
王孙满对楚子	○	○	○	○	○	○	○	
晋败齐师于鞌	○	○			○	○	○	○
楚武王伐随		○		○	○			

作品名 选目	史品 赤函	历代古文 国玮集	文章 正论	古文 正集	左传 狐白	四史 鸿裁	左传 文苑	左传 评林
烛之武退秦师	○	○	○	○	○	○	○	○
子产论政宽猛		○	○					
盟召陵		○		○				
宫之奇谏假道	○	○	○	○	○	○		○
阴饴甥对秦伯		○			○			
吕相绝秦	○	○		○	○	○	○	
楚屈瑕伐罗		○		○	○			○
郗黑肱以滥来奔	○	○			○			
战于鄢陵						○	○	
邲之战						○	○	
庄公戒饬守臣	○	○		○	○			○
白公胜之乱	○		○		○	○		
齐国佐不辱命	○				○			
子产却楚逆女以兵	○	○		○		○		
城濮之战		○				○	○	○
骊姬之乱		○			○			
赵盾弑其君		○		○	○			
季札观乐	○	○	○		○			
子产告范宣子轻币	○	○			○			
重合率	70.6%	88.2%	38.2%	70.6%	85.3%	79.1%	70.6%	47.1%

陈仁锡的《史品赤函》与表格所列 34 篇选文重合的有 24 条，其中排序前 14 的完全涵盖；方岳贡的《历代古文国玮集》与表格所列 34 篇选文重合的有 30 条，其中排序前 23 的完全涵盖；陈仁锡的《古文正集》与表格所列 34 篇选文重合的有 24 条，其中排序前 13 的完全涵盖；汤宾尹的《左传狐白》与表格所列 34 篇选文重合的有 29 条，其中排序前 16 的完全涵盖；穆文熙的《四史鸿裁》与表格所列 34 篇选文重合的有 27 条，其中排序前 14 的完全涵盖；张鼎的《左传文苑》与表格所列 34 篇选文重合的有 24 条；李廷机

的《左传评林》与表格所列 34 篇选文重合的有 16 条；刘祜的《文章正论》与表格所列 34 篇选文重合的有 13 条。

通过以上对比可知，清代《左传》评点者的文章选择，与明代评选本有比较高的趋同性、一致性，这说明他们在对《左传》经典文本以及对经典的认识上亦有基本相同的认识，评选也主要以《左传》的经典文本为选择对象，这正是《左传》经典文本的辐射力，"经典又是一个稳定的结构，其影响力在不断变动的历史过程中，会呈现出一种综合平衡性"①。不同时代的人们，经过集体选择、阅读、鉴赏、批评，确立了《左传》经典文本的对象范围，正如苏轼所言"世间唯名实不可欺。文章如金玉，各有定价，先后进相汲引，因其言以信于世，则有之矣。至其品目高下，盖付之众口，决非一夫所能抑扬"②，清代评点者对《左传》经典文本的选择，是评点者的群体鉴赏、抉择的结果，这是一个复杂而又漫长的过程。

二、清代《左传》评点对《左传》经典文本阐释的接受

一般来说，一个文本入选选本、被评说的频次越多，反映的是这个文本所受的关注度越高。在清代《左传》评点本中，《郑伯克段于鄢》一文以绝对优势成为入选率最高的文本。未选录《郑伯克段于鄢》的评点本，分别是：《评乙古文》仅选一篇《左传》文，即《晋公子重耳出亡》；《古文一隅》选评两篇《左传》文，即《晋侯使吕相绝秦》《襄王拒晋文公请隧》；《古文资镜》选评三文，分别为《子产劝范宣子轻币》《晏子论和与同异》《子产论政宽猛》；《文章鼻祖》选录三篇论战文字，分别是写城濮之战、邲之战与鄢陵之战；《左传义法举要》选录六篇《左传》文字，分别是《齐连称管至父弑襄公》《韩之战》《城濮之战》《邲之战》《鄢陵之战》《宋之盟》，言说《左传》义法之精；《古文快笔贯通解》选文十篇，第一篇为《周郑交质》，未选《郑伯克段于鄢》。此六

---

① 王兆鹏、郁玉英：《宋词经典名篇的定量考察》，《文学评论》2008 年第 6 期。
② （宋）苏轼撰，（明）茅维编，孔凡礼点校：《苏轼文集》卷五三《尺牍·答毛泽民七首之一》，中华书局 1986 年版，第 1571 页。

部作品，或者选文少，或者阐释用世之义，或者言说战事之妙，或者阐述义法，各有自己的选择目的，而《郑伯克段于鄢》不是它们最佳的达意对象。

选评《郑伯克段于鄢》一文的评点本，除却《古文眉诠》《左传钞》第一篇为《元年春王正月》，第二篇为《郑伯克段于鄢》外，其他无一例外将《郑伯克段于鄢》置于选文之首。此种处理，固然与郑庄公克段一事发生的时间相对靠前有关，更重要的是显示了清代《左传》评点者对此文的认可，亦可见出评点者的阐释理念。刘继庄《左传快评》即言："从来风气之先，必有一人以开之。春秋始终五霸，而郑庄公者，固五霸之前驱也。观其权略，不在桓文之下，左氏于隐、桓之际，全副精神注射郑庄。读《左传》者，能理会得左氏写郑庄之文，则于五霸之文皆迎刃而解矣。此是郑庄第一篇文字。《春秋》之法，必先自治而后治人。郑庄公之权略用之于母子兄弟之间者如此，他日用之于天王者，亦只是此一副手段。"①郑庄公开风气之先，为春秋五霸之先驱，此为历史实情。读懂《郑伯克段于鄢》一文，方能读懂写郑庄公的其他文字，方能读懂写春秋五霸的文字，此为读文之法。为政者，需先自治，后方能治人，此为《春秋》义法，亦为刘继庄作为评点者的评点理念。历史实情、《左传》写文之法、《春秋》义法与评点者的评点理念交织在一起，共同决定了《郑伯克段于鄢》一文一般作为首篇入选《左传》评点作品的命运②。

评点者最重大的任务，便是对所选之文的阐释。"郑伯克段于鄢"，本是《春秋》之语，《左传》《公羊传》《穀梁传》对其微言大义都有解读，而《左传》以曲折详尽的叙事、自然而然的意旨阐释更为人所重。《左传》的叙事很有意味，写郑庄公与共叔段政治上的争夺，却从二人之母武姜生子之事写起；写完政治争夺，却又连缀颍考叔孝母一事，读者在阅读时就会不断地追寻缘由，追问《左传》如此处理的意图。此事政治、伦理、情感交融，关涉人物众多，不同的人物在这场春秋大戏中究竟是什么角色，其真实心理如何，都吸引着读者以"破案者"的身份去追寻答案，从而出现了众多的"案情分析"。

---

① （清）刘继庄：《左传快评》卷一《郑伯克段于鄢》，康熙四十五年（1706）刊本。

② 《左绣》言："选《左》者，无不以此为称首。"[（清）冯李骅、陆浩：《春秋左绣》卷一，光绪六年（1880）校镌本]

清代《左传》评点者作为读者去阅读此文本时，发现了很多与自己相似的身影，"正在对来自过去的典籍和遗物进行反思的、后起时代的回忆者，会在其中发现自己的影子，发现过去的某些人也正在对更远的过去作反思"①，他们依然重复着前代读者走过的路。所不同的是，前代读者已经蹚出了多条线路，他们在自我阅读的同时，还有如何走出一条新路的问题。

从阐释内容来说，《左传》阐释"郑伯克段于鄢"时，奠定了伦理与政治两个阐释角度，"段不弟，故不言弟""称郑伯，讥失教也"，是从伦理角度讥讽共叔段、郑庄公，各自失却为弟为兄者的本分。"如二君，故曰克"，②则着眼于政治上的君臣对立。《左传》对郑庄公、共叔段的伦理批评，一分为二，各自有错，政治上则是对共叔段的批判力度更大。《公羊传》在阐释时却言此为"大郑伯之恶也"③，《穀梁传》则言"甚郑伯之处心积虑成于杀也"④，《公羊传》《穀梁传》的解读与《左传》叙事一结合，便引发了历史上气势汹汹的"养恶说"，大力抨击郑庄公的奸诈、阴险。清代《左传》评点者很多固守此种观念，"段之不义，全是庄公酿成"⑤，将郑庄公视为奸诈者大肆批判，"郑庄是春秋第一阴毒人""郑伯一生阴毒，专会假仁假义，愚天下人"⑥"其狠毒阴险，真非人法界中所曾有也"⑦"狠毒之至"⑧"庄公着着狠""郑庄狠毒"⑨"郑伯忍人也"⑩"真残忍之人"⑪"庄公猜刻残忍人也"⑫"郑

①　[美] 宇文所安著，郑学勤译：《追忆——中国古典文学中的往事再现·导论：诱惑及其来源》，生活·读书·新知三联书店2014年版，第22页。
②　杨伯峻：《春秋左传注》，中华书局2009年版，第14页。
③　刘尚慈：《春秋公羊传译注》，中华书局2010年版，第6页。
④　（清）钟文烝撰，骈宇骞、郝淑慧点校：《春秋穀梁经传补注》，中华书局2009年版，第10页。
⑤　李卫军：《左传集评》，北京大学出版社2016年版，第29页。
⑥　（清）姚培谦：《古文斫》卷一，乾隆甲午年（1774）重订本。
⑦　李卫军：《左传集评》，北京大学出版社2016年版，第18页。
⑧　李卫军：《左传集评》，北京大学出版社2016年版，第33页。
⑨　李卫军：《左传集评》，北京大学出版社2016年版，第34页。
⑩　李卫军：《左传集评》，北京大学出版社2016年版，第31页。
⑪　李卫军：《左传集评》，北京大学出版社2016年版，第13页。
⑫　李卫军：《左传集评》，北京大学出版社2016年版，第27页。

庄公固忍鸷人也"①"叙郑庄假作孝友，故意养成弟恶而剪除之"②，这是在前人评说主调基础上的情绪宣泄，表明了对狠毒、奸诈的痛恨，这是读者的情感认同。另有一部分人则为郑庄公辩解，有的从事情之始谈起，认为郑庄公之举实因母亲武姜爱憎率性而起，"看他先出姜氏，便知后来兄弟二人无数乖迕，都是姜氏无端生出来"③"妇人率性，往往遂成家国之祸"④，这是脱离事情本身而另外寻找其心理依据；有的则从君臣之义谈起，认为共叔段"居京""命贰""收邑""缮甲具卒以袭郑"，皆为不臣之举，皆为挑战君主之权威，"且段弟也，人臣也，庄公兄也，人君也。兄不可以不君，弟安可以不臣乎"⑤。

从阐释方式来说，一方面，评点渐重征实。无论是批判郑庄公，还是为郑庄公打抱不平，清代《左传》评点者最大的特点，便是脱离了单纯的主观臆测，着眼于从字句之间见真情，从一字一句出发，在字斟句酌的详细阐释中，通过对字句关系层次的推衍，自然而然地推导出自己的结论。高嵣《左传钞》言"第一段特提武姜叙入，是以篇旨在母。一'恶'一'爱'，遂基祸本"⑥，从"爱"与"恶"二字推导出此文的篇旨所在，推责于武姜。方宗诚言"上文五层腾挪，愈腾挪愈见郑庄之奸，至此'公闻其期，曰可矣'一句，文笔奋跃而出，而庄之奸亦自忍不住而尽发露矣"⑦，即是从郑庄公的言辞出发言说其奸诈之处。另一方面，评点渐趋繁富。清代评点者的结论推衍，脱离了明代浅显、简短的阐释方式，无论是夹注还是尾评、眉评，都有增长的趋势，甚至是长篇大论。直观起见，可以明代、清代几则《郑伯克段于鄢》的评点书影为例证明。

---

① 李卫军：《左传集评》，北京大学出版社 2016 年版，第 28 页。

② 李卫军：《左传集评》，北京大学出版社 2016 年版，第 11 页。

③ 李卫军：《左传集评》，北京大学出版社 2016 年版，第 8 页。

④ 李卫军：《左传集评》，北京大学出版社 2016 年版，第 10 页。

⑤ 李卫军：《左传集评》，北京大学出版社 2016 年版，第 32 页。

⑥ （清）高嵣：《左传钞》，黄秀文、吴平主编：《华东师范大学图书馆藏稀见丛书汇刊》第 15 册，北京图书馆出版社 2006 年版，第 53 页。

⑦ 李卫军：《左传集评》，北京大学出版社 2016 年版，第 15 页。

书影一：（明）方岳贡《历代古文国玮集》（明刻本）

春秋左傳節文

隱公

經　夏五月鄭伯克段于鄢

傳　初鄭武公娶于申曰武姜生莊公及共叔段莊公寤生驚姜氏故名曰寤生遂惡之愛共叔段欲立之亟請於武公公弗許及莊公即位為之請制公曰制巖邑也虢叔死焉他邑唯命請京使居之謂之京城大叔祭仲曰都城過百雉國之害也先王之制大都不過參國之一中五

之一小九之一　今京不度非制也君將不堪公曰姜氏欲之焉辟害對曰姜氏何厭之有不如早為之所無使滋蔓蔓難圖也蔓草猶不可除況君之寵弟乎公曰多行不義必自斃子姑待之既而大叔命西鄙北鄙貳於己公子呂曰國不堪貳君將若之何欲與大叔臣請事之若弗與則請除之無生民心公曰無庸將自及大叔又收貳以為己邑至于廩延子封曰可矣厚將得眾公曰不義不暱厚將崩大叔完聚繕甲兵

具卒乘將襲鄭夫人將啟之公聞其期曰可矣命子封帥車二百乘以伐京京叛大叔段段入于鄢公伐諸鄢五月辛丑大叔出奔共書曰鄭伯克段于鄢段不弟故不言弟如二君故曰克稱鄭伯譏失教也謂之鄭志不言出奔難之也遂寘姜氏于城潁而誓之曰不及黃泉無相見也既而悔之潁考叔為潁谷封人聞之有獻於公公賜之食食舍肉公問之對曰小人有母皆嘗小人之食矣未嘗君之羹請以遺之公曰爾

有母遺繄我獨無潁考叔曰敢問何謂也公語之故且告之悔對曰君何患焉若闕地及泉隧而相見其誰曰不然公從之公入而賦大隧之中其樂也融融姜出而賦大隧之外其樂也洩洩遂為母子如初君子曰潁考叔純孝也愛其母施及莊公詩曰孝子不匱永錫爾類其是之謂乎

經　秋七月天王使宰咺來歸惠公仲子之賵

秋七月天王使宰咺來歸惠公仲子之賵緩

书影二：（明）汪道昆《春秋左传节文》（万历五年刻本）

书影三：(明) 穆文熙《四史鸿裁》(万历十八年朱朝聘刻本)

书影四：（明）汤宾尹《左传
狐白》（万历二十四年刊本）

书影五：（明）陈仁锡《史品赤函》（明末刻本）

书影六：（明）李廷机《左传评林》（万历年间书林郑以厚刻本）

书影七：（明）葛鼐《古文正集》

（崇祯永怀堂刻本）

以上书影，基本上代表了明代评点《郑伯克段于鄢》的样貌，基本上只有眉评、夹注、旁批，仅《史品赤函》有尾评，《左传狐白》末尾收录的是《穀梁传》对《春秋》"郑伯克段于鄢"一句的解读，《古文正集》末尾收录的是吕祖谦的评说，皆非评点者自己的评说，《史品赤函》的尾评是评点者的自我之见。从评说语来看，《历代古文国玮集》《左传节文》评说皆是简短之句，《四史鸿裁》《左传狐白》《左传评林》语句相对增长，但《左传狐白》《左传评林》为多人评说的汇集，每个人的评说亦不多。

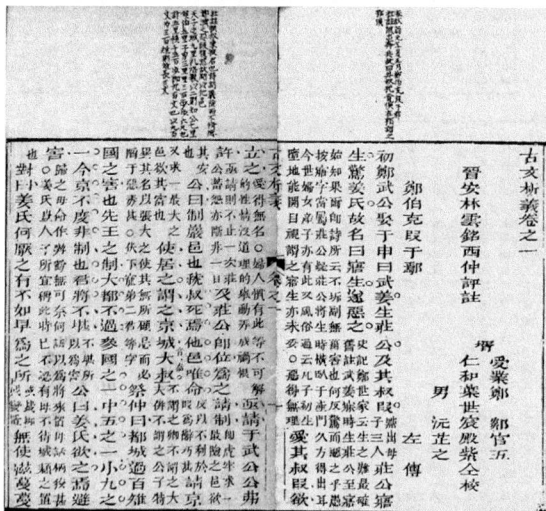

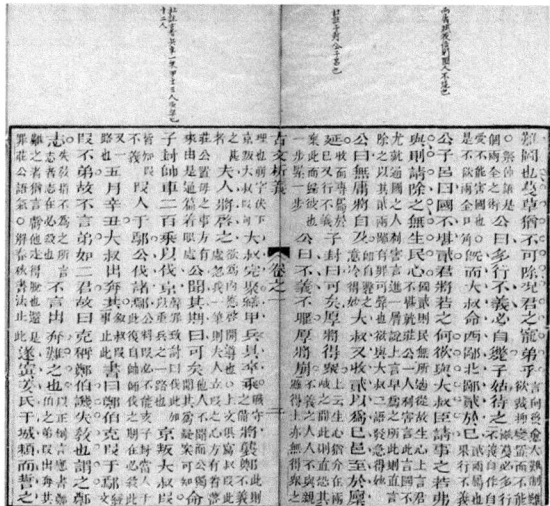

书影八：（清）林云铭《古文析义》（康熙五十五年文选楼刊本）

古文斫卷一

華亭姚　培謙　平山　評註
同里朱　霞　初晴　參閱
錢唐張　琳　玉田　參閱

鄭伯克段于鄢　隱公元年　左傳

书影九：（清）姚培谦《古文斫》（乾隆甲午年重订本）

左傳快評卷第一

劉繼莊先生評定

宜堂金成棟輯
同學諸于泰校

鄭伯克段于鄢　隱公元年

〔卷一　鄭伯克段于鄢〕　蕉雨關房

初鄭武公娶于申曰武姜生莊公及共叔段莊公寤生驚姜氏故名曰寤生遂惡之愛共叔段欲立之亟請於武公公弗許

及莊公即位為之請制公曰制巖邑也虢叔死焉他邑唯命請京使居之謂之京城太叔

祭仲曰都城過百雉國之害也先王之制大都不過參國之一中五之一小九之一今京不度非制也君將不堪

公曰姜氏欲之焉辟害對曰姜氏何厭之有不如早為之所無使滋蔓蔓難圖也蔓草猶不可除況君之寵弟乎

公曰多行不義必自斃子姑待之既而大叔命西鄙北鄙貳于己

公子呂曰國不堪貳君將若之何欲與大叔臣請事之若弗與則請除之無生民心公曰無庸將自及

大叔又收貳以為己邑至于廩延子封曰可矣厚將得眾公曰不義不暱厚將崩

大叔完聚繕甲兵具卒乘將襲鄭夫人將啟之

公聞其期曰可矣命子封帥車二百乘以伐京京叛大叔段段入于鄢公伐諸鄢五月辛丑大叔出奔共

書曰鄭伯克段于鄢段不弟故不言弟如二君故曰克稱鄭伯譏失教也謂之鄭志不言出奔難之也

遂寘姜氏于城潁而誓之曰不及黃泉無相見也既而悔之

书影十：(清) 刘继庄《左传快评》(康熙四十五年刻本)

书影十一：（清）冯李骅、陆浩《左绣》（光绪六年校镌本）

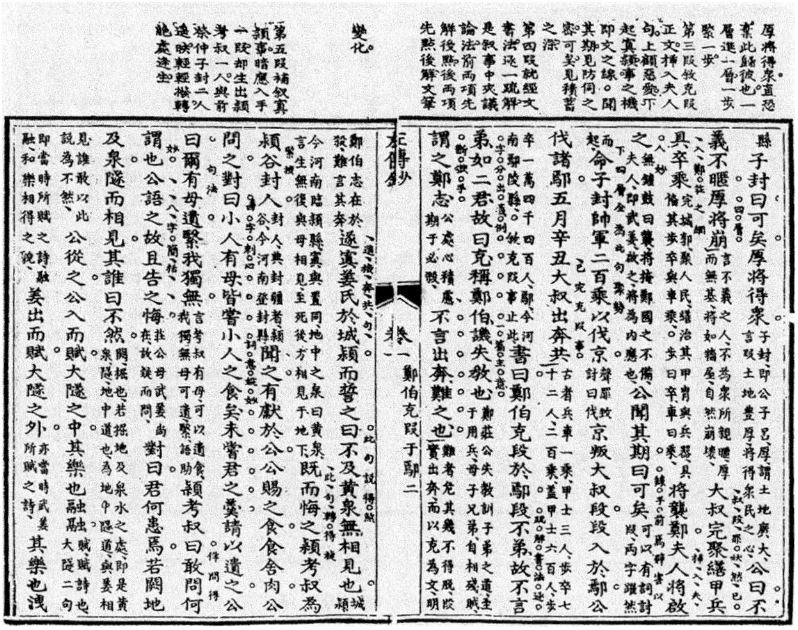

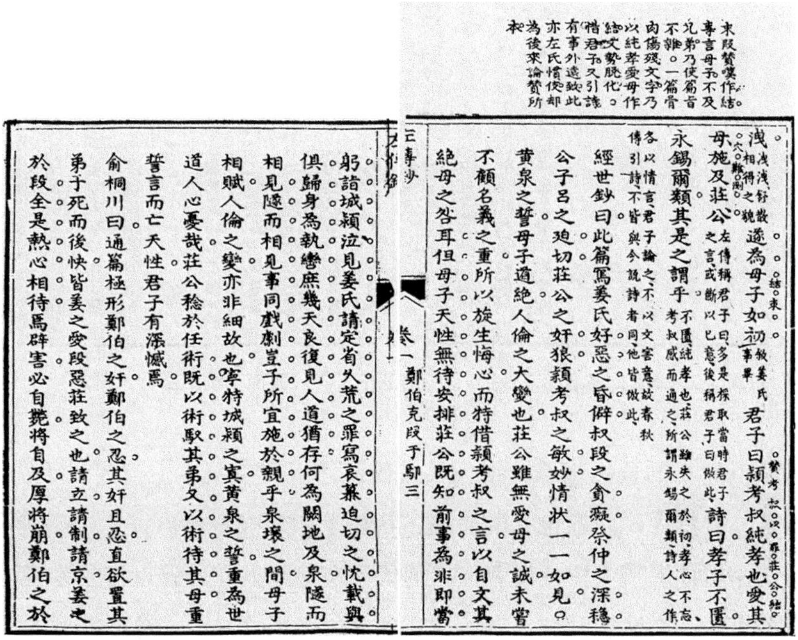

书影十二：（清）高嶰《左传钞》（乾隆五十三年《高梅亭读书丛钞》刻本）

从评点文本的长短来看，清代《左传》评点文本基本上都要长于明代，篇幅增长，自然评说内容也有所增加。除却《左绣》《左传眉评》《古文渊鉴》等有意使用眉评展现大段评说者外，清代《左传》大部分评点作品皆将对整篇文章的思想、文法以及评点者的为文理念放于尾评之中，总结前面的零碎评说，由分说归入总评，卒章显志，曲终奏雅。他们的观点或许有异，甚至迥然对立，但是他们得出观点的方法、路径是一致的，即如金圣叹所言"读书如断狱，务要判得明尽"①，以具体字句作为例证，阐明己意。通过细致入微、字斟句酌的阐释方式，清代《左传》评点进一步巩固、强化了《郑伯克段于鄢》一文的经典文本地位。

明代对于《郑伯克段于鄢》的评说，吸纳了《穀梁传》、吕祖谦、胡安国等前代的观念，重点言说郑庄公之奸诈，并从理学倡言的"天理"入手，批判其"天理人心何在"②，清代评点者皆有继承，并能以条理清晰的论说来进一步填充明人评点的疏略之处。至若文章评说方面，亦是如此。汪道昆《春秋左传节文》评点之"叙事能品""句法""章法""字法"等语，在清代评点者那里被进一步详细阐释。姜希辙《左传统笺》言"左氏此篇始叙郑武娶申，至叔段奔共，忽入《春秋》书法，以立断案。乃再叙置母城颍，而出考叔调停母子之法，又以'君子曰'断之。叙事议论，相错杂而行，遂为千古作文之法"③，阐释此文之叙事层次、叙事方法。王源《左传评》言"如此篇叙庄公，残忍人也，阴贼人也。乃未写其如何残忍，如何阴贼，先写其仁厚。而既写其如何残忍，如何阴贼，又另写一孝子如何仁爱，如何笃孝，因写庄公如何念母，如何见母，如何母子如初。且曰'纯孝'，曰'爱其母'，曰'孝子不匮'，与前文固秦越之不相侔也。非变化之妙哉？千秋而下，生气犹拂拂纸上矣。庄公是正，考叔是奇。庄公之母是正，考叔之母是奇。庄公之不孝是正，考叔之孝是奇。请京是正，请制是奇。不友是正，友爱是奇。庄公之陷弟是正，群臣之虑公是奇。奇正相生，如循环之无端，孰测其奇之所在？孰知其正之所在？要知'请制'二语，在左氏虽是用奇，而庄公当日必实有此语。以其有深忧远虑，故为是甘言以谢其母也。至于考叔一节，未可尽信。观庄公如此一副肺肝，岂有后悔之日？即因考叔一见而复归其母，不过假仁欺世，以掩其愆。如射

---

① （清）金圣叹：《唱经堂才子书》，天津古籍出版社 2016 年版，第 284 页。

② （明）陈仁锡：《史品赤函》，《四库全书存目丛书》史部第 148 册，齐鲁书社 1996 年版，第 21 页。

③ （清）姜希辙：《左传统笺》卷之一，《四库全书存目丛书》经部第 131 册，齐鲁书社 1997 年版，第 12 页。

王中肩，又问左右；陷阱其弟，又为'糊口四方'之语。断非真心感动，至诚仁孝。左氏借为文字章法，故如此叙，此传之所以不可信也。'郑志'二字，将克段一案括尽，通篇若网在纲，千锤百炼。后人每夸千言立就，婴儿嗅耳，何足语于斯哉？前半句句精峭，及序考叔，变为疏宕。而考叔一案，拖序法也，一字不应叔段，高绝"①，更是长篇大论，从叙事之奇正变化、纲目结构、叙事方法等方面，言说其叙事之妙，是为对"叙事能品"的清代阐释。

在评说重点上，明代评点者更多着眼于郑庄公的"失教"之举，清代《左传》评点者则对其置母于城颍的不孝之举给予更多关注，批评力度更为强烈，"是庄公虽无处心积虑杀段之事，不孝之诛，殆难为庄公宽也"②。清代自建立之初便标榜孝道，评点者亦不能绕开人伦之大者，故而在郑庄公发出毒誓之后的"悔"字上反复考量、推究，意图通过对郑庄公之悔的阐释来进一步向后学推行孝道。

对于此"悔"字，清代评点者亦是分成了壁垒分明的两派，一派认为郑庄公为真心悔过，另一派则认为是迫不得已的政治作秀。信奉政治作秀者或者从如同戏剧的"阙地及泉"③，或者从《左传》只赞颍考叔不赞郑庄公的写法④，或者从郑庄公此前的诸多表现，直言其非真心悔过，

---

① （清）王源：《左传评》，《四库全书存目丛书》经部第 139 册，齐鲁书社 1997 年版，第 173—174 页。

② 李卫军：《左传集评》，北京大学出版社 2016 年版，第 28 页。

③ 《左传经世钞》录彭家屏之言曰："黄泉之誓，母子道绝，人伦之大变也。庄公虽无爱母之诚，未尝不顾名义之重，所以旋生悔心。而特借颍考叔之言，以自文其绝母之咎耳。但母子天性，无待安排，庄公既知前事为非，即当躬诣城颍，泣见姜氏，请定省久荒之罪，写哀慕迫切之忱，载与俱归，身为执辔，庶几天良复见，人道犹存。何为阙地及泉，隧而相见？隧而相见，事同戏剧，岂子所宜施于亲乎？泉壤之间，母子相赋，人伦之变，亦非细故也。宁特城颍之真，黄泉之誓，重为世道人心忧哉？庄公稔于任术，既以术驭其弟，又以术待其母，重誓言而亡天性，君子有深憾焉。"[（清）魏禧：《左传经世钞》卷一《郑伯克段于鄢》，乾隆十三年（1748）彭家屏刊本]

④ 《左传钞》引俞桐川言称："郑伯是极奸之人，既绝其母，又畏人言，悔之一转，是其奸谋愈深处，非良心渐露处。故考叔一言，而母子如初。左氏止赞考叔，不赞郑伯，正以诛贼子于千古耳。"[（清）高嵣：《左传钞》，黄秀文、吴平主编：《华东师范大学图书馆藏稀见丛书汇刊》第 15 册，北京图书馆出版社 2006 年版，第 60 页]

痛斥郑庄公之大不孝，称其为"伦教之罪人"①。判定郑庄公真心悔过的则主要从人性②、天理③、行文结构等方面，称许郑庄公迁善改过之"悔"，即便郑庄公是"畏清议而自悔于心"，亦值得肯定，更何况他还是真心呢？评点者在此问题上分为两派，各有依据，各有论说，但他们都是借郑庄公之悔来达成宣扬"孝道"的目的。痛斥郑庄公者，文夹雪霜，语有雷霆，将郑庄公作为批判的靶子，将其钉在历史的耻辱柱上，以此警示不孝之子。称许郑庄公真心悔过者则是通过郑庄公展示"孝"之力量，即便是大奸大恶之人，亦有孝之本心，只要有悔意，便可迷途知返，去恶向善，"庄公而知悔，则天下无不可改之恶矣"④。至此，评点者将郑庄公置于篇首的原因，亦有了更切于实用、更加正面的解答，"天下无不是的父母，郑庄以母一时爱恶，竟成绝大仇隙，不孝不弟，何冠于古文六百篇之首？然观左氏前只写母子三人，末却以颍考叔赞叹作结，明以考叔为孝子，以庄公为尔类，意盖在考叔也。爱其亲及人之亲，斯为纯孝。而通篇关键，全在'既而悔之'一句，以见牾亡之后，到底良心未灭，一念悔悟，无人不可为善"⑤，《左传》为拨乱反正之书，评点者亦希冀借助对郑庄公的选评，达成拨乱反正的目的，"不孝者，而能使之孝，母子之恩，不至终绝"⑥。

"文学经典是在不断的阅读和阐释中形成、发展和完善的"⑦，作为《左

---

① 李卫军：《左传集评》，北京大学出版社 2016 年版，第 31 页。
② 《古文便览》言："盖公心事，不使母弟知，亦不使举朝知，乃见狠毒之至。厥后悔心之萌，是人性皆善注脚。"（李卫军：《左传集评》，北京大学出版社 2016 年版，第 33 页）
③ 《古文赏音》言："郑庄志在杀弟，不知有母，赖有悔心之萌，故考叔得以打动，足见天理之在人心，虽大奸未尝亡也。"〔（清）谢有辉：《古文赏音》卷之一《郑庄公克段本末》，嘉庆三年（1798）宋思仁重刊本〕
④ 李卫军：《左传集评》，北京大学出版社 2016 年版，第 32 页。
⑤ 李卫军：《左传集评》，北京大学出版社 2016 年版，第 29 页。
⑥ 李卫军：《左传集评》，北京大学出版社 2016 年版，第 32 页。
⑦ 聂珍钊：《文学经典：阅读、阐释和价值发现》，载林精华、李冰梅、周以量编：《文学经典化问题研究》，人民文学出版社 2010 年版，第 24—25 页。

传》经典文本之一的《郑伯克段于鄢》等文，从来不是保存在古卷中的存在，而是以极强的生命力，存在于后来者的生活中，不断地与后人进行着对话，关联着过去、现在与未来。过去与未来，是每一个人都要关涉的两段，但从过去到未来，中间怎么传递，则需要有明确的认知，"要真正领悟过去，就不能不对文明的延续性有所反思，思考一下什么能够传递给后人，什么不能传递给后人，以及在传递过程中，什么是能够为人所知的"①。对于清代《左传》评点者来说，评点的《左传》文本承担起了与过去的关联，评点的话语则展现了看向未来的意向与愿景。

三、清代《左传》评点对《左传》人物的选择与阐释旨趣

人物是事件的主体，亦是情感理念、文学审美的重要载体，《左传》以两千余名人物的行事足迹②，呈现了春秋一世的时代变迁。清代《左传》评点者在阅读、评说《左传》文本时，人物评点是重要且绕不过去的一环，同时，他们又力图通过对《左传》人物的评说，表明自己的历史思考与现实建构。

（一）子产形象的凸显与评说

清代《左传》评点者对《左传》人物的评说，是有重点、有倾向的，以前面提到的 31 本《左传》评点作品为据，窥一斑而见全豹，可以大体梳理出清代《左传》人物评点的重点所在。

---

① ［美］宇文所安著，郑学勤译：《追忆——中国古典文学中的往事再现·导论：诱惑及其来源》，生活·读书·新知三联书店 2014 年版，第 19 页。

② 何新文《左传人物论稿》称《左传》"记载了一千四百多个历史人物"（何新文：《左传人物论稿》，中国社会科学出版社 2004 年版，第 1 页），方朝晖称"《左传》中所提到的人名多达 3400 多个，相应的人物则有 2400 多人"（方朝晖：《春秋左传人物谱·编纂说明》，齐鲁书社 2001 年版，第 1 页）。

清代《左传》评点选录重点人物情况表

人物	相关事件	条目数量（次）	评说排序
子产	子产止重币	173	1
	子产献捷于晋		
	子产坏晋馆垣		
	子产告范宣子轻币		
	子产论尹何为邑		
	子产授政大叔		
	子产不与晋玉环		
	子产焚载书		
	子产辞政		
	子产舍不为坛		
	子皮授政子产		
	子产辞子围逆女以兵		
	子产论政宽猛		
	子产不毁乡校		
	子产论晋侯疾		
	子产诛子皙		
	子产作丘赋		
	子产归州田于晋		
	子产立良止以安民		
	子产争承		
	子产对晋让登陴		
	子产不禜龙斗		
	子产火政		
	子产对晋征朝		

人物	相关事件	条目数量（次）	评说排序
子产	子产能忧郑国	173	1
	子产料陈必亡		
	子产不耻孔张失礼		
	子产弗信裨灶		
	子产攻盗于北宫		
	子产不御小寇		
	子产知蔡侯不终		
	子产使能		
	子产铸刑书		
	子产对晋文驷乞立故		
	叔向诒子产书		
	子产立公孙泄		
	子产论伯有为厉		
	子产卒		
晏婴	晏婴使晋	63	2
	晏婴叔向论齐晋之衰		
	晏婴谏诛祝史		
	晏婴谏襄彗		
	晏婴使晋请继室论国政		
	晏婴讽谏繁刑		
	晏婴论和同		
	晏婴论礼		
	晏婴辞邑		

续表

人物	相关事件	条目数量（次）	评说排序
晏婴	晏子不死君难	63	2
	晏子论子雅		
	齐侯与晏子坐于路寝		
晋文公	重耳游历诸国	57	3
	秦伯纳重耳		
	重耳反国		
	寺人披见晋侯		
	晋文图霸		
	晋文公城濮败楚		
	晋侯纳王		
	晋侯侵曹伐卫		
	天王狩于河阳		
	重耳卒		
郑庄公	郑伯克段于鄢	54	4
	郑伯如周		
	王夺郑伯政		
	郑庄公戒饬守臣		
	郑人败戎师		
	郑伯侵陈		
	郑庄公入许		
	郑伯命大夫百里居许		
叔孙豹	叔孙豹如晋	37	5

人物	相关事件	条目数量（次）	评说排序
叔孙豹	叔孙豹论不朽	37	5
	赵文子请释叔孙豹		
	叔孙豹不贿乐桓子		
	穆叔重拜鹿鸣		
	穆叔知昭公不度		
	穆叔论韩宣子		
	叔孙豹会晋荀偃齐人宋人卫北宫括郑公孙虿曹人莒人邾人滕人薛人杞人小邾人伐秦		
	叔孙豹会晋赵武楚公子围齐国弱宋向戌卫齐恶陈公子招蔡公孙归生郑罕虎许人曹人于虢		
	叔孙豹卒		
叔向	晏婴叔向论齐晋之衰	30	6
	叔向许子皮朝楚		
	祁奚请免叔向		
	叔向论铸刑书		
	叔向料楚子		
	叔向不隐叔鱼		
	叔向诒子产书		
	叔向请逆楚子		
	叔向论单子		

续表

人物	相关事件	条目数量（次）	评说排序
叔向	叔向私释平子	30	6
	叔向黜子朱		
季札	季札观乐	20	7
	季札历聘		
	季札辞国		
	季札救陈		
	季札让国		
伍员	楚杀伍奢伍员奔吴	18	8
	伍员谋楚		
	伍员肆楚		
	伍员谏吴王许越成		

通过上表可知，子产以绝对优势成为清代《左传》评点中关注度最高的《左传》人物，选评的次数、涉及的事件以及评说的分量都远远超过其他人物，足以见出清代评点者对子产的重视。

子产作为春秋后期贤大夫的代表，在当时即受到了很多人的认可与称赞。《左传》记载了孔子对子产的三则评论，其曰：

> 子产归，未至，闻子皮卒，哭，且曰："吾已！无为为善矣，唯夫子知我。"仲尼谓子产："于是行也，足以为国基矣。《诗》曰：'乐只君子，邦家之基。'子产，君子之求乐者也。"且曰："合诸侯，艺贡事，礼也。"（《左传·鲁昭公十三年》）①
>
> 仲尼闻是语也，曰："以是观之，人谓子产不仁，吾不信也。"（《左

---

① 杨伯峻：《春秋左传注》，中华书局 2009 年版，第 1360 页。

传·襄公三十一年》）①

  及子产卒，仲尼闻之，出涕曰："古之遗爱也。"（《左传·昭公二十年》）②

第一则为子产去晋国参加会盟，盟誓时子产据理力争，力图降低郑国的贡赋标准，从中午一直讨论到晚上，直到晋国同意为止，孔子因此高度评价子产在盟会上的表现，足以成为国家的基石，这是对子产之"才"的评说。第二则为子产不毁乡校，孔子听了子产的一番话后，认定子产为仁士，这是对子产之"德"的评说。第三则为子产死后，孔子流着泪，称其为"古之遗爱"，这是对子产承袭古人之道的评说。

  孔子对子产的评价，还见于《论语》的两则记载。

  子谓子产："有君子之道四焉：其行己也恭，其事上也敬，其养民也惠，其使民也义。"（《论语·公冶长》）③

  或问子产。子曰："惠人也。"（《论语·宪问》）④

德才兼备的子产，在对待自己、君主、百姓方面各有其道，既有自我修养，又有行为法则，既有智慧，又有实践，恭敬惠义，为人所敬。

  孔子与子产是同时代的人，都是时代的通达之人，"今世皆称简公、哀公为贤，称子产、孔子为能，此二君者，达乎任人也"⑤，而且他们有过真正、真实的交往，"孔子尝过郑，与子产如兄弟云"⑥，感情如兄如弟般深厚，故而在子产死后，孔子情不自禁地为之痛哭流涕。因此，孔子对子产的评

---

① 杨伯峻：《春秋左传注》，中华书局 2009 年版，第 1192 页。

② 杨伯峻：《春秋左传注》，中华书局 2009 年版，第 1422 页。

③ 程树德撰，程俊英、蒋见元点校：《论语集释》，中华书局 1990 年版，第 326 页。

④ 程树德撰，程俊英、蒋见元点校：《论语集释》，中华书局 1990 年版，第 962 页。

⑤ 许维遹：《吕氏春秋集释·先识览·乐成》，中华书局 2009 年版，第 414 页。

⑥ （汉）司马迁：《史记·郑世家》，中华书局 2014 年版，第 2140 页。

说，源自二人为政理念上的趋同，源自孔子对子产能力、品德的认可，是有现实依据与真切感受的。孔子的多次评说，进一步提升了子产在当时、在后世的形象与地位，"子产之仁，绍世称贤"①。

同时，子产在当时、在后世亦受到了人们的责骂、批判。《左传》所记"其父死于路，己为蛮尾"②"孰杀子产，吾其与之"③，是执政不为当时人理解时的诅咒与责骂。《孟子·离娄下》所记"惠而不知为政"④，则是后代人因政治理念不同而提出的批评，孟子坚信为政不应是施以小恩小惠，而子产用自己的车子帮百姓渡河，恰恰是孟子认为的小恩小惠行为，治标不治本。《荀子·王制》所言"成侯、嗣公，聚敛计数之君也，未及取民也；郑子产取民者也，未及为政者也；管仲为政者也，未及修礼者也"⑤，《大略》所言"子谓子家驹续然大夫，不如晏子；晏子，功用之臣也，不如子产；子产，惠人也，不如管仲。管仲之为人，力功不力义，力知不力仁，野人也，不可以为天子大夫"⑥，从不同人物的为政对比中，指出子产为政的可取与不足之处，认为其尚未达到为政的最高水准，虽高于晏婴，但不如管仲之治，更不如先王之大夫。《韩非子·难三》所记"子产之治，不亦多事乎"，则是就子产闻哭知奸之事而发出的批评。子产听闻妇人哭夫之声"不哀而惧"，遂断言妇人之哭非真，后经审问得知妇人亲手勒死其夫。此事本可视为子产体察微妙的例证，但韩非子却言其"无术"。韩非子称为政之道，当为"形体不劳而事治，智虑不用而奸得"，子产却不在任用典成之吏、体察参伍之政上下功夫，徒恃个人聪慧，是为不知治术者，"以智治国，国之贼也"。⑦

先秦称颂子产者，多从品德、才能及对古圣贤的承续上立言；批判子产者，则主要从子产理政的不足入手，基本上奠定了后世评说子产的基调。此

---

① （汉）司马迁：《史记·太史公自序》，中华书局 2014 年版，第 4016 页。

② 杨伯峻：《春秋左传注》，中华书局 2009 年版，第 1254 页。

③ 杨伯峻：《春秋左传注》，中华书局 2009 年版，第 1182 页。

④ （清）焦循撰，沈文倬点校：《孟子正义》，中华书局 1987 年版，第 543 页。

⑤ （战国）荀况著，王天海校释：《荀子校释》，中华书局 2005 年版，第 350 页。

⑥ （战国）荀况著，王天海校释：《荀子校释》，中华书局 2005 年版，第 1066 页。

⑦ （战国）韩非著，陈奇猷校注：《韩非子新校注》，中华书局 2000 年版，第 914 页。

后，韩愈《子产不毁乡校颂》、苏辙《郑子产传》、王当《子产传》、吕祖谦《左氏传说》等，通过具体的事迹陈列及评说，驳斥前人对子产的批判，为子产正名，认为其为政有远见，以礼法行惠政，"博闻敏识，信道笃而自知明，以诚正率下，不茹柔而吐刚，则二霸之佐未之有也"①，二霸之佐，指的是管仲与晏婴，语源自《孟子·公孙丑下》②。《荀子》认为子产不及管仲，而王当此处直言子产超乎管仲，由是进一步提升了子产的地位。但同时，朱熹等人从"先王之政"的至高标准入手，认为子产仍有不足，"管仲之德，不胜其才。子产之才，不胜其德。然于圣人之学，则概乎其未有闻也"③，二人皆未知圣人之学，未达圣人之道。

清代《左传》评点者依据的文本是《左传》，他们对子产几乎无一批评之辞，更为重要的是，他们通过群体的努力，将子产成功升级为《左传》的"一流人物"。子产作为"一流人物"，这是清代《左传》评点者的共识，只是在"一流人物"的分量上，尚有细微的差别。

一种观点认为，子产与管仲是《左传》平分秋色的"一流人物"。此观点可以《左绣》与《左传日知录》为代表，其曰：

> 大抵前半出色写一管仲，后半出色写一子产，中间出色写晋文公、悼公、秦穆、楚庄数人而已。(《左绣·读左卮言》) ④
>
> 子产为《春秋》后半部第一流人物。(《左绣·春秋列国时事图说》)⑤
>
> 此仲氏开手第一事，然一生本领功名，不出开场数语，闳深肃括，

---

① (宋) 王当：《春秋臣传》卷一八，《景印文渊阁四库全书》第448册，台湾商务印书馆1986年版，第228页。

② 《孟子·公孙丑下》言："公孙丑问曰：'夫子当路于齐，管仲、晏子之功，可复许乎？'"《孟子注疏》言："公孙丑问孟子，言夫子得当仕路于齐国，则管仲、晏子佐桓、景二霸之功，宁可复兴之乎？"[(汉) 赵岐注，(宋) 孙奭疏：《孟子注疏》，(清) 阮元校刻：《十三经注疏》第5册，中华书局2009年版，第5348页]

③ (宋) 朱熹：《四书章句集注·论语集注》卷七《宪问第十四》，中华书局1983年版，第151页。

④ (清) 冯李骅、陆浩：《春秋左绣·读左卮言》，光绪六年 (1880) 校镌本。

⑤ (清) 冯李骅、陆浩：《春秋左绣·春秋列国时事图说》，光绪六年 (1880) 校镌本。

想见其人。全书加意描写者二人：管仲，子产也。描写管仲极少，愈见本领。描写子产极多，愈见才锋。盖不少不似管仲，不多不似子产。化工肖物，文有其能，奇矣！（《左传日知录》）①

左氏于一事一语之长，必描写之以传其人。其尤加意者，诸侯则晋悼一人，大夫则管仲、子产二人也。然写管仲则以少为贵，写子产则以多为富。一肃括而闳深，一纵横而排累，两幅小照活现笔端。（《左传日知录》）②

此种观点将《左传》人物分为前、后两段，前段以管仲为第一流人物，后段则以子产为第一流人物。管仲辅佐齐桓公"九合诸侯，一匡天下"③，为霸王之佐，功业显赫；子产执政小国，却能在大国夹缝中获得最大利益，为小国之福，恩泽不浅。子产作为后半段的第一流人物，《左传》有很多事迹记载，亦载有很多人的称许之辞，清代《左传》评点者的选评数量皆是证明。与《左传》对子产浓墨重彩的记载不同，清代《左传》评点者选评管仲的相关文章并不是很多，然仍有很多评点者将管仲视为《左传》前半段的第一流人物来称许，他们所关注的是管仲高超的理政能力与现实功效。他们进而以此为据，提出了《左传》塑造重点人物的两种手法：一种是浓墨重彩，以多为富，此为写子产之法；另一种是相对简约，以少为贵，此为写管仲之法。

另一种观点则认为，子产为整本《左传》的"第一人"。此种观点可以《左传评》《左传评林》《左传快评》《左传翼》等为代表。

子产为春秋第一人，左氏摹写之工，亦为第一人。（《左传评》）④

《左传》载列国名卿言行多矣，未有详如子产者也。子产乃终春秋

① 李卫军：《左传集评》，北京大学出版社 2016 年版，第 313 页。

② 李卫军：《左传集评》，北京大学出版社 2016 年版，第 1125 页。

③ （汉）刘向集录，范祥雍笺证：《战国策笺证·齐策四》，上海古籍出版社 2006 年版，第651 页。

④ （清）王源：《左传评》，《四库全书存目丛书》经部第 139 册，齐鲁书社 1997 年版，第300 页。

第一人，亦左氏心折之第一人。(《左传评》) ①

　　自坏晋馆垣后数篇文字，无非详写子产初政。叔向称其有辞，文子称其有礼，孔子叹其仁，子皮叹其忠，事大恤小，爱民信友，无一不善，固不仅都鄙有章等事足以尽一生经济也。左氏津津道之，自是推为春秋第一流人物。(《左传翼》) ②

　　子产是左氏意中第一个人。(《左传评林》) ③

此种观点将子产从《左传》三千多历史人物中擢升而出，令子产自春秋众多人物中脱颖而出。作为历史人物，子产被冠以"第一流"的称谓；作为文学形象，子产被称为《左传》心仪的"第一人"、摹写精巧的"第一人"。此种观点如同石破天惊，令人深思。

　　子产作为春秋贤相的代表，为人称道，不足为奇，但是他的历史贡献能否超越其他霸主、君王、卿相，很多人会有所怀疑。至若称其为《左传》最心仪的对象，赞同者则相对要多一些。有些评点者从子产与管仲等人的对比中，提出子产之理政之难之妙，"尝谓子产之才在管仲之上，为管仲者易，为子产者则难也。生当季世，身相小国，而偷延一日之安，刑书之铸，岂得已哉"④，季世小国的执政，面对的考验会更多，子产并非不懂中正大道，并非不知上品神丹，但他仍然顶着重重压力铸刑书、作丘赋，因为他对自己、对郑国有明确的认知，"吾以救世"⑤。

　　《左传》浓墨重彩的书写篇幅，是子产经典形象形成的第一步，王源《左传评》对《左传》如此书写子产的原因，提出过相对中肯的思考，"假令子产当鲁，岂肯若是？噫！子产有词，郑国赖之。观一'私'字，左氏之微词

①　(清) 王源：《左传评》，《四库全书存目丛书》经部第 139 册，齐鲁书社 1997 年版，第 279 页。

②　李卫军：《左传集评》，北京大学出版社 2016 年版，第 1471—1472 页。

③　李卫军：《左传集评》，北京大学出版社 2016 年版，第 1466 页。

④　(清) 刘继庄：《左传快评》卷八《郑人铸刑书》，康熙四十五年（1706）刊本。

⑤　杨伯峻：《春秋左传注》，中华书局 2009 年版，第 1277 页。

见矣",认为《左传》对此是有微言大义在里面的。王源的此段话语,是对鲁成公八年季文子私言晋国使者韩穿之事的评说。韩穿要求鲁国将汶阳之田归还齐国,季文子惧于晋国的气势,不敢与晋国公开叫板,只能私下里向韩穿表达心意。王源认为季文子的论说理、情、势具备,可称得上是"辞令妙品",但是季文子只敢私下言说,不敢当日即不应晋命,"惜其柔懦依违,不能自立,而徒私为此言也",①与子产慷慨激昂的锋锐之气迥然有别,因此,假若让子产来治理鲁国,来应对晋人,自是另一番光景。

左丘明所处的时代,亦是战乱纷争不断,与治平之世的卿相相比,熟于权变之术、挽家国于不倒的救时之相,更切于时代之变,更胜任国家之需,因此左丘明将子产作为重点书写对象。从鲁襄公八年子产第一次亮相开始,至鲁昭公二十年子产卒,《左传》对子产的重点刻画陆续展开:鲁襄公八年、十年(2次)、十五年、十九年、二十四年、二十五年(3次)、二十六年(3次)、二十七年、二十八年(2次)、二十九年、三十年(7次)、三十一年(4次),鲁昭公元年、二年、三年、四年、五年、六年、七年、九年、十年、十一年、十二年(2次)、十三年(3次)、十六年、十七年、十八年(4次)、十九年(2次)、二十年,在44年时间中,《左传》有29年都写到了子产,其中有十年不止一次写到子产,关涉多件事情,即便是子产死后,仍然有两则与他相关的记载,分见于鲁昭公二十五年、鲁哀公十二年。梁启超曾言:"一国之伟人,间世不一见也,苟有一二,则足以光其国之史乘,永其国民之讴思。百世之下,闻其风者,心仪而力追之,虽不能至,而或具体而微焉,或有其一体焉,则薪尽火传,犹旦莫也,国于是乎有与立。"②《左传》带着对伟人的崇敬与渴望,以不同的内容书写,展现了子产的才能与品行,"立政如丘赋刑书,持正如禜龙襄火,定乱如子孔子晳,当机如争承毁垣,用兵如数俘登陴,刚果如郑环驷乞,词令如征朝献捷,博洽如台骀黄熊,风雅如'隰桑''羔裘',

① (清)王源:《左传评》,《四库全书存目丛书》经部第139册,齐鲁书社1997年版,第251页。

② 梁启超:《饮冰室合集·专集》第8册《管子传·自序》,中华书局2015年版,第1页。

应变如立朝毁庙，理学如不毁乡校，知人如择能而使"①，塑造了"救时之相"的形象。

清代《左传》评点者依据的主要是《左传》文本，因此，他们亦对子产多次评说，这是理之当然。他们在前代人有褒有贬的评说影响下，着力阐释了孔子称道的"惠人""古之遗爱"之内涵，"凡读古人文字，未有不知其意之所在，而能知其文之妙者也。试问读此文者，谓序子产之宽乎？抑序其猛乎？苟有目者，未有不以为序子产之猛也。噫！子产果以猛为政，是商、韩之流矣。何以为惠人乎？何以为古之遗爱乎？……见子产之为政，归于和者也。不得谓之宽，不得谓之猛，而直谓之和也。和也者，仁而已。仁也者，爱而已。古之遗爱，舍子产其谁哉"②，毅然将子产置于至高地位，倾全力称颂。此种努力与改变，既源自他们对贤相能士的渴望与呼喊，又源自他们对贤德刚果品行的肯定与推崇，还源自他们对权变之术的认同与模仿，这一切，不仅体现在他们的人物评说中，亦见于他们的文法评说中，互通互渗。正是因为他们不约而同的群体性着意凸显与高度认可，子产作为《左传》中的经典人物形象进一步强化与巩固。

（二）誉为"第一"的其他人物

除却子产、管仲，清代《左传》评点对《左传》中的其他人物，也是富含感情地评说，评点者从不同的视角切入，又将"第一"的称呼分别冠于自己心目中极度认可的其他人物。

1. 晋悼公为春秋第一人

《左传经世钞》在批评某些君主的同时，树立起了一个标杆，那就是晋悼公。其中有言：

> 愚谓五霸之位，当黜宋襄公，而进晋悼公。悼公，三王之亚也，春

---

① （清）冯李骅、陆浩：《春秋左绣·春秋列国时事图说》，光绪六年（1880）校镌本。

② （清）王源：《左传评》，《四库全书存目丛书》经部第139册，齐鲁书社1997年版，第348页。

秋以来一人而已，即位以后，任贤使能，功德不可胜纪。

凡人君之兴国家之治，莫不由于用贤，悼公三驾，功过桓文。左氏于其初入，先为提出官人一段而结之，曰所以复霸，将此要紧处十分提明，与后世人主看，真是苦心。其叙晋文复国，则于其出亡时，急书曰"从者狐偃、赵衰、颠颉、魏武子、司空季子"。《外传》于齐桓之霸，极张其烈，则结之曰"唯能用管夷吾、宁戚、隰朋、宾胥无、鲍叔牙之属而霸功立"，皆是古人吃紧为人处，不可轻易读过。

夫悼公在周，以幼稚之年，口无过言，身无过行，其德义服人者素。及其入国，经不近迁，权不伤诈，则举朝之君子皆其腹心，岂必植私党树旧人以自固，如后世人主专倚藩邸之臣者哉？是故内无所援，外无所辅，以独身而履危疑、定大业，古今以来，惟悼公一人而已。①

《左传经世钞》将晋悼公放到了极高的位置，为"三王之亚""春秋以来一人而已""功过桓文"，其原因在于，晋悼公任贤使能，再进一步追溯，晋悼公甚有德义。晋悼公所用之人，非其私党、旧人，而是用德义感召到的举朝君子，大家自动向晋悼公靠拢，愿意成为其腹心之人，助其成就功业。春秋君王，能任贤举能者有，能让贤能主动、自觉靠拢的，则不常见，故而《左传经世钞》称其为"春秋以来一人而已"。

"春秋第一人"的称谓，已经是对晋悼公极高的认可了，但即便如此，魏禧等人对晋悼公的推崇之情亦没有完全实现，他们直接又将"古今第一人"的称谓赋予晋悼公。当然，"古今第一人"是有一定的限定条件的，即不依靠私党旧人、独自一人定大业方面。

《左传经世钞》对晋悼公的推崇，达到了无以复加的程度，这不单是情感的宣泄，而且有很强的历史感，亦有很强的反思意识，是在对明亡教训理性反思的基础上，从《左传》中寻得的推崇对象。晋悼公既有德义又有能力，既能任贤使能，又能自我提升，与生性多疑而不能人尽其能的崇祯有着强烈

---

① （清）魏禧：《左传经世钞》卷一〇《晋人迎立悼公》，乾隆十三年（1748）彭家屏刊本。

的对比。假若崇祯有晋悼公之德、才，明朝又是否会灭亡呢？带着这样的追问，魏禧等人直接、大胆地将晋悼公推到了古今第一的位置上。

2. 重耳为五霸第一

春秋五霸是春秋舞台的弄潮儿，"齐桓晋文之事"亦成为霸业的代称。五霸为谁、何者更强，一直以来是人们论说霸业的重点。《左绣·春秋列国时事图说》曾对春秋霸主的功业做过一番评说，其言曰：

> 闵、僖之世，乃霸业极盛时也。僖十六年以前，齐桓服楚于召陵。僖廿五年以后，晋文胜楚于城濮。以楚成雄桀之姿，仅能凭陵小国，而前则屈完来盟于齐，后则阘章请平于晋，虽其度德量力，善于操纵，而两君勋业，固自彪炳千秋已。桓、文相去十年，中间忽着一宋襄，勉强支吾，适供楚成操切。迹其颠末，执滕用鄫，戾虐可诛。不鼓不禽，迂腐可笑。盖亦外强中干，非行仁义之过也。然五霸之次，厕名不朽，苟焉无志者，岂反得而訾之乎？勤王最是图霸要着，子颓之乱，齐桓失之东隅，故驰驱卅载而后为召陵之师。子带之乱，晋文占以先手，故迅扫五年，而即有城濮之捷。秦穆徘徊河上，让第一等事与别人做，宜其仅仅雄长西戎。宋襄又不先不后，无可出色，大丈夫建功立业，固赖适逢其会哉！管仲天下才，妙在不动声色。孟明不免卤莽，赖其坚忍。子文无大干局，只善于自守。目夷才识自足相当，惜不见用。狐、赵不过赞襄，重耳固五霸中第一人也，所得于艰苦备尝者深矣。①

《左绣》提到的五霸，指的是晋文公、齐桓公、秦穆公、楚成王、宋襄公，其功业排序即是此顺序。晋文公能够稳坐第一把交椅，主要源自其勤王一事。《左绣》认为，霸业之取得绝非易事，在春秋之时，勤王是最重要、最首要之事，勤王成功，霸业亦会随之而来，齐桓公、晋文公皆是如此，只不过齐桓公不如晋文公那般快捷、迅速、明确。晋文公重耳在拜谢秦穆公之享

---

① （清）冯李骅、陆浩：《春秋左绣·春秋列国时事图说》，光绪六年（1880）校镌本。

时，即已以"佐天子者"自居，占领了先机，后应时而出，完成了"晋文第一件冠冕事"①。而秦穆公亦曾"师于河上，将纳王"②，却因徘徊犹豫，丧失先机，故而只能称霸于西戎，而宋襄公本无出色之功业，楚成王则只知侵凌小国，皆不能成就最高事业。

通过对春秋霸主功业的梳理，《左绣》自然而然地得出结论，晋文公重耳既有贤士辅佐，又不完全依赖于贤士，有着历经磨难后的深谋远虑，故而能抓住时机，回国之后以勤王之举而成就千古霸业，遂成为五霸第一人。

3.叔孙昭子为宗国名臣第一

叔孙婼，也即叔孙昭子，是清代《左传》评点选评人物次数名列第五位的叔孙豹的儿子。《左传翼》在评说鲁昭公二十三年"叔孙婼如晋"一事时言曰：

> 鲁取邾师，曲固在鲁。然过鲁而不假道，邾岂得无过？晋纳邾悆，执我行人，不使鲁人得输其情，偏袒甚矣。既违周制而欲使叔孙与邾大夫坐，且失盟主之义，欲以叔孙与邾。幸叔孙伉直不屈，又得士伯侃侃正论，代为转移，听其辞而悆诸宣子，鲁屈始伸。迨乎邾人并执，出狱馆箕后，乃得礼而归之也。士伯身为理官，极知邾、鲁曲直，得此一番剖判，而宣子意移，真不忝明允之司矣。最妙是听辞代悆，大有回天之力。旧注颠倒缪戾，引阅者尽入迷途，特驳正之。邾、鲁为难，晋每右邾而左鲁，皆韩宣子为之也。季宿不听穆叔之言，不早结韩子，以致动多龃龉。平丘之会，意如已遭荼毒，而意犹未释，此番乃更狼狈也。昭子屡遭折辱，不为稍挫，其劲直挺拔之气，至今犹活。至士鞅求货不与，而闭申丰使不出，居然乃翁家法。末载细事二条，见其正大光明，无微不到，此所以不为威惕，而卒见礼于大国也。左氏曲为摹写，倾倒至矣。"使"字极意摆布，何等威风！"乃"字没法处置，何等丧气！可知刚大之气在我，任他百番

---

① （清）冯李骅、陆浩：《春秋左绣》卷六，光绪六年（1880）校镌本。

② 杨伯峻：《春秋左传注》，中华书局2009年版，第431页。

颠倒，始终摇夺我不得。宗国名臣，断以昭子为第一。①

鲁昭公二十三年邾国军队经过鲁国，鲁国人将其拦截、捕获，邾国人将此事告知晋国，晋国则出面对鲁国兴师问罪。为此，叔孙婼前往晋国申诉，不料刚到晋国就被拘禁了起来。此后，叔孙婼遭受到了晋国的不公平对待：先是被安排与邾国大夫坐一起争讼，按照周礼规定，列国的卿与小国的国君地位相等，晋国如此安排，是对叔孙婼、对鲁国的轻视，因此，叔孙婼拒绝了晋国的安排，而让他的副使与邾国人并坐争讼，维护了自己、鲁国的尊严。再是晋国执政韩宣子想把叔孙婼一行交给邾国人，让邾国人自由处理，这是对叔孙婼、对鲁国更大的侮辱与漠视，因此叔孙婼去掉随从与兵刃，破釜沉舟，只身一人去往晋国朝堂。叔孙婼的气势让晋国人望而生畏，晋国大夫士景伯劝说韩宣子收回了指令。面对晋国的有意刁难，叔孙婼以周礼为武器，以独闯虎穴的勇气，捍卫了鲁国的尊严，回击了晋国的不公平对待，展示了一位优秀外交家的能力与气魄。

正面的刁难之后，被软禁的叔孙婼又遭到了私底下的"索贿"：先是晋国的范献子以求冠为托辞向叔孙婼索贿，叔孙婼假装不懂，真给了范献子两顶帽子，又送去了"尽矣"二字，摆明了自己的态度。再是负责看守叔孙婼的晋国官吏，向叔孙婼索取他带的吠犬，叔孙婼坚决不给，但是，在叔孙婼回国之前，他却把吠犬杀了，送给看守官吏吃，以此表示对索贿的不满与鄙视。叔孙婼被拘禁，他的家臣申丰从鲁国带了很多财物，希望通过行贿救回叔孙婼，但叔孙婼直接将申丰关了起来，坚决拒绝向晋国行贿。索贿与拒绝行贿，亦是一场不见硝烟的战斗，叔孙婼刚正不阿，拒不低头，再次为鲁国长了志气，最终赢得了晋国的尊重。

《左传翼》通过对《左传》描摹的细致评说，自然而然地称赞叔孙婼的劲直挺拔、铮铮铁骨。无论晋国如何刁难，无论索贿者如何嚣张，叔孙婼不屈服不低头，令对方由"威风"转"丧气"，坚决捍卫鲁国尊严。此等风采，

---

① 李卫军：《左传集评》，北京大学出版社 2016 年版，第 1803 页。

为周大璋所敬佩，故而将之视为"宗国名臣第一"。

4. 季札为春秋第一奇人

季札在清代《左传》人物评点次数位列第七，《左传快评》在评说鲁襄公二十九年《吴子使札来聘》一文时写道：

> 吴公子季札，春秋时第一奇人。其胸襟眼界、人品行径、学问识力，件件出常情之外。太史公赞其"仁心为质、慕义无穷"，不知当日太史公如何下得此八字，反复公子之传，只觉非此不足以赞公子，非公子不足以当此也。余每读公子传，便不禁泪下，询之他人，皆殊不尔。求之传中，又无可悲处，不知悲从何来，虽余自亦莫解其故。岂语言文字之外，更有所感耶？①

季札有德，三次让国不就，不慕权势，被盛赞为"能守节"②；季札有学，至鲁国观周乐，听乐观舞知治乱兴衰，被盛赞为博物君子；季札有识，出使各诸侯国，预言士大夫命运，无一不中，被盛赞为妙悟神明者。刘继庄佩服季札之胸襟、品性、学问、智识，他的言谈举止，皆非一般人所能理解，皆出乎常情之外，故而称之为"春秋时第一奇人"。奇人季札的内里，是司马迁所说的"仁心"与"慕义"，刘继庄认为，此等评价，甚为贴合季札，亦唯有季札能当得起。

刘继庄的同道之人，还有不少，如《古文观止》言"季札贤公子，其神智器识乃是春秋第一流人物"③，《古文学余》称"人有一时之人，有千古之人。季子，千古人也，与曹公子臧后先相望矣"④，彭士望称"吊古评今，俨然月旦，为物望所归，是开三吴风声第一人"⑤，魏禧言"此千古游客之

---

① （清）刘继庄：《左传快评》卷七《吴子使札来聘》，康熙四十五年（1706）刊本。

② 杨伯峻：《春秋左传注》，中华书局 2009 年版，第 1008 页。

③ （清）吴楚材、吴调侯选订，安平秋点校：《古文观止》，中华书局 2020 年版，第 56 页。

④ 李卫军：《左传集评》，北京大学出版社 2016 年版，第 1192 页。

⑤ （清）魏禧：《左传经世钞》卷一五《季札历聘》，乾隆十三年（1748）彭家屏刊本。

师"①，对季札亦是称赞备至。

季札有仁有义，但是历史上对他亦有不少非议，清代《左传》评点者亦有批评之声，非议、批评针对的一是季札让国之事，《左传统笺》称"有商一代，弟承兄祚者，比比而是，史迁《本纪》可考，而商未尝以此致乱。岂商道近古，父子兄弟之伦无分厚薄，而为人君者不必私其所出，斯大道之公耶？自传子之说定，而让国诸贤如子臧、目夷、季札之流，往往酿祸"②，认可兄终弟及制，反对贤人让国。高嵣《左传钞》则言"季札守匹夫介节，以启弑夺之祸。然子臧、季札，皆贤而未闻大道者也"③，称季札空自追求虚名，却酿成吴国祸乱之恶果，此亦为《左传经世钞》所录赖韦"贤而未闻大义者也"④之意。二是不讨伐刺僚而立的公子光，《左绣》从行文之法言，"传以阖庐为主，言外却注意季札不讨吴光，自是季子智有余而勇不足处"⑤。

面对历史上对季札的非议、批评，有些《左传》评点者主动站出来维护季札，直面非议，反击批评。魏禧尝曰："季札非吴子适嗣，让国未为不当，安得以后祸归狱耶？"彭家屏亦言："季子之让国，可谓能贤矣。顾论者乃以阖闾之弑僚、夫差之丧国追咎季子，谓其让实为厉阶，是特以后事之成败论之耳。抑知君子处事，惟义是从，乌能逆料后事之成败而为之迁就哉？"⑥以吴国弑杀、丧国之事批评季札让国不当，这是典型的思想先行，只是从后来结果中寻找依据，因此其批判已经脱离了季札让国的历史语境以及季札的本心真意。历史如果可以假设，季札即位就能阻止吴国丧国的命运吗？季札能因此而迁就本心吗？魏禧、彭家屏在批判非议中实现了对季札的维护，还他贤者的名号。

---

① （清）魏禧：《左传经世钞》卷一五《季札历聘》，乾隆十三年（1748）彭家屏刊本。
② （清）姜希辙：《左传统笺》卷之一，《四库全书存目丛书》经部第131册，齐鲁书社1997年版，第13—14页。
③ 李卫军：《左传集评》，北京大学出版社2016年版，第1048页。
④ （清）魏禧：《左传经世钞》卷一〇《曹子臧辞国》，乾隆十三年（1748）彭家屏刊本。
⑤ （清）冯李骅、陆浩：《春秋左绣》卷二六，光绪六年（1880）校镌本。
⑥ （清）魏禧：《左传经世钞》卷一二《季札辞国》，乾隆十三年（1748）彭家屏刊本。

5. 弦高为第一智者

弦高在《左传》中仅出现一次，见于《左传·僖公三十三年》，但就此一次，便足以让历史记住。孙琮《左传选》评曰：

> 弦高乘韦先牛，第一智者，是郑大功臣。然当犒师时，有穷诘其诈者，别出奇策，制使不得告郑，则内外猝动，郑亦未必无虞。乃轻脱寡谋，王孙早已见之，固知智深勇沉，必推持重之将。[1]

弦高在行商途中，偶遇秦国伐郑的队伍，这对郑国来说，是极大的危机，对弦高来说，是极大的考验。弦高猝不及防中遇到事关国家安危的大事，势必慌乱，但他于匆忙之中，机智应对，行权宜之计，断然拿出自己的货物，矫命犒师，一面唬住秦人，一面通知郑国，最终让郑国免受战争屠戮。弦高身上有两种特质为人欣赏：一种是爱国，另一种是智慧。他的智慧，在晋人轻脱寡谋的对比之下，愈发显得宝贵与可敬，"越晋以袭郑，真利令智昏。弦高卓识远见，宜其独传千古"[2]。

6. 子鱼为安分守己第一人

子鱼为宋襄公的庶兄，在其父欲将国政传于他时，他果断拒绝，并无取代太子之心。宋襄公即位后，子鱼认真辅佐，尽心劝谏。宋襄公用鄫子于次睢之社、围曹之时，子鱼良言劝告，希望宋襄公能内省其德，对此，孙琮评曰：

> 茅鹿门曰："尖刻快利，与战国类矣。但彼率此炼，彼薄此浓，风气胜之耳。'爱其二毛'以下，申前三意，分合法变，笔锋变峭为宕。"子鱼谏襄公之言，是第一等守己安分人。至其论战，又何其雄健勇决也？夫雄健勇决，从守己安分中出，方见绝大作用。若襄公之好斗逞，

---

[1] （清）孙琮：《山晓阁选古文全集》卷二，哈佛大学图书馆藏道光遗经堂刻本。
[2] （清）高朝璎：《古文知新》卷一，康熙四十五年（1706）学者堂刊本。

而又迂疏以致败，适自速其死耳，岂复可与谈兵？①

孙琮称子鱼为安分守己之人，即基于他对宋襄公的尽心劝谏，更为重要的是，他指出子鱼的"雄健勇决"，是从安分守己中来的。子鱼于泓之战战败之后，痛斥宋襄公不知战，贻误战机，言辞激烈。孙琮认为，子鱼谆谆告诫、激言痛斥，只有风格不同，其目的是一致的，都是希望宋襄公改变刚愎自用的性格，引领宋国走入正道，免除祸患。所以，雄健勇决的批评，亦是安分守己的表现，这是作为臣子在危急关头勇于劝谏的本分。

7. 邓曼为有识女子第一

邓曼为楚武王夫人，在《左传》中有两次关键出场：一次是在鲁桓公十三年，楚屈瑕率兵伐罗，斗伯比送行而预言屈瑕必败，邓曼对二人之言行、命运进行评说；另一次是在鲁庄公四年，楚武王荆尸伐随，邓曼对楚武王的"余心荡"评说，预言"师徒无亏，王薨于行"②。

《左传快评》在评说后者时言道：

> 此与前篇皆传楚，楚不幸中之大幸，以见楚实有材，天之授楚，亦以生材卜之也。前半写夫人之见微而知清浊，后半写令尹、莫敖之临事而能暇整。楚材如此，尽有江汉，固其宜矣。
>
> 邓曼绝世奇人，其于盛虚消息之理，天人微显之际，说之如说家常茶饭，竟是透顶学人之言。且重社稷而轻王身，千古有识女子，当推邓曼为第一座。③

刘继庄将邓曼推到了千古有识女子第一的宝座，一则源于邓曼见微知著，从楚武王"余心荡"的话语中即推断出楚武王命不久矣，此为有见识。二则源于邓曼并未因此劝阻楚武王出行，而是以国家社稷为重，只是祈盼楚国能无

---

① （清）孙琮：《山晓阁选古文全集》卷二，哈佛大学图书馆藏道光遗经堂刻本。
② 杨伯峻：《春秋左传注》，中华书局 2009 年版，第 164 页。
③ （清）刘继庄：《左传快评》卷二《楚武王荆尸伐随》，康熙四十五年（1706）刊本。

亏损，此为有识量。

王系《左传说》言"邓曼，妇人也。能知师徒之为重，王蒍之为轻，可不谓明焉"①，亦是对邓曼的推许，可与刘继庄前后响应。

8. 齐姜为奇伟妇人第一

齐姜为公子重耳流亡齐国之时，齐桓公为其安排的夫人。重耳耽于齐国的安乐、舒适，渐无斗志，不愿离去。为了让重耳重拾四方之志，齐姜做了三件事情：杀蚕妾、劝重耳、与子犯谋划趁重耳酒醉之时载之离去。酒醒之后的重耳不得不再次开启流亡生活，并最终返国即位，成就霸业。《左传快评》言：

> 此传历叙公子出亡在外十九年中事，不作首尾，别无结构，逐段写出，在《左传》中别为一格，学者当与《晋语》参看。……千古奇伟妇人，当以齐姜为第一，文公之霸，姜实成就之。《国语》载齐姜语，尤为雄俊典丽。独怪公子返国而后，齐姜竟无下落，何也？岂先公子返国而没耶？余每疑之。近见彭躬庵先生诗云："齐姜语公子，怀安实败名。手自杀蚕妾，醉载驱之行。此妇霸王师，返国胡不迎？"可谓先得我心矣。②

齐姜杀蚕妾灭口，果断手辣；齐姜从军国大计劝说重耳，站位很高；齐姜设计送走重耳，一切皆为重耳未来打算，而非耽于儿女私情。如此有胆有识之女子，《左传快评》赞其为"千古奇伟妇人"。若非齐姜的魄力与果决，重耳或许就安死于齐国，不再管什么雄心壮志了。但是，《左传》只记了齐姜的付出，并没有记载晋文公对她的回报，刘继庄对此极为不满，认为极不符合常理，并引用彭孙遹的诗句为此奇伟妇人述功、鸣不平。

9. 赵姬为贤淑第一

赵姬为晋文公重臣赵衰的夫人、晋文公的女儿。赵衰跟随晋文公出奔

---

① 李卫军：《左传集评》，北京大学出版社 2016 年版，第 214 页。

② （清）刘继庄：《左传快评》卷三《晋公子重耳出亡》，康熙四十五年（1706）刊本。

至狄国，曾娶叔隗，并生下了赵盾。后来，赵姬请求将叔隗与赵盾接回，并将夫人位置让出，尊叔隗为夫人，让赵盾做了嫡子，而赵姬的三个儿子则居于赵盾之下。《左传翼》在评说鲁僖公二十四年"赵姬请逆盾与其母"一事时言曰：

> 二隗归而冷暖异状，非文公忘旧而子余有前情也。其厚薄之分，在文嬴、赵姬母子耳。赵姬贤淑，而叔隗与盾获其所归。文公之淡落季隗，嬴氏为之也。身事二夫者犹得宠焉，而何旧之忽忘？读姬氏之言，不惟文公夫妇汗下五斗，子余其亦有腼面目哉！文公是极势利人，狄人不归季隗则季隗竟同齐姜矣。子余不从赵姬之请，岂惧形公之短耶？得宠忘旧，姬只刺子余，而暗讥文公已在其中，一固请而叔隗归，再固请而赵盾立，第不识固请于公时，公将何以置辞也。或问姬之请在季隗归先乎？抑季隗归而后请乎？余谓得宠忘旧之言出于肺腑，则姬之请必先季隗之归矣。子下之，己又下之，真属人情所难，千古贤淑，应推姬为第一。[①]

赵姬屈己屈子，只因不愿赵衰落上"得宠而忘旧"的骂名，此等贤明大义之举，绝非一般女子所为，亦超出赵衰、晋文公的思想境界，故而周大璋大赞其为第一贤淑女子，诚有其理。

10. 二五为谗邪第一

二五指的是晋献公的宠臣梁五与东关嬖五，二人皆名五，朋比为奸，在骊姬的贿赂下，中伤群公子，意图让骊姬之子为太子，故晋人称之为"二耦"，亦称之为"二五"。孙琭《左传选》曾对二五有过专门的评说，其言曰：

> 自古谗邪构人天伦，祸人家国，必有一番真精神、大议论，使人入

---

① 李卫军：《左传集评》，北京大学出版社 2016 年版，第 510—511 页。

其中而不觉，非无才无识所能与也。看二五谋立奚齐处，何等深心，何等远算！盖晋献虽嬖骊姬，然亦颇有雄略。惟说以固邦本、安边境，而以群公子主其事，此如后世亲王出镇一般，初无半字及于建储，而储嗣之易，藏机固已极其深，而种祸固已极其毒矣。为术之险而工，当推为谗邪第一。①

孙琼认为，晋献公虽然宠幸骊姬，但是他并非本性荒淫而无才能，他是颇有雄才大略之人，要挑拨他与申生、重耳、夷吾等群公子的关系，并非易事。假若一味凭借晋献公对他们的宠嬖，自然不能离间晋献公与群公子的父子天伦，他们亦是有才识之人，将谗慝之言安上安定晋国的旗号，让晋献公自己认识到将申生、重耳、夷吾等人驱离京城的必要，自己做出决定。二五以易储为目的，但最初的言说并无一字涉及易储之事，却又是事事为易储铺垫。巧言令色、一味迎合君主或者陷害他人，这是低层次的谗邪方法；表面堂堂正正，实则包藏祸心，才是高层次的谗邪方法，其危害更大更深远。

被清代《左传》评点者冠以"第一"名头的《左传》人物，有霸主、贤君、能臣、贤士、谗佞，有有识女子、奇伟妇人、贤淑女子，涉及治国、外交、军事、立储、争霸等事。有些人物，评点者虽然没有用"第一"字眼，却用了"千古"字眼，如高嵣《左传钞》言"见石碏讨贼济变，其才其智，卓绝千古"②，卢元昌《左传分国纂略》言"辛伯恶其无将，告于王而先之，定乱于未然，千古有作用人"③、言"秦伯决夷吾，止丕豹，识高千古"④，《左传快评》评阴饴甥说秦王，"应变之才，辞令之妙，千古无

---

① （清）孙琼：《山晓阁选古文全集》卷一，哈佛大学图书馆藏道光遗经堂刻本。

② （清）高嵣：《左传钞》，黄秀文、吴平主编：《华东师范大学图书馆藏稀见丛书汇刊》第15册，北京图书馆出版社2006年版，第74页。

③ （清）卢元昌：《左传分国纂略》卷一，《四库未收书辑刊》第3辑第9册，北京出版社1997年版，第91页。

④ （清）卢元昌：《左传分国纂略》卷五，《四库未收书辑刊》第3辑第9册，北京出版社1997年版，第154页。

出其右"①，《左传翼》言说栾祁"为淫夫而谗爱子，此种妖妇，千古罕有"②、言说骊姬"骊姬毒手，千古无双"③。评点者的此等评说，并非在客观比较人物的品性、能力之后得出的准确排序，他们为人物的行事所感动，在情感的宣泄中自然而然地将认可、敬佩的人物推到至高地位，带有很强的主观色彩、个人情感。有些人物被推到"第一"位置，评点者没有多少异议，但对有些人物则是态度不一，褒贬各异，并未形成群体性认同。不过，虽然评点选取、评定的顶级人物不同，但是这些人物身上所具备的品质、能力，如明君臣之义、知人善任、爱国卫国、济变应急，以及女子之奇伟贤淑、有智有识，这些是绝大部分朝代皆需倡导、推广的。

　　法国的雷蒙·阿隆在《历史讲演录》中曾提出："历史认识，或者作为认识的历史，便是从现在所存在的东西出发，对于过去进行重建或者重新组织，是对于过去某时某地所发生的事的重建。"④清代《左传》评点者的人物评说，是带有明确的服务现实意识的，《左传翼》评说骊姬与二五之祸乱时称，"女戎祸国，至此岂不为千古炯戒乎？亲莫如父子，而嬖孽之计一行，至使欲辨不能，欲行不得，死无以自明，于此叹谗人罔极而彼昏不知，千古有余恨也"⑤；唐德宜《古文翼》评说齐桓公受胙下拜一事称，"君臣之义，千古为昭"⑥；冯敬直《古文汇编》评论介之推曾言，"当时文公返国，从行诸臣骈首争功，介独超然不齿，隐死不悔，可为千古争功者戒"⑦；陈震《左传日知录》评说臧文仲论宋襄公"以欲从人，则可；以人从欲，鲜济"⑧之言，为"千古箴铭，不独断尽宋襄公一生也，是谓有物"⑨；《左传快评》评说秦

---

①　（清）刘继庄：《左传快评》卷三《晋阴饴甥会秦伯盟于王城》，康熙四十五年（1706）刊本。

②　李卫军：《左传集评》，北京大学出版社 2016 年版，第 1261 页。

③　李卫军：《左传集评》，北京大学出版社 2016 年版，第 408 页。

④　[法] 雷蒙·阿隆著，张琳敏译：《历史讲演录》，上海译文出版社 2011 年版，第 93 页。

⑤　李卫军：《左传集评》，北京大学出版社 2016 年版，第 408 页。

⑥　李卫军：《左传集评》，北京大学出版社 2016 年版，第 402 页。

⑦　李卫军：《左传集评》，北京大学出版社 2016 年版，第 516 页。

⑧　杨伯峻：《春秋左传注》，中华书局 2009 年版，第 387 页。

⑨　李卫军：《左传集评》，北京大学出版社 2016 年版，第 469 页。

归士会之事时，称"弃贤资敌，千古大患"①；《左传翼》评说范宣子时，称"盖礼让为国，是千古不易之理"②，等等，皆是从《左传》之人之事，提炼出能通古今的为政法则，有明确的学习与警诫意识。清代《左传》评点者通过对《左传》人物的评价，尤其是至高层次人物的评说，以一种让人愿意接受又易于接受的方式，为有清一代树立了为君、为臣、为人妻者的规范与榜样，为清代读书人提供了正确的引领。

总之，清代评点者评点《左传》时，对《左传》文本进行了有针对性、有重点的选择，这种选择与前代评点本、选本相比，有很大的趋同性，基本上确立并巩固了《左传》经典文本的范围。评点者在评说《左传》经典文本时，以细致、长段的论说，丰富了经典文本的诠释体系，促成了经典文本的再生产。评点者的评点有前代的影子，亦有立足现实、面向未来的重构，他们以明确的选择指向、饱满的情感、高层次的位置判定，评说《左传》人物，形成了群体共性与个人倾向并存的人物评说样态，构建起他们对理想图景的设想与规划蓝图。

第三节　清人对同时代《左传》评点的接受

清代《左传》评点本产生后，评点者作为接受者、生产者的身份已经结束，从刊刻成功被人阅读的那一刻起，评点者便摇身一变，成为被接受者，新刊刻的《左传》评点文本也开始进入别人的阅读、接受过程，成为评点接受的客体。在整个接受史中，早期接受的对象选择、接受方式等，往往具有较强的"汰芟"与"拣金"效应，甚或决定着一个文本的存续，影响学术史的建构。因此，研究清人对清代《左传》评点的接受，更能贴近清代《左传》评点的真实样貌，更能看出清人接受在清代《左传》评点价值建构过程中的

① （清）刘继庄：《左传快评》卷五《晋复士会》，康熙四十五年（1706）刊本。
② 李卫军：《左传集评》，北京大学出版社2016年版，第1181页。

起始意义。当然，清代近三百年历史，评点者、学子、出版商、政府对清代《左传》评点作品的接受与再生产，不可能是一条直线，而是有着阶段性差异，高峰与低谷交错排列，研究其峰值变化，有助于明晰清代《左传》评点的时代境遇，有助于理解传统与现代、流动性与经典化的关系。

一、评点作品所见清人对同时代《左传》评点的接受

在清代《左传》评点文本的文本层次中，《左传》评点前文本是一个不可忽视的重要环节，与其他文本要素一起，共同展示着传统与当代的关系问题。

"在一个文本之中，不同程度地以各种多少能辨认的形式存在着其它的文本；譬如，先时文化的文本和周围文化的文本，任何文本都是对过去的引文的重新组织"①，清代《左传》评点文本中或隐或显地存在很多前人文本，《左绣》自言其评说，是在前人文本基础上的评说：

> 家贫无力置书，《左传》自十许岁读得《左概》二本，阅十余年始读《杜林合注》及《春秋五传》全书，即谬加丹黄。又阅十余年，凡易稿十余过，今年春录有定本。己亥终不自安，复从北墅吴子、石仓菉瞻乔梓乞得汲古阁《注疏》六十卷、徐东海先生所辑《春秋左传》诸集三十一种，又从友人王若沂、沈蔺良、沈于门、范右文乞得徐阳贡《初学辨体》、金圣叹《才子必读》、孙执升《山晓阁左选》、吕东莱《博议》、永怀堂《杜氏左传定本》、朱鲁斋《详节》，从及门吴乃人觅得吴青坛《朱子论定文钞》、林西仲《古文晰义》、真西山《文章正宗》、姜定庵《统笺》，又别见坊刻孙月峰、钟伯敬评本，唐荆川《文编》，茅鹿门三史，王荆石《左选》，罗文恭、汪南明两家《节文》，以及《左国文粹》《左氏摘萃》《左传评林》诸本。增评之未到者十之二，改评之未合者二十之一。夏四月，又从吴兴书贾高某购得吴门唐锡周《左传咀华》二十二卷。秋九

---

① [法] 罗兰·巴特著，张寅德译：《文本理论》，《上海文论》1987 年第 5 期。

月，友人沈雷臣寄示蓟门王或庵《左传炼要》十卷。冬十月，友人沈仁域购示桐川俞宁世《可仪堂左选》全卷。意新笔隽，均为读《左》快书，惜限于尺幅，各量登其尤者数十条，所见如此而已。于刘、贾、啖、服诸古本，概乎未之闻也。寡陋之讥，知无所逃。阅者鉴其探索之苦，而他无所苛，则幸甚幸甚！ ①

引文中出现的众多典籍，是《左绣》评点的基础、依据，冯李骅在阅读前代注释、评点之后，形成了一定的知识积淀与前认识，当他自己真正进入评点《左传》过程时，前人的很多观点，会从他的记忆中提取出来，进行新的加工 ②。《左绣》所依据的文本有宋代、明代的《左传》评点本，这是"先时文化的文本"，亦有清代的《左传》评点本，这是"周围文化的选本"，这些文本，虽然所处朝代不同，但对于《左绣》来说，都是前驱者，只不过清代的《左传》评点本的距离相对近一些。

《左绣》的此种做法，是清代《左传》评点的常用之法。周大璋自言《左传翼》的编写过程，"评左传者何啻数十家，愚广搜精择，约费数十年，苦心研究本文神理，参以诸家论说，集腋为裘，拣少取宝，如《左绣》《左传快评》《左传炼要》等书，尤多采取，其中出独见以疏解者十之六七。非敢自矜创获，欲令《左氏》真面目见于行间也"③，先《左传翼》而刊刻的清代《左传》评点本，如《左绣》《左传快评》《左传炼要》等，亦成为《左传翼》的参照对象。盛谟的《于埜左氏录》则收录唐锡周《古文咀华》的内容，"是书既成后，于积秀书斋偶见唐子《咀华》，批阅数首，颇惬人意，买归，又择其可录入者入之，以公同好云"④。《左传评林》祖述王源《左传评》之法，

---

① （清）冯李骅、陆浩：《春秋左绣·刻左例言》，光绪六年（1880）校镌本。

② 冯李骅曾言，"全部评论皆一意孤行，直至脱稿，方广罗校订"［（清）冯李骅、陆浩：《春秋左绣·刻左例言》，光绪六年（1880）校镌本］，但在其早年学习过程中已经接纳了一些前人评说，这是毋庸置疑的。

③ （清）周大璋：《左传翼·凡例》，同治十二年（1873）常熟黄氏艺文堂刻本。

④ （清）盛谟：《于埜左氏录·附书》，同治五年（1866）重刊本。

《增补左绣汇参》《左传快读》则对《左绣》推崇备至，周正思读得《左绣》，即"叹为从来善本"①，认为《左绣》"发从前所未发，使人别见崭新日月，其为斯文之宝也几何"，故其"评论圈点取诸《左绣》"。② 李绍崧自言得《左绣》，方知《左传》为文之妙，故其《左传快读》"奉先君子教我之言，与我之得力于《左绣》者，缮辑精要选本数卷，以课儿辈"③，受《左绣》影响至深。李绍崧对《左绣》评价极高，"冯氏《读左卮言》，实能窥《左氏》堂奥，学者潜心研究，毫发无遗，不徒作史氏权舆观，直秦汉以来文章之鼻祖也"④。《左传快读》依《左绣》例，全文收录杜预《春秋左传集解原序》，并收录了《左绣》的《读左卮言》《春秋列国时事图说》，分别名之曰《冯氏读左卮言》《冯氏春秋列国时事图说》，另有《春秋三变说》《列国盛衰说》《鲁十二公说》《周十四王说》，一仍《左绣》之文。当然，《左传》评点者对"先时文化的文本"与"周围文化的文本"有着相应的选择，一般是质量上乘、影响较大、情趣相投的评点本方能成为他们的参照对象，评点者以此为起点，开始了评点文本的再生产。

"每一篇文本都联系着若干篇文本，并且对这些文本起着复读、强调、浓缩、转移和深化的作用"⑤，评点者通过不同的方式改造着前文本，或者援引入文，或者增评，或者改评，努力纳入自己的文本体系中。

一种方式是遵旧。评点发展到清代，已经形成了大体固定的文本样态，传统的力量是潜在而强大的，这是"一个无法拒绝的礼物"⑥。对于前驱者缔造的传统，若视而不见、完全回避，那么，想生产富有生命力的作品，无异于天方夜谭，"前驱者像洪水一样向我们压来，我们的想象力可能被淹没，但是，新诗人如果完全回避前驱者的淹没，那么他就永远无法获得自己的想

---

① （清）周正思：《增补左绣汇参》，乾隆三十九年（1774）刻本。

② （清）周正思：《增补左绣汇参·叙》，乾隆三十九年（1774）刻本。

③ （清）李绍崧：《左传快读·刻左传读说》，乾隆五十四年（1789）曲江书屋刻本。

④ （清）李绍崧：《左传快读·凡例》，乾隆五十四年（1789）曲江书屋刻本。

⑤ ［法］蒂费纳·萨莫瓦约著，邵炜译：《互文性研究》，天津人民出版社 2003 年版，第 5 页。

⑥ ［美］哈罗德·布鲁姆著，徐文博译：《影响的焦虑——一种诗歌理论》，江苏教育出版社 2006 年版，第 3 页。

象力的生命"①。《左传》评点的题目、选文、评点等也形成了一定之例，因此，为了易于读者接受，很多评点者选择了承认与效仿，遵循旧例，不敢私自乱设体例。

《古文观止·例言》即言"古文选本如林，而所选之文若出一辙，盖较学相传既为轻车熟路，欲别加选录，虽蹊径一新，反多扞格。故是编所登者，亦仍诸选之旧"②，《古文观止》遵从传统，选文多为习见之文，多为前代评点本、选本常选之文。《左传》本无分题分篇，评点时为了易于展现篇章结构，拟定题目，自分段落，《左传评》遵循传统，"且择而取之，故不得不从时，以便读者，要亦无悖于古耳"③。至若评语，《古文释义》明确提出，"如前贤评语果与古人意适符合，正自不妨互相发明，何必妄生议论，专取旧评而翻驳之，以愚寡识之辈，使骇为新奇，如此评语，小则支离，甚则矛盾，得罪古人，贻误后学"④，对于前人评语，不能因刻意求异立新而强自批判，如若与自己的意见相互发明，可援引入文。很多《左传》评点文本亦是如此作为，它们在眉评、夹注、尾评中引用前人评语，注明评点者姓名，"坊本评注各出己见，兹不敢改头换面，以踵蹈袭之弊。其有与古注翻驳者，间采一二，亦必注明某本、某人云云，不敢攘善也"⑤，"凡名贤之见，有相合者，即引入而著其人，不敢窃为己有"⑥。当然，这种"再现"并非简单的模仿与复制，而是有评点者本心的重复与强调。

对前代《左传》评点文本的重复、强调，一方面传播了前代《左传》评点文本的内容，另一方面又依靠前代《左传》评点文本的影响，加强自己的

① ［美］哈罗德·布鲁姆著，徐文博译：《影响的焦虑——一种诗歌理论》，江苏教育出版社2006年版，第162页。
② （清）吴楚材、吴调侯选注，安平秋点校：《古文观止·例言》，中华书局2020年版，第1页。
③ （清）王源：《左传评·凡例》，《四库全书存目丛书》经部第139册，齐鲁书社1997年版，第166页。
④ （清）余诚：《重订古文释义新编·凡例》，宣统辛亥年（1911）上海文瑞楼印。
⑤ （清）谢有辉：《古文赏音·凡例》，嘉庆三年（1798）宋思仁重刊本。
⑥ （清）王源：《左传评·凡例》，《四库全书存目丛书》经部第139册，齐鲁书社1997年版，第167页。

论说力度，此为双赢处理。

一种方式是求新。评点的传统体制、评点经典的示范，对清代的《左传》评点者都是一种强大的支配力量，他们的评点内化、吸收了前驱者的生产与规范。清代《左传》评点者，受制于时间的独裁作用，仰望与膜拜着前代的"巨人"，但是，长期的膜拜，让《左传》评点者长期受制于前驱者，不免会产生一种"影响的焦虑"。此种焦虑程度，在受制于"先时文化的文本"与"周围文化的文本"方面有一定的差异，他们受制于"周围文化的文本"的焦虑应该更高一些，这是他们真真切切地直接接触、感受甚至参与过、评说过的文本，这些文本的创作者有些甚至是自己志同道合的好友，他们曾就《左传》文本有过相当长时间的讨论，他们在观点上有某些契合或者背离之处。

评点者知道，前驱者不会主动为他们让路①，他们也知道无法避免前驱者的回归，但是，前驱者不让路、只回归，只能让后来者集体失声②，他们需要"突围"。他们不禁在想，自己能否压倒性地超越前人，尤其是能否超越距离自己很近的《左传》评点者？作品能否成为新的巨峰，还是他们只配在门外不断地徘徊？

焦虑真实存在于《左传》评点者的脑海中，同时，另外一种力量也在自我生长、自我发展，"难道一个真正的强者诗人能忍受永远只为另一位享有优先权的诗人做一辈子的精雕细琢吗"③？评点者的心中不断升起一股汹涌澎湃的力量，那便是求新与超越。高朝璎在《古文知新》中明确提出，"庶使嗜古之士得寻其故，而常遇其新，还俾趋时之子转求其新而不厌其故，则

---

① "如果迟来者诗人要避免跟随他到那个地方去，他们就必须懂得死去的诗人是不愿意自动为别人让路的。"（[美]哈罗德·布鲁姆，徐文博译：《影响的焦虑——一种诗歌理论》，江苏教育出版社 2006 年版，第 162 页）

② "如果他们（强者诗人）毫无缺损地回归，这样的回归会使迟来者陷入穷困境地。"（[美]哈罗德·布鲁姆著，徐文博译：《影响的焦虑——一种诗歌理论》，江苏教育出版社 2006 年版，第 147 页）

③ [美]哈罗德·布鲁姆著，徐文博译：《影响的焦虑——一种诗歌理论》，江苏教育出版社 2006 年版，第 124 页。

新义之不穷，犹新机之不已"①。编成《左传评林》的张昆崖，"陋阳先达张云灿祖昆绳意，杂以先辈大家评语，而以己批评缀其后，是可谓好学深思与前贤争烈者矣"②。这是每个有追求、有期待的评点者最深沉的内里需求，他们期待能够走出前驱者的巨大"阴影"，自我提升、自我升华，寻找到内在的自我③。

否定与批判是破解焦虑的一个途径。前驱者的成就，是评点者无法否认的事实，也是无法逃避的"阴影"，为了消除"阴影"带来的压抑感，清代部分《左传》评点者选择了否定与批判，否定前驱者的评点做法，批判前驱者的评点理念。当然，此种否定与批判，并非打倒一大片，也并非彻底地谴责，而是有选择性地、局部地、个体地进行的。或批判评说太详细，过于琐碎，过于繁冗，如"《左绣》详于笔法，语太冗长，论太琐屑"④；或批判评说太过疏略，"或择而弗精，语而弗详，且曰吾仅得其大意所在而已"⑤；或批判删节原文，"务省纸版，妄有刊削"⑥；或批判评语不能示文之妙处，"前人批评传义，不过标举事实之臧否、行文之奇正"⑦；或批判评语陈腐，"诸选家评《左传》，类多褒贬前人是非，自矜才辩，喇喇不休，腐烂语不惟无益，并令左氏精气光怪湮没于故纸堆中，煞是千古大恨"⑧。清代《左传》评点者否定、批评不够彻底，最主要的原因，是他们本身进行的正是评点工作，他们在评点体制上是有初始认同的，这是排斥、否定不了的

---

① （清）高朝瓔：《古文知新·自叙》，康熙四十五年（1706）学者堂刊本。

② 张昆崖：《左传评林·序》，雍正八年（1730）刊本。

③ "范登堡在一篇论述人类行为的意义的惊人的文章中提出了能够产生这种意义的三个领域：场景、内在的自我、他人的一瞥。假如我们在诗人的风度和姿态之意义上——就像我们一般地议论一个人一样——去寻找诗的行为的意义，这些领域就变成：陌生化、唯我主义、前驱者想象的一瞥。"（[美]哈罗德·布鲁姆著，徐文博译：《影响的焦虑——一种诗歌理论》，江苏教育出版社2006年版，第107页）

④ （清）司徒修：《左传易读·序》，光绪十七年（1891）刊本。

⑤ （清）过珙：《古文觉斯·序》，康熙十一年（1672）刻本。

⑥ （清）韩菼：《批注春秋左传句解·凡例》，广益书局1947年版，第2页。

⑦ （清）李绍嵩：《左传快读·凡例》，乾隆五十四年（1789）曲江书屋刻本。

⑧ 李卫军：《左传集评》，北京大学出版社2016年版，第78页。

认同。若全部否定，他们的工作也就失去了存在的依据与意义。

修正与重建是破解焦虑的另一个途径。评点者希望通过初始认同（排斥不了的认同）基础上的修正，构建起与前驱者不同的新秩序，从而抛却压抑与焦虑，趋向"解放之神"①。此"前驱"，一是指前人的《左传》评点文本。《左传统笺·凡例》言其"今俱不循旧例，独出新裁"，"虽集古人之长，必从独见之合"②，不回避前人之长，但一切皆为"我"之注脚，前人回归到"我"之文本，皆需为"我"改变。程润德《古文集解》称"迩来坊刻古文夥矣，如林损斋先生《析义》一书，真足空前轶后，余皆不能出其范围。然但为成材者进一解，而颛蒙初学之士，犹苦其深奥简略而不能一一详明于字迹之间。至于他刻注释，虽自谓详明矣，然又病其繁冗秽杂，初学者反因其言之过多，而愈昧其解"，在批判前人基础上，力图有所修正，故而博采古今选本，集腋成裘，"既无繁冗秽杂之病，而初学者或又不苦其深奥简略"，③ 修正了前人的问题，构建起一种超越前人的更佳文本。

"前驱"的另外一种指向，是指评点者自己之前的评点文本。有些评点者有多个《左传》评点作品，或者一个评点作品会有不同版次，因此，在作品重新修订、出版时，评点者往往会进行"再加工""再生产"，以求超越前面的版本。过珙原本有《古文觉斯》一书，行世后颇得世人赏识，"几于家置一编，人传一帙"，但是后来过珙自己不断思索，不断考究，发觉此书亦有缺陷，"颇觉字疏句栉，非不明且备也；而于段落则不醒，连篇累牍，非不详且尽也；而于精意则茫然"，便在此书基础上重新订正、补充，"取其精美者，去其长冗者，不必逐句详分，俱从窾要段落处点醒之，详注之"④，重新取名

---

① "弗洛伊德关于压抑的观点强调：忘却决不是一种解放的过程。每一位被遗忘的前驱者都变成了想象中的一位巨人……每一位诗人都企望成为爱默生所谓的解放之神，但是却愈来愈感到难以做到这一点。"（[美] 哈罗德·布鲁姆著，徐文博译：《影响的焦虑——一种诗歌理论》，江苏教育出版社 2006 年版，第 109 页）

② （清）姜希辙：《左传统笺·凡例》，《四库全书存目丛书》经部第 131 册，齐鲁书社 1997 年版，第 4 页。

③ （清）程润德：《古文集解·序》，康熙四十三年（1704）聚文堂张心所梓行本。

④ （清）过珙：《增订古文评注全集·序》，上海锦城书局印行本。

为《古文评注》。过珙自言此书"比前书而愈进步焉"①，这是对自我的超越。

清代《左传》评点者为了破解"影响的焦虑"，自觉进行着对他人、对自我的超越，此两种超越是否真能达成，是否能得到别人的认同，在这些评点者心目中，并不是最关键的，最关键的是他们自己心中的认知。他们在主观想象中认为，自己的修正与重建已经超越了"前驱者"，这对他们来说已经足够了。如此一来，如同魔鬼一般萦绕的"影响的焦虑"便不复存在了，他们便获得了解脱，有了精神的解放，有了收获的喜悦。

清代《左传》评点的单个文本，与前人《左传》评点文本的关联或深或浅，或明显或隐蔽，但都摆脱不了前代文本的关联，以各种方式存在于其文本中。评点者对前人评点文本的态度，或尊崇，或批判，都是力图在初始认同基础上有所发展，有所超越。前人文本是单个的《左传》评点文本建构的一个小层次，影响着整个文本建构的方向、方法与路径。

二、图书出版频次所见清人对同时代《左传》评点的接受

图书出版是指向性很强的活动，一般来说，出版什么、出版多少、出版频次，都与图书的质量、读者的期待、市场占有率有极大的关系，"图书是为满足社会需要而产生的，社会性是它的本质属性。但在商品经济条件下，图书又具有商品属性，是一种满足人们精神需要的特殊商品"②，符合读者期待、接受水平的佳作，方能有高的市场占有率。清代的图书刊刻已经很发达，有官刻、书商刻、家刻、书院刻等方式，被以不同刊刻方式刊印的《左传》评点作品，经过了国家③、商人、学者、学子等不同层面的甄别、选择，

---

① （清）过珙：《增订古文评注全集·序》，上海锦城书局印行本。
② 李瑞良：《中国古代图书流通史·前言》，上海人民出版社 2000 年版，第 1 页。
③ 国家层面刊印的主要是《古文渊鉴》，一是为颁发给书院等教学机构；一是赏赐给大臣以示奖励；一是赠送给外国使团以示友好。刊刻的本子有汉文版，有满文版，"凡《资治通鉴》、《性理精义》、《古文渊鉴》诸书，皆翻译清文以行。其深文奥义，无烦注释，自能明晰，以为一时之盛"。[（清）昭梿：《啸亭续录》，中华书局 1980 年版，第 397 页]

折射出当时的国家文化导向与时代风潮。因此，考察清代《左传》评点作品在清代的刊刻、出版情况，是了解清人对清代《左传》评点的接受情况的重要依据与参照。

现在流传下来的清代《左传》评点作品，大多数经过了多次刊印出版，此为群体特征。具体到每一部《左传》评点作品，其刊印次数还是有所差异的，此为个体差异。

清代《左传》评点作品出版情况表

（注：仅列出版频次最高的前五位，"不详"指笔者未经眼或经眼而无明确著录信息者）

图书名	出版时间	出版人	出版次数
古文释义	乾隆七年（1742）	古吴三槐堂	116
	乾隆八年（1743）	经元堂	
	乾隆八年（1743）	宝华楼	
	乾隆八年（1743）	安定堂	
	乾隆八年（1743）	宝树堂	
	乾隆八年（1743）	步月楼	
	乾隆八年（1743）	文奎堂	
	乾隆八年（1743）	书业堂	
	乾隆二十七年（1762）	三槐堂	
	乾隆三十八年（1773）	古吴三槐堂	
	乾隆四十九年（1784）	槐荣堂	
	乾隆五十一年（1786）	文盛堂	
	乾隆五十四年（1789）	书业堂	
	嘉庆元年（1796）	二南堂	
	嘉庆元年（1796）	崇文堂	
	嘉庆三年（1798）	文和堂	
	嘉庆五年（1800）	文奎堂	
	嘉庆五年（1800）	聚锦堂	
	嘉庆五年（1800）	宏道堂	

续表

图书名	出版时间	出版人	出版次数
古文释义	嘉庆五年（1800）	连元阁	116
	嘉庆五年（1800）	三元堂	
	嘉庆十年（1805）	三多斋	
	嘉庆十一年（1806）	文盛堂	
	嘉庆十四年（1809）	敦化堂	
	嘉庆十五年（1810）	聚文堂	
	嘉庆十五年（1810）	致和堂	
	嘉庆十八年（1813）	多文堂	
	道光八年（1828）	书业成	
	道光十四年（1834）	崇文堂	
	道光二十三年（1843）	崇顺堂	
	道光二十六年（1846）	书业德记	
	道光二十八年（1848）	不详	
	道光二十八年（1848）	崇茂堂	
	同治五年（1866）	京都	
	同治六年（1867）	纬文堂	
	同治七年（1868）	聚锦堂	
	同治九年（1870）	泰山堂	
	同治九年（1870）	江宁崇文堂	
	同治十三年（1874）	书业德	
	光绪元年（1875）	安顺至宝堂	
	光绪元年（1875）	四川治国堂	
	光绪三年（1877）	宝兴堂	
	光绪五年（1879）	文会堂	
	光绪五年（1879）	同文堂	
	光绪六年（1880）	紫文阁	
	光绪十年（1884）	善成堂	
	光绪十年（1884）	宝树堂	

续表

图书名	出版时间	出版人	出版次数
古文释义	光绪十年（1884）	文英堂	116
	光绪十一年（1885）	同元堂	
	光绪十一年（1885）	成文信	
	光绪十一年（1885）	同元堂	
	光绪十二年（1886）	不详	
	光绪十二年（1886）	京都老二酉堂	
	光绪十三年（1887）	书业德	
	光绪十三年（1887）	宝兴堂	
	光绪十五年（1889）	敬文堂	
	光绪十五年（1889）	扫叶山房	
	光绪十五年（1889）	有益堂	
	光绪十五年（1889）	宝兴堂	
	光绪十七年（1891）	京都文成堂	
	光绪十七年（1891）	三义堂	
	光绪十七年（1891）	书业堂	
	光绪十七年（1891）	京都文成堂	
	光绪十八年（1892）	书业德	
	光绪二十年（1894）	维新书局	
	光绪二十年（1894）	澹雅书局	
	光绪二十一年（1895）	镇江文成堂	
	光绪二十二年（1896）	学库山房	
	光绪二十三年（1897）	善成堂	
	光绪二十三年（1897）	善成堂	
	光绪二十四年（1898）	扫叶山房	
	光绪二十四年（1898）	文胜堂	
	光绪二十四年（1898）	文雅堂	
	光绪二十四年（1898）	烟台成文信	
	光绪二十五年（1899）	成文堂	

续表

图书名	出版时间	出版人	出版次数
古文释义	光绪二十五年（1899）	宝兴堂	116
	光绪二十七年（1901）	成文信	
	光绪二十八年（1902）	三义堂	
	光绪二十八年（1902）	文焕堂	
	光绪二十九年（1903）	书业德	
	光绪二十九年（1903）	汇文堂	
	光绪二十九年（1903）	成和堂	
	光绪三十年（1904）	泰山堂	
	光绪三十年（1904）	上海扫叶山房	
	光绪年间	文和堂	
	光绪年间	善成堂	
	宣统二年（1910）	扫叶山房	
	宣统二年（1910）	有益堂	
	宣统三年（1911）	文瑞楼	
	宣统三年（1911）	上海书局	
	宣统三年（1911）	上海广益书局	
	宣统三年（1911）	周村益友堂	
	不详	著易堂书局	
	不详	京都宝书堂	
	不详	善成堂	
	不详	经纶堂	
	不详	经国堂	
	不详	有益堂	
	不详	裕德堂	
	不详	聚文堂	
	不详	宝兴堂	
	不详	文光堂	
	不详	藻文堂	

续表

图书名	出版时间	出版人	出版次数
古文释义	不详	安定堂	116
	不详	多文堂	
	不详	宏道堂	
	不详	聚文堂	
	不详	宝兴堂	
	不详	两仪堂	
	不详	文奎堂	
	不详	三槐堂	
	不详	文和堂	
	不详	会友堂	
	不详	槐荣堂	
	不详	文会堂	
	不详	上海昌文书局	
古文观止	康熙三十四年（1695）	敦化堂	110
	康熙三十四年（1695）	杭城三余堂	
	康熙三十四年（1695）	苏州绿荫堂	
	康熙三十四年（1695）	李光明庄	
	乾隆五年（1740）	尺璧堂	
	乾隆十七年（1752）	尺木堂	
	乾隆三十三年（1768）	武林三余堂	
	乾隆三十七年（1772）	三余堂	
	乾隆四十二年（1777）	博古堂	
	乾隆四十三年（1778）	不详	
	乾隆四十五年（1780）	鸿文堂	
	乾隆四十八年（1783）	丹山堂	
	乾隆五十年（1785）	友益斋	
	乾隆五十六年（1791）	三余堂	
	乾隆五十七年（1792）	尚论堂	

续表

图书名	出版时间	出版人	出版次数
古文观止	嘉庆八年（1803）	三余堂	110
	嘉庆十年（1805）	书业堂	
	嘉庆二十年（1815）	藜照楼	
	道光十九年（1839）	桐石山房	
	道光二十二年（1842）	不详	
	道光二十五年（1845）	博古堂	
	道光二十七年（1847）	金阊巽记	
	道光三十年（1850）	常州宏文堂	
	道光三十年（1850）	苏城得见斋	
	咸丰元年（1851）	童文翰斋	
	咸丰三年（1853）	常熟珍艺堂	
	同治六年（1867）	姑苏小西山房	
	同治九年（1870）	常郡文玉斋	
	同治十三年（1874）	宁郡汲绠斋	
	光绪元年（1875）	不详	
	光绪二年（1876）	杭州文元堂	
	光绪六年（1880）	醉六堂	
	光绪六年（1880）	浙绍聚奎堂	
	光绪六年（1880）	上洋醉六堂	
	光绪七年（1881）	浙兰籍古斋	
	光绪九年（1883）	扫叶山房	
	光绪十年（1884）	常州鼓楼前文会堂	
	光绪十二年（1886）	上洋江左书林	
	光绪十三年（1887）	不详	
	光绪十四年（1888）	毗陵李氏麟玉山房	
	光绪十四年（1888）	无锡二酉堂	
	光绪十六年（1890）	王氏日开山房	
	光绪十九年（1893）	善化书局	

续表

图书名	出版时间	出版人	出版次数
古文观止	光绪十九年（1893）	古香阁魏氏	110
	光绪十九年（1893）	京口善化书局	
	光绪十九年（1893）	文芸书局	
	光绪二十年（1894）	经国书局	
	光绪二十一年（1895）	永康胡氏退补斋	
	光绪二十三年（1897）	新都墨耕堂	
	光绪二十四年（1898）	嚠州成文堂	
	光绪二十五年（1899）	渝城精宏书局	
	光绪二十五年（1899）	旧学山房	
	光绪二十六年（1900）	宏道堂	
	光绪二十七年（1901）	浙绍墨润堂	
	光绪二十八年（1902）	新化三昧堂	
	光绪二十八年（1902）	善成堂	
	光绪二十八年（1902）	文蔚堂	
	光绪二十八年（1902）	善成堂	
	光绪二十八年（1902）	新化三昧堂	
	光绪二十八年（1902）	文星堂	
	光绪二十九年（1903）	京口文成堂	
	光绪二十九年（1903）	善成堂	
	光绪三十年（1904）	益友堂	
	光绪三十年（1904）	上海著易堂书局	
	光绪三十一年（1905）	上海著易堂书局	
	光绪三十一年（1905）	宜兴正谊山房	
	光绪三十二年（1906）	两仪堂	
	光绪三十二年（1906）	苏州扫叶山房	
	光绪三十三年（1907）	上海校经山房焕文书局	
	光绪三十四年（1908）	浙绍明达书庄	
	宣统元年（1909）	上海文瑞楼	

图书名	出版时间	出版人	出版次数
古文观止	宣统元年（1909）	浙绍明达书庄	110
	宣统元年（1909）	上海章福记	
	宣统二年（1910）	铸记	
	宣统三年（1911）	常州晋升山房	
	宣统三年（1911）	不详	
	宣统三年（1911）	四川恒新书社	
	宣统年间	铜邑荣半堂	
	清末	贵阳文通书局	
	清末	上海鸿宝斋	
	清末	南京李光明庄	
	清末	宝庆义和书局	
	不详	经文堂	
	不详	状元阁	
	不详	文蔚山房	
	不详	浙宁群玉山房	
	不详	九思堂	
	不详	三让堂	
	不详	三槐堂	
	不详	致和堂	
	不详	大文堂	
	不详	绿荫堂	
	不详	万轴山房	
	不详	明德堂	
	不详	慎言堂	
	不详	经纶堂	
	不详	永言堂	
	不详	岷峨书局	
	不详	经文堂	

图书名	出版时间	出版人	出版次数
古文观止	不详	文奎堂	110
	不详	九思堂	
	不详	汉口森宝斋	
	不详	简香斋	
	不详	文富堂	
	不详	文渊山房	
	不详	大魁桢记	
	不详	鸿宝斋	
	不详	书业德记	
	不详	天机书局	
	不详	文诚堂	
春秋左传纲目句解	康熙年间	如西	111
	乾隆年间	五美堂	
	嘉庆二年（1792）	尚论堂	
	道光九年（1829）	务本堂	
	道光二十一年（1841）	集文堂	
	道光二十三年（1843）	聚源堂	
	道光二十五年（1845）	文华堂	
	道光二十六年（1846）	三益德记	
	咸丰二年（1852）	不详	
	咸丰七年（1857）	泰山堂	
	同治四年（1865）	辅仁堂	
	同治八年（1869）	不详	
	同治九年（1870）	义成堂	
	同治十年（1871）	三盛堂	
	光绪元年（1875）	爱日堂	
	光绪二年（1876）	大道堂	
	光绪四年（1878）	有益堂	

图书名	出版时间	出版人	出版次数
春秋左传纲目句解	光绪五年（1879）	不详	111
	光绪七年（1881）	紫文阁	
	光绪八年（1882）	黔省大文堂	
	光绪九年（1883）	扫叶山房	
	光绪十年（1884）	书业德	
	光绪十年（1884）	锦文堂	
	光绪十年（1884）	书业德	
	光绪十年（1884）	锦文堂	
	光绪十一年（1885）	文成堂	
	光绪十一年（1885）	福州集新堂	
	光绪十二年（1886）	不详	
	光绪十三年（1887）	文英堂	
	光绪十四年（1888）	不详	
	光绪十五年（1889）	福省崇文堂	
	光绪十九年（1893）	不详	
	光绪二十年（1894）	宝善书局	
	光绪二十年（1894）	澹雅堂	
	光绪二十一年（1895）	怡翰斋	
	光绪二十一年（1895）	成文堂	
	光绪二十一年（1895）	不详	
	光绪二十二年（1896）	王四和记	
	光绪二十二年（1896）	不详	
	光绪二十五年（1899）	宝文堂	
	光绪二十五年（1899）	江阴宝文堂	
	光绪二十六年（1900）	集文堂	
	光绪二十八年（1902）	新化三味书室	
	光绪二十九年（1903）	宝庆劝学书舍	
	光绪三十年（1904）	崇实书局	

图书名	出版时间	出版人	出版次数
春秋左传纲目句解	光绪三十一年（1905）	益友堂	111
	光绪三十三年（1907）	京口善化书局	
	光绪三十四年（1908）	书业德	
	光绪年间	成文堂	
	光绪年间	校经山房	
	光绪年间	状元阁李光明庄	
	光绪年间	江南恒新书社	
	光绪年间	文林堂	
	光绪年间	校经山房	
	光绪年间	扫叶山房	
	宣统元年（1909）	福省宏文阁	
	宣统元年（1909）	不详	
	宣统元年（1909）	上海广益书局	
	宣统三年（1911）	上海广益书局	
	宣统三年（1911）	天宝书局	
	清末	上海锦章图书局	
	清末	文林堂	
	清末	桐石山房	
	清末	小酉山房	
	清末	章福记书局	
	清末	文星堂	
	清末	聚文堂	
	清末	宏道堂	
	清末	上海昌文书局	
	清末	聚文堂	
	不详	恒言堂	
	不详	裕德堂	
	不详	涪陵登海堂	

图书名	出版时间	出版人	出版次数
春秋左传纲目句解	不详	步月楼	111
	不详	贵文堂	
	不详	爱日堂	
	不详	令德堂	
	不详	文星堂	
	不详	文德堂	
	不详	绫道堂	
	不详	元德昌	
	不详	善成堂	
	不详	忠信堂	
	不详	贵文堂	
	不详	文诚堂	
	不详	永顺堂	
	不详	郭文元堂	
	不详	绿荫堂	
	不详	奎光堂	
	不详	藜照书屋	
	不详	致和堂	
	不详	桐石山房	
	不详	会友堂	
	不详	崇顺堂	
	不详	裕德堂	
	不详	崇茂堂	
	不详	昌文书局	
	不详	益元堂	
	不详	永言堂	
	不详	上海文瑞楼	
	不详	姑苏书业堂	

图书名	出版时间	出版人	出版次数
春秋左传纲目句解	不详	巴川兴龙堂	111
	不详	浙宁三昧堂	
	不详	上海广益书局	
	不详	全义堂	
	不详	崇文堂	
	不详	五美堂	
	不详	经文堂	
	不详	九经堂	
	不详	经余堂	
	不详	泰山堂	
左绣	康熙五十九年（1720）	华川书屋	83
	康熙五十九年（1720）	大文堂	
	康熙年间	书业堂	
	雍正元年（1723）	不详	
	乾隆二年（1737）	不详	
	乾隆六年（1741）	宏道堂	
	乾隆三十一年（1766）	不详	
	乾隆三十三年（1768）	不详	
	乾隆三十六年（1771）	不详	
	乾隆四十三年（1778）	文光堂	
	乾隆四十四年（1779）	华川书屋	
	乾隆五十七年（1792）	学源堂	
	乾隆五十九年（1794）	华川书屋	
	嘉庆七年（1802）	华川书屋	
	嘉庆十三年（1808）	敬书堂	
	嘉庆十三年（1808）	经纶堂	
	嘉庆十六年（1811）	崇义书院	
	道光二年（1822）	不详	

图书名	出版时间	出版人	出版次数
左绣	道光五年（1825）	金陵致和堂	83
	道光五年（1825）	华川书屋	
	道光十二年（1832）	绿荫堂	
	道光十二年（1832）	书业堂	
	道光二十二年（1842）	富春堂	
	同治十三年（1874）	不详	
	光绪二年（1876）	不详	
	光绪六年（1880）	扫叶山房	
	光绪九年（1883）	经国堂	
	光绪九年（1883）	子云堂	
	光绪十年（1884）	不详	
	光绪十四年（1888）	上海文瑞楼	
	光绪十四年（1888）	华川书屋	
	光绪十八年（1892）	不详	
	光绪二十二年（1896）	成文堂	
	光绪二十三年（1897）	不详	
	光绪二十四年（1898）	益元书局	
	光绪二十五年（1899）	潍阳成文信	
	光绪二十八年（1902）	新化三昧书室	
	光绪三十年（1904）	华川书屋	
	光绪三十年（1904）	承文新	
	光绪三十一年（1905）	善成堂	
	光绪三十四年（1908）	大与堂	
	光绪年间	金陵李光明庄	
	宣统三年（1911）	扫叶山房	
	宣统三年（1911）	上海会文堂	
	宣统三年（1911）	元德昌	
	清末	章福记书局	

续表

图书名	出版时间	出版人	出版次数
左绣	清末	李光明庄	83
	清末	书业德	
	不详	多文书屋	
	不详	文发堂坊	
	不详	瑞云楼	
	不详	敬书堂	
	不详	三益堂	
	不详	聚魁堂	
	不详	紫文阁	
	不详	佛山翰宝楼	
	不详	上洋江左书林	
	不详	宝章书屋	
	不详	锦云书屋	
	不详	绿荫堂	
	不详	尺木堂	
	不详	经元堂	
	不详	文渊堂	
	不详	松盛堂	
	不详	学源堂	
	不详	山渊堂	
	不详	宏道堂	
	不详	三槐书屋	
	不详	四川善成堂	
	不详	晋祁书业堂	
	不详	书业东店	
	不详	步月楼	
	不详	翠筠山房	
	不详	存古堂	

图书名	出版时间	出版人	出版次数
左绣	不详	荣茂堂	83
	不详	三槐书屋	
	不详	善成堂	
	不详	同文堂	
	不详	大文堂	
	不详	兰邑慎言堂	
	不详	渔古山房	
	不详	三余堂	
	不详	宝章书屋	
古文析义	康熙二十一年（1682）	经元堂	71
	康熙二十一年（1682）	三让堂	
	康熙二十一年（1682）	经国堂	
	康熙二十六年（1687）	晋安林氏	
	康熙五十五年（1716）	宝文堂	
	康熙五十五年（1716）	宏道堂	
	康熙五十五年（1716）	芥子园	
	康熙五十五年（1716）	大文堂	
	康熙五十五年（1716）	两仪堂	
	康熙五十五年（1716）	宝经堂	
	康熙五十五年（1716）	龙文堂	
	康熙五十五年（1716）	文选楼	
	乾隆十年（1745）	上善堂	
	乾隆二十年（1755）	不详	
	乾隆二十六年（1761）	聚锦堂	
	乾隆三十一年（1766）	致和堂	
	乾隆三十二年（1767）	致和堂	
	乾隆三十二年（1767）	三乐堂	
	乾隆三十四年（1769）	不详	

续表

图书名	出版时间	出版人	出版次数
古文析义	乾隆三十四年（1769）	不详	71
	乾隆四十年（1775）	书业堂	
	乾隆四十三年（1778）	拥万楼	
	乾隆四十四年（1779）	三多斋	
	乾隆五十年（1785）	书业堂	
	乾隆五十八年（1793）	敦化堂	
	嘉庆六年（1801）	不详	
	嘉庆十一年（1806）	刻文畲堂	
	嘉庆十八年（1813）	不详	
	道光三年（1823）	务本堂	
	道光六年（1826）	不详	
	道光十年（1830）	文渊堂	
	道光十三年（1833）	令德堂	
	咸丰八年（1858）	刻拾芥园	
	同治元年（1862）	令德堂	
	同治二年（1863）	聚经堂	
	光绪十六年（1890）	厦门芸成斋	
	光绪二十三年（1897）	宏文阁	
	光绪二十三年（1897）	乐园	
	光绪二十四年（1898）	汉文书局	
	光绪二十四年（1898）	益元书局	
	光绪二十四年（1898）	书业德	
	光绪二十七年（1901）	联墨堂	
	光绪年间	金阊小酉山房	
	宣统元年（1909）	不详	
	宣统元年（1909）	经国堂	
	清末	两仪堂	
	清末	经元堂	

续表

图书名	出版时间	出版人	出版次数
古文析义	不详	英德堂	71
	不详	经元堂	
	不详	经纶堂	
	不详	经国堂	
	不详	金阊小酉山房	
	不详	务本堂	
	不详	三元堂	
	不详	萃经楼	
	不详	怀德堂	
	不详	五经楼	
	不详	文选堂	
	不详	文选楼	
	不详	两仪堂	
	不详	益元堂	
	不详	志古堂	
	不详	三余堂	
	不详	湖南仁记书局	
	不详	奎壁堂	
	不详	爱莲堂	
	不详	萃经楼	
	不详	令德堂	
	不详	经国堂	
	不详	学源堂	
	不详	宏道堂	

　　从一部评点作品首次刊刻之后，不同的出版人在不同的时间分别予以出版发行，涉及不同地域的出版人。有些出版人在不同的年份再次刊刻作品，如华川书屋分别于康熙五十九年（1720）、乾隆四十四年（1779）、乾隆

五十九年（1794）、嘉庆七年（1802）、道光五年（1825）、光绪十四年（1888）、光绪三十年（1904）皆刊刻了《左绣》，多次、反复刊刻，表明了华川书屋对《左绣》的认可。当然，更多情况下，不同的出版人在不同的时间里刊刻同一部书，从康熙或者乾隆年间的第一次刊刻开始，至宣统年间，近二百年的时间内，《左传》评点作品被多人、多次在多地出版，如《古文析义》出版后，为人所重，"前此《古文析义》之刻，既谬为海内具眼许可，嗣凡式庐枉顾者，无不以二编为请"①，成为很多学子的必读书②，在读者的期待与要求下，林云铭又出了二编、合编之作；《古文释义》出版后，亦为人称许，"四年来颇不为同志君子所弃，原版遂已糊涂不堪刷印，坊友重付镌刻"③，多次印刷后，原版多漫漶不清，故在他人要求下，再次镌刻成书。重订本、重刻本、覆刻本的大量出现，显示了时代对某些《左传》评点作品的认可与接受。

清代《左传》评点作品，出版频次最高的依次是《古文释义》《春秋左传纲目句解》《古文观止》《左绣》《古文析义》。此五本书之所以能够产生如此大的反响，有那么多的读者群，有几个主要的原因：

一是符合初学者的阅读期待。

《古文释义》等五本书，有一个共同的特点，即面向的读者群是初学者。《重订古文释义新编·凡例》言"是篇专为初学订一善本"④，《批注春秋左传句解·凡例》言"其于蒙士未必无少补"⑤，《古文观止》言"杂选古文，原为初学设也"⑥"正蒙养而裨后学"⑦，《左绣》言"骈本意乃为初学发明""以

---

① （清）林云铭：《古文析义二编序》，康熙二十六年（1687）刊本。
② 廖华曾言其生于1898年的兄长陈幹侯幼时学习情况，"四岁启蒙，七岁读完《四书》，十三岁读完《春秋左氏传》、《蔡注尚书》、《毛诗》、《王凤洲纲鉴辑览》、《林西仲古文析义》及其他通俗旧书，均能背诵"［《莆田文史资料》第4辑，福建省莆田市委员会1982年印制（内部发行），第23页］。
③ （清）余诚：《重订古文释义新编·凡例》，宣统辛亥年（1911）上海文瑞楼印。
④ （清）余诚：《重订古文释义新编·凡例》，宣统辛亥年（1911）上海文瑞楼印。
⑤ （清）韩葵：《批注春秋左传句解·凡例》，广益书局1947年版，第2页。
⑥ （清）吴楚材、吴调侯选注，安平秋点校：《古文观止·例言》，中华书局2020年版，第1页。
⑦ （清）吴兴祚：《古文观止序》，载（清）吴楚材、吴调侯选注，安平秋点校：《古文观止》，中华书局2020年版，第1页。

资初学识力"①,《古文析义》言"以课子弟"②。读者是文学接受的主体，只有契合他们的需求，才能保证图书出版的发行力与影响力。

清代阅读评点类作品的读者，很大程度上带有强烈的功利色彩，他们希望能从有限、集中的内容中学到应对考试的内容，从书中读到可以即时用到的内容。康熙曾在短时间内对坊间选刻经传删本、时文选本予以禁止，但是仍然无法抵挡学子们对此类作品的青睐，乾隆元年（1736）下令放松对坊间刻文的禁止令，"可驰坊间刻文之禁，倘果有学问淹博、识见明通者，不拘乡、会墨卷、房行、试牍，准其照前选刻"③。在选择倾向上，学子们一般倾向于篇幅适中的评点作品。张志公在言说古代选本在教学中的使用情况时提到，"就选文的数量说，可得三类。一类选得很多，在 300 篇以上，以至上千篇，如《文章正宗》《古文渊鉴》《唐宋文醇》《古文眉诠》《唐宋八大家文钞》《古文分编集评》等。这类选本，一般学塾不直接用作教本，而是由塾师从中挑选若干篇教给学生。一类选得很少，在百篇以下，如《文章轨范》《古文关键》，都只有 60 多篇。有的学塾采用这类选本，但是往往再由塾师用别本补充。再一类选文在 100 篇以上，300 篇以下，如《古文析义》（230 篇），《古文观止》（222篇），《古文嗜凤》（208 篇），《古文释义》（147 篇）等等。在学塾中流行最广、直接用作教本的，这一类居多"④,《古文析义》《古文释义》《古文观止》以及《春秋左传纲目句解》（283 篇），皆属于适合学塾教学的本子。《左绣》虽然是全书评点，评点内容相对繁多，但是，它的细致评文又契合学子们的写文需求，保证了它在学子那里的口碑，梁章钜《退庵随笔》曾言："忆余曾闻一人自夸其幼学曰：'我曾读过《左绣》。'"⑤ 于此可见，士子们的需求是图书出版的强劲动力，这便是"消费反作用于生产"的写照。学子们的兴趣指向、消费需求，

---

① （清）冯李骅、陆浩：《春秋左绣刻左例言》，光绪六年（1880）校镌本。

② （清）林云铭：《古文析义初编·序》，康熙二十一年（1682）刊本。

③ （清）方苞等编：《钦定化治四书文·上谕》，《景印文渊阁四库全书》第 1451 册，台湾商务印书馆 1986 年版，第 2 页。

④ 张志公：《张志公文集·传统语文教学研究》，广东教育出版社 1991 年版，第 143 页。

⑤ （清）梁章钜：《退庵随笔》卷一五《读经二》，光绪元年（1875）《二思堂丛书》本。

是一种潜在的影响力量，很大程度上支配着生产者的素养、能力及生产指向。学子们读《左传》评点作品，或重内容，或重文法，文法中或重对偶，或重错综，对关注的重点选择，对不相关的则弃而不看，故而评点便出现了两种倾向：专门化与全面化，如《左绣》即专言文法，《左传经世钞》则多言经世之道。

《古文释义》等五本书的评点者，在评说过程中，脑海中便有一个明确的"隐含的读者"存在，这是他们投入评点的内在动力，又是他们评点的指引力量。他们本着对初学负责的态度，本着"正蒙养"的目的，以初学者的接受水平、认知能力及阅读期待为出发点，或简约，或言大道，或言文法，皆能契合作为初学者的读者的接受心理，又以初学者的自我提升为评说终点，既能让读者有心理上的认同感，又能打破读者固有的期待视界，保证了读者期待视界的不断更新，紧紧吸引着读者加入阅读、提升的过程。

曾经是评点作品阅读主体的读者，转身变为评点作品的生产者，他们带有天然的优势，即对读者心理的熟悉与把控，因此，他们的评点作品的共情力很强，这是维系、强化评点者与读者关系的纽带，从而让他们的评说具备了一种初学阅读的普适性，亦是图书出版成功的关键所在。

二是作品质量上乘，经得起时间的考验。

历史是最严格、最公正的法官，能在长时段的读者接受中热度不减的作品，必定是质量上乘的佳作。《古文释义》等五本评点作品的作者，本就是奔着"善本"的高水准去进行评说的，他们极为严谨，"不敢草率"[①]，在评说过程中遵循了"信、达、雅"的评说标准，当然，他们的"信、达、雅"与严复《天演论》所提出的"译事三难"的"信、达、雅"有同与不同之处。

评点者评说时的"信"，指的是对每个字都校对准确，避免以讹传讹；对《左传》字、词的解释，需信实、准确。初学者如同一张白纸，写对每个字，了解字、词的意思，这是初学者接受的基础，一旦认知有误，势必影响日后的学习、阅读。但是有些坊间刻本，以牟利为目的，错讹不断，字词写错，字义训释有误，"翻板恶习，最可痛恨，彼但惟利是趋，一见大行之书，

---

① （清）林云铭：《增订古文析义合编·凡例》，康熙五十五年（1716）刻本。

遂窃而翻刻之，那知字画讹错，每致贻误后学"①，"校雠不精，亥猪传讹，误人不小"②。有感于此，《古文释义》等五本评点作品的作者，皆仔细核对字词，力求无有错讹，"是编于艰奥须解者固细加阐发，即目前便语亦未尝率意忽过，庶于初学有补"③，无论是深奥难懂者，还是日常所用者，评点者皆以"精切而确当"为准的。

对字、词意思的训释，是评说的基础，假若对字、词的解释不对，那么整个文意、思想的解读就会出现偏差，对人物的评说也会走入不同的方向。如郑庄公"寤生"一事，有人释"寤"为"寤寐"之义，"或曰武姜寐时生，至寤始知"，又或曰"此当是难生，故武姜困而后寤"，有人认为"凡生子堕地，即开目视者，曰寤生"，④ 有人认为"生而瞑目，如死人，曰寤者"⑤，皆为解说武姜之"惊"。释义分为两种态度，一种认为生之难，武姜受到了惊吓；另一种则认为生之易，武姜何惊之有？因为释义不同，评点者在武姜是否受到惊吓、所受惊吓的程度方面皆有不同的意见，连带对后面武姜之"恶"的评说亦掺杂了不同的情感因素，从而对武姜的批判力度也就有了不同。为了给初学者传递最准确的解释，几位评点者仔细斟酌，"每篇中所应有之义，必悉为释明，绝不敢作一套评间语，以迷眩人心目，惟于文义字义细细详批，切实确当"⑥。

评点者评说时的"达"，指的是对文义及文章结构梳理的通达、顺畅。评点与翻译的不同，在于它不仅要准确解释词义、句义，更为重要的是它要对文章的思想、主旨、结构、文法等进行评说。因此，评点者在训释字、词基础之上，将文章的结构层次一一呈现出来，将每一个小段落的文义概括出来，正如《古文释义》所言，"是编每篇必先指其通篇大旨之所在，然后分其段落，逐段批明此段是何意思于旁，然后逐句详批，然后细评其起伏照应，其有旁

① （清）余诚：《重订古文释义新编·凡例》，宣统辛亥年（1911）上海文瑞楼印。
② （清）林云铭：《增订古文析义合编·凡例》，康熙五十五年（1716）刻本。
③ （清）吴楚材、吴调侯选注，安平秋点校：《古文观止·例言》，中华书局2020年版，第1页。
④ （清）姚培谦：《古文斫》卷一，乾隆甲午年（1774）重订本。
⑤ （清）魏禧：《左传经世钞》，乾隆十三年（1748）彭家屏刊本。
⑥ （清）余诚：《重订古文释义新编·凡例》，宣统辛亥年（1911）上海文瑞楼印。

批所载不尽者，悉以次列于上方"①，文章的结构层次划分好，段落意思概括好，自然，文章的神理脉络、通篇大旨便会水到渠成地呈现出来。

不同的评点者在诠释结构、文意时，详略不同，《左绣》"本意乃为初学发明，不觉过于烦絮"②，以翔实全面著称；《古文析义》言"是编全文中有明白易晓处，止于逐段下总评数语，以阐发通篇血脉，其深心结构，出没收纵，有鬼斧神工之妙者，必逐句注出，不敢草率"③，有详有略，各有侧重。但是，他们都以得《左传》真实文意为评说方向，"惟设身处地探讨出古人真正神理乃止""得其神吻何似，道理何如，恰与作者当日吻合"④。得获《左传》真意最直接、最有效的方式，便是通过有条理、有层次的细读、细评自然顺畅地呈现《左传》文本结构的安排以及文章大旨。

评点者评说时的"雅"，指的是评说语言、结构、用意的调遣要有文情文才。所谓"言之无文，行之不远"，一部优秀的评点作品，不单要有如炬慧眼，鞭辟入里地指明文之佳处与不足之处，其评说文字亦应当可读，深深吸引住读者，不觉坠入其中而知为文之妙。

以上五本《左传》评点作品本身的质量，是历史选择它们的根本原因所在，大浪淘沙，唯有经得起读者不断、再次、反复阅读考量的作品，才是真正的佳作。林云铭之子林沉言说《增订古文析义合编》之成书，"同里余宗伯年以《合编》之刻为请，且愿捐资而成之，曰将以成一部之巨观，迥不侔坊贾之射利，不惮驰书千里而索跋于余"⑤，《新镌古文释义·序》亦自言"四年来颇不为同志君子所弃，原版遂已糊涂不堪刷印，坊友重付镌刻"⑥。由此可见，书商出版以上五种评点作品，虽追求经济效应，但绝非一时的利益追求，而是要以精良的质量保证利益的最大化。

---

① （清）余诚：《重订古文释义新编·凡例》，宣统辛亥年（1911）上海文瑞楼印。
② （清）冯李骅、陆浩：《春秋左绣刻左例言》，光绪六年（1880）校镌本。
③ （清）林云铭：《增订古文析义合编·凡例》，康熙五十五年（1716）刻本。
④ （清）余诚：《重订古文释义新编·凡例》，宣统辛亥年（1911）上海文瑞楼印。
⑤ （清）林沉：《古文析义跋》，载林云铭：《增订古文析义合编》，康熙五十五年（1716）刻本。
⑥ （清）余诚：《新镌古文释义·序》，乾隆八年（1743）古吴三槐堂本。

三是出版者的宣传效应。

图书宣传是图书走入市场、走向读者的先导与共时评论，图书作者的知识素养、身份地位以及图书的使用范围、使用效果等，都会在读者阅读前、阅读中不断地传递"佳作"的信息，拉升读者对此书的期待值与重视度。出版商的宣传效应，一般来说，有以下三种方法。

首先，宣传作者身份，此为名人效应之体现。

《批点春秋左传纲目句解》的作者，署名为韩菼。对于此书，李卫军在《〈左传〉评点研究》中称之为"是编盖节录朱申《春秋左传详节》而成"，又因"全书既无韩菼之评，又无其序跋。其卷首题为魏邦达之序者，与明刻朱申《春秋左传详节句解》卷首王鏊之序内容全同"，[1] 且《凡例》八则，有七则与朱申《春秋左传详节句解》相同，断言此书为当时坊贾"托以名人批点以求易售"[2]。李君此说，当为允论。

《批点春秋左传纲目句解》刊刻时，多署名为"长洲韩慕庐先生较订"，韩慕庐即为韩菼，"慕庐"为韩菼之号。韩菼生于苏州以诗文传家的名门望族，自幼手抄经典，熟读经史，研习坊间选本，根底深厚。康熙十二年（1673），韩菼以会试、殿试皆为第一的成绩，为人所重，被康熙盛赞为"天下才""学问优长，文章古雅，前代所仅有也"。韩菼向康熙所进呈的文章，每一篇皆为康熙称善，"韩菼所为文，能道朕意中事"。[3] 后韩菼升任内阁学士，负责《大清一统志》编写。著有《有怀堂文集》《有怀堂诗集》《春秋左传纲目句解汇镌》等。乾隆十七年（1752），被追谥"文懿"。韩菼一生潜心于古文、时文之阅读、写作，"公以英敏之资，绍承庭训，其于经学，自汉、唐笺疏迄宋贤章句，无不穿穴；又综览诸史百家，发为高文，一变从前卑靡佝瘘之习"[4]，以广博的学

①　李卫军：《〈左传〉评点研究》，中国社会科学出版社 2014 年版，第 303 页。

②　李卫军：《〈左传〉评点研究》，中国社会科学出版社 2014 年版，第 304 页。

③　（清）朱彝尊撰，王利民等校：《曝书亭全集·曝书亭集》卷七一《礼部尚书兼掌翰林院学士长洲韩公墓碑》，吉林文史出版社 2009 年版，第 685—686 页。

④　（清）沈德潜：《故礼部尚书韩文懿公祠堂碑记》，载（清）钱仪吉纂，靳斯校点：《碑传集》卷二一《康熙朝部院大臣下》，中华书局 1993 年版，第 703 页。

识，力纠卑靡之陋习，而成就高文妙法，世人将之比作唐之韩昌黎①。乾隆对其极为欣赏，称其文"清真雅正，开风气之先，为艺林楷则"②，其文章天下流传，"自是薄海远近，奉为楷模，数十余年，业制义者，若非韩不学也"③，遂令"一哄之市，三尺之童，无不知有慕庐先生也者"④。韩菼还时常将其经验传于后学，"时常以诗歌古文教导乡里后进"⑤，为人所敬重。以天下闻名的韩菼之名出版图书，其销售量自然不俗；以曾经传递给后学经验的韩菼之名伪造图书，也易为人所接受。基于此两点考虑，书商便以朱申的《春秋左传详节句解》为底本，略加改造，更名为《批点春秋左传纲目句解》，既保证了图书的质量，又提升了图书的知名度。

因为韩菼的名人效应，《批点春秋左传纲目句解》被多个出版者多次刊印。出版者为了进一步加大宣传，契合读者的阅读期待，他们不断地为《批点春秋左传纲目句解》增加新的宣传语。嘉庆二年（1797）尚论堂刊印的《重订批点春秋左传纲目句解》首页，赫然印着"韩状元较订"的字样，突出了韩菼状元的身份，如左图所示。

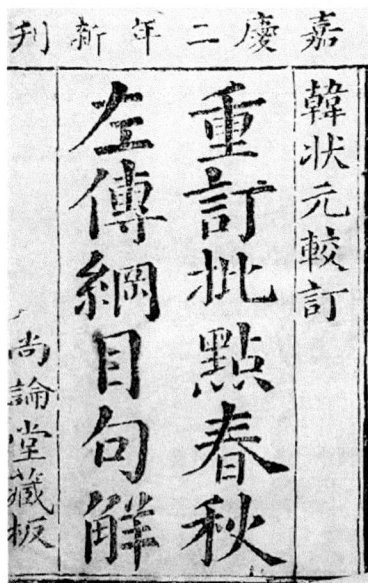

《重订批点春秋左传纲目句解》书影，嘉庆二年（1797）新刊本

很明显，出版者的卖点就在"状元"二字上，他们就是要靠"状元"二字吸引读者的注意力，增加出售数量。在以科举

---

① "自明亡，科举之文，日就腐烂；公出，始渐复于古，世以比于昌黎，而公未尝以此自喜。"[（清）方苞：《礼部尚书韩公墓表》，载（清）钱仪吉纂，靳斯校点：《碑传集》卷二一《康熙朝部院大臣下》，中华书局 1993 年版，第 701 页]

② 赵尔巽：《清史稿》卷二六六《韩菼传》，中华书局 1977 年版，第 9956 页。

③ （清）沈德潜：《故礼部尚书韩文懿公祠堂碑记》，载（清）钱仪吉纂，靳斯校点：《碑传集》卷二一《康熙朝部院大臣下》，中华书局 1993 年版，第 703 页。

④ （清）郑方坤：《国朝名家诗钞小传》卷二，光绪十二年（1886）万山草堂刻本。

⑤ 车吉心主编：《中国状元全传》，山东美术出版社 1993 年版，第 773 页。

提升地位的时代，"朝为田舍郎，暮登天子堂"是众多学子的共同心愿，阅读状元的批点，跟随状元的脚步，至少在心理上会有一种慰藉与暗示，他们期盼着梦想成真的那一天。

另外，韩菼在民间百姓心目中还是励志的典型，许奉恩曾言"韩文懿公菼，貌寝陋，而髯丛如蝟。年逾四十，甫领乡荐。计偕北上，膏秣无资，袯被徒行"①，一则韩菼长相丑陋，二则四十多岁方应试进士，三则资费不足，四则自信不足，韩菼赶考之前，有相士预言其必不能考中，"子一第已属幸事，尚望捷南宫乎？死期且到矣，奈何"②，韩菼听闻，怏怏不乐，无意北上。或许在很多人心目中，像韩菼这样长相不佳、年龄够大、资费不足、自信不足的人，是不能考中状元的，毕竟每年有那么多的人在奋斗，毕竟往年落榜者还在苦苦挣扎，毕竟得中进士的人少之又少。就是这样一个不占据任何优势的人，却凭借自己的才学高中状元，此种人生，让那些在希望、失望、绝望博弈中日渐消沉的士人，重新燃起了希望，让那些还没有真正奔赴科举"战场"的学子坚定了内心的信念，他们似乎看到了未来的某一日，遥不可及的梦想变成了触手可及的美好。因此，韩菼又成为学子们的精神楷模，支撑着他们走过一个个险滩。

不得不说，从"长洲韩慕庐先生"③到"韩状元"的宣传语改变，是很大的成功，抓住了读者渴望科举及第的心理。这一心理极具辐射力与穿透力，影响着整个社会群体的阅读选择。

其次，宣传图书价值，此为吸引读者之基石。

康熙五十五年（1716）文选楼刊印的《古文析义》增订本，其开篇页印

---

① （清）许奉恩著，贺岚澹校点：《兰苕馆外史》卷一《韩文懿公轶事》，黄山书社1996年版，第7页。

② （清）许奉恩著，贺岚澹校点：《兰苕馆外史》卷一《韩文懿公轶事》，黄山书社1996年版，第8页。

③ 韩慕庐先生，在当时亦是名声在外，《韩文懿公轶事》中言韩菼日暮失路，寄宿他人家中，乡间老叟得知韩菼名字后，"叟瞿然曰：'是慕庐先生也邪？老朽向读大文，向慕已久，今不知惠临，亵慢勿罪。'"〔（清）许奉恩著，贺岚澹校点：《兰苕馆外史》卷一《韩文懿公轶事》，黄山书社1996年版，第7页〕

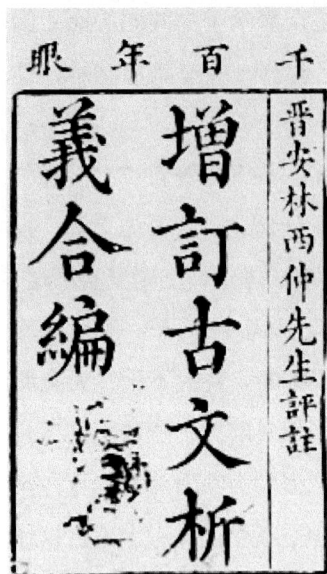

《增订古文析义合编》书影，
康熙五十五年（1716）文选楼刊本

有重要的宣传信息，如左图所示。

此图有三个重要信息：一是书名《增订古文析义合编》，这是《古文析义》初编与二编的合印本。二是《古文析义》的作者林云铭，书中称之为"林西仲先生"，西仲为林云铭的字，"林西仲先生"是对林云铭的尊称。林云铭自小嗜学，每探索精思，数日不食，人称"书痴"。弱冠举于乡，顺治戊戌年（1658）举进士，曾为徽州府通判。康熙十三年（1674）被叛军囚禁十八个月，获释后客居杭州，以卖文为活。一生著述甚丰，有《西仲文集》《庄子因》《楚辞灯》《韩文起》《古文析义》《把奎楼选稿》《损斋焚余》《吴山鷇音》《四书讲义》等。在古文评说领域，林云铭亦是声名在外，多有人闻名而请他编书。三是对《古文析义》的评价——千百年眼。千百年眼，当为承袭明代张燧的说法。张燧于万历四十二年（1614）写就一本名叫《千百年眼》的书，收录的是张燧对历史的评说。张燧目光如炬，擅长用独特而不愿苟同的眼光来评说历史，故其论说特异独行，新意频见，论辩有据，盛传于世，至清代仍为人称许。在《千百年眼·小引》中，张燧对"千百年眼"之义有过说明，其言曰：

> 古来豪杰有豪杰之眼，文人有文人之眼，俗儒有俗儒之眼。见自己出，而纵笔所如，随手万变，无所规摹，亦无不破的。使后世观者，如冷水浇背，陡然一惊。虽能巷议其非，决不能扫除其说，此之谓豪杰之眼。文人者流，矜激于辞艺，标鲜于才锋，往往聪明盖世，而其为论也迂疏无当，虽雕绘满眼，而精神意绪曾不足以供醒脾之用，此之谓文人之眼。若夫俗儒，则异是矣，目中非真有一段不可磨灭之见，影响剿袭，满纸炫然，举圣贤富有日新之资，仅为拘儒粟红贯朽之用，致令览者未

尽先厌，如此直谓之无眼可也。余才不逮人，独于文字之好似有宿缘，帖括之眼，得属意经史百家，旁及二氏与夫稗官小说、家乘野语，不揣荒陋，谬以是意提衡其间。瞥见可喜可悦可惊可怪之语，俗儒所不敢道与文人之所不能道，目注神倾，辄手录之，积久成帙，名曰千百年眼。①

张燧坚信"存乎人者，莫良于眸子"②，人们看待世界，有豪杰之眼、文人之眼、俗儒之眼，它们最大的区别，便是识见独特、有用与否。豪杰之眼，可谓无形，随万事而生，新颖独特，又能给人警醒，助人成长；文人之眼可谓无用，迂阔于事情，大而无当；俗儒之眼可谓无眼，因袭抄袭，无有己见。张燧自信自具豪杰之眼，能言俗儒不敢言之语，能道文人不能道之话，能从千百年的典籍中识得可喜、可悦、可惊、可怪之处，能用迥异于他人的论说言说其可以穿越、穿透千百年历史的识见。

文选楼刊印的《古文析义》增订本，所用"千百年眼"之意，亦有此意。林丰玉评价《古文析义》时曾言，"盖尝譬之为暗室明炬，古人之肺腑在在，无微不烛；尝譬之为渡津飞筏，精议之开辟，步步引人入胜。四方嗜古之士，其弗能释手，可不问而知也"③，暗室明炬，即言其识见如炬；渡津飞筏，即言其给人指引。

最后，宣传刊刻质量，此为强化传播载体之力量。

一部图书的流传，除了作品本身的质量外，图书的刊刻质量也是重要的影响因素。坊间刻本质量堪忧，为人唾弃，在此情况下，

《批点春秋左传纲目句解》书影，光绪己丑年（1889）崇文堂刊本

---

① （明）张燧：《千百年眼》，文物出版社 2020 年版，第 9—15 页。

② （明）张燧：《千百年眼》，文物出版社 2020 年版，第 9 页。

③ （清）林丰玉：《古文析义序》，载林云铭：《增订古文析义合编》，康熙五十五年（1716）刊本。

学子们对质量靠得住的作品更为青睐，更希望读到可靠、可信、可称许的本子。

光绪己丑年（1889），崇文堂刊印的《批点春秋左传纲目句解》，印上了"较对无讹"的字样，如上页图所示。

校对无讹，首先说明此书经过了校勘、核对，此校对，可以指作者所作的校勘，也可以指出版者所作的校对；其次说明校对的质量很高，基本没有错误。出版者对校勘质量的着意凸显，是读者更加注重作品质量的写照。初学者读书，首因效应特别明显，错误的信息传递给他们，势必会影响他们日

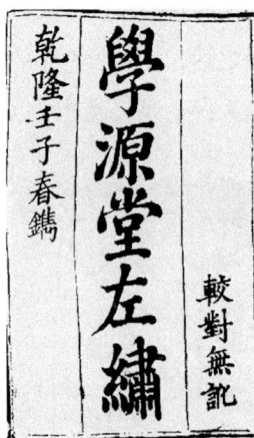

《左绣》书影，乾隆五十七年（1792）学源堂刊本

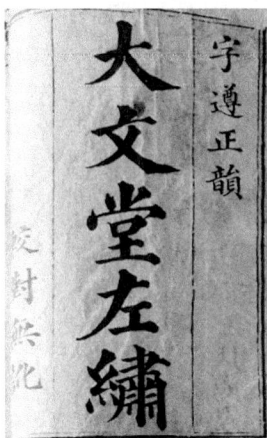

《左绣》书影，康熙五十九年（1720）大文堂刊本

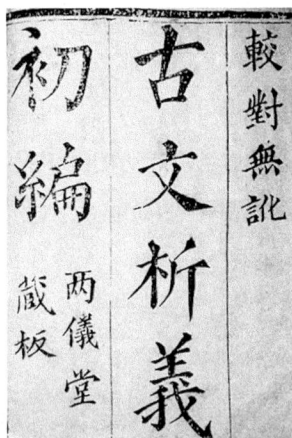

《古文析义初编》书影，康熙五十五年（1716）两仪堂刊本

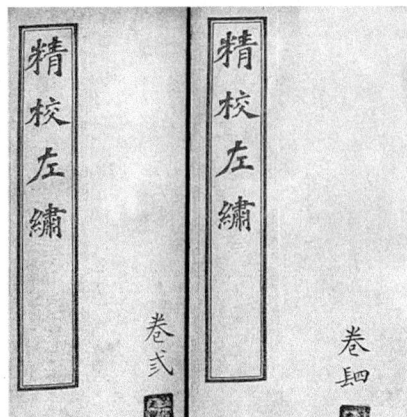

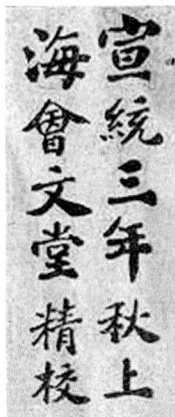

《左绣》书影，宣统三年（1911）上海会文堂精校本

后的学习、思考与作文习惯，因此崇文堂刻意提出"较对无讹"，是以作品质量、刊刻质量取胜。

崇文堂的宣传处理不是个案，不同年代的出版者都打出了"较对无讹""精校""字遵正韵"等字眼，如上页图所示。

由此可见，读者对图书质量、出版质量的要求一直存在，评点佳作必然满足读者最基本的准确、无误的要求。

除此之外，有些出版者还直接打出了"善本"的字眼，如文诚堂、善成堂刊印的《古文观止》，如右图所示。

张之洞曾在《𬨎轩语·语学篇》中对"善本"作过解释，"善本非纸白、板新之谓，谓其为前辈通人用古刻数本精校细勘付刊、不讹不缺之本也。……善本之义有三：一足本（无阙卷，未删削），二精本（一精校，一精注），三旧本（一旧刻，一旧抄）"①，有严格校勘、无讹文脱字的足本，方能称之为善本。"善本"是在"精校""较对无讹"基础上的进一步提升，意在为读者提供最好的本子。

清代《左传》评点作品的出版频次，代表了清代学子的选择与接受，他们从便于、有益于自我阅读、自我提升的目的入手，在自我的期待视野影响之下，共同选择了几本重要的《左传》评点作品。他们的选择，很大程度上又取决于评点作品的质量与出版者的宣传效应，作品质量保证了作品被广泛接受、长时段接受的可能性，出版者的宣传效应则紧紧抓住了读者的兴趣点与需求度。

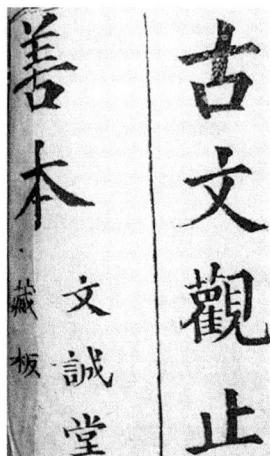

《古文观止善本》书影，文诚堂刊本

《增订古文观止善本》书影，光绪二十八年（1902）善成堂刊本

---

①　司马朝军撰：《𬨎轩语详注·语学第二》，华东师范大学出版社2010年版，第134—135页。

三、图书出版峰值所见清人对同时代《左传》评点的接受

清代《左传》评点作品的出版，很大程度上反映了读者的阅读需要，而读者的阅读需要又受到时代变迁、社会思潮变化等方面的影响。从某种意义上说，时代大环境的变化，是造成图书出版整体方向、规模、样式等变化的根本。

清代《左传》评点作品的出版，在不同的时段有不同的数量变化，这是研究清人对同时代《左传》评点接受的重要切入点。数量虽然不是绝对的、唯一的考量标准，但至少可以反映出人们对《左传》评点作品的某些关注变化。今以搜集到的《山晓阁选古文全集》、《左传释》、《天下才子必读书》、《古文汇钞》、《古文觉斯》、《左传统笺》、《古文渊鉴》、《古文析义》、《评点才子古文》、《左传分国纂略》、《古文晨书》、《古文评注》、《古文观止》、《古文集解》、《古文汇编》、《古文知新》、《左传快评》、《古文赏音》、《闻式堂古文选释》、《左绣》、《春秋左传纲目句解》、《左传经世钞》、《文章练要·左传评》、《左传义法举要》、《左传仿史录》、《古文斫》、《古文快笔贯通解》、《左传选》、《左传评林》、《古文约编》、《古文嗜凤》、《古文检玉初编》、《左传翼》、《古文翼》、《古

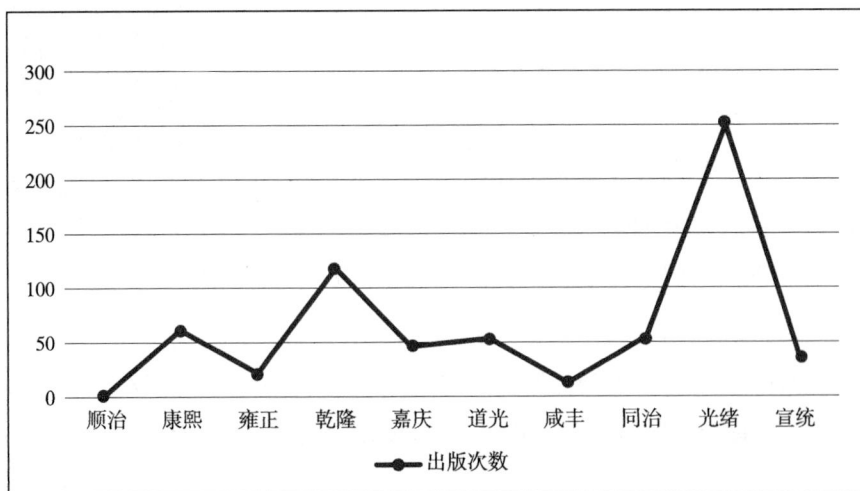

清代《左传》评点作品出版次数曲线图

文析观详解》、《古文释义》、《古文眉诠》、《春秋左传杜注》、《增补左绣汇参》、《文章鼻祖》、《读左补义》、《古文评注便览》、《左传评》、《古文分编集评》、《左传快读》、《左传钞》（高塘著）、《自怡轩古文选》、《左传易读》、《古文一隅》、《古文资镜》、《于埜左氏录》、《左传说》、《左传钞》（武乙著）、《方氏左传评点》、《古文四象》、《选批左传》、《古文选读初编》、《古文学余》、《春秋左传文法读本》等作品的出版数量为据，探求清代对《左传》评点作品出版情况的变化，以此窥见清人对清代《左传》评点作品的接受变化。

从曲线图可知，清代《左传》评点作品的出版数量，其最高峰出现在光绪年间（249 次），次高峰出现在乾隆年间（118 次），最低峰出现在顺治年间（2 次），次低峰出现在咸丰年间（14 次）。

图书出版的前提，是作者生产出作品。顺治年间，国家建立不久，社会尚未稳定，文化事业亦未有大规模的发展，刊刻的《左传》评点作品仅有由明入清的金圣叹的《左传释》一部。到了康熙年间，《左传》评点作品的刊刻进入了第一个小高峰，刊刻小高峰的出现，源自在康熙大力推行"以文化人"政策之后，自皇帝、亲王、精英知识阶层、一般知识阶层广泛参与《左传》评点作品的"生产"之中，出现了《左传》评点生产的第一个小高峰。对应到出版方面，康熙于四十五年（1706）下达旨意，"朕制《古文渊鉴》、《资治通鉴纲目》等书，皆已刷印，颁赐大臣。此等书籍，特为士子学习有益而制，可速颁行直省。凡坊间书贾，有情愿刊刻售卖者，听其传布"[1]，准许坊间刊刻朝廷编纂或推行的书。乾隆年间继续推广此条法令，"我皇祖御纂经书多种，绍前圣之心法，集先儒之大成。已命各省布政使敬谨刊刻，听人刷印。亦准坊间翻刻广行。恐地方大吏，不能尽心经理，则士子购觅仍属艰难。著督、抚、藩司等善为筹画，将士子应读之书，多行印发，以为国家造士育材之助"[2]。从清政府层面来看，坊间刻书是推行文化工程普及、传播

---

[1]　（清）素尔讷等纂修，霍有明、郭海文校注：《钦定学政全书校注》卷四《颁发书籍》，武汉大学出版社 2009 年版，第 18 页。

[2]　（清）素尔讷等纂修，霍有明、郭海文校注：《钦定学政全书校注》卷四《颁发书籍》，武汉大学出版社 2009 年版，第 20 页。

的重要手段，应予以鼓励，这在很大程度上促进了坊间刻书的发展、繁荣。

经过清政府多年的文化积淀，再加上康熙御选御评《古文渊鉴》，雍正、乾隆朝对《古文渊鉴》的推广①，吸引更多的人加入《左传》评点生产中。李卫军认为，"从清初到乾隆末年，约一百五十余年，是《左传》评点的全盛期"②，这个全盛期是从低峰逐渐前进而至高峰的过程。在此过程中，顺治、康熙、雍正朝的《左传》评点作品的生产与出版曲线基本上是一致的，乾隆年间的生产数与出版数对照，则是出版数明显高于生产数。有了顺治、康熙、雍正朝的《左传》评点作品，再加上乾隆年间出现的《左传》评点作品，才最终缔造了乾隆年间出版的新高峰，书院③、私塾、个人皆有购置、使用《左传》评点作品。

嘉庆、道光、咸丰、同治年间，清廷逐渐走入盛极而衰的命运，内忧外患，在文化方面投入的精力、关注力及发展态势完全不能与康乾盛世相比，遂令士风、文风日衰。"道咸间，士气卑靡，文风荒陋"④，士子们急功近利，不读经史，只读选本、删本、评点本，且模拟剿袭之风甚盛，"近来荒疏之士，每将旧文钞录剿袭，无人告发参劾，竟得滥列科名，不可不严行查禁"⑤，文章千篇一律，缺乏真才实学，严重影响了清朝廷的人才选拔，严重降低了所选拔人才的能力与水平。薛福成的《应诏陈言疏》曾提到，"前岁中式举人徐景春，至不知《公羊传》为何书"⑥，令人大跌眼镜。为了改变此风气，嘉庆下令重拾坊间禁刻令，于嘉庆二十年（1815）下令，"嗣后坊间如有售卖删本经传，及

---

① 如雍正元年（1723）科举头场考试的题目，限从《四书解义》《易经解义》《书经解义》《御纂性理精义》《孝经衍义》《大学衍义》《古文渊鉴》《资治通鉴纲目》等书中出题三篇，《古文渊鉴》位列其中。

② 李卫军：《左传集评·前言》，北京大学出版社 2016 年版，第 33 页。

③ 据《昆明县志》言，乾隆二十八年（1763）育才书院购置的书籍中，有《左绣》。据《建水州志》卷四《书院》言，临安崇正书院购置的书籍中，有《古文析义》。

④ 《论改试策论后士人家塾诵习课程》，《申报》1898 年 8 月 13 日。

⑤ （清）奎润等纂修，李兵、袁建辉点校：《钦定科场条例》，岳麓书社 2020 年版，第873 页。

⑥ 薛福成：《应诏陈言疏》，陈无晖主编，高时良、黄仁贤编：《中国近代教育史资料汇编·洋务运动时期教育》，上海教育出版社 2007 年版，第 626 页。

抄撮类书者，着该学政，随时查禁，责令销毁"①。此禁刻令，与康熙时的禁刻令相比，所面对的问题更为严重，处罚力度自然更大。另外，人们对评点类作品的批评声音也多了起来，如周中孚在《郑堂读书记》中提出，"然其学本浅近，观所选《古文析义》两编，暨《庄子因》、《韩文起》诸书，皆不出科举之习，宜其文亦不能追古作者云"②。朝廷出台的法令以及对《左传》评点作品的批评，直接造成了《左传》评点本出版数量相对于乾隆年间低落的局面。从《左传》评点作品的出版次数来看，嘉庆年间出版 47 次，道光年间 53 次，咸丰年间 14 次，同治年间 53 次，都大大低于乾隆年间的出版次数。

同时，虽然自嘉庆之后，《左传》评点作品刊刻的数量有所降低，但那是在乾隆朝高峰之后的低落，与顺治朝 2 次、康熙朝 61 次的刊刻数量相比，其数量差距并不算太大。而且，如果将图书出版数量分化到每一年，嘉庆以后的《左传》评点作品出版量并不低。

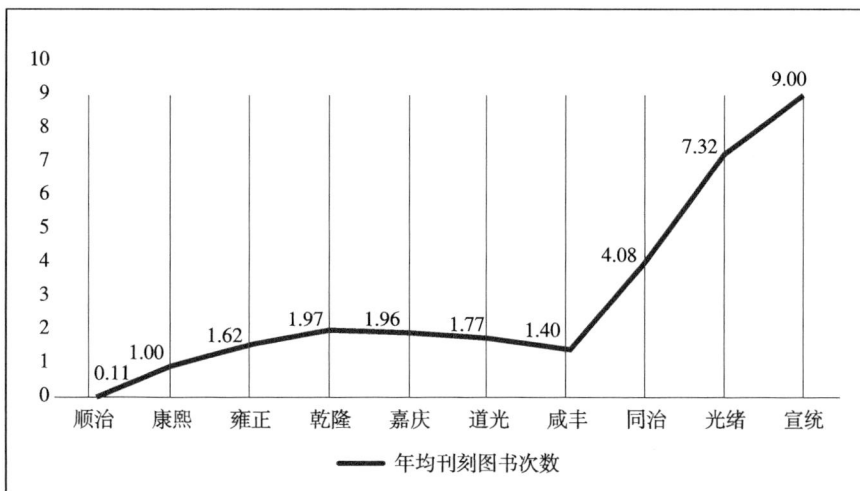

清代《左传》评点作品年均刊刻频次曲线图

① （清）崑冈等修：《钦定大清会典事例》卷三八八《礼部·学校·颁行书籍》，光绪二十五年（1899）重修本。
② （清）周中孚著，黄曙辉、印晓峰标校：《郑堂读书记》卷七〇，上海书店出版社 2009 年版，第 1146 页。

以上图所示曲线图可见，嘉庆朝刊年刻图书次数低于乾隆朝，但高于雍正、康熙朝，同治朝则大大高于乾隆朝，咸丰朝略低。

个中原因，当与清朝廷推行的政策有关。面对危机，清朝廷亦在寻求疗救世变之法，"道光朝以后，清统治者出于挽救危局的需要，继续提倡和强化崇儒重道的文化政策"①，再次强化了经学、理学的地位。同治三年（1864）曾有谕旨言"古今治乱得失之源，圣贤身心性命之学，莫备于经。君临天下者，所当朝夕讲求，期有裨于治理"②，对应到科举考试方面，提倡"黜华崇实"，以经、史、《御纂性理精义》等书命题③。兼具经、史性质的《左传》，自然还是研读的对象。同治年间，很多学校的课程，皆有与《左传》评点有关的内容，如《计呈酌拟上海广方言馆之课程十条》有一条言：

一、习经。古人通经以求致用，大而家国天下，小而名物象数，毕生研究，名理无穷。愿学者分年读经，当循次序。兹因便于讨论，拟讲《春秋左传》，令初学较易得力。课文之前三日午后，诸生毕集讲堂听讲。除确系抱病外，不得规避不到。《左传》读杜注本，讲解悉遵《饮定春秋传说汇纂》，旁及于近贤颜氏《春秋大事表》，姜氏《读左补义》、魏氏《左传经世》、胡氏《论史兵略》、冯氏《左绣》诸书。诸生宜静听默识，毋得急惰喧哗。晚间退处私斋，务当循省诵习，发明意旨。心有所得，则书之日记，庶几考正是非，不徒为记诵之末焉。④

---

① 龚书铎：《清代理学史》下卷，广东教育出版社 2007 年版，第 3 页。

② 《清穆宗实录》卷一〇二，同治三年五月丙午条，中华书局 1987 年版，第 250 页。

③ 同治于元年十二月曾就太学培养学生之事，下达谕旨："近来国子监专以文艺课士，该祭酒等既以是为去取，而士子亦复以是为工拙，于造就人材之道何裨焉？着嗣后于应课诗文外，兼课论策，以经、史、性理诸书命题，用觇实学。并着该祭酒等督饬各堂助教、学正、学录，分日讲说，奖励精勤，惩戒游惰，黜华崇实，以端趋向。"（《清穆宗实录》卷五二，中华书局 1987 年版，第 1422 页）

④ 陈元晖主编，高时良、黄仁贤编：《中国近代教育史资料汇编·洋务运动时期教育》，上海教育出版社 1992 年版，第 179—180 页。

讲读经书之《左传》，以求初学受用无穷，讲解时以杜预注为本，讲解内容遵从《饮定春秋传说汇纂》，并参照《春秋大事表》《读左补义》《左传经世钞》《左绣》等。学校明确以《左传》评点作品作为学习《左传》的参考书，自然会引起学子对《左传》评点作品的关注与购买。因此，嘉庆、道光、咸丰、同治年间，《左传》评点作品的刊印次数、种类虽然相对于乾隆朝有所下降，但并未跌至不堪的地步，且年均出版次数亦有超过乾隆朝的。

至若咸丰年间的总体出版次数、年均出版次数及出版图书种类都很少，出版的《左传》评点作品，仅有《古文析义》《春秋左传纲目句解》《古文观止》《左传易读》《古文资镜》等。咸丰朝的此种变化，当与洪秀全太平天国起义、捻军流窜、英法联军入侵有关，朝廷忙于平叛与抵御外侮，社会动乱不安，百姓陷入恐慌，图书出版自然也大受影响。曾经辉煌、热闹的苏州书市也变得面目全非、萧条不堪，"吴门玄妙观前无一旧书摊，无一书船友"①，即是当时整个出版、发行市场的缩影。

至光绪年间，《左传》评点作品的出版次数陡然飙升，不仅远远超越咸丰、同治年间，而且一跃成为有清一代出版《左传》评点作品最多的时段，年均出版次数第二高的时段。这其中，有出版惯性的因素，亦有个人努力的因素②，但如此明显的变化，仅靠这些因素是不足以生成的，必定是光绪年间有了明显的、迥异的时代变迁，影响了《左传》评点作品的出版。

光绪年间面临的最大危机，便是西方的强势入侵，政治、经济、军事、思想等各个领域，都有西方势力的侵蚀，从而让清政府乃至整个思想领域不断思索当时的应对之策与未来的发展路径。"光绪二十年（1894）爆发的

---

① （宋）叶德辉：《书林清话》卷九《吴门书坊之盛衰》，上海古籍出版社 2008 年版，第194 页。

② 光绪元年（1875），时任云贵总督的刘长佑"以滇中累遭兵火，书籍难于购求，乃筹经费，设书局，广刊《御纂七经》、《通鉴辑览》、《唐宋文醇》、《古文渊鉴》及子、史等各种书"。（季啸风：《中国书院辞典》，浙江教育出版社 1996 年版，第 402 页）

中日甲午战争，是晚清历史的分水岭，也是清政府调整学术文化政策的重要界标"①，从上到下，不约而同地兴起了变法图强的自救思潮，改革各个领域的弊端。在教育领域，科举考试被视为社会的毒瘤，影响了对经世致用之士的选拔，"如科举不改，士皆专心八股，无暇他学，最败坏人才"②，而变革科举的呼声越来越盛，"欲兴学校、养人才，以强中国，惟变科举为弟一义"③。在诸多有识之士的推动下，光绪二十七年（1901），清政府决定废除八股，改试经义，改试策论。此后，光绪二十八年（1902）制定了《钦定学堂章程》，光绪三十年（1904）制定了《奏定学堂章程》，光绪三十一年（1905）正式废除了科举考试，大力兴办新式学堂，以求培养更多应对世变的人才。

清政府针对科举考试的一系列政策变动，对于整个社会是极大的震动，"乃吾国数千年中莫大之举动，言其重要，直无异古者之废封建、开阡陌"④。存在了一千多年的科举考试，如同一双无形的大手笼罩着人们的思维，政府、考官、学子、塾师、书商，皆已习惯了在八股文世界中的身份、地位、思考方式、应对策略，他们深陷其中，却又习以为常。当习惯被打破，一切顿时陷入无序状态，"奉停止八股改试策论之上谕，文明丕变，山谷震惊，昔之时文，今则束之高阁矣；昔之古文，今乃操为利器矣"⑤，学子们反复练习、书写的时文被弃如敝屣，书商们的时文读本遭遇了史无前例的"冷遇"。当然，反应迅速的塾师、学子、书商等，则努力在无序状态中寻找另外的应对之法。

光绪二十九年（1903），张百熙、荣庆、张之洞三人共同拟定了《学务纲要》，对于学生的学习课程，有总体上的规划与要求，其中有言：

---

① 龚书铎：《清代理学史》下卷，广东教育出版社 2007 年版，第 9 页。

② （清）吴汝纶：《桐城吴先生文·诗集》，台湾文海出版社 1968 年版，第 945 页。

③ 梁启超：《饮冰室合集·文集》第 1 册《变法通议·论科举》，中华书局 2015 年版，第 27 页。

④ 严复著，王栻主编：《严复集》第 1 册《论教育与国家之关系》，中华书局 1986 年版，第 166 页。

⑤ 《论改试策论后士人家塾诵习课程》，《申报》1898 年 8 月 13 日。

一、中小学堂宜注重读经以存圣教。外国学堂有宗教一门。中国之经书即是中国之宗教。若学堂不读经书，则是尧舜禹汤文武周公孔子之道，所谓三纲五常者尽行废绝，中国必不能立国矣。学失其本则无学，政失其本则无政。其本既失，则爱国爱美之心亦随之改易矣，安有富强之望乎，故无论学生将来所执何业，在学堂时经书必宜诵读讲解。各学堂所读有多少，所讲有浅深，并非强归一致。极之，由小学改业者，亦必须曾诵经书之要言，略闻圣教之要义，方足以定其心性，正其本源。

一、经学课程简要，并不妨碍西学。小学中学皆有读经讲经之课。高等学有讲经之课，然岁有余，而日课无多，专讲要义，而不务奥博，大学堂通儒院，则以精深经学，列为专科，听人自择，并非以此督责众人。西国最重保存古学，亦系归专门者自行研究，古学之最可宝者，无过经书，无识之徒，喜新蔑古，乐放纵而恶闲检，惟恐经书一日不废，真乃不知西学西法者也。①

无论是强调"中学为体，西学为用"，还是强调转向西学，都不能抛弃经书，都需要读经书讲经义。从中学方面看，经书是中国的为学为政之本；从西学方面看，西学重视、推崇古学，而经学恰恰是中国古学中最宝贵者。当然，在当时情况下，读经不能妄求博奥，而应提取对现实有用的要义。

一直以八股时文为研读重点的学子，要读经要写策论，需要有所依傍，一方面塾师、学子自觉主动地从时文转向古文学习。朱峙三在光绪二十七年（1901）10月4日的日记中言，"朝廷近日已下诏改科举制度，不用八股诗赋取士，师命以后每夕读《古文观止》"②，考试内容的变化直接改变了教学内容及学习方向。古文在八股文盛行时，是作为提升八股文写作的底蕴存在的，"以古文为时文"，即是此种观念的具体运用，清代大部分《左传》评点作品皆以此种样态存在，余诚对编写的《古文释义》之作用有过明确说

---

① （清）张百熙撰，谭承耕、李龙如校点：《张百熙集·学务纲要》，岳麓书社2008年版，第43—44页。

② 朱峙三：《朱峙三日记（1893—1919）》，华中师范大学出版社2011年版，第90—91页。

明，"体无不备，义有必详，凡为古学及论世知人，皆赖乎是，正不徒俾益时文已也"①。改试经义、策论，对于经书、史书性质兼而存在的《左传》来说，研读起来似乎更名正言顺。时代变迁，战事吃紧，整个社会的尚武风气渐长，《学务纲要》言"兹于各学堂，一体练习兵武体操，以肄武事。并于文高等学堂中，讲授军制战史、战术等要义，大学堂政治学门，添讲各国海陆军政学，俾文科学生，稍娴戎略"②，善写兵法、战事的《左传》，其战事、战术等亦被援引。另一方面，他们求助于译本书、删节书，"盖八股既停而科举不停，策问所及，必为时务，时务不能空言，彼发策之人，与对策之人，均必有所取材之地，此取材之地，无过读译本书耳，此书者，即继四书五经而起者也"③，通过译本书、删节书等择取有益策论写作的内容。魏禧《左传经世钞》、姜炳璋《读左补义》等，皆有《左传》"经世"内容的提炼与阐释；司马则庐的《左传易读》，以易于学子阅读为根柢，皆符合学子们的需求，成为他们的购买对象。

清政府的教育政策，造就了教育、出版领域的大变动，敏锐的书商亦开始转换策略，改变刻印、出售图书类型，1904年5月27日《申报》刊登的《书肆慨言》对此情况大发感慨，其言曰：

> 至前岁颁发明诏，大小试场改时文、试帖为策论、经义，而各处复设立学堂讲求实学，一时山陬海隅之士，骤闻改章，茫无所措，书贾之黠者于是编论策、选经义，报纸之所登载，招帖之所铺张，名目纷纭，殊难究诘。上焉者翻印《廿四史》《九通》诸书，风声所播，咕哗之流，无不慷慨解囊，争先购买，而广学会、制造局、格致书院等所译西国诸籍，尤不胫而走，售买一空，书贾获利之赢，为数百年来所未见。④

---

① （清）余诚：《重订古文释义新编·凡例》，宣统辛亥年（1911）上海文瑞楼印。
② （清）张百熙撰，谭承耕、李龙如校点：《张百熙集》，岳麓书社2008年版，第53页。
③ 《论译书亟宜推广》，《中外日报》1903年8月30日。
④ 《书肆慨言》，《申报》1904年5月27日。

书商们从读者的需求入手，从八股文作品转向经义、策论文章，或者翻印史书，或者翻译经书，另外还加印了很多西方著作，此即为当时的"新书"。"新书"一出，供不应求，销售一空，促成了光绪年间出版界的繁荣局面。《左传》评点作品在这一波出版界的动荡中，没有被丢入历史的尘埃中，此为其"幸"。然而，《左传》评点作品亦并未在此浪潮中成为出版者的"宠儿"，他们更多刊印的是直接的考试用书、西学作品等。光绪年间每一年的出版次数，相对比较稳定。

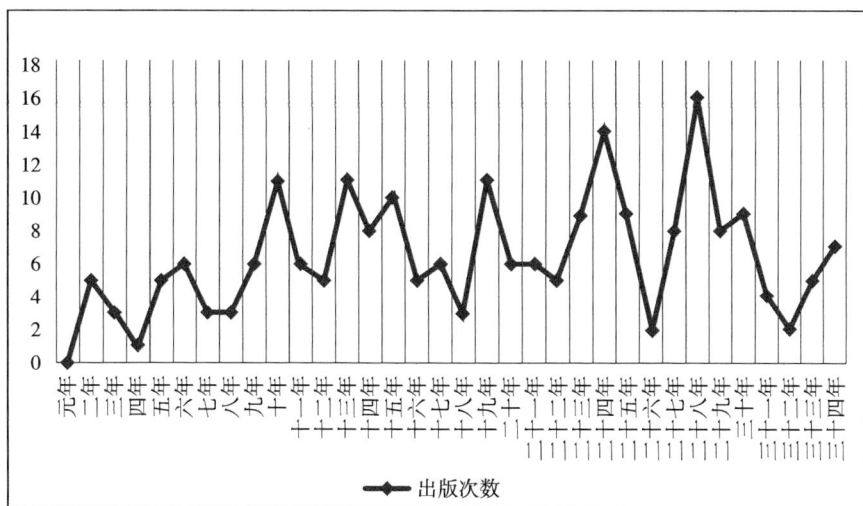

光绪朝每年《左传》评点作品出版次数曲线图

注：此图所用数据，仅限于有明确时间的，其他如"光绪年间""光绪刻本"等，皆不在此图统计范围。

从上图可见，光绪二十八年（1902）、光绪二十四年（1898）的出版次数较多，其他年份虽有高有低，但差异性并没有那么大。数据的起伏变化，展示的是《左传》、《左传》评点作品与时代思潮的互动情状。

首先，光绪朝《左传》评点作品的出版，从总体次数上来说，高于前面几朝。此种局面的出现，一是与出版事业的逐步发展有关，二是为整个社会应对时代剧变的群体性选择，希望从《左传》所记史实中寻求"经世致用"之法。

其次，《左传》作为经学的一种，在光绪朝，甚或道光、咸丰、同治朝，亦未被摒弃，一直是学子知识建构的其中一环。道光三年（1823），基于便利初学目的纂辑的《钦定春秋左传读本》刊刻，"简明赅洽，一览晓然"①。同治八年（1869），江南制造局拟定的《课程十条》，其中有一条为"习经"，习经要先习《左传》。成书于光绪元年（1875）的《书目答问》，为初学列读书书目，其中《四书》《五经》宜读官本，"必不得已，《左传》读《左绣》"，而古文选本，"乡僻不能不读《古文释义》"②。光绪二年（1876），同文馆公布的八年课程表，提到"至汉文经学，原当始终不已"③。光绪二十九年（1903）《奏定学堂章程》规定，"中国文学"学科，"先使读经史子集中平易雅驯之文；《御选古文渊鉴》最为善本，可量学生之日力择读之（如乡曲无此书，可择较为大雅之本读之），并为讲解其义法"④。清末私塾教学，"学生开始必读《三字经》、《千字文》；稍长渐加《大学》、《中庸》、《论语》、《孟子》、《幼学琼林》、《声律启蒙》、《千家诗》、《古文析义》、《左传句解》、《礼记》、《诗经》、《易经》、《纲鉴》、《尔雅》等书"⑤。甚至是后来的宣统帝也自言乐读《古文观止》，"卧帐中读《古文观止》，甚有兴味"⑥。因此，光绪朝对《左传》评点的出版，是《左传》一直以来经典地位的持续性体现，是对诵经习经传统的继承。

最后，光绪二十八年（1902），是光绪朝《左传》评点作品的出版高峰年，此年恰恰是光绪朝科举变革的开始年，由此可见，朝廷的政策变动影响着《左传》评点作品的出版。光绪三十一年（1905）科举被废除，《左传》评点作品的出版连续两年走低，但在光绪三十三年（1907）、三十四

---

① （清）英和等编：《钦定春秋左传读本》，同治八年（1869）刊本。

② （清）张之洞：《书目答问二种》，中西书局 2012 年版，第 279 页。

③ 陈元晖主编，高时良、黄仁贤编：《中国近代教育史资料汇编·洋务运动时期教育》，上海教育出版社 2007 年版，第 93 页。

④ （清）张百熙撰，谭承耕、李龙如校点：《张百熙集·学堂章程·奏定学堂章程》，岳麓书社 2008 年版，第 173 页。

⑤ 卢美松主编：《福州双杭志》，方志出版社 2006 年版，第 84 页。

⑥ 爱新觉罗·溥仪：《我的前半生》，北京联合出版公司 2018 年版，第 66 页。

年（1908）又连续提升，说明《左传》评点作品仍然有其自身强大的生命力。

通过清代不同时段《左传》评点作品的出版次数，可知乾隆年间是清代《左传》评点接受的第一个高峰期，光绪年间是清代《左传》评点接受的第二个高峰期，亦是清点《左传》评点接受的最高峰。乾隆年间的接受高峰，是在康熙、乾隆年间的评点作品生产高峰基础上出现的，它兼具生产与接受两个方面的高峰。光绪年间的接受高峰，是在前面几朝评点作品生产基础上出现的，它是接受的高峰期，却不是生产的高峰期。一方面，前人生产的评点作品无论从数量上还是质量上都很有说服力，无论在史实评点还是文章评点方面，都有很全面的论说，后继者很难再有独辟蹊径的超越。另一方面，接受者多以实用为目的，在科举被废止后，学子们对时文、古文评点的需求渐减，在前人生产的评点作品足以满足世人的需求时，再度生产的动力就不足了。再加上清末学术变迁，新学渐胜，"光绪中叶，新说渐胜，逮辛亥之变，而中国之政治学术几全为新学所统一矣"①，更多的人投入新学、西学的编写中，新书层见叠出。因此，清朝晚期的《左传》评点生产值相对要低，而评点接受值则相对高一些。

清代《左传》评点者，兼具生产者与接受者两种身份，由此评点的接受就有评点者对前代文本的接受与清人对清代评点文本的接受两个接受层次。清代《左传》评点生产者，在"影响的焦虑"的驱使下，对前人文本通过重复、强调、否定、批判、修正、重建等诸多方式，在文本生产中努力超越他人、超越自我。他们中的佼佼者，带着对初学的了解、理解与情怀观照，带着时代的思潮，以绝对的质量保证，赢得了诸多学子的青睐与喜爱，所生产的《左传》评点作品被多次、反复刊印、出版、销售，进入了读者对他们的接受过程，与读者进行新一轮的对话与建构，进一步巩固着《左传》的经典地位。在清末动荡的时代浪潮中，在科举与教育制度调整的影响下，虽

---

① 王国维：《论政学疏稿》，谢维扬、房鑫亮主编，胡逢祥分卷主编：《王国维全集》第十四卷《诗文·文编》，浙江教育出版社、广东教育出版社 2010 年版，第 212 页。

然《左传》评点作品的出版数量无法与新书相提并论，但因为时人的学习惯性①，再加上《左传》本身与"经世"关系密切，《左传》评点作品因为读经诵经、学习古文之风而有了新的、些微的传播时机，这是《左传》及评点超越时代价值的体现。

清人对清代《左传》的接受，是与前驱、读者、社会的动态对话，是传统与现代、作者与读者、作者与作品、作品与社会、社会与读者之间的多重互动。清人对清代《左传》评点接受的繁盛与消歇，是社会语境变化与优胜劣汰规律的双重作用：一方面，某些一般知识阶层的"一般"作品被忽视、被淘汰，导致今人难知其貌，亦少研究；另一方面，接受范围逐步缩减，几部高质量的作品被凸显，成为后学接受的重点，影响着《左传》、《左传》评点作品的经典化建构。此种删削与凸显，某种程度上决定了后人对清代《左传》评点的接受范围。

第四节　清代以降对清代《左传》评点的接受

清代以降，清代《左传》评点作品的生产语境消失，它们依靠着历史的惯性、传统的影响力度与深度，以"倔强"的姿态走入新语境，寻找着带有强烈记忆与印记的文人，在他们生产出的《左传》评点作品中，发出来自前代的声音，留下属于前人的痕迹，寻求不熟悉的容身之所。同时，它们又走入寻常百姓家，延续着在清代的职能作用，启蒙幼学，指示文法。但是，今朝毕竟不同于前代，清代《左传》评点作品在日新月异的语境变化中，渐渐失却了清代的地位与吸引力，很多作品不得不面对被搁置、被遗忘的命运，当然，也有作品在新语境中获得了高于清代的评价与地位。

---

① 光绪二十九年（1903）恩科会试的同考官恽毓鼎曾在当年二月初一的日记中写道："余积习未化，实不耐向此等用心。独于理学、史学、古文、诗各书，一见若旧交，深嗜笃好，不忍释手，非此竟无以遣日。中年乐境，无逾此者。"[（清）恽毓鼎著，史晓风整理：《恽毓鼎澄斋日记》第 1 册，浙江古籍出版社 2004 年版，第 206 页]

一、评点生产对清代《左传》评点的承续与改造

清代末期，投入《左传》评点生产的评点者日渐减少，清亡之后，《左传》评点生产者更为稀少，主要集中在民国初期，出现了四部有代表性的著作①，分别是吴闿生的《左传微》，林纾的《左孟庄骚菁华录》《左传撷华》、吴曾祺的《左传菁华录》。这四本《左传》评点作品，皆于民国初期出版，《左传微》是在《左传文法读本》基础上增订而成，1923 年由文学社印行；《左孟庄骚菁华录》1913 年由商务印书馆印行；《左传撷华》是在《左孟庄骚菁华录》评《左传》基础上增订而成，1921 年由商务印书馆印行；《左传菁华录》1915 年有 6 册铅印本问世，1933 年商务印书馆又有 3 册本刊印。

（一）《左传微》对清代《左传》评点的接受

吴闿生是清末古文名家吴汝纶之子，得吴汝纶嫡传，又师事桐城派姚永概、范当、贺涛，"独吴闿生、赵衡克承父师之绪，以文章为北学所宗"②。遭遇时代剧变，国家鼎革变乱，在吴闿生等桐城派人士看来，此时欧风东渐，政教衰坏，"邪说并作，纲纪凌夷，古圣昔贤之德业文章，一切荡焉而莫顾，四维沦丧，而危亡祸亟"③，假若一切顺任其行而不管，则古圣贤之道危矣，则桐城文章之道危矣。面对时艰、纷乱，吴闿生以"斯文在兹"的文化自觉与担当，"勃然奋起，矻矻兀兀数十年，光昌往古，丕闳坠绪，高揭群言，以立范于斯世"④"守先世遗绪，穷数十年之力传写群书，尽布于世。复以余力，平骘各家之文，摘其微词奥义，开导后学。又抒其所蓄，以为诗

---

① 另有商务印书馆 1940 年出版的何漱霜的《左传文法读本》，分《郑庄之跋扈》《齐桓霸业》《宋襄图霸》《晋文建霸》《秦穆霸西戎》《楚庄争霸》《晋悼复霸》《诸侯弭兵》《吴阖闾入郢》《越句践灭吴》，共十篇，每篇下又按照时间顺序将《左传》的相关记载重新排列、组合，每一小部分皆有小标题，文后皆有评论。

② 钱基博：《现代中国文学史》，吉林人民出版社 2013 年版，第 177 页。

③ 贺培新：《北江先生文集序》，载吴闿生：《北江先生文集》，文学社 1924 年精刻本。

④ 贺培新：《北江先生文集序》，载吴闿生：《北江先生文集》，文学社 1924 年精刻本。

文，孜孜不倦"①，选编、评说古诗文，成《晚清四十家诗钞》《古文范》《古今诗苑》《左传微》《诗义会通》《孟子文法读本》等，又编成《桐城吴氏文法教科书》，指导学子读书。

《左传微》一书，是在吴闿生与其同学刘宗尧合著的《左传文法读本》基础上增删而成，于1923年出版。《左传文法读本》初稿成于宣统初，书中还收录了吴汝纶的很多评说，因此可以视为清代《左传》评点另一种方式的呈现，在很多方面与其他清代《左传》评点之作有一定的相似之处。

首先，从体例上来说，分篇编次、评说。编次时，"以文意为主，每事自为一篇"，将《左传》内容"移易次第，分别连缀"②，与评说事件相关的内容，按照事件发生、发展的先后顺序依次排列，前有因，后有果，另附后事。

其次，从评说方式上来说，以文而示意。《左传微·例言九则》有两则重要的例言，分别为：

> 一、圣门之学，有微言，有大义。《左传》一书于大义之外，微词眇旨尤多。此编专以发明《左氏》微言为主，故名为《左传微》。
>
> 四、此编画分章卷，以马骕《左传事纬》为蓝本，而稍为之更定。马氏以事为主，今以文为主，事具则文之本末亦具焉，故不能大有违异也。至于讲明义法，铨说文字，大率自具创见，前无因袭。③

此两则例言，一则讲明了题目《左传微》"微"字之义，"微"者，意为言说《左传》微词眇旨；另一则说明了探寻微词眇旨的方式，即通过细讲文法、文字之妙，讲明义法。《左传》虽然"寄意于幽微，托趣于绵邈"④，但是，吴闿生认为其意易测，可以于旁击侧映、多方骈枝中寻得线索。因此，《左传微》着

---

① 吴兆璜：《北江先生文集序》，载吴闿生：《北江先生文集》，文学社1924年精刻本。
② 吴闿生撰，白兆麟校点：《左传微·例言九则》，黄山书社2014年版，第1页。
③ 吴闿生撰，白兆麟校点：《左传微·例言九则》，黄山书社2014年版，第1页。
④ 吴闿生撰，白兆麟校点：《左传微·与李右周进士论左传书》，黄山书社2014年版，第2页。

力于探求词旨之微、章法之微，此亦为清代《左传》评点重要的评说指向。

　　具体来说，吴闿生认为左氏文法之大要，主要有以下四条。

　　一为"逆摄"，即于吉凶未至之时，先见其征兆。比如城濮之战前，蔿贾对子玉治兵一事发表看法，斥责任用子玉的子文，即已预测子玉将败。吴闿生对此评曰，"逆摄后事。子玉之败尚在后文，此时并未尝败，径称'子玉之败'云云，文笔奇矫无对"①；重耳流亡他国，皆知其必将得国。此种处理，"凭空特起，无所附着，荡骇心目，莫此为尤"②，自有其胜处。

　　二为"横接"，即于必然之势中横插他事，而非径直写出，此种写法，"必有所藉而后入，必有所附而后伸"③。如鄢陵之战楚共王被射中目，插入了此前的其他事情，吴闿生有评曰，"因共王中射，故倒插吕锜之梦，又因吕锜为由基所中，又倒插由基与潘党之射于前，全是用逆笔之法，奇矫无对"④，横接两次，妙处无穷。

　　三为"旁溢"，即在正事记载之外，溢出轶事，增添别样异彩。如秦军劳师袭击郑国，出发之时，《左传》以声情并见之笔，溢出"蹇叔哭师"一段，对此，吴闿生评曰，"此精神旁溢处，俶傥诙丽，极文章能事，后人无能及之者。太史公所以不如左氏，止争此等，他更无论矣"⑤，于寻常描写中点出了事情的必然结果，又活画出一位爱国忠谏老臣的形象，写得摇曳生姿。

　　四为"反射"，即不直接评价正主，而用他者予以反映。比如郑庄公的不孝不子之举，以颍考叔的纯孝反面衬托，"古人高文多事外曲致、旁见侧出之处。此篇本诛庄公之不孝，但嫌直率，故幻出颍谷封人一衬以形容之，

① 吴闿生撰，白兆麟校点：《左传微》卷三《晋文之霸》，黄山书社 2014 年版，第 114—115 页。

② 吴闿生撰，白兆麟校点：《左传微·与李右周进士论左传书》，黄山书社 2014 年版，第 1—2 页。

③ 吴闿生撰，白兆麟校点：《左传微·与李右周进士论左传书》，黄山书社 2014 年版，第 2 页。

④ 吴闿生撰，白兆麟校点：《左传微》卷五《晋楚鄢陵之战》，黄山书社 2014 年版，第 228 页。

⑤ 吴闿生撰，白兆麟校点：《左传微》卷三《秦晋之争》，黄山书社 2014 年版，第 129 页。

若为庄公文过者，实文字波澜曲致也"①。此种笔法，即为"言出于此，意涉于彼"，效果明显，"如汤沃雪，如镜鉴幽"。②

明晰了《左传》的文法，便能从《左传》的宾主、提顿、埋伏、错综、开合之处，寻得文章的脉络，明晰其文字之精微；从《左传》正言若反处、旁见间出处、隐端不易察处寻得其委婉深曲之微旨，明晰其褒贬之真意。

《左传微》以具体的评说展示了吴氏父子的文章之道，这是对桐城文法的承续，同时，吴闿生对桐城前辈评说不到位之处亦有揭示。吴闿生在《与李右周进士论左传书》中有一段针对《左传·昭公二十八年》魏献子分田封子之事而发的议论，其言曰：

> 乌乎，作者之不求人知也久矣！魏献子分羊舌、祁氏之田以封其子。《史记》载之，以为六卿分晋之始。方望溪云，《左传》于此乃叹美献子之贤。识不逮史公远甚。姚姬传亦以为言至疑为吴起袓魏之词。今考《传》文，固云："吾与戊也县，人其以为党乎？"答之者曰："武王克商，光有天下，姬姓之国四十，皆举亲也。故袭天禄，子孙赖之。主之举也，所及远哉！"其言之深切著明如此。此谀词乎，抑讽刺乎？犹以为未足也，后缀以阎没、女宽之谏，望其"属厌而已"。立意措词，盖亦工绝矣。望溪、姬传号为明习《左传》义法，而于此犹不能知，然则《左氏》之意，淹没于滞拘梼昧者之耳目间者，岂可胜道哉！③

《左传》连续记载了魏献子分田、魏献子举拔贾辛、魏献子辞梗阳人贿赂之事，对魏献子有二则评价，一则出自成鱄，成鱄评判的是魏献子分一县之地予其子魏戊之事，言魏献子不但不是偏袒儿子，反而是德行深厚，明辨是

---

① 吴闿生撰，白兆麟校点：《左传微》卷一《郑共叔段之乱》，黄山书社 2014 年版，第 8 页。

② 吴闿生撰，白兆麟校点：《左传微·与李右周进士论左传书》，黄山书社 2014 年版，第 2 页。

③ 吴闿生撰，白兆麟校点：《左传微·与李右周进士论左传书》，黄山书社 2014 年版，第 5 页。

非，"近文德矣，所及其远哉"①，接近周文王之德，评价极高。另一则出自孔子，称魏献子举拔贾辛为道义之举，其授命于贾辛之语则为忠诚之言，因此预言其后代会长享禄位。方苞从《左传》的记载认定此为赞美魏献子之贤德，姚鼐认为此记载为吴起祖护魏人之辞，但是吴闿生却认为此处实为讽刺魏献子，方苞、姚鼐皆未能探得《左传》真意。面对方苞、姚鼐两位桐城派宗祖，吴闿生并未固守而止步不前。

明圣贤遗绪，扬往古余音，是吴闿生诸多努力的基调。他倡古人圣贤之道，并非毫无原则地固守，而是"迎其机，顺其变"②，同时，面对时代剧变，吴闿生并非一味拒绝西学，力图做出顺应时代变迁的改变，在评点时亦有新的思索。不过，在文法的推演、阐释上，吴闿生仍然没有跳脱出桐城派的文法系统。

（二）《左传菁华录》对清代《左传》评点的接受

吴曾祺被称为"百年以来文界之鼎鼎著名者"③，光绪二年（1876）中举人，先后出任平和、泰宁县学教谕，漳州中学堂监督，光绪二十九年（1903）任全闽师范学堂教务长。后进入上海商务印书馆，主持古今秘籍珍本工作，编成《涵芬楼古今文钞》。一生与教学、古籍打交道，其经验见于《涵芬楼文谈》《中学国文教科书》《左传菁华录》等。

《左传菁华录》为吴曾祺 60 岁后居家读《左传》而意有所得之作，后又进行了一定的删减，名之曰《左传菁华录》。商务印书馆在《左传菁华录》印制的《读经者鉴》广告中有言："民国四年奉大总统特颁《教育纲要》丙条规定《中小学应读之经书》丁条《规定经学院》，本馆爰将各书精校付印，以备采用。"④ 列的书目中即有《左传菁华录》。可见，《左传菁华录》是在民国初年中小学读经潮中应运而生的，是为现实教育服务的。吴曾祺在《左传

---

① 杨伯峻：《春秋左传注》，中华书局 2009 年版，第 1495 页。
② 贺培新：《北江先生文集序》，载吴闿生：《北江先生文集》，文学社 1924 年精刻本。
③ 李泰棻：《中国史纲》，中华书局 1932 年版，第 641 页。
④ 吴曾祺：《左传菁华录》，商务印书馆 1915 年版，封二。

菁华录》的序言中提出，此书"中以比附史事，辨其成败得失，以资劝诫者居多"①，具有明显而浓厚的经世思想。

吴曾祺尊奉经书，首先源自经书的精深道理。经书为圣人所删定，所言为人、为文之理，远远高于诸子百家，因此，他在《左传菁华录》中多次提到"圣人""圣人之言"，以其作治国理政、为人处世的指引。

在治国理政方面，吴曾祺着意凸显知人、用人之道。国之兴，人才的作用至关重要，而知人善任是人才真正发挥作用的关键，"能官人而卜晋之兴，能举贤而卜魏之有后。左氏每于用人之际，而说来津津有味"②，这是《左传》的兴趣点，亦是吴曾祺的兴趣点所在。治国有方的子文，因荐举刚愎自用的子玉，被吴曾祺大加批评，"子文治楚有功，乃不能荐贤自代，致有丧师之举，不可谓非一生之玷"③，烛之武、子服景伯等人不被见用，被吴曾祺视为莫大的遗憾，"子服景伯在春秋之末，自是矫矫不群，而其言乃不一用，惜哉"④。另外，吴曾祺还从反面指出了不当用之人，以示劝诫。一不用奸佞小人。国家的奸佞小人，并非都是无能之辈，很多都是有一定的政治头脑、游说口才的，他们对国家的危害最甚。晋献公身边的嬖人梁五与东关五即是此类。《左传菁华录》提到，"在春秋之初，晋献公亦一雄略之主，其日夜淬励，思遂开疆拓土之计者，久为其下所窥，故二五得投其所欲而说之。其言娓娓可听，无怪听者之入其彀中，而不暇求其用意所在。小人之可畏，如是如是"⑤，梁五与东关五能说动晋献公，靠的不仅是晋献公对他们的偏爱，更重要的是，他们抓住了晋献公的心理，有的放矢地进行了引人入彀的游说⑥。二不用不作为之人。不作为的消极、渎职行为，对于国家的危害，有时类似于温水煮青蛙，有时则会有立竿见影的危害。子常不做调查便杀掉郤宛，即是例证。费无

① 吴曾祺：《左传菁华录·自叙》，商务印书馆 1915 年版，第 1 页。
② 吴曾祺：《左传菁华录》下册，商务印书馆 1933 年版，第 113 页。
③ 吴曾祺：《左传菁华录》上册，商务印书馆 1933 年版，第 93 页。
④ 吴曾祺：《左传菁华录》下册，商务印书馆 1933 年版，第 162 页。
⑤ 吴曾祺：《左传菁华录》上册，商务印书馆 1933 年版，第 45 页。
⑥ 刘继庄《左传快评》卷二《晋献公嬖姬》有类似评说，可视为吴曾祺《左传菁华录》对清代《左传》评点接受的一条例证。经世内容的相似论说，可参看第二章的论说。

极视正直的郤宛为威胁，设毒计制造郤宛要刺杀子常的假象，子常听信费无极之言，不加辨别，便灭了郤宛及其同党、全族，并进而将楚国推向了灭亡。对此，《左传菁华录》评说道："子常闻无极之言，倘召郤宛问焉，则一切皆无极所为，其奸自破。乃毫不研讯，一听鄢将师所为，俾得荼毒善良，而覆盆之冤，无所控诉。如此人而使之居上位，那得不召亡国之祸?"① 费无极为楚国人尽皆知的逸人，假若子常能稍微有所作为，便不会出现如此惨案。其实，子常的不寻常行为，可能只是除掉郤宛的借口，而吴曾祺却将之视为子常的不作为，并将此种不作为行为与亡国之祸联系在一起，足见其劝诫之意。

在为人处世方面，吴曾祺以具体的人事，提出了相应的建议。如要忍人。在评说"周郑交恶"一事时，吴曾祺言道，"郑虽无礼，然此时诸侯不朝者何止郑伯一人，以大度容之可也。乃以不量力之举，自取大辱，此正圣人所云'小不忍则乱大谋'也"②，周桓王即位后，一步一步削弱郑庄公的权力，已经惹怒了郑庄公，遂不朝拜，夺王畿田，周桓王至此亲自率军讨伐郑庄公，怎料在繻葛之战中一败涂地，输掉了天子尊严，吴曾祺认为周桓王此举甚为不妥，不懂得容忍之道。与周桓王相反，伍员隐忍多年，方才报得杀父、杀兄之仇，"伍员此时，报仇之志，刻不能待，而必迟之以俟其间，知其不可以仓猝试也，必有忍而乃有济"，如若他亦如周桓王一般不知忍人，那么，他必定在大仇未报之时便已被杀，因此，吴曾祺提出，"古未有浅躁之人，而能成大事者"，③ 警诫世人。如要有敬畏。吴曾祺评说城濮之战时言，"子玉刚愎自恃，喜作大言欺人，去圣人临事而惧之旨远矣！哀哉兵在其颈而不自知也"④，楚军于城濮之战战败，主帅子玉的刚愎自用、自高自大是其中一个重要原因，这与孔子"临事而惧"的处世理念背道而驰，因此，吴曾祺对子玉大加贬斥。如要守正。吴曾祺评价里克时提到，"《国语》载里

① 吴曾祺:《左传菁华录》下册，商务印书馆 1933 年版，第 107 页。
② 吴曾祺:《左传菁华录》上册，商务印书馆 1933 年版，第 21 页。
③ 吴曾祺:《左传菁华录》下册，商务印书馆 1933 年版，第 74 页。
④ 吴曾祺:《左传菁华录》上册，商务印书馆 1933 年版，第 102 页。

克中立之言，俨然张禹、孔光一流人物，然卒不能免于祸，何如守正之为愈也！此可为人臣全躯保妻子者戒"①。里克本为晋献公股肱之臣，根据《国语》记载，知晓晋献公废太子申生而另立奚齐的想法后，里克并没有像荀息、丕郑那般坚决拥立申生，"吾其静也"②。待晋献公亡后，里克又相继杀死了幼主奚齐、卓子，没有忠于晋献公的决定。后立夷吾为晋惠公，因被限制了权力，想废除晋惠公而另立重耳，此为不臣之心。因此，吴曾祺称里克为"憸巧小人"③，与汉朝"皆持禄保位，被阿谀之讥"④ 的张禹、孔光等列。吴曾祺认为，此等人物不知守正，必然不能免祸，此为天道使然。正如弑君谋乱的华父督，"太宰督手弑其君，诸侯曾无一人问罪者，忽于无意中遇杀，谁谓无天道哉"⑤。

吴曾祺尊经、尊奉圣人，目的很明确，就是希望世人能从圣人的教导中学得立身之道、治国之术，远祸全身。在吴曾祺看来，经世本就是圣人孔子之学的旨归所在，"圣门学者，皆能本其所学，征诸实用，如子贡、有若、子路、冉有皆是。自宋以后，始专意言心言性，而薄经世之略不谈，儒者始为一世诟病，盖去圣人立教之旨远矣"⑥，真正习得经学精髓的人才，文可运筹帷幄，武可杀敌制胜，在异族入侵之时、在国家危亡之时，读懂《左传》兵法，亦可扭转强弱胜败之势。

探寻经世致用是清代《左传》评点的努力方向之一，康熙、魏禧、王源、刘继庄等人，皆是清初经世一派的代表，他们在清初所思考的问题、提出的劝诫，在清末民初的吴曾祺那里依然发出穿越百年的声音。具体到每一个人物、每一个历史事件上，他们或有相同的评说，或有细微的差异，但代表的都是中国传统知识分子历久不变的责任担当。

---

① 吴曾祺：《左传菁华录》上册，商务印书馆 1933 年版，第 59 页。
② 徐元诰：《国语集解·晋语一》，中华书局 2002 年版，第 256 页。
③ 吴曾祺：《左传菁华录》上册，商务印书馆 1933 年版，第 54 页。
④ （汉）班固撰，（唐）颜师古注：《汉书》卷八一《匡张孔马传》，中华书局 1962 年版，第 3366 页。
⑤ 吴曾祺：《左传菁华录》上册，商务印书馆 1933 年版，第 37 页。
⑥ 吴曾祺：《左传菁华录》下册，商务印书馆 1933 年版，第 165 页。

吴曾祺尊奉经书，其次还源自经书有助于学文，吴曾祺在《涵芬楼文谈》中言说为文之道，首列《宗经》，于篇首即言"学文之道，首先宗经。未有经学不明，而能擅文章之胜者"①。作为经书的《左传》，在文章主脑、结穴、叙法、谋篇布局、人物塑造、遣词造句、文风等方面皆有其法，吴曾祺认为，熟读《左传》，自能体悟为文之道，如"以'纳民轨物'一句领起，以下生出许多议论，可悟古文提挈之法"②"三国伐许，而郑独专其事，左氏此篇，亦俱从重处着笔，可悟作文详略之法"③"叙'险而多难'与'邻国多难'，可悟详略相配之法"④"叙致乱之由，每事以一二语了之，可悟用简之法"⑤。吴曾祺对《左传》文法进行评说，有前人评点的传统因袭，亦有对清代《左传》评点以及时人作文之法的反思，具有拨乱反正的意味。

第一，反对删削割裂之风。

吴曾祺读经书，亦借助一些评点本，读的过程中便发现了这些评点本的缺陷：

> 今之坊本，往往于每篇之中，去其首尾，专留中间一段，谓为精华在是，而读者茫然，前不知其所承，后不得其所止。譬如混沌一物，而五官百体皆不具，更何从验取其筋脉，审谛其筋节乎？少时读经书见有《左氏句解》一书，深恶为村学究所为，戒人勿以寓目。近见人复移以读史，此种因陋就简之习，祇于省晷日力而已，其稍通文理者，虽以史文入选，亦断断无此割裂剪截之事也。⑥

吴曾祺对以《春秋左传纲目句解》为代表的清代《左传》评点本删减原文的

---

① 吴曾祺：《涵芬楼文谈》，商务印书馆1933年版，第1页。
② 吴曾祺：《左传菁华录》上册，商务印书馆1933年版，第11页。
③ 吴曾祺：《左传菁华录》上册，商务印书馆1933年版，第14页。
④ 吴曾祺：《左传菁华录》下册，商务印书馆1933年版，第19页。
⑤ 吴曾祺：《左传菁华录》下册，商务印书馆1933年版，第51页。
⑥ 吴曾祺：《涵芬楼文谈》，商务印书馆1933年版，第5—6页。

做法极为不满，认为这是对经书的不敬，且令读者不知文之筋脉，不能知晓《左传》文法之妙处。更为严重的是，时人受此风气影响，因陋就简而行割裂文气之事。故而吴曾祺亲自下笔评点《左传》，力图为时人传递正确的读经方法。

第二，反对繁冗文风，提倡简括之风。

当时文人行文还存在另外一种弊端，即为追求周全而陷入繁冗之误，"凡一题到手，于题中应有之义，惟恐其不周至，补苴掇拾，使无遗失"①。繁冗之文法，将文章各处均予填满，"一室之中，左列图书，右陈钟鼎，一切坐卧之处，无所不有。然中间必留少许隙地，以供散步。若填门溢户，庋置皆满，则欲为一日之居而不可得。惟文亦然"②，徒增累赘，自然不当学习。针对此弊端，吴曾祺大力提倡简括之风，他在具体评说《左传》的为文之道时，着意凸显了对简括之文的欣赏。

> 晋国衰败情形，尽在子产口中。数语简而尽。③
> "我，尔身也"句，语简而意尽。此等句法，后来绝不复见。④
> "可矣"二字，具见庄公平日沈几观变，至是乃奋然而起。古人作文，一句可作数十句用，此种最不可及。⑤
> 写一时战状，他人数百言方尽者，此只以一二言了之，可谓简括之极！此等境界，万难学到。⑥
> 此篇叙次绝妙：前只言无知失职，连称、管至父二人因之作乱，及连称之妹无宠，以著生乱之由；以后只叙襄公危迫时情况，及诸臣死事之状，于无知及连、管二人如何运谋于外，连称之妹如何伺闲于中，并

---

① 吴曾祺：《涵芬楼文谈》，商务印书馆 1933 年版，第 31 页。
② 吴曾祺：《涵芬楼文谈》，商务印书馆 1933 年版，第 63 页。
③ 吴曾祺：《左传菁华录》下册，商务印书馆 1933 年版，第 19 页。
④ 吴曾祺：《左传菁华录》下册，商务印书馆 1933 年版，第 106 页。
⑤ 吴曾祺：《左传菁华录》上册，商务印书馆 1933 年版，第 4 页。
⑥ 吴曾祺：《左传菁华录》上册，商务印书馆 1933 年版，第 73 页。

不一语提及，竟似乱事本末与此诸人无与焉者。然掩卷思之，则爱书中人，可以指名而得，真神笔也。方望溪亦极服此篇，谓"此等境界，太史公尚不能到"。①

以上诸条，或者是言人物语词之精简，子产仅用十七个字，便将晋国局势道出。或者体现人物心理，"可矣"二字，展露了郑庄公多年的隐忍与谋划；"我，尔身也"四字是打消专诸"母老子弱"顾虑的法宝，言虽简而意坚定，遂令专诸抛却一切刺杀吴王僚。或者言其叙法处理精妙，齐襄公被弑一案，无知、连称、管至父、连称之从妹，只在开头提起，此后便无一字提及，但《左传》却能达成似无而实有的效果。吴曾祺对《左传》的简括风格推崇至无以复加的地位，此等"万难学到"的作法"最不可及"，即便是文笔之妙者太史公亦不能达到。

当然，即便如此，以简括著称的《左传》，亦有繁冗之误处。鲁昭公二十八年，魏献子为政分田封大夫，成鱄引用周武王分封之事言说魏献子之德，吴曾祺称"引武王事，颇失之繁冗，如此类俱不可学"②。至于《左传》大部分书写简括而不繁冗的原因，吴曾祺亦有所探索，"纯以大气包举，故绝无堆垛痕迹"③"铺叙礼文，绝不见堆垛之迹，以气胜也"④，文以气为主，《左传》以气运文，故能包括一切而不见堆砌痕迹。因此，后学需多读多思多识，提升气力，否则一味模拟，终不免走向反面，"然不善学之，必以重叠取厌"⑤"后人不善学之，便不免以板滞取厌"⑥，陷入重叠、板滞的误区。

第三，反对不读经书而盲目学习西学。

当时很多人开始不读经书，吴曾祺认为其原因有三：一是为博人眼球，

---

① 吴曾祺：《左传菁华录》上册，商务印书馆 1933 年版，第 32—33 页。
② 吴曾祺：《左传菁华录》下册，商务印书馆 1933 年版，第 113 页。
③ 吴曾祺：《左传菁华录》下册，商务印书馆 1933 年版，第 79 页。
④ 吴曾祺：《左传菁华录》上册，商务印书馆 1933 年版，第 18 页。
⑤ 吴曾祺：《左传菁华录》下册，商务印书馆 1933 年版，第 79 页。
⑥ 吴曾祺：《左传菁华录》上册，商务印书馆 1933 年版，第 18 页。

"今之号为能文者,以经为人人共读之书,不足以称吾博洽之誉,于是搜取
僻书,旁求逸典,以为震世骇俗之具,见他人文中之引及经语者,则反以为
笑,是何异舍康庄而走狭径,厌牢羞而索奇珍,适足以自贬其格已矣"①,为
求惊世骇俗,舍弃康庄大道,不读世人共读之经书,反而从僻书逸典中搜求
偏僻之语,此为狭径,必然走不通,也走不久。二是学宗桐城走入误区,桐
城派作为清代最有影响力的文学流派,学遍天下,"时则桐城姚姬传出,始
屏去考据之业不为,而以古文倡示后进。直至今日,学者翕然宗之,递相传
习,而桐城之学遍于天下。……迨湘乡曾文正公起,生平推挹姚氏不遗余力,
而于当日考据家,时复有微词焉,原此意也。乃至今日学者束书不观,游谈
终日,而文之佳者,亦如景星卿云,不可得而见,则且使说经诸子,反唇于
地下矣"②,姚鼐在考据风盛行之时,立倡文辞之法,他靠着其才力而成就佳
文,此为学之正途。但是后学学宗桐城文法,却渐渐走入误区,不言考据,
不读经典,其结果是学桐城而不得,写文章而无佳作。三是西学东渐的影
响,当时很多人认为西学优于国学,即便是读经书亦用西学讲解,吴曾祺直
言其误,"乃若吾自读三古之书,讲六经之旨,则故训具存,文章甚美,更
何用借材异邦,以自乱其例乎"③,吾国之学自有其体系、方法,若一味尊奉
西学而借此阐释国学,是为歧途。长此以往,国学必将沦亡。

　　基于世人不读经书、不读书的现实,吴曾祺在《左传菁华录》中多次援
引《左传》以外的典籍,与《左传》记载的事件、人物相互参看,力图用具
体的评点示范为人们展示读经书、多读书的益处。试举几例如下:

> 以贪国之故,而至裂土与人,何以见祖宗地下?后来石敬瑭窃其故
> 智,使薪云十六州沦于夷狄三百余年,皆夷吾导之也。④
>
> 晋侯思庆郑之言,不以为忠,而以为罪,杀而后入,何其急也!后

① 吴曾祺:《涵芬楼文谈》,商务印书馆 1933 年版,第 2 页。
② 吴曾祺:《涵芬楼文谈》,商务印书馆 1933 年版,第 3 页。
③ 吴曾祺:《涵芬楼文谈》,商务印书馆 1933 年版,第 24 页。
④ 吴曾祺:《左传菁华录》上册,商务印书馆 1933 年版,第 68 页。

来袁绍杀田丰一事，与此相类。①

狐突不惜一身之死，以成其子之功，自是有志之士。而吾于女流中与此相类者，更得二人焉，如王陵、赵苞之母是也。②

介推自是清介之士，而其语不无过激。若其母则真贤母也，春秋有此人，方知孟德曜、鲍少君，未是俊物。③

灵王原是刚暴之人，故临难之际，犹自悻负气，与项羽末路相似。④

城濮之后，晋人得志，秦人未必毫无忌心。其相与伐郑者，乃牵率使来，非其心之所欲也，故烛之武得以乘其机。不然，岂有与人有成谋，而听一说士之言，遽翻然变计之理？后来张孟阳之说合韩、魏以覆知氏，与此相类。⑤

吴曾祺通览群书，于经典故实甚为熟悉，他认为"文之至者，问学不可不勤，见闻不可不广"，因此，他在点评《左传》时总能触类旁通，比类相连，随手拈来，为读者更好地了解人物的性情、事情的盛衰成败提供了理解的参照点。唯有多读书，方能明晰文章的详略去取之道，"行文者，惟有所弃而后能有所取，所取愈广，则其所弃亦愈多，故精华既集，则糟粕自除"，⑥ 如此文章方能有底蕴，有新意⑦。

吴曾祺针对当时的文风，从自己的理解出发，对清代《左传》评点的缺陷有所揭示，并为读者提供了可供借鉴的行文之法。文固有法，"法者，如规矩绳尺，工师所藉以集事者也"⑧，揭示文法所在，是诸多《左传》评

---

① 吴曾祺:《左传菁华录》上册，商务印书馆 1933 年版，第 75 页。

② 吴曾祺:《左传菁华录》上册，商务印书馆 1933 年版，第 80 页。

③ 吴曾祺:《左传菁华录》上册，商务印书馆 1933 年版，第 87 页。

④ 吴曾祺:《左传菁华录》下册，商务印书馆 1933 年版，第 52 页。

⑤ 吴曾祺:《左传菁华录》上册，商务印书馆 1933 年版，第 105 页。

⑥ 吴曾祺:《涵芬楼文谈》，商务印书馆 1933 年版，第 20 页。

⑦ 商务印书馆印制的广告中即言《左传菁华录》"有足增长学人之识见，而不为常解锁囿者"（林纾:《左孟庄骚菁华录》，商务印书馆 1916 年版，封二广告）。

⑧ 吴曾祺:《涵芬楼文谈》，商务印书馆 1933 年版，第 15 页。

点努力的方向，亦是吴曾祺《左传菁华录》的目标指向。但是，很多人读了前人的评点作品后认真学习、仔细模拟，写出的文章仍然不够通顺，不能自如地表达自己的意思，"余每见宋人吕祖谦之《古文关键》、国朝人林云铭之《古文析义》，凡一字一句，评骘不遗余力，然使人师其所言，直拘挛踯躅，苦不得舒，何暇尽吾意之所至乎？无他，此知有法而不知用法之过也"①，因此，吴曾祺指出，前人提供的为文之法，只是前人的经验之谈或一己体会，具体到每一个人来说，需要对诸多文法灵活运用，领会贯通。吴曾祺从前人的为文实践中发现，能文之士，必定具备融化之功，"自古能文之士，固有力破万卷，博极群书，而下笔之时，乃不见有一字，此乃融化痕迹而纳之于神味之中，为文家之上乘"②，如此方能真正做到学以致用。

（三）《左传撷华》对清代《左传》评点的接受

林纾为光绪壬午年（1882）举人，自小喜爱古文，虽非桐城派人员，但却尊奉桐城派言文之道，"仆生平未尝言派，而服膺惜抱者，正以取径端而立言正"③，信奉桐城派建派者姚鼐，称其"义理、考据、辞章"的观念，出于正道，而引人入正途。对于身边的桐城文人，则奉吴汝纶如师，数造其庐，吴汝纶对其赞赏有加，称"林琴南孝廉文，多可喜者，宜时贤共推能手也"④。无论从文章理念还是古文创作方面，林纾都与桐城派有着紧密的关联，曾为吴汝纶点勘的《史记读本》作序，被视为"桐城的嫡派"⑤。

---

① 吴曾祺：《涵芬楼文谈》，商务印书馆 1933 年版，第 16—17 页。
② 吴曾祺：《涵芬楼文谈》，商务印书馆 1933 年版，第 20 页。
③ 林纾：《畏庐续集·与姚叔节书》，载《民国丛书》第四编，上海书店出版社 1991 年版，第 17 页。
④ 吴闿生：《桐城吴先生日记》卷一三，莲池书社 1928 年刻本。
⑤ 胡适在《五十年来中国之文学》中梳理桐城派的源流，提到"严复、林纾是桐城的嫡派，谭嗣同、康有为、梁启超都是桐城的变种"［胡适撰：《胡适文存》（二集），黄山书社 1996 年版，第 198 页］。

在清亡之前林纾与吴汝纶交往的过程中，他们对古文的衰微深以为憾，林纾的学生陈希彭在《十字军英雄记序》中写道：

> 向者桐城吴挚甫先生，与吾师畏庐先生，相见于京师论古文经日，桐城叹息以为绝业将坠，吾师亦戚戚然忧。故其诏生徒，恒令取径于《左氏传》及马之《史》、班之《书》、昌黎之文，以为此四者，天下文章之祖庭也。历古以来，自周秦讫于元明，其以文名者，如沧海之澜，前驱后踵，而绩学之士，至有不能略举其名者，而《左》、马、班、韩，亦居其中，胡以肖然独有千古？正以精神诣力，一一造于峰极，虽精于文者，莫敢少出其锋颖，与之抗挠，则传诵私淑，历万劫不复漫灭耳！①

林纾有感于古文衰微之迹，遂于教授学生时以《左传》《史记》《汉书》以及韩愈文为指导，一来此四者为天下文章之祖，博大精深，源远流长；二来此四者历万劫不灭，自有其力量，因此，若能熟知深读，或能挽救古文衰落之局面。这是林纾作为深爱古文者的自觉努力。

清亡以后，林纾与桐城派嫡传后人姚永概继续执教京师大学堂，受到章太炎等魏晋派的挑战与打压，此时林纾对古文的维护，又增加了外在压力的因素，他主动出击，承担起传承古文文脉的责任。他在1913年送别京师大学堂毕业生时直言古文衰微之状：

> 呜呼！古文之敝久矣。……夫所贵撷经籍之腴，乃所以佐吾文，非专恃多书，即谓之入古，衔俗眼而噤读者之口也。而今之狂谬钜子，趣怪走奇，填砌传记，如缩板擂土，务取其沓而黟者以为能，则宜乎讲意境、守义法者之益不见直也。欧风既东渐，然尚不为吾文之累，敝在俗士以古文为朽败，后生争袭其说，遂轻蔑左马韩柳之作，谓之陈秽，文

---

① 陈希彭：《十字军英雄记序》，载［英］司各德原著，林纾、魏易译：《十字军英雄记》，商务印书馆1914年版，第1页。

始辗转日趣于敝，遂使中华数千年文字光气，一旦暗然而熸，斯则事之
至可悲者也。今同学诸君子，皆彬彬能文者，乱余复得聚首，然人人皆
悉心以古自励。意所谓中华数千年文字之光气，得不暗然熸者，所恃其
在诸君子乎？世变方滋，文字固无济于实用。苟天心厌乱，终有清平之
一日，则诸君力延古文之一线，使不至于颠坠，未始非吾华之幸也。临
别，郑重申之以文。余虽笃老，尚欲与诸君共勉之。①

古文有弊端，这是林纾承认的事实，但是，更大的弊端在于"俗士"轻视古
文而以复沓堆砌为能事，并以此影响年轻同学，而令古文之光湮没于文字堆
砌的饾饤之学中，而无从见其义法、意境之光气。林纾所批评的"狂谬钜
子""俗士"，特指章太炎②，显然，林纾将章太炎的"俗士"之危害，置于
东渐欧风之上，将中华文字之熸归责于章太炎一派。林纾认为，延续古文是
为维护中华数千年文字之光气，他深切地呼唤学子们，希望他们参与保护、
延续古文的队伍中，"力延古文之一线"，他亦会坚定地走下去。这是一次离
别寄语，亦是一次战斗宣言，宣告了其维护古文的决心与勇气。

　　林纾与章太炎一派的交锋，在新文化运动中变为与狂飙突进的新文化
干将的交锋。此时桐城派文人贺涛去世，姚永概、姚永朴离开京师，林纾
因固守古文一脉而成为新文化干将抨击旧文化的靶子，遭受了来自胡适、
钱玄同、刘半农、鲁迅等人的炮火攻击，被斥为不通文法，被目为"桐城
谬种"，被讽为"封建余孽"，成为众矢之的。林纾先后以《论古文之不当废》
《荆生》《妖梦》《致蔡鹤卿太史书》《演归氏二孝子》等文予以反击，表明
立场，"科学不用古文，古文亦不碍科学……须知天下之理，不能就便而夺

---

① 林纾：《畏庐续集·送大学文科毕业诸学士序》，《民国丛书》第四编，上海书店出版社
　　1991年版，第20页。

② 林纾对章太炎的批判，还见于《与姚叔节》一文，"敝在庸妄钜子，剽袭汉人余唾，以捃
　　撮为能，以饤饾为富，补缀以古子之断句，涂垩以《说文》之奇字，意境义法概置弗讲"
　　（林纾：《畏庐续集·与姚叔节书》，《民国丛书》第四编，上海书店出版社1991年版，第
　　16页）。

常；亦不能取快而滋弊"①，古文不是科学发展的绊脚石，而变革亦不能过于求快求便而不顾社会现实。当然，林纾以一人之力应对势头正盛的新文化干将，自然有些吃力，"至于将来受一场毒骂，在我意中，我老廉颇顽皮憨力，尚能挽五石之弓，不汝惧也，来，来，来"②，他亦知会脏水泼身，但仍然矢志不移。

林纾面对多次、多人抨击，一如既往地走在延续古文的道路上，他认为此为中国人必做之事，"新学既昌，旧学日就淹没，孰于故纸堆中觅取生活？然名为中国人，断无抛弃其国故而仍称国民者，仆承乏大学文科讲习，犹兢兢然，日取《左》《国》《庄》《骚》《史》《汉》、八家之文，条分缕析，与同学言之，明知其不适于用，然亦所以存国故耳"③，他并非不知古文的不适之处，他亦知人不能生活在故纸堆中，但是一旦文脉断了，中国人便不称为中国人了。他从古文的发展历程中寻得经验，"古文之衰久矣，然衰而弗歇者，以每代必有一二人提倡之"④，显然，他是以新时代提倡古文的"一二人"自居的。

为传承古文，林纾选录、评点古文，编写教材，进行创作⑤，兢兢不懈，"就古文而言，林纾是堪称'殿军'之名的。从写作到选评，从理论撰述到招生授徒，其著述之丰，涉足之广，造诣之深，门庭之大，自吴汝纶以后确实无人可以与之抗衡"⑥。编选、评点古文，是桐城派传承文法的方法之一，林纾亦承其绪，选评古文名篇，成《左孟庄骚菁华录》《左传撷华》⑦。林纾

① 林纾：《致蔡鹤卿太史书》，《公言报》1919 年 3 月 18 日。
② 林纾：《演归氏二孝子》，《新申报》1919 年 3 月 26 日。
③ 林纾：《畏庐续集·文科大辞典序》，《民国丛书》第四编，上海书店出版社 1991 年版，第10 页。
④ 林纾：《畏庐三集·答甘大文书》，《民国丛书》第四编，上海书店出版社 1991 年版，第31 页。
⑤ 林纾有文集《畏庐文集》《畏庐续集》《畏庐三集》，"每一集出，行销以万计"（高梦旦：《畏庐三集序》，载林纾：《畏庐三集》，中国书店 1985 年版，第 1 页）。
⑥ 张俊才：《林纾评传》，南开大学出版社 1992 年版，第 226 页。
⑦ 《左孟庄骚菁华录》选录《左传》29 篇，《左传撷华》删去了《左孟庄骚菁华录》中的《郑伯伐许》，保留剩余篇目，又增添了其他一些篇目，共 83 篇，评点语基本一致。

面对时代剧变，着意从三个方面评说《左传》文字。

第一，揭示《左传》变化之道。

林纾对《左传》推崇备至，"以行文论，《左氏》之文，万世古文之祖也"①，因此，对其行文之法进行研读是探寻古文之法的重要途径。林纾从《左传》的研究历史中找到了研读《左传》文法的起端，那便是杜预的《春秋经传集解》。一般认为，《春秋经传集解》是探寻《左传》义例的重要途径，其言《左传》释经的方式，"或先经以始事，或后经以终义，或依经以辩理，或错经以合异，随义而发"②，逐渐为世人熟悉，林纾认为此四种方式"不惟解经，已隐开后世行文之涂辙"，打开了后世评说《左传》文法的大门。具体来说，"所谓先经者，即文之前步；后经者，即文之结穴；依经者，即文之附圣以明道；错经者，即文之旁通而取证"，③基本上是说的叙事方法，或为预叙，或为结叙，或为插叙。林纾此种观点，与《左绣》的叙法评说相似，但又超越了《左绣》，为他们评说《左传》找到了正宗源头。

作为"古文之祖"的《左传》，能卓然独立而有如此重要地位，林纾认为最关键的因素，是《左传》为变化之文，他于《左传撷华序》中言道：

> 仆恒对学子言，天下文章，能变化陆离不可方物者，只有三家：一左、一马、一韩而已。左氏之文，无所不能，时时变其行阵，使望阵者莫审其阵图之所出。譬如首尾背驰，不能系緤为一，则中间作锁纽之笔，暗中牵合，使隐渡而下，至于临尾，一拍即合，使人瞥然不觉其艰琐，反羡其自然者。或叙致一事，赫然如荼火，读者人人争欲寻究其结穴，乃读至收束之处，漠然如淡烟轻云，飘渺无迹，乃不知其结穴处转

---

① 林纾著，石城、王思桐点校：《左传撷华·序》，北京联合出版公司2019年版，第2—3页。

② （晋）杜预：《春秋经传集解序》，（清）阮元校刻：《十三经注疏》第4册《春秋左传正义》，中华书局2009年版，第3700页。

③ 林纾著，石城、王思桐点校：《左传撷华·序》，北京联合出版公司2019年版，第2页。

在中间，如岳武穆过师，元帅已杂偏裨而行，使人寻迹不得。又或一事
之中，斗出一人，此人为全篇关键，而偏不得其出处，乃于闲闲中补入
数行，即为其人之小传，却穿插在恰好地步，如天衣无缝，较之司马光
之为《通鉴》，到叙补其本人之地望族姓，于无罅隙处强入，往往令人
棘目，相去殆万里矣。又或叙战事之规划，极力叙战而不言谋，或极力
抒谋而略言战。或在百忙之中，而间出以闲笔。或从纷扰之中，而转成
为针对。其叙战事，尤极留意，必因事设权，不曾一笔沿袭，一语雷
同，真神技也！其下于短篇之中，尤有筋力。状奸人之狙诈，能曲绘而
成形；写武士之骁烈，即因奇而得韵。令人莫可思议。①

《左传》因事设权，行文多变，文章无一笔雷同，令人在不可思议中获得阅
读的愉悦与思索。林纾于此处举了五种类型的变化：

一是用锁纽之笔将相互背驰的首尾，暗中牵合至一起。林纾评说《斗
越椒之乱》时言："此篇叙斗氏家事及其反形，似一贯而下，头绪并不繁多，
不知乃至难写。文先说越椒之生甚异，既长乃成反贼。且生时为子文所恶，
又预料其反形，后乃一一符验。此直捷易写也。而下半节竟将已死之子文作
成列传，从死后倒绕，说其生时。试问此两节文章如何着笔？须知左氏之
能，能使人人眼光脑力，随其一枝妙笔而趋。尽使万难着笔之处，亦能化险
为夷。此篇自越椒败后，转入子文，着眼在'遂灭若敖氏'五个字。"②越椒
谋乱被灭与子文幼时奇异之事，并非一脉相承，在时间上亦有错位，越椒被
灭时子文已死，而《左传》用"遂灭若敖氏"③五个字，便将此两事连贯起来，
只因子文亦为若敖氏一族，且因子文之功劳，不应斩宗绝祀，故在若敖氏灭
族时独留下子文孙子箴尹，以祭祀子文。如此一来，看似毫无关联的两件事
情，便暗合在一起，而无穿凿之感。

---

① 林纾著，石琭、王思桐点校：《左传撷华·序》，北京联合出版公司 2019 年版，第 3—
4 页。
② 林纾著，石琭、王思桐点校：《左传撷华》，北京联合出版公司 2019 年版，第 71 页。
③ 杨伯峻：《春秋左传注》，中华书局 2009 年版，第 682 页。

二是如火如荼的叙事收束处，结穴无从寻觅，却不知结穴不在末尾而在中间。林纾评说《晋侯使大子申生伐东山皋落氏》一文时言："此篇制局最奇，有起无结。文凡两截：使太子时，有里克一人独谏献公，此一截也；太子既帅师，则有狐突数人群谏太子，此又一截也。而皋落氏到底抗命与否，行成与否，初不一言。就文字而言，实无收束之地。然天下文如《左氏》，乃有无收束者耶？观两'不可'字，即可用为此篇之收束。"① 太子申生讨伐皋落氏的结果如何，《左传》此段文字并没有言说，而是用欲行、将战之时羊舌大夫与狐突的两个"不可"暗示了结局。若不知《左传》此等变化处，苦苦寻索结穴处，自是无功而返。再如《秦三帅袭郑》一文以"秦师遂东"结束，"慨然东迈，于无意中作一结束，而败兆已寓其中"，结局已于蹇叔哭师中透露无疑，此处便无须多言，而且如此结局，林纾认为效果更好，"令人心醉神驰"。②

三是将关键人物、关键事件之出处、情形，恰到好处地穿插在文中。如《郑厉公自栎侵郑》一文，在郑厉公入郑与杀傅瑕之间，《左传》插叙了一段"内蛇与外蛇斗于郑南门中"③的事情，此事可视为郑国内乱的预兆，林纾对此评道："凡整篇中文字，应夹叙他事为探本事之原由者，欲归到本文，甚不易易。无已，则以甲子年分为另起之笔，亦可与上文截断，不至胶联牵强。然终不如此'厉公入'三字之浑成。"④ 光怪陆离的怪事，却能牵连起上下文，明晰郑国内乱渊源有自，亦能在内乱结果未展现出来前给予读者一定的暗示，插入此处甚为合适，但是如何承接上下文却非易事，《左传》只用"厉公入"三字便将胶联牵强转为浑然天成，不同寻常却又效果显著。

四是战事描写，各有不同。《左传》写了诸多战役，写得各具风采，各有特色，绝不雷同。对此，林纾在评述《城濮之战》时言："《左传》叙数大战，

① 林纾著，石城、王思桐点校：《左传撷华》，北京联合出版公司 2019 年版，第 14 页。
② 林纾著，石城、王思桐点校：《左传撷华》，北京联合出版公司 2019 年版，第 43 页。
③ 杨伯峻：《春秋左传注》，中华书局 2009 年版，第 196 页。
④ 林纾著，石城、王思桐点校：《左传撷华》，北京联合出版公司 2019 年版，第 12 页。

如鞌也、邲也、鄢陵也，车驰卒奔，颇极喧闹。而此篇叙计画独多，文字佳处，俱在战事之前。千澜万波，全为制胜张本。及归到战状，寥寥不过数行而结。凡巨篇文字，最忌相犯。城濮之战，君臣辑睦，上下成谋，故胜。鞌之战，极叙齐侯之骄，极写郤克之愤，亦胜。邲之战，则晋大夫咸有虞心，人多口杂，彘子乱之，故败。鄢陵之战，则晋大夫咸不欲战而幸胜，由子反醉而共王伤也。鄢陵之战，用虚写之笔尤佳。故作文必先自定其局，不自相袭，则每篇始各具精神。然亦关才、学与识耳。"①城濮之战、鞌之战、邲之战、崤之战、鄢陵之战等著名的大战，以及其他的战役②，其战局成败，各有其因，《左传》亦因事设局，各有侧重，将每一次战争都写成了独特的"一个"，令人印象深刻，不易混淆。当然，此道理很多人都懂，但是在具体写作时又会陷入才思枯竭、学识不足的泥淖，而左丘明恰恰是才、学、识兼备之人。

五是状人写生，曲绘成形。林纾认为《左传》所状里克为奸黠之人，但其奸黠，是在里克闻晋献公不知立谁时的不对而退，以及与骊姬图谋废太子申生、而后杀奚齐、卓子中自然展现出来的，"《左传》终始不指出里克奸黠，而但就本事直书，使人自为寻绎，辨其忠奸"③，此等写生笔法，存乎深意，而又引发读者思索。

除了序言中所提到的此五种变化，林纾于具体文本的评点中亦指出，《左传》的辞令亦多变化。围绕秦军袭郑、崤之战，有不同的人物发声，皆为辞令之佳者，却又各具风貌，"弦高语，句句藏锋；皇武子语，咄咄逼人，而又出以温婉；文嬴语，委过于下；孟明语，隐寓复仇。皆言中有物，神妙无匹"④。

《左传》之文变幻多态，因此，需要评点者、阅读者拨开层层迷雾探得真相，透过表层文字探得人物的真心。楚庄王问鼎，王孙满一番说辞，令楚

① 林纾著，石瑊、王思桐点校：《左传撷华》，北京联合出版公司2019年版，第38页。

② 林纾在评说鲁昭公二十一年楚国与吴国一场战役时提到，"此中头绪繁多，不能定其曲直。故左氏无一词论断，但细纪战状，而曲直自见其中。此又左氏一种写法也"（林纾著，石瑊、王思桐点校：《左传撷华》，北京联合出版公司2019年版，第192页）。

③ 林纾著，石瑊、王思桐点校：《左传撷华》，北京联合出版公司2019年版，第15页。

④ 林纾著，石瑊、王思桐点校：《左传撷华》，北京联合出版公司2019年版，第48页。

庄王扫兴而去，对此，林纾提出，"凡读古人文字，不必因其矞矞皇皇，即行却退。潜心一想，此文虽壮，而满腔皆畏葸之心"①，王孙满的说辞看似义正词严，然其内里却皆是畏惧之心，是否能抵挡叛逆之师，亦无全然把握。读此等文字，不能被表面文字所迷惑。文有宾主，"凡善于文者，明明专写此人，偏不令人觅得痕迹，往往借客定主，反主为客，使人不可捉扪"②，读者不能被错综复杂的宾主关系所缠绕，不要被文字的多寡所迷惑。如《介之推不言禄》一文，"此不是写子推之激，正是写晋侯之枭"③；《秦康公送公子雍于晋》一文，"此不是写穆嬴，直写赵盾丧心昧良，至于使人难堪地步"④；《穆孙去叔孙氏》一文，"此篇极写竖牛之奸毒，至无人理，人人所发指者。似左氏落笔时，专注于竖牛，愚则谓此非写竖牛，写叔孙也。写竖牛之奸毒，固无人理，而写叔孙之愚陋，为竖牛播弄至死，亦千古所无"⑤。唯有明白了人物的真实心理，明晰了文章真正的表达意旨，方能深刻理解林纾所言《左传》"变化陆离不可方物"⑥之意。

《左传》在叙事、说辞方面多有变化，"明明是曲，读之则直而易晓；明明是深，读之似浅而无奇"⑦。在林纾看来，此等变化虽然经过了左丘明的精心调遣，但是营造出来的却是恰到好处的自然而然，毫无雕琢痕迹，不牵强，不造作。《齐使晏婴请继室于晋》一文，在晏子请继室于晋的正事写完后，又补叙晏婴更宅、谏君之事，似乎与本文毫不相涉，但《左传》在晏婴于晋与叔向谈心之时，早已留了伏笔，即"屡贱踊贵"，晏婴"由更宅带出近市，由近市带出屡踊之贵贱，从容闲暇，一丝不曾着力"⑧，自然而然带出，毫无画蛇添足之感。林纾由此感叹，"平日论文，好言埋伏叫应之法，但读此篇

① 林纾著，石砾、王思桐点校：《左传撷华》，北京联合出版公司 2019 年版，第 67 页。
② 林纾著，石砾、王思桐点校：《左传撷华》，北京联合出版公司 2019 年版，第 135 页。
③ 林纾著，石砾、王思桐点校：《左传撷华》，北京联合出版公司 2019 年版，第 29 页。
④ 林纾著，石砾、王思桐点校：《左传撷华》，北京联合出版公司 2019 年版，第 51 页。
⑤ 林纾著，石砾、王思桐点校：《左传撷华》，北京联合出版公司 2019 年版，第 165 页。
⑥ 林纾著，石砾、王思桐点校：《左传撷华·序》，北京联合出版公司 2019 年版，第 3 页。
⑦ 林纾著，石砾、王思桐点校：《左传撷华》，北京联合出版公司 2019 年版，第 36 页。
⑧ 林纾著，石砾、王思桐点校：《左传撷华》，北京联合出版公司 2019 年版，第 162 页。

埋伏之不觉，叫应之自然，令人增出无数法门"①，埋伏照应之法为作文、论文之常法，很多人在写作过程中亦会有此考虑，做出相应安排，但最为难得的是做到埋伏不觉、照应自然。因此，林纾在《介之推不言禄》一文的评说中提出："天下好文章，不是好手能凭空虚构而出，一一本之天然，经好手一安顿，便觉前后都有照应。"②

第二，揭示《左传》简省之法。

《左传》作为文之妙品，林纾认为，其佳处还在于用字用词极为精炼简省，此即为"省笔"之功效。

齐襄公被弑杀一事，参与者众多，有连称、管至父，有公孙无知，有连称从妹，齐襄公的护卫者有徒人费、石之纷如、孟阳，弑杀过程亦跌宕起伏。此等事件，用多少笔墨似乎都不为过，但《左传》却"用缩笔，用省笔，节却无数闲语"③，具体到弑杀环节，林纾评曰：

> 曰"诛屦"，曰"伏公"，此均省笔。且叙徒人费死义处，闲闲带出石之纷如、孟阳二人。不问来历，即知为徒人费之党人。当先入伏公时，已一一部署。大概命石之纷如当阶而御贼，孟阳卧床而伪公耳。省却无尽张皇，俾读者一目即了。第仓卒中部署断不完密，故户下之足已为贼觉。中间无尽曲折，本宜用无数笔墨，左氏但作简语了结。浅人以为序事笔墨宜详尽，若果能如是结构，则虽简亦详，虽略亦尽。凡彼自为详尽，均不能用缩笔与省笔者也。④

齐襄公因被称为公子彭生的大豕所吓，鞭打徒人费，具体情形，仅用"诛屦于徒人费"⑤带过。徒人费在叛乱发生时，骗过贼人，而返回隐藏齐襄公，

---

① 林纾著，石珌、王思桐点校：《左传撷华》，北京联合出版公司 2019 年版，第 163 页。
② 林纾著，石珌、王思桐点校：《左传撷华》，北京联合出版公司 2019 年版，第 29 页。
③ 林纾著，石珌、王思桐点校：《左传撷华》，北京联合出版公司 2019 年版，第 9 页。
④ 林纾著，石珌、王思桐点校：《左传撷华》，北京联合出版公司 2019 年版，第 9 页。
⑤ 杨伯峻：《春秋左传注》，中华书局 2009 年版，第 175 页。

安排御贼，具体情形，仅用"伏公"二字带过。此等省笔、缩笔，未曾详细描述，却能让读者想象出当时的仓促情形，达到了简而详、略而尽的效果。

《左传》之所以能形成精炼简易的风格，林纾认为在于其用字准确，一字见真意，一字不可移易。林纾评说《展喜犒师》一文时言：

> 文字中有下一字，造一语，重如山岳，震如雷霆，闻者立动其颜色，即此篇"恃先王之命"五字是也；文字中有使人欢悦，使人疑骇，闻者必加以考问，即此篇"小人恐矣，君子则否"八字是也。《国策》中亦间用此法，顾多拗折之笔，宛转盘绕，本求明显，以盘绕过多，转致沉晦，亦比比而是。左氏则堂堂正正，一下字，即使人无可移易。①

《左传》文字风格与《战国策》最大的不同，正在于《左传》简易显豁，而《战国策》则为转折旋绕。即如展喜所言，下字造句，自带分量，或挟万千力量，或引人惊骇，或令人欢悦，若调换其中颇具力量的"恃先王之命"②等词，则不会有如此强烈的警醒之感。

正是因为《左传》有此特点，林纾于评点之时，善于从单个字的阐释中探寻文意，言说其文章脉络。《阴饴甥会秦伯》一文，林纾提出：

> 此文妙处，重在用四个"必"字，又连用四个"德"字，都有来历。"必"字根秦伯"必归晋君"一语而来，"德"字即为下文秦伯"姑树德焉"一语之伏脉。③

此文的关键词为四个"必"字，即必报仇、必报德、以为必归、秦必归君，出自阴饴甥所说的君子、小人之口，各有所出，最终归结到"秦必归君"上，既是给予秦国一定的尊重，又透露了晋国早有准备的事实。四个"德"字，

---

① 林纾著，石城、王思桐点校：《左传撷华》，北京联合出版公司 2019 年版，第 31 页。
② 杨伯峻：《春秋左传注》，中华书局 2009 年版，第 439—440 页。
③ 林纾著，石城、王思桐点校：《左传撷华》，北京联合出版公司 2019 年版，第 21 页。

即必报德、德莫厚焉、服者怀德、以德为怨，尊奉秦伯为君子，连连赞颂，令秦伯无法拒绝，以致后面晋国又有灾情，秦伯以"姑树德焉以待能者"为由，继续为晋国送粮救灾，此即为"伏脉"之效。

林纾还从分析《左传》文章的关键字出发，探寻人物描写的妙处。《管仲斥郑子华》一文即言：

> 通篇写桓公之劣处，在一个"从"字；写桓公之佳处，在一个"辞"字。此章不是写管仲，正是写桓公。试问桓公若不听子华之言，仲虽有一段直道正辞，如何发泄？用一"从"字、"不亦可"，遂引出管仲一篇衍衍烈烈之文章。然而入手"招携以礼，怀远以德"八字，已足以镇子华之奸心，尤足以息桓公之欲念，下语庄重极矣。子华之来，全不晓管仲"德""礼"之作用，冒冒失失，贡一"利"字，正投入霸者之心坎。其始将许，其继将从，此两项不是写子华，正为"德""礼"二字作一反震。篇中累用"德"字，处处与"奸"字对照，字挟风霜自不消说。脱齐侯仍为"利"字所中，如虞公之恋璧、马，管仲又将如何？幸末幅得一个"辞"字，则此会安稳到十分矣。①

林纾此段言说，涉及多个关键字的分析，一"从"字见齐桓公之劣，一"辞"字见齐桓公之佳。齐桓公召集诸侯盟于宁母，管仲劝说齐桓公修礼于诸侯，"招携以礼，怀远以德。德、礼不易，无人不怀"②，齐桓公予以接受。但是郑太子子华却以一"利"字相诱，齐桓公顿时将管仲之言"德"与"礼"抛诸脑后，不顾大局，欲许而从之，此正其为利而动的劣处。管仲又将"德"与"礼"的长远效应说于齐桓公，劝说齐桓公不要被奸人所言之"礼"左右，终让齐桓公辞谢了郑太子子华之言，此正为善听谏言的佳处。林纾通过对文中关键字的分析，既帮助读者疏通了文章意思，又让读者进一步明晰了齐桓

---

① 林纾著，石琍、王思桐点校：《左传撷华》，北京联合出版公司 2019 年版，第 19—20 页。

② 杨伯峻：《春秋左传注》，中华书局 2009 年版，第 317 页。

公性格上的丰富、复杂之处。

文章的风格，亦可从文章的关键字中探得。鲁僖公二十二年，宋襄公率兵与楚人战于泓地，没有把握住战机，最终战败。司马子鱼在战前、战中、战后皆与宋襄公有不同意见，对此，林纾评曰：

> 凡驳难文字，取其遒紧。宋公满腔迂腐，子鱼满腹牢骚，君臣对答之言，针锋极准。通篇用五"可"字：公曰"不可"，又曰"未可"；子鱼则曰"不亦可乎"，此犹作商量语，至末段用两"可也"，则直自出兵谋，为教导襄公语矣。一步紧似一步，词锋之便利，令读者动色。①

宋襄公的"不可""未可"，直接导致宋军败绩，战后宋襄公不但不反思，反而振振有词。司马子鱼最初便不赞同与楚军作战，战争中宋襄公的"未知战"行为，让子鱼更加不满，"不亦可乎"针对的是宋襄公在战中的错误决定，属于谋略不同，因此，子鱼用的是商量的口吻。后面的两个"可也"，针对的是宋襄公战后为自己争辩的"君子不重伤，不禽二毛"与"古之为军也，不以阻隘也"②，司马子鱼的不满在对宋襄公迂腐、不知悔改行为的批评中一步步提升，他的语气也越来越尖锐，节奏越来越紧，只为叫醒沉浸在往古世界中的宋襄公。几个不同的关键字词，勾连起一段驳难文字，针对内容不同，文章风格也呈现出不同风貌。

第三，研读《左传》需代入情境。

事件的发生、人物的对话，自有其出现的语境，如果读者能遥想当时的语境，径行代入语境之中，自然能体味出《左传》所摹写人物的情态、语气、声音等，如此一来，自然能加深对人物心理的理解。

林纾评说鲁僖公三十三年蹇叔哭师一段，是从人物的声响入手，遥想当时的情境，其言曰：

---

① 林纾著，石瑊、王思桐点校：《左传撷华》，北京联合出版公司 2019 年版，第 24 页。
② 杨伯峻：《春秋左传注》，中华书局 2009 年版，第 397—398 页。

文字须讲声响，此篇声响高极矣。

袭郑之师，百里奚不谏，仍在虞之故智。故文中出色之人，但写蹇叔。秦师将出，君臣咸求吉利之语，叔乃哭送，事已大奇。不知有此一哭，而文之声响，即由是而高。抗声呼曰"孟子"，其下即曰"吾见师之出而不见其入也"。"孟子"宜小顿，其中有千言万语，碍着秦君说不出，碍着孟子之少年盛气亦说不出。但曰"孟子"两字，如绘出老年人气结声嘶，包蕴许多眼泪。"吾"字亦宜作一小顿，才见得老人若断若续之口吻。以下便冲口吐出不吉之语，写蹇叔愤激，遂至口不择言。顾蹇叔之声响即高，苟秦伯以悠泛之词答之，便不成文体。"尔何知"三字，声亦高骞。"中寿"宜活读，当作宜死说。其下曰"尔墓之木拱矣"，是说少年将帅出师，正为英雄立功之日，汝老悖垂死，墓木且拱，有何知识？语涉咒诅，盖"见出而不见入"一言，蹇叔分明诅孟明之死，故秦伯亦以此报之。凡文字有根苗者，上呼下应，自不突兀。今试将秦伯之言作高声拖延一诵，亦至悲抗。①

蹇叔明知此战必败，势必带来人员与军事的伤亡，且其子亦在出征军中，于国于家，蹇叔送师之时的情感都很悲愤、伤心，此种情绪终酿成一"哭"。蹇叔大声哭喊出"孟子"二字，这是一个老者气结声嘶的悲伤呼喊，不忍、不舍、不甘见将士们走上不归路，但又因晋君在侧，又因不想挫伤孟明的志气，欲言又止，故而林纾认为，此处呼喊之后，蹇叔又说出"吾"字，必定是停顿了一会儿。但是，一个老臣最后的倔强与忠心，又不允许他不说话，故而后面的"吾见师之出而不见其入也"，则以激愤之语慷慨道出。蹇叔于秦师将出之时大哭，甚为不吉，秦穆公自然万分生气，他回应蹇叔的声音也极高，大声斥责蹇叔"尔何知"，又诅咒蹇叔"尔墓之木拱矣"，②情绪升为悲亢，高声且有拖音。

---

① 林纾著，石琏、王思桐点校：《左传撷华》，北京联合出版公司2019年版，第42页。
② 杨伯峻：《春秋左传注》，中华书局2009年版，第490—491页。

林纾评说鲁文公七年穆嬴哭啼一段，则主要从其神情入手，引领读者遥想当时情境，其曰：

> 然左氏写穆嬴之哀痛迫切处，闻者几为泪下。但观在朝数语，谓："先君何罪！其嗣亦何罪！舍适嗣不立，而外求君，将焉置此！"此指大子也，即所谓厓山块肉也。读者试闭目凝想其神情：国君新丧，夫人及大子皆斩衰，抱哭于朝，而谓举朝大臣皆置之不理，国人能无不平？穆嬴此举，已据胜着。乃更抱大子适诸赵氏，万目共睹，见麻衣如雪之母子，则夫人、大子也，竟至顿首于宰相之门，哀求嗣立。①

穆嬴为晋襄公夫人，又是太子夷皋的生母。晋襄公去世时，太子夷皋年纪尚幼，以赵盾为首的执政大臣准备立晋襄公的弟弟公子雍为君，并从秦国接回了公子雍。得知消息的穆嬴悲愤交加，为了儿子的前程，她需要搏一把。身着麻衣的穆嬴抱着身着丧服的夷皋，整日整夜地在朝堂上啼哭，哭死去的晋襄公，哭年幼的夷皋受欺负。孤儿寡母，无依无靠，哀痛万分，令人动容。穆嬴在朝堂上哭完，又抱着夷皋，在众目睽睽之下去往赵盾家，跪在赵盾面前，苦苦哀求，询问赵盾如何处置先君之子。林纾在评点时提出，读者读此段时当闭目遥想当时情境，遥想穆嬴的哀伤神情，感受穆嬴的哀痛、无助、努力，便会明白《左传》写人写事的成功之道。这是林纾在具体的阅读过程中对读者的直接引导，亦是对阅读体验方式的说明。

林纾重点提到的变化之道、自然之法、简省之法、遥想代入法，以及虚实、开合、叙法，清代《左传》评点中皆有论说②，林纾对此亦有借鉴。仅以"简省之法"为例，《左绣》评说"秦晋伐鄀"时言，"以琐碎之文写诡私之事，语简而明，笔轻而活，《国策》亦时效此种，便苦其涩，天分固

---

① 林纾著，石琪、王思桐点校：《左传撷华》，北京联合出版公司 2019 年版，第 51 页。
② 清人对"变化""自然""简省""遥想"诸法的强调与重视，可见第二章、第四章之评说。另林纾评说《左传》战争描写各具风貌以及不同的风貌特点，与清人评点中的论说多有一致处。

不可强也",与林纾对比《左传》与《战国策》评说《左传》的方法、论说近似。《古文析观详解》评说长勺之战所言,"自'何以战'、'可以战',随手曲折,紧紧呼应中段,连用三个'必以'作转语关头。后段两用'未可'、'可矣',言简灵活,足见句法之妙"①,与《左传撷华》的评说亦有相同之处。除了评说的相似之外,林纾于《左传撷华》中还直接引用清人的评点,印证自己的观点,如《楚人灭庸》一文,引用孙琮观点,"孙执升曰:'前之出师,不足而示以有余,虞诩之增灶也。后之七北,有余而示以不足,孙膑之减灶也。'谋臣如此,天固不能为之灾"②;或进一步引申,如《郑人从楚》一文,即引用俞长城的评说,"俞宁世曰:'驷偏而展正,两段议论,各有精采;郑曲而晋直,两段辞令,各有风致。'鄙意告晋之词易工,而报郑之言难括"③,林纾在俞长城论说基础上进一步指出子展之言难于子驷之言,更为不易。

林纾对《左传》文法的评说,还源自对僵化、造作、繁冗文风的批判与规避。在新时代条件下,八股文僵化、刻板、繁冗的形式,束缚了文章的活力,亦成为新文化运动前后批判旧文化的一个靶子。林纾在《左传撷华》中亦有对八股及坊间评点本的批判,"坊本将此文四分五裂,划为段落,谓第一截分几节,第二截分几节,第三截又分几节。……若拘其段落,则八股先生之评语矣。坊本自作聪明,往往如此"④,分截、分段落、分节,确实是清代《左传》评点常用的评说方式,但其实《左传》文本充满了自然变化之法,如此评点《左传》,势必走入割裂、僵化的困境。林纾于此提出批评,即说明他对清代《左传》评点的接受,是有选择、有批判地接受。

林纾点评《左传》,为的是传播古文影响,为的是给予读者指引,"庶读者于故纸之中,翘然侈为新得,庶几不负仆之苦心矣"⑤,他力图在前人基础

---

① 李卫军:《左传集评》,北京大学出版社 2016 年版,第 242 页。

② 林纾著,石珴、王思桐点校:《左传撷华》,北京联合出版公司 2019 年版,第 58 页。

③ 林纾著,石珴、王思桐点校:《左传撷华》,北京联合出版公司 2019 年版,第 115 页。

④ 林纾著,石珴、王思桐点校:《左传撷华》,北京联合出版公司 2019 年版,第 97 页。

⑤ 林纾著,石珴、王思桐点校:《左传撷华·序》,北京联合出版公司 2019 年版,第 4 页。

上有所创新①，亦希望读者能从中学有所获。为达成此种效果，林纾将古文与时代需求相结合，着意凸显了与时代需求相适应的文法阐释方式。

与当时流行的小说界革命相应，林纾以小说评论家的视角来评说《左传》，给予读者相应的指引。郑穆公梦兰而生，刈兰而死，中间又有御兰、征兰、名兰，此等琐碎之事，《左传》用神通之笔写得有首有尾，有呼有应。林纾认为此等纪梦文字，"学之稍事渲染，便成小说。《南》《北史》于此类笔墨极夥，皆为左氏所欺，故趋入琐碎一路"②，读者深忖之，可从中学得安置琐事之法。申公巫臣谋娶夏姬一事，是艳情小说喜爱的题材，"千古妇人之奇淫者，至夏姬而极；千古男子之好色，乃不惜家族，而取半老之荡妇，至申公巫臣而极。此种事迹，非得左氏以传之，鲜有不坠入稗官恶道者"，《左传》没有走入艳情一路，在于其用若隐若现的伏应，将申公巫臣计周虑密的一路谋略点明，将申公巫臣对夏姬数年全副精神的关注揭示出来，"文字之妙，叙淫而能肃，化俗而为雅，亦千古一人而已"，③读者深思之，可从中学得化俗为雅之法。同时，林纾还明确指出《左传》与小说的不同，让读者明确其界限，探寻文体之不同。《晋侯梦大厉》一文，全说梦话，因梦成篇，《南史》《北史》经常袭用此法，但朱熹将《南史》《北史》写法斥为小说家言，"而不斥左氏为小说者，由其用笔简古也"。《声伯之母》一文，"文字头绪之复杂，事体之猥琐，情理之妄谬，至此篇极矣。穆姜逐姒是一层，弃妇再醮是一层，出母来归是一层，官弟嫁妹是一层，畏势夺妇是一层，郤氏灭亡、外妹还觅故夫是一层，施氏杀其故妇之子是一层，妇人誓绝施氏是一层"，④一层层写下来，与小说亦很相似，"所以不同

---

① 林纾不从俗，力求新意阐释，在《阴饴甥会秦伯》一文的评说中有所体现，"或谓秦伯发问'晋国和乎'及'国谓君何'两语，是豫蓄求和之意，余大不谓然。'晋国和乎'四字，似长辈对孺子说话，又似财东对负债者言，似问他近来尚淘气否，有饭到口否，闲暇中微带骄盈之气。'国谓君何'四字，言下更极有权力"（林纾著，石琪、王思桐点校：《左传撷华》，北京联合出版公司 2019 年版，第 22 页），有自己的思索与解读。

② 林纾著，石琪、王思桐点校：《左传撷华·序》，北京联合出版公司 2019 年版，第 69 页。

③ 林纾著，石琪、王思桐点校：《左传撷华》，北京联合出版公司 2019 年版，第 82—83 页。

④ 林纾著，石琪、王思桐点校：《左传撷华》，北京联合出版公司 2019 年版，第 89—91 页。

小说者,文简而语重也"①,远离俚鄙而归入庄重,将秽渎之事用简笔、大气包举,即不落俗手。从以上两则论说可见,林纾所言古文与小说的区别,一在用笔简古,二在内容纯正,而这两条恰恰是"桐城义法"在形式与内容两方面的规设,林纾通过此种为新时代读者易于接受的方式,进一步传播了桐城义法。

吴汝纶、吴曾祺、林纾皆为清朝末期人,接受过清代的旧式教育,其对《左传》的评点,有很多是身在清朝时读书体会的展示,亦可视为清代《左传》评点的余绪。经历过异族入侵、清朝灭亡以及西方思想的冲击,他们面对的是更加多变的世风、文风,人们对经学、古文的重视程度大大削弱。在此情形下,为了延续古文一脉,为了坚守国学阵地,他们在对清代《左传》评点的评点理念、作法等承续、批评、思考的基础上,回应着新的时代召唤。他们带着知识分子的责任担当,行走在清代的《左传》评点者曾经走过的路上,力图以打造"近今国文法程之善本"②"有裨学界,良非浅尟"③的努力,为初学、后学提供学习的依傍,期望他们能在时代剧变中学习所当学习者,坚守所当坚守者。

二、学子读书对清代《左传》评点的选择与弱化

自清朝末期,作为古文、经学代表的《左传》,受时代变迁的影响,其经典地位受到了挑战,"废除科举、兴办学堂以后,古文不再与仕途结缘,其使用范围以及在青年学子中的号召力与影响力也已大打折扣"④。五四运动之后,提倡新文学,提倡白话文,1920 年一、二年级的国文课本已全部使用白话文。习用白话文,古文便与时人的生活有了距离感,但是清代《左传》

---

① 林纾著,石琇、王思桐点校:《左传撷华》,北京联合出版公司 2019 年版,第 91 页。

② 林纾:《中学国文读本》,商务印书馆 1915 年版,封底。

③ 林纾:《左孟庄骚菁华录》,商务印书馆 1916 年版,封二印《左传菁华录》广告语。

④ 关爱和:《二十世纪初文学变革中的新旧之争——以后期桐城派与"五四"新文学的冲突与交锋为例》,《文学评论》2004 年第 4 期。

评点作品并未消失，而是以各种方式存在于人们的生活中。

第一，作为初学者学习国学的启蒙读物。

民国时期，距离清亡尚近，很多初学者的启蒙方式，仍然遵循传统的方式，清代《左传》评点作品亦出现在初学者的阅读、学习生活中。

《申报》1914 年刊发的《皖南之教育状况》写道："皖南小学读经者甚多，非课读经也。学生类自私塾来，行李中莫不挟有经书，朝夕皆自温习。寄宿者，不纳宿费，日纳米一升于校。校风朴实刻苦，生徒严于自课，见客彬彬有礼，不待师命肃然起立，皆为他处所罕见。独其所玩读之文章，不出《古文观止》《东莱博议》之类，故其所为文类乏新思想。"① 皖南小学生以《古文观止》作为常读之书，此为时代之缩影。

即便是在新文化运动兴盛之时，清代《左传》评点作品仍然为学生所重，"四十八个学生中，读过《古文析义》、《东莱博议》、唐诗的有了四分之三，读过四书的三分之二，读过三民主义的三分之一，读过鲁迅的小说的，不过仅仅的几个人而已"②，从此种比例可以见出评点之学的影响力。

出生于 1913 年的殷焕先，幼学时期，"埋头苦读四书五经、诗古文辞，《经史百家杂钞》《古文观止》《古文释义》诸书令其终生难忘"③。出生于 1922 年的陈祥耀，"念小学时进一步学习《四书》《左传》《楚辞》《古文析义》《古文笔法百篇》等书，并开始习写文言文，初步打下国学基础"④。孙犁在《与友人论学习古文》中言，在他进入高等小学后，因为他读的完全是新书、新的文学作品，他父亲便为他请了一位老秀才，专门负责教他古文，"这位老先生教给我的是一部《古文释义》"⑤，虽然他兴趣不大，但亦受过影响。左权东隘口村皇甫一族以耕读传家，"皇甫漆经营家产之余，就给四个儿子讲解'四书五经'、

---

① 抱一：《皖南之教育状况》，《申报》1914 年 6 月 1 日。
② 征农：《山水，人物，思想》，《新语林》1934 年第 6 期。
③ 赵贤德：《影响国家语文政策的苏南现代语言学名人》，吉林文史出版社 2019 年版，第 276 页。
④ 徐金凤：《陈祥耀教授治学及诗书创作评论集》，福建教育出版社 2017 年版，第 300 页。
⑤ 孙犁：《澹定集》，百花文艺出版社 1981 年版，第 71 页。

《左传》《古文释义》，以传授知识"①。小明星陈娟娟感觉自己国学浅薄，便拼命读线装书，"手里总在握着一卷《古文观止》……有不了解的地方，就摘录下来，向有国学根底的人们请教，可谓之'敏而好学'了"②。这些人，出身不同，后来的人生境遇亦不同，但他们在启蒙阶段都读过清代的古文评点作品，有的是在家学习，有的是在学校学习。

在具体学习阶段，因为学习环境不同、讲解老师不同、评点作品不同，所以学习方式亦会有所差异。

有的是详细讲解。1922年白寿彝跟随凌素莹先生读书，后来白寿彝回忆此段学习经历时说道：

> 这时，我该念《左传》了。先生不让念当时流行的《左传快读》，让我们念《左绣》。他说，《左绣》这书也并不好，但不是选本，是《左传》的全本，价钱便宜，而且也容易买到。先生也是不让背诵的，一篇一篇地给我们讲，第二天让我们自己再讲一遍。先生也讲古文，用的是我们手头都有的《古文释义》。这可是一个古文选本，但先生在讲解时却不是选着讲，而是从卷一开始，一篇一篇地讲下去。③

凌素莹先生为白寿彝讲解《左传》与古文，用的教材是《左绣》与《古文释义》，都是从头开始，一篇一篇地讲，然后让白寿彝他们自己领会，自己复讲。

有的是靠自我背诵。金克木小学毕业后，跟随一位私塾先生读书，接受传统训练，具体情形如下：

> 我的上辈至少有四代是靠啃字纸吃饭的，所以我从小就在家里认字，先背诵《三字经》，以后上小学仍要背书。小学毕业后有两年曾经

---

① 张基祥：《蜗居杂记》下册，山西人民出版社2020年版，第200页。
② 紫琅：《古文观止：陈娟娟下工夫拼命读线装书——想深造点旧文学》，《游艺画刊》1943年第7卷第9期。
③ 白寿彝著，龚书铎主编：《白寿彝文集》第1册，河南大学出版社2008年版，第358页。

从一位私塾老师受传统训练。……这位老师是进过学的，即考中秀才或秀才预备班的。他先问我读过什么经书。我报过以后，他决定教我《书经》。每天上一段或一篇，只教读，不讲解，书中有注自己看。放学以前，要捧书到老师座位前，放下书本，背对老师，背出来。背不出，轻则受批评，重则打手心，还得继续念、背。我早已受过背书训练，不论文言白话，也不吟唱，都当做讲话一样复述。什么"曰若稽古帝尧"，无非是咒语之类，不管意思，更好背。《书经》背完了，没换过打骂。于是他教《礼记》。这里有些篇比《书经》更"佶屈聱牙"。我居然也当做咒语背下来了。剩下《春秋左传》，他估计难不倒我，便叫我自己看一部《左绣》。这是专讲文章的。还有《易经》，他不教了，我自己翻阅。以上所说读经书打基础，尽人皆知，还不是本行的艺业训练。①

金克木的私塾老师是接受过传统训练的，他的教学方法，就是教给学生读法，让学生自己读，直到能背诵出来为止，无论是《尚书》《礼记》，还是《左传》《周易》，都是如此法径。这些经书，对于从小便认字、背诵的金克木来说，不算难读，他很快便都能一一过关。教《左传》时，老师专门让金克木读《左绣》，自我学习，自我背诵，自我领会。

当然，此两种学习方式，并非完全对立，有的老师也会将之结合起来。林语堂的老师便是如此。林语堂在《岂有文章惊海内》中曾提到，"我在学校上国文课，老师要为我们读古文，大部分选自《古文观止》、《古文释义》，讲解之后要我们背诵默写。这教学法好像很笨，但无形中使我们认识了中文文法的要义，体会了撷词练句的奥妙"②，既有老师讲解，又有学生自我背诵，林语堂评价此种教学方法效果很好。

古文评点作品出现在孩童的启蒙学习阶段，主要有两大功能：一是帮助孩童识字。周作人在《读书的经验》中提到，"我看着这篇文章，想起自己

---

① 金克木著，张定浩编选：《游学生涯》，东方出版中心 2008 年版，第 86—87 页。
② 梁实秋：《雅舍散文全集》，天津人民出版社 2018 年版，第 271 页。

读书的经验，深感到这件事之不容易，摸着门固难，而指点向人亦几乎无用。在书房里我念过四书五经，《唐诗三百首》与《古文析义》，只算是学了识字，后来看书乃是从闲书学来，《西游记》与《水浒传》，《聊斋志异》与《阅微草堂笔记》，可以说是两大类"①，他学习《古文析义》，只是将之作为识字工具，并未提到其他功用。二是帮助孩童学习文法。出生于同治十三年（1874）的吴佩孚，接受了清代的传统教育，颇懂习文之道，"起家秀才，厕身军旅"②。1922 年 1 月 15 日《京报》刊发了一则题为《吴佩孚熟读古文观止》的新闻，刊发的是吴佩孚通电各省的电文，并有评论语曰"套出一篇新《祭鳄鱼文》"③。吴佩孚的写文能力，在当时的军阀中是佼佼者，《新社会报》于1922 年 1 月 16 日则将吴佩孚宣布新阁罪状、致鲁同乡的电文收录，并与他人电文比较，认为"渠辈无《古文观止》，放在案头，故其调头不及吴子玉之古雅耳"④，吴佩孚喜爱读《古文观止》，经常置于案头翻阅，此当为他的电文水平高于他人的一个原因。出生于 1904 年的巴金提到《古文观止》时曾大发感慨道："这两百多篇'古文'可以说是我真正的启蒙老师。我后来写了二十本散文，跟这个'启蒙老师'很有关系。"⑤ 可见，巴金写就那么多的名篇，从《古文观止》中汲取的营养不少。

第二，成为不同学科学生进修、提升的基础。

新中国成立以后，学科门类愈以清晰，各个学科皆有不同的培养目标。但是，不同学科与中国语言、中国文学之间会发生种种不同的关联。在此情况下，古文评点作品亦进入不同学科学生的提升过程。

1962 年毕业于天津中医学院并留校的赵玉庸在《高山仰止怀师恩——纪念郭霭春先生诞辰 100 周年》一文中，回忆郭霭春先生对他所进行的全面、长远的培养计划：

① 廖一航：《如何高效阅读一本书》，辽宁人民出版社 2018 年版，第 98 页。
② 曾琦：《论吴佩孚失败之原因及政治学上不易之公例》，《醒狮》1925 年 1 月 10 日。
③ 《吴佩孚熟读古文观止》，《京报》1922 年 1 月 15 日。
④ 《时局与电战各司令》，《新社会报》1922 年 1 月 16 日。
⑤ 李存光：《巴金研究资料》（中），海峡文艺出版社 1985 年版，第 132 页。

先生考虑到古文是学习、研究中医的基础，为首届留校的教师开设了古文课，这应该是教师培训的先例特例吧。课程以《古文观止》为教材，每周半天时间，逐篇逐句，贯穿始终。

先生对我关爱有加，还特别给我开了小灶，每周日晚在先生家系统全面地听先生讲解《左传》，坚持了近两年时间。先生教授《左传》，除经史知识外，更重文法，以利于我古文读写能力的提高。因而，他选取《左绣》为参考资料。①

中医学习、研究需要研读古代医典，自然离不开古文，为了提升中医学教师的古文修养，郭霭春先生为留校的新教师开设《古文观止》研读的课程，讲解方法为细读法，自始至终，一篇一篇、一句一句地讲。另外，为了提升新进教师的写作水平，郭霭春先生专门讲解《左传》，以《左绣》为主要参照，重点讲读《左传》的文法要义。

刘玉凯在《学海梯航——远去的先生们》中有文回忆河北大学的谢国捷先生，有一段关于读书、进修的论说：

我之间的聊天说到如何进修，如何读书的时候最多。他说过：不论你将来搞什么专业，讲什么课，中国古典文学和语言学是必须得学好的，而且写作也得学会，这是中文专业的基础。我说才毕业不知道应该读什么书，他让我读古代的诗文，读《文选》《古文观止》。我说我有一套线装本清余诚编并评注的《古文释义》，高中时候就读过了，他说，那曾是清代私塾中的古文选教材，有批注，有评，有音义，很好读，过去是小学读的，你们高中读过就不错了。②

曾经作为清代学子教材的《古文观止》《古文释义》，成为很多高中、大学毕

---

① 张伯礼主编：《津沽杏林三杰　哈荔田、何世英、郭霭春百年诞辰纪念文集》，中国中医药出版社 2012 年版，第 333 页。

② 刘玉凯：《学海梯航——远去的先生们》，河北大学出版社 2017 年版，第 197—198 页。

业生提升自己的读物，无论是什么专业，读此书皆会有所收获。此段话足以
见出，评点作品对于提升个人文学素养具有引导作用，但同时亦透露出一个
信息，《古文观止》一类的评点作品，对现代人的影响力越来越小，曾经为
清代初学者必备教材的评点作品，现代人在高中读过，已经很稀见，由此可
见，清代《左传》评点作品的接受面也在逐步减少。

从 20 世纪初至今，清代《左传》作品在普通大众的生活中出现，基本是
因为大众获取知识、学习作文之道的需求。人们对清代《左传》评点作品的接
受，亦有时间上的差异，民国初年基本是作为小学阶段的学习对象，20 世纪
六七十年代以后，高中、大学学习的都很少，普通读者阅读清代《左传》评点
作品的自觉性、主动性不断降低。此种局面出现，主要原因是文言文在现代
生活中的运用频次下降，"现在文言的地位是，会了固然好，不会也没什么关
系。可有可无，而人的时间又都这样紧，希望多数人甘心费力学，并且学会，
自然就非常难了。这样的现实向前走，必致成为趋势，就是，学的人逐渐减
少，会的人随着逐渐减少"①，现代人习惯于现代文的使用，文言文对于读者来
说具有一定的难度。再加上没有了科举考试指挥棒的影响，处于快节奏生活
中的普通大众，很少会主动去学习这些过去的甚或被认定为过时的作品。

三、图书出版对清代《左传》评点的改造与凸显

进入 20 世纪后，出版商为了扩大清代《左传》评点的接受范围，增加
其竞争力，对清代《左传》评点作品进行刊印时，根据不同的需要进行了相
应的改造，以求吸引读者。

为了适应语言环境的要求，出版商刊印了言文对照本、新式标点本、白
话本。

上海国学研究社 1946 年印行的《古文观止》封面，印有"言文对照""详
细注解"的说明。上海广益书局 1932 年印行的《古文释义新编》封面，印

---

① 张中行：《文言与白话》，黑龙江人民出版社 1988 年版，第 250 页。

有"言文对照"的说明。北京老二酉堂 1930 年印行的《国音白话古文释义》封面，印有"新式标点"的说明，王洁忱作《序》曰："书中不习见之字分别于文题之下，或音义栏中附注国音，较之文言注释，益觉显明透辟，一目了然。吾知此书刊后，青年学子研习古文，当必兴趣盎然，豁然开朗，其进步必迥异于往昔者。"①

上海文明书局曾就其最新版的《古文观止》做出过说明："《古文观止》一书，凡我国研究文学的人，是无人不知道的，现在文学潮流，虽日趋于语体文，但要做白话文，如古文门径一点不晓得，是永远做不好的。本局知道这个枢纽，特请名人将《古文观止》一书用白话详细解释，全书有分解，有总解，末了更将一篇古文，再用白话照样做一篇，一气贯穿，可以对照。无论研究古文，研究语体文，这一部书是万不可少的。"② 即便是在提倡白话文的时代，古文也是不能丢弃的，为了让读者更好地接受《古文观止》，上海文明书局出版了言文一贯、白话注解的最新版《古文观止》，用白话文全文翻译。

朱自清在言说翻译的重要时提到，"我们得承认古文确是'死文字'，死语言，跟现在的语体或白话不是一种语言。这样看，打通这一关也可以用语体翻译。这办法早就有人用过，现代也还有人用着。记得清末有一部《古文析义》，每篇古文后边有一篇白话的解释，其实就是逐句的翻译。那些翻译够清楚的，虽然罗唆些"③，朱自清提到的《古文析义》，应该是文言对照版的，是对《古文析义》的翻译。

为了吸引孩子的兴趣，出版社在刊印时增加了图画。世界书局于 1943 年发布了一则图书售卖广告：

详注图解言文对照五彩方字《古文观止》

---

① 王洁忱：《国音白话古文释义序》，载（清）余诚著，光润田译：《国音白话古文释义》，北京老二酉堂 1930 年版，第 2 页。
② 《言文一贯最新古文观止出版》，《申报》1921 年 3 月 3 日。
③ 朱自清：《经典常谈·文艺常谈》，古吴轩出版社 2018 年版，第 109 页。

全合五百字，每字有注音符，有四声读法，有解句，又以富有兴趣的图画，更能引起儿童认字的动机，洵属儿童之良友。

本书之精湛，早经公认，为古文之观止。现经重版排印，用长汀纸精印，字体非常清晰，采□国文课本尤属相宜。①

上海沈鹤记书局 1934 年发行的《古文观止》，亦增加了图画，还有言文对照，孩子读起来更加容易接受。

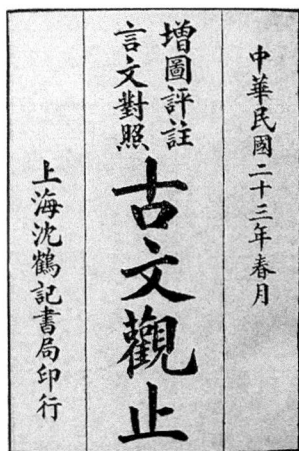

《古文观止》书影，上海沈鹤记书局 1934 年本

为了满足读者对质量的要求，出版商会用"足本""大字""精校"等字眼来吸引读者购买，如 1923 年 11 月 12 日教育图书馆图书售卖广告中，"学校应用书"一类中提到了《国学精华校正春秋左绣》《校正精印大本左传快读》《校正精印大本古文析义》《国粹精华大本古文释义》《校正精印大本古文观止》② 等清代《左传》评点作品；1925 年 8 月 7 日萃华书社图书广告中有《足本大字春秋左绣》《精校大字古文精言》③ 即是此类。

为了满足学者评说典籍的学术需要，出版商刊印了改编本，如石源渠读

---

① 《详注图解言文对照五彩方字古文观止》，《大公报重庆版》1943 年 11 月 10 日。

② 《申报》1923 年 11 月 12 日。

③ 《申报》1925 年 8 月 7 日。

学《古文析义》，认为文体混杂编纂，不利于读者认识不同文体的特点，"余受而读之，往覆涵泳，分晰揣摩，渐觉评注精覆，体类未分，引为缺憾"①，遂将《古文析义》选文分为论辩类、序跋类、奏议类、书说类、赠序类、檄令类、传状类等十三类，共一百二十篇，成《类选补注古文析义精华》一书。评注一仍其旧，石源渠补充林云铭评述未备者，则附于文后。

为了让读者更好地了解刊印图书的性质、作用等，出版商会通过广告等形式对其予以展示。1916 年中华书局的售书广告中列有"高等小学作文范本"，其中有《古文评注》《古文观止》②二书。1917 年上海扫叶山房新印发售学校必需之书的广告，其中有《春秋左绣》《左传快读》《左传句解》《左传易读》《大字古文观止》《古文释义》《古文析义》等清代《左传》评点作品③。1916 年国文研究会刊登招生广告，其中提到开课用书有《古文观止》《左传》《东莱博议》等④。三星书局 1933 年 9 月 11 日的图书广告中，"学校读本"类里有《左绣》⑤。商务印书馆 1918 年 10 月 10 日印发图书广告，精印文集数十种，皆"可备诵读之用，可作学步之资"，其中即有《古文观止》《蔡氏古文评注补正》⑥。由此可见，出版商主要将清代《左传》评点视为学习作文之法的范本。

1919 年广文书局本局特创新体广注体裁《古文观止》，其广告语云：

• 便利于教师

教师指授古文时间必甚有限，于短少之时间内能将一篇文章娓娓讲解，了无阻湿，势必于未上课时先事筹备，而后乃不致于生疏。然查此古文中之奇字僻典以及佳构佳处，参考书籍不知几何，费时费脑又不知

---

① 石源渠：《类选补注古文析义精华·自序》，启智书局 1935 年版，第 1 页。
② 《申报》1916 年 3 月 4 日。
③ 《申报》1917 年 8 月 13 日。
④ 《国文研究会招集同志》，《申报》1916 年 7 月 28 日。
⑤ 《申报》1933 年 9 月 11 日。
⑥ 《申报》1918 年 10 月 10 日。

几何。本书特创最新式之体裁，改良旧本，注释之详、评义之富，无善不举。教师用之，无烦翻阅他书，即能咨意引导。

•有益于学生

学生读古文非赖师友指授，虽具极顶聪明之资，决不能领悟，因遇奇字僻典，尚可向辞典翻查，若遇结构段落炼字炼句等文法妙处，旧本既不标明，查书亦无可查，茫然混过，等于不读。且古文次序深浅颠倒，更觉不合程序。本书加编目录，增注眉批，一一弥其缺憾。学生用之，即可闭门自修，毋再求教师友，自能融会贯通。

本书特色

•原文广注。旧本注释多从简略，本书逐字逐句分注详明，凡有奇字僻典，无不穷源究根，于音训义三者搜剔无遗，较之旧本无异天壤，故名曰广注。

•特创新体。旧本注释夹杂文中，最碍诵读，本书将应注字句之旁，标以一二三四等号目，注释则荟列于每篇之后。读者观全文以求气势，按号目以寻注释，既免割裂，又便检阅，一举而两善俱备，故名曰新体。

•配合程度。原文次序沿代而下，深浅颠倒，本书加编目录一通，以文之长短为先后，俾由浅入深，循序渐进，或一仍旧贯，亦无不可。

•增加眉批。旧本有注无批，不知古文佳处，有结构呼应炼字炼句等法，非逐条注明，不易领会。本书荟集诸家眉批于首，有一篇多至数十篇，庶学者得明古文妙处，无囫囵吞过之弊。

•名人校订。本书特请海内通儒校订，审慎精博，堪称独极。

•大字精缮。本书系海上书法名家手缮，字体秀美，无与伦比。①

此条广告很全面，有用途说明，即用于教师教授古文、学生学习古文的参考书；有特色说明，即广注、详注文本，注释列于篇后，以文章长短排列次

---

① 《申报》1919 年 11 月 8 日。

序，荟萃诸家评论；有质量说明，即通儒校订精博，名人大字手缮。

根据以上出版情况可知，清代《左传》评点作品在民国时期仍有一定的市场，很多评点作品作为文章写作的范本被读者接受。但是，人们对清代《左传》评点作品，是有期待与需求差距的，最明显的便是《古文观止》地位的提升。《古文观止》本就是清人接受范围最广的五本评点作品之一，其他的四部——《古文释义》《古文析义》《左绣》《春秋左传纲目句解》与其几乎是并驾齐驱，但是从民国开始，《古文观止》已经以绝对优势超越了其他四部书，成为影响最大、接受范围最广的清代评点本，成为畅销书。

1931 年刘铁冷校刊《古文观止》时，曾说道："我在慈溪县三七市味经轩看见所藏《古文观止》各处刻本约记有七百五十三种。"[1]1941 年《京报》刊发了《读古文观止》的一则文章：

> 现在读《古文观止》的人还是不少，或许可以读出几个"文起 × 代之衰"的古文大家，替大家争争光，也未可知。
>
> 《古文观止》并不是不能读的书，然而捧住它埋头苦读，简直忘记掉自己生在什么时候的"书生"，却惟有哼几句滥调，便百无一用。
>
> 近来纸张非常贵，出版的书很少，再版的书更少，惟有《古文观止》则一版又一版，在任何一家书店里都可以买到新出版的。书局老板惟有选着销路大的书印，可知《古文观止》是受着大众的欢迎。
>
> 欣赏古代的文学，谁要读《古文观止》请读吧；若是您想从这里学得什么，则恐怕学得的仅是会哼滥调而已。[2]

此文作者小敏对《古文观止》的印象并不好，称从中能学到的只能是陈词滥调，但是却也指明了出版界的一个事实，即《古文观止》是书局青睐的图书，不同的书局一版一版地再版，任何一家书店都有新出版的《古文观止》，这

---

① 吴楚材编，赵誉船注，刘铁冷校刊：《新式标点白话注释古文观止·编辑古文观止的感想》，中原书局 1931 年版，第 1—2 页。

② 小敏：《读古文观止》，《京报》1941 年 10 月 4 日。

说明了《古文观止》出版的版次之高、覆盖面之广。

同时，为了提升竞争力，出版商会在《古文观止》基础上进一步改进，《古文观止小考证》一文曾言：

> 旧时士人，咸以《古文观止》一书，为学文之圭臬，即今学校青年，以及工商界业余补习，亦仍乐用以为善本，良以是书所采，上自周秦，下至晚明，凡代表作品，无不应有尽有，闻某书局且增补有清一代及民元名人佳作而为之者，盖《古文观止》一书，版本殊多，不得不相互竞胜也。①

此段文字所提到的增补者，盖指石潜氏的《增批古文观止》及王文濡的《续古文观止》，后者选录有清一代三百年间六十多位古文名家的佳作一百七十余篇。

世人对《古文观止》的喜爱，在鹤汀的《病感》一文中有所体现，其言曰："不幸的身体、忽被风吹而成为感冒、假如仍在家乡的北京居住、生一点小病，总是静悄悄的倚靠在床上、一盃清茶、一炉檀香、一本《古文观止》、看书吃茶，消磨永昼，藉以打破病榻的无聊。这种病中的生活，我是十分的安逸的而使病自然能够快的痊愈！"②鹤汀的疗病方法，其中之一是读《古文观止》，在无聊且难受的时候，仍然读《古文观止》，足见其对《古文观止》的喜爱。

《古文观止》超越其他清代古文评点本，并成为时代的畅销书，为人们所阅读、喜爱。此种现象，在很多人心中甚为不解。1948年《茶话》刊发了一则名为《高头讲章与古文观止》的文章。

> 上海一隅，自四书合讲废，则代之以《古文观止》，此书亦为塾师

---

① 纸帐铜瓶室主：《古文观止小考证》，《自修》1940年第126期。
② 鹤汀：《病感》，《蒙疆新报》1941年4月12日。

之秘宝，师徒相授，以管窥天，几视此书外无国学，甚矣其陋也。夫《左传》选为文字读，早为古人所讥，至秦汉以下文，则皆君主气味特厚者，生乎今之世，为中等学生计，实无一篇适合时宜之文，其于近代思想，正如凿枘之不相入，吾不知海上宿儒，何竟斤斤守此而弗悟耶？①

此文章同样言说《古文观止》对大众的吸引力，在当时几乎达到了《古文观止》之外无国学的程度。此文的作者弹山对此极为不解，在他的心目中，《古文观止》中的文章思想陈旧，与新思想格格不入，并不适合新时代的读者阅读，早应该被遗弃，但却被广泛阅读。

1946 年《国文杂志》刊发了一篇有关"《古文观止》与《唐诗三百首》"的通信，其来往全文如下：

编辑先生：

　　我是书店里一个小职员。我们这家旧店，卖的都是旧书，从《幼学琼林》、《古文观止》、《唐诗三百首》一直到《七侠五义》、《龙图公案》等等。据我们的统计，《古文观止》和《唐诗三百首》销路最好。我很奇怪，在提倡写白话文，做白话诗的今天，这两部书居然还大有销路。难道这两部书在现代人眼光中还有较高的价值吗？请先生答复我。

　　读者何又新上　七月二十日

何又新先生：

　　据我个人的意见，这两部书之所以至今流传，并不见得就表示在现代人眼光中还有较高的价值。这主要的只是由于我们社会里封建残余势力的反动气焰伸张，一般知识分子不学习古文旧诗就找不到饭盆，因而不得不买来研读。其次，就古文旧诗的选本来说，这两部书的确也不失

---

① 弹山：《高头讲章与古文观止》，《茶话》1948 年第 30 期。

为良好的本子。"观止"所包含的文字，不止唐宋八大家，还有周秦汉魏时代的若干名文，大致已把各时代的重要散文品部蒐集起来，加以精选。《唐诗三百首》各体俱备，各名家代表作品也大半包括进去。这两部书坊间流行的好像都有注解，颇便阅读。就学习效果来说，使用这两部书恐怕比较高中国文教习书还要来得大些，因为高中教本还夹杂少许白话文在内，又偏于学术方面，内容复杂奥衍，不如这两部书□纯粹□□，而且偏于文学方面，内容单纯，比较容易学习。记得阮真论国文教学，主张学习白话文时纯粹学习白话文，学习文言文时则纯粹学习文言文，这大约是经验之谈。有意学习写作古文旧诗的人们，自然得重视《古文观止》与《唐诗三百首》了。（寒）①

读者何又新是书店职员，他从具体的图书销售量中得出了《古文观止》为最受欢迎的两种图书之一的结论，此种情形似乎与提倡白话文的时代背道而驰。何又新的疑问与《高头讲章与古文观止》的作者弹山的不解近似，实际都是在寻求《古文观止》在新时代被接受的缘由。编辑寒从三个方面回答了何又新的疑问：第一，学习《古文观止》，是封建意识的残留；第二，《古文观止》是质量良好的选本，精选各时代散文名篇；第三，《古文观止》便于阅读，易于学习，学习效果好。编辑寒的解答，既有对《古文观止》本身质量的说明，又有对读者阅读期待的揭示，更有阅读效果的展示，除却思想的批判，基本上将《古文观止》为人所重的原因简单地解说出来。《古文观止》作为选本，集选古文名篇，且篇数适中，不像《古文析义》《左绣》等那般繁富，既能让读者在一本书中了解中国古文精华，学得需要的作文之法，又能让读者在阅读时免除长篇累牍带来的繁重与苦恼。此为不同于清代的时代变化与读者需求缔造的接受结果。

　　图书出版的内容、方式、数量、频次，反映的是读者对清代《左传》评点作品的接受情况。从中可见，读者对清代《左传》评点作品仍有一定的需

---

① 何又新、寒：《通信："古文观止"与"唐诗三百首"》，《国文杂志》1946年第3卷第5、6期。

求与阅读期待，同时，他们对清代《左传》评点的接受，从散点开花渐趋于一枝独秀，基本上集中在《古文观止》一书上，接受面渐趋狭窄单一。

清代以降，读者对清代《左传》评点的接受，按照读者身份是否转变来论，可分为评点者的接受与一般读者的接受。评点者的接受，主要集中在吴闿生、吴曾祺、林纾等人在承继与批评中的接受，他们在清代所接受的古文传统与时代剧变的双重作用下，对《左传》进行了经世致用的评点，以求延续古文一脉，保护国粹，其接受时段主要集中在民国初期。一般读者的接受，主要将清代《左传》评点作为幼学启蒙读本、习文写作范本、进修提升之参照，接受内容渐趋于集中，其接受时段一直延续至今。

第六章　清代《左传》评点价值论

清代《左传》评点，是在评点传统与清代社会交互碰撞下生成的，在作为"产品"接受前代与当时社会习俗、文学思潮的馈赠与规设的同时，《左传》评点作品又以自己的批评与建构，反馈着前人与时代，体现着自我的价值。因此，清代《左传》评点的价值，面向的是过去、现在、未来三个维度，既有总结、巩固之功，又有创建、发展之效，更有预示与指引之能。

第一节　清代《左传》评点巩固了《左传》的经典地位

《左传》因为记事详赡、完整以及与《春秋》的紧密关系，自东汉被立为官学以来，基本上立于官方的经学传承体系之中，成为备受关注的经典文本。但同时，《左传》在历代的传授，并非总是一如既往地辉煌、一往无前地被追捧。

《左传》在历史上的此种境遇，一则源自《左传》之篇幅宏大，学习起来相对困难，对于以科举内容为读书指引的读者来说，他们往往弃《左传》而选其他。唐代以九经取士，因九经的篇幅、字数、难易程度等的差异，朝廷将九经又做了细分，《新唐书·选举志》有言：

> 凡《礼记》、《春秋左氏传》为大经，《诗》、《周礼》、《仪礼》为中经，《易》、《尚书》、《春秋公羊传》、《穀梁传》为小经。通二经者，大经、小经各一，若中经二。通三经者，大经、中经、小经各一。通五经

者，大经皆通，余经各一，《孝经》、《论语》皆兼通之。凡治《孝经》、《论语》共限一岁，《尚书》、《公羊传》、《穀梁传》各一岁半，《易》、《诗》、《周礼》、《仪礼》各二岁，《礼记》、《左氏传》各三岁。①

《左传》被划归大经，修习时间最长，规定为三年。唐代科举考试的"明经"科，无论是通二经、三经，还是五经，皆需研习大经，只不过通二经、三经可以就同列"大经"的《礼记》与《左传》予以选择，但因《左传》文字比《礼记》多一倍，很多士子舍难就简，趋少就易，选择了篇幅相对少的《礼记》，"咸以《礼记》文少，人皆竟读"②，如此在应对贴经考试时会相对容易，考中的概率要大一些。士子们的群体选择，引发了《左传》研习的危机，"今之明经，习《左传》者十无二三"，也引发了很多有识之士的担忧，"恐左氏之学，废无日矣"。③

除了《左传》篇幅长造成的阅读困难之外，学术思潮的变化亦影响着《左传》的接受。唐代中期以来，学术上有种明显的变化，即"春秋三传束高阁，独抱遗经穷终始"④，人们倾向于舍传求经，怀疑《左传》《公羊传》《穀梁传》在解读《春秋》大义方面的价值。此种学术思潮严重影响着《左传》的经典地位，"自啖助、赵匡倡为废传解经之说，使人人各以臆见私相揣度，务为新奇以相胜，而《春秋》以荒"⑤。至宋代，怀疑、不满《左传》释经的风气愈演愈烈，胡安国曾上奏言说"《左氏》繁碎，不宜虚费光阴，耽玩文采，莫若潜心圣经"⑥，并奉高宗命成《春秋传》，被尊为"官书"。元、明两代的

---

① （宋）欧阳修、宋祁等：《新唐书》卷四四《选举志上》，中华书局 1975 年版，第 1160 页。

② （唐）杜佑撰，王文锦、王永兴、刘俊文等点校：《通典》卷一五《选举三》，中华书局 2016 年版，第 357 页。

③ （后晋）刘昫等撰：《旧唐书》卷一八五《良吏传下》，中华书局 1975 年版，第 4820 页。王安石变法之时，废《春秋》之学，不列于学官。

④ （唐）韩愈撰，屈守元、常思春主编：《韩愈全集校注·诗·寄卢全》，四川大学出版社 1996 年版，第 540 页。

⑤ （清）永瑢等：《四库全书总目》卷二九《经部·春秋类四·御纂春秋直解十五卷》，中华书局 1965 年版，第 235 页。

⑥ （元）脱脱等：《宋史》卷四三五《儒林五·胡安国传》，中华书局 1985 年版，第 12913 页。

科举考试则直接以《春秋胡氏传》作为评定《春秋》经义的标准，"渐乃弃经不读，惟以安国之传为主。当时所谓经义者，实安国之传义而已。故有明一代，《春秋》之学为最弊"①。清代初年，《春秋胡氏传》仍然主导着《春秋》学的研读趋向，至康熙朝编成《钦定春秋传说汇纂》，学术风气方为之一变，弃胡氏传而用朱熹理学，《左传》作为解读《春秋》的重要依据，作为认识春秋历史的密钥，逐渐被强势关注，有关《左传》的校勘、注释、补正、评说愈益多了起来。清代《左传》评点者亦通过自己的评说，不断地提升着《左传》的地位，如谢有辉称"《左传》为文章之祖"②，盛谟称《左传》为"文之祖""文之海"，认为"凡读书不得其大者，眼孔不光，胸次不阔，如何能上下古今？余尝以读文不知《左传》，不可与论文；读诗不知《国风》，不可与谈诗"③，读书论文必须明知熟读《左传》。

　　《左传》本身所蕴含的历久弥新的思想内里与典范性作用，是其成为经典的根本，但是，经典作品尚需要后人的认可、接受与传承，累积性的阐释作品、相对数量的研习者是确保其权威、典范的必要因素，"作品引起了不断的、正确的审美的具体化，而其他时代，如果它'对于它的观众'不再是'易懂的'，它的吸引力就减弱，或者甚至消失了"④，当《左传》的读者面不断变窄，与读者的距离越来越远，它的经典地位就会动摇。《左传》评点作品作者对此深有体会，《古文斫》的作者姚培谦曾言，"乃读者之所苦有二，盖古文之所赖者注，而古今注家，其繁芜者、伪谬者、迂曲而难通者，什不啻三四焉，使读者不终帙而倦其苦一"⑤，《左传》难读，而读者赖以读懂《左传》的注释亦不易懂，读者对其颇有畏难之情，多次读而不懂之后便会望而却步，转读他书。盛谟曾怒批此种局面，"腐儒老死牖下，不见古人，

① （清）永瑢等：《四库全书总目》卷二七《经部·春秋类·春秋传三十卷》，中华书局 1965 年版，第 219 页。

② （清）谢有辉：《古文赏音·凡例》，嘉庆三年（1798）宋思仁重刊本。

③ 李卫军：《左传集评》，北京大学出版社 2016 年版，第 78 页。

④ ［波兰］罗曼·英伽登：《艺术的和审美的价值》，载朱立元：《接受美学导论》，安徽教育出版社 2004 年版，第 17 页。

⑤ （清）姚培谦：《古文斫·序》，乾隆甲午年（1774）重订本。

后生无传授，有聪明者亦闭塞。吁！可慨也"①，不利于后学的进步，亦不利于《左传》经典地位的巩固。因此，明晰《左传》接受困境的评点者力图达成简单易懂、深入浅出的评点效果，在某种程度上说，他们的努力，阻止了《左传》接受困难的恶性局面的出现，进一步巩固与强化了《左传》的经典地位。

《左传》评点作品很大程度上是以降低读者的阅读难度为指向的，这是自宋至清代所有《左传》评点作品的共性。清代《左传》评点的独特之处，主要有二：一是评点者的范围拉大，有帝王、知识精英阶层还是一般知识阶层评点者，集中全社会不同知识阶层之力进行评点生产，"古人之有奇文，在千百年中，其精神不可磨灭，原与生于吾世无异"②，他们将《左传》作为探求古人心理、佑助今人前进的武器，从中汲取经验，获得共鸣。二是评点作品的数量、质量都有所提升，相较于评点刚起步的南宋、评点逐步兴盛的明代，众多的清代《左传》评点作品的评点更为细致、全面，理论价值更高，指导性更强。评点者都以评、点、注相结合的方式，将《左传》文本的内容意旨、结构脉络、行文风格、遣词造句等一一道出，让读者在明白《左传》文本的基础上进一步学到道德、文章之道。读者阅读、学习的过程，是读者对《左传》的接受过程，也是《左传》的传播过程，大量《左传》评点作品的出现，便是《左传》被接受的第一个阶段，评点者作为读者必须先读过读懂《左传》，随后才将所感所思生产出来，这是较高层面的接受，亦提升了《左传》接受的高度。《左传》评点作品大量出现后，为普通读者提供了更多的选择，他们的读书面扩大，跟随着评点者的评点步伐，对《左传》从陌生走向熟悉，再从熟悉走向评说，这是从低层次接受逐渐提升的接受，扩大了《左传》接受的宽度。

更多的、不同层面的读者参与《左传》的阅读、评点，在很大程度上造成了《左传》的普及化道路。评点者以丰富的评点形式、浅显易懂的评说内

---

① 李卫军：《左传集评》，北京大学出版社 2016 年版，第 78 页。

② （清）林云铭：《挹奎楼选稿》，《四库全书存目丛书》集部第 230 册，齐鲁书社 1997 年版，第 16 页。

容、针对性强的行文指引，降低了《左传》接受的难度，又靠着契合读者的阅读期待，不断吸引着更多的读者。普及是经典传承的重要路径，清代《左传》评点以扩大了读者群众，巩固、强化着《左传》的经典地位。

第二节　清代《左传》评点提供了文章学的内容支撑

文章之学，较早见于《二程遗书》所录程颐之语，"古之学者一，今之学者三，异端不与焉。一曰文章之学，二曰训诂之学，三曰儒者之学"①，对于"文章之学"，李挺之解读为"盖文章之学即科举之学"②，宋濂认为"研精极深，融理放辞，若柳、刘之类，文章之学也"③，文章之学是指注重文章写作技巧的学问。文章学作为一种学科门类，则是近年来学者们研究努力的结果，很多学者依据不同的文本、不同的研究方法，对文章学的基本内涵进行了不同的界定，对文章学形成了几个重要的认识。

第一种认识，文章学以文章的读写规律为研究对象。

王凯符等在《古代文章学概论》中提出，"古代文章学是研究古代文章写作规律的一门科学"④，张寿康提出"文章学是语言学的一个部门。从文章学本身来说，它是'研究文章的内部规律和读写文章规律的科学'。它讲读，也讲写，它具有特定的研究对象，具有自己学科的特点，构成了科学范畴"⑤，或侧重文章写作，或同时关注文章阅读与写作。至于具体的内容，祝尚书指出"文章学就是解决诸如文章如何认题立意，以及间架结构、声律音

---

① （宋）程颢、程颐撰：《二程遗书》，上海古籍出版社 1992 年版，第 145 页。

② （宋）俞琰：《书斋夜话》卷四，《景印文渊阁四库全书》第 865 册，台湾商务印书馆 1986 年版，第 2 页。

③ （明）宋濂：《文宪集》卷二六，《景印文渊阁四库全书》第 1123 册，台湾商务印书馆 1986 年版，第 17 页。

④ 王凯符等：《古代文章学概论》，武汉大学出版社 1983 年版，第 1 页。

⑤ 张寿康：《汉语学习丛论》，山东教育出版社 1983 年版，第 333 页。

韵、造语下字等等'知之'方面的问题"①，对所有与文章写作有关的内容进行全面研究，此即为文章学的研究对象。

第二种认识，文章学是实践性很强的学科。

吴承学曾言"文章学重在总结、指导文章阅读和写作活动，实践性很强"②，文章学不仅关涉文章写作，还关涉文章阅读，更为重要的是与文章阅读、写作的实践关联密切，源自文章阅读与写作，又要指导文章阅读与实践。

第三种认识，文章学研究不同于文章研究。

此种认识力图廓清"文章学研究"与"文章研究"的界域，明晰文章学的学科，"它是研究文章写作理论的学问，与人们所熟悉的诗学、词学性质相似。文章学不等同于'写作学'，前者侧重于写作理论研究，后者偏向于对具体写作实践（文本）的研究"③，文章学侧重的是理论层面的研究。

此三种认识指向文章学研究的不同层面，对文章学的研究对象、学科性质进行了界定，具备理论属性的文章学研究，虽然与文章研究不同，但是任何的理论研究必须依据具体的文本，从具体实践的考量中提升至理论层面。

清代《左传》评点以古文代表《左传》为评说对象，对其文章写作的各个方面，诸如祝尚书提出的文章学内涵的作家修养论、认题立意论、结构论、行文论、修辞论、造语下字论、用事引证论、风格论等，皆有涉及，此即为文章学提供了文本支撑④。更为重要的是，《左传》采用的评点方式提供的是更具操作性、更加直观的作文指导，"文章写作是一种实践性很强的活

---

① 祝尚书：《对当前文章学研究中几个问题的思考》，载王水照、侯体健主编：《中国古代文章学的衍化与异形》，复旦大学出版社 2014 年版，第 2 页。

② 吴承学：《中国文章学成立与古文之学的兴起》，载王水照、侯体健主编：《中国古代文章学的衍化与异形》，复旦大学出版社 2014 年版，第 13 页。

③ 祝尚书：《对当前文章学研究中几个问题的思考》，载王水照、侯体健主编：《中国古代文章学的衍化与异形》，复旦大学出版社 2014 年版，第 1 页。

④ 清代《左传》评点作品对写作之法的揭示，在前面几章多有论说，兹不赘述。另洪本健《古文评点在文章学系统中的重要作用》一文，从整个古文评点出发论述，称"古文评点是我国古代文学评论独特的方式，是古代文章学系统十分重要不可或缺的部分，值得我们重视和珍惜"（王水照、侯体健主编：《中国古代文章学的形态与体系》，复旦大学出版社 2020 年版，第 11 页）。

动，文章理论须与文章选集并行，才能使文章学具有更强的实用价值。因为句法和章法的作用，只有放到完整的文章之中方能充分地体现出来，否则有可能演变为单纯的修辞研究，使文法显得支离破碎，不便于学习和运用"①，依据具体的文本，更容易明白文章写作的门径。

阅读与写作是文章学研究的两个环节，但是很多研究更倾向于文章写作方面，而对文章阅读方面关注不多，甚至有些研究者略而不提，只做文章写作方面的研究。清代《左传》的评点者却对此极为重视，他们从古人及自己的经验出发，"为了培养学生具备基本的读写能力，至少要教他们读熟二百来篇古文，再少不够，过多也不必，因为只要具备了基本的能力，学生就可以自己去广泛涉猎，不需要由老师一句一篇地来讲了"②，他们对阅读方法进行了较为全面的解说，对其进行梳理、分析，亦是为探究古代文章学的内里研究提供信实的依据。具体来说，清代《左传》评点者面向初学提出的阅读之法，主要有以下几种。

第一，细读法。

细读法，即细致入微地读古文，不放过任何一个细节。清代《左传》评点者不断强调细读的重要性，比如：

> 读古文，最忌在前后中间略解得数语，便囫囵读过。其未解者，一切置之，不知上下文既解不去，即所解者皆错认也。（《古文析义》）③
>
> 古来大家文字，细针密线，重包迭裹，曲折变化，每不许人一望竟尽。其大旨或提于篇首，或藏中幅，或点煞尾。在篇首为纲领、为主脑、为眼目；在中幅为关键、为骨子；煞尾则为结穴。又或以一二语陪出，又或以反笔掣之，种种不同，要在读者细心寻绎。（《古文释义》）④

---

① 张毅：《宋代文学思想史》，中华书局1995年版，第234页。

② 张志公：《传统语文教育教材论——暨蒙学书目和书影》，载徐林祥主编：《百年语文教育经典名著》第12卷，上海教育出版社2017年版，第94页。

③ （清）林云铭：《增订古文析义合编·凡例》，康熙五十五年（1716）刻本。

④ （清）余诚：《重订古文释义新编·凡例》，宣统辛亥年（1911）上海文瑞楼印。

世之学古者，好言博览，易忽于人之所共习，而务闻乎人之所不闻，以为吾读书必求之理解，必求之旨趣，必求之节族，庶得夫古人之意之精且微焉者，而句别字释，宁屑为琐琐之求焉尔。夫行远必由乎迩，升高必始乎卑，于人所共习与句字之义，而莫之评焉，安所得乎闻人之不闻而知古人立言之意乎？（《古文觉斯》）①

林云铭提出，读书切切不能囫囵吞枣。遇到有疑窦不解之处，不去认真细致推究，而妄解古文，此为读书之大忌。如此做法，看似解读了文章，但实际上却是错解古文，妄评古人。余诚从文章主旨位置多变化、不易辨别指出，读者需要细细阅读，细细寻绎，方能透过细针密线、重包迭裹探得文之主旨。过珙则从字句解读对探寻文章大意的重要性方面入手，提出"行远必广乎迩，升高必始乎卑"是世间之必然规律，文章大意并非空中楼阁，而是一字一句累积起来的高楼大厦，每一处都不容忽视。

此种读书方法，与评点者对"文"的认识有关，正如曾国藩在《答许屏仙书》中所言"古文者，韩退之氏厌弃魏晋六朝骈俪之文，而反之于六经、两汉，从而名焉者也。名号虽殊，而其积字而为句，积句而为段，积段而为篇，则天下之凡名为文者一也"②，"文"本就是由字而成句，由句而成段，由段而成篇者，因此，读书需将"文"之组成要素以及要素之间的关联一一读透，方能契合"文"之道。

评点者从此认识出发，他们在做评点之时，亦是细读熟读多遍之后，方从一字一句的评点开始，力求做到一字一句不留疑窦、模糊，《增订古文析义合编·凡例》即言："兹编必细会全文血脉，每篇先讽诵过数十遍，然后落笔诠释，誓不留一句疑窦，致误同志欣赏。"③《增订古文精言·凡例》亦言："是编之文，先分段落，读完一段，则注释一段，而后序讲一段，注解

---

① （清）过珙：《古文觉斯·序》，康熙十一年（1672）刻本。
② （清）曾国藩著，唐浩明主编：《曾国藩全集》第二十四册《复许振祎》，岳麓书社2011年版，第270页。
③ （清）林云铭：《增订古文析义合编·凡例》，康熙五十五年（1716）刻本。

序讲毕，然后又接下段，每段如是，每篇亦如是，其一段之脉络精神，举目便见。"① 评点者的评点路径皆是从小到大、从部分到整体。

有着对"文"的整体理解与评点实践，清代《左传》评点者深知细读文本的重要与必要，因此迫切希望读者不惧困难、不可马虎，"读者须详观而熟玩之，若夸一目十行之能，如谚所谓'走马看山'者，则大负评者苦心矣，不必读可也"②，如此方能不负古人作文之意，不负评点者评说古人之心。

第二，全读法。

此种读法认为，《左传》是一个整体，全面地展示了春秋时代的历史变迁，唯有全部读过《左传》的文本，才能对春秋历史有整体的把握，才能明白"变"之所在。

因为《左传》篇幅很长，很多读者没有足够的耐心，急于求成，便跳跃着阅读，或者删减着阅读。有些评点者为了迎合此种阅读需要，亦会从《左传》中选择某些篇章，甚至还会对选择的这些篇章进行删减、整合等，此种做法，在很多评点者看来，不是正确的读《左》之法。高嵣在《左传钞》中说道：

> 特是阅其全书，自隐、桓以迄定、哀，首尾伏应，直如一线穿成。兹分首截录，虽与各篇文法无碍，究不免割裂挂漏之失，有聪明好学之士，能通读以贯彻其始终，是尤余之厚望云。③

高嵣认为，此等阅读方式、评点方式，对于了解文法或许没有很大障碍，但是整体而言还是难免有所缺憾。因此，他期望、呼吁读者阅读时能从始而终，一脉而下，得知全文整体脉络。

---

① （清）周聘侯：《增订古文精言·凡例》，光绪三十四年（1908）刊本。
② （清）王源：《左传评·凡例》，《四库全书存目丛书》经部第 139 册，齐鲁书社 1997 年版，第 167 页。
③ （清）高嵣：《左传钞》，黄秀文、吴平主编：《华东师范大学图书馆藏稀见丛书汇刊》第 15 册，北京图书馆出版社 2006 年版，第 5 页。

不读全文的缺陷，在于不能最大限度地发现文章之妙处。跳跃着读书，只是读者遵从喜好，或者被某些表层的形式之美打动，而遗失了更多的美妙之处。这些美妙之处，或者因为长篇累牍而被匆匆略过，或者因为言语简单而被忽视。读者一旦沉下心去，认真阅读，此等遗失的妙处自会带来强烈而震撼的审美愉悦。基于此，《左绣》在通读《左传》基础上全评《左传》，不愿割爱。

第三，不存成见读法。

读者在阅读文本之前，会有一定的"前见""前理解"存在，当他们真正进入阅读过程时，"前见"也自动带入。"前见""前理解"可以是阅读的引导，亦可能化为"成见"，影响阅读的新建。

林云铭、盛谟等人皆是反对带着"成见"进行阅读的代表，林云铭在《增订古文析义合编·凡例》中提出：

> 读古文最忌先有成见横于胸中。如读太史公文，动解作愤怨去；读长苏海外文，动解作迁谪悲怆去。附会穿凿，埋没了无数妙篇。是编止在本文寻出脉络，或有言外感慨，亦无不跃跃欲出，悉空从前牵强之病。①

成见横于胸中，读文之时便无时无处不受其影响，一字一句之解皆有钳制，如司马迁在《太史公自序》中言说古代圣贤名篇，"大抵贤圣发愤之所为作也。此人皆意有所郁结，不得通其道也，故述往事，思来者"②，故而写成《史记》。自此以后，司马迁悲愤著《史记》便成为一种广为流传、影响极大的说法。受其影响，很多人在阅读《史记》时，头脑中总是横亘着"悲愤"二字，认为《史记》中的人、事、字、句，皆是为"悲愤"二字作注脚。林云铭认为此等做法，极不可取，牵强附会，危害极大，阻碍着读者对作品真意

---

① （清）林云铭：《增订古文析义合编·凡例》，康熙五十五年（1716）刻本。

② （汉）司马迁：《史记》，中华书局 2014 年版，第 4006 页。

的探求。

盛谟在《于埜左氏录·读意四十则》中亦表达了同样的观点，其言曰：

> 读《左传》者，见左氏传《春秋》事，误认为叙事书，便时刻有叙事二字往来胸中，如近日过商侯、林西仲辈，并欲使天下读者时刻有叙事二字往来胸中，竟令左氏积成千古冤案，皂白莫分。①

盛谟将反对带着成见阅读的林云铭，亦列入了带着成见阅读并给予读者错误引导的批判名单，另外一个被批判的典型是《古文觉斯》《古文评注》的作者过珙。盛谟指出，他们的成见在于将《左传》等同于叙事之书，不断将"叙事"二字反复言说，此种操作加深了读者对《左传》为叙事之书的认知，带着这样的成见去读《左传》，自然不能探得《左传》之本真。《左传》为文，《春秋》及春秋之事只是其为文的材料，"左氏特借题以发笔墨之奇，举列国君卿盟会战伐灾祥变异等事，一时奔赴腕下，供其驱使运用，则左氏胸中并无《春秋》，并无盟会战伐灾祥变异等事"，左丘明在写作之时，并没有刻意地打上《春秋》的烙印，并没有时刻记挂着春秋之事，而是达到了物我两忘的状态，这是写作的最佳状态，亦是《左传》能够达成"文之祖""文之海"地位的原因所在。基于《左传》的写作状态，盛谟要求读者阅读《左传》之时，亦要踵迹左丘明之法，"读者亦必胸中无《春秋》盟会战伐灾祥变异等事，以至胸中并无左氏，有不知文之为文、我之为我，乃可与读《左传》"，② 不仅不能有"成见"，而且需忘却《春秋》、忘却春秋之事、忘却左丘明。

盛谟的意见，相对于林云铭的言说，要求更高，境界也更进一步，但他们在抛弃成见阅读上意见是一致的，唯有如此，才是真正全身心探求文章真意的最佳路径。

---

① 李卫军：《左传集评》，北京大学出版社 2016 年版，第 78 页。

② 李卫军：《左传集评》，北京大学出版社 2016 年版，第 78 页。

第四，引申读法。

此种读法，是希望读者阅读之时带着思考去读，带着联想的眼光去读，在领会、联想之中达到"举一隅而以三隅反"的效果。

针对《左传》及《左传》评点文章，评点者希望读者能够超出一篇文章，超出《左传》，将所思所想、评点者所示文法，引申至整个古文阅读、整个文章的阅读。《左传评》《于埜左氏录》《左传经世钞》皆有类似的观点阐释，其言曰：

> 一 评语皆作文窍妙，一篇可旁通千百篇而无穷。非仅为此一篇说法也。读者毋忽。
> 一 总评于后，又细评于中，唯恐有负良工苦心、微言妙绪。然先秦文字如观山海，终古不能尽，敢谓其蕴之无遗哉？读者引伸以会其余可也。(《左传评》) ①
> 引而伸之，触而通之，虽读《左传》可也，不读《左传》可也，以读《左传》者读天下书，无不可也！(《于埜左氏录》) ②
> 是编评论《左传》仅三百余篇，分冠以经，恐有割裂挂漏之嫌。细玩篇内，严邪正，别贤奸，无不与圣人笔削之意大相发明，则《左传》之全本在是，而经之全体亦可类推矣。(《左传经世钞》) ③

天下文章虽异，不同作者的文章风格虽异，然其文思、文情、行文方式等，中间必然有相通之处，此为"文"之属性所规设；天下之事虽异，但经济天下之道多有相似，因此即便不读《左传》全文，亦能推知整部《左传》之意，亦能推知《春秋》经义以及其他。天下大事、文章皆有互通之处，此为引申读法能够施行的基础。同时，天下之书汗牛充栋，评点者的评说不能完全涵

---

① （清）王源：《左传评》，《四库全书存目丛书》经部第 139 册，齐鲁书社 1997 年版，第 167 页。
② 李卫军：《左传集评》，北京大学出版社 2016 年版，第 78 页。
③ （清）魏禧：《左传经世钞·凡例》，乾隆十三年（1748）彭家屏刊本。

盖，读者若学会引申读法，便会触类旁通，无往而不利。此为引申读法的必要性。

当然，引申读法，需要读者的积极参与，积聚知识积淀，方能有引申的可能；还需要读者的认真思考，从一文推至天下之书，中间的跳跃、关联并非显而易见之事，需要读者自我体悟，将之一一发掘出来。

以上诸种读法，或者从深度上立言，或者从广度上立言，或者要求物我两忘，或者要求触类旁通，各有立论点，但它们在具体运用时，并非独立而排斥的，通读全文时亦需要细致阅读，不带成见读亦会有触类旁通之思，正如《左绣·读左卮言》所言，"《左传》须一气读，一气读方能彻其全神。又须逐字读，逐字读方能究其委曲。须参差读，参差读则见其错综之变。又须整齐读，整齐读则得其裁剪之工。须立身局外读，立身局外以揽其运掉之奇，而后不为其所震。又须设身局中读，设身局中以体其经营之密，而后不为其所瞒。持此洪以得当于左氏，以之读尽古今秘书，直有破竹之乐耳"①，在恰当的时候运用恰当的读法，或单用，或组合运用，才能达到最佳效果。

读书有法，读书亦需有重点，清代《左传》评点者指出，读书需抓三"意"。

第一意为"真意"。

读古人文章，需要明白古人写就文章的意旨所在，这对于把握整本书的脉络、风格等都有决定性意义。

林云铭曾言"读古文要得篇中神理"②，刘继庄亦尝言"生千古之下而读千古以上之书，不能阐发其深微、分疏其意旨，呻唔对壁，皓首穷经，虽读尽圣贤之书，犹弗读也"③，读书若不能将古人写作之深微精义发掘出来，必定对此书没有达到深度的理解。假若一直持续此种读法，即便夜以继日、皓首穷经，亦不能达成阅读目的。

---

① （清）冯李骅、陆浩：《春秋左绣·读左卮言》，光绪六年（1880）校镌本。
② （清）林云铭：《增订古文析义合编·凡例》，康熙五十五年（1716）刻本。
③ （清）刘继庄：《左传快评·题辞》，康熙四十五年（1706）刊本。

第二意为"言外之意"。

文章之意，一者表现在字句之中，此为言内之意；一者表现在无字句处，此即为言外之意。相对来说，言内之意好把握，而言外之意则不容易探寻。

王源在《左传评·凡例》中说道："文章之妙，全在无字句处。近代作者、论者皆不过于字句求之，所以去古人日远而古道几乎熄。兹编全不求之字句间，但欲得古人真面目、真精神而已，可以近人观宋文之目观之乎？须一洗陋习，方可读此，否则不读可耳。"①无字句处，往往隐藏着作者的寓意寄托，因此，读古书需要在读文字之外跳脱出来，仔细寻味。王源认为，唯有如此才能探得古人之真精神，也才有资格读他精心打造出来的《左传评》。

第三意为"新意"。

读文章，是读者参与文章新建构的过程，有见识、有思考、有眼光的读者，往往能从文本之中读到不同于常人之见的见解。

《于埜左氏录》对读者提出了明确的要求，"读左文要眼光，要心细，要精神完足"②，唯有如此，方可称得上"善读书者"。善读书者，自然有善读书者的优势与特长，《左传经世钞》直接提出，"善读书者，在发古人所不言，而补其未备，持循而变通之。坐可言，起可行而有效，故足贵也"③，发而为创新之见，补充前人未尝言透之论，既能坐而论道，又有现实效应。

此三"意"，皆需要读者的积极参与，参与从文本到文本之外的阅读、思索过程。读出此三"意"，最忌急于求成。对此，林云铭曾做过一个有趣的比喻予以说明：

> 古人之有奇文，在千百年中，其精神不可磨灭，原与生于吾世无异，乃读之者茫不知其命意之深，寄意之远，措意之巧，抒意之工，譬

---

① （清）王源：《左传评·凡例》，《四库全书存目丛书》经部第 139 册，齐鲁书社 1997 年版，第 167 页。

② 李卫军：《左传集评》，北京大学出版社 2016 年版，第 77 页。

③ （清）魏禧：《左传经世钞·自叙》，乾隆十三年（1748）彭家屏刊本。

求友者千里相遭，一揖速别，尚未暇通姓氏，辄诩诩号于人曰："此吾知己也。"友其许我乎？①

今人与古人，相隔千百年，相遇于书中，今人匆匆读过，便以为得知古人之真意。此正如千里求友者，得遇一人，作一揖匆匆别过，甚至没来得及言说各自的姓氏，便对外言说此人为其知己好友，友人必定不认同他的做法。假若古人能言，自然也不会认同今人的读书之法。

林云铭以比喻说明探寻古人的言内之意、言外之意的难度，指出读书需耐得住寂寞、下得了功夫。王源则从自己的读书体会出发，在《左传评·序》中用一大段文字，说明探寻文章之意的反复过程，其言曰：

予幼读《左氏传》，疑之，疑其美句字焉。已尔，读诸家评，疑愈甚字句焉。已尔，草木虫鱼化育也，尽化育乎？一器一役之微，兵法所备也，尽兵法乎？司马迁曰："自非好学深思，心知其意，难为浅见寡闻道。"于是而乃爽然曰："古人盖有意。在天之道，生而已。生则不穷，穷则变，变则生，生不已，而愈无穷。"持此以读《左氏》，其庶乎？虽然，曷易言矣。百千其状，不可名；百千其意，不可辨。倒之颠之，错之综之，离之乱之，即其词义上下不相通者，什八九，纷纭缪戾，孰为意，孰为非意，乌乎知之？乌乎知其意与非意而一以贯之？箕子曰："思则睿，睿作圣。"孟子曰："心之官则思，思则得之，不思则不得也。"圣人通神明之德，类万物之情，思而已。天之高，星辰之远，测之者，思而已。鬼神之幽，千百世上下接之者，思而已。遇者，情解者，神贞于一者，不在象与迹，而况有文字之传乎？吾于《左氏》不得其意者，思。思之不得，又重思之。得一意焉，以为是矣，非也。又得一意焉，以为是矣，又非也。何以知其非也？不能贯也。废食寝，累日夜，忽得一意焉，曰："是矣。"反复思之，曰："是矣。"何以知其是也？曰：

① （清）林云铭：《增订古文析义二编·序》，康熙二十六年（1687）刊本。

> "贯矣。"贯则无不贯，光明莹彻，窅冥洞达，引伸触类。久之，如登九
> 霄观日月，如置身六合外，指点造化之迹，风雷水火不过天地之一端，
> 何况一草一木？呜乎！心知其意，殆如是乎？①

王源认为，文章蕴含变化之道，错综颠倒，变化无方，且文章之意，幽深莫
测，并非只存在于文字之中，很难辨别孰为文章之意，孰非文章之意。王
源自己读书寻意之时，其过程为：思之—思之不得—重思之，以为是也—非
也—又以为是也—又非也—终是矣。在不断的思索与否定中，王源终于寻得
了可以一以贯之、引而伸之、触类旁通的"意"。

　　清代《左传》评点者在评点作品的序、凡例、夹评、尾评、眉评中，或
者从大的方法指导，或者从具体的文本出发，以较为显豁的字眼为读者提供
读书之法。此种处理方法及频率，显示了评点者对阅读的重视。林云铭在
《古文析义》中提出：

> 　　尝叹古人所读，其书俱在，非有秘幻奇诡不可得见者，而今人不能
> 效古人之作，乃今人不能效古人之读耳。因取坊本，撮其要者，字栉而
> 句比之，篇末各附发明管见，以课子弟。②

林云铭认为，古人所读之书、所作之书，今人皆能看到，皆能读到，但是，
今人却不能写出古人那样的文章，究其原因，在于今人不能效仿古人的读书
方法。加之，评点者的作品本身就是将其读书过程通过特定的文本予以展
现。因此，在清代《左传》评点者看来，读书与写作本就是密不可分的两
部分，二者相互参照，相互补充，代表的都是评点者对文章之道的认识与
探索。

　　清代《左传》评点者对写作与阅读方法的揭示，其本心是为当时的初

---

① （清）王源：《左传评·序》，《四库全书存目丛书》经部第 139 册，齐鲁书社 1997 年版，
　　第 165—166 页。
② （清）林云铭：《古文析义初编·序》，康熙二十一年（1682）刊本。

学者及后学提供切实可行的读书、写作的路径，其读书之法也多为后人继承①。评点者虽然没有强烈的构建文章学的自觉意识，但是，他们的努力与实践却为古代文章学的内涵提供了可靠的依据与支撑，即古代文章学不但是研究写作规律的学问，而且还是研究阅读之道的学问，二者共同构成了文章学的内里，缺一不可。

第三节 清代《左传》评点推动着当今 《左传》文学研究的进程

《左传》在中国历史上最为重要、影响最大的身份归属是经书，其次是史书，因此历代对于《左传》的研究，多集中在《左传》与《春秋》的关系，《左传》经义内涵，《左传》所反映的制度、思想、史实方面。同时，《左传》的历史书写又有很多文学因子，"浮夸""艳而富，其失也巫"②的评价，即是对其文学性的揭示，自此以后，有关《左传》文学性的研究便多了起来，开启了新的研究历程。

中国古代对于《左传》进行文学研究，并非易事，需要突破经学的束缚，不因《左传》经书的身份而止步不前，甚或望而却步。在此过程中，在疑经思潮的影响下，宋代吕祖谦、真德秀、陈骙等人选取经书篇章进行评说，或点，或评，或评点结合，就《左传》的经义、文法等进行评说，在经学研究

---

① 唐文治提出的"三十遍读文法"，其言云："学者读文，务以精熟背诵不差一字为主，其要法每读一文，先以三十遍为度。前十遍求其线索之所在，划分段落，最为重要。次十遍求其命意之所在，有虚意，有实意，有正意，有言中之意，有言外之意。再十遍考其声音，以求其神气，细玩其长短疾徐抑扬顿挫之致。三十遍后，自不知手之舞之，足之蹈之，虽读百遍而不厌矣。能得斯境，方能作文，然实各有其性之所近，至易而无难也。"（王桐荪、胡邦彦、冯俊森等选注：《唐文治文选·国文经纬贯通大义》，上海交通大学出版社2005年版，第265页）

② （晋）范宁注，（唐）杨士勋疏：《春秋穀梁传注疏·序》，（清）阮元校刻：《十三经注疏》第5册，中华书局2009年版，第5127页。

范围之内逐渐向外拓展。明清评点之学兴盛，经义阐释与文法解读成为其评说的两个支点，且在评点系统内部，文法解读渐渐超越经义阐释。不同的评点者评点《左传》时，有不同的侧重点，或重经义，或重文法①，但是从整体上来说，整个清代的《左传》评点者通过评点这种形式，真正将经义与文学融合，做到了文章内容与形式的统一。内容与形式，本就是文学研究的两大方面，因此，清代《左传》评点本身即为文学研究②，是清代《左传》文学研究的代表之一。

清代《左传》评点作为清代《左传》文学研究的代表，细挖《左传》的文学性因素，并对其文学性进行总结、概括，提出了许多有益而新人耳目的论断。研读清代《左传》评点作品，是新时代进行《左传》文学研究的前提和基础，一是可以知其有，有所借鉴，有所规避，才能真正站在巨人的肩膀上一路向前；二是可以知其无，有所思考，有所探索，才能真正站在研究的空白点上深耕细挖。

遗憾的是，民国以来的《左传》文学研究，主要集中在《左传》的叙事③、人物④、辞令⑤、文体⑥、接受⑦等方面，具体的研究方法有文本细读法、关联对比法，或者对单一、一类人物⑧及叙事、文体等进行细微阐释，或者

---

① 姜希辙《左传统笺·序》言"古人习之，以通经义。今人习之，以资文笔"[（清）姜希辙：《左传统笺·序》，《四库全书存目丛书》经部第131册，齐鲁书社1997年版，第2页]，由此可见，文法的解读与前人相比有很大的提升，当然，姜希辙"宗《左氏》之文，意不在释经"[（清）姜希辙：《左传统笺·凡例》，《四库全书存目丛书》经部第131册，齐鲁书社1997年版，第4页]，故而有此一说，但实际上他的评点中亦有经义的解读。

② 黄霖在《中国文学的评点与汇评》中说道："实际上，好的评点，就是当时的'新批评'，就是将文学当作文学来读。"（黄霖主编：《文学评点论稿》，凤凰出版社2017年版，第3页）

③ 潘万木《左传叙述模式论》、傅修延《先秦叙事研究》、杨金波《世族书写与〈左传〉叙事研究》是为代表。

④ 何新文《左传人物论稿》、方朝晖《春秋左传人物谱》是为代表。

⑤ 陈彦辉《春秋辞令研究》、宁登国《〈国语〉〈左传〉记言研究》是为代表。

⑥ 过常宝《先秦散文研究——早期文体及话语方式的生成》是为代表。

⑦ 刘成荣《〈左传〉的文学接受与传播研究》是为代表。

⑧ 王玲《〈左传〉鲁人形象研究》是为代表。

从整体上解读《左传》的文学特质①；或者对《左传》与其他文学体式②、文化现象③、历史制度④、文献载体⑤等进行关联，以此显示《左传》某些记载的历史文化基础，以此见证《左传》文学描写的影响力。诸多研究，自成体系，各有观点，也带动了一大批以《左传》文学研究为主旨的硕博论文，一定程度上拓展了《左传》文学研究的广度与深度。但是，不可否认的是，目前《左传》文学研究存在内容集中、问题重复的现象，整体研究呈现后劲乏力的倾向，张高评 2005 年撰写的《〈左传〉学研究之现况与趋向》即言，"九十年来之《左传》文学研究，约七十余题：大致从微观探讨，较少由宏观研究，选题或失之琐细，或失之空泛"⑥。《左传》文学研究的现状，实际上是整个《左传》研究的缩影，正如张高评先生所言，"《左传》一书，凡十八万余言，虽包罗闳富，辉丽万有，而所涉专深，语境阻障，或仰之弥高，或钻之弥坚，于是学者裹足，志士兴叹。加以学风世尚之趋易逐新，于是研究《左传》者益寡，几成《广陵散》之绝学矣"⑦，《左传》研究整体趋微。同时，《左传》研究亦是整个文学研究的缩影，正如刘跃进先生所言，"最近几年，文学研究好像处在一种僵持状态，很难出现一本书让大家为之耳目一新，我们学术界走到一个十字路口了"⑧，需要在文本研究基础上寻找理论的支撑，需要在传统的承续中寻找超越之道。

---

① 张高评《左传之文学价值》《左传文章义法撢微》、谭家健《先秦散文艺术新探》、黄鸣《左传与春秋时代的文学》、郭丹《左传战国策讲演录》、史继东《〈左传〉文学研究》、杨华《〈左传〉文章艺术研究》、高方《〈左传〉文学研究》是为代表。

② 孙绿怡《〈左传〉与中国古典小说》、王靖宇《〈左传〉与中国传统小说论集》、陈才训《源远流长——论〈春秋〉〈左传〉对中国古典小说的影响》、罗军凤《〈左传〉与口头文学研究》是为代表。

③ 童书业《春秋左传研究》是为代表。

④ 孙曜《春秋时代之世族》、骆扬《历史记载中的张力：比较视野下的〈春秋〉经传及早期史学与思想研究》是为代表。

⑤ 侯文学、李明丽《清华简〈左传〉与〈左传〉叙事比较研究》是为代表。

⑥ 张高评：《春秋书法与左传学史》，上海古籍出版社 2005 年版，第 7 页。

⑦ 张高评：《春秋书法与左传学史》，上海古籍出版社 2005 年版，第 1 页。

⑧ 刘跃进：《期待中的焦虑——关于古代文学研究的几个问题》，《东方丛刊》2007 年第 2 辑。

吴宓曾在《论新文化运动》中谈到新文化运动中的"新""旧"之别,"所谓新者,多系旧者改头换面,重出再见,常人以为新,识者不以为新也"[①],此是对新文化运动标榜之"新"的批判,新学的外表掩盖之下,仍然是旧学本身,只不过因为当时的少年学生读书不多,见闻缺乏,遂将新文化等同于西洋文化,遂将新文化与旧文化相对立。吴宓的这段话,移用到现今的《左传》文学研究领域中亦不违和,很多所谓的"新见",实际上只是改头换面的"旧说",当然,此种改造,有些是不自知,与前人观念产生耦合,有些则是有意而为之,以为他人不知而故作高深。此两种情况,皆是《左传》文学研究乏力的重要体现,皆需对症下药,予以疗救。

重复前人而不知,其症结在于对前人的研究状况没有做全面的了解、调查,其结果则为意欲创新而无根基。针对此种情况,要做的就是多读多做,以求广博。具体到人们对清代《左传》评点的重复而不知,一是囿于思想束缚,轻视或不认同评点。对评点的批评,早已有之,或者认为评点琐碎;或认为评点类同时文八股之法,四库馆臣批评《左绣》的一个理由,即为"竟以时文之法商榷经传矣"[②],曾国藩亦言"圈点者,科场时文之陋习也,而今反以施之古书"[③],胡适批评评点言"这种机械的文评正是八股选家的流毒,读了不但没有益处,并且养成一种八股式的文学观念,是很有害的"[④];或认为圈点影响读者产生新见。上海新文化书社 1931 年刊印的《古文辞类纂》删去了评点,"向例文之佳处,概用密圈;或加评语,使阅者醒目。法非不善,但文之佳否,各人见解不同。固未可以一人之议论,定一篇之优劣。故本书于各项圈点与评语,概从删削,非敢遗漏,实不欲胶泥后人之目光也"[⑤],认为圈点容易拘泥读者的目光,限制读者的思想。二是对清代《左

---

① 吴宓:《论新文化运动》,《学衡》1922 年第 4 期。
② (清)永瑢等:《四库全书总目》卷三一《经部·春秋类存目二·左绣三十卷》,中华书局 1965 年版,第 258 页。
③ (清)曾国藩著,钱士民点:《经史百家简编·序目》,大达图书供应社 1935 年版,第 1 页。
④ 胡适:《胡适古典文学研究论集·〈水浒传〉考证》,上海古籍出版社 2013 年版,第 610 页。
⑤ (清)姚鼐:《古文辞类纂·例言》,上海新文化书社 1931 年版,第 1 页。

传》评点作品的整理与研究力度不大，近几年方才有李卫军《左传评点研究》《左传集评》、刘成荣《〈左传〉的文学接受与传播研究》、庄丹《〈左绣〉与〈左传〉评点研究》问世，即便如此，尚有许多《左传》评点作品没有被整理，一定程度上阻碍了研究者阅读、了解《左传》评点作品的机会。研究者用类似于《左传》评点者的细读法，其间便生出了与评点者相似的观点，很显然，此种做法类似于闭门造车，增加了工作量，却只是在重复前人，拾人牙慧，费力不讨好。研究者若能静心、潜心、专心阅读《左传》评点作品，很大程度上能避免撞车、重复现象。博观约取、厚积薄发，方能登堂入室以窥宗庙之美，此为学术研究之法径。

知道前人而不为新，其症结在于未对前人的成果进行系统、深入的探究，其结果自然是重复沿袭而无精进。针对此种情况，要做的就是覃思幽探，以求深入。具体到清代《左传》评点来说，不同的评点者提出了很多带有个性色彩的真知灼见，但是他们的很多论说是提纲挈领、浅尝辄止，评点者所提供的这些观点，现今《左传》文学研究的研究者可以加以借鉴，取长补短，进一步解读阐释，此为"人所曾言，我善言之"的"与古为新"之法。另外，一些有建构阐释体系的《左传》评点者，如冯李骅、陆浩、王源、刘继庄、姚培谦等人，他们的评点有很多大段论说的情况，针对此种评说，需对其分散在不同篇章的论断进行整合、归纳与深挖，再结合一些新的研究方法，化枝节为骨干，以求匡谬补缺、张皇幽眇。同时，前人的评说还会触发今人的思想火花，脱胎于前人，而又迥异于前人，自成一家，此为"人所未言，我能言之"的"化生为熟"之法。①

当今《左传》文学研究出现的问题，清代《左传》评点者同样面对过；此两种疗救方法，清代《左传》评点者亦曾使用过。写就《左氏兵法》的李元春曾提出，"善为文者，读古人文章，搦管操觚，不袭古人之字句，而自能为至文。善用兵者，阅古人兵书，运筹决胜，不效古人之谋画而自能为奇兵。然使不读古人文章，不阅古人兵书，必不可也。惟得之古人者深，或不

---

① 钱锺书：《谈艺录》，生活·读书·新知三联书店 2001 年版，第 353 页。

用古人而古人自为我用；或用古人而使人不见古人之为我用，是正善用古人之至者"①，李元春将文法、兵法互证，认为写就妙文、成就奇功，皆需学习古人，且不留痕迹，而为我所用。因此，研读《左传》评点作品，是当今推进《左传》文学研究，乃至整个古代文学研究的重要路径。张高评二十年前曾呼吁："研究《左传》评点之作，当有助于解读《左传》之事、文、义；且可由一人之学，而知一代一派学风之趋向。中国传统之文学批评亦于是乎在也！世有欲建构中国本土之文学批评、古文义法、修辞学之理论者，其留意之。"② 如今《左传》评点研究渐有抬头之势，但是真正借镜《左传》评点进行《左传》文学再研究的，仍寥若晨星。

清代《左传》评点是《左传》文章学、文学、文学批评研究的先行者，立足于《左传》，关注着学子，寄托着希望。此种精神吸引着有责任担当的知识分子加入评点队伍中，也正是此种精神保证其一脉延续，代代相传。清代《左传》评点作品没有因为时代交替、文化变化而丢掉坚守，失去价值，或许它们有的已经蒙尘，但它们依然有着"明珠"的光芒，它们依然可以烛照未来的道路。

---

① （清）李元春：《左氏兵法·序》，《清照堂丛书》次编。

② 张高评：《春秋书法与左传学史》，上海古籍出版社 2005 年版，第 10 页。

结　语

目前可考的清代《左传》评点文献有近百种，通过对此类评点文献的生成、作者、文本、接受、价值诸层面的系统考索，并对其中的评点关键话语进行细致的梳理与阐释，由此深切感到：清代的确是《左传》评点史上最繁盛的阶段，不同的阶层、群体，不同的评点意图、标准、方法，不同的文本形态，殊途同归，百川汇海，合力构建了有清一代《左传》评点的繁荣与高度。

一、清代《左传》评点的整体特征

第一，集成性。从宋代真德秀《文章正宗》收录、评点《左传》开始，真正意义上的《左传》评点才算成立，至清代已经有四百年的历史，出现了众多评点作品，如穆文熙的《左传鸿裁》《左传钞评》《春秋左传评苑》、汪道昆的《春秋左传节文》、王锡爵的《左传释义评苑》、刘祜的《文章正论》、张鼎的《左传隽》《左传文苑》《古文正宗》、梅之焕的《左传神驹》、吴默的《左传芳润》、汤宾尹的《左传狐白》、孙鑛的《批点春秋左传》《左传芟评》、方岳贡的《国玮集》、陈仁锡的《古文汇编》、钟惺批点的《春秋左传》、郝敬的《批点左氏新语》等，在评点方法、评点体例、评点内容等方面都有了一定的尝试与积累。因此，清代《左传》评点者得先天之利，拥有前人留下的数量庞大的依傍对象，拥有前人从未有过的便利条件，他们的评点呈现出集大成的特点。

集成性是清代学术、文学、文化的整体特点，陈祖武先生称"清代学术，以对中国古代学术的整理和总结为特征"①，郭绍虞先生称"清代学术有一特殊的现象，即是没有它自己一代的特点，而能兼有以前各代的特点"②，蒋寅先生称"清代诗学的学术史特征也正是集大成"③，具体到清代《左传》评点，其集大成的特点主要表现为集前代评点之大成与集当时评点之大成。评点从出现之时，便已规定了评点的对象为学子常见的、耳熟能详的优秀篇章，因此，《左传》评点的选文必然存在很大的重合性，不同的评点者在评点相同的篇目时，必然会借鉴、吸纳已有的评点。此种选本重合性评点越来越多，评点者所共同堆积的"雪球"也越来越大，前塑型评点文化的内容积淀也越来越多，如评点作品选用的底本、选文的篇目、删削的原则、评点体例、评点题目的拟定、圈点符号的类别与意义指向、评点的意图、评点的范畴运用等。此种前塑型文化积淀，具体到某一个评点文本中，则有显性与隐性两种表现。所谓显性表现，一是指此评点作品在序、跋、凡例或正文中有明确说明，借鉴、承续某个或某些前代或"当代"的评点作品；二是指直接援引前代或"当代"评点者的评语。所谓隐性表现，是指在思维方式、评点方法甚至是评点内容上受评点惯例的影响，从小接受评点作品浸润的评点者，评点惯例已经融入他们的血液中，内化为"日用而不知"的基因，当他们再进行评点时，此种惯性便会自然而然地跳将出来，行之于文。

第二，细致性。凡事皆有两面，清代《左传》评点者在接受前代评点者传递给他们的巨大宝库、享受丰富资源的便利时，不得不面对一个困境：需要评点的篇目似乎前人都评点过了，想说的评语似乎前人都说过了。纪晓岚曾根据其校书、写诗的感受，对清人的此种困境做过两次比较经典的说明，"尝语人：自校理秘书，纵观古今著述，知作者固已大备，后之人竭其心思才力，要不出古人之范围。其自谓过之者，皆不知量之甚者也"④"余尝谓：

---

① 陈祖武：《清初学术思辨录·前言》，中国社会科学出版社 1992 年版，第 4 页。

② 郭绍虞：《中国文学批评史》，上海古籍出版社 1979 年版，第 6 页。

③ 蒋寅：《清代诗学史》第一卷，中国社会科学出版社 2012 年版，第 23 页。

④ （清）陈鹤：《纪文达公遗集序》，载（清）纪昀撰：《纪文达公遗集》，嘉庆十七年（1812）纪树馥精刻本。

'古人为诗，似难尚易；今人为诗，似易实难。'余自早岁受书，即学歌咏；中间奋其意气，与天下胜流相倡和，颇不欲后人。今年将八十，转瑟缩不敢著一语，平生吟稿亦不敢自存。盖阅历渐深，检点得意之作，大抵古人所已道；其驰骋自喜，又往往皆古人所扰呵，捻须拥被，徒自苦耳"①。历史中累积的文化、学术之繁盛，给清代文人留下丰厚遗产的同时，也给清代文人带来了巨大的压力，竭尽心力仍然无法超越古人的书写范围，纪昀览阅古人之作，越发不敢著书，其"今人为诗，似易实难"的感慨，非常凝练地道出了清人难以超越前人的困境。

困境带来了创新与超越的困难，但同时也逼迫着清人寻求新路径。对于清代评点者来说，他们寻找到的一条路径便是细化、深化。前人浅尝辄止，我则掘地三尺；前人掘地三尺，我则掘地五尺。相对于其他文学形式、批评形式来说，评点出现的时间较晚，四百年间的《左传》评点相对简约，有些点到为止，有些略作阐释，大段的评说很少，清代评点者则将前人点到为止的评说进一步解说，前人略作提点的予以详细阐释，他们像医生一样拿着放大镜将评点深入每一寸肌肤，每一丝"毛细血管"，每个字、每句话、每个术语、每个段落、每篇文章，一一加以阅读、深思、感悟、阐释，条分缕析，重重赋能，踵事增华，变本加厉，越做越细，越做越详，越做越深，越做越精。

第三，批判性。清代《左传》评点者在接受前人的评点文本时，他们并非毫无原则、毫无选择地全盘照收，他们根据当时的社会语境，自己的学术理念、个人的评点意图等，对前代评点作品进行具体的甄别、遴选、重选、评判。哪些评点者的话语能够被清代评点者援引进自己的评点文本中，哪些评点者的话语会被清代评点者再次阐释，哪些评点者的评点理念值得称道与追究，一定是这些评点理念、评点话语与清代《左传》评点者所处的语境、个人理念达成了某种程度的契合。同时，他们也会对前人的评点进行有

---

① （清）纪昀著，孙致中等校点：《纪晓岚文集》第 1 册卷九《鹤街诗稿序》，河北教育出版社 1995 年版，第 206 页。

针对性的反思、批评，他们是"接着"前人来讲，而非完全"照着"前人来讲①，他们在继承与批判中达成转化、融通，形成了既同于前人又异于前人的评点、作文"活法"。看似相同甚或近乎不变的选目、评点方法、评点模式、评点话语，实际上却是一个生生不息的变化过程，背后的推动力便是评点者强烈的价值批判意识，他们在序跋、例言中明确提出对前人评点舛误、粗疏及不同观念的批评，他们在反思、批评中重构自己独特的评点方法。此正是清代《左传》评点者面对愈益严重的重合现象所做的竭力"突围"的努力，而且愈到后来批判性表现愈强。

第四，实践性。与实践性较强的诗话、文话、史论等文学批评样式相比，评点的实践性更强。评点有具体的文本对象，一部评点作品，就是一次阅读、鉴赏的实践活动，评点者在一字一句的讲解中，具体示范如何理解文本，如何从文本中获取有益的滋养，如何转化至自己的文学实践、批评实践。很多清代《左传》评点者，如方苞、韩菼、魏禧、王源、刘继庄、徐乾学、王熙、吴正治、宋德宜、陈廷敬、张英、王鸿绪、高士奇等，本身都是古文、时文的写作大家。韩菼被康熙誉为"文章古雅，前代所仅有也"②；王源被誉为"古文为近代第一手"③，"叔子先生后，惟王昆绳一人。昆绳之文，汪洋无涯，变幻百出，直欲驾唐宋元明而上"④；方苞为文"自唐、宋诸大家上通《太史公书》，务以扶道教、裨风化为任。尤严于义法，为古文正宗"⑤，又擅长写时文，负责编成《钦定四书文》，以"示学子准绳"⑥。即便是一般

---

① 冯友兰曾言："我们说'承接'，因为我们是'接着'宋明以来底理学讲底，而不是'照着'宋明以来底理学讲底。因此我们自号我们的系统为新理学。"（冯友兰著，邵汉明编选：《冯友兰文集》第四卷《贞元六书·新理学》，长春出版社 2008 年版，第 4 页）

② （清）朱彝尊：《曝书亭集》卷七一《礼部尚书兼掌翰林院学士长洲韩公墓碑》，世界书局 1937 年版，第 820 页。

③ （清）王源：《居业堂文集》卷八《示及门书》后附方苞评语，《续修四库全书》第 1418 册，上海古籍出版社 2002 年版，第 161 页。

④ （清）王源：《居业堂文集》卷一七《廖处士墓志铭》，《续修四库全书》第 1418 册，上海古籍出版社 2002 年版，第 239 页。

⑤ 赵尔巽等：《清史稿》卷二九〇《方苞传》，中华书局 1977 年版，第 10272 页。

⑥ 赵尔巽等：《清史稿》卷二九〇《方苞传》，中华书局 1977 年版，第 10271 页。

知识阶层，都是经过了多年的传统教育，读过很多古文、时文选本、评点本，熟悉古文、时文的写作模式。他们带着不同的诠释目的进入《左传》评点，力图通过《左传》文本的阐释，为学子、世人、后人带去他们自己在阅读、评点及转换实践中形成的经验体会。从阅读实践中来，到创作实践中去，结合自己的"转换"经验，又付诸评点实践，再指引初学的阅读实践、创作实践，又引导后学的评点实践，清代《左传》评点从始至终在生产、接受、传播的反复实践中前行。

第五，经世性。清代《左传》评点者有明确、强烈的经世致用意识，帝王评点《左传》意在实现文化血统的渗透、互融，完成"他者"向"我者"的身份转变，意在重建道德价值体系，建构新的文化秩序。参加御选工程的知识精英，普遍具有建构道统的意识，意在通过群体的力量影响、补充帝王的思想体系，构建起积极有效的国家话语体系。其他具有一定影响力的知识精英，则在经世理念、实学思潮的影响下，反思时代新变，推崇经世致用之文。一般知识阶层则本着教育初学的初心、纠正时弊的担当，力图为学子们留下一部质量优良的评点佳作，既能指引学子的立身行事，又能提供易于上手的行文之道。因此，整个清代的《左传》评点者，自上到下，都以对历史、现实、未来的思考为基点，用一部部精心打造的《左传》评点作品书写他们的现实关怀，实现了道统、政统、学统的完美结合。退而言之，即使从最基层的私塾层面而言，塾师的编纂评点，也具备实用的时文导向、明确的指南意图。

第六，理论性。文学理论源自文学实践，亦是一个不断累积、深化的过程，对此，叶燮曾提到，"汉魏诗如初架屋，栋梁柱础门户已具，而窗棂楹槛等项，犹未能一一全备，但树栋宇之形制而已。六朝诗始有窗棂楹槛，屏蔽开合。唐诗则于屋中设帏帐床榻器用诸物，而加丹垩雕刻之工。宋诗则制度益精，室中陈设种种玩好，无所不蓄"①，叶燮用建制房屋为喻言说诗歌艺术表现的发展。挪用到《左传》评点来说，南宋即是初架屋时，元明即设窗

---

① （清）叶燮著，蒋寅笺注：《原诗笺注·外篇下》，上海古籍出版社 2014 年版，第 349 页。

梲楶时，清代即雕刻装饰、陈设玩好时，只不过，对于清代《左传》评点来说，它们做的工作不单是装饰，而是在装饰的基础上对整个房子的建构历程、方法等予以归纳、提升，以期为后人提供方法指引。在看似感性、琐碎、零散的评点实践之上，清代评点者也在整合、建构自己的理论体系，因为体例限制，这些理论阐释主要集中于序跋、凡例、例言、纂例中。当然，即使没有呈现为详尽的理论阐释，评点者评点背后也大都具备某种较为系统的理论支撑，阅读者在详细读过评点者的具体评语之后，亦能从中抽绎到背后的理论。

清代《左传》评点者的理论建构，一方面见于单个评点者身上。此评点者在不同地方昭示出明确、自觉的理论总结意识，冯李骅的《左绣·读左卮言》是最典型的代表。它以长段的论说分门别类地集中阐释字法、句法、章法、篇法、叙法、宾主、埋伏、褒贬、断结、剪裁、议论、净谏、辞令、读《左》之法等相关问题，并提出了"以牵上为搭下""以中间贯两头"两大笔诀，全面、详尽、系统地总结《左传》的文法理论。另一方面见于评点者群体身上。清代《左传》评点者多次、多人、反复使用的关键词，诸如"主脑""宾主""虚实""奇正""明暗""开合""反正""详略""筋骨""奇""活"等，简单、凝练的语词蕴含着丰富的意义指向。同时，评点者还通过同类相连与正反对举等多种方式，实现了关键词的相互关联，在层累阐释、群体阐释中构建起独具清人特色的关键词话语批评系统。清代《左传》评点者提出的理论思索，涉及文学接受、文学生产、文学文本、文学传播等流动过程，既能纵深挖掘《左传》文本本体的诸多书写特征，又将之与社会语境、读者反应相结合，进而上升为整个古文、文章写作的律令与法则。

清代《左传》评点带着历史的积淀，在承续、转换、创新之中努力协调"以古释古"与"以今释古"的关系，不忘传统，洪炉鼓铸，大鼎烹鬺，专注、细腻、深入地评点《左传》，最终在群体坚持下突围成功，创造了《左传》评点历史上的辉煌、兴盛局面。

二、从碎片化到系统性：需要进一步关注的问题

当然，清代《左传》评点并非全是优秀的、无可挑剔的，本书对此仅有现象陈述而未展开研究，此种处理，并非意欲抬高研究对象之价值而故意略过，而是基于此前对《左传》评点忽略、轻视乃至批评的事实，故从不同方面细致、全面、深入地挖掘其价值，尽可能客观定位清代《左传》评点的"网格"位置，有以此引发更多研究者关注的意图。

评点素来以直感、琐碎、零散为其显著特征，在古代乃至现代多为人所轻视，似乎直感就不深刻，琐碎零散就与系统无缘。钱锺书先生却直言自己要做随时批识、拈出零星随感的"人生消遣家"，他在《读〈拉奥孔〉》中曾畅谈自己的看法，"倒是诗、词、随笔里，小说、戏曲里，乃至谣谚和训诂里，往往无意中三言两语，说出了精辟的见解，益人神智；把它们演绎出来，对文艺理论很有贡献。也许有人说，这些鸡零狗碎的东西不成气候，值不得搜采和表彰，充其量是孤立的、自发的偶见，够不上系统的、自觉的理论。不过，正因为零星琐屑的东西易被忽视和遗忘，就愈需要收拾和爱惜；自发的孤单见解是自觉的周密理论的根苗"①，钱先生虽然没有提及评点，但评点肯定算得上"零星琐屑"中之一员。

清代《左传》评点中的简约评语，可能会给人带来思想的触动，触发理论阐释的基因，此即钱锺书先生所言的成为"自觉的周密理论的根苗"，而且，通过对清代《左传》评点作品的细致、全面阅读可以看出，清代《左传》评点的评语并非全为"零星琐屑""自发的孤单见解"，评点者基本都有个体自觉的阐释意图、理念、方法，有些已颇具系统了。如果我们将清代所有的《左传》评点作品集结到一起，形成一个个"评点族"，整合为一个"评点群"，从中进行归纳、总结、凝练、提纯，肯定能够清理出《左传》评点的理论系统，甚或初步构建一个中国特色文学批评的话语系统。

清代《左传》评点中蕴含着大量"碎片化"和"系统性"的话语阐释，

---

① 钱锺书：《七缀集》，生活·读书·新知三联书店 2002 年版，第 33—34 页。

它们来源于传统，又构造了传统，将之进行总结、提升、转化，是必要的，也是必需的。本书对此有所关注，但这是一项庞大的工程，绝非一时之功可以完成。因此，在此课题完成后，建构清代《左传》评点的话语体系，是我们继续努力的方向。

清代《左传》评点作品，笔者经眼的大约有六十余部，大都为评点之佳作，根据当时的学术风气、文化语境与消费需求可以推知，当时的《左传》评点作品肯定不止这些。一般知识阶层、乡村塾师所作的评点本子，没有人专门整理、出版，很多就遗失不存了。如果我们对存世的《左传》评点本不加重视、不加整理、不加阅读、不加研究，它们或许也会随着时间的推移变为历史的尘埃，集体失语，此当为研究《左传》评点文献整理与研究之紧迫性。

面对前代留下的不同层面的"财富"，清代《左传》评点在平静与焦灼之间达成了"文化传统"与"当代语境"的互通、融合，为学子提供了经典解读、习文写作的范本，又传递了自己的政治理念与文章观念。当下我们力倡建立中国气派的批评话语体系，面临的关键便是原创性、主体性问题，而形成主体性的密码在于对传统话语审视、批评基础上的转化和利用。当然，关于创造性转化的问题，有的学者认为现在与过去的语境不同，不可能实现转化，也不可硬性转化，有的学者甚至怀疑古代文学理论研究能否直接推动今天的理论创新①，有的学者认为目前的创造性转化过于功利，做成了两张皮，过去仍然是过去，现在仍然是现在②。这些认识都有其合理性。对此，我们认为，能不能做、做得好不好，都还不是最紧迫的问题，当下的重中之重是需要对中国古代传统的学术命题、学术思想、学术话语全面梳理，深耕细挖，掘井及泉，激活其阐释力量，为现代话语阐释提供多元、细致、丰富、深刻的资源。如果连资源都一无所有，还奢谈什么能不能转换、能不能

---

① 蒋寅：《在中国发现批评史——清代诗学研究与中国文学理论、批评传统的再认识》，《文艺研究》2017 年第 10 期。

② 胡晓明：《六论后五四时代建设性的中国文论——兼序颜昆阳教授〈学术突围〉》，《社会科学战线》2020 年第 2 期。

发展的问题。

《庄子·外物》有言："任公子为大钩巨缁，五十犗以为饵，蹲乎会稽，投竿东海，旦旦而钓，期年不得鱼。已而大鱼食之，牵巨钩，錎没而下，骛扬而奋鬐，白波若山，海水震荡，声侔鬼神，惮赫千里。任公子得若鱼，离而腊之，自制河以东，苍梧以北，莫不厌若鱼者。"① 任公子为什么能钓得如此大鱼，满足了如此广阔区域人们的味蕾？一则有大志，再则舍得投入，三则持之以恒。学术研究亦当如此。

---

① （清）郭庆藩撰，王孝鱼点校：《庄子集释·外物》，中华书局 1961 年版，第 925 页。

参考文献

古籍类

（春秋）左丘明撰，（晋）杜预注，（唐）孔颖达疏：《春秋左传正义》，（清）阮元校刻《十三经注疏》本，中华书局2009年版。

（春秋）左丘明撰，杨伯峻注：《春秋左传注》，中华书局2009年版。

（汉）司马迁撰，（南朝宋）裴骃集解，（唐）司马贞索隐，（唐）张守节正义：《史记》，中华书局2014年版。

（汉）班固撰，（唐）颜师古注：《汉书》，中华书局1962年版。

（魏）何晏注，（宋）邢昺疏：《论语注疏》，中华书局2009年版。

（晋）陈寿撰，（南朝宋）裴松之注：《三国志》，中华书局1982年版。

（晋）范宁注，（唐）杨士勋疏：《春秋穀梁传注疏》，（清）阮元校刻《十三经注疏》本，中华书局2009年版。

（南朝宋）范晔撰，（唐）李贤等注：《后汉书》，中华书局1965年版。

（南朝宋）刘义庆著，（南朝梁）刘孝标注，余嘉锡笺疏：《世说新语笺疏》，中华书局2007年版。

（南朝梁）刘勰著，范文澜注：《文心雕龙注》，人民文学出版社1958年版。

（南朝梁）萧统：《文选》，上海古籍出版社1986年版。

（唐）姚思廉等：《梁书》，中华书局1973年版。

（后晋）刘昫等撰：《旧唐书》，中华书局1975年版。

（宋）欧阳修、宋祁等编撰：《新唐书》，中华书局1975年版。

（宋）吕祖谦：《古文关键》，《丛书集成初编》本，商务印书馆1936年版。

（宋）吕祖谦：《古文关键》，光绪戊戌年（1898）江苏书局重刻本。

（宋）吕祖谦著，黄灵庚、吴战垒主编：《吕祖谦全集》，浙江古籍出版社2008年版。

（宋）叶德辉：《书林清话》，上海古籍出版社 2008 年版。

（宋）楼昉：《新刊迂斋先生标注崇古文诀》，哈佛大学图书馆藏本。

（宋）真德秀：《西山先生真文忠公文章正宗》，嘉靖四十三年（1564）刊本。

（宋）谢枋得：《叠山先生批点文章轨范》，《中华再造善本》影印元刻本。

（宋）黎靖德编，王星贤点校：《朱子语类》，中华书局 1986 年版。

（元）脱脱等：《宋史》，中华书局 1985 年版。

（明）焦竑等辑：《新锲翰林三状元会选二十九品汇释评》，万历丙辰年（1616）刊本。

（明）孙鑛：《孙月峰先生批点春秋左传》，万历四十四年（1616）闵齐伋刻朱墨套印本。

（明）孙鑛：《孙月峰批评诗经》，《四库全书存目丛书》经部第 150 册，齐鲁书社 1997 年版。

（清）爱新觉罗·玄烨钦定，库勒纳、李光地等编撰，李孝国、杨为刚等注：《日讲春秋解义》，中国书店 2016 年版。

（清）爱新觉罗·玄烨钦定：《圣祖仁皇帝御制文集》，《景印文渊阁四库全书》第 1298 册，台湾商务印书馆 1986 年版。

（清）爱新觉罗·玄烨选，徐乾学等编著：《御选古文渊鉴》，康熙四十九年（1710）武英殿刻五色套印本。

（清）爱新觉罗·允礼：《古文约选》，雍正十一年（1733）刊本。

（清）爱新觉罗·允礼评注：《春秋左传》，雍正十三年（1735）果亲王府刻本。

（清）爱新觉罗·胤禛敕编：《大义觉迷录》，哈佛大学图书馆藏武英殿刊本。

（清）永瑢等：《四库全书总目》，中华书局 1965 年版。

（清）李光地、熊赐履等纂辑：《御纂朱子全书》，《景印文渊阁四库全书》第 720 册，台湾商务印书馆 1986 年版。

（清）过琪：《古文觉斯》，康熙十一年（1672）刻本。

（清）姜希辙：《左传统笺》，《四库全书存目丛书》经部第 131 册，齐鲁书社 1997 年版。

（清）金圣叹：《唱经堂才子书》，天津古籍出版社 2016 年版。

（清）金圣叹著，曹方人、周锡山标点：《金圣叹全集》，江苏古籍出版社 1985 年版。

（清）孙琮：《山晓阁选古文全集》，哈佛大学图书馆藏道光遗经堂刻本。

（清）卢元昌：《左传分国纂略》，《四库未收书辑刊》第 3 辑第 9 册，北京出版社 1997 年版。

（清）李渔著，杜书瀛译注：《闲情偶寄》，中华书局 2014 年版。

（清）魏禧：《左传经世钞》，乾隆十三年（1748）彭家屏刻本。

（清）魏禧著，胡守仁、姚品文、王能宪校点：《魏叔子文集》，中华书局 2003
年版。

（清）储欣：《左传选》，乾隆庚子年（1780）新镌本。

（清）储欣：《左传选》，乾隆甲辰年（1784）刻本。

（清）林云铭：《古文析义初编》，康熙二十一年（1682）刊本。

（清）林云铭：《增订古文析义合编》，康熙五十五年（1716）刊本。

（清）韩菼：《批注春秋左传句解》，广益书局 1947 年版。

（清）王源：《居业堂文集》，《续修四库全书》第 1418 册，上海古籍出版社 2002
年版。

（清）王源：《左传评》，《四库全书存目丛书》经部第 139 册，齐鲁书社 1997 年版。

（清）王源著，李塨订：《平书订》，中华书局 1985 年版。

（清）刘献廷著，汪北平、夏志和标点：《广阳杂记》，中华书局 1957 年版。

（清）刘继庄：《左传快评》，康熙四十五年（1706）刊本。

（清）李塨著，陈山榜点校：《李塨集》，人民出版社 2014 年版。

（清）吴楚材、吴调侯选注：《古文观止》，康熙三十四年（1695）初刊本。

（清）吴楚材、吴调侯选注，安平秋点校：《古文观止》，中华书局 2020 年版。

（清）程润德：《古文集解》，康熙四十三年（1704）刊本。

（清）高朝璎：《古文知新》，康熙四十五年（1706）学者堂刻本。

（清）冯李骅、陆浩：《春秋左绣》，光绪六年（1880）校镌本。

（清）刘大櫆：《论文偶记》，人民文学出版社 1959 年版。

（清）姚鼐：《古文辞类纂》，上海新文化书社 1931 年版。

（清）方苞著，刘季高校点：《方苞集》，上海古籍出版社 1983 年版。

（清）方苞著，彭林、严佐之主编：《方苞全集》，复旦大学出版社 2018 年版。

（清）方苞等编：《钦定四书文》，《景印文渊阁四库全书》第 1451 册，台湾商务
印书馆 1986 年版。

（清）曹基：《左氏条贯》，《续修四库丛书》经部第 121 册，上海古籍出版社
2002 年版。

（清）周大璋：《左传翼》，乾隆五年（1740）刻本。

（清）周大璋：《增订古文精言》，光绪三十四年（1908）刊本。

（清）浦起龙：《古文眉诠》，乾隆九年（1744）三吴书院刻本。

（清）杨绳武：《文章鼻祖》，乾隆二十八年（1763）刻本。

（清）姜炳璋：《读左补义》，乾隆三十八年（1773）三多堂刻本。

（清）周正思：《增补左绣汇参》，乾隆三十九年（1774）刻本。

（清）姚培谦：《古文斫》，乾隆甲午年（1774）重订本。

（清）高嵣：《左传钞》，乾隆五十三年（1788）刊本，载黄秀文、吴平主编：《华东师范大学图书馆藏稀见丛书汇刊》第 15 册，北京图书馆出版社 2006 年版。

（清）李绍崧：《左传快读》，乾隆五十四年（1789）曲江书屋刻本。

（清）李云程编，蒙木点校：《古文笔法百篇》，北京出版社 2018 年版。

（清）李元春：《左氏兵法》，清照堂丛书本。

（清）梁章钜著，陈居渊校点：《制义丛话》，上海书店出版社 2001 年版。

（清）谢有辉：《古文赏音》，嘉庆三年（1798）宋思仁重刊本。

（清）朱光洛：《古文一隅》，道光庚戌年（1850）刻本。

（清）王寿康：《古文资镜》，咸丰五年（1855）王氏刻本。

（清）盛谟：《于埜左氏录》，同治五年（1866）重刊本。

（清）唐德宜：《古文翼》，同治十二年（1873）常熟黄氏艺文堂刻本。

（清）魏朝俊：《选批左传》，光绪十四年（1888）古香阁魏氏刊本。

（清）司徒修：《左传易读》，光绪十七年（1891）刊本。

（清）素尔讷等著，霍有明、郭海文校注：《钦定学政全书校注》，武汉大学出版社 2009 年版。

（清）王掞纂辑：《钦定春秋传说汇纂》，《景印文渊阁四库全书》第 173 册，台湾商务印书馆 1986 年版。

（清）章学诚：《校雠通义》，古籍出版社 1956 年版。

（清）章学诚著，叶瑛校注：《文史通义校注》，中华书局 1985 年版。

（清）钱仪吉纂，靳斯校点：《碑传集》，中华书局 1993 年版。

（清）刘熙载著，王气中笺注：《艺概笺注》，贵州人民出版社 1986 年版。

（清）唐彪著，赵伯英、王恒德选译：《家塾教学法·读书作文谱》，华东师范大学出版社 1992 年版。

（清）曾国藩著，钱士民标点：《经史百家简编》，大达图书供应社 1935 年版。

（清）曾国藩著，唐浩明主编：《曾国藩全集》，岳麓书社 2011 年版。

（清）吴汝纶撰，施培毅、徐寿凯校点：《吴汝纶全集》，黄山书社 2002 年版。

（清）余诚：《重订古文释义新编》，宣统辛亥年（1911）上海文瑞楼印。

（清）余诚编，吕莺校注：《古文释义》，北京出版社 2018 年版。

第一历史档案馆整理：《康熙起居注》，中华书局 1984 年版。

中华书局影印：《清实录》，中华书局 1985 年版。

今人著述

蔡妙真：《追寻与传释——〈左绣〉对〈左传〉的接受》，台湾万卷楼图书股份有限公司 2003 年版。

曹南屏：《阅读变迁与知识转型：晚清科举考试用书研究》，社会科学文献出版社 2018 年版。

常森：《二十世纪先秦散文研究反思》，北京大学出版社 2002 年版。

陈才训：《古代小说家、评点家文化素养论》，中国社会科学出版社 2014 年版。

陈才训：《明清小说文本形态生成与演变研究》，上海古籍出版社 2018 年版。

陈谷嘉、邓洪波：《中国书院史资料》，浙江教育出版社 1998 年版。

陈维昭编校：《稀见明清科举文献十五种》，复旦大学出版社 2019 年版。

陈晓明：《众妙之门：重建文本细读的批评方法》，北京大学出版社 2015 年版。

陈玉强：《古代文论"奇"范畴研究》，人民出版社 2015 年版。

陈元晖、尹德新、王炳照：《中国古代的书院制度》，上海教育出版社 1981 年版。

陈祖武：《清代学术源流》，北京师范大学出版社 2012 年版。

程嫩生：《中国书院文学教育研究》，中国社会科学出版社 2014 年版。

戴维：《春秋学史》，湖南教育出版社 2004 年版。

邓洪波、龚抗云编著：《中国状元殿试卷大全》，上海教育出版社 2006 年版。

邓洪波：《中国书院史》，武汉大学出版社 2012 年版。

邓云乡：《清代八股文》，河北教育出版社 2004 年版。

方朝晖：《春秋左传人物谱》，齐鲁书社 2001 年版。

付琼：《清代唐宋八大家散文选本考录》，商务印书馆 2016 年版。

傅修延：《先秦叙事研究》，东方出版社 1999 年版。

高方：《〈左传〉文学研究》，中国社会科学出版社 2014 年版。

葛兆光：《中国思想史》，复旦大学出版社 2013 年版。

龚鹏程：《文学批评的视野》，华中师范大学出版社 2011 年版。

龚书铎：《清代理学史》，广东教育出版社 2007 年版。

郭宝军：《宋代文选学研究》，中国社会科学出版社 2010 年版。

郭丹：《左传战国策讲演录》，广西师范大学出版社 2008 年版。

郭绍虞：《中国文学批评史》，上海古籍出版社 1979 年版。

过常宝：《先秦散文研究——早期文体及话语方式的生成》，人民出版社 2009 年版。

何红梅：《红楼梦评点理论研究——以脂砚斋等 10 家评点为中心》，齐鲁书社 2015 年版。

何漱霖：《左传文法读本》，商务印书馆 1940 年版。

何新文：《〈左传〉人物论稿》，中国社会科学出版社 2004 年版。

黄爱平：《朴学与清代社会》，河北人民出版社 2003 年版。

黄觉弘：《左传学早期流变研究》，中国社会科学出版社 2010 年版。

黄霖、周兴陆：《复旦大学第三届文学评点国际学术研讨会论文集》，凤凰出版社 2015 年版。

黄霖主编：《文学评点论稿》，凤凰出版社 2017 年版。

蒋寅：《古典诗学的现代诠释》，中华书局 2003 年版。

蒋寅：《清代诗学史》，中国社会科学出版社 2012 年版。

金生奎：《明代唐诗选本研究》，合肥工业大学出版社 2007 年版。

金元浦：《文学解释学》，东北师范大学出版社 1997 年版。

景献力：《明清古诗选本的诗歌阐释与批评》，社会科学文献出版社 2020 年版。

李兵：《书院与科举关系研究》，华中师范大学出版社 2005 年版。

李炳海：《周代文艺思想概观》，东北师范大学出版社 1993 年版。

李国钧：《中国书院史》，湖南教育出版社 1994 年版。

李明军：《文统与政统之间：康雍乾时期的文化政策和文学精神》，齐鲁书社 2008 年版。

李瑞良：《中国古代图书流通史》，上海人民出版社 2000 年版。

李昇：《南宋理学家编纂诗文选本研究》，上海古籍出版社 2021 年版。

李卫军：《〈左传〉评点研究》，中国社会科学出版社 2014 年版。

李卫军：《左传集评》，北京大学出版社 2016 年版。

梁启超：《中国近三百年学术史》，东方出版社 2004 年版。

林岗：《明清小说评点》，北京大学出版社 2012 年版。

林纾：《左孟庄骚菁华录》，商务印书馆 1916 年版。

林纾著，石璇、王思桐点校：《左传撷华》，北京联合出版公司 2019 年版。

刘超：《历史书写与认同建构——清末民国时期中国历史教科书研究》，社会科学文献出版社 2016 年版。

刘成荣：《〈左传〉的文学接受与传播研究》，南京大学出版社 2014 年版。

刘仲华：《世变、士风与清代京籍士人学风》，中国人民大学出版社 2013 年版。

鲁小俊：《清代书院课艺总集叙录》，武汉大学出版社 2015 年版。

罗剑波：《明代〈楚辞〉评点论考》，秀威资讯科技股份有限公司 2018 年版。

罗军凤：《清代春秋左传学研究》，人民出版社 2010 年版。

骆扬：《历史记载中的张力：比较视野下的〈春秋〉经传及早期史学与思想研究》，科学出版社 2019 年版。

马积高：《清代学术思想的变迁与文学》，湖南出版社 1996 年版。

马将伟：《易堂九子研究》，社会科学文献出版社 2013 年版。

马庆洲辑校：《清代历科状元策汇编》，北京大学出版社 2021 年版。

孟伟：《清人编选的文章选本与文学批评研究》，中国社会科学出版社 2016 年版。

潘万木：《左传叙述模式论》，华中师范大学出版社 2004 年版。

彭林：《清代经学与文化》，北京大学出版社 2005 年版。

启功等：《说八股》，中华书局 2000 年版。

钱穆：《中国历史研究法》，生活·读书·新知三联书店 2001 年版。

任遂虎：《文章学通论》，清华大学出版社 2011 年版。

商衍鎏：《清代科举考试述录及有关著作》，百花文艺出版社 2003 年版。

尚小明：《学人游幕与清代学术》，东方出版社 2018 年版。

沈玉成、刘宁：《春秋左传学史稿》，江苏古籍出版社 1992 年版。

史继东：《〈左传〉文学研究》，人民日报出版社 2016 年版。

司马朝军：《〈四库全书总目〉编纂考》，武汉大学出版社 2005 年版。

司马朝军：《〈四库全书总目〉研究》，社会科学文献出版社 2004 年版。

孙绿怡：《〈左传〉与中国古典小说》，北京大学出版社 1992 年版。

孙琴安：《中国评点文学史》，上海社会科学院出版社 1999 年版。

孙少华、徐建委：《从文献到文本——先唐经典文本的抄撰与流变》，上海古籍出版社 2016 年版。

谭帆：《中国小说评点研究》，华东师范大学出版社 2001 年版。

谭家健：《先秦散文艺术新探》，首都师范大学出版社 1995 年版。

童书业：《春秋左传研究》，中华书局 2006 年版。

汪涌豪：《范畴论》，复旦大学出版社 1999 年版。

汪涌豪：《中国文学批评范畴及体系》，复旦大学出版社 2017 年版。

王德昭：《清代科举制度研究》，中华书局 1984 年版。

王汎森：《思想是生活的一种方式——中国近代思想史的再思考》，北京大学出版社 2018 年版。

王汎森：《执拗的低音：一些历史思考方式的反思》，生活·读书·新知三联书店 2014 年版。

王汎森：《中国近代思想与学术的系谱》，河北教育出版社 2001 年版。

王凯符等：《古代文章学概论》，武汉大学出版社 1983 年版。

王书才：《文选评点述略》，上海古籍出版社 2012 年版。

王水照、侯体健主编：《中国古代文章学的形态与体系》，复旦大学出版社 2020 年版。

王水照、侯体健主编：《中国古代文章学的衍化与异形》，复旦大学出版社 2014 年版。

王水照：《历代文话》，复旦大学出版社 2007 年版。

王重民：《中国善本书提要》，上海古籍出版社 1983 年版。

文廷海：《清代前期〈春秋〉学研究》，中国社会科学出版社 2012 年版。

吴曾祺：《左传菁华录》，商务印书馆 1936 年版。

吴承学：《中国古代文体学研究》，人民出版社 2011 年版。

吴闿生撰，白兆麟校点：《左传微》，黄山书社 2014 年版。

吴微：《桐城文章与教育》，安徽大学出版社 2012 年版。

吴永贵主编，李明杰编著：《中国出版史》，湖南大学出版社 2008 年版。

徐建委：《文本革命：刘向、〈汉书·艺文志〉与早期文本研究》，中国社会科学出版社 2017 年版。

徐雁平：《清代世家与文学传承》，生活·读书·新知三联书店 2012 年版。

杨华：《〈左传〉文章艺术研究》，暨南大学出版社 2019 年版。

杨金波：《世族书写与〈左传〉叙事研究》，社会科学文献出版社 2021 年版。

杨念群：《何处是江南：清朝正统观的确立与士林精神世界的变异》，生活·读书·新知三联书店 2010 年版。

杨念群：《重建另一种叙事》，北京师范大学出版社 2020 年版。

杨树增：《中国历史文学》（先秦两汉），远方出版社 2004 年版。

杨星映、肖锋、邓心强：《中国古代文论元范畴论析：气、象、味的生成与泛化》，上海古籍出版社 2015 年版。

杨义：《中国叙事学》，人民出版社 1997 年版。

于立君、王安节：《中国诗文评点史研究》，时代文艺出版社 2001 年版。

张伯伟：《中国古代文学批评方法研究》，中华书局 2002 年版。

张高评：《春秋书法与左传学史》，上海古籍出版社 2005 年版。

张高评：《左传之文学价值》，文史哲出版社 1990 年版。

张洪海：《〈诗经〉评点史》，上海社会科学院出版社 2018 年版。

张希清、毛佩琦、李世愉主编，李世愉、胡平著：《中国科举制度通史·清代卷》，上海人民出版社 2017 年版。

张仲民：《种瓜得豆：清末民初的阅读文化与接受政治》，社会科学文献出版社 2016 年版。

章培恒、王靖宇：《中国文学评点研究论集》，上海古籍出版社 2002 年版。

赵伯雄：《春秋学史》，山东教育出版社 2004 年版。

赵尔巽：《清史稿》，中华书局 1977 年版。

赵俊玲：《〈文选〉评点研究》，上海古籍出版社 2013 年版。

赵敏俐、杨树增：《20 世纪中国古典文学研究史》，陕西人民教育出版社 1997 年版。

赵生群：《春秋经传研究》，上海古籍出版社 2000 年版。

赵园：《明清之际士大夫研究》，北京大学出版社 2014 年版。

赵园：《想象与叙述》，人民文学出版社 2009 年版。

郑师渠：《晚清国粹派：文化思想研究》，北京师范大学出版社 1997 年版。

郑艳玲：《钟惺评点研究》，人民日报出版社 2006 年版。

钟志伟：《明清唐宋八大家选本研究》，台北文津出版社 2008 年版。

周兴陆：《诗歌评点与理论研究》，凤凰出版社 2011 年版。

周裕锴：《中国古代阐释学研究》，上海人民出版社 2003 年版。

朱立元：《接受美学导论》，安徽教育出版社 2004 年版。

朱万曙：《明代戏曲评点研究》，安徽教育出版社 2002 年版。

诸雨辰：《弘道以文：文评专书与清代散文批评研究》，北京师范大学出版社 2020 年版。

祝尚书：《宋代科举与文学》，中华书局 2008 年版。

庄丹：《〈左绣〉与〈左传〉评点研究》，社会科学文献出版社 2021 年版。

邹云湖：《中国选本批评》，上海三联书店 2002 年版。

国外著作

［德］汉斯-格奥尔格·伽达默尔著，洪汉鼎译：《真理与方法》，商务印书馆

2010 年版。

[德] H.R. 姚斯、[美] R.C. 霍拉勃著，周宁、金元浦译：《接受美学与接受理论》，辽宁人民出版社 1987 年版。

[法] 蒂费纳·萨莫瓦约著，邵伟译：《互文性研究》，天津人民出版社 2003 年版。

[法] 雷蒙·阿隆著，西尔维·梅叙尔编注，张琳敏译：《历史讲演录》，上海译文出版社 2011 年版。

[美] 艾尔曼著，赵刚译：《从理学到朴学——中华帝国晚期思想与社会变迁面面观》，江苏人民出版社 1997 年版。

[美] 本杰明·艾尔曼：《经学·科举·文化史：艾尔曼自选集》，中华书局 2010 年版。

[美] 哈罗德·布鲁姆著，徐文博译：《影响的焦虑——一种诗歌理论》，江苏教育出版社 2006 年版。

[美] 赫施著，王才勇译：《解释的有效性》，生活·读书·新知三联书店 1991 年版。

[美] 李惠仪著，文韬、许明德译：《〈左传〉的书写与解读》，江苏人民出版社 2016 年版。

[美] 斯坦利·费什，文楚安译：《读者反应批评：理论与实践》，中国社会科学出版社 1998 年版。

[美] 宇文所安著，郑学勤译：《追忆——中国古典文学中的往事再现》，生活·读书·新知三联书店 2014 年版。

[英] 雷蒙·威廉斯著，刘建基译：《关键词：文化与社会的词汇》，生活·读书·新知三联书店 2005 年版。

后　记

《左传》是我钟情之书，《左传》研究是我挚爱之事。

2003年，我如愿以偿成为杨树增老师的硕士生。杨老师以《史记》为中心，遍涉先秦两汉历史文学，学重专精与广博。愚钝如我，沉浸在《左传》的朝堂风云、金戈铁马、民俗风情中不可自拔，很快与杨老师商定以《左传》为研究对象。杨老师教了我两个词：一个是硬啃，《左传》文本难读，做研究前必须下笨功夫，读通文本，读熟文本。一个是深挖，找到问题，一挖到底，不可浅尝辄止，做表面文章，"学非探其花，要自拨其根"。这两个词，对于初入学的我来说就是两座高山，难攀难登。我永远忘不了一个场景：我穿着一件雪白的羽绒服，顶着几天没洗的油头，嘴边挂着一串葡萄状的疮，神情忐忑地向老师汇报，老师听完，爽朗的笑声响起，夸我入门了。刹那间，那么违和的穿戴也变得美丽起来。

2006年，我得偿所愿成为李炳海老师的博士生。李老师与杨老师是同门，遍治群经，学重通变，新见迭出。老师对《左传》极为熟悉，提到一个人物，讲到一件事情，写到一段文本，他能直接说出来自鲁国哪一公哪一年，甚至在书中的具体页码。李老师教会了我三个本领：一是文本细读的功夫，老师经常说的一句话是："反复细读一个文本，我就不信读不出新见来。"细研文本，方能显微阐幽；二是文本互证的思维，木根结茝、菌桂纫蕙、薜荔落蕊、胡绳纚纚，共成"香草美人"，引览甚博，审决方精；三是客观公正的评价，为学者常因主观喜好、研究需要，过于拔高研究对象，或用后人的眼光拉低前人的贡献，老师说："回归历史，纵横对比，方能在历史的坐标轴中对其进行准确定位。"人需公允，论需持平。

2009年9月，我从中国人民大学毕业，来到河南大学文学院工作，即给本科生、研究生讲授《左传》课程。此后，围绕"清代《左传》评点文献整理与研究"，我相继获批河南大学种子基金、中国博士后基金、国家社会科学基金项目资助。完成这一课题，我似乎又重走了一遍硕士、博士路。清代《左传》评点文献众多，耐住性子认真读毕，方可能开启研究之旅；清代《左传》评点本身做的就是文本细读的活，顺着字词、句子、段落、篇章的视线游移，我深切体会了文本细读的魅力与功效；清代《左传》评点关键词遍涉不同文本，同一文本亦是散点开花，综合归纳、前后贯连、横向连缀便成为必经之路；清代《左传》评点集历代评点之大成，正确评定其地位，客观言说其功用，皆需回归历史语境。

2023 年 4 月，李老师到洛阳开会，我与家人前往拜见。多年未见老师的我，向老师仔细汇报了结项成果内容，并说已与人民出版社签订了出版合同。内心里，我期盼着老师的一番表扬。老师一直认真地听着，并没有说什么表扬的话，只是很自然、很开心地说："那就让我写个序吧！"此话一出，我和家人的神情，由愕然转为欢呼雀跃，老师一句话，胜过千言万语，胜过千万个赞语。2023 年 10 月 10 日，我把修改好的书稿发给了师母。10 月 16 日，师母就把老师手写的《序》发到了我的手机上，看着七大页密密麻麻、工工整整、给予建议、寄予期待的手写稿，我热泪盈眶，师恩无声息，师恩沉甸甸。

何其有幸，得遇良师扶持。又何其有幸，得遇师友不弃。国家社科项目结项不久，人民出版社詹夺老师便与我联系出版事宜，出版期间詹老师甘为人梯，甘作嫁衣，巧手渡人，锦上添花，方有此书现有模样。河南大学黄河文明与可持续发展研究中心、黄河文明省部共建协同创新中心各位领导对此书出版鼎力支持，提供出版资助，方有此书顺利出版。感君遇我厚，情深何以报？身为大梁客，不负信陵恩。

此书是我写予《左传》的一封书信，此书是我《左传》研究的一个节点，更是学术薪火相传的见证。唯愿老凤雏凤共清扬，再愿评点之学灿若星河，更愿《左传》走入寻常百姓家。

2024 年 9 月于河南大学黄河文明与可持续发展研究中心